公安学文库·创新教材

总主编：何勤华 杜志淳 杨正鸣

3

物证技术学简明教程

敖日其冷 编著

法律出版社
LAW PRESS·CHINA

总 序

公共安全,是一个社会的柱石。维护公共安全,是社会管理最为重要的目标之一,既需要相关国家机关的专门性工作,也需要民众积极参与。周恩来总理曾经指出“国家安危,公安系于一半”。切实发挥公共安全机关的职能作用,加强公安学的理论研究,丰富公安学的学术成果,打造法治公安,是推进依法治国战略、建设法治中国的重要一环。公安学是一门研究社会科学与自然科学之相关内容的交叉学科和综合学科。就相涉社会科学而言,主要是指研究调整有关国家安全与社会治安秩序的社会关系之行为规律;就自然科学而言,主要涉及各种侦查、检验等的技术手段。应该说,公安学近年来才成为一门独立的学科。2011 年为适应我国高等教育、公安工作快速发展和社会形势不断变化的需要,根据《国家中长期教育改革和发展规划纲要(2010～2020 年)》精神,国务院学位委员会、教育部增列公安学为一级学科(学科代码:0306),公安学的学科建设迎来了重大发展机遇。虽然,作为一级学科的公安学包含的二级学科内容并没有最终确定,但学界普遍认同它应当包括犯罪学、治安学、侦查学、边防管理、禁毒学等二级学科内容。当前,我国各政法院校和公安院校正如火如荼地展开公安学学科建设。中国人民公安大学、中国刑事警察学院已建立起较为完整且成体系的公安学一级学科,二级学科体系也基本建立起来。中国政法大学、华东政法大学、西南政法大学、西北政法大学以及中南财经政法大学等院校,也已在现有公安类专业的基础上,积极筹建公安学一级学科。各省所属的公安院校也都积极开展本科层面的公安学教育,同时开始培育公安学学科建设。这是公安类专业高等教育建立动态调整机制、优化学科结构的一项重要举措,为公安学各专业学士、硕士、博士的学位授予、招生和培养提供了良好的发展平台。

华东政法大学刑事司法学院是全国高等院校中公安类专业办学历史最悠久的单位之一,也是华东地区公安类专业办学层次和水平最高的单位。自 1984 年起,华政已开展犯罪学专业研究生的培养工作,是国内较早开展公安类研究生教育的政法院校。其后,在刑法学专业中,设置犯罪学、青少年犯罪方向,进一步推进公安学专业理论研究。1996 年诉讼法专业中增设刑事侦查专业方向获得批准,2002 年在诉讼法专业中设司法鉴定方向。随即,开始招收犯罪学专业博士研究生,2008 年开始招收司法鉴定专业博士研究生。由此,华东政法大学刑事司法学院在公安学建设中发挥长期积累的学科优势,整合侦查学、治安学、边防管理等专业力量,并依托司法鉴定与计算机科学与技术(网络安全)等学科作为公安学的重要支撑,形成了较为丰富的理论与实践成果。

为了迎接公安学确立为一级学科后的发展,充分利用现有优势和资源,进一步夯实、建设、发展公安学学科,我们计划出版一套《公安学文库》,第一批书目有《侦查理论前沿问题研究》《侦查实务前沿问题研究》《经济犯罪侦查》《刑事专案侦查》《传统侦查制度现代转型》《证据调查学》《犯罪现场勘查技术研究》《侦查学案解》《特大城市地铁运行安全风险及防范》《网络犯罪侦查技术》等数十部专著、教材,力争使公安学成为我校学科建设的优势领域,成为在全国同类高校中具有鲜明的国际化、开放性特色并处于领先水平的公安学学科。

法律出版社沈小英分社长以及责任编辑为本文库的策划、出版付出了辛勤劳动。华东政法大学科研处和发展规划处为本文库的推出进行了指导,司法鉴定中心为本文库的出版提供了经费支持。在此,我们表示诚挚的谢意。当然,对著述中可能存在的缺陷,将全部由我们负责。敬请各位读者给予批评、指正,以便我们再版时予以改正。

何勤华　杜志淳　杨正鸣

于华东政法大学

2016 年 5 月 16 日

Contents

目 录

第一部分 物证技术学概论

第二部分 痕迹鉴定

第三部分 文书鉴定

第四部分 微量物检验

第五部分 物证图像技术概论

第一部分　物证技术学概论

第一章 绪 论

第一节 物证技术学

一、物证与物证鉴定

物证是指物质性客体以外部特征物质属性、所处位置以及状态证明客观事物联系的证据。物证是以其物质特征的客观存在性来直接反映事物的客观联系。物证是法律规定的一种证据,它是客观环境中形形色色的物质性客体,既可能是大小悬殊的物体或物品,也可能是物体或人体留下的形象痕迹。既可能是肉眼不辨的物质,也可能是必须借助现代科学仪器方能鉴别的微量物质。物证包括物品、物质、文书、痕迹等,几乎没有一个案(事)件与物证无不关系。可见,物证在各类案(事)件的处理过程中的重要作用。

物证作为一种法定的证据形式,除对其物质性特征在具体案(事)件客观联系的审查外,还应当科学技术鉴定才能够成为证据。从逻辑上讲,物证既然已经是“物证”了,那么为什么还要对它进行“鉴定”?这是因为人们长期以来认为涉案(事)的物质性客体即是重要的证据而约定俗成“物证”,相应的鉴定工作称为“物证技术鉴定”,简称“物证鉴定”。

二、物证技术学

物证技术是指依照有关法律规定,具有专门知识的人,利用科学技术方法和手段,与案件(事件)有关的物性客体的发现、提取、检验、鉴定技术的总称。

物证技术的概念是20世纪80年代在我国出现的新学科用语。由于物证是法定的证据种类之一,其物证的发现、记录、提取、鉴定技术广泛应用于刑事、民事、经济纠纷和违纪案件的处理活动中。显然,物证技术并不包括犯罪预防技术、情报信息技术等。

物证技术学是一门以哲学、法学和自然科学相结合的交叉学科,主要研究物证技术基本理论和基本方法,探索现有的科学技术应用于解决诉讼中与物证有关的各种专门性问题,为公正处理案件(事件)提供科学依据。

与物证技术相似的技术门类(术语)还有刑事科学技术、司法鉴定技术和法庭科学等。这些技术门类与物证技术既有联系又有区别。既然均为自然科学与技术在法律活动中的应用,其技术、方法相同,但适用法律不同,因而鉴定委托主体不同,鉴定启动程序也不尽相同。

刑事科学技术是指公安、司法机关依照相关法律规定,运用现代科学技术的理论和方法,收集、分析、检验和鉴定与犯罪活动有关的各种物证材料,为侦查、起诉、审判工作提供线索和证据的专门性技术手段,其应用领域为刑事案件侦查和诉讼活动,迄今近20种专业门类,科学理论较强、科学技术水平较高、较完整的学科体系。

司法鉴定技术是指在诉讼活动中,司法部门按照诉讼法的规定,指派或者聘请具有鉴定人资格或具有专门知识的人,对诉讼中的有关专门性问题进行科学的认定或判断。显然,司法鉴定技术不涉及现场勘查技术,也不包括犯罪预防技术。

我国司法鉴定技术以刑事鉴定为基础发展起来的。随着DNA技术、图像增强技术、仪器自动化技术、计算机指纹系统、痕迹自动检索系统和人工智能系统等许多尖端技术,在民事诉讼、行政诉讼及很多非诉讼活动如民事仲裁中的广泛应用,司法鉴定的范围也发生了很大的变化。现今的司法鉴定不仅包括传统的痕迹鉴定、笔迹鉴定和文件真伪鉴定、文书材料鉴定等,还包括DNA鉴定,书写时间鉴定,产品质量的检验,证件、证书、票证鉴定以及动、植物物质鉴定,边防出入境检查等。

法庭科学(Forensic Science)是指诉讼过程中运用的科学技术,一般包括法医学、司法精神病学、司法会计学、物证技术等多个领域和刑事技术的若干领域。但警方在犯罪案件侦查和预防犯罪中所运用的技术并不包括在内。

法庭科学是20世纪40年代在西方国家诉讼活动中对科学技术的应用表述为“法庭科学”(Forensic Science)。其广义的内容范畴包括现场勘查、取证、各种痕迹、文件物证检验、毒物、毒品检验、各种法医学检验(尸体临床和物证)以及精神病学鉴定等;狭义的则不包括法医学、尸体检验和临床试验以及精神病学鉴定。这里警方在犯罪案件侦查和预防犯罪中所运用的技术并不包括在内。

三、物证技术学的研究内容

任何一门学科都有其确定的研究内容。物证技术学的研究内容主要包括物证技术的理论和方法两个方面。

物证技术理论主要研究物证技术的基本原理及其应用技术的科学依据,包括物证的基本特性、形成机理、检验和鉴定的基础理论等。

物证技术方法主要研究用以发现、记录、提取、识别、检验和鉴定物证的各种科学技术手段。物证虽然是客观存在的物质,但在许多情况下,犯罪活动所遗留的物证或痕迹却是潜在的、隐性的,肉眼无法辨别甚至不可见的,需要经过特殊的技术处理和采用专门的技术手段去发现、记录和提取。同样,由于许多物证的外形状态和性质与其他非物证的同类物质的区别非常细微、非常隐蔽,且易受各种主观认识条件的影响,一般都很难独立地发挥证明作用,必须经过技术鉴定才能作为证据使用。因此,物证技术学把物证的发现技术、提取技术、记录技术、检验技术、识别技术和鉴定技术作为最主要的研究内容。

四、物证技术学的体系

物证技术学的研究范围极其广泛,并且已成为相对完整的学科体系。按照本学科的研究对象,物证技术学的学科体系主要由以下几个部分组成:

(一)理论体系

物证技术学的基本理论包括物质可分性原理、物质交换原理,同一认定和种属鉴别的理论和与自然科学相关的理论和方法。

(二)技术体系

主要包括物证技术鉴定中常用的技术方法,如痕迹检验技术、文书检验技术、物证图像技术、微量物证检验技术等。

1. 痕迹检验技术

运用痕迹学的理论和技术方法,对案件中遗留的痕迹进行发现、提取、分析、检验和鉴定,进而确定痕迹与案件、痕迹与一定人或物的关系的专门技术,简称痕检。主要包括手印检验、足迹检验、工具痕迹检验、枪弹痕迹检验和特殊痕迹(除上述痕迹以外的其他痕迹,如牙齿痕迹、车辆痕迹、牲畜痕迹、分离痕迹等)检验。

2. 文书检验技术

运用文检学的理论和技术方法,检验与案件相关联的文书物证,确定文书与案件事实和当事人关系的专门技术。主要包括笔迹检验、印刷文书检验、污损文书检验、文书材料检验、言语识别等。

3. 物证图像技术

运用摄影、摄像方法,记录、显示、处理、检验与案件相关客体的影像信息的专门技术,又称物证照相。主要包括物证照相、物证摄录像、图像处理等。物证图像技术具有不损坏物证和形象、客观、真实的特点,常常应用于所有物证提取的第一步。

4. 微量物(理化)检验技术

运用化学、物理学、医学、药学、毒理学的理论和技术以及现代分析方法,对量小体微与案件相关联的物质、毒物或毒品进行外形、性质和成分检验的专门技术,又称物证化验。主要包括纤维及其染料的检验,塑料、橡胶和涂料的检验,油类、泥土、玻璃、纸张和金属残渣的检验,炸药、火药和爆炸残留物的检验,各种毒物、毒品的检验等。

五、物证技术学的任务

物证技术是查处各类案件工作的重要技术手段,它的主要任务是运用科学技术的知识和手段,为查明各类案件事实提供科学证据,其主要任务有以下几个方面:

(一)为查明案件事实提供技术支撑

我国刑事诉讼法确定了物证技术在案件侦查、起诉和审判中应有的地位和作用。物证技术作为侦查工作的重要取证手段,介入侦查工作最早、时间最长。从勘验犯罪现场开始直到最后破案,在立案、初始侦查、深入侦查、并案侦查和破案的各阶段都发挥着重要作用。在起诉、审判活动中,运用物证技术对与犯罪活动相关联的各种物证进行鉴定,使这些物证成为可靠的科学证据已成为必不可少的重要环节。物证技术学正是通过对其各分支学科进行深入、系统的研究,以丰富的内容武装物证技术工作者,使他们充分了解和掌握有关物证技术的理论、技术和方法,在侦查和起诉、审判工作中发挥重要作用。

(二)为提升物证技术鉴定水平探索新技术、新方法

物证技术是自然科学理论和技术在法律活动中的应用,其产生和发展与科学技术的发展紧密相连。物证技术的发展实践证明,科学技术的进步是物证技术发展的基础。为了适应社会发展和法制建设的需要,物证技术学必须积极引进现代科学技术的最新研究成果,从不断发展的科学技术各个领域开拓新的物证技术方法和手段,利用现代科学技术来寻找新的物证来源,扩大刑事技术的检验鉴定范围,不断提高物证技术检验鉴定的客观性、科学性和规范性。

(三)为了完善物证技术学的理论体系加大技术规范研究

从学科属性的角度来看,物证技术学不是单一学科知识的运用,而是文、理、工、医各类学科的交叉渗透,属于综合性学科。从历史发展的角度来看,物证技术学的多数分支学科起步较晚、历史较短,属于新兴学科。同时,由于物证技术具有很强的实践性和经验性,因此,物证技术学的理论建设任务十分艰巨,有些分支学科的理论体系还很不完善,有些检验鉴定还没有技术规范。物证技术学必须把理论体系的建设摆在重要位置,认真总结物证技术已取得的实践经验,大胆吸收国外物证技术的理论成果,积极开展物证技术的理论研究与探索,不断丰富、充实和完善物证技术学理论体系和规范体系。

第二节 物证技术学的科学基础

一、物证技术学的哲学基础

辩证唯物主义是马克思主义的世界观和方法论，它对各门学科都具有普遍指导意义，因而也是物证技术学的指导思想和哲学基础。

（一）辩证唯物主义物质观是物证技术活动的认识源泉

客观世界是变化发展的，物质特殊的结构、属性和形态也是可变的、无限多样的。任何物质的特殊结构、属性和形态都不能成为物质的唯一不变的特性。“物质的唯一‘特性’就是：它是客观实在，它存在于我们的意识之外。”“物质是标志客观实在的哲学范畴，这种客观实在是人通过感觉感知的，它不依赖于我们的感觉而存在，为我们的感觉所复写、摄影、反映。”①这是唯一科学的辩证唯物主义的物质观。尽管人类个体活动千差万别，但它必然是物质运动的一种表现形式，其全部内容和基本属性都是物质的，客观实在性是它的唯一特性。物证技术学以研究与人类活动相关联的物质性客体为主要对象，研究行为人对环境、客体发生的变化，无论行为人以什么样方法，采取什么手段，其行为形态的客观实在性决定了行为人只能把行为的形态从一种物质形态转变为另一种物质形态，而决不能消灭行为的物质形态变化。一种客体被改变状态的同时必然产生了另一种客体，这种客体的客观实在性正是我们证实行为的基础和依据。同样，根据唯物辩证法关于物质第一性的原理，物证技术学必须紧密依赖于物证技术实践，因为只有在丰富实践基础上的认识及其所凝结的理论，才会成为真正对实践具有指导意义的科学。

（二）辩证唯物主义认识论是物证技术活动的思想基础

辩证唯物主义认为，客观存在的世界及其发展规律是可以被认识的。在现实生活中，几乎所有的物质性客体都可能成为物证，而物证之所以能够被检验和鉴定，就在于物证本身所具有的反映性、特殊性和相对稳定性。物证技术学的主要任务就是通过对与犯罪相关联的物证的深入研究，认识物证的形成机理，揭示物证与犯罪活动的必然联系。因此，物证技术活动属于认识论的研究对象。物证技术活动以查明客观事实的证据为己任，其认识活动必须符合认识论关于认识发展过程的辩证规律。物证千差万别，种类形形色色，物证技术活动中，搜集、检验、鉴定过程中会遇到各种情况，甚至遭受挫折和失败，这是认识过程的正常现象，但只要坚持认识论的基本原则，遵循认识发展过程的辩证规律，就一定能由此岸到彼岸，达到最后目的。

---

① 参见《唯物主义和经验批判主义》，载《列宁选集》（第2卷），人民出版社1972年版，第266页、第128页。

（三）辩证思维是物证技术活动的思维导向

在物证技术活动中，必须根据普遍联系的观点，充分认识和思考各种行为的各自要素之间的一切相关因素。研究和把握物证与行为主体、客体及其他证据之间的相互联系。多层次、多角度、多侧面地观察和思考物证技术活动中遇到的一切问题，开展全方位的思维。联系和发展是相互的。在物证技术活动中，辩证思维要求我们不能静止地看待某一行为及其与相关的各种因素之间的联系，必须把这种联系放到发展变化中加以分析和研究。虽然物证具有相对稳定性，只在特定的时间内保持相对静止不变，但若受外部环境的影响及其自身特性的作用，它就会发生变化，甚至改变自身的特征，所以必须用发展的观点、变化的观点来研究物证，善于抓住和把握物证的变化规律，以便从中准确地认识物证与行为活动之间的必然联系。必须充分利用物证本身所固有的各种相对稳定的特征，并据此揭示物证的本质属性。同理，物证技术学也必须以事物普遍联系、相互制约和不断发展变化的辩证观点为指导，在各种事物的相互联系和不断变化中发现事物的规律，从而归纳出科学的检验、鉴定方法。在物证技术学与自然科学、社会科学、技术科学的必然联系中，引进、吸收和移植其他学科的先进成果，不断充实、丰富和完善自己，寻求新的发展途径。

二、物证技术学的法学基础

物证技术学是科学技术与法学相互结合的综合性学科。它是为了适应法律不断发展和进步的需要，从科学技术的角度研究物证证据体系中物证问题的一门科学，与法学有着密切的内在联系。在法律体系中，刑法、物证诉讼法都与物证技术学紧密相连。刑法学是研究如何定罪、量刑的科学，它是规定什么样的行为是犯罪、应当判处何种刑罚的法律。物证诉讼法是研究物证诉讼活动程序的科学，是规定物证诉讼应当采用什么样的方式、方法和步骤，参与诉讼的人应当享有哪些诉讼权利、承担哪些诉讼义务的法律。物证技术学是研究物证形成机理及其发现、记录、提取、检验和鉴定的技术方法，为揭露和证实犯罪提供证据的科学。显然，刑法和物证诉讼法是物证技术学的法学基础。

（一）刑事诉讼法是物证技术工作的法律依据

我国《刑事诉讼法》第 126 条规定："侦查人员对于与犯罪有关的场所、物品、人身、尸体应当进行勘验或者检查。在必要的时候，可以指派或者聘请具有专门知识的人，在侦查人员的主持下进行勘验、检查。"第 144 条更加明确地指出"为了查明案情，需要解决案件中某些专门性问题的时候，应当指派、聘请有专门知识的人进行鉴定"。这些规定是开展物证技术工作的法律依据。从这个意义上说，开展物证技术工作是法律赋予专门机构的权利、义务和责任。

（二）刑事诉讼法规定了物证技术工作的运作规范

刑事诉讼法作为程序法，规定了物证诉讼活动的程序和原则。法律要求物证诉讼过程中的每一个诉讼行为都必须严格按照国家规定的程序和规则办事,既不能随意改变,也不能为所欲为,物证技术活动也不例外,如物证技术工作的权力、任务、责任和规则,物证证据的形式,勘验与检查的基本程序和要求,鉴定的程序和要求等,在我国刑事诉讼法中都有明确的规定。这些规定的目的,一方面是要求物证技术工作必须合乎法律的规范,具有合法性;另一方面是保证取证工作的客观性和准确性,使物证技术真正发挥揭露和证实犯罪的作用。

(三)物证技术是实现刑法目的的重要保障

刑法的目的是通过刑罚的手段依法惩罚犯罪。能否做到这一点,关键在于是否能及时查明犯罪事实,使犯罪人受到应有的惩罚。我国《刑事诉讼法》第46条规定:"对一切案件的判处都要重证据,重调查研究,不轻信口供。只有被告人供述,没有其他证据的,不能认定被告人有罪和处以刑罚;没有被告人供述,证据充分确实的,可以认定被告人有罪和处以刑罚。"由此可见,证据在起诉、审判中具有十分重要的作用。物证技术正是适应了法律的这种需要,运用科学的手段去发现、记录、提取、检验和鉴定各种物证,进而向法庭提供可靠证据。因此,物证技术学与刑法的目的是一致的,是实现刑法最终目标的重要保障。

三、物证技术学的自然科学基础

在错综复杂的犯罪活动中,各种各样的物质及其痕迹都可能同犯罪行为或犯罪人发生联系而成为物证。借助相关自然科学的技术、方法和理论,研究这些物质及其痕迹的变化规律,便形成了物证技术学这门特殊的学科。因此,物证技术学是以多门类的自然科学作为自己的学科基础。它的产生是以自然科学的发展为前提,它的发展也必然以自然科学的发展为条件。综观刑事技术学的发展历史不难看出,显微镜的发明使人们对指纹结构的认识产生了突破性的进展,进而形成了指纹学。有了现代化学,才产生了毒物检验学。人类发明了比较显微镜,并把它应用于枪弹的检验,于是产生了枪弹痕迹检验学。现代光谱技术和色谱技术应用于物证检验,使量少体微的微量物证的检验鉴定成为可能DNA技术的出现,使法医物证检验在个体识别和身源确定方面进入了新纪元。正是自然科学技术的不断进步,各种检验仪器的不断发明,扩大了人们的视野和认识能力,也促使物证技术不断拓宽物证研究领域,不断创建新的检验鉴定方法和手段。

应该看到,物证技术对各种相关的自然科学技术成果并非简单机械地照搬利用,而是根据本门类学科的研究对象和研究目的,进行创造性引进、移植和改造,使之适用于同物证犯罪斗争的专门用途。为了解决侦查破案所涉及物证的发现、记录、提取、识别、检验和鉴定等具体问题,必须依靠和借助自然科学一切可能的理论、方法和技术手段,而这些理论、方法和技术手段在物证中的应用,便形成了物证技术学具有多门类自然科学的科学体系。

四、物质交换原理

“物质交换原理”(principle of material exchange),又称“物质转移原理”(principle of material transfer)、“洛卡德交换(或转移)原理”或“洛卡德原理”,是法国的爱德蒙·洛卡德(Edmund Locard,1877 ~ 1966 年)于 1910 年提出的。物质交换原理的现代表述为:“接触即留痕”(“Every contact leaves a trace”,也可译为“触物留痕”)。

洛卡德物质交换原理揭示了任何一种行为过程中必然留下或带走物质或痕迹的客观事实,概括阐述了各类物证的形成过程、存在方式,指明了物证搜集的方向,为物证勘查奠定了理论基础。

五、同一认定方法与种属鉴别

(一)同一认定方法

1.“同一”与同一认定的概念

“同一”是一个客观事物以其固有特征区别于其他客观事物的称谓,是指客观事物的自身与自身同等,即一事物不能与他事物同一。“同一”是基于客观事物固有属性特征的抽象概念。任何客观事物以其特殊、稳定的固有特征存在,并区别于其他客观事物。

同一认定是指两次或两次以上出现的某一客观事物特征的一致性进行比较或判断的活动,也是人类认识客观事物的一种基本方法。在物证技术领域中,同一认定就是通过对先后出现的客体特征反映进行比较和判断,解决先后出现的客体是否同一客体的一种方法。同一认定所利用的特征反映来源于客体,并能被人感知和认识的实体或形象。其中,实体包括其结构稳定、性能明确、组成可测的物体(品)、物质等。形象包括实体的印痕、字迹、声纹、图像等。

2.“同一”与相似、相同的区别

“同一”与相似、相同的含义完全不同,而相似或相同则具有同样的含义。同一是指客观事物自身等同,指的是同一个客观事物。相同和相似都指的是一个客观事物与另一个客观事物或几个客观事物间相同或相似,涉及的是两个或两个以上的客观事物。一个客观事物可能与许多客观事物相同,但除自己以外,不能与任何其他客观事物同一。同一只能是自身同一的属性,表现为客观事物特殊的特征必须是自己与自己相符合,这称为特定同一。自身同一的问题一定是这个客观事物被发现两次,一次是作为未知客体(如检材,它是被寻找客体留下的反映形象,有时是其自身的一部分,是案件中的证据资料);另一次是作为已知客体(如样本,它是受审查客体的反映形象或其自身的一部分)。物证技术研究的目的就是要确定检材(未知客体)和样本(已知客体)是否同一。

当检材与样本的特殊特征是等同时,检材和样本可确定为同一。所谓相似或相同,是指检材与样本之间的种属特征相同,或者种属特征与一部分特殊特征相同,但仍有部分特殊特征存在差异。这里应注意的是,检验鉴定中的客体在相似或相同的范围内可能是同一的,但由于受主客观条件限制,却不能找到认定同一的充分依据,这时也绝不能认定为同一。

3. 同一认定的基本类型

(1)人身同一认定

人身同一认定是根据人身的特征来判断人身是否同一,即认定是否为某人。作为被认定客体的人身,通常是人体的一部分及其留下的痕迹,如牙齿、血液、骨髓、精液、指纹、足迹、牙痕等,或者是人体的某些技能习惯,如笔迹、声音都是人后天练习获得的定型化的动作,具有明显的个人特征,通过进行笔迹同一认定(笔迹鉴定)和声纹同一认定(声纹鉴定)。即可进行人身同一认定。

(2)物体同一认定

物体同一认定是根据物体的特征来判断其是否同一,即认定是否为某物。作为认定客体,通常指犯罪嫌疑人使用的、遗留的物品,如工具、枪弹、车辆、鞋等。物体同一认定的最终目的仍是进行人身同一认定,这样才能确定作案人。

(3)整体同一认定

整体同一认定是根据客体应具有的结构、功能和外观进行同一认定。某些物证反映的是客体的某部分或某方面的特性,但它确实与整个客体是不可分的,可以通过这些特征确定客体的结构、功能和外观的整体性。

4. 同一认定的依据

世界上每一个客体都有其特殊和稳定的特征,并且这些特征可以各种形式被反映出来。每一个客体都具有同类客体所共有的质的规定性,同时又具有每个客体所特有的质的规定性,这两方面质的规定性,构成了这个客体的特定性。正是这种特定性,能将这个客体和任何其他客体区别开来。

客体的稳定性,是指客体的质的规定性在一定时间内能保持相对不变。客体的变化是绝对的,每一个客体无时无刻不处在变化之中,但是,只要变化未达到质变的程度,客体的特定性仍然是可以认识的。所以,每个客体的质的规定性,都具有相对稳定性。正是客体具有特定性和相对稳定性,人们才有可能去认识处于缓慢变化中的客体,并使解决先后出现的客体是否同一问题有了现实的可能。

同一认定的依据的是客体特征反映来解决先后出现的客体是否同一的问题。作为同一认定客体之一的先出现客体留下的特征反映体,通常是案件中提取的、可能成为物证的物质性客体,而后出现客体的特征反映体,则是由受审查客体提取的样本。无论是作为物证的特征反映体,或是作为样本的特征反映体,同一认定过程中需要检验的,都是特征反映体上的特征,这些特征反映了同一认定客体的特性。要判定先后出现的客体是否同一,就必须仔细地、全面地对它们留下的特征反映体上的特征进行比较检验。

客体的特征按其性质可分为一般特征(种类特征)和个体特征(细节特征)两大类:

1. 一般特征(种类特征)

一般特征是同类客体所共有的特征,例如,指纹的花纹类型、笔迹的熟练程度、足迹的鞋底花纹。仅仅依据共性特征相符,不能作出认定同一的意见,但如果共性特征明显不同,可以作出否定同一的意见。

2. 个体特征(细节特征)

个体特征是单个客体上存在的特征,例如,指纹内部的纹线细节特征、笔迹的笔画运笔特征、足迹的鞋底缺损特征。个性特征并非同类客体所共有的,但个性特征也可能在同类客体中不同个体上出现。所以,对个性特征的利用,应当从其总体上来考虑,观察其特征的总和是否具有特定性,进而作出认定同一或否定同一的意见。

(二)种属鉴别的方法

1. 种属鉴别的概念

种属鉴别是人们认识客观事物的一种方法。在办理案件过程中,经常需要查明未知物的属性,例如,犯罪现场遗留的白色粉末是什么物质,犯罪分子作案时使用的枪支属于哪种类型等。要想解决这些问题,必须请有专门知识的专家对未知物进行种属鉴别。因此,种属鉴别就是指具有专门知识的人,对物证和留下物证的人或物的种类归属进行鉴别和判断的过程。

种属鉴别根据的是客体的种类特性。客体的种类特性是由有机体的起源、各种物质的组成结构和制造条件等确定的,这些特性对于同类客体应该是共同的,因此种类特性必须为该种类的每一个客体所固有。确定这种特性,就能将该类客体与任何其他种类客体区别开。物证技术的种属鉴别是以各种客体的本质特征或一般规律为基础,与具体案件中的物证或其反映的客体特征相比较,进而认定客体的种类归属,为侦查破案提供线索。

种属鉴别按照鉴别对象的种类可分为人的种类鉴别(如人的性别、种族、年龄、身高、职业、文化程度等),物的种属鉴别(如作案工具和赃物的品名、规格、型号、新旧程度,以及与已知名称和来源的样品是否种类相同),其他事实的种属鉴别(如货币、笔迹真伪的鉴别,死亡、损伤、书写时间的鉴别,原始现场的鉴别,作案手段的鉴别等)。也可按照种属鉴别的形式进行划分,如单一型种属鉴别和比较型种属鉴别。前者是指对案件中提取的一种物质进行种属鉴别,后者则是指当需要确定案件中两种物质的属性是否相同,或者它们的来源是否相同时而进行的种属鉴别。

2. 种属鉴别的类型

根据种属鉴别客体的性质，种属鉴别可分为以下几类：

(1)物质属性鉴别

通过检测可以确定涉案物质未知结构、成分、性能来确定其种类，查明未知物质和受审查的人、事、物、时、空有联系的，有助于确定侦查方向和范围，有助于判明案件性质，甚至也能为揭露犯罪嫌疑人实施某种行为提供证据。

(2)物体类型鉴别

物体的类型鉴别是指根据物体留下的物质性反映形象，确定该物所属的类型。例如，根据工具痕迹、枪弹痕迹和车辆轮胎痕迹形态、结构，推断遗留痕迹的工具类型、枪支类型、车辆类型等，为侦查提供线索。

(3)人的自然条件鉴别

行为人遗留的人体痕迹特征，其中包括人的手印、足迹、书写留下的字迹以及其讲话的录音等。利用人留下的各种物质性特征，可以确定相关人的身高、年龄、体态、性别、文化水平、籍贯等，为侦查提供线索和方向。

(三)种属鉴别与同一认定的区别和联系

1. 种属鉴别与同一认定的区别

种属鉴别与同一认定有严格的区别。其本质区别在于两者解决问题的范围不同。同一认定解决的问题是，先后出现的客体是否为同一个客体的问题；而种属鉴别解决的问题是，一种物质或客体究竟是何种物质或何种类型，或者两种物质的属性、来源是否相同。另外，种属鉴别与同一认定虽然都是运用物证的特征开展工作，但两者所依据特征的数量、侧重点和要求有所不同。种属鉴别侧重比较和评断客体的共性特征，个性特征在鉴定中只起辅助作用；而同一认定则是在确定、使用共性特征相符进行判断的基础上，强调个性特征的总和能否反映物证的特定性。

2. 种属鉴别与同一认定的联系

种属鉴别与同一认定之间存在密切的联系。这种联系表现为：种属鉴别能为发现同一认定客体指明方向，当一个客体留下自己的特征反映体时，根据这个特征反映体确定客体的类型，可以为发现受审查客体指明方向。种属鉴别常常是同一认定的初始阶段，鉴定有种类划分的客体时，必须首先鉴定种类是否相同，只有种类相同才能同一认定。种属鉴别能为同一认定意见提供佐证。

第三节 物证技术鉴定

一、物证技术鉴定的任务和种类

物证技术鉴定是公安机关、人民检察院、人民法院根据物证诉讼法的规定，指定或委托具有物证技术专门知识和技能的人,对物证与案件事实关系所做的鉴别和判断,其任务是对与案件相关的物证进行科学鉴定,为查明案件事实提供依据,为进一步调查提供线索,为案件的审理提供证据,为审查、核实其他证据提供依据。

物证技术鉴定可分为鉴定、补充鉴定、重新鉴定、复核鉴定和会同鉴定5种类型。鉴定,是指第一次鉴定,又称原鉴定;补充鉴定,是指原鉴定的内容不够完善或出现新情况时,把第一次鉴定与新材料送交原鉴定人进行复查所作出的补充鉴定;重新鉴定,是指原鉴定的内容有解释不清的疑点,或办案单位和当事人对鉴定有异议,或几位鉴定人意见分歧的情况下,另行委托他人进行的鉴定;复核鉴定,是指上级鉴定机构或高一级专家对原鉴定进行复核后所作出的鉴定;会同鉴定,是指当遇到重大疑难问题时,特邀上一级鉴定机构或相关部门组织专家进行专家会检后所作出的比较一致的鉴定。

二、物证技术鉴定的主体

物证技术鉴定的主体是法定的鉴定机构中从事鉴定工作的具有相关资质的人员。物证技术鉴定是一项严肃的专门性工作,为了保证物证技术鉴定的公正、科学和准确,我国物证诉讼法规定物证技术鉴定人必须符合3个条件:鉴定人必须具有刑事技术的专门知识或技能;鉴定人必须与案件当事人或案件结果没有利害关系,不属于我国《刑事诉讼法》第28条、第31条规定回避的范围;鉴定人必须是自然人,单位不能充当鉴定人,以保证鉴定意见的责任效果。非法定鉴定机构中从事某一专业教学、科研工作的专家,如果能够胜任某一具体案件的物证技术鉴定,根据公安、司法机关的聘请,也可以作为特邀鉴定人,完成某一特定的物证鉴定任务。

物证技术鉴定人具有科学技术地位和法律地位。所谓科学技术地位,是指物证技术鉴定人必须是具有专门知识的自然人;所谓法律地位,是指接受了鉴定委托的物证技术鉴定人是诉讼活动的参与者。依法确定的鉴定人的诉讼地位,与鉴定人的条件、资格、权利和义务密切相关。英美法系国家把鉴定人视为"专家证人"和"具有专门知识的辩护人"。大陆法系国家把鉴定人视为"帮助法官进行认识的人"是法官的助手。我国物证诉讼法把鉴定人确定为具有专门知识的人,是与证人、辩护人、诉讼代理人并列的独立的诉讼参与人。

三、物证技术鉴定的程序和步骤

物证技术鉴定必须按照规定的程序和步骤进行,鉴定工作分为委托鉴定、受理委托和实施鉴定三个阶段。

(一)委托鉴定

按照我国《刑事诉讼法》的规定,办案单位为了查明案情,在涉及与案件有关的物证技术专门问题时,应委托(指派或聘请)物证技术人员进行鉴定。

委托物证技术鉴定必须事先做好充分的准备，主要包括以下四个方面：

1. 送检物证的准备

交付物证技术检验、鉴定的物证，除个别无法提取原件且复制件能真实反映客体的形态结构特征的情况外，原则上必须送交原物、原件，并且是所提取物证的全部。

2. 送检样本（品）的准备

对需要通过比较鉴别才能解决的问题，要事先收集嫌疑客体或物证的同类物体，作为样本或样品一并送检，并做好文字说明。

3. 案情材料的准备

为使鉴定人充分理解所要鉴定解决的问题对案件侦查、审理工作的作用，委托鉴定时要向鉴定人提供如案件发生的时间、地点、犯罪现场具体情况、送检物证和样本（品）的来源、提取和收集的方法，是否做过检验、鉴定以及要求鉴定解决什么问题等基本材料。

4. 委托手续的准备

完成上述准备工作后，以单位的名义出具委托鉴定书或其他正式的委托公函。

（二）受理委托

物证技术鉴定部门接到送检单位的正式委托后，要按照有关规定受理委托。

1. 检查委托手续

查验委托鉴定的公函是否合法，如符合法定手续，可填写《委托鉴定登记表》。

2. 了解案情与委托要求

听取送检人介绍案情及鉴定要求，并根据需要对不清楚的问题向送检人作进一步询问了解。

3. 查验送检材料

查验送检材料，送检人和鉴定人应当面核对移交的送检材料。鉴定人要仔细查验物证有无鉴定条件，核对其名称和数量，查验样品或样本是否符合要求，有无比对条件，检查物证与样本的包装和密封有无污损现象等，并在《委托鉴定登记表》上注明。

4. 决定是否受理

根据查验结果决定是否受理鉴定，如果鉴定条件不足，应向委托人提出修改要求或补送有关材料的建议。

（三）实施鉴定

受理鉴定委托后，应根据具体的检验对象和鉴定要求，采用科学的方法、手段进行检验并作出鉴定意见。一般而言，物证技术鉴定工作应按如下程序和步骤进行：

1. 拟定鉴定方案

根据送检材料的具体条件和委托鉴定的要求，确定解决问题的工作思路，设计检验鉴定的途径，选取合适的检验鉴定方法和手段，科学合理地安排各检验项目和各种检验方法的实施顺序，以保证鉴定工作有计划、有步骤地进行，避免检验鉴定的盲目性和随意性。

2. 准备鉴定材料与器材

根据鉴定方案所选定的检验方法，准备好所用的仪器设备及有关材料。凡通过检验可能改变物证原貌时，必须事先征得送检单位的同意，并采用摄影手段拍摄、固定物证的原貌；把受审查客体本身提交鉴定时，如各种工具、鞋子等，应于鉴定前先模拟物证的形成条件，制作供检验用的受审查客体样本；不宜用物证、样本原件直接进行比较检验的，或者为了记录、标绘特征的需要，应采用适当的摄影手段或复印方法制作样本，供检验使用。

3. 具体实施鉴定

在实施具体的检验鉴定工作时，要根据检验对象和鉴定要求，使用相应的检验方法，严格遵守操作规程，仔细观察和分析各种实验现象，及时纠正检验过程中可能出现的偏差，保证检验鉴定工作的科学性和准确性。无论是种属鉴定还是同一认定，一般都是按照分别检验、提取特征，全面比较、明确异同，综合评判、得出意见的程序进行。同一鉴定事项应由两名以上具有鉴定资格的鉴定人员进行。对于涉及多学科知识和技术手段的鉴定而聘请有关专家协助鉴定的，专家意见应该记录在案。进行身体检查时，受检人、鉴定人互为异性的，应增派一名与受检人同性别的工作人员在场。对未成年人的检查，应有监护人在场。

4. 撰写鉴定书及鉴定结束的善后工作

鉴定人要根据检验获得的科学事实，实事求是地作出鉴定意见，并根据意见的性质和作用、委托单位的具体要求以及法律、法规的有关规定，规范准确地制作鉴定书。鉴定书由鉴定人签名，并注明技术职称，加盖所属机构的鉴定专用章。鉴定书的正本和送检的物证（或检验剩余的物证）与样本一并还给委托单位。鉴定书的副本原稿和检验记录，连同鉴定委托公函、案情介绍等材料一并装卷，由鉴定单位存档。

（四）物证技术学鉴定方法

1. 形态学的方法

物体的外部形状和内部结构，常常代表和反映了物体的某些基本特性和特征。例如，手印客观地反映着手掌面接触部位的外表形态结构，手纹人皆有之，但各不相同，终身基本不变。通过对手印进行鉴定，可以直接查证遗留该手印的人。足迹是人在赤足或穿着鞋袜站立或行走时与承痕体相接触而形成的痕迹，它既能反映造痕体接触部位的形态结构特征，又能反映人的行走习惯特征。这种通过研究物体的外部形状、内部构造及其变化，从而获取有助于说明案件情况的科学事实的方法，称为形态学的方法。它可分为外观检验和显微镜法检验两种类型。

(1)外观检验

外观检验是物证技术人员通过感觉器官或借助简单器材(如放大镜、天平、厚度计、硬度计、比重计等),有目的、有计划地感知物证及其与周围事物的联系,获取有助于说明案件情况的科学事实的一种基本方法。外观检验有两种情况:一种情况是通过外观检验获取物证检材的外貌特征及物质本身所具有的特性。外观检验常常是整个检验鉴定过程的初检阶段,它的意义在于否定嫌疑、缩小检验范围,具有排除、筛选和指向的作用。另一种情况是对那些只有从物证的宏观与整体、物证与环境之间的关联才能把握问题实质的检验鉴定,通过直观的检验和分析,可以为同一认定或种属鉴别打下检验基础,甚至直接确定其种属问题。

(2)显微镜法检验

显微镜法检验是利用各种显微镜观察物证的微观形态和结构特征的一种常用的检验方法。显微镜的种类繁多、性能各异,在物证技术领域常用的显微镜有以下几种。

A. 生物显微镜。生物显微镜是最常见的一种光学显微镜。它利用可见光为光源,通过物镜、目镜放大成像,对被检物进行直接观察。一般放大倍数可达到400~800倍,常用于对纤维、淀粉、木材等检材的观察。

B. 立体显微镜。立体显微镜由上面的两个目镜、中间对应的两个物镜和下面一个组合的透镜组成。人眼通过目镜看到两个重合的放大图像,因为视角的关系,可以看到三维方向的物体形态和结构,具有立体感。放大倍数可从数倍到数百倍,适用于一般痕迹、文件物证的扩大检验。

C. 比较显微镜。比较显微镜是在同一个视场内观察比对两个客体的显微镜。载物台上放检材,上面有两个物镜。光线反射经上面的物镜放大成像,再经棱镜折射,可以把两个图像分别呈现在目镜同一视场的左右两侧。

通过调节载物台和重叠投影装置,可以对两个图像进行拼合或重叠比对。比较显微镜是痕迹检验和文件检验的常用仪器。

D. 偏振光显微镜。偏振光显微镜也叫极化显微镜,是常用的一种光学显微镜。在光学上具有各向同性的物体,在光线通过物体时,光的性质和路径不因入射方向的变化而变化。而具有各向异性(或双折射性)的物体,因光的速度、折射率、吸收性或光波的振动面、振幅等随照射方向不同而不同。具有双折射性的被检物样本,旋转360°,将有四次隐没和四次闪亮,可以出现明暗不同的条纹。根据光线透过双折射体时所形成的两种偏振光的振动方向,依物体种类不同而出现不同的条纹。因此,偏振光显微镜可以检验矿物、岩石、玻璃、金属、纤维等微量物证。油浸双折射法的出现,为纤维的检验提供了一种新的检验方法。

E. 金相显微镜。金相显微镜是利用反射光观察不透明金属与合金的组织结构。由于光线不能透过不透光的物体,所以利用一套复杂的照明系统,经放大成像,能为眼睛所观察到，分辨能力为几个微米到十分之几微米。

在物证鉴定中，常利用金相显微镜对工具痕迹、工具上金属附着物、犯罪嫌疑人破坏障碍物或侵害金属客体时所留下的物证检材以及枪弹等进行金属的定性或微区结构检验。

F. 荧光显微镜。当物体能吸收激发光的能量而发出荧光，或用荧光剂染色而发出荧光时，可使用荧光显微镜进行观测。因为荧光显微镜具有能发出紫外线的光源，有的还在目镜下面装有能阻挡激发光干扰、增强荧光与其背景逆差的滤光镜，可获得更好效果。荧光显微镜可用来鉴别微量的油脂、血痕、精斑、炸药、火药等物证的不同成分。

G. 电子显微镜。电子显微镜是用电子流代替光照光线，用电子源代替光源的显微放大仪。它是以特殊的电极和磁极（电子透镜）代替光学显微镜的聚光镜、物镜和目镜的作用，即电子射线为电子透镜所折射，经两次放大造成最后电子图像。电子图像一般用摄影机摄影或用荧光屏观察。利用电子显微镜进行扫描分析，简称扫描电镜，其放大率可达10万~18万倍，目前扫描电镜放大率可达到25万倍，甚至更高。电子显微镜的分辨率也很高，普通显微镜最高达0.4μm，而电子显微镜能达到100nm。扫描电镜还可与X射线能谱仪联用，既可对试样进行表面微观形貌观察，又可对试样进行表面成分的分析。

在鉴定中，用扫描电镜可检验的物证检材很多，如火药、射击残留物、金属屑及断口、油漆、泥土、油墨、灰尘、纤维、木材、木炭、矿石、玻璃及纸张中的填料等。应用扫描电镜检验，不破坏检材，是微量物质形貌与成分分析相结合的理想分析手段，从而把物证分析的范围扩展到微观领域，既可进行直观的形态比对，又能准确地进行微量物质的定性分析和定量检测。

2. 化学的方法

在物证技术鉴定中，化学方法是指利用受检物证与某些物质作用，能发生改变物质性质并具有明显特征的化学反应的检验方法。常见的化学方法有显色反应、沉淀反应、结晶反应、燃烧反应和焰色反应。显色反应即根据受检物证与某些化学试剂反应和显示出的独特颜色进行鉴别，某些硫化磷酸醋类的有机磷农药在碱性条件下易水解生成硫化物，此硫化物再与亚硝眈铁氰氰化钠作用后生成紫红色化合物。沉淀反应即根据受检物证与某些物质作用生成沉淀进行鉴别，如爆炸残留物中的氯离子可与硫化饵试剂反应，生成硫化氯沉淀。结晶反应即根据受检物证与某些物质作用后形成的独特结品进行鉴别，如常见生物碱士的宁、马钱子和钩吻碱的鉴别，就可采用在生物碱稀盐酸溶液中加入黄色盐，士的宁会生成浅黄色透明的鸟翅状结晶，而马钱子和钩吻碱均无此反应。燃烧反应中指根据受检物证能否燃烧和在燃烧中产生的不同气味、火焰、烟尘、灰烬等特性进行鉴别，如羊毛燃烧缓慢，散发出烧毛气味，灰烬呈黑褐色硬块，而腈纶燃烧收缩熔融，端部呈棕色，散发出特殊气味，残留物为不定型的黑褐色硬块。焰色反应是根据受检物在无色火焰中呈现的特殊颜色进行鉴别，如钠盐呈亮黄色，铜盐呈绿色。诸如此类的化学方法是物证技术鉴定中常用的检验方法，它具有灵敏度较高、成本较低、操作简便快捷、作用效果显著的特点，但一般有损检材。化学方法在手印鉴定、毒物分析、微量物证检验等方面应用较为广泛。

3. 物理的方法

物理检验的方法是指在不改变被检物证性质的前提下，通过对被检验物证物理量的测定、不可见光检验、荧光检验、吸附和转移性质测定，对物证属性、特征进行检验鉴定。其中，物理量的测定，如色泽、硬度、熔点、比重、折射率等，可用来识别和区分被检物证的种类。不可见光检验是利用某些物质能吸收、反射、透射红外光或紫外光的特性，达到区分、检验、鉴别的目的，如检验被涂改、消退的字迹，检验射击残留物、墨水等的物证成分等。荧光检验是利用某些物质具有光致发光的特性（物质在外来光照射下能吸收某一波段的光，产生荧光现象）进行检验鉴别，如在紫外线下，可在经过荧光剂处理的检材上观察、拍摄手印、精斑。所谓吸附和转移，前者所是指两种不同物质相互附着的现象，后者则是指物质外来吸附力大于物质内聚力和物质间附着力，致使物质的部分或全部转移到另一物质的现象。在物证技术鉴定中，粉末附着在手印上是吸附现象，粉末子印被胶纸粘取是转移现象。因此，吸附和转移性质测定是物证技术鉴定中常用的有效方法，如用胶带纸、照相纸、复写纸等粘取粉末手印，用静电吸附器显现粉尘足迹，用热压转印法呈现被掩盖的圆珠笔字迹等。

4. 仪器分析的方法

（1）光谱分析法

光谱分析法是利用物质对光的选择性吸收和物质受热能、电能激发后所发出的特征光谱进行物证检验的方法。在物证技术鉴定中，光谱分析法主要用于对检材物质进行定性、定量分析，对检材和样品进行比对鉴定，还用于发现潜在的指纹和物证图像，对污损、涂改和变造的笔迹与文件进行检验等。

A. 原子光谱法。原子光谱法是研究原子吸收或释放辐射能的方法，分为原子发射光谱法和原子吸收光谱法两种。

原子发射光谱法是利用物质的原子发射所得到的光谱，即由火焰、电弧或电火花直接激发试样所产生的光谱谱带，使用摄谱仪将发射的光谱分解为线状光谱，并用感光板照相记录下来，借助测量仪器来检测谱线的特性，从而确定试样中的化学成分。原子发射光谱法分析快速、灵敏、准确、简便。它能同时将试样中许多被测元素的特征光谱一次性地记录下来，可同时对多种元素进行定性和定量分析。一般相对灵敏度为 10^{-6}g，绝对灵敏度可达 $10^{-8} \sim 10^{-9}$g。这种方法在物证检验中多用于油漆、颜料、纸张、墨水、矿物、泥土、灰尘、金属、射击残留物、爆炸物、玻璃等物质中无机成分的鉴别。原子吸收光谱法又称原子吸收分光光度法，它是利用物质所产生的原子蒸气对特定光谱线的吸收作用进行定量分析的一种方法。先将待测试液喷射成雾状后送入燃烧火焰中,挥发并离解成原子蒸气,再用该元素的空心阴极作为光源,辐射出具有一定波长的特征谱线的光,当通过一定厚度的待测物原子蒸气时,部分光被蒸气中基态原子吸收而减弱,通过单色器和检测器,测得被检元素的含量。该方法特效性强,准确度和灵敏度都很高,应用范围较广。主要对泥土、粉尘、玻璃、陶瓷、油漆、射击残留物、油墨等物质中的金属元素进行定量分析。

B. 分子光谱法。当紫外线、可见光及红外线照射某些物质后,可引起物质内部分子的电子能级振动、转动的跃迁,消耗一部分能量,对透射出来的光再分光,可得到分子光谱。分子光谱法有红外吸收光谱法、紫外—可见吸收光谱法和荧光光谱法三种。红外吸收光谱法简称为红外光谱法。每一化合物都具有特异的红外吸收光谱,其谱带的数目、位置、形状和强度均随化合物及其结构的不同而变化,因此,根据化合物的红外光谱,就可像辨认指纹一样准确、方便地测定它的组分和结构。红外吸收光谱法最重要和最广泛的用途是对有机化合物的定性分析,如对天然或合成橡胶、塑料、涂料、纤维、粘合剂等有机化合物的检验。红外光谱法适用于气体、液体和固体检样,但要求其纯度较高。紫外—可见吸收光谱法是当溶液中物质分子或离子受到光照射时,其分子中价电子的运动被激发而跃迁到高能级,则出现光的吸收,将透过光分光后,可得到紫外—可见吸收光谱。一个物质在吸收光谱上,由于特殊的分子结构而往往出现几个最大吸收峰。不同物质有不同的最大吸收峰。光谱的最大吸收波长、肩峰以及整个吸收光谱的形状都与物质的性质有关,可作为物质定性分析的依据。紫外光谱法可检测浓度为微克量级的溶液,灵敏度较高,选择性较好,可在多种组分共存的溶液中不经分离而测定某一种欲测成分。而且仪器简便,分析迅速准确,可应用于墨水、纤维上的染料等物证检材的检测。荧光光谱法是利用分子吸收一定能量的光辐射后再发射所产生的荧光不同而进行的。不同的分子结构所吸收的紫外、可见光具有各自的特征性,但是物质能吸收紫外、可见光辐射的,并不一定都能发射荧光,只有那些具有共轭双键,尤其是具有刚性平面和多环结构的分子才有可能发射荧光,而且具有不同分子结构的荧光物质所发射的荧光具有特征的波长分布,故可利用荧光光谱法对物质进行定性分析。荧光光谱法可用于进行定性分析的物理参数较多,如荧光光谱的形状、激发光谱的形状、荧光峰和激发峰位置的特征性以及荧光量子产率等。因此,它是一种选择性好、灵敏度高($10^{-10} \sim 10^{-12}$g)的分析方法。在物证检验中,多用于矿物油、植物油、墨水、圆珠笔油及橡胶、部分染料的检测。

(2)色谱分析法

色谱分析法是根据混合物的各组分在固定相和流动相的两相中分配的特征,对物质进行分离和定性、定量分析的检验方法。物证技术常用的色谱分析法有薄层色谱法、气相色谱法和高效液相色谱法三种。

A. 薄层色谱法又称薄层层析法，是色谱法中最简单、应用最普遍的方法之一。该法是在一平板（一般为玻璃板）上铺担体（吸附剂），将试样溶液滴于薄层板的一端，然后置于密闭容器（层板缸）内，使流动相（展开剂）凭借毛细渗透作用沿板展开。呈色（多数用显色剂）后，根据检材斑点的个数、颜色和比移值（阳值）进行定性分析。测量其斑点的面积、斑点光密度、斑点荧光，或取下色斑吸附剂用溶剂淋洗后，可定量测定。因其设备简单，操作方便，测定迅速，故使用十分广泛。在炸药、油脂、色痕、纤维上的染料和橡胶等物证检验中有较好的效果。

B. 气相色谱法，又称气相层析法。其流动相为气体，一般用注射器引进被测样品，其组分被载气带入色谱系统，依据各组分在色谱柱上的吸附力和分配作用的差异得以分离，然后进入检测系统，将各组分的数量或浓度转换成电信号，再输给记录系统或计算机系统，得到检测结果。通常根据保留时间、相对峰高（或峰面积）定性，根据峰高或峰面积而定量。气相色谱法主要用于分析气体试样，也可分析在450℃条件下能够汽化的液体或固体物质。在微量物证检验中，多用于各种有机物（如涂料、奉告合剂、纤维、橡胶、塑料），尤其是易于挥发的物质（如矿物油、有机炸药）的定性、定量分析。具有分析速度快、分离效率高、线性范围宽、灵敏度高的优点，所以使用较普遍。气相色谱分离的效能虽然很高，但分离后对未知物组成的定性还有困难，不及红外光谱法和质谱分析法准确。因此，近年来兴起了气相色谱与质谱、气相色谱与红外光谱联用的联测技术，相互取长补短，使气相色谱分析能够发挥更大的作用。

C. 高效液相色谱法，又称高压液相色谱法。它在经典的液相色谱基础上，引入了气相色谱法的理论，采用了高压泵、高效固定相和高灵敏度检测器，实现了分析速度快、分离效率高和操作自动化。对于高沸点、热稳定性差、分子量大的有机物，都可直接用高压液相色谱法进行分离和分析，主要用于色素、染料、毒物和毒品及其代谢物的分析。但该方法的灵敏度较低，可通过将高压液相色谱与质谱联用，或使用石英毛细管柱使其灵敏度、分辨率和应用范围得到改善。

（3）热分析法

热分析法是在程序控制温度下，测量物质的物理性质与温度关系的一种技术。物质在加热或冷却过程中随着结构、相态、化学性质的变化，常伴有质量、热量、声学、电学、光学、磁学等物理性质的改变，从而产生了各种热分析测试技术，如热重法、差热分析法、差示扫描量热法、热膨胀法、热机械分析法等。与经典的物理和化学方法相比，热分析法属于动态、非平衡过程的测量，是一种快速、简便、有效的测试方法。主要用于无机物、有机物及高聚物的检验，如金属、土壤、煤渣、纤维、油脂、橡胶、塑料等。

（4）离子选择电极分析法

离子选择电极分析法是将离子选择电极和参比电极同时插入待测溶液，组成自发电池，并用精密毫伏计测量其电动势。因工作电池的电动势在一定实验条件下与欲测离子活度的对数值呈线性关系,所以通过测定电动势就可测定并计算出欲测离子的活度或浓度。离子选择电极分析法的特点是:对欲测离子有一定选择性,一般不经分离即可对有色、混浊和粘稠液体直接进行测量;电极响应快,在很短时间内便可得出稳定读数;需要试样量少,如特殊电极仅需几微升试样;因电位变化读数可连续显示和自动记录,故可连续进行自动分析。离子选择性电极分析法是对无机炸药中的硝酸根、硝酸钾、氯酸钾以及一些低价离子 F^-、Cl^-、Ca^{2+} 等进行定量分析最简便、最廉价的检测手段。

(5)质谱分析法

质谱是按质量的大小依次排列成的谱图。质谱分析时,将被测物质在高真空下输入质谱仪,在离子源器中,样品的分子被高能电子轰击后产生各种类型的不同质荷比(W/e)的离子碎片,这些离子碎片在磁场中所受的作用力不同,因而运动方向不同,导致彼此分离,经过质量分析器和收集检测器的分别捕获收集,从而确定离子碎片的种类和相对含量,得到试样的定性和定量分析结果。质谱分析的范围很广,可分析气态、液态和固体的无机或有机物中的各种成分,包括元素、同位素、基因或化合物。该法的灵敏度和分辨率高,需样量为微克,适用于微量、超微量分析,以及微区、表层、快速追踪分析。近年来发展的气—质联用和液—质联用检测技术,使分离和鉴定一次完成,大大提高了分析速度。

(6)X 射线荧光光谱法

试样在 X 射线激发下,物质中的原子内层电子被击出而形成空穴,外层电子跃进内层填补空位,当内层的电子空穴由能量较高的外层电子补充后,同时以 X 射线形式释放出多余的能量,不同元素所发射的 X 射线的波长各不相同,从而形成 X 射线荧光光谱。X 射线的波长决定于它们的原子序数,原子序数越高,发出 X 射线的波长越短;试液浓度越大,谱线的强度越强。因此,根据 X 射线的波长可进行定性分析;根据谱线的强度可进,行定量分析。该分析法谱线简单,易于鉴别,干扰小,选择性高,适用于测定原子序数 9(氟)至 92(铀)的元素。常用的有 X 射线发射、吸收光谱法、X 射线衍射光谱法、X 射线荧光法、电子探针 X 射线显微分析法、激光发射光谱法。

(7)中子活化分析法

利用中子照射被检物,使没有放射性的普通元素变成具有一定特征的放射性元素。其放射强度与待分析元素有一定量的关系,可以进行鉴别和测量。常用的照射源(中子)是一个具有单位质量而不带电荷的粒子。产生该元素的放射性同位素能放射出 γ 等射线。如果使用 y 射线能谱仪测量 γ 射线产生的发射光谱特征,即可进行无损分析。该法可用于原子序数在 9 至 86 范围内所有元素的测定。因其测定范围广、分辨率高、灵敏度高、相对误差小,在微量物证检验中对高纯度物质的分析和鉴定甚为重要。目前,多用于纸张中填料、玻璃、油漆等检材的检验。

(8)声谱分析法

它是利用人的呼吸器官、喉、声带、咽以及口鼻在生理上的明显不同所产生的语音特殊性,通过记录声带振动特点和声道特点的共振峰频率以及频率带或幅度,得到声纹图或声谱图进行个体识别。所使用的仪器为声谱仪,常用于录音带、磁盘、录像带、光盘等录制的语音分析辨别。

5. 医学和生物学检验方法

医学和生物学检验方法是指在物证技术鉴定,特别是法医检验鉴定中,针对人体和其他生物检材所采取的医学和生物学检验鉴定方法。常见的有临床医学检验、尸体解剖检验、细胞学检验、免疫学分析、电泳技术、DNA 多态性分析等。其中,临床医学检验是对被鉴定人的某些特征、伤害情况或生理状态进行检查。尸体解剖检验主要是通过手术刀剖割和肉眼观察尸体,查明死亡的原因、性质和时间,以及体内损伤、中毒、病变的详细情况。细胞学检验主要是通过生物显微镜、电子显微镜或荧光、偏振光等专门显微镜,对经过特殊加工制备的人体或动植物的细胞形态变化进行微观的观察研究。免疫学分析是利用抗原与抗体相遇产生免疫应答而出现的各种现象,来判断被检客体的属性的基本方法之一,主要用于生物的种属、血型、毒物、毒品等。电泳技术主要用来分析蛋白质,是血液、精液等个体识别及亲子鉴定的常用技术手段。DNA 多态性分析是近年来迅速发展起来的一种分子水平的生物学技术,又称为 DNA 指纹技术。自 1985 年诞生后发展迅速,已经形成了 DNA 分子杂交技术、PCR 技术、DNA 测序技术、DNA 芯片技术等,使 DNA 分析技术在生物物证鉴定中的灵敏度不断提高,检验速度大大加快,检验的生物物证范围不断拓宽。无论人的还是动物的、有细胞核的和无细胞核的、检材条件差的和量微的,都可以应用 DNA 的不同方法进行检验。物证技术鉴定方法多种多样,而且随着科学技术的日益发展,新的检验鉴定方法会不断涌现。

在物证技术鉴定中,选用什么方法,取决于被检物证的属性、特征和要求解决的实际问题,具体检验鉴定过程中择优选择。

(五)物证鉴定意见

1. 鉴定意见的审查

鉴定意见是指受公、检、法、司机关聘请或指派的具有专门知识的人,运用科学技术对物证案件中某些专门性问题进行检验鉴定、分析判断之后所提出的书面意见。我国刑事诉讼法明确规定,鉴定检验是一种法定证据。同时规定,证据必须经过查证属实才能作为定案的根据。由此可见,物证技术鉴定意见作为揭露、证实犯罪的一种诉讼证据,是公安、司法人员作出某种判断的重要依据,它在物证案件的审理和诉讼中有着举足轻重的作用。提出鉴定意见要科学、真实、准确。使用鉴定意见必须本着慎重的态度,按照法律的规定,预先进行全面细致的审查和判断。对物证技术鉴定意见的审查,主要着眼于鉴定意见内容的科学性和形式的法律性。前者是指审查鉴定意见的内容是否科学,科学的鉴定意见必须是纯粹的科学分析、推理和概括,绝不允许掺杂任何其他内容;后者是指对鉴定工作是否符合法律规定的审查,凡属不合法的鉴定意见都不能作为证据使用。根据科学性和法律性两者统一的要求,对物证技术鉴定意见的审查一般包括以下6个方面:

(1)审查鉴定人是否合格

审查鉴定人是否合格即检查鉴定人是否由公安机关正式聘请或指派,是否具有解决案件中某项具体的专门性问题的知识、技术和能力,是否存在法定应予回避的问题,以及鉴定人是否为自然人。

(2)审查鉴定材料是否符合鉴定要求

审查鉴定材料是否符合鉴定要求即检查鉴定人所掌握的鉴定材料的来源是否真实可靠,数量是否满足鉴定的需要,是否具备鉴定条件等。

(3)审查鉴定过程是否科学

审查鉴定过程是否科学即审查鉴定人所使用的鉴定方法和手段是否科学,鉴定中所使用的仪器设备及其他条件能否满足作出正确鉴定意见的需要。凡属尚未被实践证明或被法律认为是科学的方法,都不能作为鉴定的手段和方法。

(4)审查鉴定意见的推理和分析是否正确

审查鉴定意见的推理和分析是否正确即审查鉴定结果的综合评断是否符合相关学科的基本原理,推理是否合乎逻辑,意见是否明确和唯一,对差异点是否作出令人信服的解释。

(5)审查鉴定意见与其他证据的关系

审查鉴定意见与其他证据的关系即把鉴定意见同已经掌握的其他证据材料相互比较,核对其所证明的事实是否基本一致。如果不一致或者相互矛盾,必须对鉴定意见和其他证据材料一并进行重新审查,以确定鉴定意见的真实可靠性。

(6)审查鉴定书的法律手续是否完备

审查鉴定书的法律手续是否完备即审查鉴定书是否符合法律规定的形式和手续,这些形式和手续是鉴定意见内容真实可靠的必要保证。总之,由于各种因素的影响,鉴定意见并非总是客观准确的,有时会存在这样或那样的问题,所以对鉴定意见进行认真审查不仅十分重要,而且非常必要。如果鉴定意见出现问题或可能存在问题,应当进行补充鉴定或重新鉴定,必要时可聘请有关专家对鉴定意见共同审查。

2. 鉴定意见证据意义的评断

鉴定意见的证据意义,是指鉴定意见在证据体系中的地位和作用。科学的鉴定意见具有很强的证明力。鉴定意见的科学可靠性只解决了鉴定所确定的事实的客观和真实,只有当鉴定意见应用于诉讼活动中,它的证据意义才能充分体现出来。违背科学的鉴定意见不能作为证据使用,自然也就毫无证据意义。同样是符合科学的鉴定意见,在案件中的证明作用的价值也是不同的。根据鉴定意见与案件主要事实的关系,有的鉴定意见能直接证明案件的主要事实,属于直接证据。例如,经过声纹和相貌鉴定,证明声音、相貌同一者的鉴定意见,即可作为直接证据;有的鉴定意见必须与其他证据结合使用,才能证明案件的主要事实,如根据犯罪现场遗留的脚印,认定与犯罪嫌疑人的鞋底花纹同一,这只能作为确定犯罪嫌疑人曾到过犯罪现场的依据,但不能作为证明其实施犯罪的直接证据。正是由于鉴定意见的证明价值存在大小的差别,所以需要对鉴定意见的证据意义进行评断,而这种评断的实质,就是确定鉴定意见与案件的关系,考察鉴定意见所确定的事实对于揭露犯罪案件和犯罪人有重要意义。

3. 同一认定和种属鉴别意见的证据意义

物证技术鉴定主要有同一认定和种属鉴别两种类型,由同一认定或种属鉴别所作出的鉴定意见的证据意义各不相同。

(1)同一认定鉴定意见的证据意义同一认定包括人身同一认定和物体同一认定。人身同一认定鉴定意见的证据意义有三种情况:首先,鉴定意见表明被认定同一的人,就是实施犯罪行为的人,如对犯罪嫌疑人亲笔书写的字迹材料的鉴定,其鉴定意见往往具有直接证据的意义。同理,如果对毛发、血型、指纹、笔迹等比对材料作出了不同一的鉴定,也可作为排除犯罪嫌疑人犯罪嫌疑的直接证据。其次,鉴定意见表明被认定同一的人与犯罪活动在时间和空间上存在某种联系,但不能表明被认定同一的人就是实施犯罪行为的人,其鉴定意见虽有较大的证据意义,但不是直接证据,需要进一步查实或根据其他证据综合分析。最后,鉴定意见只能表明被认定同一的人与犯罪活动中的某物有关联,但无法证明其与犯罪活动的联系,该鉴定意见属于间接证据,其证据意义明显小于前两种情况。物体同一认定鉴定意见有三种情况:一是证明被认定同一之物是作案的工具或凶器;二是证明被认定同一之物曾在犯罪现场使用;三是证明被认定同一之物来自何处,所以物体同一认定鉴定意见一般都属于间接证据。其证据意义在于它只能证明案件事实中的某一个情况,而不能单独地、直接地证明案件的主要事实。因而只有当它与其他证据材料一起使用并构成一个证据体系时,才能证明犯罪行为。

(2)种属鉴别鉴定意见的证据意义。种属鉴别既同鉴定的内容、检材的类型有关,也同鉴定结果是肯定还是否定的意见有联系。因此,对种属鉴别鉴定意见证据意义的评断应区别对待:首先,确定物质成分鉴定意见的证据意义。如果检材不是寻常可见的物质,且该物质又发现或提取于一定人的身上或其住处,则鉴定意见对于审查该人是否实施犯罪行为具有较大的证据意义。反之,只能为判明案件性质和确定侦查方向提供依据。其次,比较物质种类和属性是否相同的鉴定意见的证据意义。对两种物质的种类和属性进行比较,不论得出相同或不相同的鉴定意见,都不能直接证明犯罪嫌疑人就是作案者,或排除犯罪嫌疑人的作案嫌疑。但当鉴定的物质比较罕见时,若得出肯定的鉴定意见,其证据意义明显大于前者。最后,检验客体上是否有某种微量物质存在的鉴定意见的证据意义。当鉴定意见肯定被检验客体有某种物质存在时，能证明客体与案件有一定联系。但仅凭此证据不能证明一定人就是作案者。当鉴定意见否定被检验客体有某种物质存在时，情况比较复杂：它既可表明客体原本就不存在这种物质，从而表明该客体与案件没有关联；也可能是因为客体在被检验前经过擦洗，使原本存在的某种物质被清除掉；还可能由于所提取的检材不符合鉴定要求，如真正含有某种物质的检材并没有提取到，所以这种鉴定意见的证据意义不大，在使用时要格外慎重。种属鉴别鉴定意见一般都属于间接证据，它只能证明案件事实的某个片断或情节，不能直接证明案件的主要事实，其证据作用小于直接证据。

（六）物证技术鉴定书的制作

鉴定书是鉴定人在科学检验的基础上，经过综合评断后，以书面形式所表达的鉴定意见。它是证明案件真实情况的科学证据，在案件的诉讼中具有十分重要的作用。

1. 鉴定书的种类

根据鉴定对象和鉴定结果的不同，物证技术鉴定结果通常采取三种书面形式表达，即鉴定书、检验报告和鉴定分析意见书。凡经过物证技术检验获得了明确肯定或否定意见的，必须出具鉴定书；只需客观记述检验结果，不必进一步作分析判断便可满足送检要求的，如尸体检验、毒物分析及其他理化检验，一般出具检验报告；因检验条件差，难度大，无法作出确定性意见的，可出具鉴定分析意见书。

2. 鉴定书的内容

鉴定书的内容包括四个部分：绪论，主要写明收检日期、送检单位、送检人、简要案情、检材名称、种类、数量、提取方法、载体及包装、运输情况、鉴定要求；检验，简要叙述检材和样本的形态、色质、大小，检验、实验的步骤、方法、手段、数据、特征图形；论证，对检验发现的特征、数据进行综合评断，论述意见的科学依据；意见，明确鉴定结果。鉴定书应由鉴定人签名，注明专业技术职务，加盖鉴定单位的物证技术鉴定专用章。撰写鉴定书要文字简练，描述确切。所附照片作为一种形象化的论证手段，要力求真实、清晰，特征要标划鲜明。检验报告和鉴定分析意见书的内容和要求，与鉴定书基本相同。

思　考　题

1. 物证技术学的定义与内涵是什么？
2. 物证技术学的研究内容是什么？
3. 物证技术学的科学基础是什么？
4. 什么是同一认定？同一认定理论包括哪些内容？
5. 什么是种属鉴别理论？种属鉴别理论包括哪些内容？
6. 同一认定意见与种属鉴别意见的证据意义有哪些？

7. 物证技术鉴定的主体及鉴定人资格有哪些?
8. 物证技术鉴定的基本程序和要求是什么?
9. 物证技术鉴定有哪些方法?
10. 制作物证技术鉴定书的基本要求有哪些?

第二部分　痕 迹 鉴 定

第二章 痕迹鉴定概论

痕迹,是人们日常生活中司空见惯的一种客观存在。痕迹鉴定作为形成、固定证据的技术活动,在公共安全领域和司法实践活动中发挥重要不可替代的作用,已成为公安司法部门查办各类案件的科学依据。

痕迹鉴定技术研究物体之间接触相互作用形成的变形、损坏、物质转移附着反映的形态特征,现场痕迹的勘验与分析,认定遗留痕迹客体的专门技术,为各类案件侦查提供依据,为诉讼提供证据。

第一节 痕迹及其形成

一、痕迹

(一)痕迹的定义

一切事物运动或变化所遗留的形象或印象称为痕迹。任何事物在任何时间和空间内受到任何作用,其存在状态都可能发生改变,因而遗留痕迹。中国俗话说“人过留名,雁过留声”,“要想人不知,除非己莫为”。早在1910年,法国警官艾德蒙罗卡(Edmond Locard)提出“接触即留痕”的论断,成为现代痕迹形成的基本原理。物体之间相互作用或弹塑性变形痕迹或物质转移附着痕迹,譬如,人体手触摸物体遗留的印迹,即手印;人行走遗留的印迹,即足迹;工具与物体相互接触作用而形成的塑形变形,即工具痕迹等,反映出相互作用物体接触部位形态特征,称为形象痕迹或狭义痕迹,本书以下沿用“痕迹”这个术语。

(二)痕迹特点

当物体之间相互接触作用时,在接触部位产生的形象,既可反映接触部位的形态特征,又可能反映施力者习惯动作特点,同时还可能反映物体变形部位的材料特性。痕迹一般具有如下特点：

1. 遗留性

任何客体之间接触相互作用，在接触部位都可能发生形变或物质转移，这些变化以形象或物质本身遗留在客体上，反映物体之间的接触作用过程。

2. 客观性

痕迹如同物质客观存在的形式，形象地反映物质相互作用的过程、变化规律及影响因素，不依赖人的主观意志的影响。它与证人证言、受害人辨认、被告人陈述等主观性证据不同，具有更客观存在特性。

3. 因果性

痕迹与形成要素之间存在直接的因果关系，痕迹是客体之间相互作用引起的形象，这种内在的因果关系使痕迹成为揭露与证实犯罪事实的重要物证。

4. 直观性

痕迹以形象反映客体表观的特征，人们可以用肉眼或借助仪器设备直接观察其特征，可以通过实验的方法再现和验证痕迹形成的过程。在痕迹鉴定实践中正是利用痕迹的这些重要特性，发挥它在侦查工作中的作用。

二、痕迹的形成

（一）痕迹形成的基本要素

痕迹是客体之间通过接触相互作用的产物，因此痕迹形成必须具有客体、作用力要素，当客体之间物质转移时还要考虑转移物质，即中介质。痕迹检验学中，客体分为造痕客体和承痕客体，两者之间相互作用称为作用力，转移物质称为中介质。通常，立体痕迹中考量造痕客体、承痕客体，作用力三要素，而平面痕迹中，除了上述三要素之外，重点研究中介质。

1. 造痕客体

造痕客体亦称造型客体，是指在两个客体相互接触作用过程中，在被作用表面留下自身表面结构形态特征的物体，即形成痕迹的主动体。例如，手指触摸门、窗玻璃，手指表面的乳突线花纹在玻璃上形成印迹，该手指即称为造型客体。造型客体可以是人体器官的局部，其形成的痕迹称为人体痕迹，如手印、赤足印；也可以是物体，其形成的痕迹称为物体痕迹或器械痕迹，如钢丝钳剪切物体形成的痕迹。人体作为造型客体时，其表面结构形象和细节特征或来源于自身生长，或来源于创伤、镶补；物体作为造型客体时，其表面结构特征或来源于生产加工，或来源于使用、修理，或来源于腐蚀。形成痕迹时，因造型客体具有一定的形状、体积、硬度或分泌、吸附能力，与其他物体接触时遗留下本身的表面结构形象特征。

2. 承痕客体

承痕客体亦称承受客体，是指两个物体相互作用过程中，在接触部位留下造型客体表面结构特征的载体，是形成痕迹的被动体，如手触摸的门、窗玻璃，人行走的地面。承痕客体的物理特性，如表面特性、机械性能、客体的干湿度，特别是机械性能不同，对造痕客体特征的反应能力亦不同。

3. 作用力

作用力是指造痕体加载于承痕客体的载荷，是形成各种痕迹不可缺少的因素之一。作用力使造型客体与承痕客体在接触部位产生相互作用，这种作用或改变了物体的运动状态，或改变了物体的局部形状，进而形成痕迹。在外力作用下，承受客体产生变形，其内部质点间的作用力就要发生相应变化，内力的改变量简称为内力，内力与外力大小相等，方向相反，是客体变形时同时出现的力的两个方面。

4. 介质

介质又称中介质，是指造痕体与承痕体在接触相互作用过程中，其接触部位表面附着物质。例如，手指上的汗渍转移形成汗渍手印，鞋底上的灰尘转移形成灰尘鞋印。常见的介质有液态状与粉尘状两种。造型客体表面附着的介质，在形成痕迹时，转移或部分转移到承痕客体表面上则出现平面加层痕迹；承痕客体表面上沾附的介质，在形成痕迹时，转移或部分转移到造型客体的表面上，承痕客体的表面就会出现平面减层痕迹。

（二）痕迹的形成机理

1. 立体痕迹的形成机理

立体痕迹是指痕迹结构形态具有三维空间尺寸的痕迹。客体在外力作用下会发生变形。当外力较小时变形随卸载而随之消失。这种可恢复的变形就称为弹性变形，用胡克定律表述。例如，在拉伸时，拉应力 σ 和伸长应变 ε 的关系为 $\sigma = E\varepsilon$，式中 E 为杨氏模量。在剪切变形时，剪切力 τ 和剪应变 γ 的关系为 $\tau = G\gamma$，式中 G 为剪切模量。在弹性极限值范围内，应力增加与应变增加成正比，外力取消（卸载），应力与应变同时消失，此时不形成明显的立体痕迹。但是，当外加应力超过一定值（屈服极限）时，应力和应变不再成线形关系，卸载后变形也不能完全消失，而会留下一定的残余变形或永久变形，即塑性变形。此时形成立体痕迹，如用铁锤打击木板形成的坑状痕。如果外力继续增加，超过承痕客体的强度极限值时，客体就会发生断裂或断离，如整体分离痕迹中的木棒受力产生的断裂或分离。不同的材料，其屈服极限值与强度极限值是不同的。因而，相同的外力作用在不同的客体上会形成不同形态的痕迹，同一客体受到不同的外力作用也会形成不同形态的痕迹。

2. 平面痕迹的形成机理

平面痕迹是指痕迹结构形态具有二维空间尺寸的痕迹。平面痕迹是通过中介质转移附着反映出来的。介质是形成平面痕迹的形成物质。由于介质的种类多、组成复杂、物理性质和形成痕迹的条件不同,其形成痕迹的机理亦不同。

当中介质为液态时,介质是从造痕客体的表面部分地流向承痕客体的表面;反之,承痕客体表面沾附的介质被造痕客体沾附而形成减层痕迹时,介质是从承痕客体的表面部分地流向造痕客体的表面形成痕迹。

当中介质为微颗粒介质时,由于微颗粒介质的转移附着、聚集形成痕迹。在造痕客体没有接触承痕客体之前,微颗粒介质微粒只与造痕客体间存在静电引力;当造痕客体与承痕客体接触后,承痕客体对粉尘介质亦产生静电引力。随着微颗粒介质的微粒与承痕客体相互靠近,作用半径缩小,静电引力加大,微颗粒介质的微粒一部分或大部分就可以被承痕客体粘附过去,而显示出粉尘痕迹。静电引力与电量的平方成正比,与作用半径的平方成反比,即静电量越大,引力越大;两个客体贴得越紧,静电引力越大。

三、痕迹的种类

痕迹的种类很多,在痕迹检验学中,通常按照实践需要,根据痕迹的形态反映、形成过程、造痕体种类等对其进行分类。

(一)按照痕迹的宏观结构形态分类

1. 立体痕迹

以客体塑形变形反映的痕迹称为立体痕迹。痕迹结构形态具有三维空间尺寸,反映立体形象,如长、宽、高(深)结构的塑性变形痕迹。

2. 平面痕迹

以中介质转移附着反映的痕迹称为平面痕迹。平面痕迹结构形态具有二维空间尺寸,反映平面形象。平面痕迹无明显的立体感。根据介质的在成痕客体上增减情况,又将平面痕迹分为加层平面痕迹和减层平面痕迹两种。

(二)按照痕迹的反映性分类

1. 显在痕迹

直接用肉眼能够观察到的痕迹,如一般立体痕迹、与承痕体有明显反差的平面痕迹等。

2. 潜在痕迹

需借助于仪器或特殊方法予以显现才能观察的痕迹,如无色汗液手印,即潜在手印。

(三)按照痕迹形成过程特点分类

1. 静态痕迹

造痕客体与承痕客体在相互作用过程中,两者接触部位不发生明显相对位移形成的痕迹称为静态痕迹,主要以凹形反映造痕体接触部位局部特征的原有形态特征,如工具打击作用形成的痕迹、脚踩在地面上的痕迹。

2. 动态痕迹

造痕客体与承痕客体在相互作用过程中,接触部位发生相对位移(滑动),造痕体表面的凸凹状特征以滑动成线形反映,故称线形痕迹,如工具擦划客体表面形成的痕迹。

(四)按照造痕体的种类分类

1. 人体痕迹

人体痕迹又称人的痕迹,是人体器官的某个部位留下的痕迹,如手印、赤足迹、牙印、唇印、耳廓印等。

2. 物体痕迹

物体痕迹又称器械痕迹,是物体某个部位留下的痕迹,如工具痕迹、枪弹痕迹、车辆痕迹、分离痕迹等。

(五)按照痕迹特征分类

1. 外部形象痕迹

当两个客体相互作用时,造痕客体的外表结构形态在承痕客体上形成的反映形象。痕迹特征反映的是造痕客体局部的外表形态结构,包括三维尺寸大小、局部各个细节特征的形态和分布等。绝大部分痕迹属于此类,如工具痕迹反映的是工具留痕部位外表的大小、形状和凹凸不平的细节特征的形态与分布;鞋印反映的是鞋底花纹结构特征。

2. 物体分离痕迹

在外力作用下,物体被分离成若干部分,其每个部分(分离体)形成的新界面称为分离痕迹,相邻两个分离痕迹的分离痕迹相互对偶。

3. 动作习惯痕迹

在痕迹形象中反映出来的动作习惯特征,是人或动物运动中的习惯性动作在承痕客体上的反映。人的动作习惯通过作用力的规律反映在痕迹的形象中,具有个体某些特征,如足迹中的步法特征。

第二节　现场痕迹的勘验

一、寻找现场痕迹

犯罪现场时犯罪行为的发生地和结果地。根据各类案件现场特点,针对“七何”,即何人、何因、何时、何地、何事、何物、何果展开搜寻痕迹物品,应多方位、宽视角认真、细致、全面勘验。通常以下列区域或物体为寻找痕迹的重点部位:

(一)在犯罪活动的中心现场与相关地点寻找

中心现场是犯罪侵害目的物所在之处,是犯罪行为集中的场所。犯罪嫌疑人在移动、翻动、毁坏、抛弃物体过程中不可避免地会在物体及其周围留下各种痕迹,因此,首先应在这些地点寻找犯罪痕迹。

(二)在被侵害客体上寻找

无论是人体还是物体,只要受到侵害或破坏,如工具侵害、弹头侵害或械具撬门压锁等,都会留下或多或少或重或轻的痕迹,反映出形成这些痕迹的方法、手段。因此,应注意在侵害客体上寻找痕迹。

(三)在作案器具上寻找

作案工具或其他被触摸过的器具上会留下罪犯手印等痕迹,要采用科学的方法、先进的技术和合法的程序发现痕迹。

(四)在现场遗留物上寻找

当现场发现有犯罪嫌疑人遗留的物件,既要提取遗留物,还要注意在遗留物上发现犯罪嫌疑人的痕迹。

(五)在犯罪嫌疑人来去路线上寻找

在来往中心及现场路线上,犯罪嫌疑人或触摸障碍物遗留手印,或遗弃作案工具,或留有足迹,要注意确定来往行走路线,发现犯罪嫌疑人的痕迹。

二、发现犯罪痕迹

(一)肉眼直接观察发现痕迹

通常,对于可见的立体痕迹和平面有色痕迹,用肉眼在普通光照下仔细观察即可观察发现现场痕迹,对于在透明物体或有光泽物体表面上的痕迹,通过不断调整光照或视线的方向、角度来进行观察发现。

(二)显现发现痕迹

对一些显在的现场痕迹,可以用侧光、逆光或借助放大镜等器具观察到。但是,对一些潜在的、肉眼无法直接观察到的痕迹,必须采取相适合的技术措施使其显现或增加反差。显现痕迹的方法主要有物理的方法和化学的方法。

1. 物理的方法

在不改变痕迹形态的前提下,可采取增加痕迹色差,使其显现的方法。主要有:

(1)着色法。利用痕迹形成物质本身对其他某些物质微粒的沾附或吸附作用,通过染色、附着来改变痕迹色差的方法,如碘熏法或粉末法显现赤足印、手印等。

(2)镀膜法。采用对痕迹表面喷镀微米级厚度的有色金属薄膜的方法,使其增加或改变其色差,如用真空镀膜仪在工具痕迹表面喷镀金、银、铜等金属膜,增强反差和立体感。

(3)光致荧光法。利用形成痕迹的某些物质在外界光能的激发下可以发出荧光来显现痕迹,如用紫外线激发荧光的方法显现汗液或血物质形成的手印、赤足迹。光致发光现象遵循“斯托克斯定律”,即荧光的能量永远小于激发光的能量,或说激发光的波长永远小于荧光的波长,因而,应根据实际需要选择激发光源,或先用荧光剂对痕迹进行处理(如罗丹明),以增强荧光的强度。

(4)不可见光摄像法。采用X光或其他不可见光作反射或透射光照相,可以摄取在可见光下看不见的痕迹,如枪弹痕迹、金属密度变化形成的潜在痕迹。

2. 化学的方法

通过化学反应改变痕迹物质的成分和化学性质,使其显色的方法。主要有:

(1)颜色反应。颜色反应又称显色反应,是指两种物质发生化学反应后生成新的物质,从而改变原来颜色的现象。在痕迹显现中,常常使用某种试剂使形成潜在痕迹的物质显色或改变色差,如用茚三酮显现汗液手印、赤足印,用联苯胺显现血物质痕迹等。

(2)沉淀反应。沉淀反应是指两种物质的溶液发生化学反应后生成不溶的沉淀物的现象。在痕迹显现中主要使用某种试剂显现液体介质形成的痕迹,如用硝酸银试剂显现手印。

三、痕迹提取

科学规范提取现场痕迹对案件侦查极为重要。从提取过程对痕迹影响考虑,痕迹提取有两种方法,即有损提取和无损提取。有损提取是指对痕迹提取的过程中所采取的技术方法不能避免原始痕迹的破坏或损坏。如立体足迹的石膏灌注提取,大部分手印显现固定提取都是属于有损提取。无损提取是指对现场痕迹不发生物理化学变化提取,如光学提取、原物提取等。在现代科技发展的今天,我们应当主张尽可能无损提取,保证痕迹物证不发生变化。

(一)现场痕迹的提取

提取痕迹的主要方法有:

1. 照相法

照相法是对所有痕迹都必须采用的方法,它既是提取痕迹的方法,也是固定痕迹的方法,而且是在采取其他方法之前必须先行采取的保险措施。

2. 转移法

转移法是将形成痕迹的物质转移到其他载体上的方法。例如,用透明胶带将粉末显现的汗液指纹从现场转移到白色或黑色硬纸板上。

3. 制模法

制模法通常将石膏液、硅橡胶或牙科打样膏灌入立体痕迹中,制作立体痕迹模型。

4. 复印法

复印法常用于粉尘形成的痕迹提取,如用静电吸附的方法提取粉尘足迹。

5. 原物提取法

凡是体积较小,载体和痕迹不易变形损坏的,尽量提取原物,这样可以更全面地保存痕迹原貌特征。

（二）收取样本痕迹

样本痕迹（简称样本）分捺印样本、自然（遗留）样本和实验样本三种。收取样本的方式有公开收取与秘密收取两种。

1. 公开收取样本

公开收取样本主要适用于捺印样本和实验样本两种情况。根据案情需要，模仿现场动作、犯罪嫌疑人接触部位进行捺印或制作样本痕迹。

2. 秘密收取样本

秘密收取样本是自然样本的主要来源，分计划性密取和搜查性密取两种。

（1）计划性密取。计划性密取工作的成败在于做好密取前的准备工作并制定好密取的措施。密取前应做到：

①研究现场痕迹遗留的情况、遗留的位置，明确密取的目标和要求。

②充分了解犯罪嫌疑人的经历、职业、爱好、习惯，选择适当的方法和措施。

③注意犯罪嫌疑人在工作、学习、生活、娱乐等平常活动中经常接触的物品、使用的械具、穿换的鞋类，提供密取条件。

④了解犯罪嫌疑人的周围关系，查明与犯罪嫌疑人接近的人的情况，找出可协助我们工作的助手。

⑤选择适宜的场地、方式，既不能暴露我们的意图和手段，又不至于引起对方的怀疑、反感，方便我们取得需要的样本痕迹。

（2）搜查性密取。在有关单位的配合下，对犯罪嫌疑人日常生活、学习、工作的场所进行搜查，以取得符合检验的样本痕迹。

密取痕迹属秘密侦察手段之一，取得的样本可作为破案的依据之一。但如需提交法庭作为诉讼证据使用，则应换用公开样本并制作鉴定书。

四、发现、提取痕迹中的微量物质

痕迹中的微量物质，是指附着于痕迹中或遗留在痕迹周围的一些残渣碎屑或斑痕点等体微量少物质。例如，犯罪嫌疑人手掌沾附的物质遗落在加层手印上；足迹携带的残渣碎屑；作案工具表面的锈斑、工具的分离物；枪弹痕迹中的射击残留物、烟垢分布；车灯碎片、油漆表层等，这些微量物质，对分析犯罪活动、检验鉴定痕迹都有重要作用。

（一）发现、寻找微量物质

现场中微量物质的形成主要是由于引力作用和外力作用。寻找发现这类物质需在研究痕迹形成过程、变化规律及影响因素。譬如，在手印上注意寻找因引力作用在接触面上留下的对方转移的物质：血迹、灰垢、泥土、油垢、手套纤维等；在足迹上注意寻找犯罪嫌疑人鞋上携带并自然脱落在现场的泥土、灰尘、草籽以及沾附在鞋底的现场的某些物质；在门、窗、柜、抽屉上的工具撬压痕迹中，寻找因反作用力遗落在现场痕迹上的金属屑粒、锈斑;在人体创口处寻找工具分离物;在锯、锉、钻中寻找锯齿、锉屑、油垢等;在枪击案件中注意寻找弹着痕迹中的金属屑粒,自杀案件中死者手上的射击残留物等。

(二)提取微量物质

在提取痕迹中的微量物质之前,应先拍照固定,在不破坏现场痕迹的情况下,先提取附着在痕迹中的微量物质,再提取痕迹。常用的提取方法有粘贴法、抖动法、剥脱法、挟取法、磁铁吸附法、筛选法等。

粘贴法是最常用的提取微量物质的方法,是指用指纹(或掌纹)胶带纸粘取现场微量物质。例如,用掌纹胶带纸提取持枪手上的射击残留物,用指纹胶带纸提取草籽、泥土等,有时也可用AC纸或火棉胶固定提取一些罕见的微量物质。

抖动法和筛选法则是在范围较大的现场或痕迹中,用抖动或挑选的方法将沉落在现场物质中的微量物质找出来。

遗落在勾缝中的微量物质,则要用夹取的方法或剥脱的方法将其剥离出来,有时也需用磁铁吸附的方法将遗留在物体内部的铁质微小物质吸附出来。

提取的微量物质,要妥善保管、防止污染,以免破坏原物质的含量。

五、寻找、发现痕迹的原则

(一)先重点后一般的原则

寻找、发现痕迹应突出重点,即要在犯罪场所——实施犯罪的场所、预谋犯罪的场所、移动后的犯罪场所、掩盖犯罪的场所(销赃、窝赃地点)等场所发现痕迹,再者是犯罪活动过程中犯罪行为人所接触的部位——行走路线、触摸物品、破坏(侵害)部位等发现痕迹。

(二)先静观后动观的原则

寻找发现痕迹,应先静止观察,在固定承痕体及痕迹所处的位置、呈现的状态后,才可以移动、搬动、挪动物体继续观察寻找痕迹。

(三)先观察后处理的原则

技术处理痕迹一定要在观察寻找后进行,且不可以用技术处理代替寻找发现痕迹。

(四)寻、显结合,以寻为主的原则

寻找与显现都是发现痕迹的方法,但应以寻找为主,在相关部位认真、仔细地寻找发现痕迹,然后才能在可能的部位进行显现,且不可以用显现代替寻找,因为无目标地盲目显现有时会破坏痕迹。

(五)先提取微量物质后提取痕迹的原则

一旦在痕迹及其周围发现了微量物质,则应在拍照固定的基础上,在不破坏痕迹的前提下,先提取微量物质,然后再提取痕迹。

六、痕迹的固定

有些痕迹的载体物质容易发生物理化学变化，导致痕迹的损坏，必须及时采取固定保护措施。例如，水果上的牙齿痕迹会随着水果水分的蒸发而变形或消失；金属上的工具痕迹会随着金属的锈蚀而遭到破坏。除应当及时复制提取外，还可以根据情况采取固定措施。首先，防锈，可以用镀膜、贴膜、喷膜等方法，使痕迹与空气隔离，防止氧化；无此条件的可以涂一层防锈物质，如变压器油、凡士林。其次，防腐，可以用恒定低温保存法、冷冻法、防腐剂法。最后，照相，及时固定保存痕迹形象。

七、记录现场痕迹

如实记录现场痕迹是整个现场勘查记录的一部分，既可以列入案件卷宗起证据作用，也可以在离开现场后，进一步分析痕迹与犯罪的关系，又可以为分析痕迹的变化提供依据，因此要准确地做好记录现场痕迹的工作非常有必要。

（一）记录的内容

1. 痕迹遗留的地点、位置（包括承痕体在现场空间的位置）和方向。

2. 有关物体被破坏（侵害）的情况，痕迹形成的原因、形成的物质和痕迹的种类、痕迹的形态、痕迹间的相互关系等。

3. 现场痕迹的处理情况。

（二）记录的方法

记录现场痕迹的方法有照相、文字记载、绘示意图、录像四种形式。这四种形式各有特点、互为补充，其中前三种是目前常用的方法。

第三节　痕迹的鉴定

一、痕迹鉴定内涵

痕迹鉴定是运用科学技术的理论和方法，研究痕迹与案件的事实、痕迹与一定人或物的关系的一门科学技术与司法鉴定工作。痕迹鉴定的对象是与案件有关的各种形象痕迹、物品。痕迹鉴定的内容和任务：一是通过现场痕迹和样本痕迹的分析比较，提出现场痕迹为某人或某物所形成的分析判断意见；二是对现场客体和嫌疑客体的某种关联提出分析判断意见。

二、痕迹鉴定依据

物质以其存在形式、组成结构和固有属性构成了千差万别的客观世界。任何物质组成、结构都具有其内在本质属性决定的特殊性。在自然界演化的漫长过程中，物质固有的属性和时空特征,遵循优胜劣汰的自然法则延续至今,这充分体现了物质世界的相对稳定性。痕迹作为客观实在的形象反映,既具有物质属性又有信息特征。一方面反映出客体形象的特征,另一方面反映因此特征的信息属性。痕迹检验学中研究的客体,无论是人体,还是物体都具有特殊性和稳定性。这些理论基础,成为解决客体是否同一为目的的痕迹鉴定科学方法体系,保证鉴定意见的客观性、准确性、科学性诸方面起着重要作用。

(一)痕迹鉴定中同一认定

痕迹鉴定中同一认定鉴定是指两次或两次以上出现的某一事物特征的一致性进行比较或鉴别的活动。所谓"同一"是指事物与其自身相一致,其本质就是客体的唯一性。例如,手印的同一就是指手印形成部位的形态特征的唯一性和排他性。工具痕迹中工具接触部位相对稳定特征在工具痕迹形成过程中在客体上较稳定地遗留特征唯一性,这些特征对应唯一对应形成工具部位,而不是其他部位,更不是其他工具。用形式逻辑表示:有手纹就有对应部位的手印特征;有工具痕迹,就有对应的工具,反之也成立。用数学映射论表述,造痕体特征与承痕体痕迹特征之间存在一一映射关系。痕迹鉴定中,确定痕迹与客体的关系,就是针对痕迹是否某一客体(某一部位)所形成而展开。可见,看似简单的一逻辑关系或映射关系,在痕迹鉴定工作成为最基本的原理。

(二)种类鉴别

种类鉴别也称种属认定或种类识别,是指在物证检验过程中,对客体种类特性是否相同所进行的比较和鉴别。例如,在痕迹检验学中,根据工具痕迹的形态判断形成痕迹的工具种类、大小、型号;对送交检验的工具作出与留痕工具的种类是否相同的判断。种类属性是若干相似客体间存在的共性,它不能将单独的客体加以区分。但是,客体的种类是划分层次的,这种共性特征表现的层次越多,种类限定的范围越小,对人们区分客体的价值就越大。

种类鉴别包括测量的方法、形态分析的方法、与已知样本比较的方法以及运用实验的方法。

三、痕迹鉴定程序

(一)委托鉴定

委托鉴定是指办案单位申请相关技术部门予以检验鉴定的法定程序。委托鉴定应当由委托机关向鉴定机关出具委托书,载明委托部门、案由、简要案情、提交检材和样本的名称和数量、要求鉴定或检验的目的与要求、委托日期。这是受理鉴定部门对有关人或物进行检验鉴定的法律依据。

1.明确委托鉴定要解决的问题

根据案件侦查、审理的实际需要,为获取充分、确凿的定案依据,确定鉴定解决哪些问题。这是拟定鉴定要求的基本出发点。但是痕迹检验有其特定的研究对象和学科范围,即使是痕迹检验领域内的问题,又因检验条件和技术发展水平的限制,有些问题目前还不能够解决。所以,拟定委托鉴定解决什么问题,应根据以查明案件事实的需要、拟解决问题的学科性质和解决问题的现实可能性为原则。

2. 送检痕迹的准备

准备送交检验、鉴定的痕迹,要保持其客观真实性和合法性,因此,准备交付鉴定的痕迹一般应符合以下要求:

(1)应当交付痕迹的原物、原件。特别是需要检验痕迹的物质成分、理化或生物学特性以及研究痕迹的微观形态、结构时,必须将痕迹的原物或原件交付检验。只有当客观上不允许提取原物,但可以通过客体的反映形象进行检验、鉴定时,才可以用痕迹的照片、模型、复印件等质量好的复制品代替。

(2)应当提交痕迹的全部。因为犯罪嫌疑人留下的痕迹本来就不多,只有把全部痕迹交付鉴定,才能使鉴定人较充分地把握客体的特性,如果只交付部分痕迹,不仅会影响鉴定的质量,而且鉴定人也不可能对他未曾检验过的那部分物证作出鉴定意见。提交鉴定的痕迹数量越充分,其反映的客体的特性越全面、越真实、越可靠。

(3)提交的痕迹要真实可靠。痕迹必须是以一定法定程序通过合法途径收集的。收集的痕迹要按不同种类、提取的部位分别包装并在包装物上说明其来源;包装的容器要严密,防止物证溢出散失;痕迹包装应按机密件加封并作标记,严防被他人偷换。受理物证时,应检查其包装、密封是否完好。

(4)要保持痕迹的完好状态。根据痕迹的性质和要解决的问题不同,在提取和包装物证时,要防止工具、容器对痕迹的污染;要防止提取、包装、运送过程对痕迹的损坏,既要防止破坏检材的原有特征,还要防止产生新的特征;对易腐烂、变质的痕迹,在不影响检验的前提下,应分别采用冷藏及其他防腐措施。总之,要尽量保持痕迹的完好状态,以利于检验和鉴定。

3. 供检验样本(品)的收集

样本或样品是鉴定人在种属鉴别和同一认定过程中,同物证痕迹进行比较并作出科学判断的已知标准。没有受审查客体的样本(品),就不能进行同一认定;没有可供比较、参照的样本(品)或资料,也难以进行种属鉴别。所以,收集并提供符合鉴定要求的样本(品)材料对痕迹鉴定具有重要意义。

痕迹鉴定所要求的供检验样本(品),应当具有真实性、合法性、可比性和充分性。所谓真实性,是指样本(品)确属受审查客体的样本,对于从各种间接途径收集的样本(品),一定要核实清楚,要严防冒名顶替或被偷换。在进行物的同一认定的时候,最好把受审查客体本身交付鉴定,由鉴定人亲自制作、提取样本。所谓合法性,是指样本(品)要通过合法途径收集,要有见证人证实或被取样对象的认证。密取的样本(品)如有利用价值,可转入公开搜查的方式进行提取。样本(品)不真实就容易导致鉴定意见失误。所谓可比性,是指样本(品)的形成条件及其所反映的客体特性,应当与物证痕迹的情形相同或近似。如螺丝刀的擦痕,由于前角的变化会引起线痕数量与质量的变化。如果物证痕迹是由25°的前角形成的,而样本(品)却是由50°的前角形成的,两者的作用角度不同,会使与承受物相接触的螺丝刀的具体部位发生变化。因此与痕迹不具有可比性或可比条件差的样本(品),便不利于进行鉴定。所谓充分性,是指样本(品)要能足以反映或代表受审查客体的特性,特别当痕迹的检验条件较差时,样本(品)数量越充分越好。

痕迹的种类不同,需要收集的样本(品)自然也不同,故收集方法、途径也有区别。但就一般情况而言,收集嫌疑人样本应当秘密进行。因为公开收集不仅可能伤害群众的感情,而且易使犯罪嫌疑人察觉,所以通常是以各种不引起被收集对象察觉的方式直接或间接地收集。依样本(品)的性质、种类不同,有的可以通过有关单位或基层组织查找;有的可通过关系人借用;有的可以通过搜查、扣押提取;有的则可以某种合法借口由嫌疑人提供。只有对公开审查的对象,当事人才可以用公开方式直接提取。

样本(品)的收集人应对样本(品)的真实性、合法性负责,并对样本(品)的来源和收集方法作出说明。在对现场痕迹鉴定时,还要收集对照样本(品),如为了区分现场手印中哪些是外来犯罪嫌疑人所留,常需要捺印其家庭成员或正常接触现场的工作人员的手印。

4. 其他有关材料的准备

为了便于鉴定人把握痕迹与案件的联系,正确分析痕迹可能发生的变化,从而更好地对痕迹进行检验、鉴别,委托单位应当介绍案件发生、发现的经过;犯罪现场的勘查情况(必要时鉴定人可以复查现场);侦查、调查中发现的有关事实及必要的案卷材料,犯罪嫌疑人或被告的供述、辩解;证人或有关当事人对有关事实的陈述;已经进行的检验与鉴定的意见等情况。依据诉讼法的规定,鉴定人为了准确作出鉴定意见,可以调阅有关案卷,必要时可以经主管领导批准,询问证人或嫌疑人。

5. 履行法律程序

要以单位名义出具委托鉴定书。委托鉴定书又称鉴定委托书,是指公、检、法、司等司法机关呈请鉴定部门或个别专家以解决案件中的专门技术问题而撰写的公文,是鉴定人受理鉴定任务的法律凭据。委托外系统专家进行鉴定,一般常用聘请鉴定书,有时也可以介绍信、公函的形式进行委托。

办案部门委托鉴定痕迹时需附送的材料有:

(1)委托鉴定公函及检验材料;

(2)案情简介;

(3)嫌疑人和与痕迹有关者的相关材料;

(4)检材与样本的来源及收集方法；

(5)检验鉴定的目的与要求，是种类识别还是个别鉴定；

(6)供鉴定的补充材料，如现场勘查笔录、痕迹勘验笔录、侦查实验笔录等有关材料的附本；

(7)如果是委托复核鉴定，必须将原来的鉴定书及其附件(照片、实验材料等)连同鉴定材料一起送往复核鉴定单位，并在委托公函中详细说明必须进行复核的原因和对原鉴定意见的异议及理由，同时还要填写“委托鉴定登记表”作为委托鉴定与受理鉴定的合法手续。

(二)受理鉴定

受理鉴定，是指技术鉴定部门接受送检单位的委托或领导指派开展检验鉴定工作的法定程序。受理鉴定时要查验委托鉴定书或相应的公函，并由鉴定人认真、仔细地听取案情介绍，了解有关事实、情节，明确检验目的和鉴定要求。在了解情况的基础上，勘验现场痕迹和样本痕迹(或嫌疑客体)，检查送检材料有无鉴定条件，核对送检材料的名称、数量，勘验供检验的样本。在核对其名称、数量的同时，了解其收集的方法，核实其可靠性。对数量不足、比对条件差的样本应提出具体要求，请委托单位进一步收集、补充；对不具备检验、鉴定条件的可以说明理由并退回；对委托部门提出的要求认为不准确的，可以建议修改；对于应当补充进行其他检验手段的，应当提出建议。经上述审查，符合受理条件的，应当接受委托并及时组织鉴定，无正当理由不得拒绝。

(三)鉴定的几种形式

1.初始鉴定

初始鉴定是相对于后续需要补充鉴定、重新鉴定等而言的，就是对痕迹物证的首次检验鉴定，是基本的、主要的鉴定程序。一般来讲，通过这种鉴定就可以解决痕迹的同一认定问题，否则还需补充鉴定、重新鉴定等。

2.补充鉴定

补充鉴定是就对首次鉴定的未尽事宜，委托原鉴定人再次进行鉴定的程序。补充鉴定通常是在办案单位发现原鉴定意见的证据不够充分或依据的材料不够完备，或者首次鉴定遗留了部分物证材料或遗留了个别需要解决而未解决的问题，抑或当事人或其代理人提请进行补充鉴定并经办案单位同意的情况下进行。委托补充鉴定应说明补充鉴定的理由，将原送检材料、鉴定书和补充提供的材料一并送交鉴定人复查和检验，可重新编写鉴定书并撤销原鉴定书或者单就补充鉴定解决的问题出具鉴定书。

3.重新鉴定

重新鉴定，即就原委托鉴定已解决并已作出鉴定意见的问题再次指派或聘请鉴定人进行鉴定的诉讼活动。重新鉴定通常在已作的鉴定意见与其他证据不符，原鉴定意见缺乏足够的说服力，或者被告人及其辩护人提请重新鉴定并经司法机关同意时进行。

重新鉴定可委托原鉴定人,但一般应另请其他鉴定人进行。委托时应说明重新鉴定的理由,并提交供鉴定的有关材料和原鉴定书。由原鉴定人进行的重新鉴定,如果坚持原鉴定意见,不再另出鉴定书;如需要更正原鉴定意见,应重新出具鉴定书并撤销原鉴定意见。由其他鉴定人进行的重新鉴定应另行出具鉴定书。

4.“会诊”鉴定

“会诊”鉴定,即在鉴定意见发生分歧或难以作出断然性意见的情况下,依靠有关专家的集体智慧,就委托鉴定解决的问题重新进行的联合鉴定。“会诊”鉴定由办案单位或主检部门主持,聘请曾参与鉴定的鉴定人和个别权威的专家参加。“会诊”鉴定的方式是重新复查现场,了解案情;全面复查已作出的检验结果或重新进行检验,各抒己见并就分歧意见进行讨论,做必要的复查或实验,在取得一致意见时,可由有关专家联合出具鉴定书,写明专家姓名、单位,加盖主持单位的鉴定专用章,同时撤销与此相抵触的原鉴定意见,不同意会诊鉴定意见的专家可以保留其鉴定意见,供办案单位审查取舍。

(四)痕迹鉴定的一般步骤

受理鉴定后,应根据具体的检验对象和鉴定要求,采用科学的方法、手段进行检验并作出鉴定意见。就一般情况而言,痕迹检验鉴定应按如下程序进行:

1.预备检验

在正式检验前要做好两项准备工作:

(1)拟定检验方案。首先,在仔细审查送检材料的基础上,根据鉴定要求设定检验方案。对于一般性的、大量的问题,如已有比较成熟的、明确的方案(如手印鉴定),可以即刻着手检验。如果检验条件较差,或者要解决的问题难度较大,为了给案件的侦查、审理提供有力的证据,就必须围绕需鉴定解决的实质问题,综合采用各种方法,全面获取送检物证的科学事实。其次,要根据设定的鉴定工作的途径,针对送检材料的特点,选定最适合的检验手段和方法,然后再合理安排各种检验项目、各种方法的实施顺序。安排检验次序的一般原则如下:不影响后续检验的检验项目优先;无损检材的方法优先;不耗费或少耗费检材的方法优先。

在实施鉴定时,要先拟定检验方案,目的是使鉴定工作能够有计划地、科学地进行,防止盲目性和随意性,保证鉴定工作的质量。

(2)准备检验材料与器材。根据检验方案所选定的检验方法,准备好所用仪器器材,配制好化学试剂。凡通过检验可能改变物证原貌的,一定要事先征得送检单位的同意,并采用摄影手段拍摄,固定物证的原貌。凡将受审查客体本身提交鉴定的,如各种工具、鞋子等,应模拟物证的形成条件,制作供检验用的受审查客体样本。研究细小的痕迹或痕迹的微观形态、结构时,单靠眼睛直观不易分辨,往往要借助一些工具或仪器,如放大镜、体视显微镜、比较显微镜、荧光显微镜、金相显微镜、电子显微镜等。上述各类显微镜均可选配适当的摄影、摄像装置,把观测效果及时记录、固定下来;各种光学显微镜可以选配不同的光源、波光镜和照明方式,以达到最佳的观察效果;还可以配用目镜尺或物镜尺对所观察的物像进行精密的测量。

2. 分别检验

分别检验是对现场痕迹(检材)和样本痕迹分别进行的检验。主要从痕迹形成条件和变化,并由此认识它们所反映的被同一认定客体特征的过程。一般是先研究现场痕迹的形成条件以及所反映的被寻找客体特性的范围和真实程度,初步分析和选择确定那些清晰、稳定、可靠的特征,以供比较检验。再研究样本(品)痕迹是否真实、可靠,反映受审查客体特性的方式、范围是否具有充分可比性,并选择那些稳定、可靠的特征供比较。如果条件不足,应通知委托单位重新或补充收集样本(品)。分别检验是同一认定的基础性环节,是取得感性认识的阶段,其任务是给比较检验奠定基础。通过分别检验搞清楚痕迹的形成、特征的反应性、样本的可比性,以便为比较检验提供更充分的依据。

3. 比较检验

比较检验,又称比对检验,是在分别检验的基础上对检材痕迹和样本(品)痕迹的对应特征逐一进行比较,充分揭示两者所反映的被同一认定客体特征异同的过程。根据同一认定客体的性状,可分别选取物证和样本所反映的特征,通过对比确定特征的异同;也可采用测量、拼接、画线、重叠、并列对比等方法发现两者的异同点。比较检验的目的是在比较的基础上发现两类痕迹特征的相同点与差异点,为综合评断做准备。

(1)比较检验的内容。现场痕迹与嫌疑样本痕迹两者间的总体类型,相互间对应特征的形态、大小、位置、相互关系等。

(2)比对检验的方式。现场痕迹与嫌疑客体直接比对;现场痕迹模型与嫌疑客体比对;现场痕迹与嫌疑客体样本比对;现场痕迹模型与嫌疑客体样本比对;现场痕迹与嫌疑样本痕迹的照片或底片互相比对等。

(3)比对检验的顺序。先比对一般(种类)特征,再比对细节(个别)特征。比对时若两者种类特征完全不符,即可否定。如果一般特征相符,则需进一步对个别特征进行比对,直至比对完全部特征。

(4)比对检验的方法。

①并列比对。将相比较的图像并列置于同视野内相互对照,逐区、逐点地比对并记录其异同点。除直观实物外,还可借助实物幻灯机、投影仪等将图像投影在屏幕上进行比对,或置于相同的透明网格下比较,或分别将检材和样本痕迹图像中的特征按同规则连线进行图形比较。这种方法最适合从宏观上比较具有较大可变性的客体,但精度不够高。

②拼接比对。主要借助有图像拼接功能的投影比对仪或比较显微镜等仪器,通过对痕迹图像进行拼接,观察两个图像的形态特征是否吻合、衔接;也可将要比较的同倍

大的图像照片或复印件,在特征相同的部位剪开,然后依断缘将对应部位试做拼接,观察特征是否吻合。

可根据分离缘鉴别整体分离的几部分客体是否原属同一客体,也可直接进行拼接比对。接合时要注意保护分离缘的特征,一般不宜采取直接接触式对接。

③重叠比对。将相同比例的透明或半透明的痕迹图像叠放在一起,在透光下观察和比较两个图像的重合状况。也可用有图像重合投影功能的比较显微镜、投影比对仪等对各种图像进行重叠比对。还可用拍摄或仔细描摹的痕迹图像透明胶片,直接置于痕迹样本上进行重叠比对。

④测量比对。测量相比较的两个图像所共同具有的任意两点间的距离、线条的斜率和角度,并对比其数值的异同。根据图像的种类和测量精度要求不同,可分别用直尺、卡尺、测量放大镜或显微镜、阿贝比长仪等进行接触式或非接触式测量。测量法不仅用于原物图像、复制图像的比对,也用于分析图像的比对。在痕迹检验中,有时还需测量客体的某些物理量,如重量、比重、硬度,以确定物质属性,据此鉴别物的种类的异同。

(5)比对检验应遵循的原则。

①整体比较原则。应当把痕迹的所有特征有机联系成统一的整体进行比对,而不能抛开相关联的邻近部位而任取一个局部甚至某一点进行机械比对。

②同部位比较原则,即必须把造痕客体同一部位形成的痕迹图像进行比对,不能"张冠李戴"。例如,指纹的三角纹线不能同中心纹线比对,钢丝钳的外侧刃口痕迹不能同内侧刃口痕迹比对。当图像模糊、残缺时,一定要注意分辨图像的可比部位。

③同条件可比原则,即被比较的痕迹的形成条件应当相同或相近。条件包括作用力的大小、方向、角度,承痕客体的硬度、塑性、纤维方向等,这些因素对痕迹的特征影响很大。例如,螺丝刀150°和90°前角形成的两个擦痕,一般不宜进行比对。如果不能通过补充样本或制作实验样本改善比对条件,对比对结果呈现的差异必须慎重科学地评断。

④同倍率比较原则。在痕迹比对时,相比较的图像必须是实物原大或相同缩、放倍率的图像。一个放大4倍和一个放大4.5倍的足迹照片,不能用拼接、画线、重叠或测量法比对。图像比对的目的在于认识客体的特征并充分认识相比较客体图像之间的相同点和差异点,为进行客体种属鉴别或同一认定提供依据。

4. 综合评断

综合评断是对经过比较检验所发现的符合点和差异点进行分析与综合,并作认真的科学论证,最后依此提出鉴定意见的过程。综合评断大体按如下程序进行:

(1)差异点评断

差异点是指现场痕迹与样本痕迹两者特征的不相符之处,其中多指细节特征的不相符之处。差异有本质差异与非本质差异两种。本质差异是指两个客体之间存在必然的、内在的区别;非本质差异是指同一客体自身变化或痕迹与样本的形成条件不同产生的差别,包括痕迹形成时间和样本形成时间相隔较久,客体发展演变或磨损老化形成的自身差异;痕迹与样本反映同一客体特性的某方向角度不同所形成的差异;犯罪嫌疑人处于不同生理、心理状况或承受物的性状不同而导致的差异等。对差异点的评断,要从特征的形成环境与自身变化中寻找原因。

①客体自身演变形成的差异。当样本的形成时间距物证形成时间较久时,可能因为客体自身发展变化而使其特征随之变化。对于此类差异可根据客体自身演变的规律进行分析,或收集与物证同时期形成的样本进行比较、验证。

②形成条件不同造成的差异。由于物证和样本的形成条件不同,使客体的特征表现不同。对此类差异,应当从物证和样本的实际情况出发,分析客观条件对形成痕迹特征的影响,或模拟痕迹的形成条件制作实验样本,再进一步比较、验证。

③因样本反映不充分形成的差异。由于客体具有多种功能,其特征具有质的多样性,如果提供的样本不是按形成痕迹的那种功能状态形成的,特征的多样性则反映不全,就会出现差异。对此类差异,可通过补充收集样本或由鉴定人用受审查客体制作实验样本,作进一步的比较、验证。

④犯罪嫌疑人故意伪装形成的差异。在根据人的行为习惯进行同一认定时,有时会因犯罪嫌疑人故意伪装而使痕迹呈现许多假象,因而与其平时的习惯特征不同。对此类差异,应针对具体的伪装手段,运用伪装变化的规律进行分析,在必要或可能时通过嫌疑人制作实验样本,再进行比较、验证。

⑤痕迹显现、提取中形成的差异。这种差异表现为,如刷显手印,因粉末不匀使局部纹线连接或间断;用摄影手段提取痕迹,可因配光、曝光失当,使微细、浅淡的迹象反映不清或将犯罪痕迹与无关的痕迹混淆等。对此类差异应结合显现、提取方法本身的特点进行分析,或通过复查现场、勘验原件加以验证。

经过上述分析、验证,如果差异点不符合以上变化规律,或采用上述验证手段不能证实其属于非本质差异,则很可能是本质差异,必要时还可通过与符合点的综合权衡作最后确认。

(2)符合点评断

对于比较检验中发现的符合点,要从其稳定性与特殊性两方面进行评断。首先根据现场痕迹和样本痕迹中相同特征的形态、位置、清晰度及多个痕迹中的再现率,确定特征的稳定性。其次再分析各符合特征的质量或价值。符合有本质符合和非本质符合两种。

①本质符合是指痕迹与样本两者特征的总和是必然的实质的相同,且构成了特定性。本质符合的依据为:必须具有一定数量的符合特征,其中应有质量好的特征;特征

间的相互关系是吻合的；特征的总和具有不可重复性；没有不能科学解释的差异。当做出痕迹与样本是本质符合的评断结果时，可作出同一认定意见。

②非本质符合是指两客体形象所反映的某些特征相同点属偶合，无必然的、实质的内在联系。非本质符合，一般是某些特征的相似或偶合，似乎符合但又有难于解释的差异，有时差异点还占主导地位。若存在非本质的符合，则要作出否定同一的意见。

(3)综合考量

对符合点和差异点分别进行分析评断之后，应当把异同双方联系起来进行综合权衡，即从异同双方的数量和质量上进行对比，质与量是事物的统一体，一定量的特征反映一定的质。一般情况是量多质高，特征数量越多越能反映质量，所以要尽可能多地寻找特征，注意特征的总体数量。但不能片面地单纯地追求特征的数量，更要重视特征的质量，特征的质量反映着本质属性。质量较好的特征有：特征的结构、形态是稳定、稀有、明显、少见的；物件的特征是使用中形成的，是物体边沿部位的特征；人体肤纹集中的部位，某特征出现率低；在现场痕迹与样本痕迹中，多次重复出现的单一特征。鉴定中，抓住质量好的特征，就抓住了问题的要害，抓住了本质，就可以作出准确的意见。在一定条件下，根据少数几个质量好的特征也可以作同一认定意见。

如果受检验条件限制，经过综合评断也难以对差异点的性质和符合特征总和的特定性作出确切的判断，也可以部提出鉴定意见。勉强地作出肯定或否定的意见，反而会造成不良的后果。必要时可请有关专家共同研究，进行会诊式鉴定。

(五)鉴定意见与鉴定书

1. 鉴定意见

鉴定意见是法定的专门技术人员，对案件中涉及的某些物证或事实进行检验后所作出的判断性意见，是我国《刑事诉讼法》规定的法定证据之一。鉴定意见具有如下特征：

(1)具有规定的书面表达形式。

(2)属于意见证据：鉴定人根据自己掌握的专业知识对、案件有关的某种事实进行确认。

(3)仅就某些事实作科学技术上的判断，不就法律问题提供意见。鉴定意见的物质载体是鉴定书，它是记录鉴定的检验过程与缔论的法律文书。

当受科学技术能力的制约而不可能作判断性意见时，可以用“检验报告”的形式客观记录检验的方法、过程和结果。它是鉴定书的特殊形式，也可以作为诉讼证据使用，只是其证明的内容与形式不同而已。

2. 鉴定书的内容与格式

鉴定书由文字和照片两部分组成。

(1)鉴定书的文字内容与格式。文字内容包括绪论、检验、论证和意见四部分。

①绪论。要写明收检日期;委托单位和送检人;简要案情;送检物证的名称、数量;供检验样本的来源、名称、数量;鉴定要求。

②检验。简要叙述采用的检验方法、手段;对物证和样本的检验所见;列举比较检验的结果,用数据、谱图、特征比对照片加以说明。

③论证。简要叙述对检验结果的综合评断,阐明据以作出鉴定意见的科学根据。

④鉴定意见。针对鉴定要求,简单明确地写出鉴定意见。

(2)鉴定书的照片内容。照片部分既辅助说明文字,又提供审核时与文字相互印证的内容,包括:

①痕迹所在部位照片。要能反映出载有痕迹的客体在现场的空间位置以及痕迹在客体上的位置。

②痕迹和受检材料(或实验样本)的全貌照片。此时要能反映出具体痕迹上的特征,嫌疑客体的具体部位(如工具应指明留痕部位,若是枪弹痕迹则要注明枪支号码)及样本的痕迹特征。

③痕迹比对照片。一般来讲有两组四幅照片。其中一组两幅照片供审核用,无须标注特征,另一组两幅照片专为比对所用,需标注特征。标注痕迹特征多采用线条加以指示的方法,主要有:

第一,直线标注。符合点用红线标注,差异点则用蓝线或红线以外的其他颜色线条标注。线条之间的排列应整齐有序,不能交叉或互相越线,线条起端应指示在特征的具体位置上,末端应标注特征的编号,如1、2……

第二,曲线条标注。用虚线或实线把痕迹特征的形状、位置圈画起来。

第三,其他标注。用画箭头、画某种符号等指出特征的位置与相互关系。

摆放比对照片时,供审核用照片放在上首,标注特征的照片放在下首,如果比对照片是左右摆放,则现场痕迹照片在左,样本痕迹照片在右;如果是上下摆放,则现场痕迹照片在上,样本痕迹照片在下。

规范的痕迹鉴定书,文字在前,照片在后。首页为封面,印有痕迹鉴定书的字样,下面是鉴定单位以及公安局落款。封面背面是目录,标注文字部分页数、照片部分页数及共计页数。在文字叙述部分上方写明××痕迹鉴定书及编号、制作日期。文字内容叙述完后,应由鉴定人、复核人签名,注明专业技术职务(其中复核人的专业技术职务至少不低于鉴定人的技术职务),写明鉴定日期并加盖鉴定单位的刑事科学技术鉴定专用章。

撰写鉴定书要文字简练、准确,所附图片是一种形象化的论证手段,要保证清晰、真实,特征标注要醒目。

"检验意见书"应包括绪论、检验和结果,最后由检验人签名,并附以图表或照片。

四、鉴定意见的审查与运用

鉴定意见是重要的法定证据，但它又是一种主观证据。它以人对客观事物的认识活动为基础，既可能受到客观条件的限制，也可能受到主观因素的影响，从而出现某些偏差。所以，在运用鉴定意见作为破案或定案的依据时，应当遵循我国刑事诉讼法要求的“证据必须经过查证属实”。对鉴定意见的审查应当从以下几个方面进行。

（一）对鉴定主体的审查

鉴定主体是依照法律有权进行鉴定的人员。主体的法律地位和主观能力直接影响鉴定意见的合法性与科学性。对主体的审查实际上是资格的审查，包括以下三个方面：

1. 对主体合法性的审查

鉴定人的资格是指他的合法性。依照我国刑事诉讼法的规定，对刑事案件的侦查权、勘验权、鉴定权，由法律授予专门机关中的专门人员担任。审查主体的合法性，首先要看他是否具有这种身份，受理鉴定的法律程序与法律文件是否完整齐全；其次要审查他是否具有应当回避的法定情况。

2. 主体认识能力的审查

应当从主体的专业知识水平、专业工作经历和经验、专业技术职务、鉴定时的精神状态等方面进行综合考察与分析。当发现认定意见存在某些疑点，或同其他证据存在矛盾时，就需要考虑鉴定主体的实际水平和能力对意见可信度的影响。

3. 对主体物质条件的审查

主要审查主体是否具备鉴定必需的仪器设备、实验条件，看其是否能足以显示物证的属性和特征，并能借以对相似客体进行比较和鉴别。

（二）对鉴定客体的审查

对鉴定客体的审查包括如下四个方面：

第一，检材与样本的真实性、合法性。可以结合现场勘查笔录，实验记录，痕迹的数量、质量与形态进行综合分析评断，以证明被提供鉴定的客体是客观真实的，提取和收集是合法的，而且同案件事实有内在联系。

第二，客体是否具备同一认定条件。首先，审查作为鉴定意见的那些特征是否真实可靠，是否是客体自身固有的，反映是否清晰；其次，审查所依据的特征在质和量两个方面是否构成特定性，足以将被认定对象同其他相似客体相互区分；最后，审查所取的特征是否具有足够的稳定性，了解从发案到鉴定相隔多长时间，被认定对象或其反映形象是否会发生变化，以致失去同一认定条件。

第三，在检验过程中发现的差异点有哪些，对差异点所作的解释是否科学，是否有理有据、令人信服。

第四，鉴定意见同论证之间是否一致，论据是否充分，能否合乎逻辑地证明意见的真实性。

五、审查鉴定意见同其他证据的关系

在认定犯罪事实和犯罪嫌疑人时，鉴定意见并不是唯一的证据，而是证据链条中的一个环节，要同其他证据互相印证、互为补充，才能共同构成完整的证据体系。因此，在运用鉴定意见时，必须同其他证据对照，审查是否一致。

第一，首先要明确鉴定意见证明的内容是什么，是指认犯罪，还是证明同犯罪相关的某个事实情节。意见认定的对象和证明的内容是两个不同的概念，把这个搞清楚，才能确定鉴定意见在证据体系中的地位和作用。

第二，审查鉴定意见所证明的内容同犯罪事实及犯罪嫌疑人的关联性，这种联系有直接的也有间接的。要运用因果分析的方法，由鉴定意见合乎逻辑地推导出案件的某个事实的客观存在。

第三，审查鉴定意见证明的内容同其他证据间的关系。如果互相一致，则互为补充；如相悖或部分矛盾，就需要采取复核或调查的方法排除虚假证据；在矛盾尚未得到解决时，不能盲目采信。

总之，运用鉴定意见证明案件事实，既不能不加分析地盲目信从，也不能毫无根据地怀疑否定。只有从主体、客体及与其他证据的比较审核中查证属实，才能作为认定犯罪事实的依据。

第三章　手印鉴定

人类手的外形结构及其皮肤花纹的特殊性，构成了人体具有个体形象特征的重要标识。手纹是指手掌正面的皮肤花纹的总称，包括乳突花纹、屈肌褶纹、皱纹、伤疤、脱皮、汗孔和细点线等。手纹具有人各不同的特定性、终身基本不变的稳定性、触物留痕的反映性等特点。手与客体相互作用，在客体表面遗留的接触部位的印迹称为手印。因手印能够反映手遗留部位的形态特征，且形成手印与手纹之间一一对应关系，因此通过手印可以直接认定人身。

通过对现场手印的分析与查档，与样本手印的检验、鉴定，可以为侦查破案提供线索，为诉讼提供证据。

第一节　人体手的形态结构

一、手的外形结构形态

手是人体重要器官，是人类赖以生存的必不可少的工具，主要由手指和手掌两个部分组成，如图 3 - 1 所示。

（一）手指

正常的人每只手有 5 根手指，从内向外依次为拇、食、中、环和小指，畸形手可出现多指、缺指、联指、叉指等。所有畸形手的手指均是一种价值极高的特征。

手指中，拇指有两个指节，其余四指各有三个指节，指头为第一指节，依次为第二指节、第三指节。

手指外形多呈圆柱形，指尖稍细，指根稍粗，粗细变化不明显。五指中，拇指最粗，呈椭圆柱形，食指和中指粗细居中，环指与食、中指相近，小指最小，呈短柱形。在通常情况下，中指最高，环指次之，食指居第三，小指最低。

（二）手掌

手掌的外形轮廓多数呈“长方”形，少数手掌呈“正方”形或“扁方”形，其边缘可划分为五个部分。上边为连接食、中、环、小四指的手掌边缘，呈波浪形；下边为连接腕部的手掌边缘，呈蝶弧形；外边为小指根外侧下部至腕部的手掌边缘；内边为食指根内侧下部至拇指根内侧下部的手掌边缘；内斜边为拇指根内侧下部至腕部的手掌边缘。

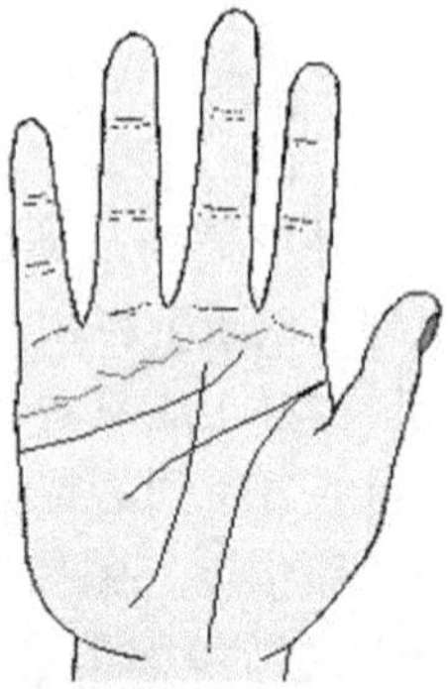

图 3－1　手的外形结构形态

二、手的皮肤组织特性

手掌正面皮肤花纹作为人体肤纹的组成部分，主要由人类遗传基因和长期的进化决定，而其组织结构主要分为表皮和真皮组织。

（一）手纹的表皮组织特性

表皮位于皮肤浅部，由生发层、颗粒层、透明层和角化层组成，如图 3－2 所示。

1. 生发层：为表皮的最深层，紧贴真皮。此层细胞的体积较小，多呈矮柱状或立方体状，是表皮的增殖部分，细胞具有很强的分裂、繁殖能力，不断分裂出新的细胞并向浅部不断推移，用来补充皮表组织的磨损和脱落，以保持乳突纹线的自身形态和高度。

2. 颗粒层：位于生发层的浅部，细胞开始退化，细胞核萎缩，细胞丧失分裂、繁殖能力。

3. 透明层：位于颗粒层的浅部，细胞质内含有透明角质颗粒和由其溶化的角母素，细胞对光具有较强的反射性和折射性，细胞与细胞间、细胞质与细胞核之间的界限不清、难以分辨。

4. 角化层：位于表皮的最表层，细胞的胞核已萎缩溶解，胞质内含有角蛋白，细胞已成为透明鱼鳞状角质板。此层细胞已经死亡，相互间失去联系，常以皮屑的形式脱落，有时成片脱落形成脱皮。

（二）手纹的真皮组织特性

真皮层位于表皮的深部，皮下组织的浅部。真皮中含有大量的纤维组织，具有较强的抗拉能力和抗应力能力,能起到保护肌体组织的作用。真皮可分为乳头层和网状层两部分。

1. 乳头层:乳头层与表皮生发层细胞镶嵌相连,与表皮凹处镶嵌的隆突部分形如乳峰,故称其为真皮乳头。通常情况下每两排相互靠近的真皮乳头线对应一条乳突纹线。真皮乳头在正常情况下不会增殖,也不会消失,从而保证了其外部表现形式——乳突纹线的总体结构的终身稳定性。同时,由于表皮生发层源源不断的分裂增殖出新的细胞并不断向外推移,用以补充皮表的磨损和脱落,从而保证了乳突纹线外部形态的稳定性,如图3-2所示。

2. 网状层:亦称网织层,位于乳头层的深部,皮下组织之上。主要由胶原纤维束和弹性纤维束组成,纤维束多与表皮相平行,且纵横交错构成密织的网状,使皮肤具有很强的弹性和韧性。

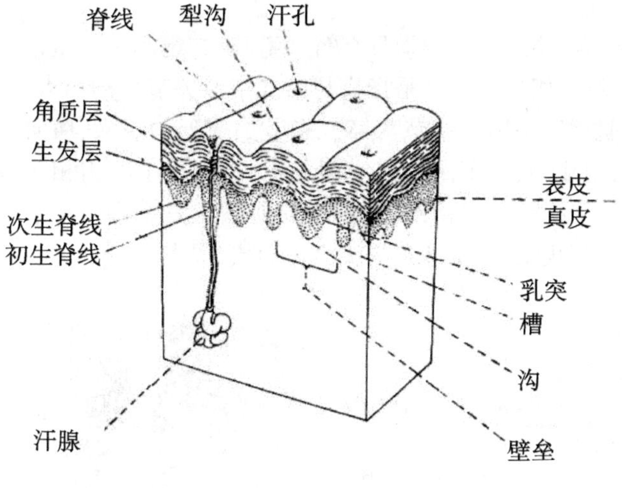

图3-2 皮肤组织结构态

第二节 手 纹

一、手纹及其种类

手纹是人的手掌正面皮肤花纹的总称,包括乳突花纹、屈肌褶纹、皱纹、伤疤、脱皮、汗孔和细点线等。以下介绍无特别说明,均为手纹的印痕,即手印。

(一)乳突花纹

在手掌正面及脚掌面上有规则排列、凸起的线条状皮肤组织结构称为乳突纹线,亦称摩擦脊纹,与乳突纹线相间并行的凹下线条称为小犁沟。由乳突纹线组合构成的花纹形态称乳突花纹,如图 3 –3 所示。

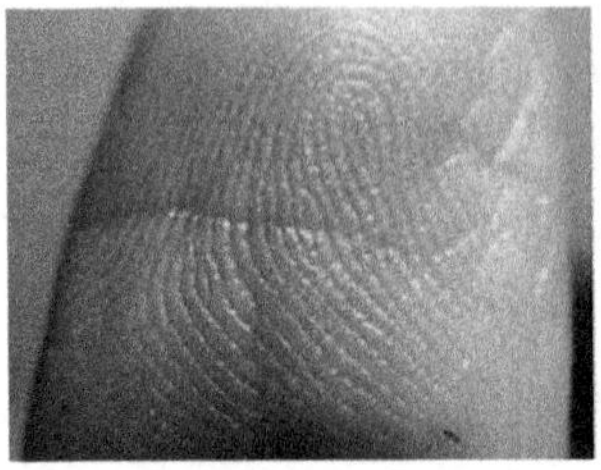

(a)指头乳突花纹

(b)印痕

图 3 –3　指头乳突花纹及印痕

(二)屈肌褶纹

屈肌褶纹,亦称屈肌皱裂,是手指关节和手掌一定部位上所固有的粗大、明显的沟纹。

1. 手指屈肌褶纹

在正常情况下,食、中、环、小四指具有第一组、第二组和第三组褶纹,拇指具有第一组和第二组褶纹。第一组屈肌褶纹是指头与第二指节关节处的粗大、平坦、横贯全指的沟纹组;第二组屈肌褶纹是第二指节与第三指节关节处的粗大、横向的沟纹组,多由两组横贯全指的沟纹组成,其中下一组多为两条粗长沟纹,上一组相对短而细,两组间常出现短斜的乳突线,拇指无此组褶纹;第三组屈肌褶纹是手指与手掌之间的粗大、横向的沟纹组,其形态多不规则,常由多条沟纹交织而成(见图 3 –4)。

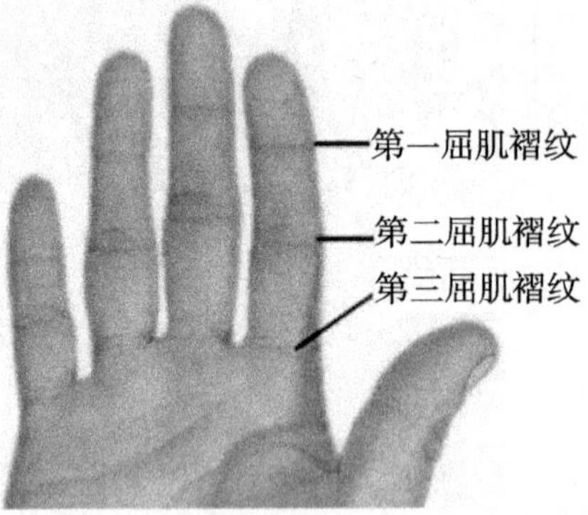

(a)屈肌褶纹

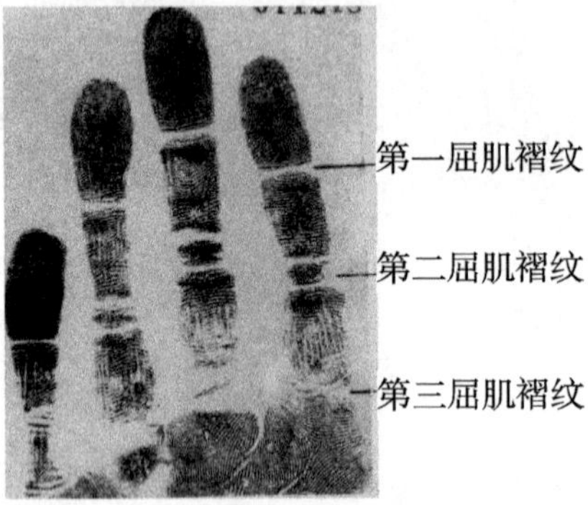

(b)印痕

图 3 –4　手指屈肌褶纹及印痕

2. 手掌褶纹

多数手掌具有三条明显的屈肌褶纹,分别称第一屈肌褶纹、第二屈肌褶纹和第三屈肌褶纹。少数手掌具有一条、两条、四条、五条或多条屈肌褶纹。第一屈肌褶纹是由小指根外侧下方起源,向内侧横流并不断向上轻度弯曲所形成的凸向掌心的微弧状粗长沟纹,其外侧部分常出现多个向外分叉呈"〈〈〈"形的沟纹结构。第二屈肌褶纹是起源于食指根内侧下方,流向外下方,终止于外侧中区的粗长沟纹。第三屈肌褶纹是起源于第二屈肌褶纹的同一点或其下侧,斜下方外流并不断向内弯曲,止于腕部中区的凸向掌心的大圆弧状沟纹,如图 3－5 至图3－7 所示。

(三)皱纹

由于皮肤的张弛、堆挤等活动所形成的细小而浅表的沟纹称为皱纹。

1. 手指皱纹

手指各节中,皱纹的分布与形态存在较大差别:指头上皱纹最少,多为靠近两侧边缘的短横线,少数呈斜向分布;第二指节皱纹较多,多为长短不一的纵向线,少数横线和斜线穿行,将指节分为条条块块;第三指节皱纹最多,常由较多的长纵行线和横行线交织成纵向格子状,如图 3－6 至图 3－7 所示。

2. 手掌皱纹

指根区皱纹较多,分布多不规则,主要由指向掌心的纵向线和一些斜向线交织而成。外侧区皱纹较少,多为内端变细的短横线,掌心附近的皱纹较为杂乱。内侧区皱纹最多且较有规律,由一组基本平行于拇指根屈肌褶纹的沟纹组与另一组与其基本垂直的沟纹组交织成网格状,如图 3－8 所示。

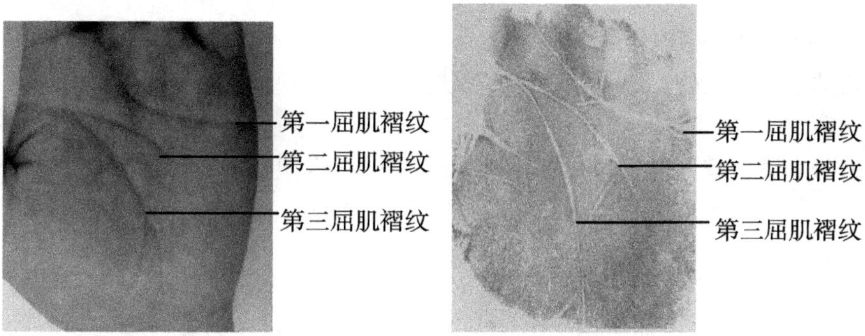

(a)屈肌褶纹　　(b)印痕

图 3－5　手掌屈肌褶纹及印痕

(a)横向皱纹　　(b)纵向皱纹

图3－6　指头乳突花纹印痕

第二指节皱纹　　第三指节皱纹

图3－7　指节乳突花纹印痕

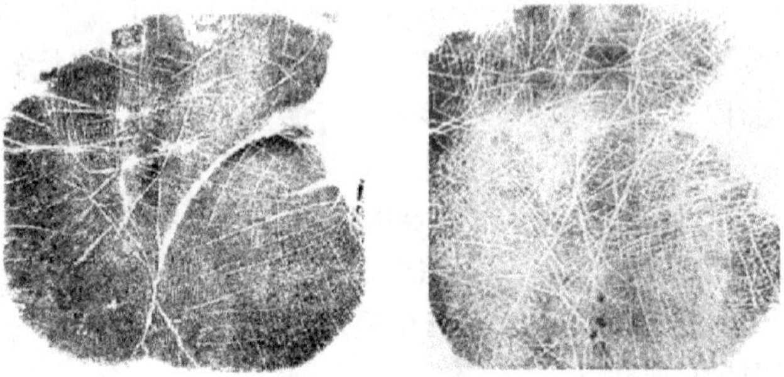

图3－8　手掌皱纹印痕

(四)手纹的其他形态

其他的手纹包括伤疤、脱皮、汗孔和细点线等。

1. 伤疤

伤疤是在受创皮肤局部形成新生的永久性皮肤组织结构,可分为线条状伤疤和斑块状伤疤,是一类重要的手纹特征等。伤疤呈一种新生、稳定的特殊组织结构,其形态特殊性、稳定性较强,且在印痕中反应性较好,如图3－9(a)所示。

2. 脱皮

由于挤压、摩擦或病变等因素引起的皮肤角化层的局部脱落成为脱皮。脱皮的特定性和稳定性都较差,只能作为一种参考特征利用,如图3－9(b)所示。

3. 汗孔和细点线

汗孔是汗腺排泄汗液的出口,绝大多数分布于乳突纹线之上,其平面形态呈圆形、椭圆形及三角形等如图3－10所示。

(a)伤疤印痕　　(b)脱皮印痕

图 3-9 手指伤疤和脱皮印痕

(a)汗孔　　(b)细点线

图 3-10 汗孔和细点线痕

二、手纹的特点

手纹人皆有之,各不相同。长期以来,各国很多专家、学者以极大的兴趣,投入大量的人力、物力,对其进行研究和应用。迄今为止,手纹遗传学、统计学和应用实践等研究表明,人类手的乳突花纹的结构、组成、形态等具有人各不同的特殊性、终身基本不变的稳定性和触物留痕的反映性。

(一)人各不同

人各不同,主要是指每个人手掌正面乳突花纹的形态结构、乳突纹线细节特征的种类、数量、位置和相互关系所构成的特征总和不可重复的特殊性。这一特殊性不仅人与人之间手纹各不相同,就是同一人的十指之间也各有差异。

遗传学界研究证实,手纹具有一定的遗传性。主要表现在手纹的形态、纹线的数量等方面,但也有很大的局限性,表现在花纹的具体结构、细节特征的分布等方面找不到任何遗传的迹象。这就充分说明手纹的遗传是相对的,而变化是绝对的。所以,在父代与子代之间,他们的手纹也绝对不可能完全相同。另外,对同胞胎、双胞胎、三胞胎进行大量考察,尽管他(她)们胚胎发育条件相似,但在父子之间、兄弟、姐妹之间的手纹却都相差甚远。尤其是双胞胎之间,尽管他(她)们的相貌极为相似,甚至一般人很难区分,但他(她)们之间的手纹特征却截然不同。

统计学研究表明,利用指纹的起点、重点、分歧、结合细节特征,假设每个指纹有 100

个细节特征,经排列组合计算,可得出 $4^{100}=1.6069\times10^{60}$ 种组合可能。如果全世界 50 亿人口计算,那么在 3×10^{49} 世纪之后,可能出现指纹相同的两个人。

到目前为止,世界各国在进行手纹鉴定的实践中,还没发现一例两人的手纹完全相同的实例。人各不同这一特性,为人身鉴别提供了重要的客观依据。

(二)终身基本不变

终身基本不变,主要是指手掌面乳突花纹的形态结构。乳突纹线细节特征的种类、形态、位置、数量、大小、方向、角度及相互关系等,从胚胎 6 个月手纹完全形成到死后尸体彻底腐败之前,始终保持基本不变。人出生以后,随着年龄的增长,手纹外形大小、纹线粗细上发生一些变化,局部纹线之间也可能会出现新的细线特征,但手纹的基本属性特征是不会改变的。

通过对夏、商代、秦代指印的考察,发现 4000 年前人的指纹与现代人的指纹是非常相近的,指纹所具有的类型特征、起点、终点、分歧、结合、小棒、小眼、小点等细节特征以及指节纹、屈肌褶纹的组成形态,均延续至今。研究表明:指纹的遗传在人类进化的长河中是相对稳定的,而变异则是微小的,指纹既具有个体的终生不变性,更具有人类指纹的整体稳定性。

手纹之所以终身基本不变,这与其分子遗传学、组织学和生理学密切相关。作为人体遗传物质的 DNA 具有高度的稳定性,它对手纹的遗传,胚胎形成过程及后天的发育具有稳定的影响。这种稳定性不仅对一个具体人是如此,对整个人类也是如此。

从人体组织学和生理功能来看,手学面是由表皮和真皮组成。表皮是人体与外界接触的部分。表皮生长层细胞的分裂增生能力很强,即使表皮的浅层被剥除或受伤,表皮手纹仍能恢复原状。真皮是疏网纤维结缔组织,在生理功能上,它与软骨和硬骨组织是一致的,起支撑表皮组织的作用。真皮组织的乳突层,在正常的内分泌控制下,表现出极为稳定状态,疏网纤维细胞无增殖功能,因而乳突层不改变其形态,乳突纹线的花纹结构亦不会改变。这是手纹终身基本不变的又一原因。

在近百年的实践中,还从未发现一个人由于年龄的增长,其手纹的形态结构也随之发生变化的实例。手纹终身基本不变的特性,为人身鉴别提供了时间上的延续性。

(三)触物留痕

法国警官学者艾德蒙·罗卡(Edmond Locard)提出:物质交换原理,即“凡两个物体接触,会产生转移现象。即会带走一些东西,亦会留下一些东西”。这为指纹接触物体留痕奠定了物质交换基本原理。手掌面接触有形客体时就会留下印痕。汗液是形成手印的一种主要物质。汗液是人体新陈代谢的产物,分泌汗液是人体的一种生理现象。人体在生命过程中,不断吸收收营养,又不断排除废物。汗液是由汗腺分泌部细胞将代谢的部分废物分泌出来,经过导管,靠体内压力送到汗孔,然后排出体外的混合废液口由于手掌面乳突线常常附有汗液或汗垢、油垢、粉尘等,当手与客体接触后就会留下手印。触物留痕这一反映特性，为利用手印进行人身鉴别提供了物质基础。

三、手纹的形态

（一）乳突纹线的一般形态

乳突纹线的一般形态是指单根乳突纹线的几何形态，主要有棒形线、弧形线、波浪线、弓形线、箕形线、环形线、螺形线、曲形线，参见表3－1一般形态，这些基本纹线形态的组合构成复杂多变的手纹。

表3－1　乳突纹线的一般形态

概念	定义	形态	举例
1. 棒形线	呈棒状或近似直线的纹线	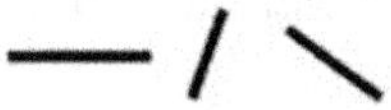	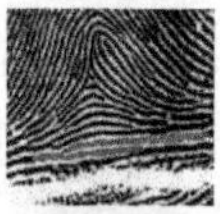
2. 波浪线	上、下起伏呈波浪形的纹线		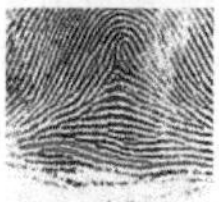
3. 弧形线	呈圆弧状的纹线		
4. 弓形线	呈弯曲箭弓状的纹线		
5. 箕形线	不折不断弯转返回的纹线		
6. 环形线	闭口环形，不折不断的纹线		
7. 螺形线	绕一端点旋转一周以上螺形状纹线		
8. 曲形线	弯曲成形如“S”或镜像“S”形的纹线		

(二)乳突纹线的组合形态

乳突纹线的组合形态是指由几种不同形态或流向的纹线组构成的花纹整体形态。具有相同形态或相同流向的纹线组称为系统,按各系统所处的位置及形态可将乳突花纹分为三个系统,如图 3 – 11 所示。

1. 内部系统

内部系统,又称中心花纹,居于指纹中央部位,主要由箕形线、环形线、螺形线或曲形线等组成。

2. 外围系统

在中心花纹的上部和两侧包绕纹线组,主要由弓形线组成。

3. 根基系统

位于中心花纹及外围系统之下,且呈横向分布的纹线组,主要由波浪线和横行线组成。

4. 三角

由三个不同系统的纹线相汇合所构成的近似三角形的汇合区称为三角,三角由三条支线构成。上支线是指三角区最靠近外围系统的纹线;下支线是指三角区最靠近根基系统的纹线;内支线是指三角区最靠近内部系统的纹线,如图 3 – 12 所示。

三角的形态较为复杂,可根据不同角度进行分类,主要按三角的三支线空间取向、分布及内部所包含的纹线形态加以分类,具体形态见表 3 – 2。

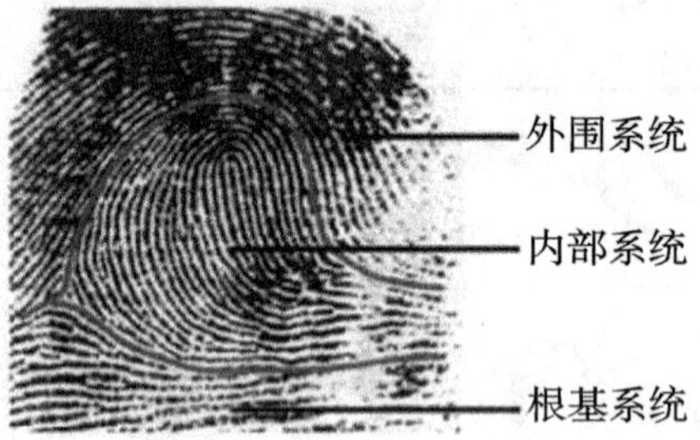

图 3 – 11　指纹花纹系统

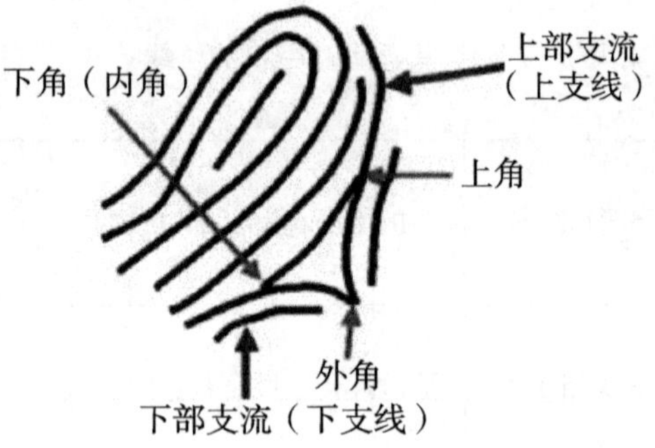

图 3 – 12　指纹花纹系统

表3-2 常见三角形态

结合型三角	分离型三角	混合型三角

空心三角	点棒三角	夹线三角
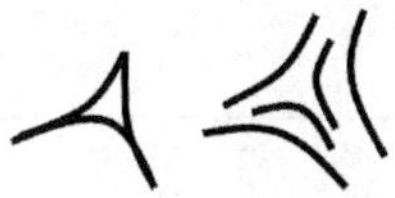	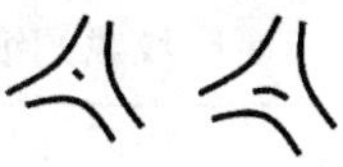	

5. 系统划分方法

手纹三个系统的界限可通过三角的上支线和下支线的追迹线加以区分。

(1)追迹线的追迹方法。从三角的外角点起分别沿上支线和下支线追迹线确定系统。当追迹线终止时,应按着其外侧相邻纹线(上线追迹时)或其下侧相邻线(下支线追迹时)接续追迹;当追迹线分叉时,则应按其外侧的分支或下侧的分支进行追迹;当追迹线中断时,应按其对应纹线或对应的一对中的外侧或下侧纹线继续追迹。追迹时,上、下纹线的选择:对于箕型纹,因为只有一个主三角,所以从三角的外角点开始,上、下支线同时进行追迹。对于斗型纹,由于具有两个主三角,需选出一个上支线和一个下支线进行追迹;首先将两三角的外角点和上下支线标出,其次分别选择遗迹后包绕范围大的一条上支线和一条下纹线,分别进行追迹。

(2)追迹线的终点定位。箕型纹,上、下支线同时追迹至箕口附近即可;斗型纹,首先要标出两个三角的两组上下支线(要小于5mm),其次分别选择包围面积大的一上纹线和一下支线进行追迹,追至对侧三角的上支线(或下支线)的断点附近即可,如图3-13所示。

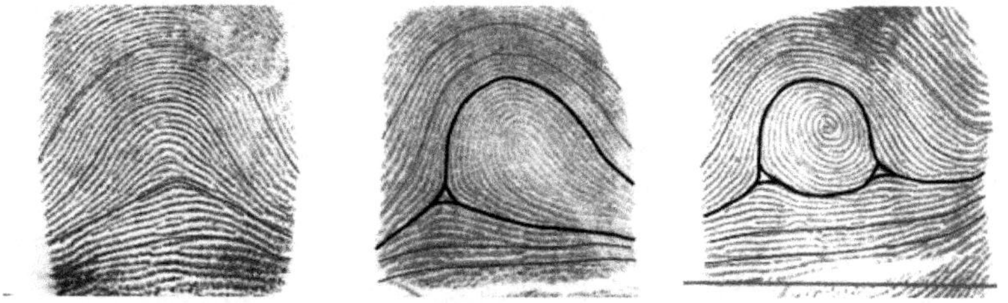

(a)弓型纹　(b)箕型纹　(c)斗弓型纹

图3-13 常见典型纹型的系统划分

（三）乳突纹线的细节特征

乳突纹线的细节特征是指乳突纹线局部的细小结构、特殊形态及组合构造，其种类、细节及分布关系是构成手纹人各不同的根本原因，是个人鉴别的最重要依据。

细节特征的基本种类包括：起点、终点、分歧、结合、小勾、小眼、小桥、小棒、小点，如图3－14和表3－3所示，其中，起点、终点、分歧、结合为最基本形态，也是出现率最高的形态，其他形态均可由这四种形态组合而成。小棒和小点出现率较低，小勾、小眼、小桥出现率最低。

表3－3　乳突纹线的细节特征

概　念	定　义	形　态
1. 起点	纹线的始端，即横线的左端，竖线的上端，圆弧线及旋转线的顺时针始端	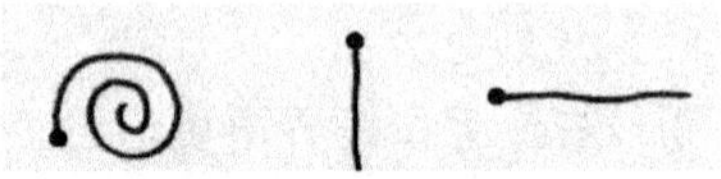
2. 终点	终点，纹线的末端，即横线的右端，竖线的下端，圆弧线及旋转线的顺时针末端	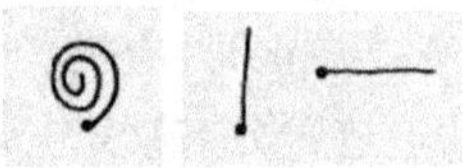
3. 分歧	分歧，一条纹线从左向右、从上向下、顺时针方向分叉为两条纹线的结构	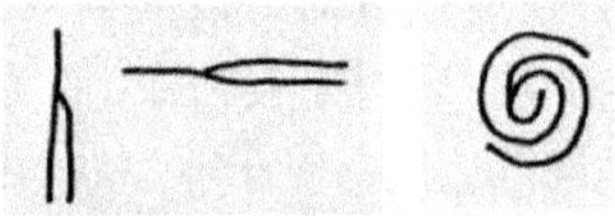
4. 结合	结合，两条纹线从左向右、从上向下、顺时针方向汇结为一条纹线的结构	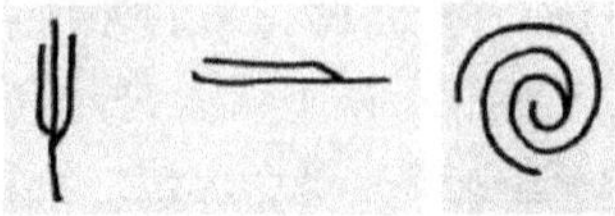
5. 小勾	小勾，纹线上分出的形如“小勾”状的结构	
6. 小眼	小眼，形如“小眼睛”状的纹线结构	
7. 小桥	小桥，一条纹线上分出的小枝杈斜流汇入相邻纹线上所形成的形如斜搭小桥状的结构	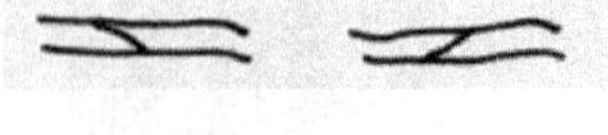
8. 小棒	小棒，又称短棒，长度在1～5毫米的纹线段	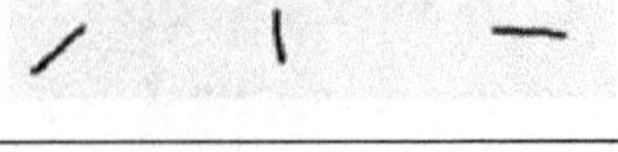
9. 小点	小点，呈点状或长度小于1毫米的点状结构	

图 3－14 乳突线的细节特征

四、指头乳突花纹

在痕迹学中，将手指指尖部位称为指头。指头乳突花纹简称指纹，根据指纹中心花纹组成结构形态不同，可分为弓型纹、箕型纹、斗型纹和混杂型纹四种基本类型。

（一）弓型纹

纹线从指头一侧流向另一侧不折返，主要由弓形线和横行线系统上、下层叠而成的花纹类型称弓型纹，只有两个系统，无三角。按其内部形态不同可分为弧形纹和帐形纹。上部由弧度较小的弓形线层叠，下部由横行线为根基组成的花纹形态称为弧形纹，如图 3－15（a）所示。上部由弧度较大的弓形线层叠，下部由横行线为根基，中心部位由一条以上纵向纹线支撑着中心弓形线的花纹形态称为帐形纹，如图 3－15（b）所示。

（a）弧形纹　　（b）帐形纹

图 3－15 弓型纹形态

（二）箕型纹

中心花纹由一根以上的箕形线相套叠构成内部系统，上部及两侧由弓形线体系包绕，下部由一些波浪线和横行线为根基组成的花纹类型。一般具有一个主三角，极个别的出现一、两个副三角，如图 3－16 所示。

图 3-16　箕型纹

当花纹中心只有一条箕形线时，这条箕形线必须是完整、圆滑的，且箕头和靠近三角的箕枝部分不得与其他纹线结合或接触，将纹线直接引向或引入三角或三角方向的外围系统中去，否则应列入弓型纹，箕型纹界定见表 3-4。

表 3-4　箕型纹的界定

箕	
非箕	
箕	

1. 开口箕和闭口箕

按中心区域箕形线箕口的形态，将箕型纹分为开口箕和闭口箕，如图 3-17 所示。

(a)开口箕　　(b)闭口箕

图 3-17　箕型纹形态

2. 左箕和右箕或正箕和反箕

按印痕中箕头相对箕口的倾斜方向，可将箕型纹分为左箕和右箕或正箕和反箕。箕头在箕口左侧的为左箕，箕头在箕口右侧的为右箕；箕头朝向拇指，箕枝流向小指的为正箕；箕头朝向小指，箕枝流向拇指的为反箕，如图 3 – 18 所示。

(a) 右箕：左手正箕、右手反箕　　(b) 左箕：右手正箕、左手反箕

图 3 – 18　箕型纹形态

(三) 斗型纹

中心花纹由一根以上的环形线、螺形线或曲形线相套叠或层叠，其上部及两侧由弓形线体系包绕，下部由一些波浪线和横行线为根基组成的花纹类型。当花纹中心仅有一条完整的或近似完整的环形线、螺形线或曲形线时，其正对三角部位的纹线必须是不折不断并不与来自外角的纹线相接触，否则不能将其归入斗型纹，如图 3 – 19 所示。通常有两个三角，但个别有三个三角，斗型纹界定见表 3 – 5。

(a) 环形斗　　(b) 螺形斗　　(c) 曲形斗

图 3 – 19　斗型纹

表 3-5　斗型纹的界定

非斗	
非斗	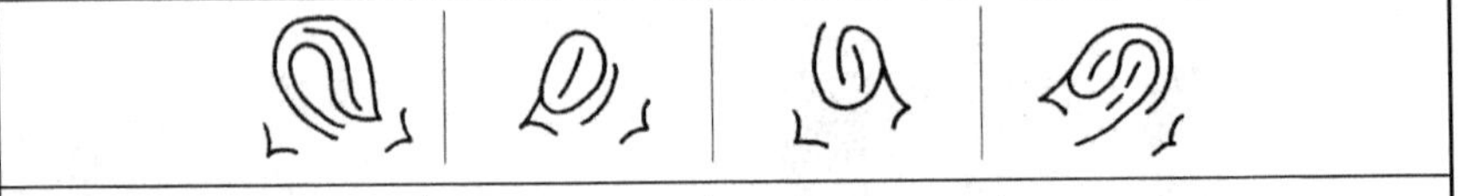
斗	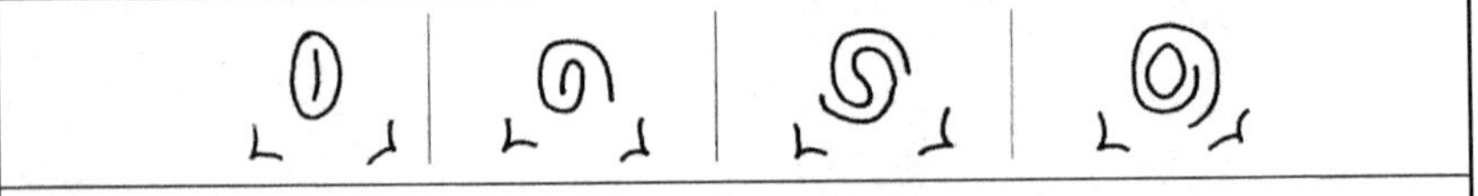
斗	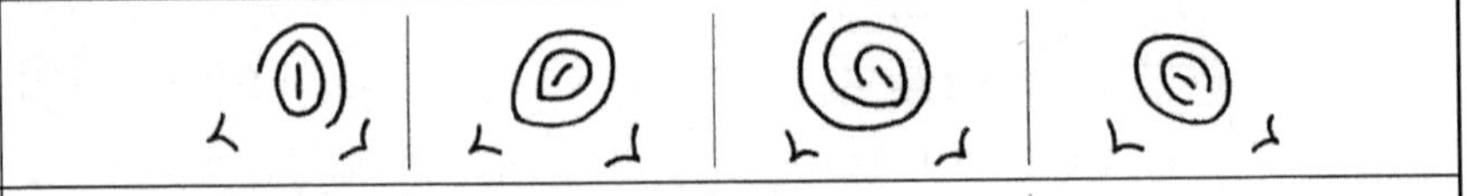
斗	

按内部花纹的不同形态，可将斗型纹分为环形斗、螺形斗、曲形斗、双箕斗、囊形斗及杂形斗等。

1. 环形斗

花纹中心由一条以上环形线相套叠组成的斗型纹。当中心仅有一条环形线时，此环形线必须是完整、独立、圆滑的，若其外壁有似连非连的螺形线时应归入螺形斗。按环形斗内部系统纹线形态、取向、结构以及外角点远近不同，可分为如下几种：按印痕中中心环形线的长轴相对手指纵轴或屈肌褶纹垂线的倾斜取向，可将环形斗分为左倾环（长轴左倾）、右倾环（长轴右倾）和无倾环，如图 3-20 所示。

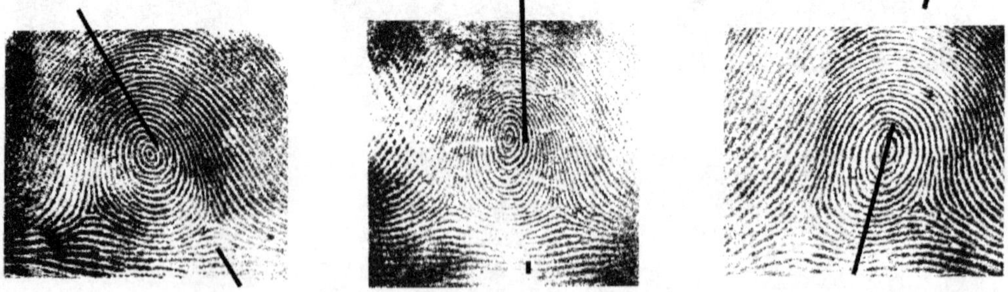

(a)左倾环　　(b)无倾环　　(c)右倾环

图 3-20　环形斗

2. 螺形斗

螺形斗，是指花纹中心由一条以上起点方向一致的螺形线组成的斗型纹。根据螺形线旋转方不同，可分左旋（顺时）和右旋（逆时）螺或正旋螺和反旋螺。正旋螺指左手的左旋螺和右手的右旋螺；反旋螺指左手的右旋螺和右手的左旋螺，如图 3－21 所示。

（a）顺时螺：左手正旋螺（正螺）
右手反旋螺（反螺）

（b）逆时螺：右手正旋螺（正螺）
左手反旋螺（反螺）

图 3－21　螺形斗

3. 绞形斗

花纹中心由两条以上独立且起点方向相对的螺形线相对绞绕组成的斗型纹，分左旋绞和右旋绞或正旋绞或反旋绞，正反旋绞确定方法同螺形斗，如图 3－22 所示。按印痕中螺形线的旋转方向，可将绞形斗分为顺时绞和逆时绞或正旋绞和反旋绞（确定方法与螺相同）。其中正旋绞占绞的 94% 左右，反旋绞占 6% 左右，如图 3－23 所示。

图 3－22　绞形斗

（a）顺时绞：左手正旋、右手反旋

（b）逆时绞：右手正旋、左手反旋

图 3－23　绞形斗

4. 曲形斗

花纹中心由一条完整独立的曲形线组成的斗型纹,分左旋曲和右旋曲或正旋曲和反旋曲。正反旋曲的确定方法同螺形斗,如图 3 - 24 所示。按印痕中曲形线的旋转方向,可将曲形斗分为顺时曲和逆时曲或正旋曲和反旋曲。正旋曲指左手的顺时曲,右手的逆时曲;反旋曲指左手的逆时曲、右手的顺时曲。

(a)逆时(右旋)曲

(b)顺时(左旋)曲

图 3 - 24 曲形斗

5. 双箕斗

花纹中心由两条以上独立圆滑的曲形线相层叠,或在一条曲形线的两个假箕头内各有一条以上完整的箕形线随曲形线绕旋组成的斗型纹,分左旋双箕和右旋双箕,或正旋双箕和反旋双箕。正反旋双箕的确定方法与曲形斗相同。按印痕中曲形线的旋转方向,可将双箕斗分为顺时双箕和逆时双箕或正旋双箕和反旋双箕,如图 3 - 25 所示。

(a)顺时(左旋)双箕斗

(b)逆时(右旋)双箕斗

图 3 - 25 双箕斗

6. 囊形斗

花纹中心由一条以上的闭口箕形线及一两根位于其中且凸向箕口的弧形线组成的形如囊袋状的花纹,分左囊和右囊或正囊和反囊,左囊、右囊、正囊及反囊的定法与箕相同,如图 3 - 26、图 3 - 27 所示。

图 3－26　囊形斗

(a)左囊

(b)右囊

图 3－27　囊形斗

7. 杂形斗

具备了斗型纹三个系统,即两个三角、中心基本呈圆形等初级条件,但不能归入上述六种斗型纹中去的花纹,如图 3－28 所示。

图 3－28　杂形斗

(四) 混杂型纹

混杂型纹是花纹中心由两种或两种以上纹线体系相并列,或因其形态奇特、结构杂乱而不能归入弓、箕、斗的花纹类型。按其内部形态和结构的不同可进行如下分类。箕帐混合纹:内部花纹由一箕形线(俯头箕)体系在上,帐形纹体系在下并列而成的花纹类型;箕斗混合纹:由一箕形线(俯头箕)体系在上包绕其下的斗形线体系组成的花纹类型;并列箕形纹:内部系统由两个以上独立的箕形线体系并列组成的花纹形态;并列斗形纹,是内部系统由两个斗形线体系并列组成的花纹形态,如图 3 - 29、图 3 - 30 所示。另有罕见的奇特花纹见图 3 - 30 所示。

(a)箕帐混合纹

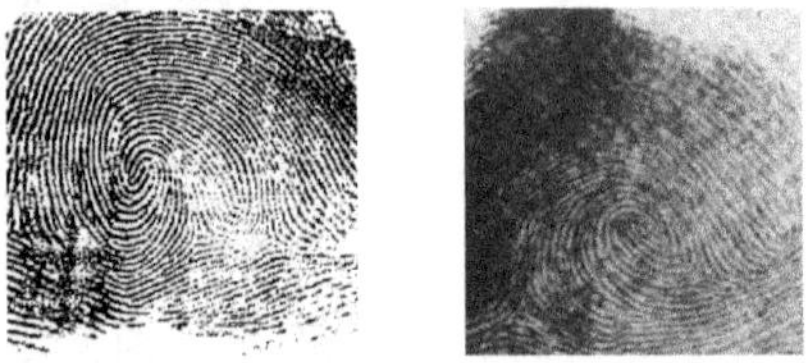

(b)箕斗混合纹

(c)并列箕混合纹

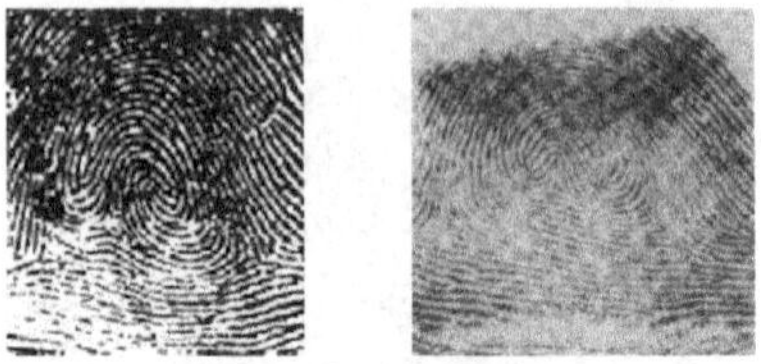

(d)并列箕混合纹

图 3 - 29　混杂型纹

(a)

(b)

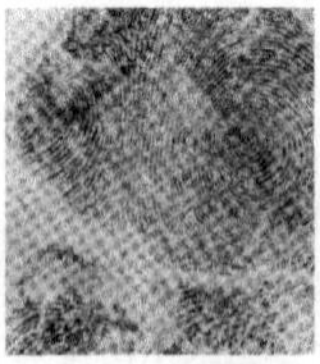

(c)

(d)

图 3 - 30　奇特花纹

五、指节乳突花纹

指节乳突花纹相对于指头纹简单,各指节两端附近的纹线较为粗大、平坦;中段纹线相对稍细,由一些弧形线、斜直线及弯折线等组成。按中段纹线的形态和结构将指节乳突花纹分为平弧形、倾斜形和混合型三类,个别指节出现结构极简单的箕型纹或斗型纹。

(一)平弧型纹

指中段主要由横行弧形线组成的指节花纹。有时在弧形线之间掺杂一些波浪线或短斜线。

(二)倾斜型纹

指中段主要由倾斜直线组成的指节花纹,常掺杂一些弧形线或波浪线。

（三）混合型纹

指中段由弧形线、倾斜线、弯折线及波浪线等混合而成的指节花纹。

（四）指节箕型纹和斗型纹

迄今为止，指节上仅发现了极少数的箕型纹，其结构极为简单，常只由三、五条流程较短的箕形线组成；斗型纹更为罕见，只有线数很少的环形斗，如图3－31所示。

（a）平弧形　（b）倾斜形　（c）平弧形　（d）混合形

图3－31　指节乳突花纹形态

六、手掌的乳突花纹

人体手掌相对于手指面积大，其纹线流程长、纹型不规范，形态变化大。通常将手掌分为指根区、内侧区和外侧区三个区域，如图3－32所示。

1. 指根区　2. 内侧区　3. 外侧区

图3－32　手掌的分区及各区纹线的基本流向

（一）指根区纹线的基本形态

1. 纹线的基本流向规律

四指根部都有一组凸向掌心的弧形线，常与两侧的指间纵行线汇成三角，中、环指指根弧形线呈横向分布，表现为大弧度、小跨度；食、小指指根弧形线呈斜向分布，表现为小弧度、大跨度，四指指间及指根弧形线下方的纵行纹线多数流向小指侧，如图 3－33 所示。

2. 指根区乳突花纹类型

指根区弓形纹包括指根弧形纹和指根帐形纹两种形态。指根弧形纹是在指根弧形线的基础上明显扩展，并与包绕指根的指间纹线相层叠而成的半圆形或大半圆形花纹，主要出现于环指根部。指根帐形纹是以指根弧形线为根基、邻近的指间纵行线为支撑，以相距较远的指间纹线包绕组成，主要出现于环指根部，如图 2－53 所示。

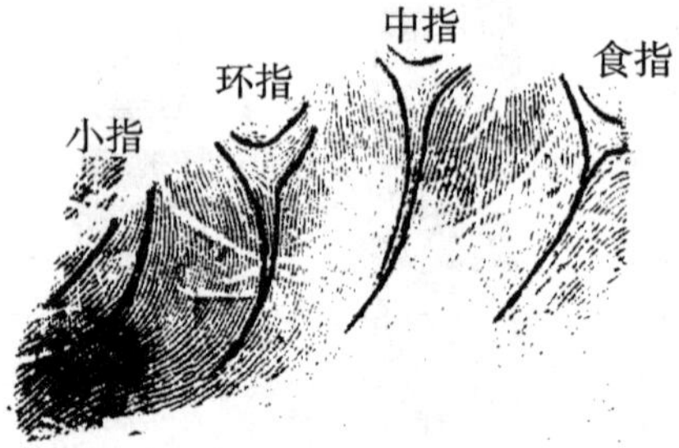

图 3－33　指根区纹线的基本流向

（二）内侧区纹线的基本形态

由一组凸向外侧的纵向大圆弧线构成，其弧度由掌心至内侧逐渐变小，由上至下逐渐变大，下区纹线弧度多明显大于上区，在下区常出现较密集的终点特征。

内侧区多由大弧度的弧形线组成，在其纹线中可形成弓、箕、斗三种花纹类型，还可形成叶状纹、斑块纹两种特殊花纹，如图 3－34 所示。

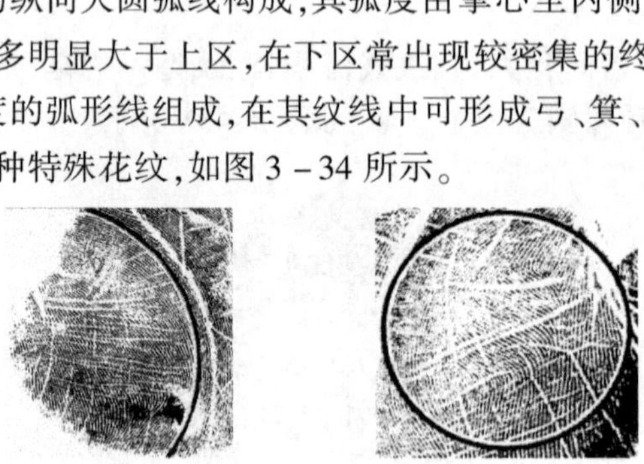

（a）内侧区纹线一般形态　　（b）斑块纹

图 3－34　内侧区纹线的基本形态

（三）外侧区纹线的基本形态

纹线由食指根附近流向外下方，流经掌心至整个外侧边缘，纹线由少迅速增多，呈头部指向外下方的扫帚状，其上边多呈斜直状，下边呈弯曲状，如图 3－35 所示。外侧区主要由弓型纹、箕型纹、斗型纹。弓型纹包括外横弧、外横帐和倒纵帐三种形态。外横弧由流向外下方的扫帚纹中下区纹线改变方向，急速向内弯流止于腕部中区形成；外横帐是在外横弧的腔内填充了支撑线形成；倒纵帐是腕部附近的掌心纵行线突然改变方向流向外上方，止于手掌外边下区形成，如图 3－36 所示。

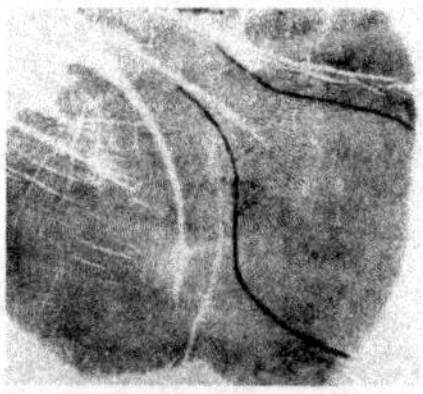

图 3－35　外侧区纹线的基本形态

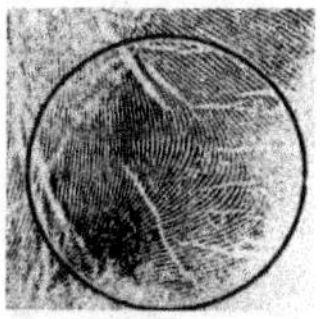

(a)弧形纹

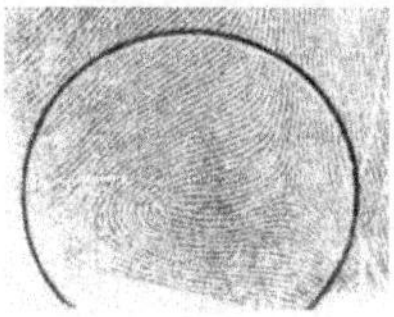

(b)横帐形纹

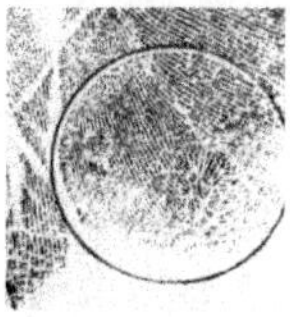

(c)倒帐形纹

图 3－36　外侧区弓型纹

第三节　手印的形成和种类

一、手印的形成

手接触客体时形成的印迹称为手印。在手印形成的过程中，在人体肌肉与骨骼连动作用下，手掌正面皮肤组织与客体接触，通过汗液或其他附着物的转移来反映手纹的形态特征。可见，手印形成具备手、作用力、承受客体和中介质（附着物）四种要素，并共同影响着手印的反映质量。手本身的大小、形态、肌肉和骨骼发达程度，有无畸形、疾患，乳突花纹的细腻、粗糙、隆沟的清晰程度等，直接影响着手印的大小、形态和清晰程度等。手与客体间作用力大小、方向，影响着手印的清晰程度、形态结构和特征变化的程度等。承受客体的表面光滑程度、干湿程度、物理和化学性质等，对手印的清晰程度、手印保留的时间、乳突花纹特征的真实程度等有直接影响。无论是手上的附着物，还是客体表面的附着物，其数量的多少、物理化学性质、固体还是液体，对手印的清晰程度和保留的时间影响很大。手印的形成物质成分是人的手指、手掌表面附着物质成分，常见的手印形成物质包括汗液、皮脂、汗液和皮脂的混合物质、血液、唾液、灰尘、油质等。手印形成物质的成分分析是研究手印的发现、显现、提取和固定等技术方法和手段的基础和前提条件。手印物质包括人体自身的代谢产物，也包括手接触到的外界环境中的物质。

总之，手、力、承受客体、中介质四种要素，它们直接影响着手印的清晰程度、变形程度和保留时间。弄清手印物质、影响手印形成的因素及手印的种类,对手印的显现提取、分析和鉴定有着重要意义。

二、手印的种类

根据手印承载客体、色调反映、形成物质等不同,将手印分类为如下几种。

(一)按表面形态的分类

手接触客体在其表面留下印迹时,往往引起客体表面形态的变化。据此,手印可分为平面手印和立体手印。

当用肉眼观察时,手纹无明显的凹凸立体感,仅以微薄附着物的变化反映出手纹的形态结构,此种手印称平面手印。平面手印通常在金属制品、玻璃制品、瓷器、石制品、木制品、塑料制品、纸张、竹制品、皮革、纺织品、人体等客体上形成。

当用肉眼观察时,手纹有明显的凹凸立体感,以凹凸形象反映出手纹的形态结构,此种手印称立体手印。在立体手印中,凹陷印痕反映手纹凸起的形态结构,凸起印痕反映手纹凹沟的形态结构,立体手印中的凹凸纹线,与手纹的凹凸形象是相反的。立体手印常在可塑性较强的松软物质上形成,如松软的泥土、凝固的油脂、蜡烛、较厚的灰尘等。

(二)按手印色调的分类

由于形成手印物质的色调不同及量的多少,用肉眼观察时有的有明显可见颜色,有的无颜色,故可分为有色手印和无色手印(包括潜在手印)。

形成手印的物质具有明显可见颜色,形成手印的量能直接用肉眼观察到的手印称为有色手印。形成有色手印的物质如血液、油漆、印泥、油墨、白粉、黑灰等。有些形成手印的物质虽属无色,但其量达到肉眼能够观察到的程度,亦称为有色手印。有时,尽管形成手印的物质本身是有明显可见颜色的,但其量非常少,用肉眼无法直接观察到时,也不能称为有色手印,只能称为“潜在手印”。

形成手印的物质没有明显可见颜色,形成手印后,直接用肉眼观察不到的手印称为无色手印。形成无色手印的物质主要是汗垢、油垢、果汁、精液等。

(三)按形成物质(介质)变化状态的分类

当手与客体相接触形成手印时,手上的附着物可以遗留在客体表面,客体表面上的附着物也可以被手沾走。因此,依据附着物的变化状态,把手印分为加层手印和减层手印。

手上的附着物遗留在客体表面而形成的手印称为加层手印。这种手印以加层物质形成的形象反映出手纹的形态结构。加层手印多为汗液、汗垢、血液、精液、灰尘、油质等。

手将客体表面的附着物沾走而形成的手印称减层手印。这种手印以被沾走的物质而留下的空位形象反映出手纹的形态结构。减层手印多在布满薄层灰尘物面形成。

(四)依据手印物质成分的分类

依据形成手印的物质成分,主要有汗液手印、油质手印、灰尘手印、血质手印、精液及阴道分泌物手印、各类果汁手印、饮料手印、乳汁手印等。这些手印中,有的是有色的,有的是无色的(潜在)的。

由于各类手印物质成分不同,所以显现、提取的方法和手段也不同。在显现、提取手印之前,一定要判明形成手印的物质,以便采取相应的处理加工方法,取得最佳效果。避免盲目采取措施,造成无法挽回的损失。

第四节　现场手印的勘验

一、寻找确定嫌疑人手印

寻找、发现现场手印的重点部位是手接触到的客体,包括作案活动的中心、来往现场的相关部位及物品、现场遗留物及与作案活动相关的附属设备和物品等。作案活动的中心,即犯罪活动的目标所在之处,表现为物品被挪动、翻动、毁坏、抛弃等;来往现场的相关部位及物品,现场的入口、出口及途径中的障碍物、攀附物等;现场遗留物主要是案犯遗留在现场上的作案工具及其他相关物品;与作案相关的设备及附属物品是指在作案过程中接触过的洗漱、照明等设备及其他物品等。

寻找、发现现场手印的方法依手印种类、客体种类而定。立体手印和平面有色手印,可在自然光下用肉眼直接观察发现手印;透明体上的潜手印,可通过滤光观察、加深背景的方法进行,即从一个合适的位置透光观察,并将客体移至透过它能透视暗色物体或阴暗处的位置上进行,通过手印纹线对光线的吸收和折射等光学作用产生反差而发现手印,加深背景的目的是增强视觉反差。对光泽非透明体上的潜手印,可通过反光观察的方法,通过客体的定向反射与手印纹线的漫反射效应所产生的反差发现手印;也可在此基础上用“哈气法”在手印纹线和客体上增加附着差加强手印的反差;较大的透明体和玻璃瓶等,可贴加深色背景后进行反光观察。

二、显现潜在手印的常规方法

手印显现是手印检验鉴定的基础工作,只有在犯罪现场提取到嫌疑人的手印,才能进一步进行比对、鉴定,手印才能起到证实犯罪的证据作用。现场手印主要有如下几种:汗潜手印、灰尘手印、血手印、油手印、体液斑分泌物手印、黏合剂手印等。尽管有多种化学、物理的手印显现方法,但是作为手印显现的第一步是无损显现,而只有用光学显现才能达到无损显现目的,这是手印显现程序的第一步,也是现场寻找、发现手印的第一步。

（一）光学显现法

所谓光学显现法，就是通过各种波长的光线照射手印及其遗留物质，并通过一定的配光技术，来显现潜在手印，进而将其拍照记录的技术。光学显现的方法很多，按照对光的反射吸收性质的不同，可以分为吸收/反射模式和发光模式。根据作用原理的不同，在每种模式中又可以细分，如在吸收/反射模式中可以分为配光方法、偏振光方法、紫外反射方法、红外反射方法。发光模式中又分为紫外荧光方法、可见荧光方法、紫外发光方法。光学显现法属于无损检验范畴，它既不污染检材也不破坏手印，而将手印提取下来的最好方法。

目前，常用的光学显现法主要有配光方法、分色方法、偏振光方法、紫外反射方法、红外反射方法、紫外荧光方法、可见荧光方法、紫外发光方法等。像其他物理化学方法一样，每种光学方法都有一定的适用范围。

（二）物理显现法

1. 粉末显现法

通过粉末与手印纹线间的物理吸附作用使粉末附着于手印纹线上而显出手印，此方法是显现新鲜和稍陈旧汗潜手印的最常用方法。

常用粉末主要有铝粉（银粉）、青铜粉（金粉）、磁性粉和荧光粉等。铝粉为银灰色粉末，附着力强，但黏性较大，适用于干燥、无油、常温下的硬质、光滑、非渗透客体的显现；青铜粉为金黄色合金粉末，性能与铝粉相近；磁性粉是由静电复印粉或复印机余粉等与细铁粉混合而成的粉末，几乎适用于所有光滑、非渗透客体上汗潜手印的显现。

实际操作时，应根据客体的不同而采用不同的显现方法。撒粉刷显法，是用软毛刷刷显、扫去余粉进行显现的方法，适用于轻小客体和大客体垂面上手印的显现；直接刷显法，是用毛刷直接蘸粉、刷显、扫去余粉的方法，适用于大客体的侧表面及下表面上手印的显现；撒粉抖显法，是通过抖动使粉末与客体产生相对滑动而显出手印的方法，主要适用于各种软质客体上手印的显现；磁性刷刷显法，是用磁性刷吸粉、刷显的方法，主要用于非磁化硬质客体上手印的显现。

2. 熏染显现法

通过试剂的气态分子与手印纹线的相互作用而显出手印的方法，常用的有碘熏显现法和“502”胶熏显法。

（1）碘熏显现法。主要用于浅色灰墙、本色木、竹器等客体上的新鲜汗潜手印和油潜手印的显现。用玻璃烧杯等将碘加热，使其受热挥发，将一块干净的玻璃板盖于烧杯口上，待附上薄薄的碘时将其贴附于被显部位上进行显现，或直接将客体置于杯口贴近上方熏显，或用喷碘器熏显法熏显。对显出的手印应立即拍照提取，并用磁粉刷显或抖显的方法，或用氯化钯水溶液法固定。

（2）“502”胶熏显法。几乎适用于所有非渗透性客体上的新鲜和稍陈旧汗潜手印的显现,对精纺化纤织品、皮革、人造革、人体皮肤、植物叶面、水果皮等客体亦有一定的显现效果。显现时,可用滤纸贴附熏显法,即将“502”胶均匀涂于定性滤纸上,待其风干至不粘手时对被显部位进行贴附熏显;或用熏显柜、熏显仪、熏显箱等进行加热熏显;或用电烙铁进行直接触发加热显现。对浅色客体上的“502”胶手印,待其熏显工作结束,立即用磁性粉刷显或抖显进行染色,或用罗丹明6G、BBD等荧光染色剂进行染色处理。

(三)化学显现法

通过试剂的气态分子与手印纹线的相互作用而显出手印,常用的有硝酸银显现法、茚三酮显现法和DFO显现法等。

1. 硝酸银显现法

通过硝酸银与汗液中的氯化钠起置换反应生成银离子,银离子在光照下呈棕褐色而显出手印,此方法适用于浅色纸类客体上的新鲜和较陈旧汗潜手印的显现。显现时将3%左右的硝酸银乙醇溶液涂于客体被显部位上,阴干后进行曝光显现,显好后立即拍照并将客体收入暗袋中保存。若显色过度,可将3%的过氧化氢(双氧水)涂于另一张白纸上,待其阴干后贴压于显现过度的手印上进行减薄处理。

2. 茚三酮显现法

茚三酮是一种氨基酸的灵敏试剂,其与汗液中的微量氨基酸发生化学反应,生成蓝紫色化合物,从而显现出手印纹线。该方法适用于各种纸张、浅色纺织品、和本色木等客体上的新鲜及陈旧手印的显现。显现时,将2% ~5%的茚三酮丙酮或乙醇溶液通过浸泡、喷雾等方法涂于待显客体表面,阴干后加热或置于室温下即可显出手印。

3. DFO显现法

DFO与汗液中的氨基酸反应生成淡紫红色化合物,在蓝绿光的照射下,其能发出较强的橙红色荧光,从而将手印显出,其显现灵敏度要高于茚三酮显现法。首先,将甲醇40毫升和冰乙酸20毫升混合后加入0.4克DFO,搅拌溶解制成DFO储存液。其次,将60毫升DFO储存液加入三氯三氟乙烷940毫升制成DFO工作液。显现时,将疑有手印的检材浸入DFO工作液中约10秒钟,取出风干,放入80℃恒温箱中加热20分钟,后将检材置于蓝绿光下通过滤色镜观察或拍照。该方法的适用范围与茚三酮法相同。

4. 血手印显现法

对于本身很淡薄的或霉化的血手印及留在接近血色的客体上的血手印,常需显现处理才能用于检验鉴定,常用的显现方法是四甲基联苯胺(Tetramethy - ebenzidine, TMB)显现法。血液中的血卟啉和过氧化氢酶能使过氧化氢释放出初生态氧,初生态氧具有较强的氧化性,可使无色的四甲基联苯胺氧化成蓝绿色的四甲基联苯胺盐,从而使血痕呈深蓝绿色显出。

显现时,首先配制1.5% ~2%的四甲基联苯胺乙醇溶液;其次在血手印上反复滴加无水乙醇使血手印固定,待其阴干后,在配制好的显现液中滴入适当的过氧化氢,涂于客体表面,手印即呈深绿色显出;最后逐渐变为深蓝绿色。该方法主要适用于纸类客体、本色木上的新鲜及陈旧血手印的显现。

对于非渗透性客体上的血手印的显现,可采用茚三酮显现法、DFO 显现法、氨基黑 10B 显现法、二氯荧光素显现法等。

第五节 手印的分析

一、分析现场手印

在现场上发现的手印中,除了犯罪嫌疑人的手印外,也有事主和其他有条件接触现场人员的手印。犯罪手印的判断是对现场提取的手印的可靠程度的判断、确定,是直接关系到案件的侦破,是认定犯罪行为人有罪与无罪的关键环节。对犯罪嫌疑人的手印应重点从如下几方面进行分析和判断。

(一)调查、了解现场手印的来源

1. 调查、分析留有手印的物品与作案活动间的关系,全面分析犯罪嫌疑人在现场活动的过程,由此分析确定哪些物品是犯罪嫌疑人必须接触的,哪些物品是可能接触的等情况,为分析、判断犯罪嫌疑人手印提供依据。

2. 调查、分析现场上物品摆放状态的改变情况,若物品摆放状态异常,则其上的手印为犯罪嫌疑人所留的可能性就大。

3. 检查物品的外围痕迹,若物品出现了由于灰尘附着差所形成的物体下边棱的轮廓痕迹(外围痕迹),则说明此物体很可能被犯罪嫌疑人移动过等。

4. 调查、了解事主等人接触现场的情况,包括事主及有条件接触现场的其他人员及勘查人员等。

5. 调查、了解留有手印物品的来源、使用及保管等情况。“来源”是指物品是否为新购进、新制作、新借入的等情况;“使用”是指物品是否最近被借用、维修等情况;“保管”是指物品是否处于受到某种限制的保管状态等。

(二)分析研究手印的遗留情况

1. 研究手印的方位、位置和方向

研究留有手印物体的方位、位置,周围其他物体所构成的环境,手印距地面及其他物体的距离,即手印在物体上的位置、遗留方向等与作案行为的关系;通过这一关系的研究,结合其他(手印以外的)痕迹的综合分析,往往可以分析出遗留者遗留手印时的具体姿势和动作,如果这一动作和姿势与正常动作有明显差别,则这一手印为犯罪嫌疑人所留的可能性就非常大。

2. 研究手印的形成物质

手印的形成物质往往与留痕前所接触的物质有着必然的联系,而有些物质有时除作案活动外很难接触到，所以通过分析研究手印的形成物质，有时可以得出现场手印是否为犯罪嫌疑人所留的意见。

3. 研究手印的新鲜程度

手印的新鲜程度表现在纹线的连贯程度及其形态反映，经显现处理后纹线的边缘光滑，反映清晰、连贯，特别是汗孔反应明显者为新鲜手印；纹线边缘不整、反映不清晰、出现断续等者为较陈旧手印；纹线模糊、断续明显、残缺不全者为陈旧手印。纹线的吸附能力，吸附力强，即被吸附的物质较多、着色深者为新鲜手印；吸附力弱，即被吸附的物质较少、着色浅者为较陈旧手印；不吸附者，为陈旧手印。纹线上灰尘的覆盖程度，正常条件和情况下，纹线上没有灰尘，手印的整体色调与客体具有明显差别的是新鲜手印；纹线上落有较多灰尘、色调与客体相近的是陈旧手印。血手印，在常温下呈鲜红色的为新鲜手印；呈紫红色的为较陈旧的手印；呈暗紫色的为陈旧手印。

4. 研究现场遗留物上的手印

案件现场上较常见的遗留物有作案工具、凶器、衣物、手套、烟头、纽扣，及擦血迹、精液用过的纸张、布片等。这些物品由于是犯罪嫌疑人带来或接触过的，所以上面的手印为犯罪嫌疑人所留的可能性较大；犯罪嫌疑人自制、自备的工具、凶器、其他物品及随身穿（佩）戴的物品等上的手印，很可能就是犯罪嫌疑人所留；犯罪嫌疑人“就地取材”的工具、凶器等上的手印，排除事主等人的手印之后，余下的手印多为犯罪嫌疑人所留；犯罪嫌疑人从外围现场带入中心现场的物品，则要首先弄清其来源及所属者等情况后，再行分析、判断和筛选。

（三）通过与其他现场的手印比对进行分析

通过手印的来源及遗留情况的分析，尚未能得出定论的手印，可与其他犯罪现场的手印通过比对进行分析，即若甲现场的手印与乙现场的手印相同一，则该手印常就是所要确定的犯罪嫌疑人的手印，且可为并案侦查提供最可靠的依据。

（四）通过排除事主等人的手印进行分析

除上述几步分析外，工作中还常常通过比对排除事主及其他案发前后接触过现场或现场上物品的“无关人”手印的方法进行分析判断，即排除后余下的手印多为犯罪嫌疑人所留。但这并不意味着完全排除事主或“无关人”作案的可能性，这一点尚需进一步调查、核实和研究。

二、分析左、右手遗留的手印

准确地确定现场手印为何手、何指、何部位所留，可为进一步分析犯罪行为人的动作、习惯和身体特点提供依据，也为密取和公开捺印嫌疑人手印样本划定范围，为进步检验鉴定提供重要的基础。

(一)区分左、右手印痕

分析、判断左、右手印痕应从手印所处的现场格局入手,结合手印与物品的空间状态、手纹的流向特点进行综合全面的分析。

1. 从手印的遗留客体及周围物体间的关系分析左、右手印

手印的现场格局是指手印的遗留客体及周围的物体对遗留手印的动作起到某种限制作用的特殊环境关系。这一环境关系,对于遗留手印时的动作、姿势以及用哪一只手、哪一部位等都有着一定的限定,有时这一限定作用是近乎绝对的。

2. 从手印的遗留部位、方向分析左、右手印

手印的空间状态是指手印的具体方位、手印在物体上的方向、位置、排列关系等情况,这一关系有时可以直接反映出遗留手印的手别,有时则可在一定程度上反映出手印遗留者的某些行为特点。根据手印所在的部位(手印的具体位置)、方向(指尖的朝向)与排列状况(次序关系、高低关系、对应关系)进行判断。其中储存了犯罪人作案时的位置、姿势、手位、动作等信息。

3. 从手印纹线形态分析左、右手印

手印中的左倾弧形纹、左倾帐形纹、左倾环形斗多为右手印痕,右倾弧形纹、右倾帐形纹、右倾环形斗多为左手印痕;左箕、左囊多为右手印痕,右箕、右囊多为左手印痕;顺时旋的斗型纹多为左手印痕,逆时旋斗型纹的多为右手印痕;手印中拇指正指尖纹线右高左低的为左手印痕,左高右低的为右手印痕;食指与中指正指尖纹线的流向绝大多数与拇指相同,环指正指尖纹线的流向与食、中指相反;当现场指印中心花纹模糊不清时,可依据乳突线的细节特征分析,即起点、分歧多的多为左手印痕,终点、结合多的多为右手印痕(见图3-37)。

在掌纹印痕中,由于指根三叉线流向小指侧,故三叉线流向左下方的为左手印痕,流向右下方的为右手印痕;指根斜箕绝大多数出现于环指根部(极个别的出现于中指根部),箕枝弯转斜上流开口于外侧指间,故其箕枝左上流的为左手印痕,右上流的为右手印痕;指间倒箕多出现于环、小指间,面积常较大,而食、中指间很少出现,且面积较小,故当大面积指间倒箕与指根斜弧线同时出现时,指根斜弧线位于哪一侧则为哪只手印痕;指根弓型纹绝大多数出现于环指根部,故指根弓型纹与指根斜弧线同时出现时,指根斜弧线位于哪一侧则为哪只手印痕;指间并列倒箕只出现于环、小指间,故当并列倒箕与指根斜弧线同时出现时,指根斜弧线位于哪一侧则为哪只手印痕;指根弓与指间箕相并列形式只有环指根弓和环、小指间箕并列,故箕型纹部分位于哪一侧则为哪只手印痕;内侧区纵向大圆弧的弧度上小下大,密度上大下小,纹线端点在下区集中,或虎口皱纹置于印痕上方的状态下,大圆弧线凸向哪一侧则为哪只手印痕;将横方箕的箕身横置,箕枝下摆,阶梯线或虎口皱纹置于箕身上方的状态下,箕头指向哪一侧则为哪只手印痕;将弯口箕的箕身竖置,阶梯线或虎口皱纹置于箕身上方的状态下,箕枝凸向哪一侧

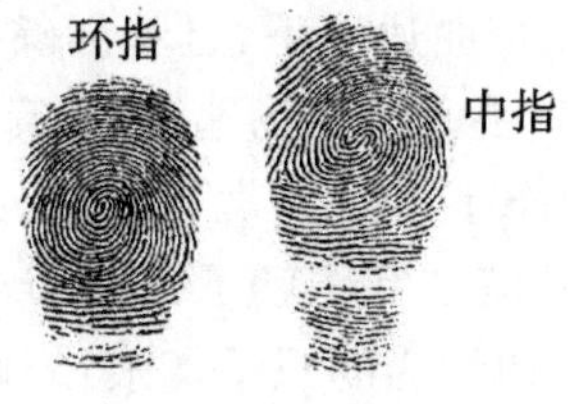

(a)左手所留

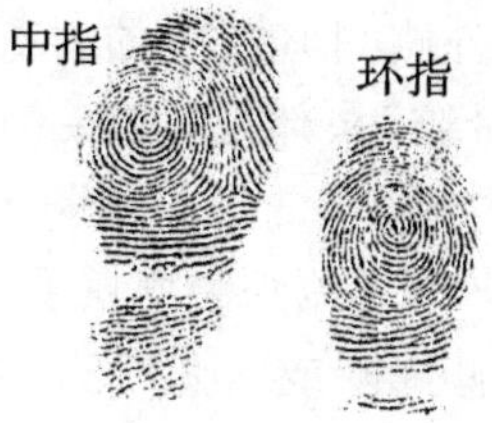

(b)右手所留

(c)左手所留

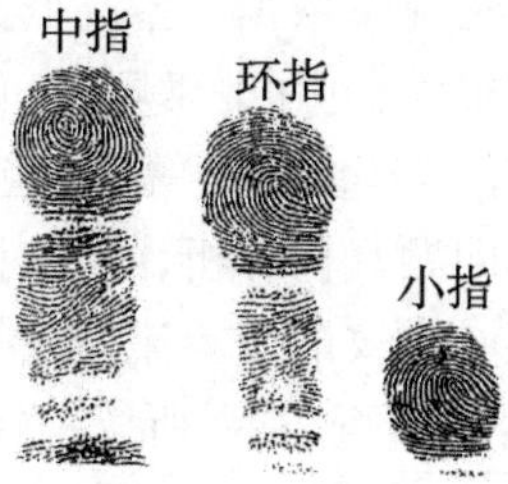

(d)右手所留

(e)左手所留

(f)右手所留

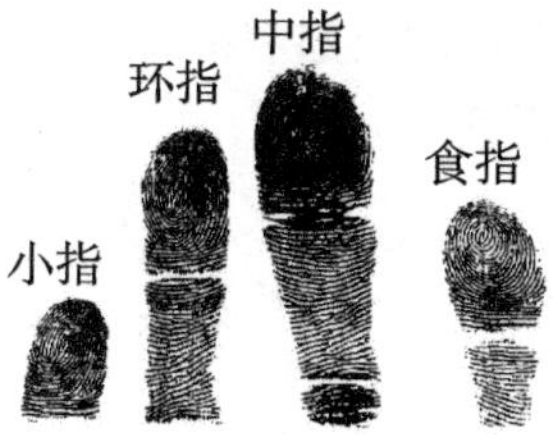

(g)左手所留

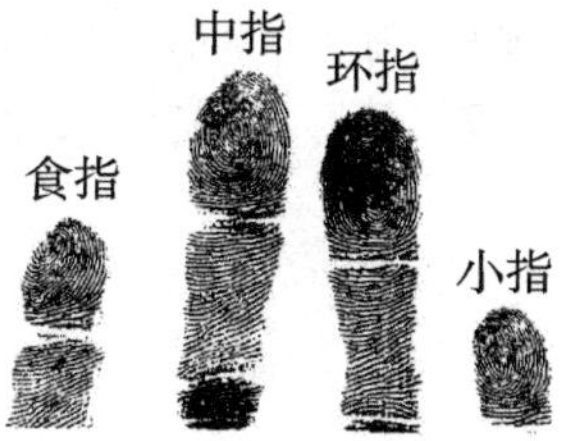

(h)右手所留

图3－37 左右手区分

则为哪只手印痕；内侧斗的外围线是弯口箕，故正置（同弯口箕）后，箕枝凸向哪一侧则为哪只手印痕；在外侧“扫帚纹”的斜直边置上，弯曲边置下，且腕部碟弧出现于印痕下方的状态下，“扫帚纹”头部指向哪一侧则为哪只手印痕；“汤匙箕”的箕枝斜上流止于食指根部附近，故在“汤匙”的把指向斜上方的状态下，正“汤匙”的箕头指向哪一侧或叩“汤匙”的箕枝凸向哪一侧则为哪只手印痕；大头箕在箕头朝下，箕枝上流呈倒置状的状态下，箕头向哪一侧膨隆或向哪一侧、下方被拉伸的为哪只手印痕；外侧斗在“扫帚纹”置于其上，腕部碟弧置于其下的状态下，中心位于掌心纵行线的哪一侧则为哪只手印痕。

以上是正常情况下依据手指高低关系的判断方法。实际生活中手指在完成各种动作时的屈伸幅度很大，动作非常灵活，如拿、取、抱、握动作，攀爬、翻越、钻入、开启动作，物体的形状、大小、轻重、软硬等，这些都会对正常的手指高低关系产生很大的影响，实际工作中应具体问题具体分析，必要时结合若干实验才能做出正确的判断。

4. 从手印中心花纹的倾斜流向进行分析左、右手印

（1）弧形纹：左倾弧，左手所留；右倾弧，右手所留。

（2）帐形纹：支撑线从右上流向左下，左手所留；反之，右手所留。

（3）箕型纹：箕头朝右，左手所留；箕头朝左，右手所留。中心花纹上部分歧、起点多，左手箕；结合、终点多，右手箕。食指反箕出现率高。

（4）囊形斗：同箕型纹。

（5）环形斗：右倾斗，左手所留；左倾斗，右手所留。

（6）螺形斗：顺势旋，左手正旋，左手所留；逆时旋，右手正旋，右手所留。

（7）曲形斗、双箕斗：中心结构呈“S”形，内部纹线呈顺时旋，左手所留；中心结构呈“Z”形，内部纹线呈逆时旋，右手所留。

对于箕型纹、囊形、螺形、曲形、双箕形斗，中心花纹上部两侧分歧、起点多的，左手所留；结合、终点多的，右手所留。

对于箕型纹、囊形、螺形、曲形、双箕形斗，中心花纹上部左侧纹线多的，右手所留；中心花纹上部右侧纹线多的，左手所留，如图 3 – 38 所示。

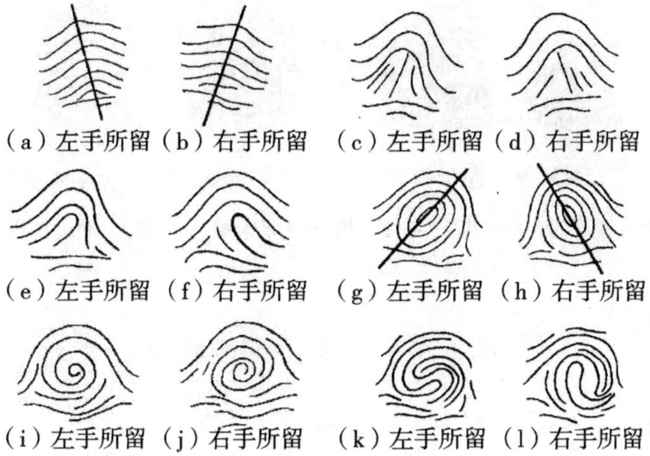

图 3-38　左右手区分

三、分析、判断各指印痕

1. 拇指印痕面积最大,正面印痕呈上窄下宽、上下圆顶的圆锥形。纹线密度最小,花纹中心多位于印痕的中下部位,指尖纹线及三角距花纹中心相对较远;侧面印痕多呈上窄下宽、上尖下圆、一边斜直的大半圆锥形。

2. 食指印痕面积居中,稍短于中、环指,正面印痕呈上部尖圆、内上方偏缺的偏顶不规则矩形,花纹中心多明显偏向内侧,且位置相对较低,指尖纹线距中心较近。食指的侧面印痕很少出现,其形态多呈两端圆顶的窄条形,多伴随拇指印出现。

3. 中指印痕面积居中,稍长于食、环指,其正面印痕呈内上方偏缺的不规则长矩形或椭圆形,花纹中心位置多居中。

4. 环指印痕面积居中,其印痕多呈上宽下窄的大头长圆形,头部多倾向内侧。指尖纹线距中心较食、中指远,花纹中心位置多数偏高。

5. 小指印痕的面积最小,纹线密度最大,印痕多呈头部弯向内侧的弯条形,如图 3-39 至图 3-42 所示。

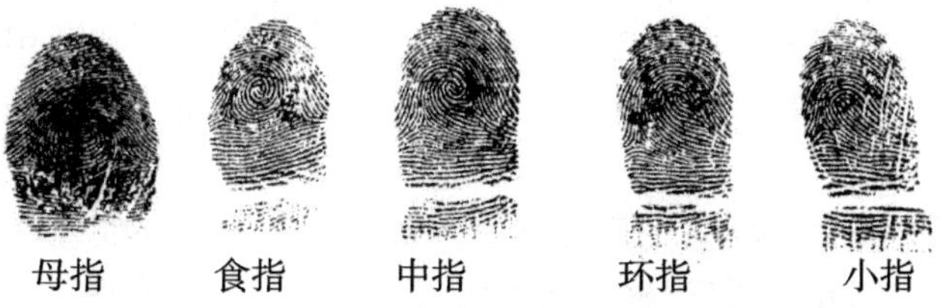

图 3-39　单指正面印痕

左母指　右拇指

图 3－40　拇指抚摸印痕

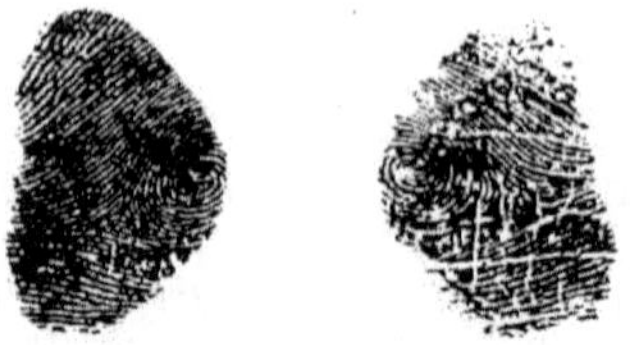

左母指　右拇指

图 3－41　拇指摄取印痕

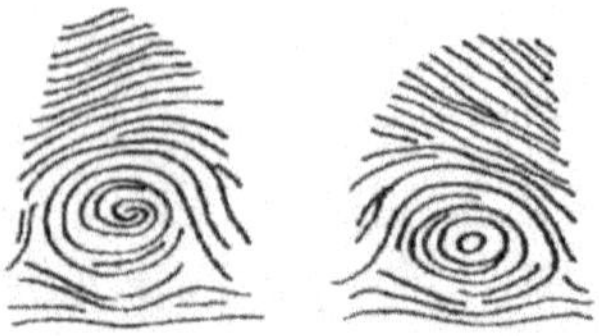

左手所留　右手所留

图 3－42　单指正面印痕纹线形态

第六节　样本手印的收取

一、样本手印

样本手印，也称手印样本，是指根据案件查办需要对案件可能有关（可疑）人员采取的手印。在现场勘查中提取手印后，为了确定犯罪嫌疑人的手印，常需搜取事主和接触过现场的“无关人”的样本手印；在确定了犯罪嫌疑人手印后，为解决是谁所留的问题，又必须收取嫌疑人的样本手印；有时为了确定死者的身份，亦要搜取死者的样本手印。

二、样本手印的种类

样本手印分捺印样本、自然样本和实验样本三种。捺印样本是指按一定规格、要求，利用油墨、印泥或活体指纹采集仪等捺取的手印，常印在固定的卡片、白纸等上，或存储在计算机中；自然样本是指在日常工作、生活中接触物体而无意留下的手印，多为潜在手印；实验样本是指为了正确分析、判断遗留的动作及验证检验中发现的某种差异而模拟现场的原始条件，按照一定的动作要求进行捺取的样本手印。

采取样本手印的方式有公开捺印、公开搜取、秘密搜取和制作实验样本四种。

三、样本手印的采取方法

（一）公开捺印

公开捺印是采取样本手印的最常用方法，适用于服刑、拘役在押、收容劳教及少年管教等人员，用于查前科和存档备查等；事主及接触过现场的人员，用以筛出犯罪嫌疑人的手印；未知名尸体，用于查实身源；可一次性结案的嫌疑人等。公开捺印分活体捺印和尸体捺印。

活体手印捺印分三面捺印、平面捺印和局部捺印三种。三面捺印主要是指头三面捺印，即从指头的一侧开始侧滚 180°，将指头的正面及两个侧面作为一个整体印出的捺印方式；平面捺印主要指全手平面捺印，即将手伸平，靠上、下印压活动将全手掌面作为一个整体印出,或分别将四指及拇指分别印出的方式;局部捺印是指根据现场手印的情况,以相应的方式,印出相应部位的印痕。

(二)公开采取

公开采取是指对被搜取对象生活、工作、学习等场所进行公开搜查,在其平时常接触、他人不常接触或无法接触的物品上,如专用柜内壁、专用品、烟盒等,发现、显现、搜取其手印样本的方法。

(三)秘密采取

秘密采取包括计划性密取和搜查性密取。计划性密取是预先设计好时间、地点、条件和方法,让"对象"接触某些物品而收取其样本手印,而搜查性密取是秘密地从"对象"平常所接触的物品(无论案前或案后接触的)中寻找并提取的样本手印。

(四)制作样本

在手印鉴定和研究工作中,为了弄清手印形成条件,模拟现场手印的形成遗留部位、动作、方位及作用大小,可根据需要采取的手印。

第七节 手印鉴定

手印鉴定的主要任务是解决遗留手印人的同一认定问题,主要受理鉴定、初步检验、分别检验、比对检验和综合评断五个步骤。

一、受理鉴定

(一)了解案情

鉴定人员首先要了解委托检验的性质;其次要了解案件性质、发案时间、发案地点,以及现场勘查和现场保护的情况。

(二)了解现场手印

鉴定人员深入现场调查研究,了解现场手印的种类、手印的遗留客体以及位置、方向,同时了解现场手印显现、保管的方法,以确保送检检材和样本具有鉴定条件。

(三)明确送检目的、要求

根据现场手印(检材)条件和样本手印的情况,鉴定人员向送检人了解送检目的、要求。如果送检要求是复核鉴定,必须了解原鉴定机关或人员的鉴定过程及所依据的特征和鉴定意见。复核人必须坚持实事求是的原则,排除原鉴定意见的干扰,做到客观检验。

(四)了解样本手印及嫌疑人的情况

为了掌握样本手印的客观性,必须了解嫌疑人及其样本手印获取的时间、方法、嫌疑人在案发前后的健康情况。

（五）办理受理鉴定手续

1. 审查手印鉴定委托书。

2. 清点、核对、登记检材和样本的名称、数量，并对检材和样本做处理。

3. 检查检材和样本是否符合鉴定目的和要求所规定的条件，是否需要补充材料。

4. 填写受理鉴定登记表，对检材和样本的转移情况进行登记和双方确认。约定检材和样本在鉴定完毕后的处理方式，约定鉴定书发文时间。

（六）鉴定准备

鉴定机构鉴定人员按程序受理鉴定事项，按照痕迹鉴定的要求，要明确鉴定要求，组织鉴定人员，作出鉴定计划，准备实验器材，确定鉴定方法。

二、初步检验

（一）分析、确定手印的方向和部位

分析、确定时应首先从手印的遗留情况入手，并根据手纹的形态结构和流向规律进行方向及部位的确定，必要时可与样本手印进行分区比较或制作相应部位的实验样本进行对照分析。

（二）分析、确定现场手印的痕迹种类

确定是立体手印还是平面手印，是加层手印还是减层手印，是乳突线痕迹还是小犁沟痕迹等，以便在鉴定中正确分辨出乳突纹线。

在手印中，中区连续分布着空白小点（汗孔痕）的线条或呈虚线状分布的线条为乳突纹线，与之相间并行、色调相反的线条为小犁沟；与褶纹、皱纹（穿行于规则线条中的不规则线条）色调相反的线条为乳突纹线；与照片中手印周围色调相反的线条多为乳突纹线；用浅色附着物或生成物显现的手印，白线多为乳突纹线，相反则黑线多为乳突纹线；线条均匀，且呈规则性断续者为乳突纹线，线条过窄且宽窄变化明显的线条为小犁沟。

（三）判断现场手印有无重叠、变形

重叠手印的主要表现有：一个手印出现多个花纹中心，或同侧出现多个三角；手印出现双重甚至交叉的边缘；同区（或同系统）的纹线密度出现突变；纹线色调出现分区变化等。变形手印的主要表现有：花纹中心形态或与三角间的关系畸形，纹线粗细及犁沟宽窄出现较有规则的变化（多向某一方向对称变化），纹线出现不应出现的直线段或弯转等。

（四）判断现场手印的花纹类型及形态

判断残缺手印纹型的方法主要有两个：一是根据花纹中心区纹线的弧度及其分布情况分析，如果靠中心的下侧纹线明显向内弯曲或向内上方弯曲者多为斗型纹，中心纹线向侧下方延伸者多为箕型纹等；二是根据三角数量及三角内侧纹线的形态分析，如手印出现两个非重叠的对应三角，且两者间有上凹弧线者，或虽只有一个三角，但其内侧纹线明显向内弯曲者，绝大多数为斗型纹，只有一个三角且内侧纹线平稳斜下流者多为箕型纹等。

(五)观测手印的形态和尺寸

即观察现场手印与样本手印的形态是否一致,测量现场手印与样本手印的对应部位尺寸是否基本一致,从而达到筛选出相近样本手印的目的。

三、分别检验

(一)寻找、确定现场手印特征

先从特征明显、清晰的手印开始,后检验模糊不清的手印;从同一手印的清晰部位向模糊部位推进;从清晰可靠的特征向模糊特征推进。如果手印上出现了花纹中心或三角部位,则应从其中选择一两个明显可靠的特征或结构,并以此为起点向四周逐条纹线扩展和确定;若没出现花纹中心或三角,则选择伤疤、纹线的特殊结构、明显的褶纹等位置容易确定的部位,逐线向外扩展寻找;若即无花纹中心或三角,又无伤疤、纹线的特殊结构、明显的褶纹等时,则从那些位置确切、形态稳定或稀有少见(小勾、小眼、小桥)的特征开始,向外逐线扩展寻找;顺纹线流向追踪某一纹线,若见其终止或虽未终止,但其两侧邻线已相互靠近,中间已无法容纳纹线,则说明被追踪线是自身终止或汇入邻线而成为一特征(起点、终点或分歧、结合);若被追踪纹线突然远离某相邻纹线,中间完全可容纳纹线,则说明在此分离处必有纹线的源端或分叉点构成上述特征。若在两条相距较近的纹线之间出现了一块模糊区域,则可在模糊区域两端横向截面上数两条纹线间的连线,查数两端纹线数量有无增、减,若有增减,则该区域内定有一起点、终点或分歧、结合等特征。另外,还应将照片、指纹胶带提取件、实物及立体模型等不同反映形象进行相互对照和印证。

(二)寻找、确定样本手印特征

由于在通常情况下,样本手印的条件要好于现场手印,所以寻找、确定样本手印上的特征相对简单而容易。方法与寻找、确定现场手印特征的方法相同,但必须限定在现场手印出现特征的部位和区域。寻找、确定的过程也应尽量与现场手印相对应,若各对应点的特征有别或根本找不到对应点,则无须进一步寻找和确定,即可否定。

四、比对检验

通过现场手印与样本手印的对应比照,确定两者对应点间的符合与差异的过程。在比对中,应先对照比较现场手印与样本手印对应的“中心”部位的特征(寻找特征时的“中心”特征),并由此为起点向四周逐线扩展,将逐个特征点的特征进行一一对照,使用不同颜色的笔将符合点、差异点及无定论点等标示出来,为下一步综合评断提供条件。当手印中的特征数量较少,仅凭特征对照的方法难以做出定论时,可在特征对照的基础上进行特征连线比对,即将现场手印和样本手印以相同的比例放大后,再以相对应的直线方式将手印的几个特征连成一封闭的几何图形,比对两图形的形状、与纹线的关系、各边的长度、各角的角度等。

五、综合评断

综合评断的关键在于查明符合点和差异点的性质，即查明符合点和差异点的来源。符合点的主要来源：同一手同一部位反映的同一特征，为指纹本质属性的反映；不同手或同一手的不同部位上某些特征的偶然相符，为指纹非本质属性的反映；客体条件的变化或显现、处理过程中引起的特征巧合，亦为指纹非本质属性的反映。差异点的主要来源：不同手或同一手的不同部位反映的不同特征，为指纹本质属性的差异；手印在形成过程中或显现过程中引起特征变化所产生的差异，属非本质属性差异；手印形成后，由于客体表面形态或结构产生某种变化（裂缝、局部脱落、局部形变等）而引起的差异，亦属非本质属性差异。做出认定意见的条件：花纹类型及形态相同或不排斥，这是认定意见的必要条件；个别特征的总和相符，少数差异可以证实是其他非本质因素影响所致，这是认定意见的充分条件。做出否定意见的条件：花纹类型或形态确实不相符，或虽类型、形态相符，但个别特征的总和不符，只要具备其中一条，即可提出鉴定意见。

第八节　指纹自动识别系统

指纹自动识别系统简称 AFIS（Automated Fingerprint Identification System）系统，是替代人工对指纹进行自动建库、自动管理和自动检索、鉴定的计算机系统。

一、指纹自动识别系统结构及功能

（一）指纹自动识别系统的结构

指纹自动识别系统，主要由硬件和软件两大部分构成。硬件主要包括服务器、比对器、磁盘阵列、工作站以及其他外设设备；软件主要包括操作系统软件以及指纹应用软件。硬件中的服务器是数据处理、数据管理以及比对的中枢；比对器是提高系统运算速度、运行能力的工具；磁盘阵列是存放数据的仓库；工作站是指人机对话的界面；远程比对工作站是开展异地查询的站点。

指纹自动识别系统一般包括：指纹图像输入及建库子系统；指纹图像处理子系统、指纹图像压缩、恢复子系统，指纹比对子系统，人机交互子系统，数据库管理子系统和后台作业管理子系统。

1. 指纹图像输入及建库子系统

指纹图像输入及建库子系统通过扫描仪、摄像机、活体指纹采集仪等设备将捺印指纹和现场指纹录入计算机系统。录入时指纹图像的分辨率、指纹采集面积以及指纹图像尺寸对录入的质量有影响。指纹图像输入及建库子系统配有图像切割、旋转、标尺等处理功能，这些功能模块调整输入图像的位置、角度、图像的比例尺等，使系统的图像数据满足系统的要求和系统所引用的标准。

2. 指纹图像处理子系统

指纹图像处理子系统，是AFIS对捺印指纹或现场指纹的特征进行自动提取的过程。这些特征通常包括指纹的纹型分类、中心及中心方向、下中心、三角和细节特征。有的AFIS系统还提取指纹中心和三角之间的纹线数、细节特征之间的纹线数等信息。这些特征是指纹自动比对的依据。

3. 指纹图像压缩、恢复子系统

通过指纹输入设备进入系统的指纹原始图像的数据量非常庞大，必须进行数据压缩实现高效存储和高效网络传输。图像数据压缩原理是通过减少灰度图像或经过变换图像数据的相关性冗余，以较少数据表示并且能够在基本不失真的情况下复现原始图像信息。

4. 指纹比对子系统

指纹比对子系统根据计算机自动提取或人工标点的指纹特征，对指纹库中每一枚指纹进行筛选和特征匹配。特征匹配的方法和相似程度的度量依模式识别的方法及具体的比对算法的不同而不同。指纹比对子系统是AFIS的核心，其关键的技术指标包括指纹比对子系统的最大库容量，指纹查询速度和指纹查准率。

5. 人机交互子系统

人机交互子系统是指纹自动识别系统的终端系统，包括指纹输入、指纹处理、指纹压缩、人工编辑、指纹提交比对和指纹认定、指纹数据远程上报和比对结果下载。

6. 数据库管理子系统

数据库管理子系统包括捺印指纹库、现场指纹库、犯罪人员信息库和案件信息库等。

7. 后台作业管理子系统

后台作业管理子系统包括系统管理子系统、作业管理子系统。

（二）指纹自动识别系统的功能

指纹自动识别系统是利用指纹的特征进行指纹比对和鉴定的。这些特征包括纹型、中心、三角和细节特征。计算机就是根据这些特征信息从数以万计的指纹档案中查对与送检指纹相匹配的候选指纹。

指纹的匹配和比对采用模式识别技术，对待检指纹与指纹库中的指纹逐一进行比对，按照相似情况将指纹排列出来，最后经指纹检验人员人工比对予以确认。指纹比对子系统具有四个比对功能。

1. 正查

所谓正查是指利用现场指纹到捺印指纹库查询的方式，如果在捺印指纹库查出与现场手印相同的指纹，便直接认定嫌疑人，是由案到人的破案方式，在工作中应用较多。

2. 倒查

所谓倒查是指利用嫌疑人捺印的十指指纹到现场指纹库中查询,如果得出肯定的意见,那么就直接认定了案件为某嫌疑人所为,是由人到案的破案方式。

3. 串查

所谓串查是指利用现场指纹到现场指纹库中查询,如果查出相同指纹,便可串并案件,是由案到案的破案方式。

4. 查重

所谓查重是指利用捺印指纹到捺印指纹库中查询,以便查明身份及犯罪前科记录,是由人到人的破案方式。

指纹自动识别系统由于具有指纹储存容量大、查找比对迅速、信息全面以及工作效率高等优势,在刑事案件的侦破过程中发挥着重要的作用。

二、指纹系统的网络化

目前,计算机网络技术的飞速发展使传输指纹数据完全可行。各省公安机关根据具体情况,建设省厅、市局中心库两级模式的网络系统或省厅、市局、分(县)局三级中心库模式的网络系统。

两极模式的优点是系统结构简单、维护管理容易,可以节约分(县)局中心站的投资,难点是全部用户都需要访问远程中心站,省、市两级中心站的工作压力较大、性能要求较高,网络信息流量大,对网络通信信道要求高,尤其是县级到市级总的通信线路比实际到省级的通信线路长的多,会大大增加通信线路的投资。

三级模式的优点是部分查询任务在分(县)局中心站完成,对省、市两级中心站的工作压力较小,性能要求较低,对县级到市级的网络条件要求相对较低,减少了网络投资。但系统结构相对复杂,系统维护管理较困难,还要增加分(县)局中心站的投资。

指纹自动识别系统的网络化需要系统具备指纹远程传输功能、现场指纹远程比对功能、嫌疑人指纹远程比对功能以及数据交换功能。

思考题

1. 指头纹、指节纹、掌纹是如何进行分类的?

2. 手纹的种类特征和细节特征有哪些?

3. 粉末显现技术的原理是什么,针对不同的承受客体一般应采取什么样的操作方法?

4. 茚三酮、硝酸银显现技术的原理、试剂配方、操作方法及适用客体是什么?

5. “502”胶熏染技术的原理、操作方法及适用客体是什么?

6. 在现场勘查时，如何分析、判断犯罪嫌疑人手印？
7. 如何分析、判断现场手印的手别、指位和具体遗留部位？
8. 如何判断手掌印的具体遗留部位？
9. 手印鉴定工作分哪几个步骤？每个步骤要解决什么问题？
10. 指纹自动识别系统的基本原理和功能是什么？

附录：鉴定书范例

××司法鉴定中心鉴定书

××鉴字[××××]×××号

一、绪论

1. 委托单位：××市公安局开发分局

2. 送检人：×××

3. 受理日期:2010 年 10 月 22 日

4. 案情摘要:2010 年 6 月 23 日，××市公安局开发区分局接到报案，称××某小区 7 号楼 603 室发生一起盗窃案，被盗物品价值近万元。

5. 检材和样本：现场提取的手印一枚 XC；

十个嫌疑人每人的十指指纹及掌纹捺印样本各一份。

6. 鉴定要求：要求鉴定现场提取手印是否为嫌疑人所留。

7. 检验开始日期:2010 年 10 月 22 日

8. 检验地点：物证鉴定中心

二、检验

（一）现场手印 XC 为现场衣柜门外侧用磁粉刷显提取的一枚指印。经体视显微镜观察、分析，该指印为花纹中心上部至指尖部位印痕，整个印痕左半部分相对模糊，右半部分相对清晰，细节特征明显、可靠。经进一步细致观察，确定了稳定可靠特征 10 个，具备检验鉴定条件。

（二）嫌疑人 YB 的十指指纹捺印样本清晰完整，不变形。经观察，其右手食指整体花纹形态与 XC 相同，在指尖部位找到 10 个与现场指印相同的细节特征，具备检验鉴定条件。

三、论证

现场指印 XC 与嫌疑人 YB 右手食指相对应部位在花纹的具体形态和纹线流向上相一致，在指尖部位的 10 个细节特征的种类、数量、形态、方位、布局均相符合，未发现明显的差异，充分反映了二者本质的同一性，构成了同一认定的客观依据。

四、鉴定意见

现场手印 XC 系嫌疑人 YB 右手食指所留。

鉴定人：专业技术职务　×××（签字）

《司法鉴定人执业证》证号：

专业技术职务×××（签字）

《司法鉴定人执业证》证号：

××××年××月××日

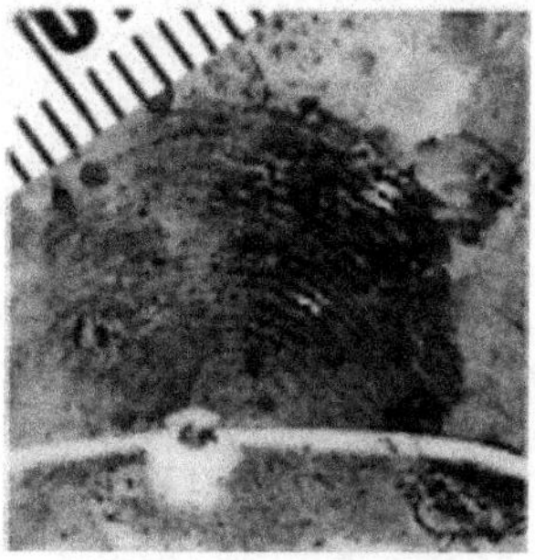

照片 1　XC 照片

照片 2　YB 照片

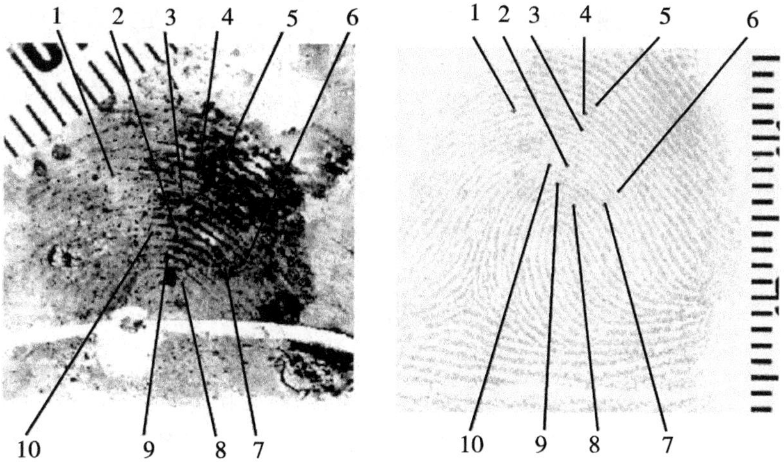

照片 3　XC 与 YB 特征比对照片

第四章　足迹鉴定

第一节　足迹鉴定概述

一、足迹

人类足(脚)作为人体行走的重要运动器官，其外形结构和功能的特殊性，构成了人体独有重要特征。足迹是指人体在运动中，赤足或穿鞋袜的足作为造型客体与承受客体表面接触所形成的痕迹总称，包括赤足足迹、穿鞋足迹和穿袜足迹。这些足迹既能反映造痕体接触部位的形态结构特征，又能反映遗留足迹人的行走习惯特点，足迹特征与遗留足迹人之间存在客观的关联性。

通过足迹现场的勘验、分析和鉴定，可以为侦查提供线索，为诉讼提供证据。随着犯罪形式的变化和犯罪手段多样化，足迹这一传统的痕迹检验技术在侦查破案和诉讼活动中的地位越来越突显，越来越为公安和司法部门所重视。

二、足迹的特点

(一)特殊性

足迹能反映出足的结构特征和运动特征。不同人的足的主要差别表现在两个方面:一方面，赤足的形状、大小和解剖结构的差异以及足底皮肤乳突纹线的分布、形状、大小特殊性；另一方面，鞋袜作为足的保护外套，其结构、形态具有特殊性。赤足结构特征具有能够反映足的解剖结构本质的特殊性，可以被用于分析和鉴别人身。因不同鞋、袜的生产工艺、种类式样、穿用修补等诸方面各自具有特殊性，所以穿鞋，穿袜足迹的结构特征具有能够反映鞋袜结构本质的特殊性，可以被用于鞋、袜认定。

赤足、鞋、袜的自身结构形态以及行走运动形态的特殊性，为利用足迹进行分析和鉴别人身提供了客观依据。

(二)稳定性

无论是赤足，还是穿用的鞋、袜的结构形态以及行走运动形态保持相对不变。赤足作为人体运动器官的一部分，经历从小到大，渐变、定型、衰老的过程。当成人之后，保持着本身所特有的基本特性的相对稳定性，这是由遗传基因所决定的。同样，穿用的鞋、袜的结构形态在一定的条件下仍保持物质属性的相对稳定性。这些特征稳定性的相对程度是由足、鞋、袜的结构形态以及行走运动形态的量变过程长短决定的。足、鞋和袜以及行走运动形态的相对稳定性决定了足迹特征具有相对稳定性，这一特性为足迹的分析和鉴定工作提供了时间上的延续性条件。

(三)反映性

人体行走是一种人体运动器官协调机械运动，是由人体下肢的周期性或非周期性的复合动作完成的。当足与地面等物体相互接触，必然遗留足迹，即人体行走空间位移，必然是一步一个足迹，因而在犯罪现场上必然留有成趟足迹。但现场上能否发现足迹是与足迹的质量、发现和显现的方法以及现场被破坏程度紧密相关的。

影响足迹反映的因素众多，且变化幅度较大。尽管足迹的造痕客体只有赤足、鞋袜三种，但承痕客体却种类繁多，性能各异，且与足相互作用复杂多变，加之诸如心理状态、地形、地貌、负重的影响，足迹的反映变化很大，甚至同一人穿同一鞋、同一袜，所形成足迹特征反映也存在很大差异。足迹的反映性，使足迹具有较高的利用率和利用价值，为足迹分析和鉴定提供了物质基础。

(四)连续性

人体行走必留足迹，即具有正常行走运动功能的人在行走移动中，无论何种客体上、何种反应程度，都会留下足迹。足迹是人体下肢进行周期性支撑、摆动的机械运动时所形成的，遗留足迹的连续性和周期性不同于其他痕迹。成趟足迹中的每个足迹能反映足或穿着鞋、袜的足与承痕客体的相互作用方式和力的大小、方向、作用点，而且足迹的空间分布还能反映双足的搭配关系、摆动方式，完整地反映人体运动形态特性。足迹的连续性还可以被用于分析案犯进行犯罪活动的过程以及在一定条件下循迹追踪，直接发现、捕获犯罪嫌疑人。足迹的连续性是完整反映运动形态、分析作案过程及足迹追踪的条件。

三、足迹的形成和种类

(一)足迹的形成

足迹形成如同其他的痕迹形成，必须具备造型客体、承受客体和相互作用力三个基本要素。在这三个要素的相互作用过程中，使承受客体表面发生塑性变形或造型客体与承受客体表面之间发生物质附着或转移。人的行走是最基本的自然位移的周期性运动。它是在神经支配下"因肌肉的伸缩而引起骨骼的杠杆作用,"通过双足与地面或物体相互作用来完成的。因人的足具有一定的形状、体积和硬度,所以能在承痕体上留下印痕。行为人为了达到其目的,就必须在现场上行走,动则必留足迹。由于承痕体具有吸附、渗透、可塑、变形等特性的物体,当造痕体与其接触时,在力的作用下,能在其表面留下造痕体接触部位的形态结构特征。人行走时,肌肉的收缩力和承痕体的阻力所形成的作用力,使身体向前移位。力是足迹形成和发生变化的一个重要因素。由于造痕体和承痕体的物理属性不同,以及力的作用和条件不同,形成的足迹也不相同。足迹的形成,不能简单地把足与印看作模具关系,而足迹的形成与人体的行走运动密切相关,我们应把整个人体作为造痕体来理解。

(二)足迹形成的要素

足迹,作为造痕客体在承痕客体上形成的印痕,它既能够反映出造痕客体接触部位表面的结构特征,又能够反映出人体行走时,双足支撑、摆动的运动特征。足迹形成三要素在足迹形成过程中相互制约、相互影响,直接决定着足迹的反映程度和反映质量,如造痕客体的结构、性质、运动方式和承痕客体的结构、性质以及客体之间的相互作用力决定了足迹特征的具体形态、方位。因此,足迹形成的三要素也是导致变化的主要因素。一般而言,足迹的具体反映方式取决于承痕客体自身的物理性质,如对于可塑性小的承痕客体,在受造痕客体作用时,其表面几乎不发生凹凸变化,主要是通过两客体表面的粘附力不同,实现两表面之间的物质转移而形成没有明显立体感足迹,亦称为物质转移足迹;对于可塑性好的承痕客体,在受造痕客体的压力作用时,其表面发生了不可逆转的塑性变形,形成了具有明显立体感的足迹,亦称为塑性变形足迹。

1. 造痕体

足迹的造痕客体主要有赤足、鞋和袜。这些客体与其他客体接触相互作用形成的足迹中能够反映出自身的结构特征和空间运动特征。赤足的生理解剖结构和足底乳突花纹构成了人格不同的特定性,而穿用鞋和袜结构、组成和形态同样构成了每只鞋袜所具有的特定性。

2. 承痕体

人足能够接触的客体多种多样,几乎所有实物均可成为足迹承痕体。如沙土、水泥、柏油、地毯、地板革、瓷砖等地面以及木材、金属、玻璃、橡胶、塑料、纺织物、纸张等物体表面。不同承痕客体具有不同的材料特性,如弹性、硬度、塑性、渗透性,使形成足迹时特征反映不同、反映程度也不同。在实践中,承痕客体多为塑性小、弹性大的承痕客体,如水泥地面、沥青地面和玻璃、地板革等表面上均能以物质转移方式形成无凹凸变化的足迹,对结构特征和运动特征的反映不完整。另一类常见承痕客体是由颗粒状物质构成的不连续物体表面,其塑性好,如泥土地面是由固体颗粒、水和空气三者组成,能以凹凸变化形成具有立体感的较高质量的足迹。这类客体的颗粒大小、含水量多少决定了足迹质量的高低、可否被利用检验。总之，不同承痕客体具有不同的结构、性质，其上所形成的足迹有不同形式、不同质量的反映，因而也使足迹具有不同的鉴定价值。

3. 作用力

在人体行走运动过程中，人体所受外力有重力、支撑力、摩擦阻力等，其人体所受内力为肌力，组织被动力、内部反作用力。足与承痕客体之间相互作用称之为形成足迹的作用力。人体运动过程是内能转化内力，内力转化为外力并使人体运动的过程。地面所受力即形成足迹的力是压力、摩擦力、外部负荷等，可以分解为垂直方向的压力和水平方向的切向力。垂直分力引起地面的凹凸变化或物质的垂直方向转移，水平分力引起抛土或推土或物质的水平位移。

在形成足迹的诸要素中，形成足迹的力起着关键性作用，只有造痕客体和承痕客体没有形成足迹的力，是不能形成足迹的；在造痕客体和承痕客体相同的情况下，不同的形成足迹的力会形成差异悬殊的足迹。力的三要素即力的方向、大小、作用点，对足迹的形成与变化以及特征的反映形式具有决定性作用。这也从另一方面说明，不同人具有不同的运动形态，具有不同的形成足迹的力，具有不同的足迹反映，因而可以利用足迹反映的运动特征鉴定人身。足迹造痕体、承痕体和作用力三者的关系，必须是同时参与，相互作用，相互制约，缺一则不能形成足迹。

（三）足迹的种类

1. 根据造痕客体的不同分类

（1）赤足迹。赤足迹是指人的足直接与承痕体接触时形成的。它能直接反映出足的大小、形状和掌面的外表结构特征。经过鉴定可以直接认定或否定现场赤足迹是否某人鞋子所留。

（2）穿鞋足迹。穿鞋足迹是指人足穿鞋遗留的足迹，也是犯罪现场足迹中最常见一种。根据制作鞋底所用材料的品种，可分为胶底、皮底、布底和塑料底足迹，草鞋和毡鞋等足迹。这些足迹能够反映出鞋底的外表结构特征。根据这些特征，一般可认定或否定某只鞋所留。

（3）穿袜足迹。根据制袜所用的材料的品种，穿袜足迹可分为布袜足迹、线袜足迹，包括植物纤维、动物纤维、化学合成纤维制成的纱线等。穿袜足迹在不同程度上也能反映出赤足的大小、形状特征、袜子外表结构特征。穿袜足迹同穿鞋足迹一样，可以认定或否定某只袜所留。

2. 按足迹表现形式的不同分类

（1）立体足迹。立体足迹是指造痕体接触面的外表结构形态在承痕体上形成明显的三维立体结构形态的足迹。承痕体反映立体形态特征必须具有松软性和可塑性，如潮湿、松软的土地、粉尘等物质。由于承痕体的具体条件不同，遗留的足迹也会出现残缺不全或模糊不清现象，但均为立体足迹。立体足迹和足的关系，如同阴模和阳模的关系，两者的凹凸面是相对偶的。

（2）平面足迹。平面足迹是指赤足、穿鞋袜足接触作用于承痕体表面，以接触部位中介质（分泌物、附着物）转移附着来反映形态的足迹。根据足迹形态的中介质增减变化情况，平面足迹可分为平面加层足迹和平面减层足迹。当赤足、穿鞋袜足上的中介质转移附着到承痕体上形成的足迹称平面加层足迹。同一人的足迹，由于形成条件不同，会出现一定的差异，也会反映出不同的特征。所以在现场勘查和鉴定时，根据足迹的不同种类，一定要细致分析、研究其变化规律，为鉴定足迹奠定可靠基础。

3. 根据足迹反映性分类

现场足迹形成条件不同，所形成的足迹具有不同的反映性，一般可分为正常足迹和变形足迹两种。

（1）正常足迹。正常足迹，是指边缘完整、清晰、特征明显、稳定的足迹。例如，在松软地面上，无伪装行走所形成的足迹多为正常足迹。

（2）变形足迹。变形足迹，是指残缺、模糊、重叠足迹，它在现场上的出现率往往高于正常足迹。

4. 根据足迹的搭配关系分类

按足迹的数量和搭配关系分为单个足迹和成趟足迹。

（1）单个足迹。单个足迹是指不能直接、完整地反映双足连续配关系或双足的周期性运动的一枚或多枚不连续足迹。

（2）成趟足迹。能够直接、完整地反映双足连续的搭配关系或双足的周期性运动的四枚以上连续足迹称为成趟足迹。成趟足迹不仅能反映出结构特征，而且能够完整地反映出双足空间摆动、支撑运动特征，因而，相对于单个足迹而言，在足迹鉴定中的利用价值较高，既可以用于足迹分析和鉴定，又为循迹追踪提供了最佳条件。

四、足迹研究的对象和内容

（一）足迹研究的对象

足迹研究的对象主要是与案件有关的足迹形态和鞋、袜等实物。主要包括如下两个方面：一是从案件现场发现、提取的涉案足迹或遗留在现场的鞋、袜等实物；二是侦查人员依法收集嫌疑人或在押犯的各种样本足迹或鞋、袜等实物。

（二）足迹研究的内容

传统足迹学研究的内容主要集中在根据足迹特征认定遗留足迹人。随着足迹研究的不断深入，目前主要从足迹形成理论、足迹现场勘验技术、足迹特征提取与识别以及相关足迹信息库的建立等。

五、足迹鉴定的任务与作用

(一)足迹鉴定的任务

足迹鉴定的任务是对案件现场的犯罪足迹进行发现、提取、分析、检验和鉴定,为侦查破案件提供线索和证据。其具体任务主要有:

1. 研究罪犯足迹所反映的赤足或鞋袜接触部位的形态结构。
2. 研究罪犯足迹所反映的行走习惯,即步法特征。
3. 研究足迹形成、变化的各种因素。
4. 研究对罪犯足迹的发现、提取、分析、鉴定的理论和方法。

(二)足迹鉴定的作用

足迹鉴定,对案件侦查线索、查明案情、揭露和证实犯罪具有重要作用。

1. 根据现场足迹,可以判断作案人数、作案过程、作案手段及作案时间,为分析案情提供线索,为确定案件性质提供依据。
2. 根据现场足迹特征,可以判断犯罪嫌疑人的性别、身高、年龄、体态、行走姿势等特点,为刻画犯罪嫌疑人提供线索。
3. 根据现场足迹,可以判断犯罪嫌疑人的来去方向,为追缉犯罪分子提供依据;如遇有成趟足迹,有条件时可以就地进行追踪和鉴别。
4. 根据现场足迹特征,可以和其他案件现场足迹进行比对,可以串并案件侦查。
5. 根据现场足迹的特定特征,对赤足、鞋、袜进行同一认定鉴定,为破案提供证据。
6. 现场足迹可以为警犬追踪和鉴别提供嗅源。

第二节 赤足足迹

赤足足迹是指赤足与客体接触形成的印迹,它客观地反映了人足结构、形态以及足底乳突花纹的分布、形态等特殊性。每个人赤足的解剖结构、形态结构具有本质差异,体现个体唯一性。足底乳突花纹如同手纹,具有人格不同、相对稳定、触物留痕特点,成为人体又一个体识别的重要形态特征。这些特殊、稳定特征在足迹中的清晰反映构成了认定案件现场足迹与嫌疑人足迹的重要依据。

一、赤足解剖结构

足是人类肢体的一部分,也是人类主要运动器官。正常人的赤足由骨骼与软组织构成。因每个人遗传基因的不同以及受后天生长条件的影响,人类足之间的结构和生理功能存在很大差异。

(一)足骨骼与关节

足骨骼由足骨骼、关节及足弓组成。足骨共有26块骨,其中包括7块跗骨、5块跖骨和14块趾骨。这些骨骼按一定规律有机连动成活动关节,发挥支撑和行走运动功能。足骨的具体形态,如图4-1所示。足骨骼的26块足骨通过结缔组织、软骨组织、缝隙有机连接成为可活动的踝关节、距下关节和跖趾关节。

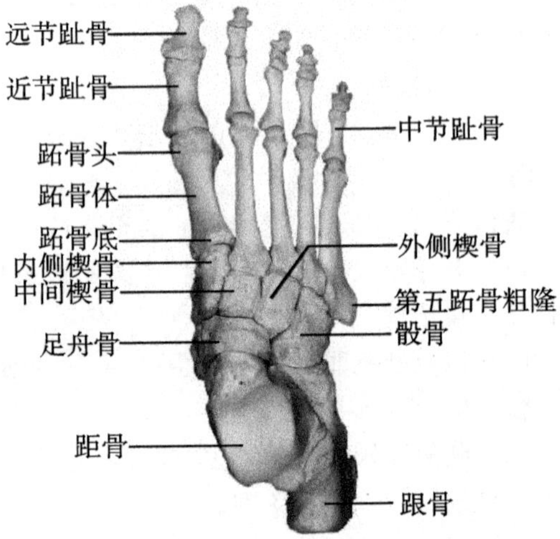

图4-1 足骨骼

(二)足弓

足骨骼及足底韧带、肌腱共同构成的凸向上方的弓状结构,称为足弓,如图4-2所示。沿足纵向的弓状形态称为纵弓(AC,BC),沿足横向的弓状形态称为横弓(AB),足弓的纵弓有两个,在内侧的称为内纵弓(BC),是由距骨、舟骨、三块楔骨和第一、二、三跖骨构成,此弓较高,有较大的弹性,又称弹性弓;在外的称为外纵弓(AC),是由跟骨、骰骨和第四、五跖骨构成,此弓较低,弹性差,是足弓的支撑部分,又称为支撑弓。在站立时,内外侧纵弓前的支点为第一和第五跖骨头,两个纵弓后方汇集于跟结节。横弓也有分前横弓和后横弓。前横弓是由跖趾关节构成;后横弓由楔骨、骰骨构成,当人双足站立时,形成一个完整的后横弓。

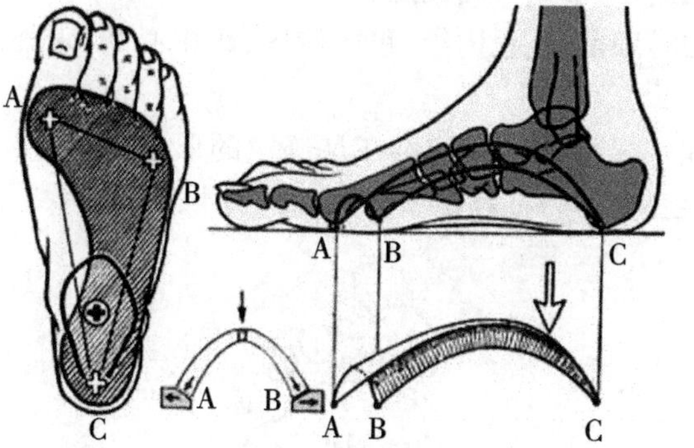

图4-2　足弓

足弓形似拱形结构，具有坚固、轻便的特点。组成足弓内部的骨骼连结具有轻微活动性，且关节面软骨和韧带有弹性，以致足弓具有较高的弹性。人在站立时或行走时，内外纵弓和后横弓始终保持弓状结构，但前横弓不然，在非支撑状态或某些静止站立态保持弓状；在行走蹬地起足时，前横弓瞬时消失，不受力时又恢复弓状。如果维持足弓的软组织过度劳损，或者先天性软组织发育不良，或者骨折、损伤，或者因年龄增长软组织强度下降，可使足弓下塌，足弓外形变为扁平弓。

（三）足软组织结构

在足骨骼表面附着软组织，与骨骼构成了完整的足。足软组织主要有足肌和皮肤。与其他运动器官一样，足骨骼上附着肌肉，其作用是提供足运动的力和缓冲、保护足骨不受外界挤压以及减小摩擦、改变力矩等。

按分布区域不同，足肌分为足底肌和足背肌两个群，主要运动机能是使趾头作伸屈运动。主要分布在足底，运动足趾和参与足弓形成，在足落地时提供缓冲保护。包裹足的裸露在外的覆盖层叫足皮肤。足皮肤与手皮肤相同分表皮、真皮、皮下组织三层，每一层均有不同结构和功能。

二、赤足足迹结构特征

（一）赤足足迹各部位划分及命名

为便于叙述赤足结构特征及其在足迹中的反映，并考虑到形成足迹的主要部位是足底面，按照足骨结构并结合解剖学名称将赤足足迹划分为足趾、足跖、足弓和足跟四个区，统一编号、命名唯一，如图4-3所示。

1. 足趾区：1～7：趾前端、拇趾、二趾、三趾、四趾、小趾、趾节区。

2. 足跖区：8～16：跖前缘、跖内缘、拇跖区、第二跖区、三、四、小跖区、跖外缘、跖后缘。

3. 足弓区:17 ~ 20:弓内缘、弓内侧区、弓外侧区、弓外缘。

4. 足跟区:21 ~ 28:跟前缘、跟内缘、跟内侧区、跟中心区、跟外侧区、跟外缘、跟后侧区、跟后缘。

足型结构特征是赤足形态结构特点在足迹中的形象反映,按赤足结构形态反映的完整与否将其分为足型整体特征和足型局部特征两类。

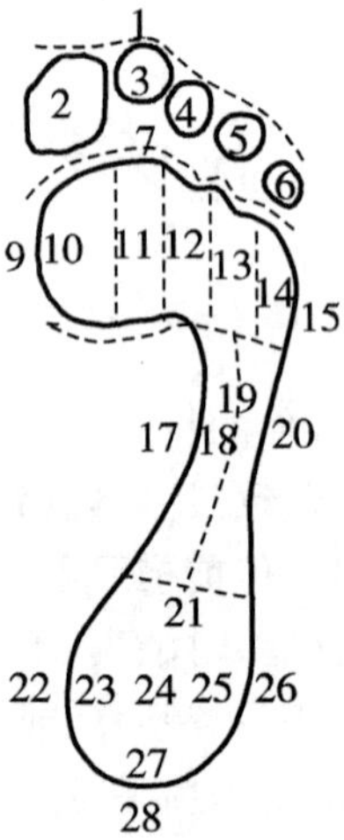

图 4-3　赤足足迹各部位划分及命名

(二)足型整体特征

赤足整体形态结构的特征主要有足长、各区域长宽以及各明显形状特征点之间的距离。这些特征的测量值及比例关系能反映足底面的整体形态结构,是进行分析和鉴定的重要特征。

1. 赤足足迹中心线

足型整体特征主要以形状和大小反映,因此,特征测量必须建立参考基线。足迹学中这种参考线选为足迹几何中心线,并称其为足迹中心线。确定足迹中心线,首先,选定沿足长方向趾和跟的最外凸点或跖(掌)和跟几何中心点;其次,将二点连线作为赤足足迹测量基线或赤足足迹中心线,如图 4-4 所示。

对现场足迹反映不完整、反映不清晰或残缺不全的足迹,可按如下方法确定:第一步,分别作赤足足迹的内缘突点和外缘突点的公切线,二线交于一点,确定二公切线夹角的平分线为测量基线或足迹中心线;第二步,分别作赤足足迹的内缘突点和外缘突点的公切线,找出四个切点,分别连结跖区二切点和跟区二切点,确定二线段的二中点,将此二点连线作为足迹中心线;第三步,分别确定跖区和跟区的中心点(最宽处中点),将二点连线作为足迹中心线;第四步,确定第二趾中点和跖区中点,将二点连线作为足迹中心线；第五步，分别确定跖区中点和跟后缘向后最突点，将二点连线作为足迹中心线。在足迹检验时，使用上述哪种方法，应根据足迹的具体反映加以选择。需要必须注意的是，对现场足迹和样本足迹确定足迹中心线的方法要保持一致，对同一人的不同足迹检验时，也要采用相同的方法以保证在统一的测量基线下进行测量，使特征具有可比性。现场上发现、提取的足迹有完整、清晰的，也有残缺不全、模糊不清的，赤足足迹所能提供的测量内容随足迹实际反映情况而定。

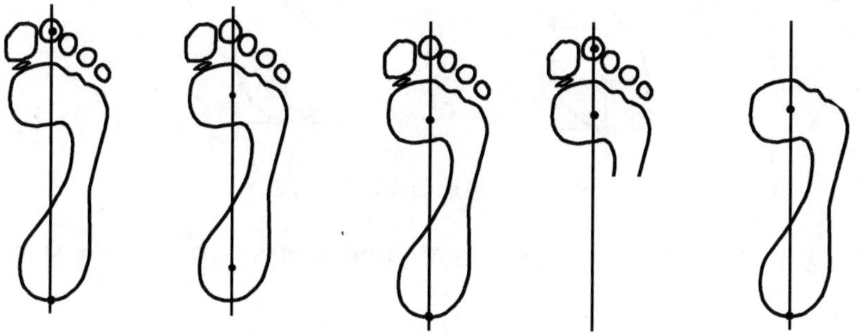

图 4-4　确定足迹中心线的方法

2. 足型的长度特征

沿足迹中心线的赤足足迹几何长度称为足型长度特征。不同人的赤足长度根据赤足足迹测量进行确定。

(1)赤足足迹足长的测量

赤足足迹足长是指沿足迹中心线方向赤足足迹的最大长度，是足长在赤足足迹中的客观反映。确定足长特征就必须测量赤足足迹长度。

赤足足迹长度的具体测量方法如下：首先确定赤足足迹最长趾的前缘最突点，过此点作足迹中心线的垂直切线交于一点；其次确定足迹跟后缘最突点，过此点作垂直足迹中心线的切线交于另一点，测量二点之间的距离，作为赤足足迹足长，如图 4-5 所示。可见，赤足足迹的长度测量，受测量基线位置的影响，即受到中心线确定方法的影响。如接着跟后缘突点和二趾中点确定的中心线来测量足长，在二趾最长时，可以直接测量足迹和中心线的前后二交点距离。

而对其他方法确定的基线或中心线，就不能直接测量，测量值也有微小差异，这也说明对现场和样本足迹中心线的确定方法一定要统一，以保证测量是相对同一标准进行。

赤足足迹长度与足长密切相关，但是在不同情况下足迹对足的反映差异较大。赤足足迹足长是与人的性别、民族、地区、职业、年龄相关，同时也与季节、早晚、行走运动等

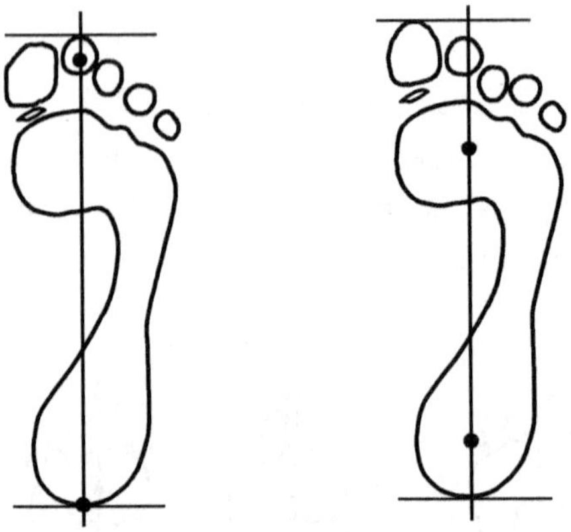

图 4 –5　足迹长度测量方法

有一定关系,为了解赤足足迹足长的变化规律,掌握不同情况下赤足足迹足长对足长度的反映质量。

(2)其他长度特征

对于足型整体特征的长度特征,除上述测量外,还可以测量各趾前沿最突点到跟后缘最突点的距离、跖内缘最突点到跟后缘最突点的距离、跖外缘最突点到跟后缘最突点的距离、第五跖骨粗隆突点到跖内缘最突点的距离、第五跖骨粗隆突点到跟后缘最突点的距离、跟内、外缘最突点到跟后缘最突点的距离、跟后缘最突点到足迹中心线与跖前缘交点、与跖后缘交点、与跟前缘交点的距离等,这尤其对于不完整或残缺不全足迹的检验特别重要,如图4 –5 所示。

以上测量主要是以跟后缘最突点为测量基点进行的,如果跟后缘反映不完整或反映不清,可以选择拇趾前缘最突点或拇趾中心点为基点,或其他比较稳定、明显点作为测量基点。

3. 足型整体特征的宽度特征

宽度特征是指足型整体结构的横向宽度特征。它在赤足足迹中是以跖宽、弓宽、跟宽等反映出来。

(1)赤足足迹跖宽的测量。赤足足迹足宽是指沿足迹中心线垂直方向赤足足迹的最大宽度,是足宽在赤足足迹中的客观反映,确定足宽特征就必须测量赤足足迹足宽。测量时分别作跖内外缘突点的平行足迹中心线的切线,二切线之间的垂直距离即为赤足足迹足宽,如图 4 –6 所示。

(2)赤足足迹弓宽的测量。赤足足迹弓区宽度是由足的内外纵弓的高低决定的。不同人或同一人不同年龄阶段,由于骨骼、肌肉、韧带的结构和机能不同,使足的内、外纵弓的高低不同,立体足迹的内外纵弓的斜坡度不同,平面足迹或立体足迹的弓宽不同。因而根据足迹弓区宽度或弓区内缘的位置，可以将足弓加以分类。引起赤足足迹弓宽变化的因素基本上与引起赤足足迹足长、足宽变化的因素相同：有立体和平面足迹的差异，有负重、长途行走的差异，有性别、雄区和职业的差异，有左、右足的差异。所谓赤足足迹弓宽是沿足迹中心线垂直方向，赤足足迹弓区的最小宽度，是足弓宽在赤足足迹中的客观反映，确定足弓宽特征就必须测量赤足足迹弓宽。

测量时用直尺在垂直足迹中心线方向上找出弓区最窄处，测量直尺与弓内外缘二交点之间的距离。

除上述弓宽测量外，还有几种常用的测量弓区宽度的方去，但宽度的概念与弓宽不同。第一种方法是测量第五跖骨粗隆垂直宽，方法是将第五跖骨粗隆突点作为测量基点，从此点出发作足迹中心线的垂线，交弓内缘于一点，两点之间距离即为跖骨粗隆垂直宽。第二种方法是测量第五跖骨粗隆倾斜宽，方法是将第五跖骨阻隆突点作为测量基点，作弓区纵向中轴线，从基点作弓区轴线的垂线交弓内缘一点，两点之间距离即为倾斜宽。第三种方法是作弓区纵向轴线，在垂直轴线方向上测量弓区最窄处的距离作为弓区宽度。

在赤足足迹检验中，可根据足迹的具体反映情况，确定弓区宽度的测量方法。只要对现场和样本足迹的测量方法一致，任何方法的效果是一样的。

(3)赤足足迹跟宽的测量。赤足足迹跟宽是沿足迹中心线垂直方向足迹跟区的最大宽度，是足跟宽在赤足足迹中的客观反映。确定足跟宽特征就必须测量足迹跟宽。

用直尺在垂直足迹中心线的方向上，找出跟区最宽处，直尺与跟内外缘二交点的距离即跟宽。还有一种跟区宽度的测量法，但宽度的概念与跟宽不同。测量方法是：确定跟区的纵向轴线，用直尺在垂直轴线的方向上找出最宽处，将直尺与跟内外缘二交点的距离作为跟倾斜宽，其方向与中心线不垂直，如图 4－7 所示。

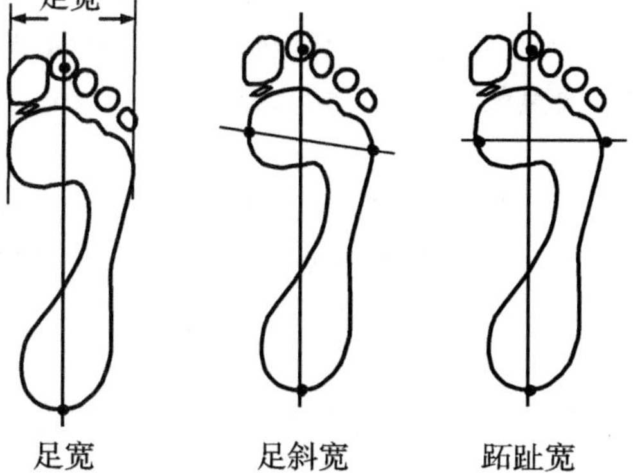

图 4－6　跖宽测量

图 4－7　跟宽测量

赤足足迹跟宽的变化主要有。立体足迹和平面足迹的变化,跟部丰满且具弹性的软组织被压缩向外扩张而引起跟宽增大变化;随着年龄变化,跟部肌肉等软组织生理机能逐渐变化,如跟底面皮肤角质化层逐渐增厚和软组织松弛使跟宽增大。赤足足迹跟宽的变化值一般较大,使足跟宽特征的稳定性较差,应在足迹检验中予以注意。

(4)足型其他宽度的测量

除上述对于赤足足迹的掌宽、弓宽、跟宽的测量外,还可以根据足迹的反映情况,测量其他宽度,一般为跨区域测量。例如,测量跖内缘突点到弓外缘突点的距离,拇趾内缘突点到足迹中心线的距离或小趾外缘突点到中心线的距离等,都是标志足型横向结构的特征,如图 4 - 8 所示。

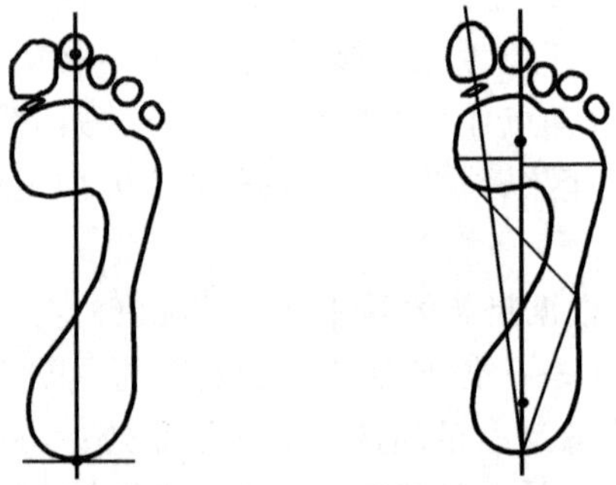

图 4 -8　足型其他宽度的测量

尽管足迹的长宽测量精度是在毫米量级,测量值仅是关于赤足测量体结构的种类特征,只能用于区分足或人的种类,但是绝不能忽略其应用价值。虽然单个长、宽特征只能反映几何尺寸大小,不像质量高的细节特征,但多个长、宽特征所构成的组合特具有较高的特殊性和可靠性。例如,足长 250mm,足宽 90mm,弓宽 5mm,跟宽 55mm。这一组合特征所描述的人或所规定的人要比分别具有其中单一特征的人少得多,亦即组合特征的重复概率远远小于单个特征的重复概率。因此,对于现场足迹,在准确地确定了足迹户心线和必要的测量基点后,应多地测量长宽特征,尽量完整鱼描述赤足整体结构。

(三)足型局部特征

所谓足型局部特征是指足迹中能够反映赤足局部结构形态的特征,主要包括趾区、跖区、弓区结构特征和跟区结构特征。这些特征取决于人体足的生理解剖结构功能,具有很强的个体特征信息,在赤足足迹鉴定中成为非常重要的依据。

1. 趾区结构形态特征

趾区结构特征是足趾个体结构特征和足趾组合结构特征的总称,主要包括趾大小、趾形状、趾排列、趾节区形状等特征,它们能够反映在赤足足迹趾区特定性,但是,因足迹种类和运动方式不同,趾的结构特征的反映形式有所不同。

(1)趾形状。足迹学将第一节和第二节(拇趾除外)称为趾节,把第三节或拇趾第二节称为趾头。人足拇趾趾头多呈椭圆形或不规则椭圆形,其他二趾头至四趾头多呈圆形、椭圆形、角形,而小趾则由于二、三趾节骨化在一起多呈不规则形状,如图4-9所示。

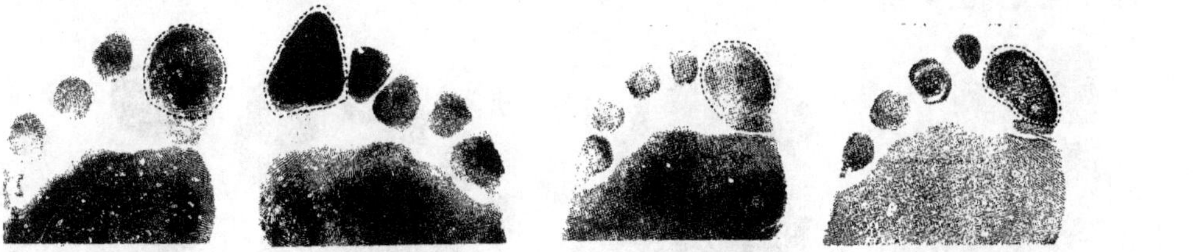

(a)圆形　　(b)三角　　(c)椭圆　　(d)不规则

图4-9　趾头形状

趾节的解剖形状呈扁圆柱体,拇趾只有一个趾关节,趾节的整体弓状弯曲很小、二至五趾的趾节呈弓弯曲状,弓的二端分别是趾头前侧和相应跖趾关节前侧,如图4-10所示。

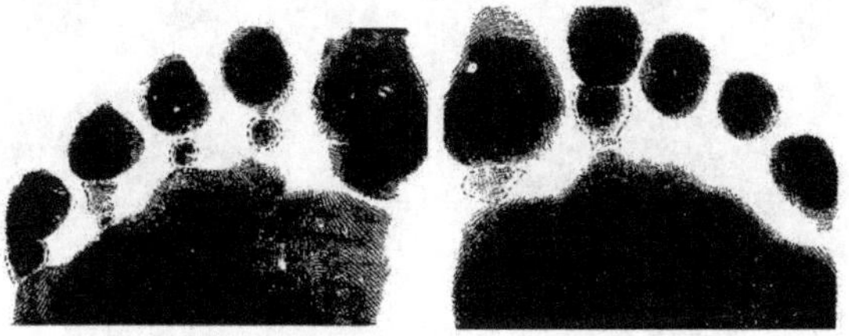

图4-10　趾节的形态

(2)趾大小特征。赤足足迹能够反映足趾形态和大小,足迹所反映的趾小有趾的长度和趾的宽度。常见的趾长分布有以下几种:第一种,拇趾最长,依从内向外次序递减;第二种,二趾最长,其次拇趾,其他趾由内向外依次递减;第三种,二趾最长,拇趾和三趾同长,由内向外边四、五趾依次递减;第四种,二趾最长,三趾其次,其他趾由内向外依次递减。其中,最常见的是前两种分布。趾节宽度特征只有在足迹能够反映出趾节时才能加以测量,如图4-11所示。

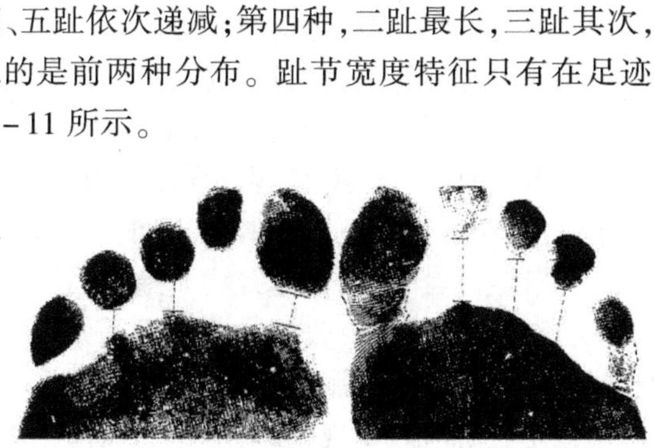

(a)　　(b)

图4-11　趾长宽测量

(3)足趾间的相互关系特征。趾分布排列关系，受到趾的生理结构和趾的生长、发育、衰老的自然规律的影响，受到地区、环境、生活习惯、劳动条件等外界因素均影响，人各不同，如图 4－12 所示。有时候在赤足平面足迹中或只能留下趾肚局部的痕迹，因重叠趾所致，如图 4－13 所示。

(a)平行型　　(b)并紧弛　　(c)放射型　　(d)重叠型

图 4－12　趾头排列

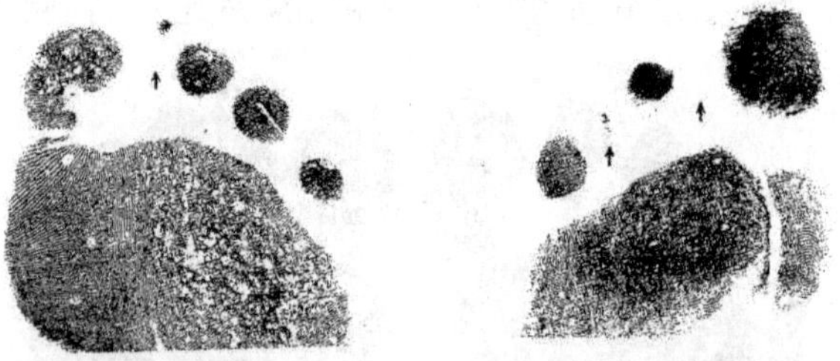

二趾轻度重迭　　二、四趾重迭

图 4－13　趾头重叠排列

(4)趾节特征标划。首先，标划五趾的趾头形状和趾节形状，测量趾大小。分别作五趾的纵轴线确定趾分布属于哪种分布类型。确定五趾的纵轴线的具体方位，即五趾纵轴线与足迹中心线的夹角度数。其次，作相邻二趾前缘的公切线，观测二切点的距离、切线与中心线的夹角、切线之间所构成的角度关系等由趾分布决定的能够反映址分布的特征。再次，分别作趾前缘和趾后缘的公切线，观测二趾之间隙的大小、形状、方位以及公切线所构成的形状类型，它们受到趾分布影响和受趾本身结构的影响和限制，能够反映趾分布特征。公切线构成的形状类型有：多角形，是因为各趾的长短不同，四条切线构成三个角；角形，有两种情况：一种是二趾最长，其他趾均匀递减，在二趾处形成单角，另一种是三趾最长或一、二、三趾平齐，其他趾均匀递减，在三趾处形成单角；斜坡状，是由于拇趾突前，其他趾均匀递减，而使公切线重合为一条；特殊形，是由于趾长度分布特殊或出现重叠趾或畸形趾所致。最后，趾头后缘公切线与跖前缘构成的趾节区的形态。空隙的形状有：三角形、弧面形、不规则形，空隙的纵向距离多以二趾节区的长度为最大，如图 4－14 所示。

趾区是人体站立、行走或其他动作的主要着力区之一。各趾的独立性、活动性(运动幅度)较大,在力的作用下变化比较复杂,所形成的趾的形状及趾间的相互关系变化较大。在确定趾区特征时,一定要首先确定趾区的变化,再确定其各种特征,以准确地反映足趾结构及其相互关系。

2. 跖区形态特征

由于此区结构复杂、着力大、面积大,是支撑人体重要部位,往往能够较完整、清晰、真实地反映在赤足足迹中。赤足足迹跖区形态特征有跖内外缘、跖前后缘、跖表面等结构特征,特征稳定、特殊,是分析和鉴定的主要依据。

(1)跖面形态特征

跖趾关节及其附近骨组织通过肌肉等软组织所表现出来的表面称为跖面。由于足跖区构成足的前横弓,使跖面相对其他区表面具有独特形态。

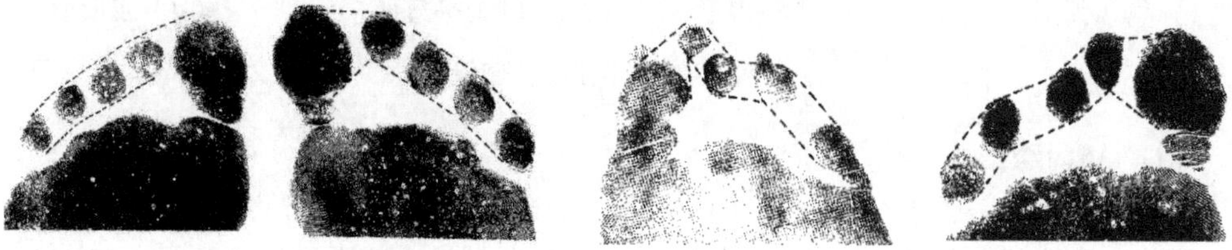

(a) (b) (c) (d)

图 4-14 趾区形态

(2)跖前缘形态特征

赤足各跖趾关节前端或各趾基节的基底部通过软组织如肌肉、皮下脂肪和皮肤等所表现出来的边缘称为跖前缘。由于各个跖骨的排列、分布尤其是纵向排列和备跖骨小头的大小比例、形态决定了跖前缘的基本形态;各趾底部对应的肌肉、脂肪等软组织的丰满程度不同、弹性不同,使跖前缘以不同形态表现出来,具有人各不同的形态结构特征。前缘主要有弧形、三角形、平直形、波浪形等形态类型,如图 4-15 所示。

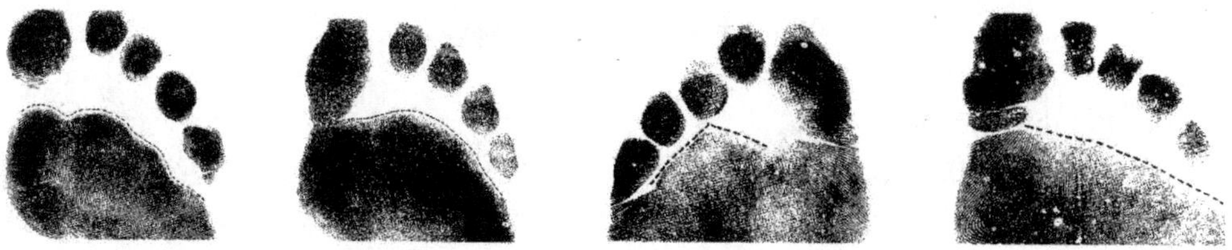

(a)波浪形 (b)三角形 (c)弧形 (d)平直形

图 4-15 跖区前缘形状

(3)跖后缘形态特征

跖后缘是指足的第一跖骨小头和第二跖骨小头后缘通过肌肉、皮肤等软组织所表现出来的边缘。拇跖骨和第二跖骨小头的大小、形状、纵向排列、横向排列,跖骨小头表面附着的软组织的丰厚程度、弹性大小,以及内纵弓的高低、遗留足迹人的年龄、性别等诸因素决定了跖后缘人各不同的结构形态。可分为平直形、弧形、波浪形、小波浪形,如图 4-16 所示。

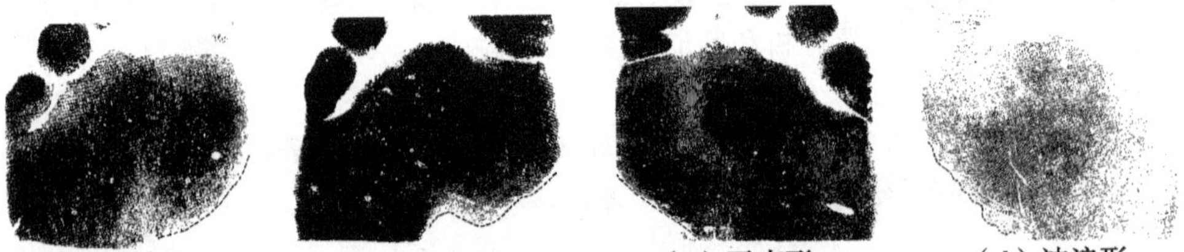

(a) 弧形　(b) 波浪形　(c) 平直形　(d) 波浪形

图 4-16　跖区后缘形状

(4)跖内缘结构特征

跖内缘是拇跖骨头及部分拇跖趾关节内侧边沿通过肌肉、脂肪等软组织表现出来的边缘。跖内缘的肌肉等软组织的丰满程度、弹性大小,跖趾关节的形状、方位和拇跖骨头的大小、形状等决定了内缘特殊形态。常见的内缘形态种类有弧形、平直形、波浪形、角形等,如图 4-17 所示。

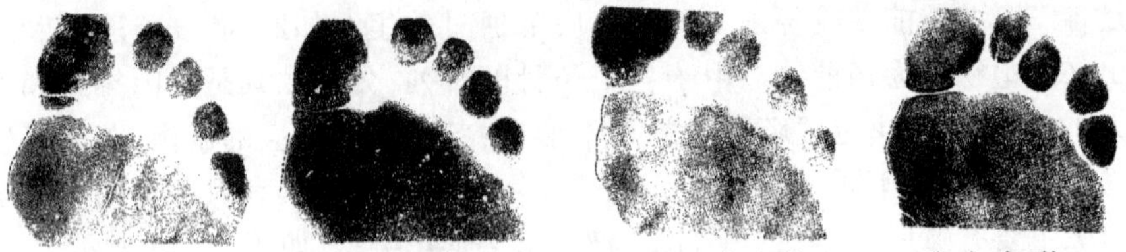

(a) 弧形　(b) 平直形　(c) 波浪形　(d) 角形

图 4-17　跖内缘形状

(5)跖外缘结构特征

跖外缘是小跖骨头、小跖趾关节外侧边沿通过软组织表现出来的边缘。同跖内缘相似,跖外侧肌肉等软组织的丰满、弹性程度和小跖骨头、小跖趾关节的形状、大小、斑置等决定了跖外缘人各不同的形态结构。跖外缘一类是跖外缘自身的结构特征,如弧形、平直形、波浪形、角形,其细节特征是弧度或角度的大小、方位、跨度,平直形的方位、长度,波浪形的波峰波谷的排列、流向、方位、高低、跨度等。另一类是跖外缘和小趾的关系特征:小趾在通过跖外缘突点的平行中心线的切线之内侧;跖外缘和小趾外缘突点公切线平行于足迹中心线上跖外缘突点平行中心线的切线在小趾外缘突点的内侧见图，如图 4－18 所示。

(a)弧形　(b)角形　(c)平直形　(d)波浪形

图 4－18　跖外缘形状

(6)跖内外缘与拇趾和小趾的关系

根据跖内外缘与拇趾和小趾的形状小趾在通过跖外缘突点的平行中心线的切线之内侧；跖外缘和小趾外缘突点公切线平行于足迹中心线；跖外缘突点平行中心线的切线在小趾外缘突点的内侧。小趾相对跖外缘突出和凹陷的形状、大小、位置等为细节特征，如图 4－19 所示。

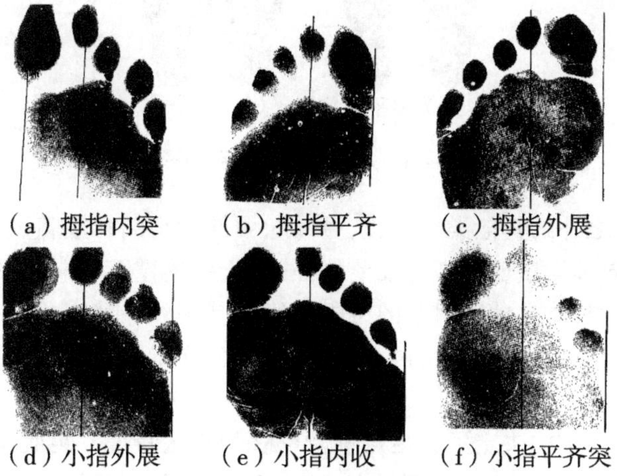

图 4－19　跖内外缘与拇趾和小趾的关系

3. 弓区形态特征

所谓足弓区是指由跖骨和部分跗骨构成的纵向、横向凸起的弓状结构，是缓冲和传递力的主要区域。此区结构复杂、凹凸明显、富有弹性，在立体足迹和平面足迹中反映各不同，且随着足弓受力和行走动变化出现具有较大差异的反映。弓区结构特征主要是弓内缘特征和弓外缘特征，但由于足弓类型不同，特征的具体反映形式有所差多并随形成足迹条件发生变化。高弓型足弓痕迹呈中断状，特征表现在中断的形式、位置和断端边缘的形态、距离以及弓内外缘的流向、形态等，如图 4－20 所示。

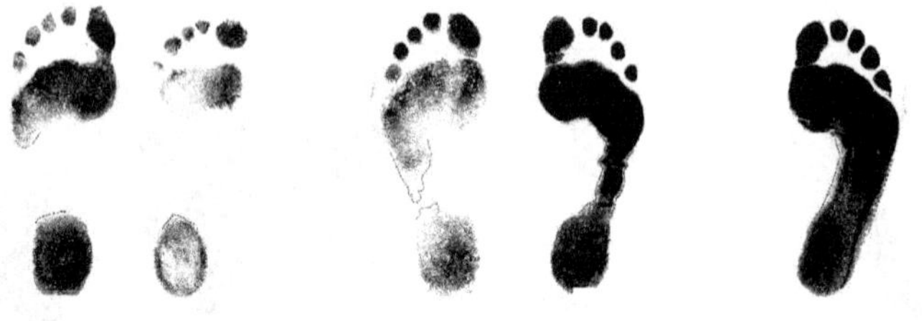

（a）中断弓　　（b）窄弓型　　（c）中弓型

图 4－20　足弓的形态

扁平型和膨胀型足弓的特征主要有斜直形、弧形、突出形、波浪形、锯齿形。它们的局部的形态、方位、大小、流向等为细节特征，如图 4－21 所示。

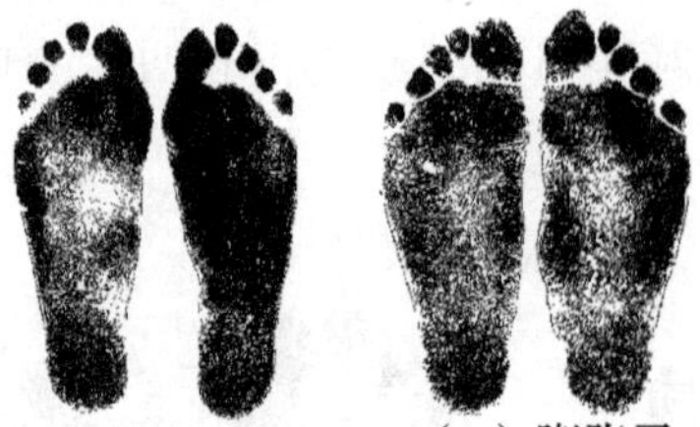

（a）扁平弓　　（b）膨胀弓

图 4－21　扁平弓与膨胀弓的形态

对于除高弓型之外的其他类型足迹，弓外缘中部的小跖骨底粗隆，所表现的边缘形态、位置、大小、流向等为质量较高的细节特征，为检验鉴定不可忽略的特征。在确定弓区特征时，还要注意身体晃动所引起的弓内外缘尤其是外缘的变化，一般应先明确形成迹的动作，对足迹变化心中有数后，再观测、确定弓区特征。

4. 跟区结构特征

足跟底面的形态结构决定了赤足足迹所反映的跟区特征。足肌等软组织的丰满程度和弹性程度不同，足跟骨底面的形状的不同，跟骨的方位及与其他跗骨的关系不同，以及不同年龄肌肉发达、萎缩、板结程度的不同，决定个人足跟边缘呈形态的不同，决定了赤足足迹跟区具有不同类型边缘以及一些细节特征。常见的跟后缘呈圆弧形，其他三边缘不规则形，其中内外缘多呈直线形或弧形，前边缘生理变化较大一般有弧形、直线形、角形和波浪形，如图 4－22 所示。

应注意的是，足跟着地动作的不同、着地部位的不同、地面件的不同，能产生跟区内侧空白现象和边缘不完整反映，尤其叉面赤足足迹这种情况更为显著。另外，在立体足迹中，不同年龄而形成的跟区结构形态区别较大，如青、壮年人跟区饱满弧度大，中、老年人则跟区平坦甚至呈马蹄状。

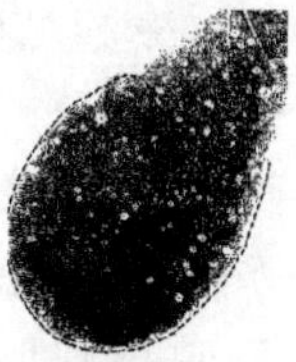
（a）圆形

（b）不规则形

（c）椭圆型

（d）似方形

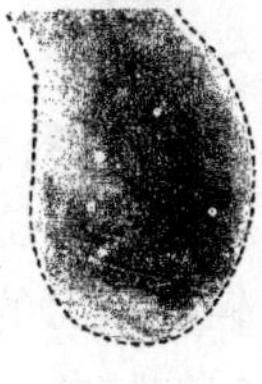
（e）跟外旋形

（f）跟内旋形

图 4－22　常见几种跟区形态

三、足底肤纹特征

前面介绍了人足的趾、跖、弓、跟结构形态特征，这些特征充分反映了人体足的特殊性和稳定性，为个体识别提供了客观条件。人足掌正面皮肤组织与手掌正面皮肤组织非常相似，其具有的乳突花纹仍具人各不同、终身不变以及触物留痕的特点。清晰的赤足足迹能反映出足底表层皮肤的乳突纹线特征。乳突纹线特征在足的趾、跖、弓、跟部位上都有反映，除趾节上的纹线较短外，其他各部大多数都能有较完整的花纹系统，可以构成弓、箕、斗、混杂形花纹，也同样可以出现起点、终点、结合、分歧、小勾、小桥、点、棒、眼等细节特征。

赤足乳突花纹还具有花纹纹线粗、间隔宽的特点；纹线多呈现点、短线、弓形线、弯折线、弧形线；中心花纹扁平，跖中部只有纵向花纹；跟基部多偏向一侧；纹线间常出现脱皮斑点。在实际工作中必须抓住这些特点，准确及时的分清检材是手印还是足印。否则就会造成把足印当成手印去检验，以至延误战机，工作陷于被动。

四、其他特征

赤足足迹除了前述的特征外，还常反映出屈肌褶纹、皱纹、伤疤、鸡眼、脱皮、老茧、包扎物、附着物等特征。

屈肌褶纹多分布在足趾节和足弓内侧，呈横向或斜向分布。在赤足平面痕迹中，能留下拇趾和小趾的趾节及足弓外侧部分的褶纹痕迹，其他几个趾节和足弓内侧的褶纹往往不易出现。在立体足迹中，趾节和足弓的屈肌褶纹有可能留下痕迹，但在形成痕迹中往往容易变形。

足底皮肤因皱纹形成浅表沟纹的痕迹为皱纹痕迹。跖后缘和足弓内侧反映最多，纹线粗大，形状复杂，跖中部分和弓部的外侧，皱纹相对少一些。

因病变或外伤，愈合后能留下不同形状的疤块。伤疤若与承痕体接触，即可反映出它所在的位置、形状、宽度、长短、方向，以及与其他特征间的关系等，均是稳定有价值的特征。

鸡眼痕迹多出现在拇趾小跖趾关节部位。足迹中常反映出圆形或不规则形的凸起、凹下状痕迹。其位置、形状、大小和数量，以及和其他特征间的关系等，是较稳定而又特殊的特征。

老茧皮痕，乳突线不明显，加之汗腺被破坏，表皮光亮无纹呈硬壳状，往往易出现裂口。茧皮和裂口痕的位置、形状、大小等也是有价值的特征。

脱皮痕迹是皮肤受霉菌的侵蚀或轻微压力的作用导致表皮损伤或烂皮而形成的暂时性斑块状脱皮所形成的痕迹。其稳定性较差。

包扎物痕迹是指包扎伤口的绷带，以及其他裹着的物品等。包扎的部位、层数、形态、质料特点等，在足迹上均能反映出来，有一定参考价值。

粘附物质形成的痕迹，其常见的粘附物有：油漆、沥青、油垢和血液等。其粘附的部位、范围、形态、大小等，在一定的条件下，能作为参考特征利用。

第三节　穿鞋袜足迹

鞋袜作为人类足的保护性外套，在保护足体免受外界的物理、化学的强烈作用方面起着不可替代的作用。随着生产力的发展，制作鞋的材料多样化、工艺现代化，各种个性化、人性化的鞋类层出不穷，最大限度地满足着人们穿用鞋的需求。穿鞋袜足迹是指人足穿着鞋与承痕客体表面相接触形成的足迹中所反映出来的鞋外表结构特征，包括鞋型特征、制作工艺特征、穿用和修饰特征，有时也能反映出局部鞋帮特征。犯罪现场上的足迹，多数情况下是鞋、袜底遗留下来的。因此，本节着重介绍能够遗留或反映的鞋、袜底留下来的具有外表形态稳定的特征。

一、鞋的种类与结构

随着科技的进步，鞋、袜制造水平不断发展，从鞋、袜结构到功能，从鞋袜形状到款式，从面料到色彩，千姿百态，种类猛增。目前，其分类没有严格、统一的标准。

鞋的结构因穿用需求不同而不同。鞋的基本结构主要有鞋帮和鞋底两个部分。由于鞋底与地面等客体直接接触，比鞋帮容易损坏，因此在设计、制造工艺上有很大不同。通常对鞋帮材料要求美观、舒适、柔软、坚韧，而对鞋底材料要求则轻巧、舒适、耐磨、耐折等性能。

常见的鞋帮由前帮、后帮、中帮、包头（前帮围）、鞋舌、鞋耳、外包跟、鞋饰、主根构成，如图 4－23 所示。鞋底主要由内底、半内底、中底、外地、鞋包头、鞋跟、沿条、内外围条、配件构成。

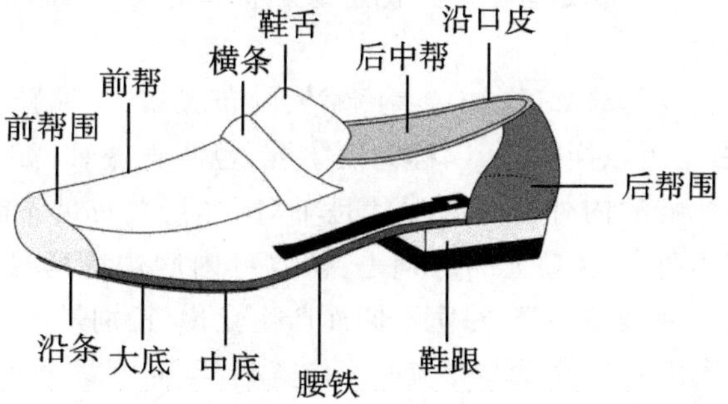

图 4－23　鞋的结构

二、鞋型特征

鞋型特征是指鞋帮、鞋底的长、宽及外表形状大小特征。由于鞋底与地面等客体直接接触遗留足迹，在足迹学中我们重点研究鞋底的特征，下面介绍鞋型特征。

（一）鞋底区划和命名

鞋底的长、宽及外表形状特点称为鞋型特征。为了便于研究鞋底形状特点，将其如下划分和命名。各类鞋底及其痕迹均可划分为鞋尖、鞋掌、鞋弓和鞋跟四个部分，如图 4－24 所示。

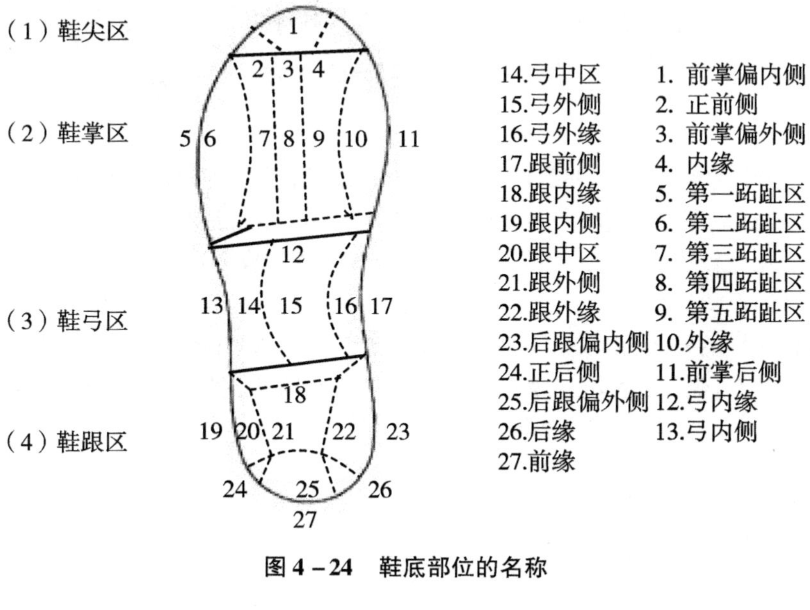

图 4－24　鞋底部位的名称

(二)鞋底形状特征

鞋底各部位形态结构主要是鞋底边缘的形状和鞋底面的立体结构形态。鞋底边缘形状。鞋底周边的形状主要是鞋的内外侧边缘形状和前尖、后跟的形状。

1. 内外边缘形状

个别的鞋内外边缘是对称的,如一些厂家做的布底布鞋、拖鞋。由于这一类鞋的内外侧边缘对称,左右足可以换穿,所以称为便脚鞋,也叫直底鞋,如图 4 - 25 所示。而市面上见到的绝大多数鞋的内外侧边缘形状是不对称的,左右足不能换穿,故称认脚鞋。认脚鞋与便脚鞋在内外侧边缘上的区别是,认脚鞋内侧边缘弯度大于外侧,也叫弯底鞋。鞋的内外侧边缘因鞋的种类、弓宽不同而产生变化,特别是内侧边缘最明显。凉鞋、拖鞋的鞋底腰部的宽度要比春秋鞋相应的部位宽些,凉鞋可宽出 8 ~ 10mm,拖鞋一般没有高跟,腰窝部位的宽度比相应的春秋鞋至少宽出 10mm。鞋底弓部越窄,内外侧边缘的弯度也就越大。

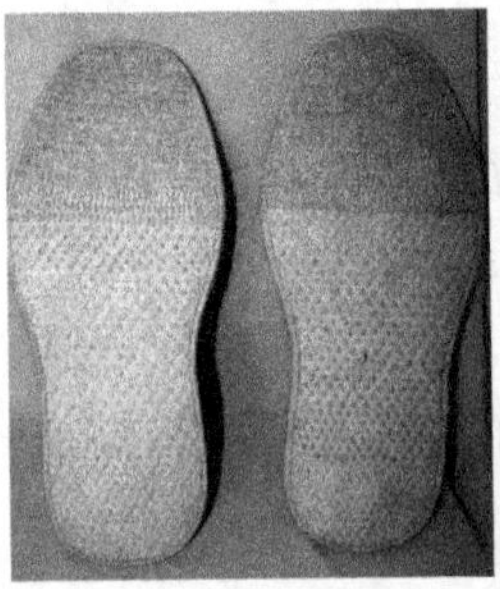

(a) 直底鞋

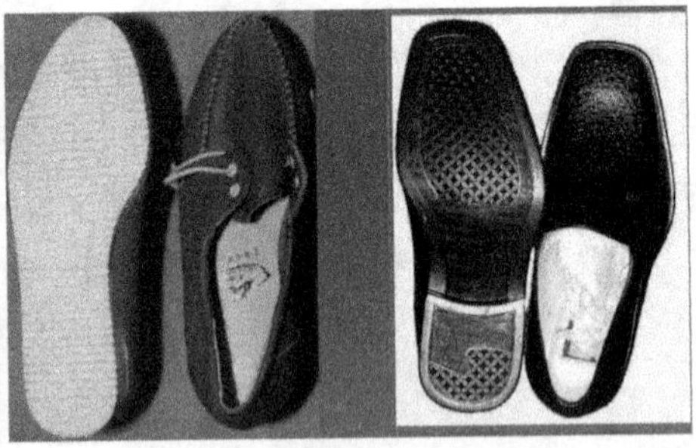

(b) 便脚鞋

图 4 - 25　鞋底形状

2. 前后边缘形状

鞋后跟缘形状由整个鞋跟的形状而定,如鞋跟形状是半圆形的,底面形状相应的也是半圆形的;如鞋跟是圆形的,则鞋底也相应是圆形的,只是大小不同而已。通常鞋后跟的形状变化比较小,一般是对称的半圆形,少数呈方形或多边形。

3. 鞋尖的形状

随各种式样的鞋子,以及从不同的审美观点上考虑,就出现了不同形状的鞋尖。常见的鞋尖形状有:尖头、扁头、圆头(大圆头、小圆头)、方头(宽方头、窄方头)等,如图4 - 26 所示。

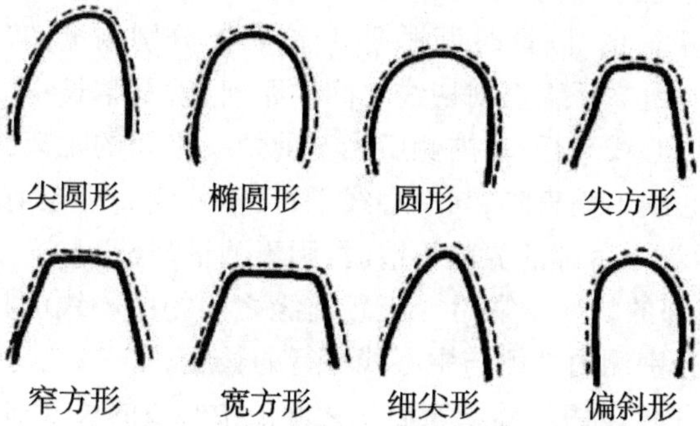

图 4－26　鞋底形状

4. 鞋跟

鞋跟的种类很多，一般可分为平跟、中跟、高跟三大类，而形状各异，有卷跟、压掌跟、坡跟等，跟的大小粗细有细高跟、粗高跟、马蹄跟、半圆跟等。跟的造型不可能千篇一律，它是随着市场经济的发展和服饰潮流的变化而变化的，如果一定将其定形，很难适应千变万化的鞋款。所以只能按人们观念中的跟高度大概的区分一下跟的种类。如一般女鞋的跟高在 30mm 以下的为平跟，30～45mm 的为中跟，45mm 以上的为高跟，如图 4－27 所示。

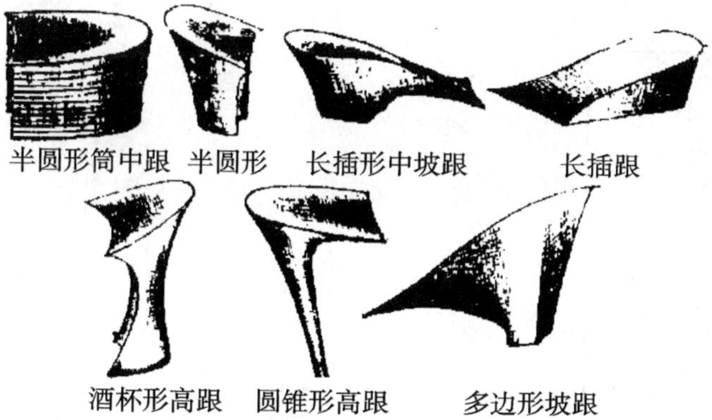

图 4－27　鞋跟形状

（三）鞋底的长度、宽度特征

1. 鞋底的长度

（1）鞋底全长。鞋前尖向前的最突出点与鞋跟后边缘向后的最突出点的连线作为测量用的基准线，即足迹中心线。在中心线上，在鞋尖前缘和跟后缘两处，各作一条与中心线垂直的切线，两切线之间的垂直距离就是鞋底或痕迹的全长，如图 4－28 所示。

(2)鞋底掌长度。在鞋底掌部的长度测量时,因为有些鞋底掌后缘与中心线不垂直,或与弓部的界限不清的,测量时可根据具体条件,分别测量:掌长,当掌后缘与中心线垂直时,沿中心线测量掌后缘至前切线之间的距离,就是掌长;掌内侧长,当掌后缘与中心线不垂直时,与中心线平行,掌内侧后沿至前切线之间的距离,就是掌内侧长;掌外侧长,当掌后缘与中心线不垂直时,与中心线平行,掌外侧后沿至前切线之间的距离,就是掌外侧长。当掌后缘与弓部的界限不清时,则不测量掌长。

(3)鞋底弓(腰)部的长度。掌后缘至跟前缘之间的中心线的长度即弓长。内外侧的长度不一致时,可分别测内外侧与中心线平行的长度。

(4)鞋底跟部的长度。跟的前缘至后缘之间沿中心线的长度即跟的长度。

2. 鞋底的宽度特征

(1)掌宽特征。鞋掌宽也是鞋印轮廓最宽处的宽度。通常我们用第一前跖趾里宽加上第五跖趾外宽来表示掌宽,又称为跖趾直宽。具体的测量方法是,在掌的内侧凸点和外侧凸点分别作两条与中心线平行的切线,两切线的垂直距离即为掌宽。

(2)弓宽特征。弓宽是底腰部位最窄的距离。测量时在与中心线平行的弓部内外缘分别作两条切线,两切线的垂直距离即为弓宽。

(3)跟宽特征。在跟的内缘和外缘分别作两条切线,且两切线平行(不一定与中心线平行),两切线间的垂直距离即为跟宽。

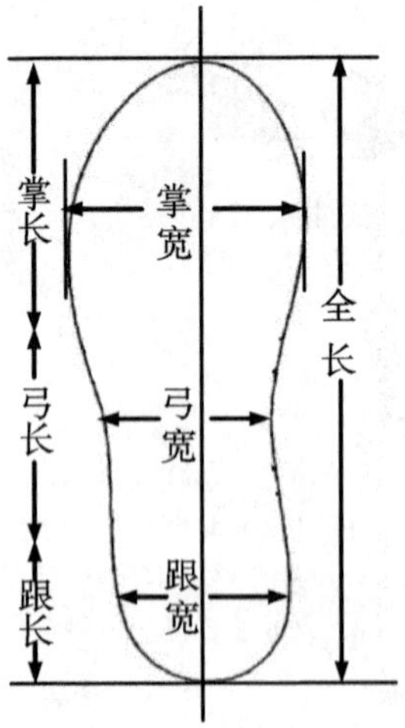

图4-28 鞋底的长度和宽度

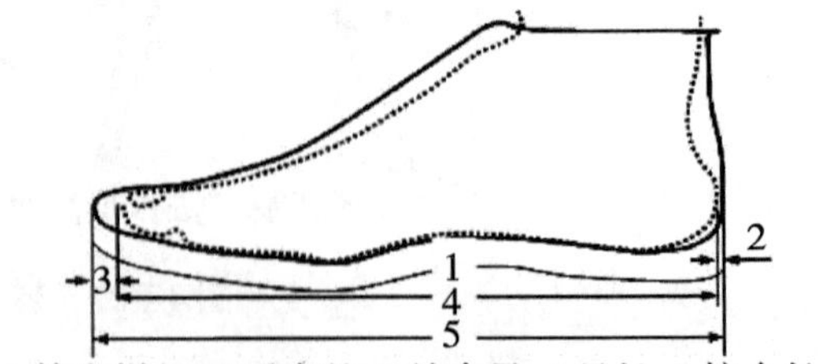

图4-29 足、鞋楦与鞋的关系

(四)足、鞋楦与鞋的关系

制鞋工业通常根据大部分人足的平均尺寸制作鞋楦。足型决定鞋楦,鞋楦代表足的形状和大小,同时鞋楦决定鞋的造型、样式及穿用功能,如图4-29所示。

我国鞋号是以足长为标准制定的,即足长多少厘米就穿多少号鞋,相邻鞋号长度差10mm,半号长度差5mm。而每个鞋号又有5mm的适宜穿用范围,如足长为24.8~25.2cm的人,都可以穿着25号鞋。这为利用鞋子、鞋号及穿鞋足迹分析遗留人身高提供依据。

足长与鞋楦的关系可用下列公式表示:

足长(鞋号)=楦底样长-放余量+后容差

=鞋印长(近似鞋底长)-内外差-放余量+后容差

全国统一鞋号常见鞋的楦底样长、放余量和后容差等楦底尺寸可查阅相关参考书。

鞋号是代表鞋的长短和肥瘦的标志,中国鞋号设计有5个肥瘦型,其中一型最瘦,五型最肥,相邻肥瘦型差7mm,半型差3.5mm。鞋楦基本宽度大于二足迹宽,而小于足轮廓宽,即介于两者之间。

总之,楦底形状直接控制鞋内底的形状,对于不同种类的鞋,通过掌握楦底结构规律,也就间接掌握了鞋内底的结构形式。此外,在现场足迹检验中,还要综合鞋的前后跷对穿鞋足迹的清晰、完整程度的影响,准确测量鞋印的长、宽特征,明确运动特征的位置、形态,提高分析的准确率。

三、鞋底结构形态特征

(一)鞋底制作工艺特征

因鞋底和鞋跟与地面等客体直接接触摩擦等作用,其破损程度相比鞋帮严重得多。因此,制作鞋的过程中,生产鞋底材料和加工工艺上有所区别。常见的鞋底原料主要有塑料、橡胶、布、皮革等。

1. 塑料底鞋的生产工艺特征

根据制作鞋底材料性能不同,可分为冲切工艺和注塑工艺等。

(1)冲切工艺及其特征

此工艺主要适用于软塑料鞋底制作,因压延机的限制,只制作平底或坡跟,不能制作带跟的鞋,如图4-30所示。将粒状原料熔化后制成一定图案的长塑料片状,然后将其送至鞋型刀处冲切成鞋底,经帮底结合制造过程。帮底结合方式主要有胶粘、绊头与绊孔结合等。鞋底花纹简单,如直线、波浪线、网格状、斜线等,鞋底花纹周边不封口,便于冲切,鞋底商标、厂号、鞋号的位置和边缘花纹形态随机,鞋底削边痕迹明显,能够反映出压延机中滚筒的磨损所带来的特征。

(2)注塑工艺及其特征

注压工艺主要适用于硬塑料,既可制作平底的,也可制作有带跟的。将上下模具扣合,把加热后熔化的塑料液体从注入模具中,冷却后打开模具即制成鞋底。帮底结合方式主要有缝绱成型、一次性成型的注压鞋等。此工艺制作的鞋底相对于冲切工艺来说,花纹可复杂,商标、厂号、鞋号的位置固定,鞋底花纹均有边梗,有绱线槽、耐磨块,反映注塑孔痕迹、走料痕迹、冷却凹凸痕迹、削边痕迹。另外也反映出因注塑不足或气泡而引起的花纹缺损,如图 4 – 31 所示。

注塑底鞋和冲切底鞋的主要区别是:模压(注塑)鞋底花纹左右鞋对称,花纹多有边埂,鞋底商标、厂名、鞋号等标记位于鞋弓中部,同一模具生产的鞋底花纹形态一致;冲切鞋底花纹左右鞋不对称,花纹不封边,无边埂,鞋底弓部的商标、厂名、鞋号等标记有内、外窜移现象,同一鞋号鞋底花纹的边缘形态各鞋之间不同,但利用价值较高。

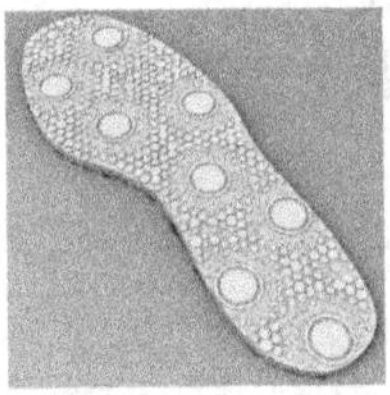

图 4 – 30　塑料冲切底

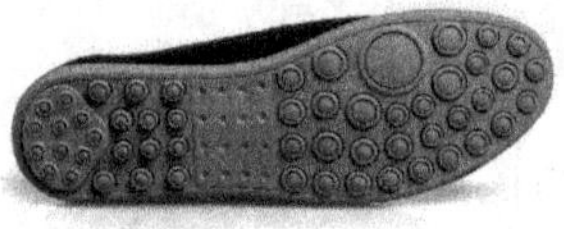

图 4 – 31　注塑底鞋

2. 橡胶底鞋生产工艺特征

(1)冲切工艺及特征。工艺过程与塑料底的冲切工艺相同,主要适用于制作平底或坡跟,不能制作带跟的鞋,鞋底花纹简单,鞋底花纹周边不封口,便于冲切,鞋底上商标、厂号、鞋号的位置和鞋底边缘处花纹形态随机,鞋底削边痕迹和绱帮硫化时造成的磕碰痕迹削边痕迹明显,能够反映出压延机中滚筒的磨损所带来的特征。在帮底结合时需用围条、大牙子等,还须硫化。

(2)注塑工艺及特征。将橡胶原料放入模具中,经加温(硫化)、加加压后冷却制成鞋底。有的鞋需后配鞋跟,然后与鞋帮经缝绱、胶粘成型,也可制成一次成型的注塑鞋,如图 4 – 32 所示。

此工艺制作的鞋底相对于冲切工艺来说,花纹可复杂,商标、厂号、鞋号的位置固定,鞋底花纹均有边梗,有绱线槽、耐磨块,有耐磨块、传热孔、钉孔,反映注塑孔痕迹、走料痕迹、冷却凸凹痕迹、削边痕迹。对于有一定鞋跟高度的鞋来说,有支撑梁(有内外之分,内支撑梁又叫铁钩心),有因胶料不均匀而造成的鞋底花纹缺损。另外,也能反映出因注塑不足或气泡而引起的花纹缺损。

图 4－32　注塑底鞋

3. 皮底鞋生产工艺特征

皮底多是用牲畜背部和臀部的皮制作的，成型方法一般是手工切割、配料、缝绱、钉跟、胶粘等。由于皮革本身较坚硬挺阔，一般在形成足迹时，后跟全部接地。前掌周边往往不完整。高跟时，底腰窝因有铁勾心结构，往往空悬大，不易留下痕迹。在足迹中常只反映出平板痕迹，因大多数底是手工切制，所以边缘形状较特定，另外，底的边沿有的有钉帽、针孔、线槽切口等，以及小量的毛孔和局部褶、皱纹形状。

缝绱成型的鞋有布底布鞋、绱塑料底布单鞋、棉鞋、皮底布鞋、皮底皮鞋、胶底皮鞋。缝绱成型的各类鞋子的主要生产方法是将绷好帮的半制成品与鞋底用麻线连接在一起。在成品鞋的底部基本上都能见到上下缝合的麻线线迹，也有一部分鞋采用翻绱的方法（如皮底布鞋），其大底反映不出针脚痕迹。

皮底皮鞋中的钉帽数量、形状、间距等都比较特定，而且很稳定。皮底布鞋多为翻绱的，在前掌往往反映木出针脚，而后跟由于需加厚，一般都绱有皮跟，其绱线特征可以得到反映，如图 4－33 所示。

图 4－33　皮底鞋

4. 布底鞋生产工艺特征

布底是用盖板衬（也叫袼褙）和数层底衬叠配而成，如图4－34所示。盖板衬是上面靠鞋帮的一层，用布条包边，底衬是盖板下面的几层。袼褙是将旧碎布用糨糊糊成纸壳状（一般糊四五层），然后剪成鞋底状，用三四张袼褙叠在一起，用麻线纳制成鞋大底。在配大底时，足弓和跟部还要衬垫一些小块衬料做垫心，使后跟高于前掌，穿着时不会后塌，同时使掌心坚实饱满，增强鞋的耐曲挠性能。同时，为防止纳制时拽破袼褙，以及增强耐磨损能力和外表的美观，一般最底层的袼褙的底层都由新布做。

鞋底的纳制方法分手工纳制和机器扎制。家做布鞋大都为手工纳制。纳制方法因人而异。针脚各自形成规律，多是横向纳制。商店出售的布底鞋一般都是工厂生产的，均为机器扎制底，针脚比较规则，多呈螺旋式，类似鞋垫的扎法。纳底的线均用细麻绳，针脚反映相对明显粗大。

布底布鞋有两种：一种是普通的无沿边底（毛边），即除了将盖板衬用布包边外，其他几层底衬都不包边；另一种为千层底，也叫百叶底，每层底衬都分别用白布条包边，长短、宽窄叠配整齐，不易起毛，是布底鞋中较高档的一种，足迹（立体）边沿清晰。布底鞋是我国传统产品，优点是轻便、富有弹性、不闷脚、保温隔热。缺点是不耐磨、怕潮湿。

布底鞋基本是平底，因此足迹较平坦，能留有针脚，新鞋还可以留下布纹，易于区分。手工纳制的针脚分布很有特点。布底布鞋反映的针脚特征比较明显，绱底线的起始、终止、绕圈等可以明显地在大底上反映出凸包或椭圆形的特征，由于没有线条限制，绱线与鞋边沿的距离、两趟绱线的距离不确定，特别是手工绱底的，针脚特征更为特定。

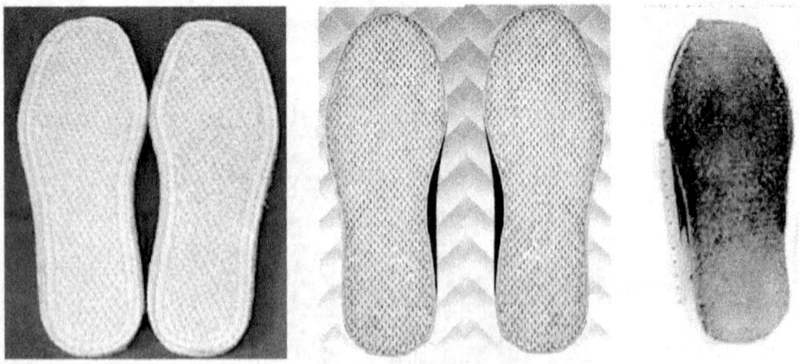

（a）　　（b）　　（c）

图4－34　布底鞋

（二）鞋底结构特征

鞋底面主要有平底、加厚掌底和加厚跟底三种。常见的平底，其掌、跟与鞋底腰部处于同一平面。如软塑料凉鞋、拖鞋、布鞋、解放鞋、农田鞋、运动鞋、布底布鞋等。还有坡底(长插跟),如微孔塑料底凉鞋和布鞋。加厚掌底相对鞋底腰部厚底而言。常遇到的有:微厚掌鞋(掌跟厚度一致),加厚掌鞋(粘、钉鞋掌),如粘胶底布鞋、皮底皮鞋。加厚掌底鞋和平底鞋的前掌周边形状没有明显差别。平面足迹中加厚掌底鞋的底腰边缘反映较平底鞋要模糊。加厚跟底是指鞋内底足重心至外底足重心的距离。鞋跟是鞋子不可缺少的重要组成部分。鞋跟高度是相对鞋底腰部厚度而言的,即鞋跟的前高。鞋跟在高矮上,有平跟的、中跟的、高跟的,还有超高跟的。鞋跟底面形状有半圆形的、圆形的、多边形的,也有矩形和不规则形的。跟式有半圆形、长插跟、长插形中坡跟、圆锥形高跟、多边形坡跟、酒杯形高跟、半圆形直筒中跟等很多种类。

鞋跟的形态总是与鞋子的式样相协调的。例如,大头鞋的头型高,形状宽而方,整个造型敦实,线条直,鞋跟就粗壮;女高跟鞋头型尖瘦,做工精细,整个鞋型瘦长,所配的鞋跟多为雅致的锥形高跟;另外,鞋跟形状、体积大小等与性别也存在一定关系,一般男鞋的造型线条宽直流畅,跟型也相应粗直壮实;而一般女鞋的造型讲究曲线优美、细腻,鞋跟造型相对地偏重于形状优美、体积细小。鞋跟越高,跟面积也就相应的越小。当然也有例外,如直绕跟,上下就几乎相等(多见男式高跟鞋)。还有一些跟,上小下大,与通常的鞋跟恰好相反,如现在流行的松糕底女式鞋。不管跟型如何,鞋跟的设计规范要求跟前沿必须与踝关节垂线垂直,这一点在足迹分析时有着十分重要的意义。

(三)鞋底花纹特征

鞋底上的花纹、标志,都是经过带有花纹图案的滚筒或模具,压延或模压(注塑)在橡胶、塑料上而形成的。常见的花纹类型有:边块型、圆环型、交织型、线条型、波折型、物象型、火焰型、畦埂型、混合型、其他型等,以及厂名、商标、代号、鞋号等,这些花纹图案,在新鞋上多为种类特征(冲切底除外),特别是模压底(同一付钢模模压的底)的花纹重复性较强。

模压(注塑)底鞋和冲切底鞋的主要区别是:模压(注塑)鞋底花纹左右鞋对称,花纹多有边埂,鞋底商标、厂名、鞋号等标记位于鞋弓中部,同一模具生产的鞋底花纹形态一致;冲切鞋底花纹左右鞋不对称,花纹不封边,无边埂,鞋底弓部的商标、厂名、鞋号等标记有内、外窜移现象,同一鞋号鞋底花纹的边缘形态各鞋之间不同,但利用价值较高,如图4-35所示。

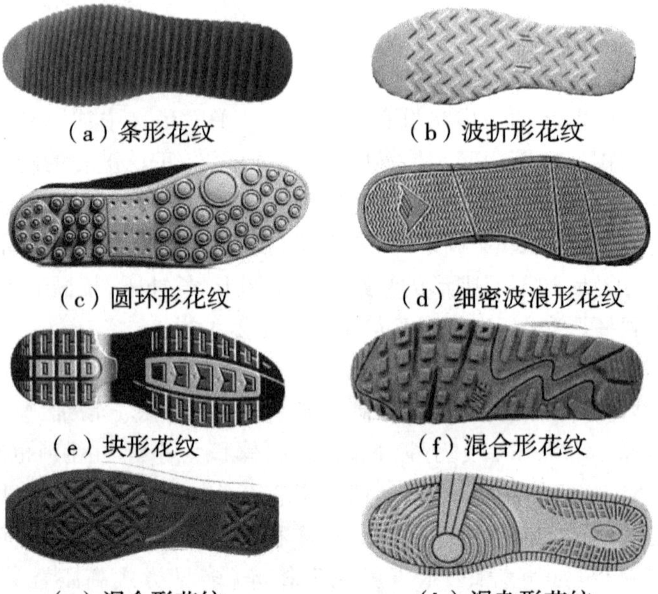

（a）条形花纹　（b）波折形花纹
（c）圆环形花纹　（d）细密波浪形花纹
（e）块形花纹　（f）混合形花纹
（g）混合形花纹　（h）混杂形花纹

图 4－35　鞋底花纹形态

（四）鞋的穿用特征和修补特征

鞋经穿用一段时间后，其鞋底会出现各种小坑、沟痕、裂纹、窟窿等，各部位的磨损程度、大小、方位、形状，以及与其他特征之间的关系，特别是磨损形态的一些细微特征，都是很独有的特征。这些特征，有的是由于磨蹭、踢蹬、碰撞等原因形成的，有的是由于踩踏到了高温物体上烫烙形成的，还有的是因为塑料、橡胶本身自然老化的结果。根据鞋底磨损程度的轻重，可大致推断鞋子的新旧程度；有时还能推断出穿鞋人的职业或身份，如打铁工人的鞋底上常出现铁屑的烫痕。经常用铁锹挖地的工人、农民等，由于长期用脚蹬锹，会在鞋底形成横向的沟状磨损。

1. 穿用特征

鞋底的穿用特征是指鞋子在穿用过程中，由于大底与承受客体间的高频率接触的磨损挤压而造成鞋底面物质发生磨损、裂纹、破损、剥离所形成的缺损痕迹。鞋底在穿用过程中引起的磨损、裂纹、破损等。

（1）鞋底的磨损

由于摩擦力的作用而引起的鞋底材料的脱落称鞋底磨损，如图4－36、图 4－37 所示。鞋底在摩擦、弯曲或伸张时形成，影响磨损的因素为行走的距离，鞋底材料的耐磨性，正压力和地面摩擦力。由于人的足部的解剖结构的细小差异及行走运动习惯的不同，足底各部位与地面之间的正压力就不同所以由上述公式可知磨损量 W 就会不同，即磨损的形态、程度不同，因此磨损特征的组合可用于同一认定。因此，既可反映穿鞋人赤足的结构特征、鞋底结构特征的变化，也可反映出穿鞋人行走习惯动作规律特征。

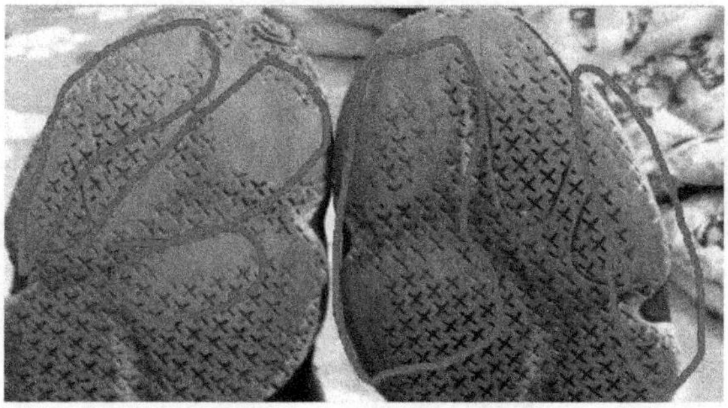

图 4－36　鞋底磨损

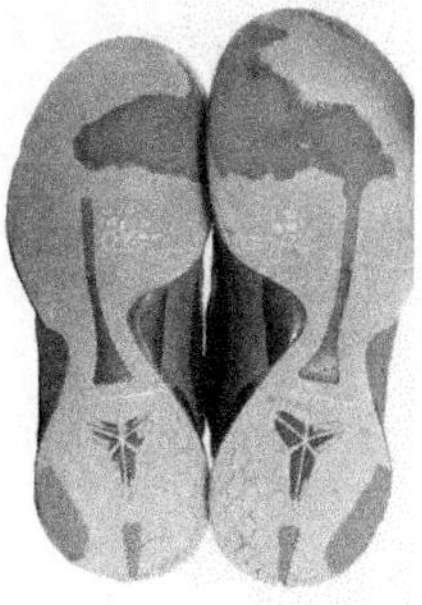

图 4－37　鞋底磨损

磨损的类型有磨粒磨损、纤维状脱落、片状脱落三种。磨粒磨损发生于较硬和脆性较大的材料，纤维状脱落则发生在有一定韧性但抗撕裂强度小的材料上，而片状脱落多发生于较软的多层结构的材料上，如图 4－37 所示。

按磨损特征在鞋底上形态特征，将其分为两种：一种是种类特征，包括磨损程度、部位和一般形状。磨损程度按鞋底凸起花纹的变形和破损程度，大体可分为轻度磨损、中度磨损、重度磨损和窟窿；磨损部位主要指穿鞋足迹反映出的起足和落足部位及足趾、足跖、足弓、足跟等部位磨损的位置。起足分正起足，偏内起足，内起足、偏外起足、外起足。落足分正落足、偏内落足、内落足、偏外落足、外落足。掌部磨损分中部磨损、偏外部磨损、偏内部磨损、偏前部磨损、偏后部磨损。跟部磨损分中心磨损、偏内磨损、偏外磨损、偏前磨损、偏后磨损。磨损部位特征在检验鉴定中起重要的把关作用；磨损的一般形状主要是穿鞋足迹反映的足型轮廓及足迹反映出的足趾、足跖、足弓、足跟等部位的磨损形状、大小。另一种是细节特征，即穿鞋足迹反映出的重点磨损面的位置、形状、大小及其相互关系，起落足力的方向及对应关系。特殊的磨损形状；因磨损而形成鞋底花纹深浅的变化；几处磨损特征之间的相互关系；因磨损而形成的鞋底花纹表面形态的变化及掌后沿的磨损形状程度；磨损部位内残留的花纹的分布和数量；磨损部位以外的鞋底花纹数量和分布；磨损部位周围边缘花纹的形状和分布，足跖和其他四趾磨损，掌磨损所构成的空心区、三角区、喇叭区的具体位置、形状、大小；起、落足部位（鞋尖起足部位区、鞋跟落足部位区）的磨损及其相互的搭配关系；鞋底附着物（如绊带扣、鞋钉、鞋云子等）因磨损而形成的细节变形；因磨损形成的孔洞、缺损部位、大小及其形状。

（2）鞋底裂纹

鞋底裂纹是指鞋底受到伸张、弯曲等外力作用和高温、严寒、潮湿、干燥、日光照射、地面上污垢等环境影响，使鞋底材料疲劳、老化等变化引起的鞋底裂痕形态。主要在鞋掌、鞋尖等常弯曲处和鞋底阴纹处，反映裂纹的位置、流向、长宽、相互关系等的特征，如图4－38所示。

鞋底断裂　　鞋底断裂痕迹

图4－38　鞋底裂纹

(3)鞋底上的硬伤

鞋底受摩擦、磕碰、烧烫等作用引起的机械损伤和鞋底材料的缺失痕迹称为鞋底硬伤。因为外力作用的复杂性、特殊性，此类痕迹出现的部位具有偶然性，其形状、大小、相互关系等具有特定性，在足迹鉴定中具有很高的利用价值。

除上述特征外，还有特殊动作可造成鞋底的一些特殊磨损。特殊职业如火车司机、冲压机操作工、人力三轮车夫等经常在鞋底某一部位呈现出突出的磨损特征等；习惯动作如有人习惯用脚踩自行车前轮刹车，而造成鞋底掌部纵向线形磨损等。

2. 修补特征

由于长期的磨损，鞋底上需要钉掌、打钉、修补等，这些修补都是因磨损不同而酌情处理的，具有穿鞋人的个人特点及修鞋人的习惯特征，所以它们的形状、大小、方位以及和其他特征间的关系，都是很独有的特征，如图4－39、图4－40所示。

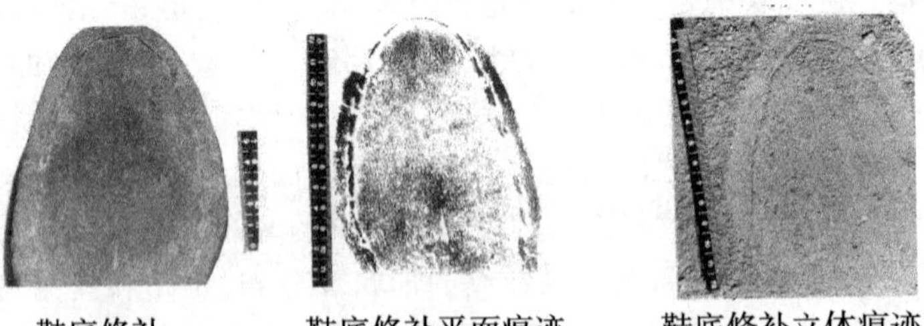

鞋底修补　　鞋底修补平面痕迹　　鞋底修补立体痕迹

图4－39　鞋底修补特征一

鞋底修补

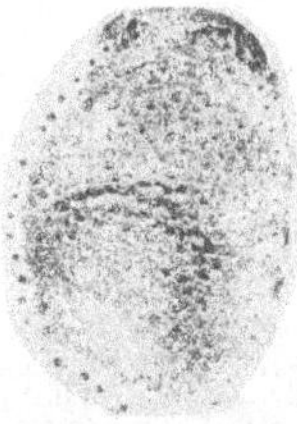

鞋底修补平面痕迹

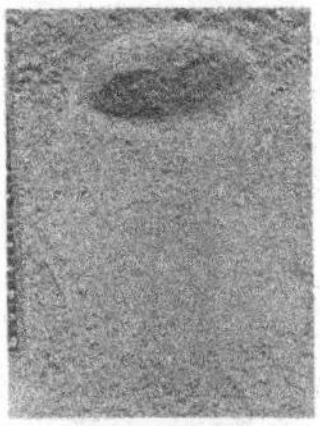

鞋底修补立体痕迹

图 4-40　鞋底修补特征二

（五）穿鞋足迹中的其他特征

在立体足迹的痕迹壁上，能够反映出鞋底边缘侧面厚度、层数、破损特征和鞋帮织物结构、接头、褶皱、破损修补特征。在平面足迹中，可反映鞋底附着物位置、形状、数量、相互关系特征等。另外，鞋内底及鞋垫上反映足型结构和步法等特征。

四、穿袜足迹

袜子是一种穿在脚上起着保护脚和美化脚的作用的纺织品。在各类案件现场上穿袜遗留的足迹也常见。常见袜子种类繁多，原料多种，生产工艺多样，具有柔软和富有弹性等特点。按原料分有棉纱袜、毛袜、丝袜和各类化纤袜等。按造型上有长筒袜、中筒袜、短筒袜等，还有平口、罗口，有跟、无跟和提花、织花等多种式样和品种。袜由袜口、袜统和袜脚三部分组成。其中，袜脚包括袜跟、袜底和袜背、袜头。袜口的作用是使裤子边缘不致脱散并紧贴腿上。袜子的主要尺寸参数有袜号、袜底长、总长、口长和跟高五个。袜子的规格是用袜号表示的，而袜号又是以袜底的实际长度尺寸为标准。但是，由于袜子所使用的原料不同，其在袜号系列上也有所不同。其中弹力尼龙袜，以袜长相差 2cm 为 1 档；棉纱线袜、锦纶丝袜、混纺袜等的袜号系列，则以相差 1cm 为 1 档。

（一）穿袜足迹的足型特征

穿袜足迹的整体足型特征和局部足型特征完全可以参考赤足足迹的足型特征。包括足迹中心线的确定、测量方法、特征的标划等，如图 4-41 至图4-46 所示。

（二）袜子的针织结构特征

多为袜底的针织结构特征，而袜底多为平纹组织，正反面看，花纹都一样。除袜底的针织结构外，一些袜子底部的针织密度也有变化，如尖、掌、跟处密度大，弓区密度小一些。

（三）袜子的磨损、修补及其他特征

1. 磨损特征

轻度磨损时，反映为纱线起毛，针角不清。进而纱线变细，针织孔变大。重度磨损时,纱线磨断,出现孔洞。

2. 修补特征

有缝补和粘补两种,均为手工操作,主要特征为补丁的位置、大小、形态,针脚特征等。

3. 其他特征

如袜子的硬性损伤、留在袜足迹上的纱线纤维等。

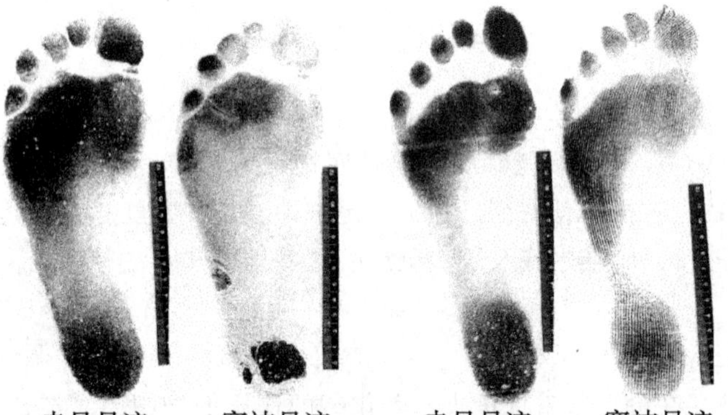

图 4－41　赤足足迹与穿袜足迹

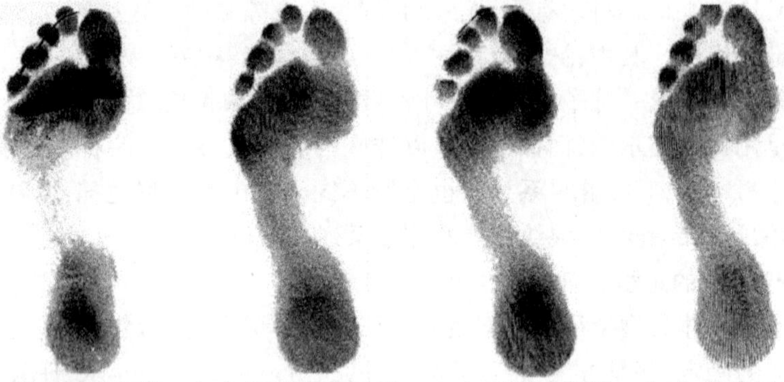

（a）长统无跟丝袜　（b）短统有跟丝袜　（c）无跟尼龙袜　（d）有跟尼龙袜

图 4－42　不同种类袜子特征的反映一

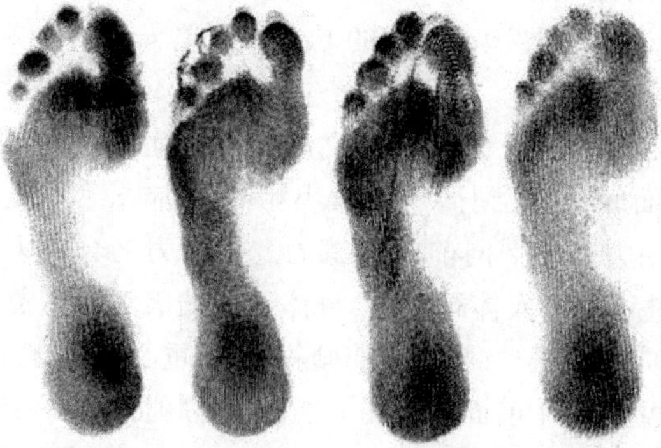

（a）锦纶袜（b）高弹力袜（c）军用线袜（d）毛巾袜

图 4-43 不同种类袜子特征的反映二

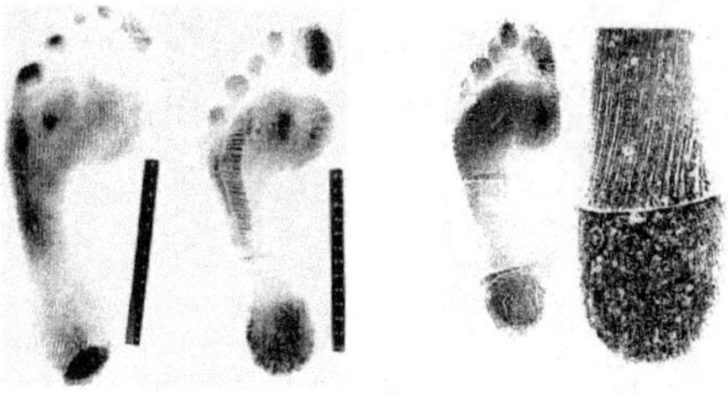

图 4-44 袜子的磨损特征

图 4-45 袜子的修补特征

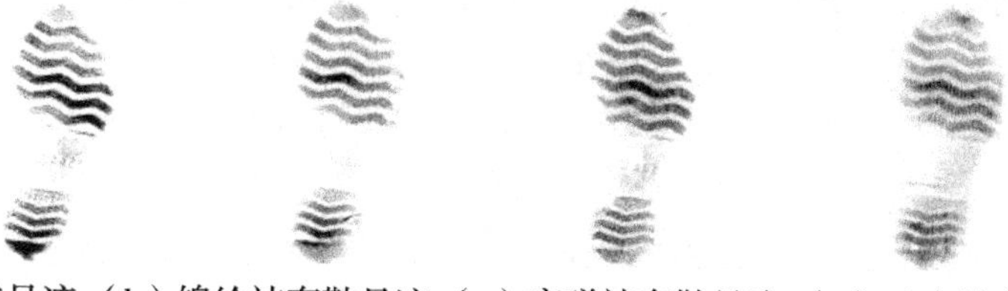

（a）胶鞋足迹（b）锦纶袜套鞋足迹（c）高弹袜套鞋足迹（d）毛巾袜套鞋足迹

图 4-46 套袜鞋足迹

第四节 人体行走运动与步法特征

一、人体行走运动

人体在神经系统的支配下，以骨骼为杠杆，关节为枢纽，肌肉的收缩为运动力，使人体在空间发生位移，即行走运动。无论头部、上肢、躯干，还是下肢，均以一定的活动方式，有节奏地配合着行走。这些运动器官的形态结构差异和行走规律的不同，在足迹中所反映的特征也各不相同。

行走的基本动力是肌肉的收缩力。人之所以能行走，主要是肌肉的收缩力克服外力的结果。当足蹬地面时，可受到同蹬力大小相等、方向相反的地面阻力，这种阻力可以分解直向上的反作用力和水平向前的摩擦力。这二力之合使人体产位移运动。人体行走运动是动态平衡过程。当人体行走时，身体平衡的破坏和恢复交替出现。步行开始时，一腿因肌肉收缩伸向前方摆动，身体向前倾斜，人体重心越出支撑面的前界，前足着地，建立新的支撑面，全身重量落于前面的条腿上，成为支撑腿；而另一条腿由支撑腿变为摆动腿。当一跟落地；另一足跟离地时，为双腿支撑时期，这时重心处于支面的中心，称为自身的平衡。摆动腿的足尖离开地面后，平衡被破坏。上述运动的重复，即为步行。行走时，上肢亦向前后左右摆动。每侧上肢摆动的方向和速度，都与对侧腿的动作相协调。

人的行走运动具有周期性。在不同周期内的相同阶段上，人各部的动态是相同的。从站立姿势开始，向前迈出的一步，为一个普通步；另一只足向前迈出的一步，为一个单步；左右足各走一个单步，为一个复步，就构成一个完整行走周期。每个周期内，左右腿各经过两次支撑和摆动时期，即一个步行阶段。

二、行走动力定型

行走动力定型是指人的行走运动在一定时期内具有相对的稳定性。由于人的大脑皮质具有支配、调节有规律运动的生理机能。它能将各种外界环境条件等通过视、触、压等感觉器及本体感觉器神经系统，将这些运动因素的刺激，传入脊髓、大脑皮质初级及高级运动中枢。大脑皮质对传入并扩散的运动条件刺激信号，经过分析、综合、整理，进行储存、记忆并反应传出，使之达到传入刺激效果的运动冲动。大脑皮质运动中枢支配骨骼肌活动的神经元的机能进行排列组合，兴奋与抑制在运动中枢内有规律等时地交替发生。经过相当的时间，重复多次，使在大脑皮质运动中枢形成了一定的形式和格局，使运动条件反射系统化。这时运动动力定型就在大脑皮质中形成。

人体行走运动动力定型的建立，反映了行走运动具有了习惯规律，相对稳定性，同时也表现出具有个体特点的行走姿势。一个人的动力定型的稳定性随大脑皮质运动动力定型而改变，这与建立动力定型因素有着密切关系。建立运动动力定型的外界环境条件和运动动作等刺激信号发生改变，大脑皮质动力定型也会发生改变。这种改变有暂时性的也有长期性的。如人在高空行走，或黑夜行走，或酗酒后使脑部受到侵害，导致皮质前庭功能不正常等，都会发生行走姿势的暂时改变；另外，有的由于工作、劳动、运动的特殊需要，经过长期强制性的某种训练，也会改变原有的动力定型；由于神经系统、运动系统的疾病、伤残，使其生理机能发生了变化，大脑皮质运动动力定型也会发生相应的改变。新的动力定型一旦建立后，又保持其一定时期的相对稳定性。

三、步法特征

人体行走运动在时间和空间上的连续性和稳定性，以其双足的周期性摆动搭配来体现。这种运动成为人类行走的主要方式，足迹学中称为步法。步法是指人行走习惯动作的表现形式。步法特征是人的行走运动特点在足迹中的综合反映，包括步幅特征和步态特征。步幅特征是在连续的成趟足迹中所反映出来的双足在空间中的搭配关系及摆动方式特征；步态特征是指足迹中所反映出来的遗留足迹人的行走习惯特点及身体结构特点的特征。

（一）步幅特征

人双足摆动和搭配关系，一方面取决于个体先天的生理解剖结构，另一方面取决于后天的行走习惯，即行走动力定型。在成趟足迹中，我们将同侧足迹内凸点的连线称为足迹步行线，左右足各一条。步幅特征基于足迹步行线，反映了人行走时左右足相互协调和制约的关系。

1. 搭配关系

搭配关系是指双足在空间位置上的相互配合关系，可用步长、步宽、步角来表示。

（1）步长。成趟足迹中紧相邻的同侧两枚足迹相应部位之间沿步行线方向上的距离，在左、右步行线上距离分别称为左步长和右步长。左（右）步长为相邻的左（右）足迹相应部位之间沿左（右）步行线方向上的距离，如图 4－47 所示。根据步长大小大致可分为长步（80cm 以上）中步（70～80cm）和短步（70cm 以下）三种。

（2）步宽。足迹内边缘向内侧的最突出点到对侧步行线的距离，可分为左步宽和右步宽。左（右）步宽，即左（右）足迹内缘最突出点到右（左）步行线的垂直距离。步宽根据大小分为拼搭步（－1～＋1cm）、较宽步（1～3cm）、宽步（3～5cm）、特宽步（5cm 以上）、较窄步（－1～－3cm）、窄步（－3～－5cm）、特窄步（－5cm 以下）。步宽与人体下肢结构、负重以及地形有关。

（3）步角。足迹中心线与同侧足迹步行线构成的夹角。左（右）足足迹中心线与左步行线的夹角为左（右）步角。步角可分为外展步（6°～10°为小外展步，11°～19°为中外展步，20°以上为大外展步）、内收步（角度在 0°以下）、直行步（角度为 0°～5°）和不对称步（包括一直行一外展步、一直行一内收步、一内收步一外展步）等。许多人左右足步角不对称，对于同一人来说，步长增加，则步宽下降，步角下降。在描述一个人的步幅类型时，一般先描述步角，再描述步宽，最后描述步长。以上三个测量值变化较大，应尽可能多点测量，然后取平均值。

2. 摆动方式特征

摆动方式又称运足方式或迈步动作，是指摆动足在空中摆动过程中所划过的轨迹。

人体行走是一个整体协调运动,行走时虽然摆动腿没有与地面客体接触,但他的摆动方式,如摆动的高低、速度、方向等也可以影响到支撑足动作,即支撑和摆动相互交替、相互配合、相互制约。每个人的行走习惯、运足方式受身体的生理结构、心理状态以及生活环境等影响,形成了具有个人特点的行走习惯动作,而且这些习惯动作通过支撑足与地面等客体相互作用反映出来,如图 4－48 所示。

然而,因此,在成趟足迹中,可以将摆动腿相对地面的摆动方式作为步法特征,通过观测摆动腿在地面的擦划轨迹加以确定。这一轨迹按其形态可分为正弧、反弧、直线形。可分为对称式协调动作(双足的摆动轨迹都是正弧、反弧或直线形)和不对称式动作(双足的摆动轨迹一个为正弧,另一个为反弧或直线形)。

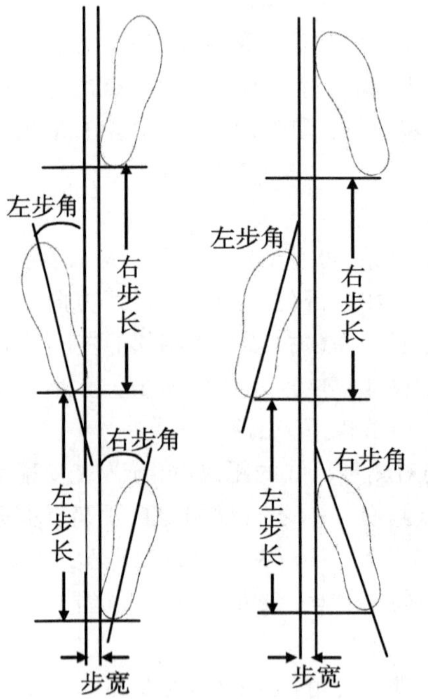

图 4－47　搭配关系

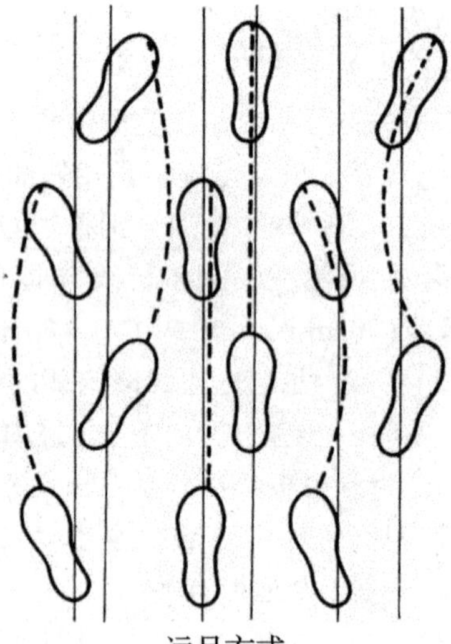

图 4－48　摆动方式

(二)步态特征

步态特征,是指足迹中所反映出来的遗留足迹人的行走习惯特点及身体结构特点的特征。它能够反映出的足在运动时,各部位力的大小、方向、作用点分别在承受客体上留下的各种形态,或称其为力的效应特征。根据足的运动特点,将步态特征划分为起足、落足和支撑三阶段。各阶段均有必然出现的主体特征及可能出现的伴生特征。所谓主体特征,是步态特征形成三个阶段中主要且必然形成的痕迹,即起足蹬痕、落足踏痕和支撑压痕。这三种痕迹在每个正常人的足迹中都能出现,且较稳定明显,不易受外在条件的影响;所谓伴生特征,即起足时的挑、耠、划、扫、抬痕,落足时的推、跄、擦、磕痕,支撑时的坐、迫、拧痕等。伴生特征只是某人或在某特定条件下,可能出现的附加的痕迹特征,并非像主体痕迹特征,每个足迹中均能出现。

1. 起足特征

起足特征,是指足的跖区和趾区向后下方蹬地以获得向前上方运动的动力时,与地面相互作用用时所形成的特征。每个人行走时蹬离地面的方向、高低、运动的幅度及身体各部位的协调性等的不同,同时也反映出生理机能是否正常、有无生理缺陷等情况,如图 4 - 49 所示。起足阶段主体痕迹为后蹬痕,其伴生痕迹为抬痕、挑痕、耠痕、扫痕和划痕。

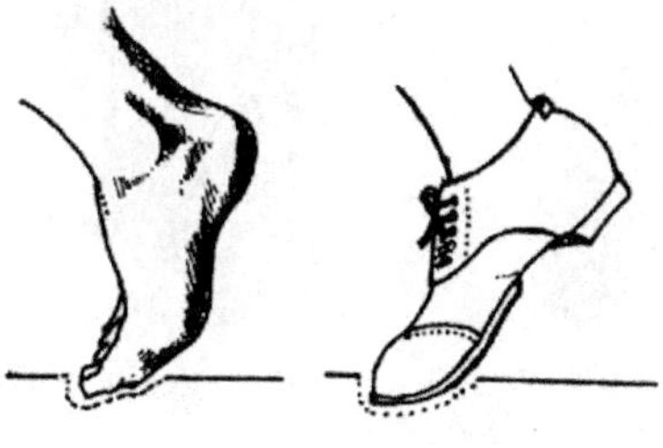

图 4 - 49　后蹬动作

后蹬痕位于鞋印的前掌及前尖部位,是起脚的主要痕迹。根据后蹬的部位及后蹬痕面积的大小,进一步将其分为趾后蹬痕和跖趾后蹬痕,如图 4 - 50 至图 4 - 51 所示。

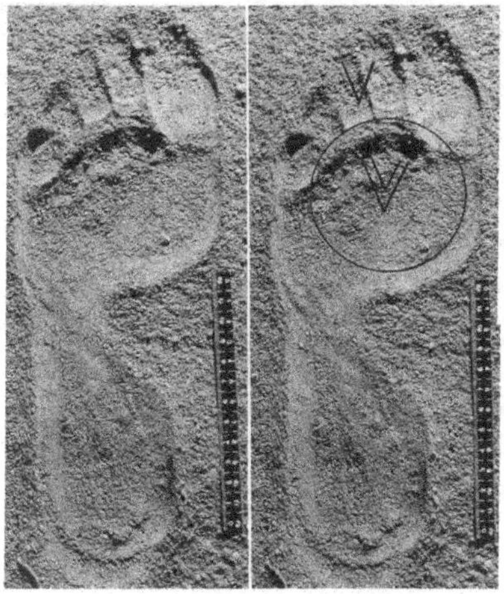

(a)赤足足迹

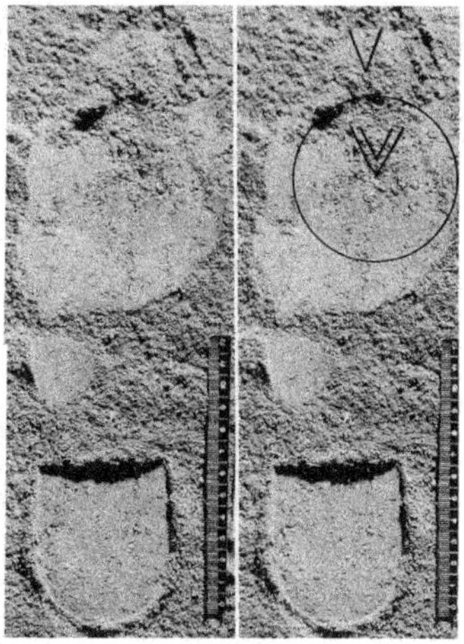

(b)穿鞋足迹

图 4 - 50　蹬痕反映

后蹬痕的大小取决于行走时的速度及蹬力的大小和承受客体的结构及物理性质。

年轻人行走速度快、肌力大,蹬痕明显,随着年龄的增长,蹬痕反映越发不明显。对于同一人来讲,出现趾蹬痕还是跖趾蹬痕主要取决于客体的松软程度。一般是在较硬地面出现趾蹬痕,在较松软地面则易出现跖趾蹬痕。但无论是趾蹬痕还是跖趾蹬痕,对于同一人来讲其着力趾的位置是固定的。后蹬痕的反映状态容易受鞋子种类、地面的软硬度和表面结构及形成足迹时的动作的影响,在观察时应考虑上述因素的影响。

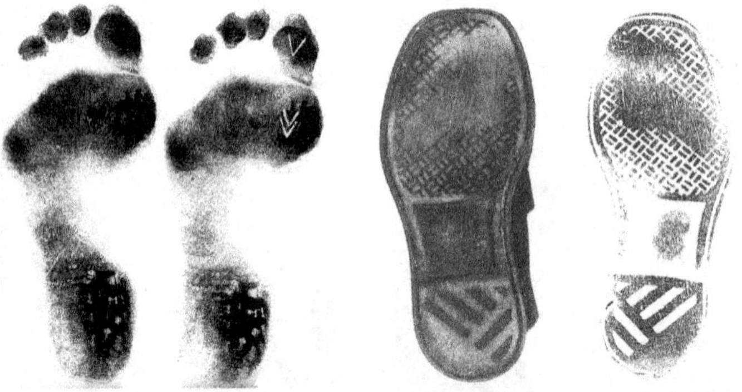

(a)蹬痕反映　　(b)鞋底磨损　(c)鞋底磨损痕迹

图 4-51　蹬痕反映

2. 落足特征

在支撑时期的前踏阶段,足跟与地面接触并向前下方踩踏地面而形成的痕迹,如图 4-52 所示。包括主体痕迹和伴生痕迹。在落足阶段,由于人的个体差异,如年龄、身高、体态、下肢结构、关节的运动幅度等因素,使落足动作有高低之别,如速度的快慢及落足时的部位、方向、力度等,从而在承痕体上形成各种能反映身体结构特点的步态特征,有主要踏痕和伴生痕迹,在伴生痕中有反映身体强壮的积极步态特征和反映身体机能较弱的消极步态特征及病态特征。

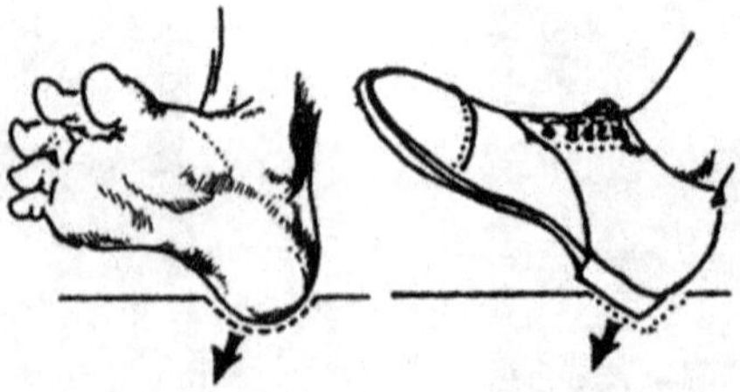

图 4-52　落足动作

踏痕的反映与人的年龄、行走速度、步幅大小、鞋底软硬、承痕体的性质有关。年龄大、落足低、踏痕面积大;小个迈大步踏痕明显;鞋底硬踏痕明显,踏痕如图 4-53 至图

4－54 所示。

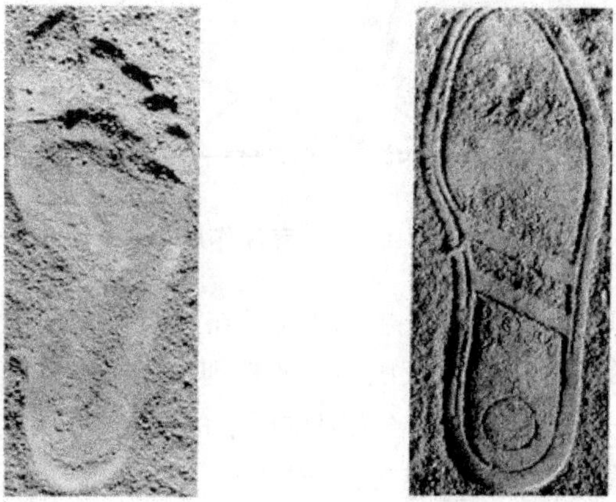

图 4－53　踏痕反映

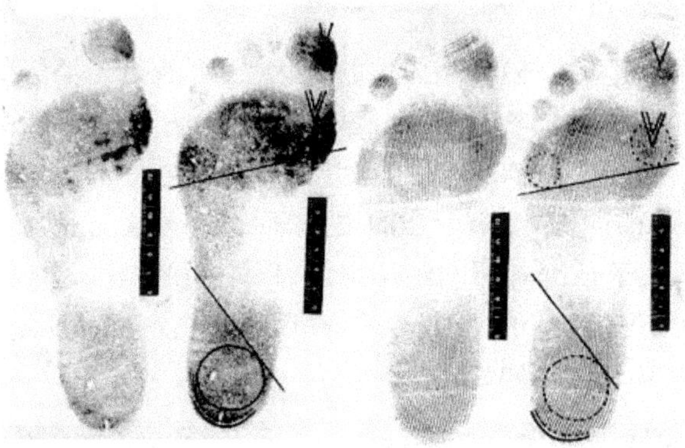

赤足平面足迹　　　　穿袜平面足迹

图 4－54　踏痕反映

3. 垂直支撑特征

在垂直支撑阶段，足底向下挤压地面所形成的特征，如图 4－55 所示。这阶段全足着地，身体重心主要位于足底第一跖趾关节、第五跖趾关节和跟骨结节三点支撑的上方，在这一阶段中，主要出现的特征是压痕和各种支撑伴生痕。

压痕是足底在地面等承痕体上随着行走时身体总重心的上下移动而形成的。其不仅可反映出全足各个部位的形状，还可反映压痕力的方向、大小和作用点，是垂直支撑阶段的主要特征。压痕是随身体总重心的左右移动或受对侧摆动腿的牵制，身体总重心前后和左右移动而形成的。例如，重心前后移动形成坐痕，重心左右移动则形成内迫痕和外迫痕。

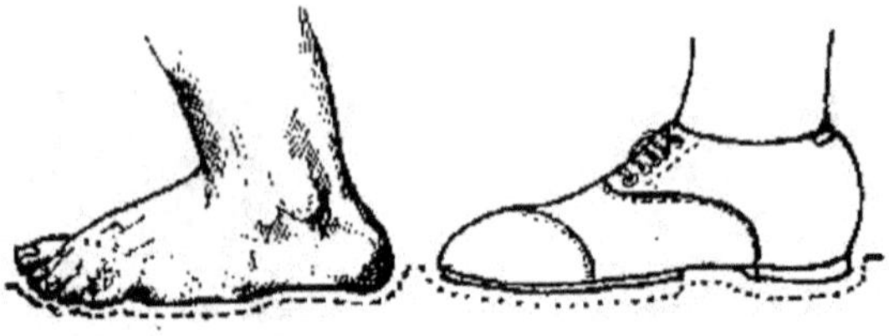

图 4 – 55 支撑作用

压痕是在人行走时,处于垂直支撑阶段的足在重力和肌力的作用下给予地面垂直向下作用时所反映出的痕迹。压痕反映与人的性别、年龄、体态、足型、身高、鞋子种类有密切关系。也就是说,可以通过全足各个部位压痕的大小、形状反映人的体貌特征。因此在足迹检验中,压痕是重要的依据之一,是步态特征的核心。压痕的形态有重压点、重压面、轻压面和接触面,其起止沿的具体量度能直接反映出个人特点。在工作中要深入分析研究压痕形成的特点和在不同条件下变化的规律,以便做到有的放矢,如图 4 – 56 至图 4 – 57 所示。

人在行走运动中,由于人体重心、体位的变化,腿型及行走姿势的影响,形成了轻重不同、方向有别、部位各异、形态多样的压痕特征,根据压痕的平衡关系及重、轻压痕具体的反映部位。每个足迹中都有压痕,根据其出现在足迹中的具体部位可划分为:趾压痕、跖压痕、弓压痕和跟压痕。压痕所在的位置、形态和量度分别反映出力的作用点、方向和大小。观察压痕,要依据各瞬间细微界线,以不同的角度和光线,进行不同距离的观察。其要点是抓住足迹压痕的深度、光度、亮度、湿度、密度、散度、麻沙度、凸度 8 个方面,准确划定轻、重压力面的界限。

图 4 – 56 压痕的反映

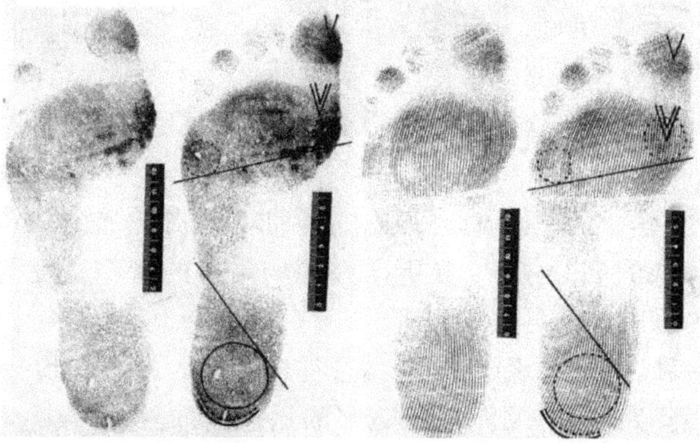

赤足平面足迹　　　　穿袜平面足迹

图4-57 压痕反映

第五节 现场足迹勘验

现场足迹的发现、发现、确定、固定、提取，是现场勘验任务的重要组成部分。因此，现场勘验时，必须以科学严谨的态度，遵守现场勘验程序要求，根据现场的具体情况，抓住重点部位，认真细致地寻找和确定与案件有关的足迹。

一、寻找确定现场足迹

（一）寻找现场足迹的重点部位

根据现场的具体情况，有外围像中心或有中心向外围，由室外到室内，由下而上寻找原则，从杂乱的足迹中查找与案件有关的足迹。从以下部位寻找，并注意边发现变作标记，加强保护，防止破坏。

1. 嫌疑人来去的路线；
2. 现场出入口；
3. 中心现场；
4. 嫌疑人藏身场所；
5. 掩尸藏赃地点。

现场足迹的发现通常是利用自然光或灯光观察，并随现场条件的变化而随时调整光线角度、强弱及观察的位置、角度、距离等，以期达到最佳的观察效果，有条件时也可借助多波段光源、静电吸附器等仪器发现足迹。

(二)确定嫌疑人足迹

勘验现场时所发现的足迹,并非全为嫌疑人的足迹,因此应以案件的实际情况,结合具体案情,进行全面分析研究才可得出正确判断。

1. 根据足迹遗留的位置,分析嫌疑人活动情况,观察足迹所在位置与犯罪活动是否一致。

2. 根据足迹新旧程度,依据当时当地的气候和环境,结合被害人(事主)、发现人、报案人、知情群众所反映的有关情况,分析研究现场足迹的新旧程度与案发时间是否一致,从而判断是否为嫌疑人的足迹。

3. 根据足迹所反映的行走规律,判断是否符合嫌疑人的心理状态和作案手段,如在现场出现大步跑,不择路面,不顾泥泞和障碍的足迹,多是嫌疑人逃离现场时遗留的足迹。

4. 根据足迹与其他痕迹物证的关系和形成足迹的物质进行分析,判断是否为嫌疑人的足迹。发现与现场物质有关的足迹如血足迹,或有面粉、油漆、墨水等附着物质形成的足迹,多数为嫌疑人留下的足迹。

5. 澄清与犯罪无关的足迹,逐个甄别有关人员的足迹,筛选"无主"足迹。

6. 现场勘验时,常常会发现若干起案件的作案目标、作案手段比较一致,此时可根据足迹特征(包括赤足、穿鞋、袜足迹的形象特征及步法特征等)进行综合分析比较,确定这些案件现场足迹是否一致,进而判断是否为嫌疑人的足迹。同时为可否并案侦查提供可靠的依据。

现场勘验时亦应注意下面情况:在犯罪现场上仅仅有事主的足迹或"被害者"的足迹,就应考虑现场是否有伪装或报假案的可能性。

二、现场足迹的提取

经现场勘验确定的嫌疑人遗留足迹或尚未澄清的足迹,无论是否完整、清晰,都必须妥善提取。切忌只提取一两个完整的而不提取残缺的,更不应自认为与案件无关而任意舍弃。通常固定提取足迹采用方法:

(一)照相提取法

拍照现场足迹,是提取和固定足迹证据的重要手段。照相提取能够如实地呈现现场足迹的状态、所在位置、与周围关系等原始状态的有效方法,是所有提取足迹方法中的简单普适的方法。

拍照的要求和步骤如下:保持足迹不变形,必须在足迹弓部内边缘外附近平放比例尺。无论是立体的、平面的,还是单个的、成趟的,都要放置比例尺进行拍照固定提取。

1. 拍照单个足迹

拍照单个足迹,要保持相机镜头光轴正对足迹弓区中部,并与足迹平面垂直,取景范围适中。特别要注意足迹反映出的起落足特征,避免足迹照片模糊、变形、失真。配光时要掌握好光照角度,以在足迹中不发现阴影为原则,使拍照足迹完整,特征真实、清晰。

对于深度较大的立体足迹,由于边缘轮廓与底部花纹有较大的高度差,要两个平面分别调焦进行拍照,即表层、深层各拍一张,以便精确检验。

2. 拍照成趟足迹

对现场上的成趟足迹除应分别进行单个比例拍照外,还必须采取直线连续比例照相方法进行拍照。由于成趟足迹步幅有宽步、拼搭步、窄步类型之分,可按不同步幅类型采取相应的方法拍照。

拍照时皮尺一经摆正之后,切忌移动,以免出现偏差;相机镜头光轴与足迹平面保持垂直;分段连续拍照时,每段之间的距离、曝光的时间等必须做到一致;拍照时应用数字或标记将足迹按顺序标示清楚,以防足迹窜位,最好相邻两张照片取景有所重复,一边呈现成趟足迹拼接保证不是真;放大照片时,每张照片的比例尺应保持一致,以保证制卷时步幅的长、宽、角度与原始状态一致。

(二)实物提取法

为保持足迹的原始状态,有利于分析检验工作,在条件允许的情况下,可提取留有足迹的实物。如足迹遗留在桌、椅、纸张、衣物、床单等轻小的客体上,可经领导批准并征得事主的同意,提取实物。如系贵重物品,需办理提取手续,收据写明确切名称、规格、数量、价值、新旧程度和标志等,用完及时归还原主。

在犯罪现场有时会遇到鞋底上脱落下来的小泥块,以及烟头、纸片等物上留有能反映出鞋底某一局部特征的残缺足迹。对此类局部足迹亦须细心提取。

无论提取何种留有足迹的实物,都必须因地、因物制宜,切实有效的采取妥善措施,精心包装,严防碰撞、揉搓,避免损坏足迹特征。

(三)石膏制模提取法

立体足迹除须拍照提取之外,还应制作足迹模型。制作足迹模型通常以石膏粉灌制。这是因为立体的三维形象特征在目前普通光学相机拍照难以达到三维立体信息的完整性。以石膏粉制模提取的足迹,反映的特征清晰,检验方便,方法简单,成本低。现介绍石膏制模方法及注意事项。

1. 制模前的准备工作

用泥土或制作一个可调的围带,在待提取的足迹周围堆起 3 ~ 5cm 高的围墙,以防止灌注石膏液时外溢。做围墙时须注意不可破坏足迹形态,特别是起落足的延伸部位的痕迹也应在围墙之内。

清理足迹形成后滚入或掉落的土块、沙石粒、树叶、草叶、纸屑等,以及降落或渗入的雨水,在不损坏足迹特征的前提下,可分别用镊子、洗耳球、粘性软物质或吸水纸等,小心地将杂物取出，将水吸尽。

做石膏模型所需物品有：石膏粉、清水、广口容器、标签以及做骨架用的干树枝、铁丝、竹条等，其长度不能超过足迹的长度。

2. 调制石膏液

先将清水按所需数量盛在脸盆或其他广口容器内，放在所需制模足迹附近，用手调制石膏液。一手将石膏粉均匀地撒入水中，另一手用木片等工具顺容器底匀速搅拌，尽量不搅出气泡。调制时间应尽量缩短。石膏与水（重量）的比例为5∶3。

灌注时应先从足迹最低处的边沿，紧贴地面将调好的石膏液缓慢倒入，让其自流，随着液面增大，自然地灌满整个足迹的表面，当足迹最高处厚度为1cm时，将备用标签绳套在骨架上，平稳地放在上面，让它固定下来，然后继续灌制石膏液，倾倒时不要让骨架浮起，要让其紧贴于第一层表面上。这时石膏液可稍浓一点，但不能超过自流状态。

3. 模型的处理

灌制半小时后，石膏即可凝固，为判断是否凝固，可用食指在模型表面按压一下，如不向外渗水，表明已经凝固，即可取模。取时，先将围墙除去，再将模型周围土挖松掏开，双手平均向内用力搬动，小心将模型捧托取出，细心地将沾附泥土除掉，但不能用指甲或其他硬物去挖。

待模型稍干后，用清水冲洗，切忌用刷子刷洗，更不能用指甲或其他硬物刮洗，不能将模型底部表层洗白，一点反差也没有，要保持承受客体的色调，使足迹特征不被破坏。

冲洗后的模型应放在通风处晾干，不可用高温烘干，否则易碎。晾干后要妥善加以保存，严防碰撞、摩擦，避免造成断裂、破碎，损坏特征。在运送时必须用木箱、棉絮妥善包装。

（四）复印提取法

对于平面的足迹可采用复印的方法提取，常有的复印法有静电复印法、胶带沾附法。

1. 静电复印法

对遗留在水泥地面、水磨石地面、地板、地砖、地毯、纺织品等物体表面上的粉尘足迹（加、减层），可用静电复印法提取。

目前，国内生产的高压静电足迹提取仪有多种，效果良好。有适用平板电极的、适用滚动电极的、提取平面的、提取凹凸不平客体的，输出电压为8～30kv，其中还有输出电压可调的，以适应不同客体，可根据实况选用。

将塑料薄膜包在25×30cm的薄金属板上，塑料膜面朝下，金属板朝上，并接静电发生器高压输出端，金属板均匀带电使塑料膜与客体形成高压电场吸附灰尘足迹。为增强效果可用胶滚滚压金属板。现在广泛使用的是在塑料薄膜上镀一层金属薄膜来代替塑料膜包金属板的，效果亦很好。

用静电复印法提取足迹时应注意：只能在干燥绝缘的承受客体上使用，用后及时放电；保持板、膜与承痕客体贴实，不能窜动，提取后及时拍照、固定并分层保管。

2. 胶带粘附法

用较宽的指纹胶带纸粘附清晰的粉尘平面足迹或经过粉末刷显后的汗液足迹及经过染色固定的平面足迹等。将胶带纸从足迹的一端粘住，然后向另一端依次按压平整，注意不可形成气泡和褶皱。

三、样本足迹的搜集

足迹样本可分为自然样本、实验样本和捺印样本三种。捺印足迹样本的基本要求是：清晰、完整、不变形。应根据现场足迹反映的实际情况进行捺印。如果现场足迹为平面赤足足迹或穿鞋足迹，则要用赤足或穿图痕的鞋进行捺印，并按现场反映出的左足或右足的要求进行。

按照现场足迹反映的实际，是站立留的就以站立的方式捺印，若是走动时留的，就以走动的方式捺印。

被捺印人是赤足或鞋底上有污垢时，要用水洗净，擦干后再捺；油墨要调均匀；捺过一次不能再重复蘸取油墨，必须重新滚涂油墨后再蘸取捺印；对鞋底上填塞的异物，不可轻易排除，否则会干扰检验。

此外，如果鞋底较硬，在调墨箱（板）上不便蘸取油墨时，可用油墨滚直接在鞋底上推滚，均匀地将油餐粘附在鞋底上，然后再按上述方法捺印即可。

四、现场足迹的记录

现场足迹的记录包括笔录、示意图和照片形式反映现场足迹和犯罪活动情况。

（一）笔录

用文字形式记录现场足迹和犯罪活动情况，反映追踪过程及其所见。

（二）示意图

足迹形象特征示意图：描绘足迹的种类、形态结构、长短和宽窄、花纹图案，特别是足迹中反映出的特定特征的具体形态、位置、数量及其相互关系。

（三）照片

反映现场足迹与周围物体的关系，以及与犯罪活动的关系。

五、寻迹追踪

足迹追踪是利用犯罪现场中案犯遗留下来的足迹沿其来去现场的路线，进行追踪的一项专门技术。在现场勘查中，当确定了嫌疑人足迹后，对有追踪条件的地区或案件,应及时对嫌疑人的足迹进行具体分析,确定案犯的性别、身高、年龄、行走姿势等个人突出特点,并结合调查访问的情况,综合利用案犯活动引起的自然环境物质变迁迹象,现场勘验的同时,组织适当力量,对发案时间不久,案犯足迹保留较好,尚未遭到破坏,可能案犯逃离不远,或赃物还未转移等有利时机和条件,及时进行追踪。

第六节 足迹鉴定

足迹鉴定是指采用形态特征比较的方法,确定现场足迹与样本足迹是否为同一鞋、袜或人所留的技术活动,其足迹鉴定的主要任务是解决鞋、袜和人身的同一认定问题,其鉴定意见是诉讼的证据之一。

一、受理鉴定

(一)了解案情

鉴定人员首先要了解委托鉴定的性质;其次了解案件性质、发案时间、发案地点,以及现场勘查和现场保护的情况。

(二)了解现场足迹

鉴定人员深入现场调查研究,了解现场足迹的种类、现场足迹的方位、足迹的形成条件、发案时的气候条件,同时了解现场足迹与其他痕迹的关系以及处理、保管、运送现场足迹的方法。

(三)明确送检目的、要求

鉴定人员向送检人了解送检目的、要求。如果送检单位或送检人不知道根据所送足迹能作何种鉴定时,应根据案情、现场足迹的具体情况等,提出力所能及的、客观的检验目的和要求。如果送检人不明确现场足迹是否具有鉴定价值,可根据现场足迹的具体反映,作出是否有鉴定价值的建议,并协助明确鉴定目的和要求。如果送检要求是复核鉴定,必须了解原鉴定机关或人员的鉴定过程及所依据的特征和鉴定意见。复核人必须坚持实事求是的原则,排除原鉴定意见的干扰,做到客观检验。

(四)了解样本足迹及嫌疑人的情况

为了掌握样本足迹相对现场足迹的变化,确定现场足迹和样本足迹的可比性,必须了解嫌疑人及其样本足迹,包括获取样本足迹的时间、方法、样本足迹的提取方法以及处理、保管、运送的方法、嫌疑人在案发前后的健康情况及嫌疑鞋袜在案发后继续穿用和修补的情况,并在搜取样本足迹时,了解嫌疑人有无伪装、不配合的情况。

(五)办理受理鉴定手续

1. 审查足迹鉴定委托书。

2. 清点、核对、登记检材和样本的名称、数量,并对检材和样本做处理。

3. 检查检材和样本是否符合鉴定目的和要求所规定的条件，是否需要补充材料。

4. 填写受理鉴定登记表，对检材和样本的转移情况进行登记和双方确认。约定检材和样本在鉴定完毕后的处理方式，约定鉴定书发文时间。

（六）鉴定准备

鉴定机构鉴定人员按程序受理鉴定事项，按照痕迹鉴定的要求，要明确鉴定要求，组织鉴定人员，作出鉴定计划，准备试验场地、实验器材，确定鉴定方法。

准备鉴定所需用品及器材包括准备直尺、量角器、分规、铅笔、彩笔等测量、绘图工具；准备光源、滤色片、偏振片等观测用品；准备捺印箱、石膏粉、静电提取仪、容器等提取足迹的用品；准备网格透明片、普通透明片玻璃板等复印标画用品；使各种足迹检验计算机软件处于工作状态。

（七）需要制作样本的，根据对样本的审查结果和对鉴定要求的分析，制订样本制作计划

二、初步检验

（一）对现场足迹进行初步检验

对现场足迹初步检验的主要内容有：确定足迹的种类，确定足迹是足或鞋袜的哪个部位遗留，确定足迹有无变化及如何变化，观测、确定足迹的种类特征。

1. 确定足迹的种类

确定足迹的种类，是要确定足迹是赤足足迹还是穿鞋、穿袜足迹，是何种鞋、袜形成的，是立体的还是平面的，是加层的还是减层的。分清足迹种类，有利于根据不同足迹的反映形态有的放矢地寻找、确定特征，有利于模拟现场条件制作样本足迹及分析、评断符合点和差异点。

2. 确定遗留足迹的部位

确定遗留足迹的部位，就是确定足迹是造痕客体哪一部位所形成。它有利于在足迹的相应部位上寻找、发现和确定特征。否则，将左右不分、上下不分，使检验工作陷入困境。

3. 判断足迹的变化

现场足迹是在复杂条件下形成的，必然存在许多变化。正确判断足迹的变化，有利于根据变化的规律寻找和比对特征，并对由此而产生的差异或符合点给予正确的解释。现场常见重叠足迹、变形足迹，这样的足迹有的花纹改变，有的局部边缘形态改变，有的长度产生变化，甚至有些足迹是经过伪装的，或是由于负重、行走速度变化等特征发生大幅度的改变。在检验中必须从细节反映中找出足迹变化的依据，揭示足迹的本来面目。

4. 观测、确定足迹的种类特征

在检验中，要根据现场足迹的具体情况，确定所需观测和确定的足迹种类特征，并按照从整体到局部的顺序对特征加以观测、确定。

（二）对样本足迹进行初步检验

对样本足迹初步检验，原则上可以分别采用对现场足迹检验的方法，但必须注意通过密取所获得的样本足迹的部位是否与现场足迹相对应，形成条件是否相近，鞋底花纹类型和乳突花纹类型是否一致，是否有比对条件，是否需要补充或重新密取等。公开提取的样本是否捺印完全、清晰，有无嫌疑人伪装的现象，与现场足迹种类和鞋底花纹类型是否一致，是否需要补充提取或重新提取。

对样本足迹检验时，除观察足迹外，最好还要直接观察嫌疑人的鞋、袜等实物以及嫌疑人的行走姿势和成趟足迹，有利于正确确定特征，有利于判别嫌疑人的动作与形成现场足迹的动作是否相同。在搜取样本足迹时，必须创造与现场足迹的形成条件十分接近的条件，以减少差异点的出现。

对于初步检验中所观测、确定的现场足迹和样本足迹的种类特征加以初步比对。如果种类明显不符合，又不可解释，则可以下否定意见，结束检验。如果种类特征基本相符合，则必须在此基础上进行深入检验，寻找、确定现场足迹和样本足迹的个别特征，使鉴定工作顺利进行。

三、深入检验

深入检验是初步检验的继续，是整个足迹鉴定工作的重要环节。其任务是寻找、发现、确定个别特征，为同一认定提供根据。因此，深入检验的质量直接关系到下一步检验工作的成败。现场足迹多为模糊变形、残缺不全的足迹，寻找、确定个别特征相对比较困难。为此，深入检验是一项复杂、细致的工作。检验人员一定要认真细致、实事求是地寻找特征，切不可草率行事或畏难而退。

深入检验的次序仍然是先检验现场足迹，后检验样本足迹。但是，现场足迹的特征多反映模糊、变形或者似是而非。因此，必要时可以相互对照，对一些疑似特征加以核实，但绝不能以样本足迹特征为基础寻找现场足迹特征。

四、综合评断作出鉴定意见

经历了分别检验、比较检验这些逐步深化的感性认识阶段后，检验人员对现场足迹和样本足迹各自特征的方位、形态、分布、相互关系以及二者的特征之间的符合点和差异点，有了丰富且较深刻的感性认识。但是，认识尚未完结，检验人员最重要的任务是将感性认识上升为理性认识，即认清现场足迹和样本足迹的符合点是主要的还是差异点是主要的。再经过推理判断，得出二者各自特征所构成的特定性是否同一，即现场足迹是否为嫌疑人或其鞋袜所留的意见。

为了实现这一认识上的飞跃，完成对现场足迹和样本足迹的内在本质的客观认识，就必须将丰富的感性认识去粗取精、去伪存真、由此及彼、由表及里,透过现象抓住本质。因此,分析差异点和符合点的来源、性质,并用科学实验加以证实,明确特征的质量与数量的关系,是作出科学的同一认定意见的根本途径。

经比较现场足迹和样本足迹的特征,必然出现两种情况,即特征符合和特征差异。符合和差异的共存构成了矛盾,这一矛盾运动成为认识现场足迹和样本足迹内在联系的基础。符合和差异是矛盾的两方面,其中一方必然是矛盾的主要方面,另一方是矛盾的次要方面。因为事物的性质主要是由取得支配地位的矛盾的主要方面所决定的,所以检验人员要用分析的方法,确定矛盾的主要方面和次要方面,即符合是主要方面,还是差异足主要方面。如果符合是主要方面,则差异是次要方面,为认定同一的意见提供了依据;如果差异是主要方面,则符合是次要方面,就为否定同一的意见提供了依据。可见,符合和差异的主次地位的确定是至关重要的,是综合评断的主要任务。但这并非轻而易举的,必须对差异点和符合点的来源进行认真的分析,必须进行科学实验加以验证,必须解决质与量的关系问题。

五、制作足迹鉴定书

对于认定意见、复核鉴定的否定意见和司法应用所需要明确否定意见的,出具鉴定书;对于一般否定意见,只写检验意见书或以公函答复。

(一)制作足迹鉴定书的原则和要求

1. 基本原则

制作足迹鉴定书必须坚持的基本原则是客观性、相关性、全面性、科学性。足迹鉴定书上所记录的内容,必须是客观存在的并与案件关联。检验人员必须全面检验现场足迹和样本足迹,不可只对自以为条件好的部分足迹进行检验,而对其他检材置之不理。同样,检验人员必须在鉴定书中对全面检验所见加以详细的描述和记录。

足迹鉴定书应反映出检验人员在整个检验过程中,确实运用了现有科学技术方法和手段,并以自己的专业知识,对观察到的事实所做的分析、评断和意见是符合科学理论、准确可靠、令人信服的。

2. 具体要求

(1)逻辑严谨,层次分明;

(2)语言客观、恰当、准确、简练;

(3)有理有据,全面论证;

(4)形象直观;

(5)整洁规范。

(二)足迹鉴定书的组成

鉴定书正文仅是鉴定材料的一部分。从现场勘查发现提取足迹开始,到鉴定结束,出具鉴定书,要有严谨的控制体系保证证据链条的真实、客观有效,并通过完整的控制材料得以体现。常见的控制体系,应有对从委托、受理鉴定到对痕迹的检验、鉴定书的审批控制等环节的有效监控,才能让鉴定意见发挥最大的作用。

足迹鉴定书应由文字和照片两部分组成。二者互相印证,互相补充,缺一不可。

第七节 足迹分析

足迹分析是指运用足迹学的基本知识,基于现场足迹特征,结合案件环境,作出遗留足迹鞋种、嫌疑人自然条件以及案件性质、作案时间、作案人数、作案过程等分析判断的检验活动。现场足迹蕴含着丰富的信息,正确认知和利用足迹特征,通过对现场足迹的分析,可以划定侦查范围,确定侦查重点,为侦查提供线索。

一、足迹分析的内容

根据现场足迹的种类、数量、反映条件等情况不同,足迹分析可分为分析造痕鞋和袜种类、分析犯罪嫌疑人人身特点和分析犯罪嫌疑人所从事的特殊职业、案件性质、案件要件等。

主要包括:

1. 分析造痕鞋、袜种类。造痕鞋的种类、样式、生产厂家、销售范围、价格等信息能够在一定程度上反映出穿用人的经济条件、社会生活背景,也有利于准确分析穿用人的人身特点。

2. 分析犯罪嫌疑人人身特点。利用现场足迹分析犯罪嫌疑人的性别、身高、体态、年龄、行走姿势等,即通过步态特征分析、刻画犯罪嫌疑人,为侦查提供有效线索,这在足迹检验中应用得最多、最广泛。

3. 分析犯罪嫌疑人所从事的特殊职业。在某些条件下,现场足迹反映出具有职业特点的特种鞋的印痕,或具有职业特点的特殊步态造成的特定磨损形态。

4. 分析事件或案件性质。

5. 分析作案条件,如作案时间、作案地点、作案人数、作案过程(出入口、来去路线、现场活动)等。

6. 为串并案件提供线索。

二、足迹分析的步骤

不同案件现场足迹复杂多变、形态各异,足迹分析内容不尽相同,必须坚持实事求是和联系实际的原则,细致观察,精确测量,分类比较,综合分析,人工分析为主,软件分析为辅加以分析。

第一步:了解案情,明确任务。

足迹分析不能脱离案件和现场。全面了解足迹与案件现场环境、现场物品及其他痕迹物证之间的关系,掌握足迹在现场的分布与形成情况、显现提取方法以及保存、运输方式等,有助于重现犯罪嫌疑人在现场的活动,正确认识足迹特征,为进一步分析做好准备。

第二步:根据足迹特征,选择分析方法。

足迹分析的内容丰富,分析所依据的特征种类繁多,特别是分析犯罪嫌疑人人身特点。足迹分析中应根据足迹的特征反映情况,选择相应的分析公式和方法。

第三步:结合案情,科学的分析。

足迹分析以足迹检验的理论和方法为基础,以足迹特征为依据,更依赖于检验人员的技术水平,是主观经验与客观事实综合的结果。因此,足迹分析作为侦查工作的重要手段,对其结果应科学表述、灵活运用。

三、分析鞋子种类

利用足迹反映出的鞋底原材料和加工工艺等特点,以及鞋底各部位的长度、形状、穿用、修补特征等情况,逐类对照排比,剔除无关因素,作出具体分析。分析鞋子种类式样,一般可按以下几种鞋子进行分析:

(一)塑料鞋

塑料鞋主要是指塑料凉鞋和拖鞋,不包括用塑料底做的布鞋等。按其原料特性可具体分为硬塑料鞋和软塑料鞋。

硬塑料鞋的制作方法多为注塑成型,多为全塑料凉鞋或革绊带塑料底凉鞋,还有部分是塑料拖鞋。底面凹凸花纹较宽、深,掌部花纹流向多呈横斜向,底腰部有"支撑梁",一般是两条平行凸起纹,跟部呈空穴,或呈"田"字形;周边有凸起纹封口或双边,底前端缘较圆或近似方形;花纹边缘棱角分明;宽花纹面上常有细纹,多呈曲线形。痕迹反映一般很清晰。

软塑料鞋成型工艺多为压延冲切。常见的有装绊带凉鞋和拖鞋。多数为平底或坡跟底,尤其坡跟泡沫塑料凉鞋、拖鞋更多见。只有少数软塑料鞋有微跟或中跟。花纹较宽,多为直条纹或波浪纹,横截面呈梯形,周边花纹不封口、亦不对称。少数软塑料鞋也有注塑成型的,其特点是花纹细窄,周边封口。中部常有注塑孔痕,跟后端和掌尖前端常有排气孔痕。

(二)胶鞋

胶鞋主要包括运动鞋、解放鞋、雨鞋等。因胶料质地柔软,易于成型,可以根据鞋的不同功能和用途以及厂家设备,采用冲切成型工艺,也可采用模压成型工艺。胶鞋底花纹边缘均较光滑。胶鞋花纹种类繁多,既有横纵搭配的,也有各个点块独立的。

（三）布鞋

布鞋包括塑料底布鞋、粘胶底布鞋、皮底布鞋和布底布鞋等。

塑料底布鞋，按其生产工艺可分为：明绱塑料底布鞋和注塑成型塑料底布鞋两种。前者其底为注塑塑料底，配上布帮，绱线明露压线槽内，此类鞋较常见；后者注塑成型无线槽。

粘胶底布鞋是在布底胚表面粘贴一层有花纹的胶底片所制成。粘胶底布鞋有军用和民用之分。其花纹有波形、线形等。

布底布鞋大底上有凹凸不平的针脚、布纹等工艺和原料。底边周围有裁切的纤维毛边或包边底的沿条布接头等特征。

皮底布鞋掌部基本无花纹和针脚、钉帽等特征，后跟一般有针脚、钉帽等特征。鞋底棱边往往不够圆滑。

（四）皮鞋

皮鞋主要分为胶底皮鞋和皮底皮鞋两种。

胶底皮鞋的生产和销售量最大，底部花纹种类繁多，尤其是中低跟皮鞋底的花纹较为繁杂，高跟鞋胶底花纹则相对细小。从整体看，前掌周边多有较宽边埂，边埂宽一般为10mm左右，掌中部有相对规范的、对称的花纹。中腰则无花纹，往往只有商标。前掌、中腰周边有线槽或绱线针脚，在弓中部往往能反映“铁钩心”稍凸的形态与位置。后跟周边常有钉孔。

皮底皮鞋多数是手工和半手工缝绱成型。也有胶粘或钉钉成型的。皮底用革主要分天然革和合成革两大类。皮底有全皮底和皮前掌胶后跟两大类。全皮底除毛孔、皱褶外，周边还有绱线针脚或间距不等的钉帽、马蹄形铁掌等。皮掌胶跟底的前掌一般均与全皮底具有的特征相类似。

四、分析人身特点

足迹学中人身特点是指身高、体态、性别、年龄等。人体结构在长期进化不尽具有有机配合、协调联动，而且各个器官比例稳定，以适应不同功能的发挥。利用现场足迹所反映出的步态特征和步幅特征，并结合赤足或鞋的外部结构形态特征，推断遗留足迹人的人身特点，在公安、司法实践中具有重要意义。

（一）推算身高

利用鞋号推算身高利用足迹分析身高的主要依据是足长与身高的比例关系。其具体方法分为利用赤足足迹分析和利用穿鞋足迹分析身高两种。

1. 根据赤足足迹特征推算身高

(1) 平面赤足足迹

设平面赤足足迹的全长为X厘米，身高为H，则计算公式如下：

$$H = X\text{厘米} \times 7$$

(2)立体赤足足迹

赤足立体足迹比赤足平面足迹长约0.5cm,测量赤足立体足迹全长后应先减去这一差值再计算。

$$\text{身高}(H) = (\text{足迹长} - \text{立体与平面之差}) \times 7$$

2.根据穿鞋足迹推算身高

首先测量出现场穿鞋足迹的全长,其次按鞋类特点,较准确的减去一定的系数,求出赤足足迹的近似值,然后酌情用以上两公式计算出身高。

不同种类的鞋所减去的系数各不相同。常见鞋种的系数分别为:线绱底单皮鞋减去3~4cm,线绱底棉皮鞋减去4~6cm;模压底单皮鞋减去2~3厘米,模压底棉皮鞋减去3~4cm;雨鞋减去2.5~3.5cm;塑料底布鞋减去2~3cm;解放鞋(网球鞋)减去2.5cm。但女式模压鞋和半高跟鞋的底面痕迹,往往等于内底长,甚至小于内底长。因此,不但不减,反而还要根据鞋跟痕迹的大小加上适当的数值,才等于赤足长度。

利用鞋号分析身高,首先必须准确判断鞋种以及帮底关系,才可运用以上公式推算身高。但是宽足穿中型鞋的足迹按上述比例减基不同鞋底与鞋号间的常数就不能接近足底长了,因此,还必须具体情况具体对待。

3.根据步幅推断身高

根据单步长度大小的经验公式,可推算遗留足迹人身高。

(1)175cm以上高个人的足迹:

$$\text{身高} = \text{单步长} + 1/3\ \text{足迹长}$$

(2)165~175cm中等个人的足:

$$\text{身高} = \text{单步长} + 1/2\ \text{足迹长}$$

(3)165cm以下小个人的足迹:

$$\text{身高} = \text{单步长} + 2/3\ \text{足迹长}$$

(二)分析年龄

人体在生命的发育、成熟、衰老各个阶段,其运动机能,随年龄增长不断发生变化,由于这种变化,致使人体行走运动的步法特征也发生变化,这就为利用这种变化的规律,分析留痕人员的年龄提供了客观条件。

20岁左右的人留下的足迹,其踏痕由落足点至跟前外侧的距离,亦可视为半径(下同),其长度应为2cm左右,跟压痕为小圆形,直径在4cm左右;跖内、外侧压痕亦均为小圆形,直径约为2cm;拇趾压痕为圆形,其他四趾均为锥圆形;跖蹬痕和趾蹬痕的特点,分别在第一跖趾关节和拇趾前端,跖蹬痕受力面积纵向长度为4cm左右。综上所述,分别以踏痕半径长度乘以10,以后跟压痕直径和跖、趾蹬痕受力圆直径乘以5,均可得出近似年龄数。

25岁左右的人留下的足迹，其踏痕由落足点至跟前外侧的距离，其长度应为2.5cm左右；跟压痕为大圆形，直径约为5cm；拇趾压痕和二趾压痕均为圆形，其他二趾均为锥圆形，跖蹬痕和趾蹬痕的重点，分别在第一趾关节与第二趾关节之间和拇趾与二趾之间前端，跖蹬痕受力面积纵长约为5cm。综上所述，亦可参照前面方法，求出近似年龄。

30岁左右的人留下的足迹的踏痕，其落足点至跟前外侧的距离，其长度应为3cm左右，跟压痕为椭圆形，最长直径在6cm左右；拇趾压痕为椭圆形，第二趾为圆形，其他三趾均为锥圆形；跖蹬痕和趾蹬痕的重点，分别在第二跖趾关节前端，跖蹬痕受力面积纵长为6cm左右。也可用上述公式求得近似年龄数。

40岁左右的人留下的足迹，其踏痕由落足点至跟前外侧的距离，其长度应为4cm左右；跟压痕为卵圆形，最长直径在8cm左右；拇趾压痕为卵圆形，二趾呈椭圆形，三趾呈圆形，四趾、五趾呈锥圆形；跖蹬痕和趾蹬痕的重点分别在第三跖趾关节和第三趾前端，跖蹬痕受力面积纵长约为8cm。用上述公式也可求得年龄近似数。同时，跟压痕前端与第五跖压痕后部在足弓外侧正好接触。

50岁左右的人留下的足迹，其踏痕由落足点至跟前外侧的距离约为5cm；跟压痕为卵圆形，最长直径在10cm左右，拇趾压痕略呈三角形，二趾压痕呈卵圆形，三趾为椭圆形，四趾为圆形，五趾为锥圆形；跖蹬痕和趾蹬痕的重点，分别在第四跖趾关节和第四趾前端，跖蹬痕受力面积纵长在10cm左右。

（三）分析体态

人的体态一般可分为胖、中、瘦三种类型，因胖瘦不同，体重不一，行走时自然影响运步的灵活程度，反映出的步法特征也有区别，以男性壮年为例：

1. 胖人：脂肪多（足弓部位也多），足弓则较低，身体重，运步迟缓，下肢运动方式既旋外又外展。所以，其步幅特征为：步幅较宽，步长较短，步角大。步态特征为：后跟压痕稍重，脚弓压痕较宽前掌压痕较轻，压力面较宽而且丰满，足迹边缘明显完整；立体足迹则相对较深，常有擦、挑痕，蹬、挖痕则少见。

2. 瘦人：运步灵活，足弓略高，其步幅特征为：步长较长，步宽较窄，步角较大。步态特征为：足迹偏窄而浅，压力不均匀，重压部位明显，足迹边缘不完整，踏、挖痕较明显。

（四）分析性别

分析性别主要根据男女身体结构、生理机能及行走习惯上的不同，找出其在足迹上所反映出的不同形象特征和步法特征。

1. 男女在生理结构上的不同：男性体重大，身体重心较高，肌肉力量较强；而女性则体重轻，身体重心较低，肌肉力量较弱。

2. 男女足迹特征不同

形象特征的差异：男性赤足长、宽、足弓高，鞋底各部花纹较粗大、深，鞋跟大而相对低；女性赤足短、窄、足弓低，鞋底花纹较细浅，鞋跟小而高。

步法特征的差异：男性起落足有力，蹬、踏、压痕反映的明显，压力不均匀，步幅较长，步宽窄，步角大；女性压力均匀，步长短，步宽较宽，步角较小，多是正起足或偏外起足。分析性别时还应注意结合鞋的式样及男女混穿鞋的现象。

（五）分析职业

通过足迹反映出的步法特征来分析人的职业，当前还是较难的课题。通过足迹的步法特征、形象特征，附着物特征等有可能为分析特殊职业提供帮助。

牧民：由于经常骑马，并习惯于屈膝盘坐，多中罗圈腿，而且步宽较大，脚跟后压重，还多形成内收步。

推车工人：职业性推车工人，由于长年推车，多形成大外展分跟步。

运动员：职业运动员（球类或田径）由于选拔和长期训练，体质较好，个高、不胖，弹跳力强，走路一般多直行步或小外展步，足迹中出现抠、挖、蹬痕，偏外压重。

农村打铁工人：所穿胶鞋或塑料鞋底上常有烫伤，有时足迹中可反映出来。

其他职业的人，可根据当地情况，多观察职业特点，作具体分析。

思　考　题

1. 如何区别赤足足迹中的个别特征和种类特征？
2. 鞋底原料及生产工艺特征有哪些表现？
3. 冲切底与模压底的鞋底花纹结构形态特征有哪些区别？
4. 如何区别穿鞋足迹中的种类特征和个别特征？
5. 穿袜足迹特征与赤足足迹特征有哪些不同？
6. 如何拍照单个足迹？
7. 常用复印平面足迹的方法有哪些，应注意什么？
8. 制模提取立体足迹的程序是什么，应注意什么？
9. 什么是步态特征，它包括哪些内容？
10. 能够引起步法特征发生变化的因素有哪些？
11. 如何做好足迹追踪的准备工作？

第五章　工具痕迹鉴定

第一节　工具痕迹概述

一、工具

（一）工具的定义

从广义上讲，人类认识和改造自然所使用的一切物体均可称为工具。在人类进化的历史长河中，为了认识自然、适应自然、改造自然所使用的工具，其种类、结构和功能多种多样，千变万化。在公共安全领域和司法活动中所指工具一般而言均为涉案工具或作案工具（犯罪工具）。在通常情况下，因工具与其他客体接触相互作用中属于主动作用客体，因此称其造痕客体，而相对被作用客体称为承受客体。

（二）工具的种类

因日常工作和生活中所使用的工具种类繁多，结构功能各异，组成成分不相同，大致可分为如下几种：

1. 按照工具用途可分为一般工具、专用工具和代用工具三种：

（1）一般工具，包括制式（国标产品）和非制式（自制），如金属、木质、合成物、橡胶类以及组合类等；

（2）专用工具，包括行业特殊需要制作的工具，如检修工具、开启工具等；

（3）代用工具，包括各种用以替代工具使用的器具、物体、生活、生产用具等。

2. 按照工具结构功能可分为如下五种：

（1）剪切工具，主要有各种钳具、剪具和组合功能的剪切工具；

（2）切削工具，包括各种刀具、锯锉钻等；

(3)扭转工具,包括各种杆状、旋转器具;

(4)拉伸压缩工具,包括各种拉伸工具、压缩工具;

(5)复合工具,包括多种复合功能的工具。

3. 按照工具组成成分可分为三种:

(1)金属工具,包括金属材料制作的工具;

(2)木质工具,包括木质材料制作的工具;

(3)其他工具,包括各种材料复合、组合的工具。

二、工具痕迹

(一)工具痕迹的定义

工具与客体相互作用时,在两者接触部位形成的形变称为工具痕迹。工具痕迹是痕迹承受客体在工具接触部位发生的形变反映,这种形变与作用在该客体上的外力大小、方向以及客体材料的组成、结构、特性密切相关。

(二)工具痕迹的种类

由于各种工具的结构、功能不同,工具痕迹的形态反映千变万化。根据工具痕迹形成过程和形态等反映,将其分类为如下三种:

1. 线形(条)痕迹和凹形(陷)痕迹

根据痕迹形态反映分为线形(条)痕迹和凹形(陷)痕迹。工具与客体接触部位明显相对运动所形成的擦划痕迹称为线形痕迹;工具与客体接触部位未明显相对运动而印压所形成的痕迹称为凹形痕迹。

2. 动态痕迹和静态痕迹

根据造痕体和承痕体在痕迹形成过程的相对运动关系,可分为动态痕迹和静态痕迹。

3. 撬压痕迹、打击痕迹、剪切痕迹、刺切痕迹和割削痕迹

按造痕体作用于承痕体的动作方式可分为撬压痕迹、打击痕迹、剪切痕迹、刺切痕迹和割削痕迹。

(三)工具痕迹的特点

对各类案件现场出现的工具痕迹特点归纳起来主要有以下几点:

1. 多发性

工具痕迹在各类案件现场上的出现率比较高。据统计,70%以上的刑事案件现场均与工具痕迹有关。因此,在侦破工作中,注意发现和利用工具痕迹,充分发挥其在侦查工作中的作用十分重要。

2. 多变性

一件工具可发挥多种功效,因此可以形成多种痕迹。例如,一把钢丝钳既可以用它

来剪切电线,形成钳剪痕迹;也可以用它来撬门压锁,形成撬压痕迹;还可以用它打击物体,形成打击痕迹。在撬压、打击时有可能因划动而形成擦划痕迹。同一个工具、同一个部位,与客体接触的方位不同,可以形成多种形状、多种变化的痕迹。工具痕迹的这种多变性,决定了检验工具痕迹有一定的难度和复杂性,在实践中应予以重视。

3. 宏观立体性

多数情况下出现的现场工具痕迹以立体形态反映的。所谓宏观立体形状是指痕迹大小尺寸具有长度、宽宽和高度三维空间结构。这种立体性特点为我们寻找和发现现场痕迹,在客观上提供了方便条件。宏观立体性表明,工具痕迹立体结构,可以进行立体观测。在鉴定过程中,不但要看痕迹的表面,而且要观察痕迹的底部和侧面;既要纵向观察,也要横向观察;既要观测痕迹的周边轮廓,也要分析痕迹中不同部位的形态反映及材料特性,只有将形态和材料特性全面分析研究,才能搞好工具痕迹鉴定工作。

4. 附着物多

工具与客体相互接触作用的方式决定了在接触部位必然物质转移或附着。勘查与鉴定现场工具痕迹时,经常遇到在痕迹或痕迹周围,沾附着某种转移物质。这种转移物质或者是工具上的物质或者是其他客体上的物质在相互作用过程中转移、附着在另一客体上。通过检验这类物质,可为分析案情与鉴定工具痕迹提供依据。

三、工具痕迹检验鉴定

(一)目的与内容

工具痕迹鉴定的目的是利用现场工具痕迹形态特征,推断工具种类,认定作案工具,为侦查提供依据,为诉讼提供证据,其主要内容为推断工具种类,认定作案工具;分析工具痕迹形成机理,确定案件性质,揭露伪造现场;观测痕迹形态特征,为串并案件侦查提供依据;研究持械破坏行为技巧特点,刻画犯罪嫌疑人某些职业特点。

(二)工具痕迹鉴定的任务

1. 研究工具(造痕体)与客体(承痕体)

研究工具(造痕体)和客体(承痕体)的结构、组成、形状、功能以及表面形态特征,检测被破坏客体的机械性能、组织成分,分析工具痕迹特征的反映性。

2. 研究痕迹形成机理

研究工具痕迹的形成过程、变化规律、影响因素,分析作用力对痕迹特征的影响。

3. 研究工具痕迹的勘验鉴定新技术

研究探索弹塑性变形痕迹二维、三维信息的获取和特征识别技术,以期客观、真实反映形态,科学、有效检验鉴定。

(三)检验工具痕迹的作用

工具痕迹鉴定为侦查破案中工作提供线索与破案证据,为诉讼审判提供科学证据。

1. 分析作案手段

通过鉴定工具痕迹，研究现场痕迹的形成条件、破坏的方式方法、痕迹的位置及其与周围物体的关系等，可以从中分析和推断出犯罪分子的作案手段。

2. 分析作案人的职业、特点

案件现场上的工具痕迹，能够反映出作案人持工具的手法是否熟练，是否有某种专业知识或技能。如木工用木锯有技巧、电工用钢丝钳得法。特别是技术性质的破坏，通过分析工具痕迹的破坏条件，是很容易推断出作案人是否具有某种专业技术的。

3. 根据现场工具痕迹串并案件

同一犯罪嫌疑人在不同案件中通常惯用同一方法、手段作案，同一工具的同一部位会在多起案件现场留下相同的工具痕迹。我们利用工具痕迹的同一性和可识性，结合作案手段、方法的习惯性等条件，有时可将多起案件串联起来，并案侦破。实践证明，只要客观上具备串并条件的，就能够串并侦查。

4. 根据现场工具痕迹揭露伪造的现场

凡是伪造的现场，客观上痕迹物证必然存在矛盾。特别是利用工具制造痕迹而伪造的现场，更容易发现其矛盾。这种以假乱真、混淆黑白的现场，只要经过细致的观察，是不难找出矛盾，揭露出其本来面目的。

5. 推断作案工具的种类

在侦查工作中，根据工具痕迹正确地推断出作案工具的种类，从而缩小侦查范围极为重要。譬如，某部雷达站仪表被破坏案，现场勘查时，细致地分析了工痕的形状及形成的条件，分析了作用力的方向、角度，推断出仪表上面的破坏痕迹是用步枪的刺锥形成的。由于正确地推断出了作案工具，缩小了侦破范围，及时破获了案件。

6. 认定作案工具

通过对现场工具痕迹与嫌疑工具痕迹的比较鉴定，认定作案工具，虽然不是直接认定犯罪嫌疑人本身，但对某些案件来说，它可以为证明某人犯罪起到不可缺少的证据作用。

第二节　工具痕迹形成

一、工具痕迹形成要素

由于工具痕迹是受外力的接触作用引起客体局部形变的结果，因此，工具与客体接触相互作用是工具痕迹形成的必要条件。可见，形成工具痕迹必须具备工具和客体，同时具备接触相互作用，即工具（造痕体）、被作用客体（承痕体）和作用力三个要素：

（一）造痕体

工具是工具痕迹形成的主体，其种类繁多，组成、结构、功能和作用各不相同。一般工具,尤其工作部位多数为金属材质,多用铁或钢或合金金属,少数为木质、竹质等。在生产制造工具和使用、存放工具过程中,会在工具表面形成各种形状的凹凸点、线、条、卷刃、缺口、裂缝或蚀斑等特征。这些特征的特殊性和相对稳定性,是检验鉴定常利用的特征,也是认定同一工具的客观依据。工具接触部位的特殊性以及这些特征的稳定与否,主要取决于工具的机械性能。

(二)承痕体

承痕体是被作用客体,是工具痕迹的载体和反映体。常见的被破坏客体有木质、金属、玻璃、合成物、土壤、人体组织、纺织品等。不同客体的机械性能不同,受力时出现的变形程度不同,痕迹及其特征反映也有不同。客体受力变形而形成工具痕迹,主要是客体内部质点间相互作用的内力发生变化,产生塑性变形的结果。客体受工具作用时,如当客体的硬度小于工具时,易在客体上形成工具痕迹;二者硬度接近时,则具与客体互为造痕体与承痕体。客体硬度大于工具的则客体上会出现较深的凹痕,工具上却出现较明显的痕迹。另外,表面光滑的客体比表面粗糙的客体形成的痕迹质量好;物质颗粒细小、纤维紧密的物质,比颗粒粗大、纤维疏松的物质形成的痕迹质量好。常见材料的基本变形为拉伸(压缩)变形、剪切变形、扭转变形、弯曲变形等。

(三)作用力

力是物体间的相互作用。行为人持工具施力于客体时,主要靠自身的肌力带动工具,肌力的大小取决于解剖学、力学的和生理学的条件。施加的肌力作用以推拉动作或鞭打动作的形式将肌力传递到工具上。这种作用力的大小、方向、破坏形式决定了痕迹的种类。在相同客体的条件下,当施力大,则工具与客体作用大,变形大,痕迹明显;施力小,则变形小,痕迹不不明显。当施力方向不同,即工具的运动方向不同,所形成的痕迹亦不同。当工具与被作用客体两者相互接触的部位不同时,痕迹形态特征也不同。因此,作用力是工具痕迹形成的必要条件。

综上,工具痕迹形成的造痕体、承痕体和作用力、"三要素",在形成工痕过程中同时存在,各有影响,相互作用,相互转换。此"三要素"对工具痕迹的科学认识、掌握及利用具有重要意义。

二、工具与客体的接触关系

从工具痕迹形成的"三要素"可知,工具与承受客体发生接触作用时,才能把工具的机机械能转换成客体的内力,使客体产生变形而形成工具痕迹。根据工具与客体的接触相互作用过程的不同,可分为擦划接触(亦称动态接触)和印压接触(亦称静态接触)两种。虽然两种接触状态工具与客体之间均存在相互接触运动,但从宏观上来看,擦划接触作用相对印压接触作用,工具与客体的相对运动较为明显,因而称为动态接触,反之,则称静态接触。工具与客体的接触关系不同,形成的痕迹形状及其特征反映亦不同。

(一)擦划接触

工具与客体两者接触并受到沿平行于客体表面作用力时,工具与客体两者接触部位连续不断改变,这种接触方式叫擦划接触,如图 5 - 1 所示,如用螺丝刀对平板客体上擦划作用,螺丝刀与客体接触部位不断地改变擦划位置,形成沿擦划方向的线性痕迹。擦划接触,可能是工具划动着接触客体,也可能是客体划动着接触工具,只要两者接触时不断改变接触点即是擦划接触。切划接触时形成的痕迹呈线条状,故称线形痕迹或线条状痕迹。

(二)印压接触

工具与客体的接触点不发生明显相对位移,这种接触即为印压接触,如图 5 - 2 所示,如用铁锤沿垂直于客体表面的方向打时,铁锤与客体的接触就是印压接触。印压接触时,形成的痕呈凹陷状,故称凹形痕迹或凹陷状痕迹。

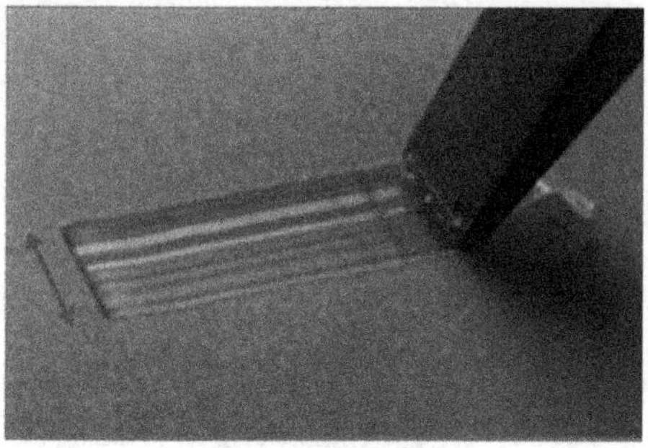

图 5 - 1 擦划接触

图 5 - 2 印压接触

三、工具痕迹的形成过程

任何物体,其分子均按一定的规律、一定密度排列起来的。当物体受到外力作用,使分子的正常排列受到压缩或拉伸时会发生变形。当外力较小时变形随卸载而随之消失。这种可恢复的变形就称为弹性变形,用胡克定律表述。例如,在拉伸时,拉应力 σ 和伸长应变 ε 的关系为 $\sigma = E\varepsilon$,式中 E 为杨氏模量。在剪切变形时,剪切力 τ 和剪应变 γ 的关系为 $\tau = G\gamma$,式中 G 为,剪切模量。在弹性极限值范围内,应力增加与应变增加成正比,外力取消(卸载),应力与应变同时消失,此时不形成明显的立体痕迹。但是,当外加应力超过一定值(屈服极限)时,应力和应变不再成线形关系,卸载后变形也不能完全消失,而会留下一定的残余变形或永久变形,即塑性变形。此时形成立体痕迹,如用铁锤打击木板形成的坑状痕。如果外力继续增加,超过承痕客体的强度极限值时,客体就会发生断裂或断离,如整体分离痕迹中的木棒受力产生的断裂或分离。不同的材料,其屈服极限值与强度极限值是不同的。因而，相同的外力作用在不同的客体上会形成不同形态的痕迹，同一客体受到不同的外力作用也会形成不同形态的痕迹。

(一)应力应变

物体受力产生变形过程称应力—应变。如图 5－3 所示为低碳钢 A_3 的拉伸试验曲线，表明了金属材料变形各阶段的应力—应变的关系，由此可知，客体在外力作用下发生弹性变形、塑性变形，直至断裂的全过程。

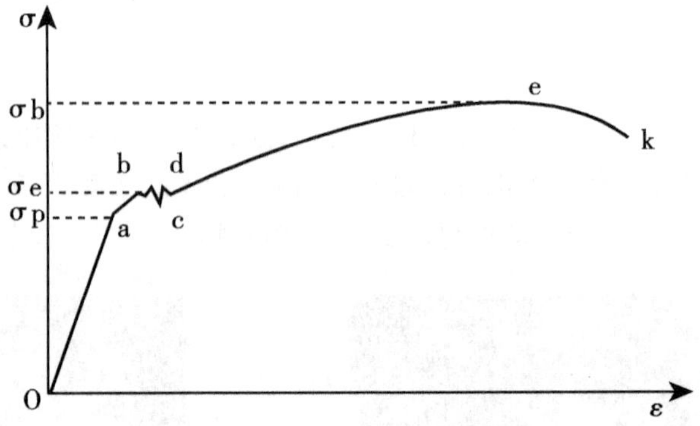

图 5－3　低碳钢 A_3 应力 σ 与应变 ε 的对应关系

1. 比例极限(σ_P)

图中 oa 段呈直线，表明应力(σ)与应变(ε)成正比，即材料服从虎克定律($\sigma = E\varepsilon$)，属于弹性变形阶段，a 点是应力与应变成正比的最高点，与 a 点应的应力称比例极限，用 σ_P表示。

2. 弹性极限(σ_e)

曲线过 a 点后变形增加很快，而应力不显，ab 段曲线从 a 到 b 逐渐变弯之后，应力与应变不再是正比关系，但从 a 点到 b 点，变形仍是弹性的，出现锯齿状 bc，材料发生了塑性变形，b 点的应力称为材料的屈服极限，用 σ_e表示。

3. 屈服极限(σ_s)c

当应力值超过 σ_e，在应力变化不大的情况下产生较大的应变。曲线 bcd 段为屈服阶段，曲线略有波动，最低点 c 对应的应力称为屈服极限，用 σ_s表示。

4. 强度极限(σ_b)e

屈服阶段后，由于材料变形硬化，具有了抵抗变形的能力，须增加载荷才能继续变形，曲线经 de 到达 e 点，de 段称为强度阶段，最高点 e 所对应的应力是材料断裂的最大应力值，称为强度极限，用 σ_b表示。

5. 断裂 k

强度阶段后，材料变形进入紧缩阶段 ek，应力速降，材料横截面积迅速减小而断裂。

材料断裂变形中的弹性变形部分得以恢复,但塑性变形部分保留下来,成为永久变形。

(二)几种基本变形

在一般材料力学中,当外力作用于杆件时,杆件发生不同变形,根据不同的作用方式及变形特点可分为拉伸、压缩、弯曲、剪切、扭转五基本变形,如图5-4所示。工具痕迹研究的变形以这几种基本变形为基础。

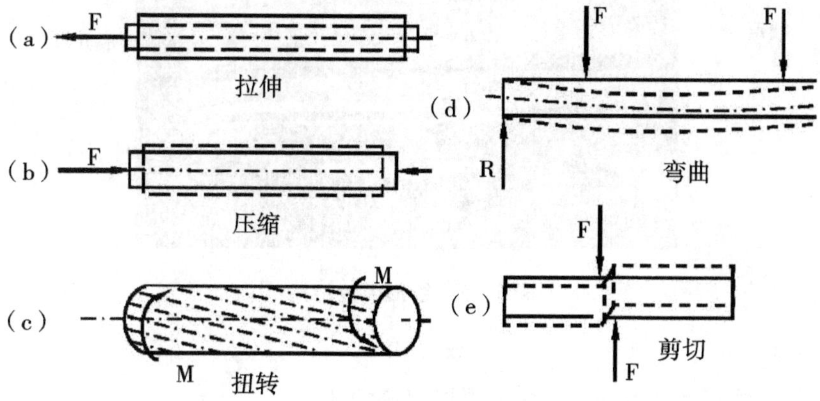

图5-4　材料的几种基本变形

第三节　工具痕迹形态

工具与客体相互接触方式的不同,可形成两种不同形态的痕迹。一种是擦划接触形成线形(条)痕迹,反映工具接触部位凹凸形态沿擦划方向呈线性,沿垂直与擦划方向呈凹凸形态;另一种是印压接触形成凹形(陷)痕迹,反映工具接触部位轮廓、形态呈凹形,即工具与客体两者接触部位不发生明显相对运动方式,在客体表面形成凹形(陷)痕迹。

一、线形痕迹结构及特征

工具与客体两者接触部位连续改变的作用所形成的痕迹称为线形痕迹,亦称线条状痕迹,它是以凹凸起伏的线条形态反映工具接触部位上的形态特征,痕迹与工具上的特征凹凸象相反。

(一)线形痕迹结构

线形痕迹是工具与客体相互接触、相对划动、相对静止三个阶段形成了痕起缘、痕迹面和痕止缘三个部位,如图5-5所示。

图 5-5 线形痕迹结构

1. 痕起缘

工具与客体相互接触开始阶段所形成痕迹的部位。

2. 痕迹面

工具与客体相对划动所形成痕迹,即痕起缘至痕止缘间部位。

3. 痕止缘

工具与客体相对运动终止时所形成痕迹的部位。

(二)线形类型痕迹的特征

线形痕迹具有种类特征和细节特征。

1. 种类特征

线条状痕迹的一般特征是接触部位痕迹的轮廓与形状。它可以反映出工具接触部位的长度,在起点终点上还可能反映出工具的宽度与局部形状。

2. 细节特征

线形痕迹的单一线条的凹凸起伏结构,包括峰、谷、腰的形态、线痕的宽窄与倾斜流向等为细节特征,它反映出工具接触部位的凹凸形态特征,即工具上凸点对痕迹上的凹点,如图 5-6 所示。单一凸起线痕或者凹下线痕的峰、谷、腰的结构,如图 5-7 所示。

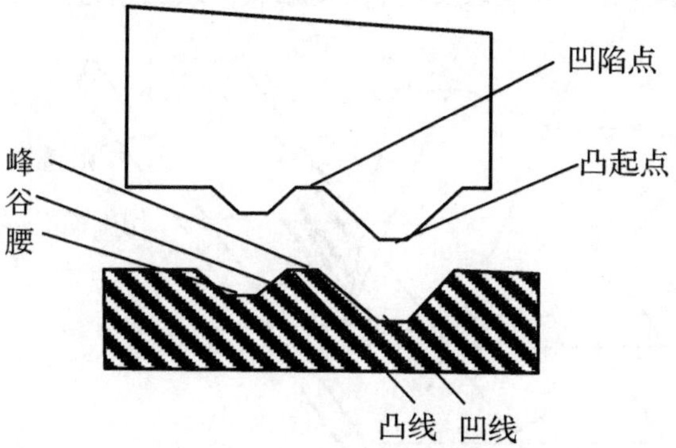

图 5－6　线形痕迹截面结构

线形痕迹质量好的特征是粗大、明显和连贯的凸起线痕或凹下线痕。这类特征反映出工具使用中造成的突出特征或加工造成的突出特征。因此,是比较稳定可靠的特征。

线形痕迹的起点与终点的鉴别是确定痕迹的起缘、止缘和痕迹面的关键。起点光滑,无颗粒残渣堆积物,往往比较整齐,由浅入深呈斜坡状,痕迹中被擦起的毛刺尖端指向起点。终点如有停顿,往往存有从物体表面擦掉的颗粒残渣堆积物,出现明显的停顿和按压现象;没有停顿的情况下,终点没有堆积物的残渣,有时出现由深至浅,由宽变窄,逐渐缩小成锥状的形态线条类痕迹主要以擦划、钳剪、刺切、割削等方式形成。

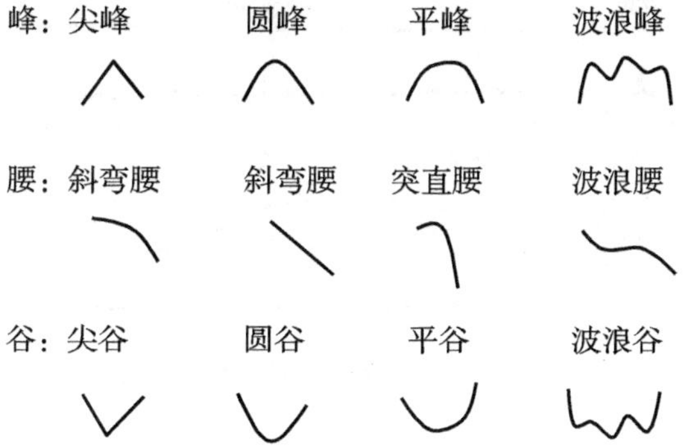

图 5－7　线形痕迹峰谷腰结构

(三)擦划痕迹的变化

工具的凸出部位均可形成擦划痕迹,其形态特征反映取决于工具与客体接触方位、接触作用力大小和方向,工具与客体材料特性等。

工具与客体接触时所构成的方位可用前角(α)、侧角(β)和偏角(γ)表示,如图5－8

所示。当接触方位(接触角)发生改变时,在接触点形成的痕迹形态特征随之发生变化。

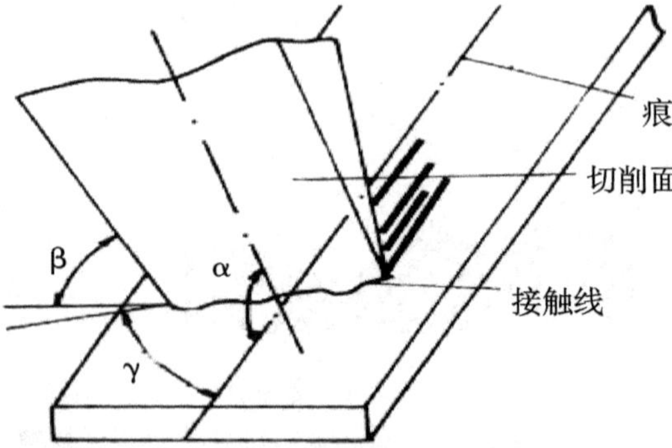

图 5-8 工具接触状态

1. 前角

前角是指工具前进方向的切划面与客体表面的夹角,改变前角影响工具与客体接触部位或接触点的改变,直接影响线痕的数量、特征及线痕的宽窄,尤其是有一定厚度的接触部位,变化更明显,如图 5-9 所示。

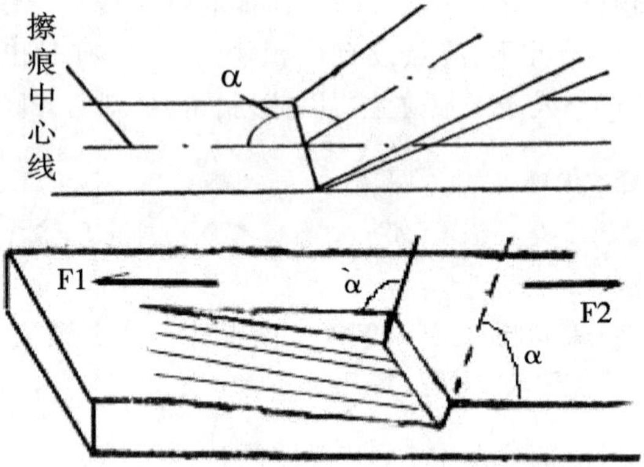

图 5-9 前角变化对痕迹特征的影响

2. 侧角

侧角是指工具侧表面与客体表面的夹角。侧角的变化改变线痕的数量或擦痕的面积,作用力相同情形下,痕迹反映较为明显,如图 5-10 所示。

3. 偏角

偏角是指工具与客体的接触线和痕迹中心线所构成的角度。偏角变化导致单一线痕粗细的变化,线痕排列关系的变化、线痕数量与间距的变化,也引起线痕总宽度的变化,如图 5－11 所示。

图 5－10　侧角变化对痕迹特征的影响

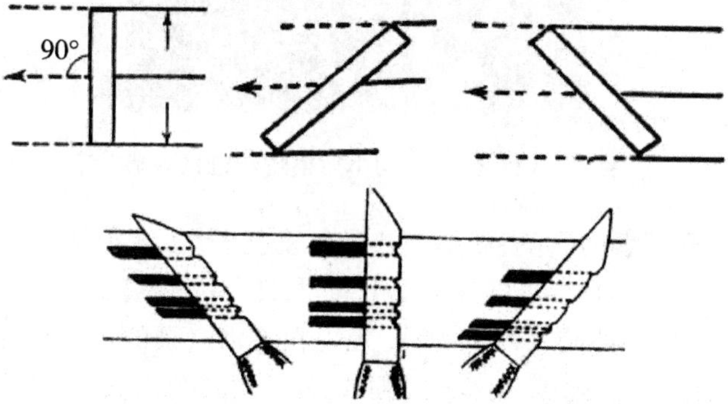

图 5－11　偏角变化对痕迹特征的影响

擦痕变化的原因,是工具对客体的压力大小和接触角的变化,改变了接触点的关系而引起的。当接触作用力小时,工具与客体呈不完全接触状态,只有工具突出部位与客体接触,范围小,接触点少,痕迹仅以几条凹线反映工具较突出部位的结构特征,整个痕迹较浅。当接触作用力大时,不仅工具接触部位突出点切入客体,较低的凹点也会接触客体甚至切入客体表层,在数量增多的前提下还会改变原有的凹凸结构,如图 5－12 所示。

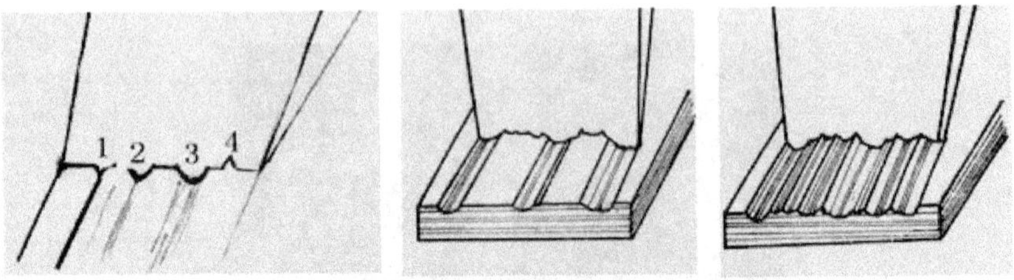

（a）作用力小　（b）作用力适中　（c）作用力大

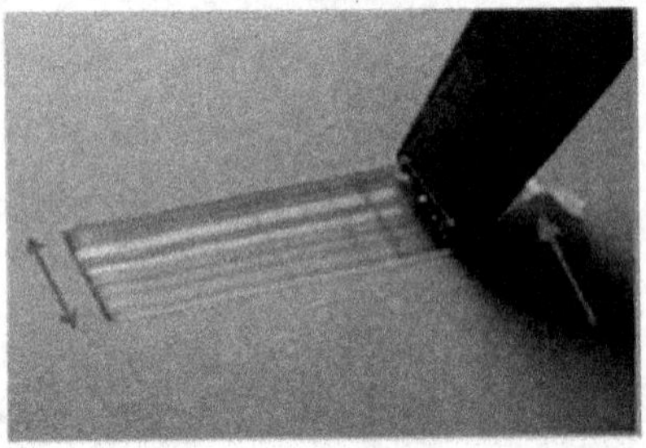

图 5－12　作用力大小对痕迹特征的影响

受擦划接触过程因素的影响，线形痕迹特征变化较大，主要表现在：单一线痕有与无的变化，受外界因素影响，工具接触点发生变化，使单一线痕发生从有到无、从无到有或时有时无的变化；单一线痕形状的变化，表现在峰、谷、腰的形状变化，线痕数量多少的变化，线痕数量就会由多到少、由少到多或时多时少的变化；线痕宽窄的变化，这里分单一线痕的宽窄变化和线痕间距变化两种情况。

除上述影响因素外，工具和客体材料机械性能对痕迹有较大影响，感兴趣读者可从参考文献相关章节中获取必要的知识。

二、凹形痕迹结构及特征

工具与客体接触点不明显发生相对运动而印压作用下形成的痕迹被称为凹形痕迹，亦称凹陷状痕迹，它以凹凸坑丘的形状反映工具接触部位大小、形态特征，痕迹与工具表面特征凹凸像相反。

（一）凹形痕迹结构

凹形痕迹由痕起缘、痕止缘、痕迹壁和痕底四个部位构成，如图 5－13 所示。

1. 痕起缘

痕起缘是指工具与客体表面开始相互接触部位形成的痕迹，反映工具接触部位形状、尺寸大小。当承痕体材料较致密时可反映出工具接触部位边沿形态特征。

2. 痕底

指工具与客体相互接触终止时形成的痕迹，反映工具接触部位的轮廓、形态。

3. 痕止缘

指痕底的边缘轮廓，反映出工具接触部位边沿形态特征。因印压作用终止时形成，所以反映较稳定。

4. 痕迹壁

痕起缘至痕止缘间的痕迹称为痕迹壁。金属客体上痕迹壁往往反映线形痕迹，木质客体因纤维断裂的随机性而痕迹特征不稳定。

图 5－13　凹形痕迹结构

（二）凹形痕迹特征

1. 种类特征

凹形痕迹的形状、尺寸大小为种类特征，它反映工具接触部位的外表结构形状。

2. 细节特征

单一凹凸坑丘的结构，包括形状、凹凸性与具体位置，反映外表结构的细节特点。质量好的特征为在使用过程中形成的磨损、缺失、豁口、修复的特征，具有稀少、稳定、不规则的凹凸坑丘特征反映。

上述线形和凹形痕迹，有时是单独出现，有时是混合出现。如切划接触主要是线条痕迹，但若有停顿，则有凹性痕迹出现；印压接触主要出现凹形痕迹，但工具对客体一打一划则出现凹形与线形混合痕迹。在实际鉴定工作中应灵活掌握与运用，具体痕迹具体分析。

（三）凹形痕迹变化

如同线形痕迹，影响凹形痕迹特征的因素主要有工具与客体接触方位、接触作用力，工具和客体材料特性等，与线形痕迹根本区别在于接触相互作用的方式不同。因此，当工具与客体印压接触状态时，不同工具、不同接触方位使客体接触面大小不相同，所受作用也不相同。当同一工具、同一部位，印压接触时，与所施作用力有关，作用力大，则痕迹深或明显,作用力小则痕迹浅或不明显,这还与工具和客体材料机械性能有关。因此,在材料弹塑性变形痕迹的检验鉴定中,必须做好力学分析、材料学分析才能科学判断。

第四节 典型工具痕迹

第一节我们从工具痕迹的形态角度介绍了两种基本形态,即线形痕迹和凹陷痕迹。由于工具种类繁多,作用方式各异,加之被作用客体材料特性的不同,其痕迹形成过程、变化规律、影响因素等决定了工具痕迹的特征反映。下面从工具的结构、功能特点和作用方式角度具体介绍常见典型工具痕迹,包括撬压痕迹、打击痕迹、钳剪痕迹、刺切痕迹和削割痕迹。

一、撬压痕迹

用杠杆作用于客体形成的痕迹称为撬压痕迹。凡是具有杠杆结构功能的物体均可作为撬压工具。一般情况,当杠杆对客体撬压时,一次撬压动作在撬压工具支点和重点处各反映一处凹形痕迹,这种痕迹互相对应,作用方向相反,其形态取决于支点和重点的撬压工具形态结构和客体材料机械性能。根据撬压动作和工具结构功能的不同,撬压痕迹可分为折离撬压、扩缝撬压、夹持撬压和扭转撬压四种。

(一)木质客体上的撬压痕迹

木质材料是由木纤维按一定方式排列组成的。具有层次性、非连续性和各向异性等特点。由于不同木材物理性能存在较大差异,受力变形也不尽相同。对横纹撬压时,工具接触的主要部位垂直于木纤维,早晚材承载,因晚材坚硬,对变形起到缓冲作用,较好地完成塑性变形。在痕止缘及痕底处能较清楚地反映出工具的形状、边缘及底面上的凹凸坑丘。对顺纹撬压时,工具接触的主要部位平行于木纤维,因早材带宽且是主要承载部位,由于早材较软的性质决定了变形不彻底,很容易在前端引起纤维的断裂,而不能清楚地反映出前边缘特征,但有时两侧的特征能反映出来。另外,木质客体表面光滑程度和干湿性程度对痕迹反映有一定影响。

(二)金属客体上的撬压痕迹

一般来讲,软质客体能反映出工具接触部位的形状及明显特征,硬质客体反映工具前端边缘的局部特征并伴有擦划痕迹,有时在金属表层的油漆层上能反映工具压痕及突出特征。

金属客体上撬压痕迹不如木质客体明显,在利用撬压痕迹时,要注意支、重两点的金属与木质客体痕迹联用,充分利用金属客体表面的擦划痕迹。金属客体被撬压时,在工具表面多留有油漆等微量物质,应充分利用。

二、打击痕迹

用冲击作用破坏客体形成的变形叫打击痕迹。打击的实质是工具通过冲击作用将其机械能传递给被作用客体，属于冲击载荷作用方式。根据材料理学形变理论，在冲击载荷相同的情形下，工具与客体接触面积与该处产生的应力值成反比，即冲击载荷面积越大，产生的应力值越小，所形成的凹陷痕迹特征越不明显。当作用力方向与客体表面近乎平行（掠射）时，在客体上形成的痕迹不再是凹陷状痕迹，而是线条状痕迹，以凹凸起伏的线条反映工具接触部位的特征。如果作用接触面积不变，冲击载荷越大，形成的凹陷痕迹越明显，其形态特征取决于被作用客体的机械性能。在较薄承痕体上易出现空洞，脆性承痕体则出现断裂破碎；弹性强的客体上难以观察到明显的凹陷状痕迹。通常，打击痕迹是一次打击动作只能形成一处痕迹。

不同的打击方式，痕迹特征反映不同，一般分为垂直打击和倾斜打击两种。当垂直打击时，一般反映工具接触部位（锤击面）的轮廓大小灯形态特征；当倾斜打击时，因倾斜角度大小不同，其痕迹有时候反映凹形痕迹，有时候反映擦划线形痕迹，也可能形成凹形和线性痕迹混合痕迹。

（一）金属客体上的打击痕迹

当垂直打击冲击力较大时出现明显凹陷痕迹，其痕迹起缘较平整，痕迹壁上反映工具接触部位边沿切划痕迹，痕迹止缘反映工具接触部位边沿轮廓、形态特征稳定，痕迹底较完整反映工具接触部位。倾斜打击多反映工具打击面的局部形状及击面边沿的形态特征。倾斜打击方向与被打击客体法线夹角大小不同，工具切入客体的程度不同，痕迹形态反映也不同。倾斜打击金属客体时，工具接触部位边沿与客体切划相互作用下在痕迹壁上形成线形痕迹，随着打击倾斜方向与被打击客体表面法线夹角的增大，这种痕迹更为明显。

（二）木质客体

由于木质客体纤维组成与金属客体材料特性本质差异，在外力作用下所反映的变形损坏规律特点明显不同。当垂直打击冲击力较大时出现明显凹陷痕迹，其痕迹整体反映木纤维塌陷，痕迹起缘纤维不规整断裂出现纤维“毛刺”，痕迹壁往往呈现不稳定特征，痕迹止缘反映工具接触部位边沿轮廓、形态特征相对稳定，痕迹底较完整反映工具接触部位形态特征；当倾斜打击时，多反映工具打击面的局部形状及击面边沿的形态特征，如图 5－14 所示。倾斜打击方向与被打击客体法线夹角大小不同，工具切入客体的程度不同，痕迹形态反映也不同。倾斜打击木质客体时会在沿打击方向终止处周围出现木纤维翘起或木纤维堆隆等附加特征，通常在工具接触部位边沿与客体切划相互作用下在痕迹壁上形成线形痕迹。

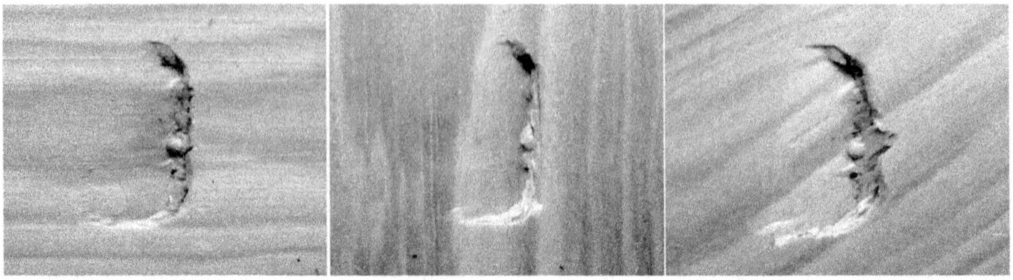

横纹打击凹陷痕迹　顺纹打击凹陷痕迹　斜纹打击凹陷痕迹

图 5-14　木质客体上打击痕迹

(三)软组织和颅骨客体上的打击痕迹

颅骨受击时,轻者形成脑震荡,重者形成骨折,骨折分线状骨折、塌陷骨折、孔洞骨折和粉碎性骨折四种形式。线形骨折反映着力部位及作用力的方向;塌陷骨折反映工具击面的形态与明显特征;孔洞状骨折的痕迹多呈圆形或类圆形,不能真实反映工具形状;粉碎性骨折多是重复打击,痕迹反映不明显,注意确定打击次数,找出第一次打击造成的骨折形状,分析判断工具种类,如图 5-15、图 5-16 所示。

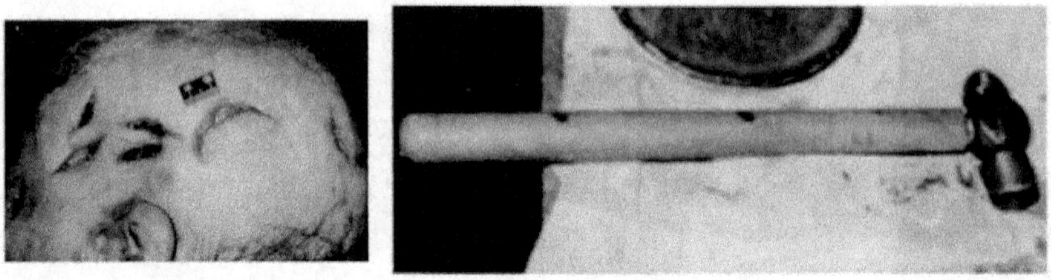

(a)头部软组织上打击痕迹　(b)打击工具

图 5-15　锤击面特征

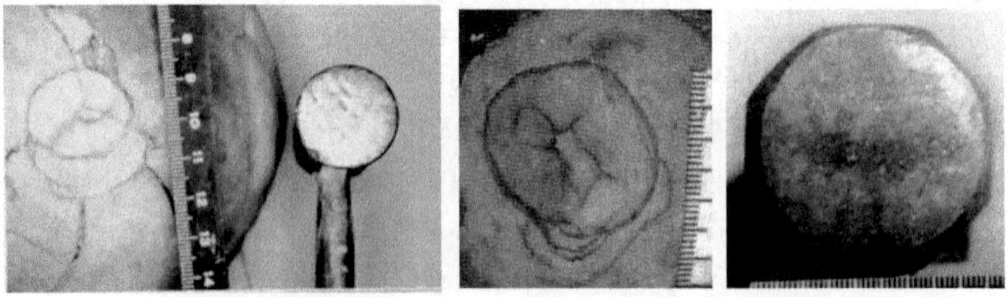

(a)　(b)

图 5-16　颅骨上打击塌陷痕迹

三、钳剪痕迹

具有双刃咬合刃口功能的工具称为钳剪工具。钳剪痕迹，是指钳剪工具剪切客体形成的痕迹。常用钳剪工具分为钳具和剪具两类。钳具是一种用于夹持、固定加工工件或者扭转、弯曲、剪断客体的器具。随着生产力的发展和社会需求的扩大，现代钳剪工具从形状、材料、工艺、质量、品种、功能等都有了很大的改进。主要破坏客体为线材和棒材，如电线、电缆、铁丝、铁护线。剪具包括家用剪刀、铁皮剪刀等。家用剪刀主要用于裁剪纺织品、纸张、绳索等较软质客体，而铁皮剪刀主要在工业生产中剪切铁皮等的硬质客体。

(一)钳具种类

钳具种类多，按用途、功能、形状命名多样，包括钢丝钳、断线钳、鲤鱼钳、歪嘴钳、尖嘴钳、鹰嘴钳、胡桃钳等。

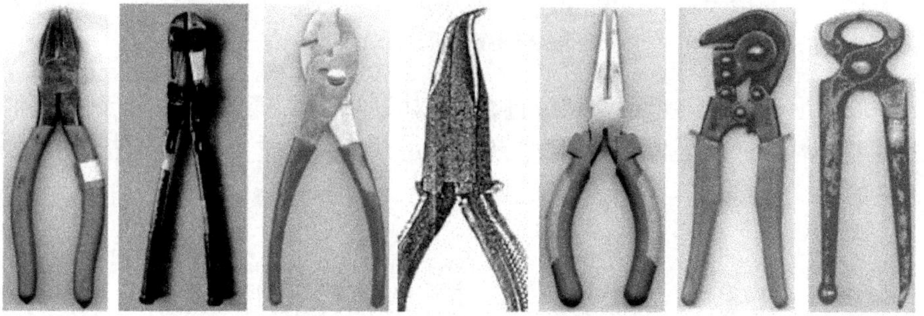

钢丝钳　断线钳　鲤鱼钳　弯嘴钳　尖嘴钳　鹰嘴钳　胡桃钳

图 5－17　颅骨上打击痕迹

钳具的外形多呈“V”形，通常包括手柄、钳腮和钳嘴三个部分。

按形状特点可分为钢丝钳、断线钳、胡桃钳、尖嘴钳、弯嘴钳、鲤鱼钳和多功能钳，如图 5－17 所示。

(二)钢丝钳结构形态

钢丝钳是一种常见的夹钳和剪切工具，其外形如图 5－18 所示。钢丝钳由钳头和钳柄组成，钳头包括钳口和钳腮。钳口部位有咀顶、夹持面、刃部、侧面，如图 5－18 所示。其中，夹持面又由前平台、齿纹、后平台组成，可用来紧固或拧松螺母；刃部由刃顶、刃口和刃侧组成，可用来剖切软电线的橡皮或塑料绝缘层，也可用来剪切电线、铁丝，同侧刃部闭合时，刃侧面的夹角叫咬合角；铡口可以用来切断电线、钢丝等较硬的金属线；钢丝钳柄部的绝缘塑料管耐压 500V 以上，可带电剪切电线。根据钢丝钳有无夹圆体口可分为有夹圆体口、无夹圆体口两种，如图 5－19(a)所示。刃口和刃侧形态如图 5－19(b) (c)所示。

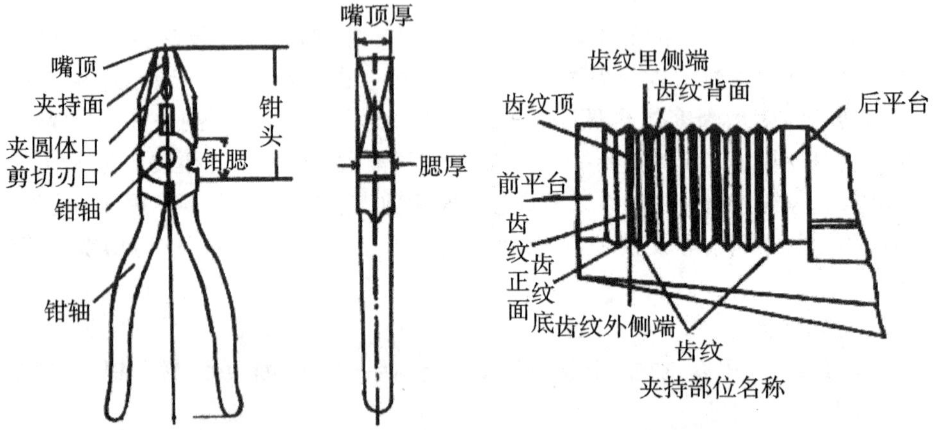

（a）钢丝钳各部位名称　（b）夹持面形态结构

图 5－18　钢丝钳结构形态

为方便讨论和分析钢丝钳剪切痕迹，我们对刃部作如下约定：按右手把持钳具，铣窝朝外定上下的约定以及与铣窝同侧为里、反之为外的规定，有上下刃顶、里外刃口及里外刃侧的区别，如图 5－19(d)所示。

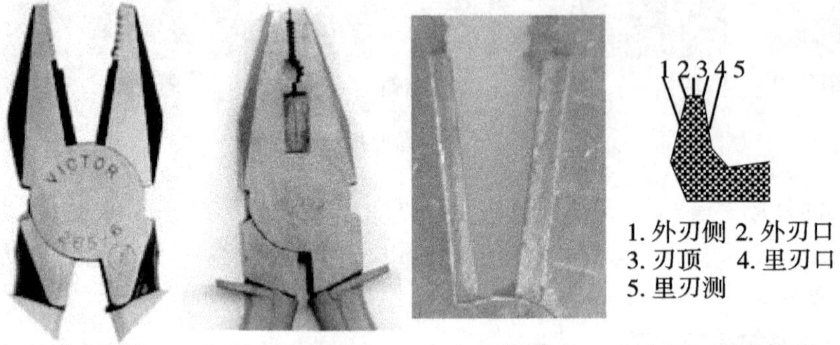

（a）无夹圆体口　（b）有夹圆体口　（c）刃侧形态　（d）刃口结构形态

图 5－19　刃口形态

(三)钳剪痕迹的形成

剪切时，钳剪工具将较小的外力(如施加在钳臂上的手力)转化成较大的剪切作用，使得钳刃能有效地夹持或者剪切客体，如图 5－20 所示。当施加在钳臂上的外力随着杠杆率而增加时，两个钳刃对口咬合产生一个夹持移动的剪切力。此力大小相等，方向相反，同时施加在客体两侧，由此形成的变形称为剪切变形。根据钳剪力学分析可知，钳刃在外力 F 作用下挤压客体,将力 F 可分解为垂直于剪切面的 P 分量和平行于剪切面的 N 分量。因此,在钳剪过程中,不仅有剪切作用,还有挤压作用,二者在整个过程中同时起作用,相辅相成。当持续剪切后,常出现一次剪切两个双斜坡断头,斜坡上的可观察到由两侧指向中心的线形痕迹,从断头正面可以观察到具有四个结构部位,分别为剪起缘、剪止缘、坡面和立顶。

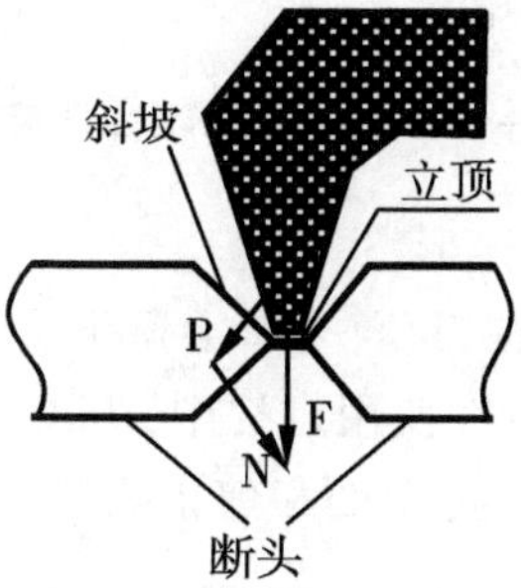

图 5－20　剪切力分析

(四)钢丝钳剪切痕迹形态

如上所述,钢丝钳剪切客体切后,一次剪切形成两断头,四个坡面。从断头正面观察有剪起缘、剪止缘、剪坡面和立顶四个部位剪起缘反映出刃口挤压形态特征,剪止缘反映刃口形态的挤压细节特征,如图 5－21(a)所示。剪坡面不仅以凹凸起伏线条形式反映钳具刃口细节特征,而且可能反映刃侧形态特征,如铣纹和其他特征,而立顶则反映上下刃顶的结合度、刃顶的宽度、刃口形态的细节特征和轴向拉伸引起的特征。钢丝钳闭合时,上、下刃刃侧所构成的角度称咬合角,咬合角分为里咬合角和外咬合角。一般情况,钳具的外咬合角大于或等于里咬合角。咬合角相对应的钢丝钳剪切断头上两个坡面的内含角称峰角,剪切咬合角与峰角的关系。

从断头侧面面观察有断头峰角和断头立顶两个部位,如图 5－21(b)所示。断头峰角是指断头斜坡的内含角。由于里外咬合角一般不相等,因此,一次剪切的两个断头的峰角不相等。咬合角制约峰角,峰角反映咬合角,当钳切类似铜线材等塑性适度的客体上直剪时,两者近似相等。咬合位置是指刃口闭合时,上下刃相互接触的位置,分对等咬合与非对等咬合。对等咬合是指上下刃不发生偏移的咬合,上下刃不偏不倚,剪断的断头比较规则,基本能反映刃部结构的咬合位置;非对等咬合是指上下刃发生偏移的咬合,上下刃偏移导致断头的侧面形状发生偏移,呈楔准状。峰角反映上下刃部咬合角,而立顶高度反映刃顶的宽度以及咬合状态。

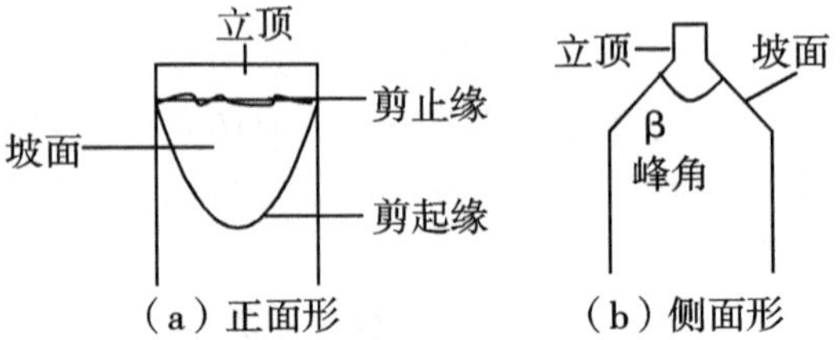

图 5－21　钢丝钳的咬合角与峰角

1. 刃顶、刃口、刃侧特征及痕迹形态

钢丝钳在生产加工过程中，在刃顶、刃口会留下生产加工形成的细小特征，在刃侧形成弧形、斜形等加工花纹特征；在使用过程中，刃顶刃口接触物体会形成磨损、卷刃、缺口等特征。这些特征在剪起缘、剪切面和剪止缘程会不同程度地反映出来，如图 5－22 所示。

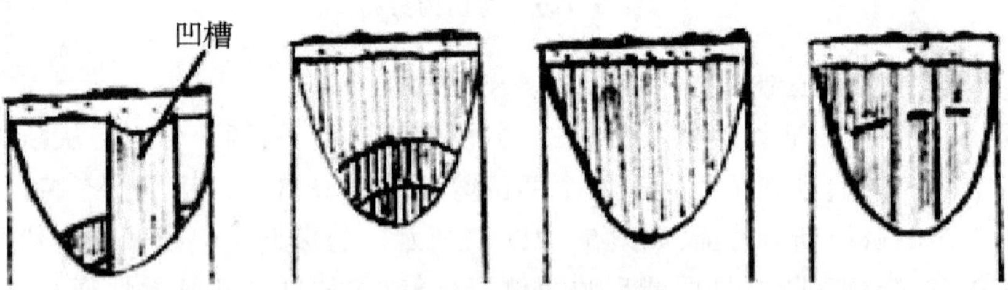

图 5－22　刃顶、刃口、刃侧特征

2. 影响钢丝钳剪切痕迹特征的因素

钢丝钳剪切客体时，特征反映受客体的硬度影响很大，如铅质材料等较软金属客体，剪切力要比推挤力明显，断头斜坡有伸长的趋势，峰角向小变化的趋势。断头上的痕迹主要是刃口切划形成的竖向线条，斜坡上能反映印压的非竖向条纹。

钳切硬度适中的客体如铜丝或铜合金线材，剪切力与推挤力相应作用在客体斜坡上，受推挤力作用，除能形成印压特征外，有时推挤断头在立顶部位产生拉断痕迹，断头形态不十分明显。受剪切力作用形成竖向线条。在铜质客体上，无论是印压特征还是剪切特征，都是很稳定、有利用价值的特征。

钳切硬度高的金属客体如镀锌钉、8 号线等，推挤力远大于剪切力。客体还未被剪断，就受力推挤作用被拉断。此时，里外刃断头的各斜坡长短不等，立顶不明显，且在此处有明显的断裂的痕迹，印压特征要比切划特征明显、稳定。

(五) 剪刀及剪切痕迹

剪刀是生产和生活中常用工具，在犯罪现场中也较常出现。根据其用途可分为家用剪刀、铁皮剪刀、园林剪刀、裁缝剪刀、医疗剪刀等。剪刀如同钳具，具有上下单片刃口通过剪轴连接而成，每个单片体包括剪股、箭头，如图5－23、图5－24所示。箭头有一个平刃与一个斜刃，二者相交为剪刀的刃口。剪刀咬合属于错口咬合，一般用以剪断薄而软的客体。咬合时，平刃为里刃，斜刃为外刃，里外刃构成咬合角，两侧咬合角大致相等。若用正常手法剪断较软金属客体，断头上的峰角大致能反映出剪刀的咬合角。

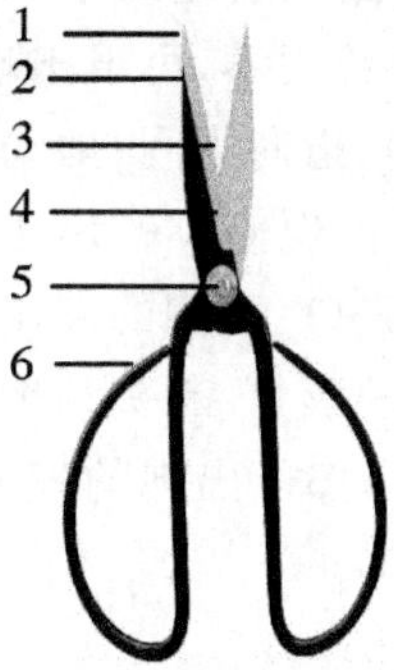

1.剪尖 2.平刃 3.刃口
4.斜刃 5.剪轴 6.剪股

（a）剪刀结构

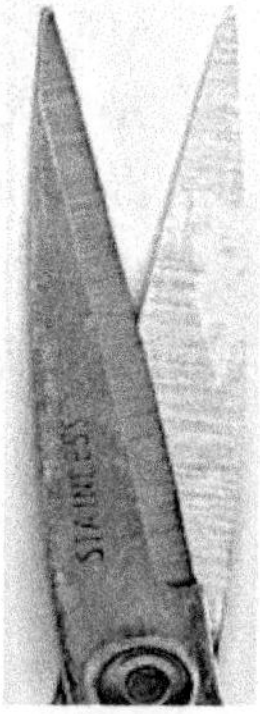

（b）剪刀侧形态

图5－23 家用剪刀

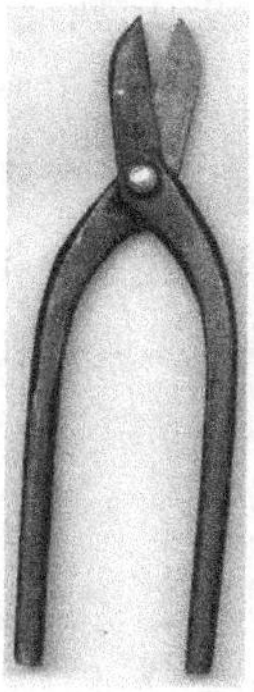

图5－24　铁皮剪刀结构

剪刀剪切形成痕迹与钳具剪切大致相同，痕迹总体形态为一次剪切动作形成两个断头，四个坡面。但由于是错口咬合，坡面总是一长一短，立顶偏斜，坡面面积差别很大。平刃对应断头大斜坡，斜刃对应断头小斜坡，两个断头形状呈反对称。由于斜坡一大一小，断头立顶向小斜坡偏移，较钳具剪切的立顶低，并向斜向段坡处，如图5－25所示。

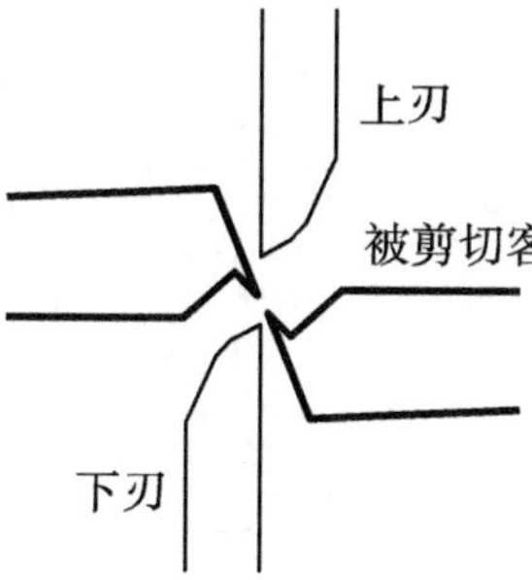

（a）家用剪刀剪切示意

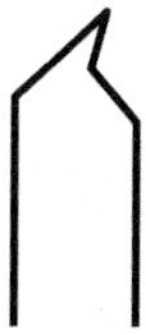

（b）剪切断头形态

图5－25　家用剪刀剪切示意

家用剪的刃口单薄，无明显的刃顶。生产剪刀时，刃口经过细磨，没有明显的凹凸不平，使用中有时刃口出现不同程度的豁口、小的卷刃等特征。刃侧在使用中有时会出现凹凸特征。

剪刀在剪切过程中，平刃主要发挥切划作用，切进速度快，在大坡面上形成连贯的线条状反映形象，无剪止缘反映，在切入点的剪起缘上有平刃刃侧加工花纹的印压形态反映；斜刃主要发挥印压作用（在剪切过程中起衬垫作用），斜刃上的加工花纹在立顶及坡面上反映为斜向或纵向印压条纹，基本无切划线条反映。

剪刀在剪薄铁片时常有停顿，出现齿状痕迹，连续剪时则出现卷起的小刺；在剪麻绳或尼龙绳时，断头在不乱散的情况下，用20倍左右立体显微镜观察，可以出现从一侧流向另一侧的线痕，断面上常出现一斜坡，倾斜的方向是从两侧指向中间；剪纺织物时，一次动作出现一个小齿状痕迹，如刃口有较明显的缺口时，则出现撕拉的痕迹，缺口越大，撕拉现象越明显；剪铜、铝电线时，断面上可以反映出剪刀刃口、刃侧的突出特征，条件好时也可反映出细小特征。剪刀剪切痕迹种类特征有断头的形状、断头角度的大小；个别特征有断头斜坡部位上单一凹凸线条的结构形态，剪止缘部位出现的较明显的压痕反映。

四、刺切痕迹

在刺扎、砍切过程中，工具从客体一侧开始向另一侧刺扎、砍切形成痕迹叫刺切痕迹。通常，被破坏客体上出现向一侧翻卷或向一侧倾斜的形状，断面上的线条从开始端流向断端的另一侧。刺切工具有多种，按刀刃分为单刃刀、双刃刀、三刃刀，按用途分：菜刀、镰刀、斧头、匕首、剁肉刀、水果刀、电工刀、刮刀、刺刀等。刺切痕迹由于刃口较为锋利、坚实，劈破力大，坎切力强，携带方便等特点，经常被犯罪分子所利用作案。

（一）刺切作用

客体受到刺切作用，实质是劈破作用，即工具角形刃侧对客体产生张力，刃口对客体产生压力的合成作用，如图5－26所示。

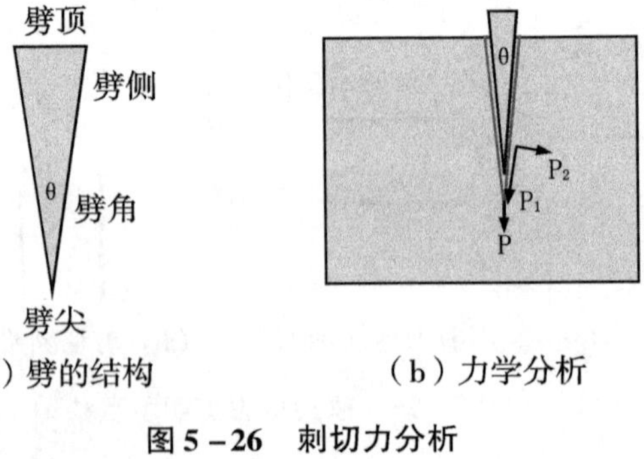

（a）劈的结构　　（b）力学分析

图5－26　刺切力分析

设θ为刃楔角，P外力，P_1为平行于客体断裂面起挤压作用，P_2为垂直于客体断裂面起张力作用，如图 5－26 所示。力学分析可知，$P_1 = P\cos(\theta/2)$，$P_2 = P\sin(\theta/2)$。当工具刃口很锋利，θ 小于 5°时，$\cos(\theta/2) \approx 1$，$\sin(\theta/2) \approx \theta/2$，$P_1 \approx P$，$P_2 \approx P\theta/2 \sim 0$。

由此可见，在刺切过程中主要由挤压起作用，张力起的作用很小。刺切时主要由刃口切割，形成擦划痕迹和印压痕迹，而刃侧则很少留下印压特征。

刺切痕迹的类型按形状分为盲管形和贯通形两种。盲管形是指客体未被刺穿，痕迹有刺起缘、刺壁，刺止缘与刺底重合；贯通形是指客体被刺穿，痕迹只有刺起缘与刺壁，无刺底与刺止缘。当垂直刺切时，痕迹能反映出刺切工具接触部位的轮廓形状以及接触部位的宽窄、大小；当倾斜刺切时，痕迹与刺切工具的轮廓形状往往有变化，痕迹宽度多大于工具接触部位的宽度。

（二）匕首类工具刺切痕迹

1. 匕首类工具

匕首按用途分有水果刀、电工刀、警用匕首、军用匕首、短剑、腰刀、三角刮刀等；按头部形状分有片状、锥状、三角状、十字形；按刃口分有单刃刀、双刃刀、三刃刀、四刃刀等。形痕时的形状反映为钉帽状、棱形和丫字形（或三角形），主要是在痕起缘与痕底处反映，有时在痕壁上出现切划线条，在痕底出现由刃口卷刃或豁口形成的凹凸坑丘，如图 5－27 所示。

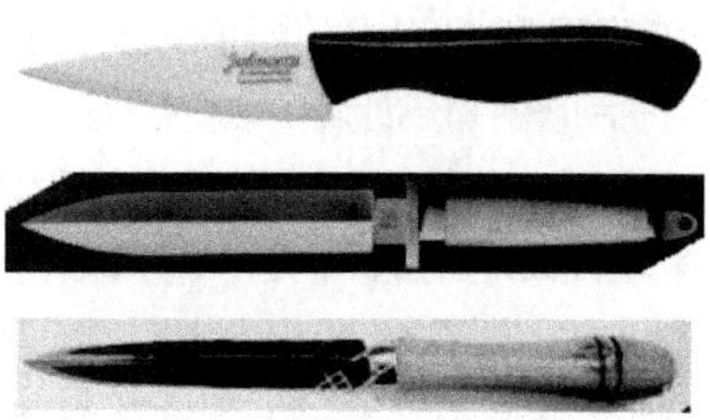

图 5－27　匕首类工具

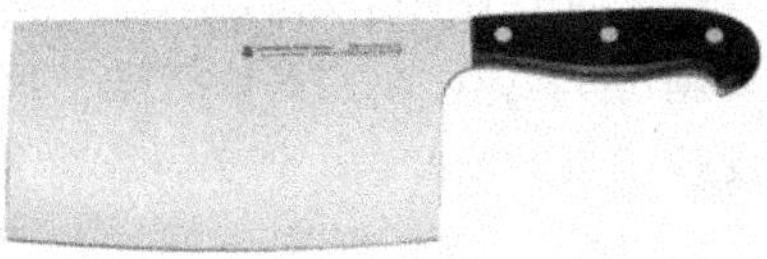

图 5－28　砍切类工具

2. 砍切类工具刺切痕迹

砍切类工具种类很多，按用途分为菜刀、砍刀、镰刀、柴刀、切肉刀等，如图 5－28 所示。按形状分有方形、长方形、圆弧形、弯曲形等。留痕时痕迹形状呈“V”字形，表浅痕迹的起缘处能反映出工具豁口、卷刀的特征。痕迹较深时，在起缘处有时能反映出卷刃特征，痕壁形成线条痕，痕底出现卷刃与豁口特征，如图 5－29 所示。

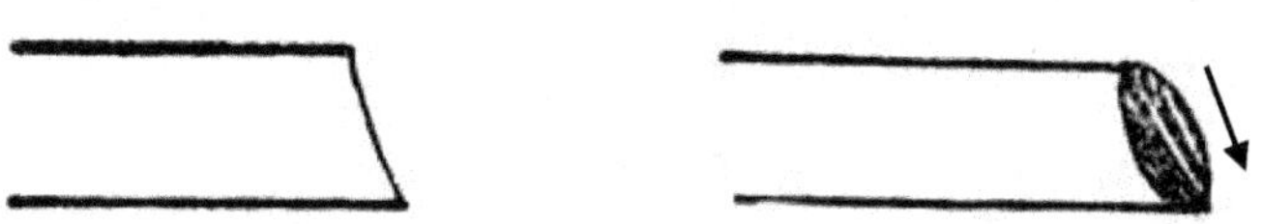

（a）被剪切客体断面形成的斜坡　（b）断面上形成的线形痕迹走向

图 5－29　砍切类工具

刺切工具的种类特征为工具的形状、工具的宽窄与厚薄、工具刃口数量与锋利程度；个别特征有刃口磨损形状、卷刃的形状部位、豁口的位置形状等。这些特征或以切划线条反映，或以凹凸坑丘反映，如图 5 – 30 所示。

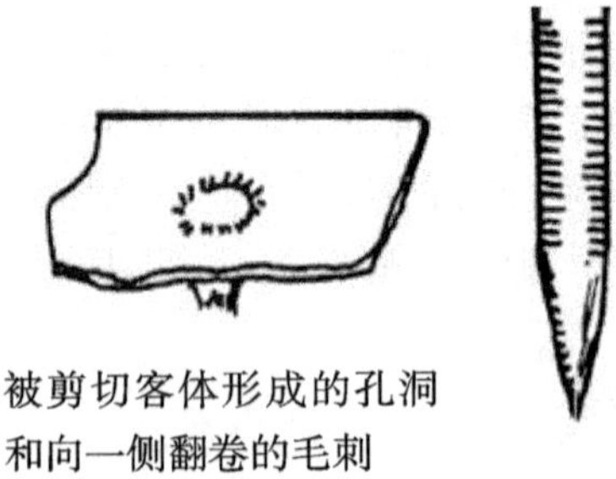

图 5 – 30　刺扎痕迹

（三）不同客体的刺切痕迹

1. 软组织上刺切痕迹

由于软组织所具有的弹性，对刺切痕迹特征的反映影响很大。一般可根据刀口形态可以鉴别单刃刀、双刃刀和三刃刀的种类。对于单刃刀和双刃刀，也可根据软组织刀口破损边缘、创角加以区别。单刃刀刺切呈类似“T”字形创口，创角一侧锐，另一侧钝，若刀背较宽且有卷曲边沿，还可反映擦破痕迹。双刃刀痕迹反映为创角两侧均为锐利。三刃刀刺切呈类似“Y” 字形创口，三个创角形态与刀刃锋利与否有关。刺切痕迹创口长短反映工具的宽窄，由于软组织弹性的影响，一般来说，创口宽度比刺切工具的宽度略小。软组织上 砍切痕迹与单仁刀、双刃刀刺切痕迹反映相似，当在皮下骨骼衬垫情形下痕迹反映更为明显，如图 5 – 31、图 5 – 32 所示。

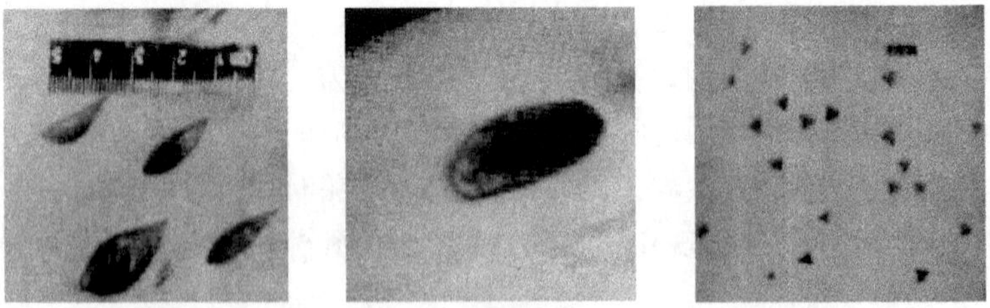

（a）单仁刀　　（b）双刃刀　　（c）三刃刀

图 5 – 31　刺扎痕迹

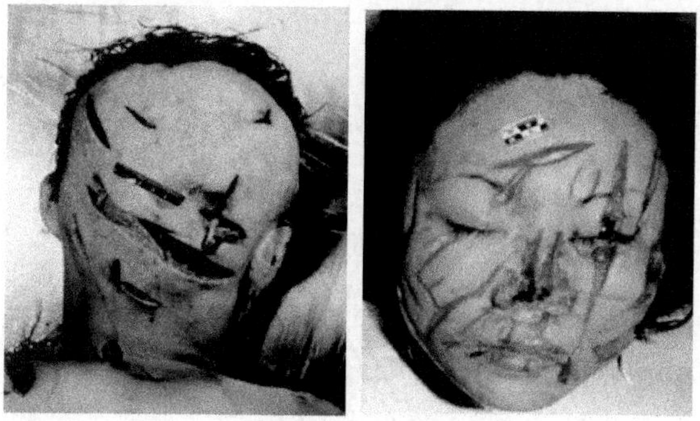

图 5－32　砍切类工具

2. 纺织物上的刺切痕迹

纺织物上的痕迹多是刺切形成，砍切的少。纺织物被刺切形痕时具有两个特点：一是纺织品具有游散性、移动大等特点，痕迹的宽度往往大于工具的宽度；二是软体承痕，变化大，细小特征不易反映。刺起缘上能反映出工具的形状，单、双和三刃刀的形状分别为钉帽形、棱形和“丫”字形。出现锐角时，创角尖细，纺织纤维被切断的是锐角或刀刃；创角粗钝，纺织纤维被撑断、挤断的为钝角或刀背处。

3. 木质客体上的坎切痕迹

木质客体上砍切痕迹分垂直砍切与倾斜砍切两种，垂直砍切时是以木纤维是否被切割断离反映工具表面特征。木纤维断离处是刃部锋利部位接触，未断离处则是刃部卷刃或豁口所留。当深度砍切时，在砍起缘的一侧能反映刃部卷刃特征，在砍切壁相对应的部位上会出切划线条，此时砍底与砍止缘重合，能以凹凸坑丘形状反映工具刃口的卷刃或豁口特征。倾斜砍切时，刃口由对木纤维的切割分离转变为层次剥脱，此时刀痕主要是在砍切壁（面）上的线条痕迹反映，有时在痕底留下卷刃或豁口特征，如图 5－33 所示。

上述痕迹的种类特征主要有工具的形状、宽窄、刃口数量等，细节特征有刀口出现的磨损形状、角度、卷刃、豁口的位置形状等。这些特征有时以切划线条反映出来，有时以凹凸坑丘反映出来。

图 5－33　木材上砍切痕迹

五、割削痕迹

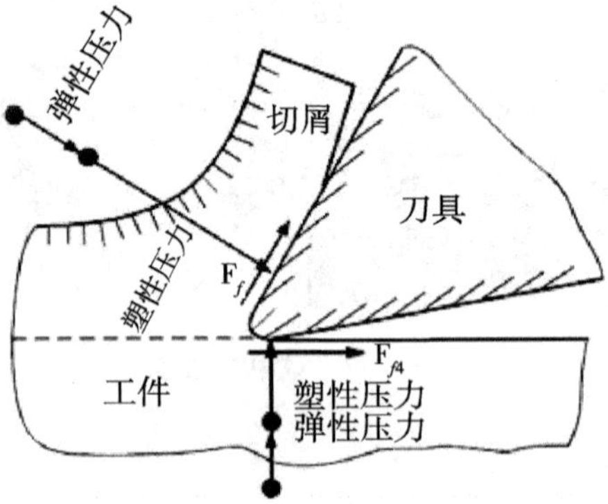

图5－34　切削原理

用工具割削破坏客体时，在接触部位形成的痕迹称为割削痕迹。日常生活中常见的割削工具主要有锯、锉、钻，工具痕迹学中此类工具形成的痕迹也称锯、锉、钻痕迹。锯、锉、钻破坏客体时的方式有层次剥脱客体（如钻削破坏）和切割分离客体（如锯割破坏）两种，其基本原理相同，即以工具刃口对客体挤压切割、切削，如图5－34所示。这些痕迹的特点是易出现重复切划面产生重复线条痕迹，同时遗留锯屑、锉屑和钻屑等分离物。

（一）锯及其痕迹

锯是板状线形多齿切割工具。根据被切割客体不同大致可分为木锯和金属锯（钢锯）两种。下面主要介绍木锯其结构功能和所形成痕迹的形态。

1. 木锯及其痕迹

（1）木锯的种类及结构

木锯种类繁多，式样各异，功能有别。按形状分有框锯、快马锯和刀锯，如图5－35所示。按用途分有顺锯、截锯和绕锯三种，顺锯多用于纵向锯割较厚的木板，而截锯与顺锯的操作方向相反，专门用于从横向角度锯割较厚的木板，木板的干燥与潮湿均可采用。顺锯与截锯的锯条较细，锯齿较粗，其长度为70～80cm；绕锯（拐弯锯）专门用于锯割大小不等的圆弧及曲线形状的部件，粗齿的削锯和细的压锯也均属此类。其中，压锯尺寸较短，约有40cm，握在手中，十分灵活，多用于木家具中锯割箱榫或门窗中的窗棂和插肩等部件。

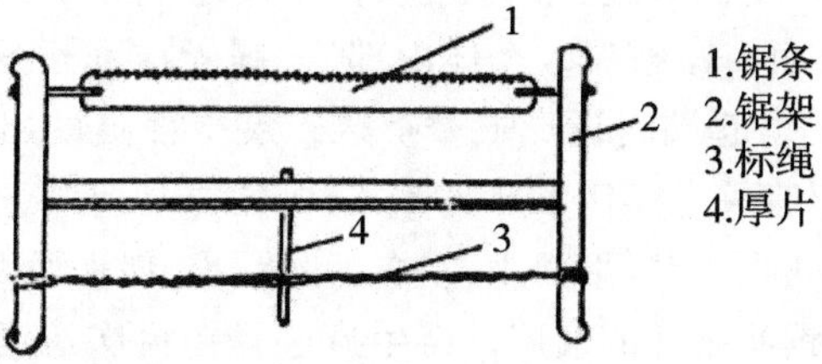

（a）框锯

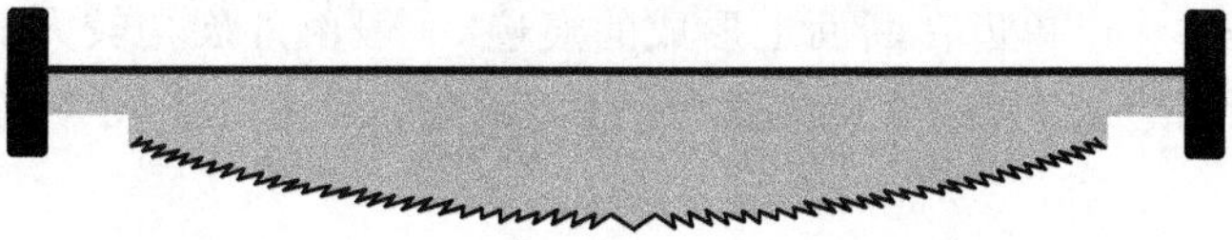

（b）快马子锯

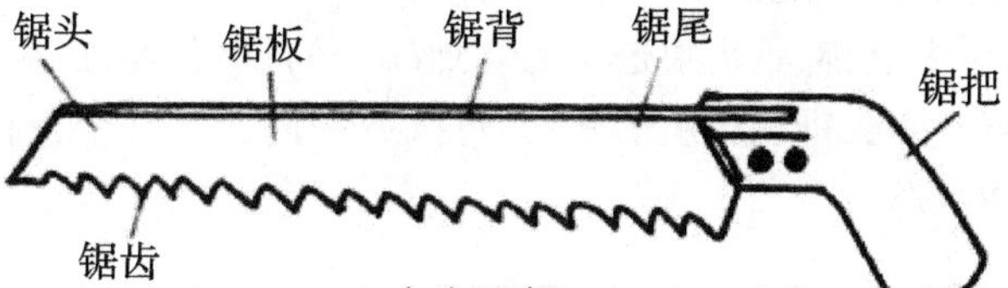

（c）刀锯

图 5－35　常见木锯结构

(2)木锯锯割痕迹反映

锯割痕迹是指在锯框或柄的联动作用下,锯齿在客体上往返切削形成的痕迹,主要有锯口起点痕迹、锯口终点痕迹、锯屑的宽度、厚度和形状、锯断面痕迹等。

锯口起点痕迹。此处痕迹有锯口的宽度、形状以及跳锯划痕、印压痕。锯口的宽度和形状反映为沟槽呈“V”形,运锯熟练者,沟槽整齐呈直线状;不熟练者沟槽呈曲线状,锯开线的沟槽大于锯路的宽度与锯片的厚度。

锯口终点痕迹。锯口底部痕迹是最后一次运锯停止时在锯口底部形成的痕迹,根据锯齿的高低不同、齿距不同、齿展不川、街尖的形态不同,其锯口底部痕迹也不同。较高的齿尖,可在锯口底部形成小深坑,同时木纤维有向上撬的现象,个别稳定的还能反映出齿尖的形态、齿侧角度。

锯屑的宽度、厚度和形状。锯屑与锯齿形态、被锯物的物理属性及用锯人的用锯方法等因素有关。一般锯齿大的锯形成的锯屑粗,纤维束多;锯齿小的锯形成的锯屑细,纤维束少。同一把锯用相同的力,锯不同的木料,锯屑也不同:木料致密坚实者,锯屑纤维细;木料松软者,锯屑纤维粗。同一把锯锯相同的木料,用力大小不等,锯屑粗细不同:力大者锯屑纤维粗,力小者锯屑纤维细,如图 5－36 所示。

锯断面痕迹。主要有展平面痕迹、原生痕迹、再生痕迹、单齿痕迹等。展平面痕是锯板摩擦锯断面形成的光滑面。锯条深入客体内部后,锯板在锯开线内出现晃动、偏斜,与锯断面相互摩擦接触,在锯起端附近形成摩擦区。展平面痕的出现与运锯的熟练程度、锯齿掰略的宽度等因素有关。操作不熟练者,锯板晃动大,形成的展平面大;反之,展平面小。锯齿掰略左右齿间距大,展平面小;左右齿间距小,展平面大。原生痕迹是指进锯时形成同时不被其他运锯所破坏的痕迹。再生痕迹是指再次运锯在已形成的原生痕迹上,又重复形成的新痕迹,其特点是常与原生痕迹形成不同的交角,覆盖在原生痕迹上。单齿痕迹是指一个单齿在断面上形成的痕迹,一般由外展角较大的齿一次切割形成。常出现在断面边缘上。其特点是痕迹较短、面宽、底平、终点较齐,在痕迹上常有细小条状特征。

锯痕主要有以下几种细节特征:

齿列组合一次进锯痕迹中的凹凸线条的多少、宽窄、互相距离;一次进锯痕迹中,线条与线条的深浅,即立体搭配关系;一条凹线的两侧坡度和底部状态以及一条凸线两坡夹角及顶部状态;再生痕迹、单齿痕迹上的切划线条的排列、粗细、间隔、深浅及形状等;运锯锯齿终端形态。因受锯板长度的限制,每次运锯都会有几个齿在断面中往返,此时有的齿可反映终端状态。

图 5-36 常见木锯锯痕

锯割分离物有锯屑和锯断齿,锯屑呈弯曲形,锯屑的宽度、厚度和形状反映了锯的种类,一般来说,锯齿大的锯其屑粗大,锯齿小的锯其屑细小。锯割时,受力不均就会有断齿形成,散落在锯屑中,注意寻找,利用断齿进行整体分离检验。

2. 金属锯及痕迹

金属锯一般用来锯割金属客体。随着制造工业的发展,金属锯的结构、功能有了很大发展,目前电动代替人力,盘式代替条形,改进了传统的徒手操作、锯割稳定性差的不足,降低劳动强度,提高了锯割精度。从刑事案件现场上锯割破坏客体的情况看,各类锯割工具中传统的钢锯携带方便、操作等优点,现场出现率较高。

典型的钢锯由锯弓、锯把、锯条组成,前推起切削作用,如图 5-37 所示。锯割形成的痕迹与木锯锯割痕迹大同小异。主要区别在于由于钢锯锯齿较小，锯割屑细小，锯割展平面较平整，一般不出现单齿痕。

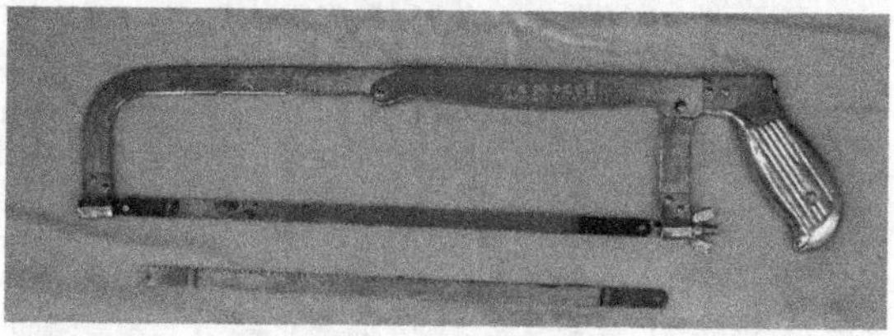

图 5－37　钢锯

（二）锉及其痕迹

1. 锉的种类及结构

锉是多齿切削工具，按用途分为有木锉和金属锉两大类。木锉用于锉木料和橡胶、皮制品等客体。金属锉分普通金属锉和组锉（也称什锦锉）两种，主要用以锉磨金属客体。按头部形状分有长方形、方形、棱形、角形、半圆形、圆形及锥形等锉具。

木锉与金属外观形态、结构上无明显差异。它是用高碳工具钢 T_{12}、T_{13} 或 T_{12A}、T_{13A} 制成，并经热处理淬硬。锉刀的硬度在 HRC62 ~ HRC67。锉刀的长度规格有 100mm、125mm、150mm、200mm、250mm、300mm、350mm、400mm 和 450mm。锉各部位名称见图 5－38，什锦锉见图 5－39。

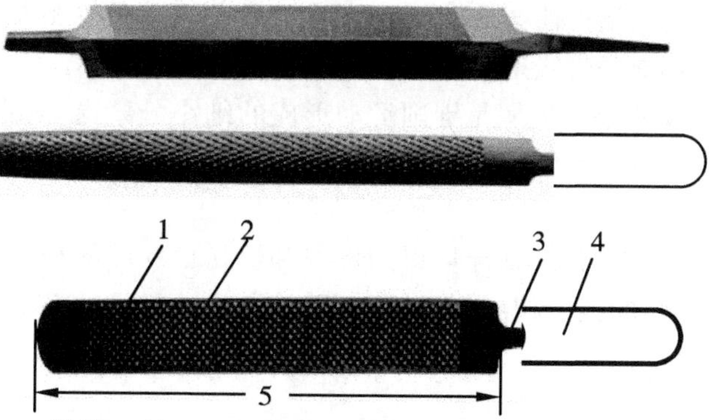

1.锉齿　2.锉刀面　3.锉柄　4.手柄　5.锉刀长

图 5－38　金属锉刀结构

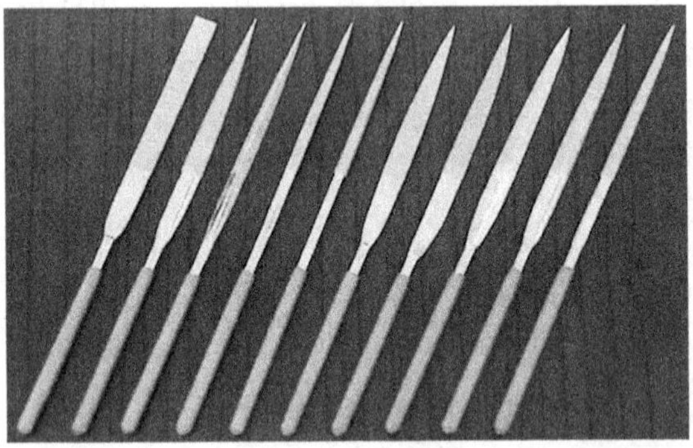

图 5-39　什锦锉

2. 锉痕形态

锉痕是用锉往返重复动作切削客体形成的痕迹称为锉痕，主要有锉断面痕迹和锉屑痕迹两种。

(1)锉削断面形态。锉削断面上反映许多递次覆盖的擦划线条痕迹，其形态特征的稳定性由锉齿、锉磨动作以及客体机械性能。当客体硬度较小时，如果运锉时压力是逐渐减小，则单齿痕辛状线条，其沿锉削方向逐渐变窄，末端有拉伸翘起。如果停锉仍有压力，单齿痕呈带状线条，前端留有丘状堆积物。当客体硬度较大时（如铸铁、钢棒），单齿形成的带状线寢窄，这是因为客体硬度大，锉齿进给量小而形成的。如果运锉压力是逐渐减小，带状锉痕前端往往会有小坑，这是由于锉削客体发生断裂形成的。如果止锉时有压力，单齿痕形成的带线条前端往往留有未断裂脱落的锉屑。

(2)锉屑的痕迹形态。锉屑是锉削运动形成的细小分离物，锉的形态多种多样，其大小差异很大，这不仅与锉纹粗细，锉齿进给量有关，而且很多锉屑是在二次作用下产生断裂、变形而形成。

如果锉削形成了锉切口，则锉切口的形态和锉切口断锉的种类和规格。根据锉削面上最后一次锉削痕的锉的相互位置、距离可推断出锉齿纹的粗细。根据锉屑的态推断锉纹粗细。

（三）钻具及其痕迹

钻具主要用于坚硬客体上打孔或破坏。按照其用途可分为木钻、金属钻和其他钻三种。按照动力方式不同又可分为电钻和手摇钻两种。钻削所形成痕迹的总体形态表现为被破坏客体上的孔洞状和大量的屑末。孔洞又有通孔钻痕与盲孔钻痕两种情况。

1. 木钻及痕迹

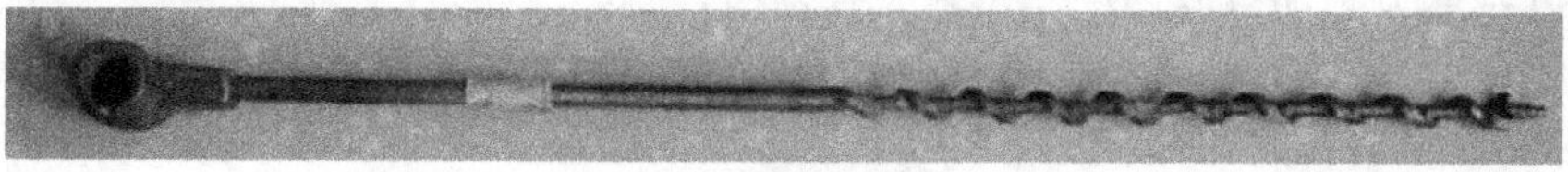

1. 木钻头　2. 螺旋杆　3. 钻柄

图 5－40　木钻结构

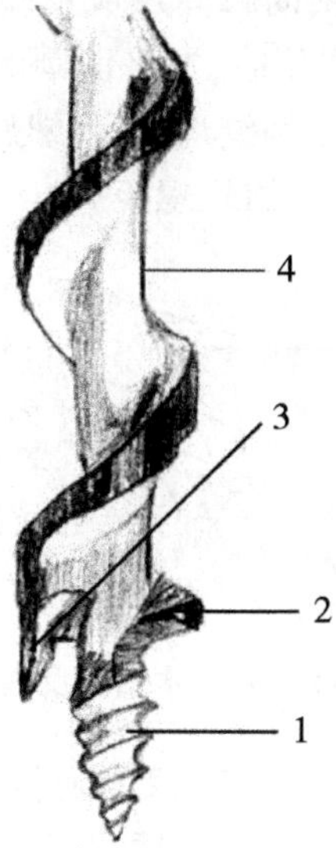

1. 螺旋尖　2. 切削刃　3. 翼子　4. 螺旋杆

图 5－41　木钻头部结构

(1)木钻结构。木钻是用以钻削木质客体,通常是木质材料加工、制作、安装等常用工具,其结构包括钻柄、螺旋杆与钻头三个部分组成,如图 5－40 所示。钻柄末端安装有横向的如力杆,起传导人手肌力的作用;螺旋杆,在钻削过程中引导屑片的运动方向并将屑片倒出洞外形成钻屑;钻头是主要发挥割削功能的部分,包括切削刃、翼子、螺旋尖三个结构部位,如图 5－41 所示。其中,呈横向、前端较薄的切削刃,在切削过程中发挥层次切削作用,逐层实施切削;纵向的切削刃部称为翼子,有的书籍也称作纵向切削刃,切削过程中主要足将孔洞四周的木纤维切断,起着切边的作用;处于最前端的至结构部位称作螺旋尖,它首先接触到客体表面,深进后确定后续计削动作的圆心,起定位作用。正是在三者的配合下才能完整的切削

(2)木钻痕反映。总体形态呈圆形孔洞状反映,有盲孔与通孔两种情况。盲孔木钻痕包括钻孔口痕迹、孔壁痕迹、钻孔底痕迹、钻屑痕迹;通孔木钻痕无孔底痕迹反映。

孔口痕迹,形状上一般呈圆形,其形状受到持械人操作手法与客体软硬度的影响而

不同；钻孔内径的尺寸可以反映钻头直径大小。操作不熟练形成的内径还要大一些。孔口处纤维或毛刺偏转方向即是钻头旋转方向，一般为顺时针。

孔壁痕迹，螺旋杆在进钻倒屑时形成的凹凸线痕和沟痕，为右旋向螺纹。木工钻因停顿、倒钻而形成孔壁粗糙，毛刺多；孔壁上螺纹间距反映钻的规格，一般钻头尺寸大的对应螺距也大，孔壁上花纹粗。硬杂木上孔壁痕迹反映好，松软木料反映很差。

孔底痕迹与钻的种类有关，其形成孔底包括三种反映形象，如图 5－42 所示。一是平面圆状，切削刃层次切削后在停钻的瞬间形成反映形象。圆的直径反映钻头直径。二是竖直沟槽，为翼子在发挥切边作用时，在平面圆的周边形成竖直方向凹下的沟槽，反映翼子与切削刃的相对高度。三是细纹沟痕，为螺旋尖在孔底痕迹的中心部位形成，应重点利用定位螺栓特征：长度、螺纹数量、螺距等。

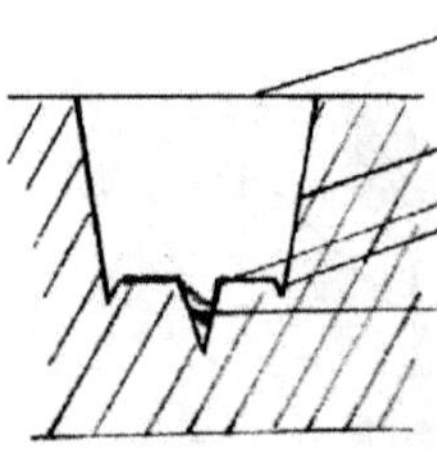

图 5－42　木钻痕反映

钻屑痕迹，形态上有碎片状、块状。形态受多种因素影响：木材软硬程度、干湿度、用钻力度、刃口锋利程度等。刃口锋利，材质软硬适当，干湿度合适，进钻力较大时易形成面积较大的块状钻屑。大面积块状钻屑主要以其上凹凸起伏的线痕反映钻刃部结构特征，表面的缺口、卷刃、凹凸特征等是认定钻具的依据之一。

2. 金属钻

(1)金属钻种类及结构

按动力方式不同，将金属钻可分为手摇钻和电钻，如图 5－43、图 5－44 所示。电钻主要用于机械制造，建筑，造船等部门。由电动机、减速箱、手柄、钻卡头(轧箍)、电源连接装置等部件组成，具有工作状态稳定、旋转速度快、操控者省力等优点。手摇钻由木手柄、方向木手柄、转动木手柄、转动齿轮、钻卡头(轧箍)组成，由于操控者施力，其工作状态不稳定、旋转速度慢、操控者费力较大。

无论哪一种钻，均是以钻头旋转削割达到打孔或破坏的目的，而常见的钻头形状、规格多种多样，如图 5－45 所示。常见的主要以麻花钻头为主，如图 5－46 所示。麻花钻头的结构由切削部分、导向部分和尾部三部分组成。切削部分呈尖状，有一尖三刃之称，即切削主刃、切削副刃和横刃。切削时，先是由钻头的横刃定位，并在齿轮带动下钻头绕横刃顺时针转动切削，此时切削主刃进行层次剥脱，副切削刃排屑削壁，最后形成孔洞及其痕迹。

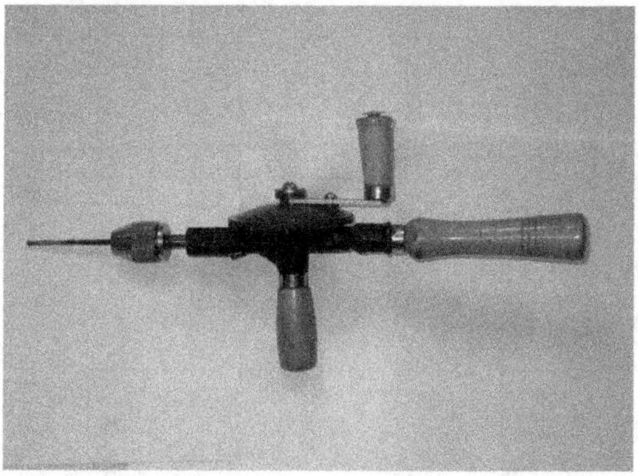

图 5－43　手摇钻

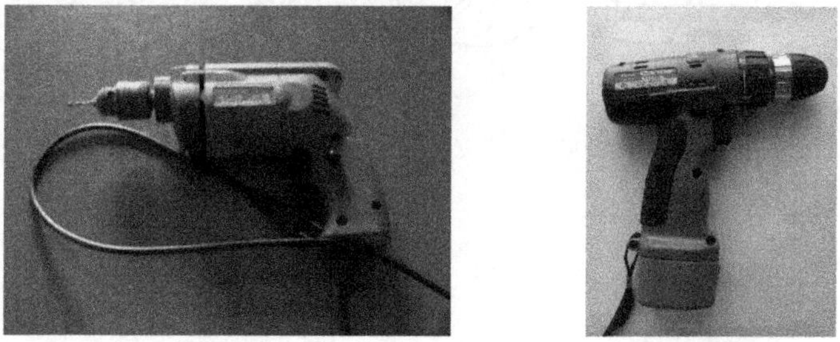

(a)电钻　　(b)充电式电钻

图 5－44　电动钻

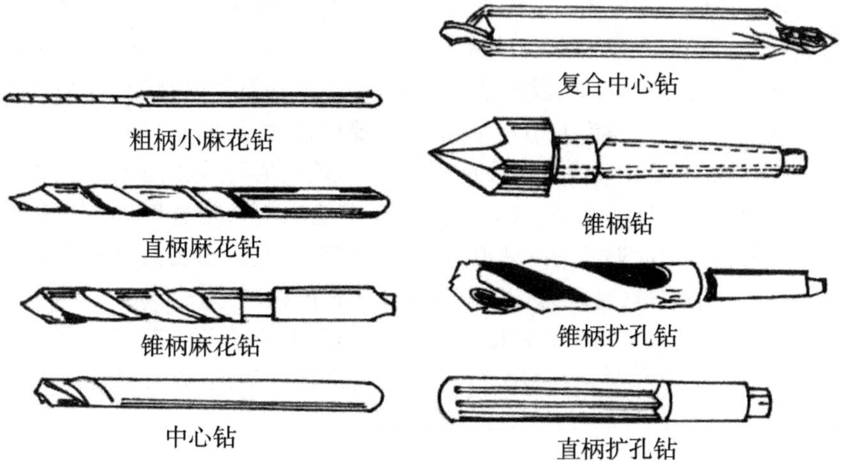

图 5－45　常见金属钻头

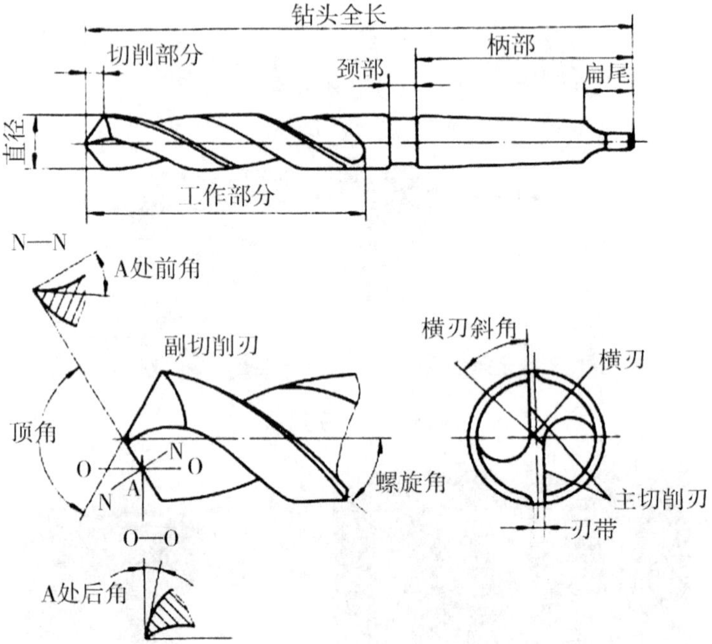

图 5－46　麻花钻头结构

(2)金属钻痕迹

主要有孔口痕迹、孔壁痕迹、孔底痕迹、钻屑、轧爪痕迹等，其痕迹特征反映比木钻留痕要多且如图 5－47 所示。

孔口形状与持械人的使用钻具手法的、技巧有关，手法生疏其形状在圆形基础上变化大。从钻具，电钻多形成圆形形状，较规则，而手摇钻由于钻削同样客体所需的时间长、左右偏摆概率大，导致口部形状的改变，多呈岑形或椭圆形，边缘有外翻痕迹。钻孔内径大小与持械人手法和钻头大小有关，手法生疏内径大，形成孔口内径尺寸与钻头直径接近；而手摇钻所形成孔口内在钻头直径大，具体偏差值与手法、客体软硬程度有关。

除了上述两种痕迹反映之外，在孔口周边还可能出现钻削过程中由于定位不准确而钻头在客体表面打滑而形成的跳钻痕迹；当钻透客体时，轧箍突然撞击客体表面而在表面留下压痕或滑动痕迹，呈现为弧形条状脉抛擦痕的结合形态。

孔壁上，钻头上的颈部与其紧密接触挤压而形成，其上多数情况下没有切划纹线反映，多次挤压后留下其螺旋结构的花纹形态，花纹与颈部的螺旋槽的螺纹相对应，呈右旋向的螺纹带。

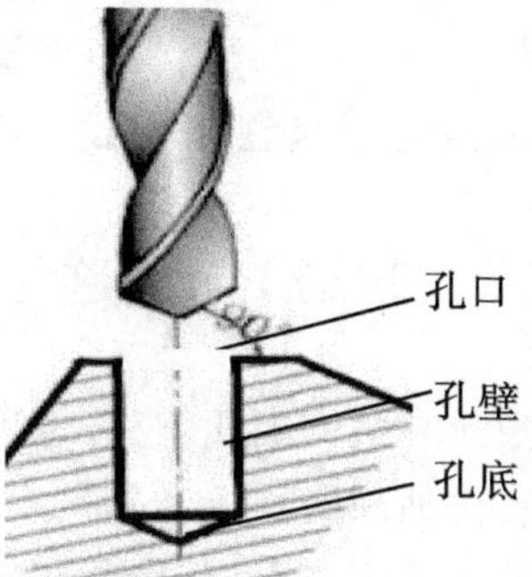

图5－47　钻孔形态

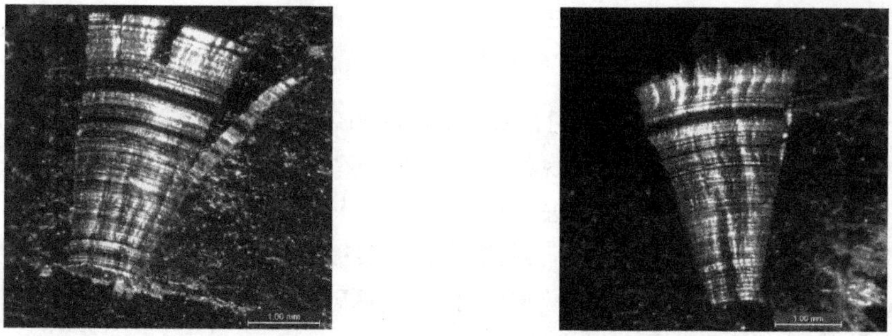

图5－48　钻屑痕迹形态

孔底为最后一次钻削所形成，其形状呈锥形，与钻头顶端形状一致，反映出钻头顶端锋角。由于钻削过程中对底部的切削、挤压而导致在孔底部中心形成印压痕反映，一般是钻头前端的横刃滑动挤压而形成，常见三角形、圆形、桃形等反映形态孔底锥面上弧形线痕：孔底锥面上弧形线痕为最后一次钻削动作钻头上的主切削刃层次切削所形成。凹凸起伏线痕反映钻头主切削刃上的凹凸点状特征。由于金属钻头的主切削刃对应出现在钻头上，180°有一个主切削刃，因此，孔底锥面上弧形线痕所形成的痕迹，圆锥面上的切划纹线360°内不连贯。

钻屑是所有的钻削活动都会留下的部分，是由主切削刃的层次切削形成的切离块经过颈部螺旋槽的倒引作用倒出洞外而形成。从形态上看有碎末状、片状、卷曲条状等，如图5－48所示。钻屑一般呈弯曲形态，凹面为上一次动作的底部，为主切削刃及其上刃面所形成，在切削过程中以及在螺旋槽中运动挤压过程中，其形状变化大，其上的纹线消失，留下横向的皱褶纹线，没有检验价值；钻屑下表面为主切削刃及其下刃面所形成，形态上呈一个凸面，其上的纹线为某一主切削刃局部所形成，检验中可以加以利用。

轧爪痕迹是竖条状或横条状反映形象。该痕迹是通过钻头认定钻具的依据之一。

钻痕种类特征：孔口内径大小，孔底（盲孔）形状，角度等细节别特征；孔底表面上凹凸线痕；钻屑下表面凹凸线痕；金属钻跳钻痕，轧箍痕内凹凸线痕等。

第五节　现场工具痕迹的勘验

大多数案件现场均与工具痕迹有关。因此，充分理解工具痕迹在现场中的作用，认真做好工具痕迹的勘验工作是案件侦破的前提和基础。所谓工具痕迹的现场勘验是指寻找、确定、和采取案件现场上的工具痕迹，分析推断作案工具，为案件侦查提供线索和证据的综合性工作。勘验工作的好坏直接影响案件的侦破工作，因此，必须依照法定程序，全面、细致地勘验，才能发挥工具痕迹在侦查和诉讼活动中的作用。

一、寻找、确定现场工具痕迹

（一）寻找的重点部位

案件现场工具痕迹一般以撬门压锁、破窗挖洞、持械破坏、持戒行凶等方式出现。因此，寻找此类痕迹时重点应注意观察以下部位：

1. 从现场的封闭物、障碍物上去寻找

现场的门、窗、墙及锁的装置等，用来封闭着某一空间，阻碍着犯罪嫌疑人的活动。为了达到犯罪目的，嫌疑人常常持械破坏封闭物、障碍物而留下工具痕迹。

2. 在被破坏或侵害对象上寻找

被破坏或侵害对象，如盗割电线、电缆，盗取拆卸某种器件，破坏林木或某种设备等，常常因工具撬、砸、剪、割而留下工具痕迹。

3. 沿犯罪嫌疑人逃离现场的路线寻找

有的犯罪嫌疑人逃离现场时常常把破坏的锁、锁具带走，顺路抛丢或沿途藏匿。勘验时应按足迹或车辆轮迹追踪，在犯罪嫌疑人逃窜的路线上寻找痕迹物证，在足迹或车辆轮迹周围发现被破坏物或作案工具，特别注意洞坑、河流、窨井处有无工具痕迹物证。

4. 在犯罪嫌疑人的住所及隐蔽处寻找

犯罪嫌疑人有时可能将作案工具遗弃在居住现场及周围环境中，有时也会留有作案工具形成的"遗留样本"痕迹。此外，也应在现场及住所的隐蔽处，如墙角、箱柜下，注意寻找工具痕迹等。

（二）寻找工具痕迹中的微量物质

工具痕迹中经常发生物质转移现象，应仔细观察、注意发现，以便充分利用工具痕迹伴生的微量物。工具痕迹中常见的微量物质出现的情况主要有：

1. 从作案工具上分离下来的残渣、碎屑、斑痕、点渍；

2. 从犯罪嫌疑人衣着、手套等物质上面分离下来的某种纤维；

3. 作案工具上附着的现场上的某些物质，如现场被撬客体上附着的木纤维、油漆、玻璃腻子等；

4. 犯罪嫌疑人的衣着、手套上附着的现场上的某种物质，如犯罪嫌疑人持械破坏时，从被破坏客体上分离下来的残渣，很可能附着在嫌疑人的衣服表面、衣兜内或手套上。

（三）确定工具痕迹

犯罪现场上发现的痕迹并非都是犯罪痕迹，因此，有必要判断是否工具形成的痕迹以及是否作案时形成的工具痕迹。

1. 区别动物造成的痕迹

一些动物因生理或生存的需要，在某些客体上引起的变形。如老鼠咬切塑料、牛角顶人、猫爪划痕等，分别与钳剪痕迹、打击痕迹、划割痕迹相似，应注意区别。区别时要注意了解当地动物活动规律，分析现场环境情况，观察被破坏客体痕迹的形态特点，寻找现场分离物，进行现场模拟实验。

2. 区别自然形成的痕迹

因气候、环境、理化因素等自然现象引起客体的变形，如客体受风雷电等作用引起折断，化学腐蚀引起容器受损爆炸等，这些变形有时与工具痕迹类似。勘查时要了解当地当时的气候环境，做客体的断口分析，进行强度校核，也可模拟现场情况实验等。

3. 区别案前留痕

案前留痕是指发案前生产加工或安装使用时在客体上引起的变形，如门、窗、柜、箱、锁等客体形成的变形。它与犯罪行为无关，但又容易与犯罪过程中的留痕相混。勘查区分时要注意观察痕迹的新旧程度、被破坏客体与周围的环境，变形与整个工痕的搭配关系、变形与附着物的关系等。

4. 区别案后留痕

案后留痕是指发案后因现场保护不当，客体保管不当引起的新变形或因提取、包装不妥、实验未做标记等引起的变形。案后痕迹常常与案中的工痕交织在一起而真假难分。区别此类痕迹要注意做好调查访问工作，客体变形的出现规律，必要时可做现场实验，根据客体情况判明案后引起的变形。

二、工具痕迹的提取和固定

（一）现场工具痕迹的提取

工具痕迹的可采取有照相提取、实物提取和制模提取三种方法：

1. 照相提取法

照相固定提取法是工具痕迹提取的最常用的方法。一般要拍照现场工具痕迹的概貌、局部和细目特征照片。应反映出痕迹所在的位置、方向与周围物体的关系，也要反映出痕迹的轮廓和细节特征的形态。

2. 实物提取

提取带有工痕的客体，是提取工痕最直接的方法，对于小客体（如锁具、折页等）可直接提原物。客体较大时，可拆卸、割下原物部分，以保全痕迹的细微特征。

3. 制作模型提取

对于不能提取原物的现场工具痕迹，可采取制模的方式提取。根据痕迹的类型、大小、深浅，可采用以下三种方法：

(1) 硅橡胶提取法。取适量的硅橡胶放置在一块干净的玻璃板上，滴加几正硅酸乙酯和月桂酸二丁基锡，调拌均匀后轻轻地涂在痕迹上，待凝固后，从硅橡胶的边缘轻轻掀起并放置比例尺拍照。

(2) 硬塑料提取法。硬塑料是牙科用品，别名打样膏。根据痕迹的大小，手掰或刀切适量的硬塑料，将其放入盛有温水（60℃～80℃）的杯子中，软化后取出，用手揉几下，整体软硬适宜，表面光洁，甩掉上面的水珠，将其直接按压在涂过甘油酌痕迹表层，等待5分钟左右，随着温度的降低，硬塑料呈硬块状，这时可在边缘取下浇铸的模型。

用硬塑料提取痕迹，千万不要忘记在痕迹表层涂抹甘油。否则，硬塑料粘连在痕迹上，不但不能提取痕迹模型，反而会破坏痕迹特征。

(3) AC 纸提取线条状痕迹。提取线条状痕迹，主要利用 AC 纸（醋酸纤维素薄膜）。AC 纸具有高渗透性，透明度好，遇丙酮易挥发融解等特点，适于提取金属表面的线痕。具体操作时，将事先制作好的 AC 纸用剪刀剪取比线痕面积稍大的一块，用镊子夹住边缘放在丙酮溶液中浸泡，待 AC 纸变软后取出，贴在痕迹上；从一侧向另一侧赶压（压紧后再在上面覆盖一张 AC 纸，同方向赶压，使上下两张 AG 纸融合在一起），融解的 AC 纸附着在痕迹表面，而将痕迹特征复印在 AC 纸上。约 10 分钟，丙酮完全挥发，揭下干透的 AC 纸即可。操作过程中注意 AC 纸在丙酮中不要浸泡过软，以能支持本身重量为宜。

提取痕迹后，有条件者，可将其放在真空镀膜机上喷镀一层，以增加反差效果（真空镀膜机的使用参见手印显印实验）。

4. 微量物质提取

微量物质，可采用原物提取、直接法或间接法。在提取过程中应注意微量物的污染，读者可参阅相关书籍掌握方法。

（二）现场工具痕迹的固定

工具痕迹的载体（承痕体）的种类多，性质亦不相同。有的承痕体因形成痕迹后由于自身结构的变化而变化，有的承痕体因受环境的影响而变化，也有的因受人为的作用而变化。为了保持现场痕迹的"原始状态"，既不破坏原有痕迹特征，也不产生新的痕迹特征，以利于分析鉴定，就应根据不同承痕体的条件，做好对现场痕迹的固定（保护）

工作。

三、工具痕迹的包装和运送

(一)工具痕迹的包装

检材实物在运送过程要遵循"不破坏原有痕迹特征,不产生新的痕迹特征"的原则,采取一定的方法保护检材和提取的嫌疑工具,可放在有支撑架的木盒或纸箱内,稳固地包装,也可用塑料薄膜把检材包好,放在木盒或纸箱内固定好。对于木质客体上的工具痕迹,可采取封盖的办法包装;生长木上的工痕或用三氯甲烷溶解有机玻璃,将溶液涂在检材表面,生成一层白色薄膜起到防止脱水的作用;植物根茎上的工痕,可采取塑料袋注少许水,将其放入防止干缩腐烂;泥土坯上的工痕,要先在表面喷水雾湿润表层,用脱脂棉包裹后,再用牛皮纸或纺织品包裹。

(二)金属检材的防锈

金属检材的保护是很重要的,否则极易生锈,特别是在比较潮湿的地区,更易生锈而破坏工痕特征,影响检验甚至失去鉴定条件。防锈方法有:在检材表面涂一层工业用凡士林油即黄甘油;用有机玻璃封盖,使检材与空气隔离,防止氧化;用防潮纸、蜡纸、电容器纸等包裹;将检材放入装有防潮剂的玻璃器皿中。

(三)金属检材的除锈

金属检材生锈,特别是在工痕的特征部位上生锈,必然影响检验。检验前需要除锈,可视锈蚀程度处理:轻微锈蚀,可用丙酮或酒精擦拭;血垢锈蚀,可采用双氧水擦拭;严重锈蚀,可利用水介质振荡除锈或用酸、碱擦拭除锈。

四、工具痕迹的分析

根据现场工具痕迹形成机理、形态反映、工具使用情况,对案件性质研判,刻画犯罪嫌疑人、串并案件侦查等一系列分析判断过程称为工具痕迹的分析。正确分析现场工具痕迹为案件侦破提供重要的线索和依据。

(一)分析工具痕迹,揭露伪造现场

在现场勘验过程中,有时遇到伪造的现场,伪造这种现场的人,通常使用工具制造某种工具痕迹来掩盖事实,企图以假乱真,转移侦查视线,达到其伪造现场的目的。伪造现场工具痕迹形成的时序、分布、相互关系、作用力大小、破坏部位、破坏程度等方面会出现矛盾。利用这些矛盾,鉴别假象及时揭露伪造现场行为,以保障案件侦查方向和范围的准确性。

(二)观测工具痕迹,推断作案工具种类

根据现场工具痕迹的形态特征,判断是何种工具所为的分析过程,称为推断工具种类。推断工具种类是整个现场勘验的重要组成部分,现场上只要有工具痕迹,就要对作

案工具的种类进行推断。分析时可从作案工具的局部接触形状、结构功能、规格尺寸、花纹图案、组织成分等内容,逐次逐项进行。

(三)比较工具痕迹特征,串并案件侦查

把同一人或同一伙人所作的多起案件合并起来侦查称为串并案件侦查。工具痕迹能反映造痕工具的种类、工具接触部位的形态结构,有时又可以反映持械人使用工具的习惯。因此,可以利用工具痕迹串并案件,即根据工具的同一性与持械破坏习惯的同一性进行串并案件侦查。

(四)研究持械破坏行为技巧特点,刻画犯罪嫌疑人某些职业特点

在案件侦查过程中,通过勘验现场上遗留的工具痕迹的研究,对犯罪嫌疑人的职业范围、人身条件等作出的判断,对在案件侦查非常重要。分析犯罪嫌疑人的职业特点是勘验工具痕迹的重要任务之一,可以为研究案情、划定犯罪嫌疑人的范围提供线索与依据。

第六节　工具痕迹鉴定

工具痕迹鉴定是指确定现场工具痕迹是否为某一工具所留的鉴定活动。因各类案件现场上出现的作案工具种类繁多,破坏方法多种多样,影响痕迹特征变化因素复杂,工具痕迹鉴定难度较大。为了搞好此项工作,必须坚持痕迹鉴定的程序合法规范,方法科学有效,技术通用成熟。

一、受理鉴定

鉴定人员受理鉴定主要了解案情,明确检验要求,审查鉴定条件,确定是否受理鉴定。

(一)了解案情

鉴定人针对性地了解案件发生、发现的时间、地点及案件性质有助于鉴定工作。可对如下情况着重了解:

1. 送检痕迹的发现时间,提取方法,后续处理的情况。还可以了解痕迹鉴定的情况。

2. 了解遗留痕迹客体的物理属性,痕迹的具体位置、方向、高度,痕迹附近物的变动、破坏情况。

3. 嫌疑工具的所有人情况,使用、保管情况,提取嫌疑工具的方法、时间,提取后的包装、保管、运送方法,是否做过实验及实验的具体部位,实验的方法、材料。

(二)明确委托鉴定要求,审查能否受理鉴定条件

1. 要弄清委托单位对此项鉴定的具体要求,明确推断工具种类还是认定嫌疑工具。

2. 依据委托鉴定要求,结合受理鉴定单位的检验能力、设备、仪器条件,能够完成检验任务的,应当积极受理。

3. 如果在受理鉴定时,发现除了委托单位提出的鉴定要求以外,受理单位还有能力、有条件进一步完成其他鉴定,受理单位可主动帮助委托单位提出的其他事项内容,在委托单位同意的情况下,可以增加鉴定内容。

4. 如果检材不具备鉴定条件,或受理鉴定单位没有鉴定条件,不能完成鉴定要求时,应该向委托单位说明情况,不予受理。

(三)向委托单位提出鉴定必要的要求

1. 在受理鉴定中,如果发现鉴定材料不全,如只送部分现场痕迹,尚有部分痕迹未送来等,应当请送检单位补充送检材料。

2. 对应该了解的情况,送检人员一时不明确的,应该请委托单位补充说明。

3. 根据鉴定工作需要,如果条件允许,可请委托单位提供与遗留现场痕迹相同的客体材料,以便作为制作实验样本的材料。

(四)登记、保管检材

对送检材料,首先,要在受理鉴定登记簿上详细登记,如果现场痕迹或嫌疑工具较多时,应该分别编号,当场与送检人共同清点,特别是要区分现场痕迹与实验样本痕迹,千万不要弄错。其次,要包装、保管好送检材料。常用的方法是对每个案件检材,分别用专用大信封或塑料袋包装、封好,并作明显的标记,防止与其他案件的检材混淆。送检材料应由专人、专柜保管,不要随处乱放,防止弄错或丢失。检验完毕,要及时返还给送检单位。送检材料不仅在侦查过程中需要,在审判时也要作为物证出示,一甩丢失将给案件的侦破、审判带来不可弥补的损失。委托单位取回检材时,一定要有经手人签字,以备存查。

(五)鉴定准备

鉴定机构鉴定人员按程序受理鉴定事项,按照痕迹鉴定的要求,再明确鉴定要求的基础上,鉴定人员、实验室、仪器设备、鉴定方法、鉴定技术五个方面准备。

鉴定人员的组成可根据鉴定机构的实际,针对送检痕迹鉴定具体要求和难易程度,由专业资质、从事经验和老、中、青几个方面的人员组成,制订鉴定计划和措施。

根据痕迹鉴定内容具体委托要求,一般工具痕迹可在现有实验室进行。当遇到尺寸、体积过大,如建筑物体、大型零部件等可在制定安全的隔离区进行。

针对根据痕迹形态特征,主要采用仪器设备有光学显微镜,包括体视镜,比较显微镜,3D 显微镜等观察系统。同时,应准备读书显微镜,光源系统和计算机系统等。具备制作样本的常用器件、工具和必备的试剂材料。

在鉴定方法和技术方面,根据鉴定事项可以参照国家相关规定和标准,备齐相关作业指导书,采用方法要得当,运用技术要成熟先进。

二、分别检验

现场工具痕迹检验是指现场痕迹与嫌疑工具进行观察分析，确定现场痕迹可否嫌疑工具所形成。检验的任务是弄清破坏的方式、方法与痕迹种类；确认造型工具的种类特征，为进一步鉴定做好准备。

（一）观察分析形成现场痕迹的条件

通过研究现场痕迹的形成条件，分析破坏的方式、方法，力的大小、方向角度与痕迹的种类，才能明确痕迹的形成过程、形成的条件，正确进行种类推断，为筛选工具与制作痕迹样本提供依据。

（二）鉴别重叠与变化的痕迹

现场工具痕迹的形成，受行为人的心理、职业特点、现场客观环境和客体条件的制约，使行为人持工具开始运作、中途运作与中止运作过程有不同程度的随机性、变异性。因此，现场上有时出现重叠与形状变化的工具痕迹，需要我们进行观察区别，确定现场痕迹的轮廓形状与细节特征。

（三）确定现场工具痕迹特征

现场工具痕迹有的特征清楚、稳定，有的特征模糊、不清，有的特征重叠、变形，有的痕迹一些特征清楚、稳定、一些特征模糊、变形。因此，要对每个痕迹的特征进行认真、细致地观察、分析，从中选择出具有一定数量的、稳定的、特定特征的痕迹部位，作为比对检验的特征比对所要检验的部位。

（四）检验嫌疑工具

1. 分析嫌疑工具形成现场痕迹的条件

根据现场痕迹的形态反映、承受客体的材料特性，对嫌疑工具的结构、功能、材料特性加以分析、确定现场痕迹形成的条件。通过分析工具是否具备留痕条件，筛选出具备形成现场工具痕迹的工具，可能是一件也可能是多件，其中是否有作案工具，需要在比较检验来确定。

2. 确定痕迹形成部位

确定工具留痕部位，是制作实检样本的前提。检验过程中要注意工具痕迹与工具表面特征凹凸像相反、旋向相反特点。结合现场痕迹特征遗留位置确定对应的留痕部位，如凹形痕迹中现场痕迹特征在左侧，留痕部位则应在工具的右侧，现场痕迹特征在右侧，留痕部位则应在左侧。

（五）痕迹样本

1. 制作实验样本

用嫌疑工具可能留痕部位，在适当材料上模拟现场痕迹形成的动作实验，制作的痕迹称为实验样本。制作实验样本的目的：（1）把工具上的特征变成与现场痕迹凹凸结构相一致的特征,以便比对检验;(2)验证现场痕迹形成的条件与受检工具是否具备形成现场痕迹的条件;(3)验证受检工具遗留痕迹的部位;(4)确定特征的质量、数量,区别真假特征,为进一步比对检验找出根据并做好准备。

2.制作实验样本的基本要求

(1)选用适当的实验样本材料。原则上要选择与承受客体的物理属性相同的材料,应具备软硬度适当、干湿接近、物质结构、塑性适合,防止因选材不当而破坏了工具上面的特征,尤其是用锋利的工具进行实验时,更要防止损坏。

(2)持械动作要一致,破坏动作影响痕迹的种类也影响特征的质量。如按压与打击都形成凹陷痕迹,但两者的变形机理不同,特征反应有所区别;上下夹压与拧动夹压都属于夹持撬压,但因动作发生变化,特征也有差异。

(3)受力大小要一致。作用力影响客体破坏的程度,也影响特征的反应程度。在分析擦划痕迹时曾分析到压力大小即影响线痕的数量,也影响线痕的质量。凹陷痕迹中压力小时,工具表面凸起特征接触客体留痕;压力大时,除凸起特征外,凹陷特征也接触留痕。

(4)受力方向角度基本相同。方向、角度的变化能引起痕迹种类的变化。如垂直打击以凹陷痕迹为主,倾斜打击就有线条痕迹,当近似平行客体表面打击时就以线条痕迹为主。方向角度变化有时还会影响特征的质量变化。如线痕的前角与偏角变化舍影响单一线痕的宽度、凹凸性、线痕间距,线痕总体数量的变化,在制作样本时要观察形痕的方向角度,尽量接近现场形痕的角度。

(5)嫌疑工具的部位要准确。满足上述四个条件是后续比较检验的基础,而准确选取工具部位是关键。工具留痕的部位随机性很大,一把工具留痕部位很多,如钳剪断头要考虑上下刃、里外刃以及前、中、后部刃等部位。

3.寻找遗留样本

在发案后,因某种原因工具严重磨损变形,或某人有持工具作案的嫌疑,但找不到作案工具而失去了直接用工具制作样本的可能性。此时,要设法寻找遗留样本,即作案工具在发案前或发后不久遗留在其他物体上的痕迹。可利用该痕迹作为比对现场迹的样本。

三、比较检验

比较检验,也称比对检验,是指比较现场痕迹与嫌疑工具(或样本痕迹)的特征的一致性进行比较,确定两者特征间的相同点和差异点的检验过程。比较时应把现场痕迹、嫌疑工具及样本痕迹客观地联系起来,实事求是地互相认证、互相补充。

(一)比较检验的方法

比较检验有特征对照法、特征接合法和特征重叠法三种,检验鉴定中可根据实际工作需要灵活选用。

1. 特征对照法

把被比对的客体并列放置在同一视野下，对两者的各种特征进行比较观察的检验方法。该方法多适用于凹形痕迹。比对过程以观察现场痕迹的实物为主，辅以模型，对照嫌疑工具实物与样本痕迹，逐一比对特征的具体形状、大小、凹凸性、位置分布、间距等。特征比对法常用的有特征直接对照、标画形态对照和勾画几何图形对照等方法。特征直接对照是直接比对特征形态，标画形态对照是依据痕迹局部轮廓形态进行比对，勾画几何图形是利用特征间的几何关系进行比对。

2. 特征接合法

将被比对的现场工具痕迹与样本痕迹排列一致，使两者部分互相连接，观察分析两者交接处的痕迹特征是否自然连贯的检验方法。该方法主要适用于线形痕迹。利用比较显微镜，将检材痕迹与样本痕迹从各自的物镜反映到目镜上进行接合，观察两者间的线痕宽窄，凹凸线的深浅、形状，线痕间的间距，线痕的走势流向等是否一致。

3. 特征重叠法

将被比较的现场痕迹与样本痕迹分别反映在可透明的物体上相互重叠，通过透光比较两者特征是否符合的检验方法。它是一种辅助方法，仅适用于图像比较简单，界限明显，轮廓清晰没有明显变形的凹陷痕迹。重叠观察检验两者的边缘是否一致，特征的形状大小、位置是否重叠一致。

（二）比较观察

1. 比较种类特征

工具痕迹的形态种类特征一般反映工具的轮廓、大小等。因此，无论是凹形痕迹，还是线形痕迹，首先对痕迹轮廓形态的比对，决不能忽视材料成分、色泽、轮廓、形态的比较。当种类特征基本一致时方可进行细节特征的比较观察。如果种类特征存在本质差异时，可以提出否定意见。

2. 比较细节特征

在种类特征相同的基础上再进行细节特征的比对检验。比对痕迹的凹凸点状、条形特征，或凹凸线形状特征是否相符。应在检验现场痕迹中确定的比较检验部位与样本痕迹进行比对观察，但是不能放弃其他部位的比对观察。对于有比对检验条件的特征部位，至少要比对两个或两个以上，如果发现两个或两个以上特征部位的比对结果一致，必将会为鉴定意见（认定或否定）提供充分的依据。如果发现一个部位特征与样本痕迹特征相符，而另一个部位特征不相符，这时就应研究出现这种情况的原因：一是痕迹不相符合，比对时出现了错误；二是痕迹符合，但特征有变化。在这种情况下，应当深入研究，重新检查检验过程是否正确、充分，从中找出原因。

比较观察时应掌握以下几点：

(1)比较显微镜要从低倍到高倍,再从高倍到低倍进行,如此往复细致地观察。

(2)观察中光源可用小型聚光灯,配上不同颜色的滤光片,增强反差,以提高成像效果。

(3)检验中用分规测量特征的距离、分布,用量角器测量痕迹的周边角度,特征的角度、位置,必要时用读数显微镜准确地测量出特征之间的距离位置。

(4)比对时不要把工具直接放人现场痕迹中,防止磕碰损坏仪器和原有痕迹特征。

四、综合评断

综合评断是对比较检验中发现的特征符合点和差异点进行科学的分析判断的过程,也是整个鉴定工作的自我评估过程。通过研究痕迹特征的细节与相互关系是否构成特定性,能否作出同一认定意见。综合评断是认识过程的一个飞跃,经过"去伪存真,去粗取精","由此及彼,由表及里",找出现场痕迹与作案工具的内在联系。

要研究现场痕迹的形成过程、变化规律、影响因素,评断痕迹特征的特殊性与稳定性、质量与数量,论证鉴定意见的科学依据。当特征客观存在,本质相符即可得出认定同一意见,当特征虚假,非本质相符,则得出否定意见。

工具痕迹鉴定,是一项比较复杂的工作,要求我们在整个鉴定过程中,对每个问题的分析都要实事求是,坚持科学的态度,不断地提高认识总结经验,才能充分发挥技术鉴定的作用。

五、制作工具痕迹鉴定书

对于认定意见、复核鉴定的否定意见和司法应用所需要明确否定意见的,出具鉴定书;对于一般否定意见,只写检验意见书或以公函答复。

(一)制作工具痕迹鉴定书的原则和要求

1. 基本原则

制作工具痕迹鉴定书必须坚持的基本原则是客观性、相关性、全面性、科学性。工具痕迹鉴定书上所记录的内容,必须是客观存在的并与案件关联。检验人员必须全面检验现场痕迹和嫌疑工具,检验人员必须在鉴定书中对全面检验所见加以详细的描述和记录。

工具痕迹鉴定书应反映出检验人员在整个检验过程中,确实运用了现有科学技术方法和手段,并以自己的专业知识,对观察到的事实所做的分析、评断和意见是符合科学理论、准确可靠、令人信服的。

2. 具体要求

(1)逻辑严谨,层次分明;

(2)语言客观、恰当、准确、简练;

(3)有理有据,全面论证;

(4)形象直观;

(5)整洁规范。

(二)工具痕迹鉴定书的组成

鉴定书正文仅仅是鉴定材料的一部分。从现场勘查发现提取痕迹开始,到鉴定结束,出具鉴定书,要有严谨的控制体系保证证据链条的真实、客观有效,并通过完整的控制材料得以体现。常见的控制体系,应有对从委托、受理鉴定到对痕迹的检验、鉴定书的审批控制等环节的有效监控,才能让鉴定意见发挥最大的作用。

工具痕迹鉴定书应由文字和照片两部分组成。二者互相印证,互相补充,缺一不可。

思 考 题

1. 什么是工具痕迹?影响工具痕迹形成的因素有哪些?
2. 工具如何分类?它在侦查中有何作用?
3. 几种常见工具痕迹的类型和特点是什么?
4. 几种常见工具痕迹的特征是什么?
5. 如何寻找、确定工具痕迹?
6. 如何在现场利用工具痕迹?
7. 如何检验凹陷痕迹?
8. 如何检验线条痕迹?

附录:鉴定书范例 1

××司法鉴定中心鉴定书

××鉴字[××××]×××号

一、委托单位:××市公安局

二、送 检 人:×××

三、送检日期:××××年 ××月 ××日

四、简要案情

××××年 ××月 ××日××时许,××市××区××小区,××单元×××室发生一起入室盗窃案。

五、送检物证

被打击破坏的柜门木板一块,其上所留打击痕迹的编号为20140030J01;嫌疑人王某的锤具一把。

六、鉴定要求

现场提取柜门上的打击痕迹是否为嫌疑人王某的锤具所留。

七、检验及论证

嫌疑人王某的锤具为木柄铁锤,无商标,全长320.0mm,柄部为黄色木质绝缘手柄,打击面呈四边形结构,有倒角,锤头全长为110.0mm,打击面棱边的长度均为16.0mm,倒角的长度均为2.5mm(见照片1)。

现场提取的柜门为本色木,其上有一处打击痕迹,编号为20090030J01(见照片2)。打击痕迹为斜坡状,具有三条直边,两个倒角,相临两边互相垂直,在痕止缘处有两个凸起的特征,特征质量较好;测量锤边对应痕迹的长度为16.0mm,两个特征点距左侧端点距离分别为5.0、8.5mm(见照片3)。

模拟现场痕迹形成的条件,用王某的锤具在相同材质的本色木上制作样本痕迹,编号为20090030Y01。对样本痕迹进行观察测量,发现:样本痕迹呈斜坡形状,锤边对应痕迹的长度为16.0mm,其上有两个凸起的特征(见照片4)。

将样本痕迹与现场痕迹在立体显微镜下进行比对检验,柜门上的打击痕迹的轮廓、形状、尺寸大小与样本痕迹一致,检材痕迹与样本痕迹对应的种类特征相同;现场打击痕迹中,凹凸坑丘的形状、轮廓、位置、间距与样本痕迹均一致,相符的细节特征的组合关系具有特定性,无本质差异,构成同一认定条件(见照片5、照片6)。

八、鉴定意见

现场提取的柜门上的打击痕迹是嫌疑人王某的锤具所留。

鉴定人：××× 职称
《司法鉴定人执业证》证号：
鉴定人：××× 职称
《司法鉴定人执业证》证号：
授权签字人：××× 职称
《司法鉴定人执业证》证号：
××××年××月××日

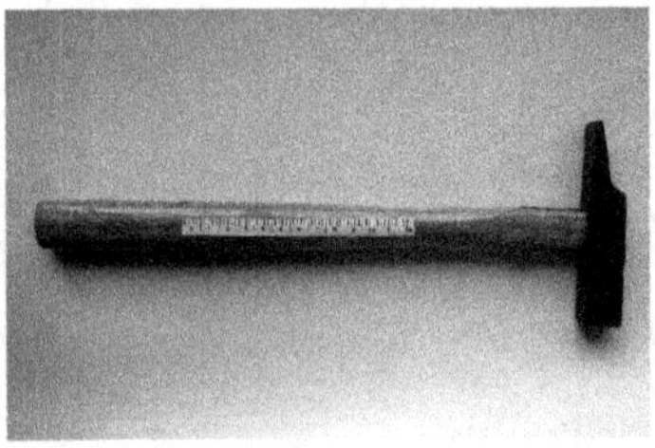

(a)嫌疑锤具概貌

(b)嫌疑锤具打击面细目

照片1　嫌疑人王某的锤具

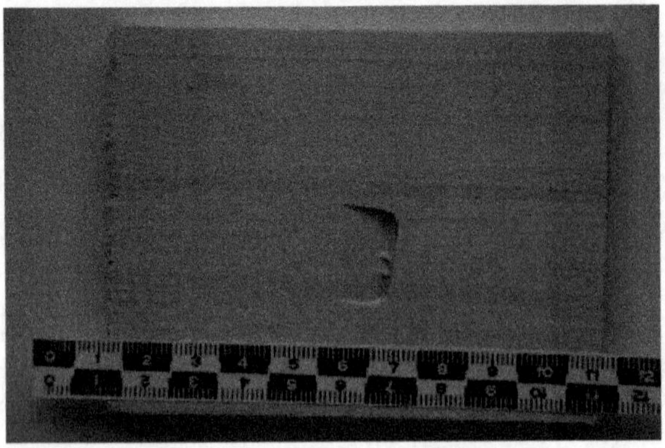

照片2　送检检材(现场痕迹)

照片 3　送检检材(现场痕迹)细目

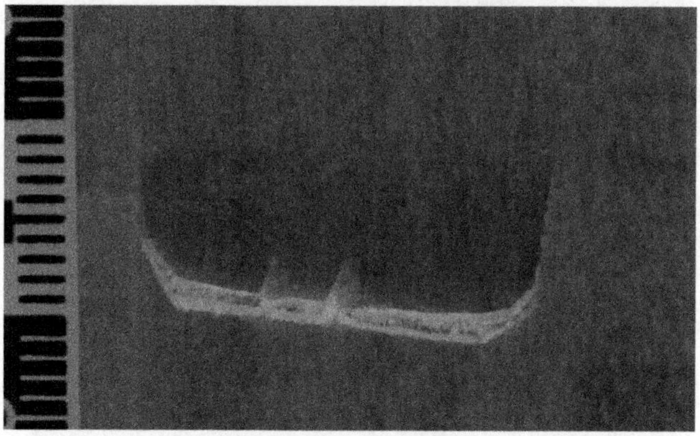

照片 4　样本痕迹细目

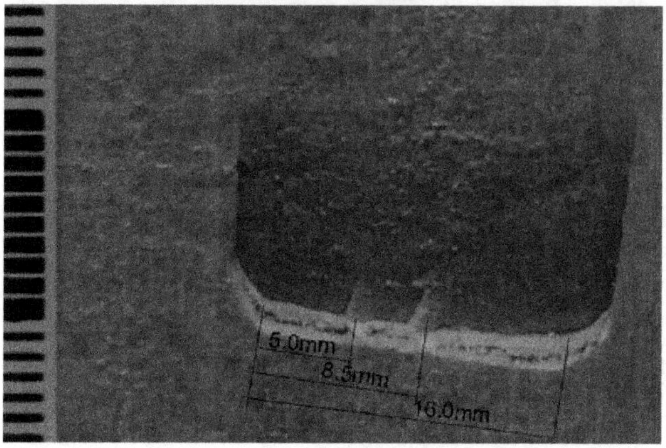

照片 5　现场痕迹特征观测

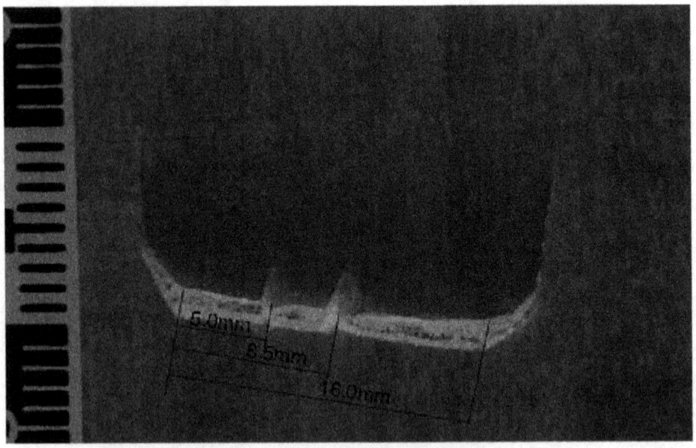

照片 6　样本痕迹特征观测

鉴定书范例 2

××司法鉴定中心鉴定书

××鉴字[××××]×××号

一、委托单位：××市公安局

二、送 检 人：×××

三、送检日期：××××年 ××月 ××日

四、简要案情

××××年 ××月 ××日××时许，××市××区××小区，××单元×××室发生一起入室盗窃案。

五、送检物证

(一)现场提取铜线断头1个，编号为20140013J01；

(二)嫌疑人李××的钢丝钳1把。

六、鉴定要求

现场提取铜线断头痕迹是否为嫌疑人李××的钢丝钳所留。

七、检验及论证

编号为20140013J01的检材为铜质客体，直径为3.0mm，长度为19.5mm(见照片1)。经检验，现场断头侧面形态呈双坡形，峰角大于90°，断头两个坡面上均有明显的横向印压痕迹和纵向切划痕迹。

嫌疑人李××的钢丝钳为前进牌，全长205.0mm，钢丝钳柄部有红色绝缘胶皮套，外刃侧为对顶弧铣纹，外刃侧上刃后部有明显加工磕碰痕迹1处；里刃侧为对凹弧铣纹，里刃侧有斜向线状修刃特征；钢丝钳的外咬合角大于里咬合角(见照片2)。

用嫌疑人李××的钢丝钳剪切与检材材质一致的铜线，制作出供检验的样本(编号为20090013Y01)，经检验，检材(编号为20090013J01)和样本(编号为20090013Y01)峰角一致；两者坡面上宏观印压特征一致(见照片3)；两者坡面上切划线条痕迹能够自然接合(见照片4)。

经论证，检材(编号为20090013J01)和样本(编号为20090013Y01)的峰角、坡面上的印压痕迹形态一致，具备种类认定条件；两者坡面上切划形成的粗大、明显、连贯的凹凸线痕能够自然对接，无本质差异，具备同一认定条件。

八、鉴定意见

现场提取铜线断头是嫌疑人李××的钢丝钳所留。

鉴定人：××× 职称

《司法鉴定人执业证》证号：

鉴定人：×××职称

《司法鉴定人执业证》证号：

授权签字人：××× 职称

《司法鉴定人执业证》证号：

××××年××月××日

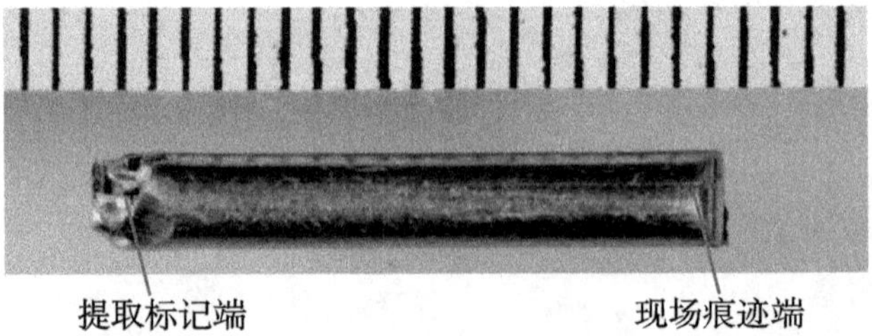

照片1　检材

外侧　　里侧

照片2　嫌疑工具

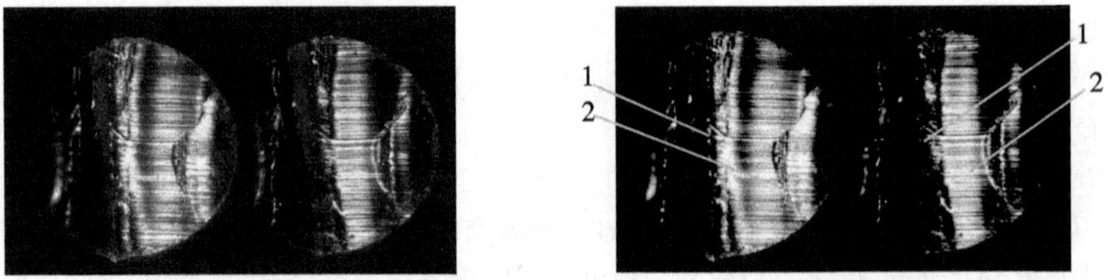

检材痕迹样本痕迹　　检材痕迹样本痕迹

照片3　检材与样本印压特征比较

检材痕迹　　　样本痕迹

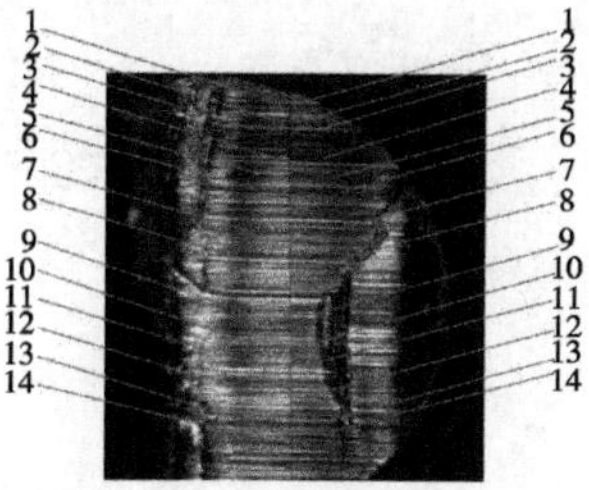

照片 4　检材与样本切划线条对接

第六章　枪弹痕迹鉴定

第一节　枪弹痕迹鉴定概述

一、枪弹痕迹鉴定的概念

枪弹痕迹，是指射击弹头、弹壳上痕迹、弹着痕迹和射击残留物痕迹的总称。枪弹痕迹鉴定是以枪械、枪弹和枪弹弹道学等作为研究对象，对涉枪案件中的枪支、枪弹、枪弹痕迹和射物残留物进行研究，为案件侦查破案提供依据，为诉讼提供证据的一项技术鉴定活动。

二、枪弹痕迹鉴定的目的与内容

枪弹痕迹鉴定目的是通过对射击弹头、弹壳和被射客体上的弹着痕迹、射击残留物检验，为案件侦查提供证据和线索，为诉讼提供证据。

枪弹痕迹鉴定内容包括如下三个方面：

第一，射击弹头、弹壳痕迹检验。射击弹头、弹壳上的痕迹反映了枪支机件作用部位的外表结构特点。射击弹头、弹壳痕迹，可用来推断射击枪种和认定射击枪支。

第二，弹着痕迹检验。弹着痕迹主要是弹头射击在目标物上形成的弹孔、弹道、弹着点等痕迹。这种形象痕迹，一般用于枪支、枪弹的同一认定，可用来分析、检验各种枪击事实。

第三，射击残留物检验。射击残留物是指枪弹击发后，从枪管、枪械机件缝隙中喷出的火药气团中含有的火药残渣、金属细屑、烟垢、油液等物屑。主要检验其成分、品种、含量，可用来确定弹种，辨别枪支是否发射和确定射击的方向、距离等问题。

三、枪弹痕迹鉴定的任务与作用

(一)鉴定射击弹头、弹壳上的痕迹,提供破案的证据

鉴定弹头弹壳上痕迹,区分发射枪种,认定发射枪支,可以由痕迹推断枪支,以枪支寻找作案人提供证据。

(二)对枪击现场进行弹道计算分析,确定枪支性能

可计测射击距离,判断射击方向、射角、落角、弹道高度、弹头飞行时间、初速、动能等问题,以弄清枪击案件的性质,作案的情节。

(三)对枪支、枪弹的特性检验

可分析枪种和弹种及其结构、性能,计算枪支的杀伤力,检查射击的可靠性,进一步解决枪支能否“走火”,枪弹能否配用枪支发射及枪支、枪弹的来源等问题,以帮助查清涉枪案件的真相。

(四)对弹着痕迹进行分析、检验

查明洞孔是否为弹孔,推断枪弹发射的时间、顺序,弄清弹头的入口、出口,分析确的性质和射击的有关事实。

(五)对射击残留物作检验

可确定是否遭受枪击或进行过射击,分析、检测枪弹的种类及其组成材料的成分、含量,判断是近距还是远距射击,以及大致的射距范围,用于弄清持枪他杀、自杀的性质

(六)对枪弹痕迹进行查档

可查明枪支归属地区,调取弹痕比对样本,研究弹痕分类、编码和特征异同,联系作案时间等特点,以串并侦破持枪犯罪的现案、积案。

第二节　枪支和枪弹

枪支和枪弹从原始的火绳枪,如弹药、火药分装,以火绳点火发展到今天可自动完成射击全过程的自动枪支,经历了近 7 个世纪的漫长历史。虽然枪支的结构性能发生了巨大变化,但枪支的基本原理没有根本性的改变,作为枪支工作能源的火药一直沿用今天。

枪支、枪弹的种类、结构、功能、特点以及射击过程等基本知识,对于研究枪弹痕迹的成痕机理、特征反映,分析枪弹弹道特性和进行弹道计算,检验弹着痕迹和射击残留物,查明枪支射击可靠性、杀伤力等,均具有重要意义。它是枪弹痕迹检验的专业基础。下文简要介绍枪支和枪弹相关的基本知识。

一、枪支

(一)枪支的定义

枪支作为一种抛射器,在军事学中的定义是指凡以火药为能源发射枪弹弹丸,用以杀伤有生力量或击毁敌方武器装备的轻型射击武器称为枪支。我国枪支管理法规定,凡利用火药气体或压缩空气等为能源,在管形部件内发射枪弹弹丸(含固体、液体、气体等),以达杀伤和破坏效能的轻型射击武器,均称枪支。枪支的口径规定在20毫米以下,其杀伤力主要有枪支的射程、射击精度、射速和作用效果等战术性能决定。除有限单位、个人可配备使用枪支外,其余人员不得使用、携带、保管枪支,禁止制造、贩卖、赠借、隐藏枪支和弹药,违者依法处理。

(二)枪支的种类

根据枪支用途、性能、结构的不同,可分类多种,下面介绍常见的几种分类。

1. 按枪支的用途分类

(1)军用枪支

军用枪支根据使用要求设计,其结构精密,威力大,精度高,射速快,射程远,主要用于作战,装备军队、武警和公安民警,常用枪支如图6－1至图6－3所示。军用枪有手枪(有效射程50米内外)、步枪、冲锋枪(有效射程达数百米)、机枪(有效射程可达一两千米),还有信号枪、狙击枪、弹道枪等。

(2)民用枪

民用枪支为打猎、练习射击、开展运动、医疗麻醉等所用,如图6－4至图6－8所示。民用枪多为霰弹、光膛,威力稍小,有的发射无金属弹丸的枪支。

(3)特种枪

供完成特殊任务,形状奇特,便于蒙混、隐藏的近距离射击用枪支。如钢笔式、照相机式、手杖式枪支等,如图6－9至图6－10所示。

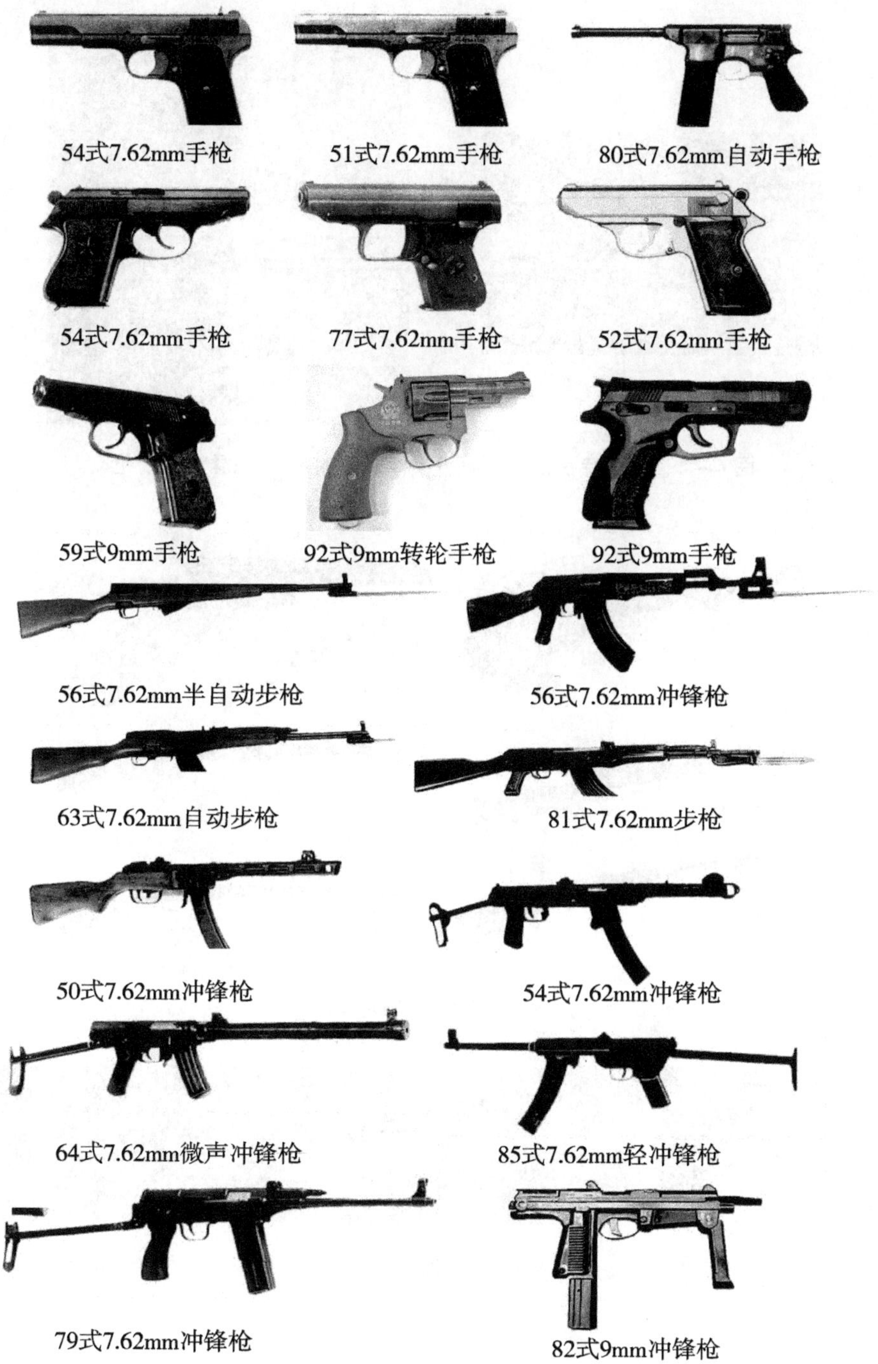
54式7.62mm手枪
51式7.62mm手枪
80式7.62mm自动手枪
54式7.62mm手枪
77式7.62mm手枪
52式7.62mm手枪
59式9mm手枪
92式9mm转轮手枪
92式9mm手枪
56式7.62mm半自动步枪
56式7.62mm冲锋枪
63式7.62mm自动步枪
81式7.62mm步枪
50式7.62mm冲锋枪
54式7.62mm冲锋枪
64式7.62mm微声冲锋枪
85式7.62mm轻冲锋枪
79式7.62mm冲锋枪
82式9mm冲锋枪

图6－1　军用枪支

图 6－2　柯尔特手枪

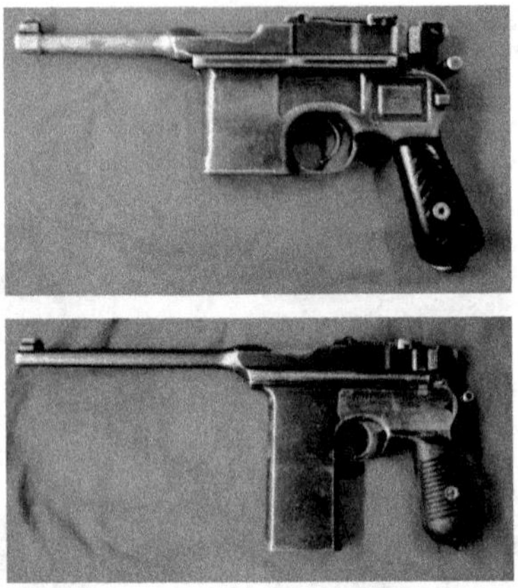

图 6－3　毛瑟盒子手枪

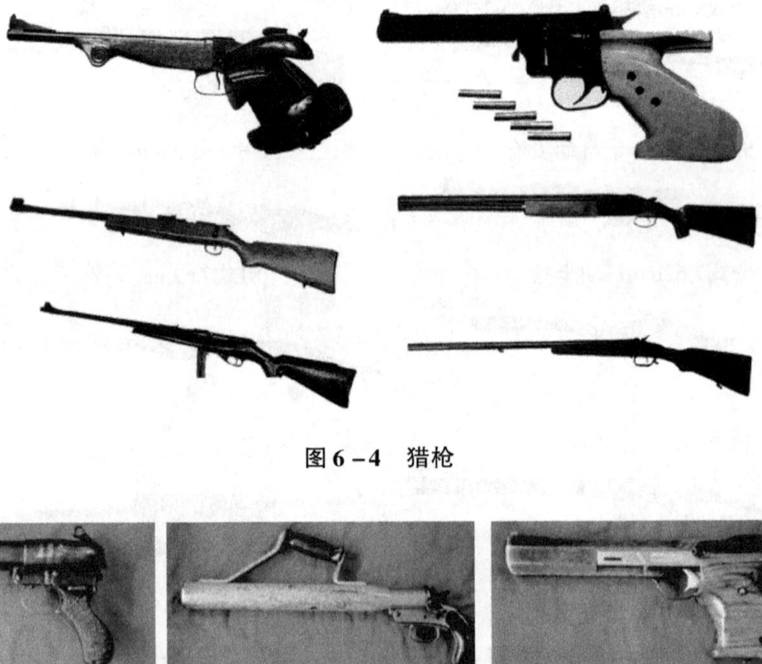

图 6－4　猎枪

图 6－5 双管信号枪

图 6－6 信号枪

图 6－7 运动小口径枪

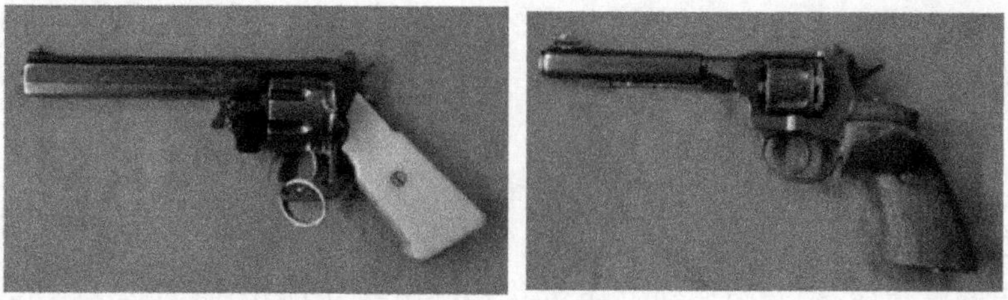

图 6－8　运动转轮手枪

图 6－9　防爆枪

图 6－10　防爆手枪

2. 按枪支的发射性能分类

按枪支的发射性能可分为自动枪支和非自动枪支两种。

(1) 自动枪支

凡是利用枪弹击发产生的气体压力，自动完成全部或部分射击循环动作的枪支称自动枪支。为满足不同的使用需求，自动枪支按其自动化程度的不同，又分为全自动和半自动两类。全自动枪支具备在一次发射后自动完成下一发枪弹的重新装填及击发动作的功能，必须能够自动完成全部射击循环动作，如 56 式冲锋枪、82 式轻型冲锋枪、80 式全自动手枪等。一般情况，全自动枪支可连发射击，射手在完成第一发弹的装填，使枪支成待发状态后，手扣扳机即可发射，若持续扣住扳机，枪支可连续射击至将弹匣中的枪弹全部射发完毕为止。装有单、连发变换机的自动枪支，将其拨到单发位置，也可单发射击，手扣扳机一次击发一枚枪弹。如果只能自动完成重新装填枪弹但不能自动击发的枪支称为半自动枪支。目前，各国装备的手枪大多数是半自动枪支，国产 79 式 7.62mm 式狙击步枪、美国 M21 式 7.62mm 狙击步枪、原苏联德拉戈诺夫 7.62mm 狙击枪等。

(2) 非自动枪支

非自动枪支是指射击循环动作均需要由射手人工操作完成的枪支，如国产 53 式步枪以及大部分民用枪支、霰弹枪、体育比赛用枪等均是非自动枪支。

(3) 转轮枪支

转轮枪支是结构、型式比较特殊的手枪，它可以部分地自动完成装填、击发、退壳等射击循环动作。但不是靠火药的能量，而是靠机件传动的功能来实现的，是类似半自动手枪的枪支。它的枪管、弹膛(巢)分离，鼓轮兼作弹仓，扳机带动鼓轮转动，并使击铁后倒和击发。如 92 式 9mm 国产转轮手枪，如图 5－1 所示。

3. 按枪管内壁结构分类

(1)滑膛枪

枪管内膛无膛线而光滑，如猎枪、古老枪、土造枪，如图 6－11(a)所示。

(2)膛线枪

枪管内壁有膛线，是凹凸旋转的条带状螺旋膛线，凸起的叫阳膛线，凹入的叫阴膛线，如图 6－11(b)所示。它可使弹头外层或披甲嵌紧壁旋转射进，以保证飞行稳定，增加弹头速度、射程，提高命中率。

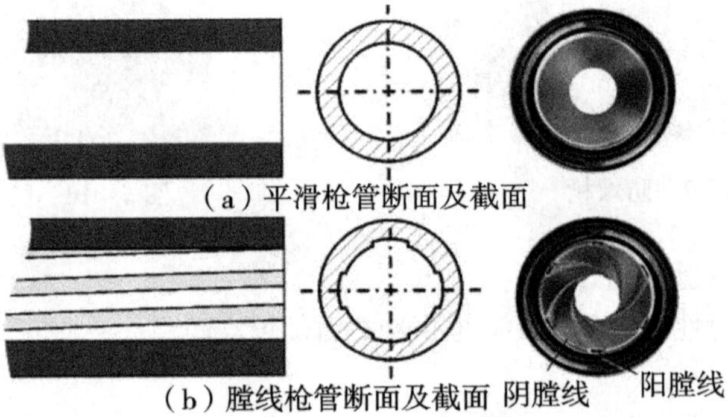

图 6－11　枪管内壁结构

4. 按枪管口径大小分类

通常将口径 3～6.5mm 枪支称为小口径；7～9mm 称为中口径；9～15mm 的称为大口径枪支。具体划分可米制、寸制进行换算。

猎枪霰弹口径以号(#)表示。即以一磅纯铅制得同体积圆形弹丸来度量，制得偶数弹丸数为口径号数。每个弹丸直径值，为猎枪实有枪管内径。霰弹猎枪用于猎取飞禽野兽，其霰弹丸的大小、数量、重量等适用于不同的猎取动物。

二、枪支的结构

枪支一般由枪管、枪机、枪机匣三大部分组成。另有复进、瞄准、制跳、制退、消音、防烟等装置和枪刺、枪托等附属部件。

(一)枪管

枪管是枪支重要部件，可容纳枪弹，转换能量，赋予弹头一定初速、旋速和飞行方向；在枪管尾端面封闭枪弹，防气泄漏，保证安全发射。枪管是弹头痕迹和某些弹壳痕迹的造痕体，其内表面叫枪膛，分为弹膛、坡膛、线膛三部分，如图 6－12 所示。

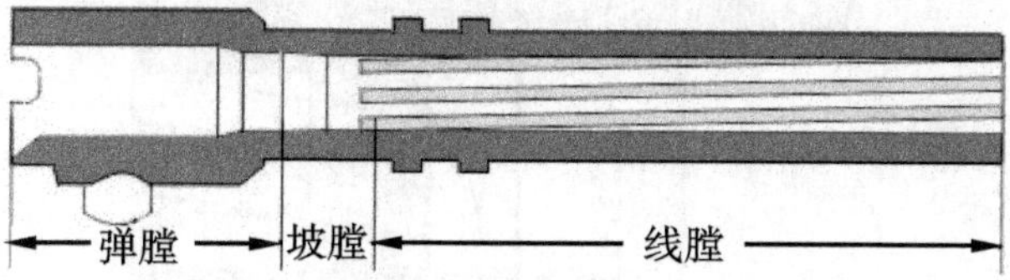

图 6-12　枪管结构

1. 弹膛

弹膛在枪膛后部，是枪弹待发的区域。其形状、尺寸与配用弹种的弹壳相吻合，由弹壳的口沿、斜肩部、底部、底缘等部位与弹膛对应处紧贴定位，保证了待发时枪弹在弹膛内的正确位置，如图 6-13 所示。弹膛有圆柱形的、瓶形的两类，如国产 77 式 7.62mm 手枪、92 式 9mm 手枪等弹膛圆柱形，如国产 54 式 7.62mm 手枪、81 式 7.62mm 步枪弹膛为瓶形。

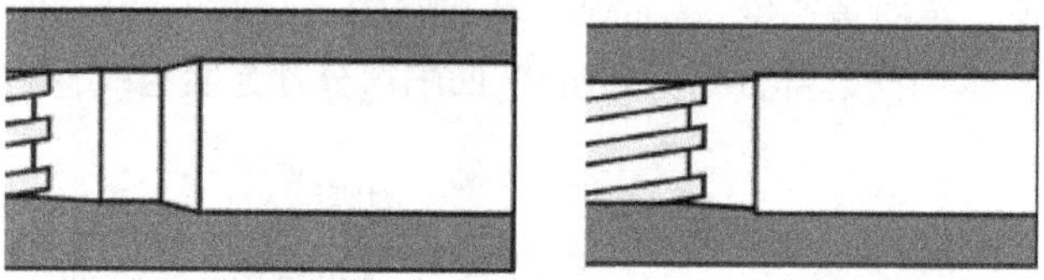

（a）瓶形弹膛　（b）柱形弹膛

图 6-13　枪管弹膛的形状

不同的枪支对枪管弹膛的具体要求有所不同。虽然枪支弹膛的形状与配用枪弹的弹壳形状是完全一致的，但有些枪支的弹膛除了在宏观上其形状与配用枪弹的弹壳形状一致外，在弹膛的内壁还加工有一些特殊的沟槽以满足某种特殊的要求。显然，这会给射击弹壳上痕迹的形成产生影响。

2. 坡膛

坡膛在枪膛中部，是弹头容纳部位，由前向后，直径略大，形成微小坡度，利于平稳嵌入线膛并闭气。线膛位于枪管前部，内壁铸有膛线，界域较大，是弹头上痕迹主要造痕部位。

坡膛是枪膛与弹头相配的部分，即待发时，弹头在枪膛内所处的位置，是连接弹膛和线膛的过渡部分，通常坡膛由 1～2 个锥体组成，其尺寸及形状必须保证弹头起动时易于嵌入膛线，密闭火药气体以及弹头运动位置正确，如图 6-14 所示。

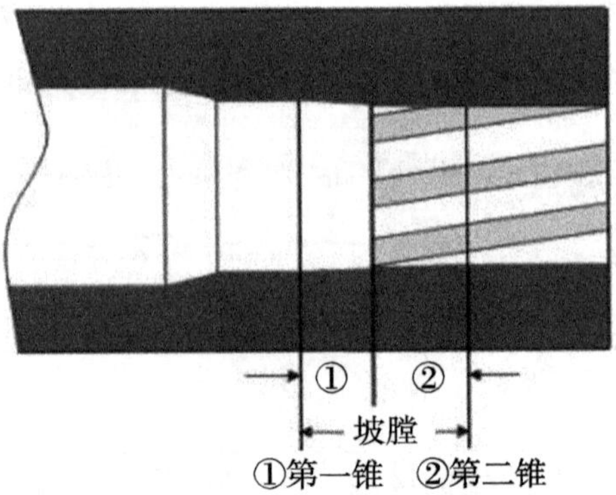

图 6－14　坡膛结构示意

3. 线膛

线膛是枪管的主体部分，它是弹头在膛内运动并加速的主要场所。在枪管内壁加工若干条均匀分布的螺旋形沟槽，即可使弹头在脱离枪口时获得一定初速的同时，具有足够的绕自身轴线旋转的角速度，从而保持其在空中飞行时的稳定性。线膛内壁加工的这类沟槽称为膛线，其中凸起部分称为阳膛线，凹陷部分称为阴膛线，如图 6－15 所示。

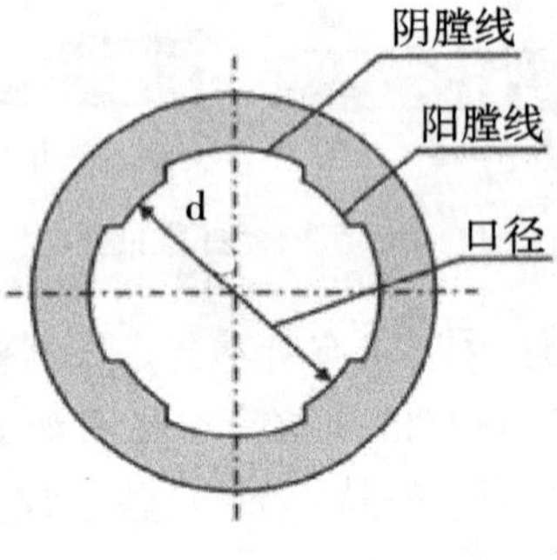

图 6－15　膛线断面结构

（二）枪机

枪机是枪支核心部件，用来完成推弹、闭锁、撞击底火和退壳等。由机体、击针、弹底窝、拉壳钩、推弹突笋、指示杆和抛壳挺、让位缺口等组成。机体及其各部件的槽、面、笋，与抛壳挺、导弹面、托弹板、扣弹齿和各销、簧、杆、套等配合，用来装退、发射枪弹，控制射速，并组成各种自动射击机构。主要有闭锁机构、供弹机构、退壳机构、击发机构和发射机构组成。

1. 闭锁机构

闭锁机构的作用是在枪弹发射时，可在枪管尾端面关闭枪膛，抵压弹壳底面，击发底火时防止弹壳破裂,保证弹头先行飞离枪口,然后开启枪膛,保障射击安全。闭锁机构分刚性、惯性两类,前者发射时枪管、枪机刚性扣合,弹底压力不能直接开锁,如54式手枪、56式步枪等。后者枪机、枪管无刚性扣合,靠枪机质量惯性和复进簧撑力关闭枪膛,但仍能被气体压力直接打开,如64式手枪等。

2. 供弹机构

供弹机构是将弹匣中的枪弹自动有序地输送进弹膛,由输弹和进弹两部分机构组成。

(1)输弹机构

将枪弹送至进弹口,进弹机构将进弹口的枪弹推进弹膛。供弹机构按容弹具的结构不同,有两种供弹方式,即弹仓供弹和弹链供弹,前者枪弹装于弹仓内,后者枪弹装于弹链中。弹仓供弹机构因输弹机构在弹仓内,无须自动机带动,因此枪身结构简单紧凑。在自动武器中,特别是在手枪、步枪、冲锋枪中应用较广。但受弹仓尺寸的限制,容弹量较小,枪支的实际射速受限制。弹链供弹机构的输弹机构和进弹机构都在枪身上,由自动机带动,枪身结构复杂。但弹链容弹量大,因此能保证自动枪支有很高的实际射速。弹链供弹机构被广泛应用于轻重机枪和大口径机枪上。

根据弹匣和枪身的结合情况,又可分为固定弹匣和可换弹匣。固定弹匣是不能从枪身上取下,不可更换弹匣,枪弹先通过弹夹夹持,再向弹匣匹装弹,如56式7.62mm半自动步枪的弹匣。采用这种弹匣,机匣需要弹夹装的窗口和插弹夹槽(此槽也可开设在枪机框上),枪支上需有空仓停射装置。采用这种弹匣的枪支,战斗状态下的重量较低,但容弹量小,一般不超过10发,故枪支实际射速小。固定弹匣主要用于步枪。

可换弹匣是指可从枪身上取下、更换的弹匣种类。当弹匣中枪弹发射完毕后,可取下空弹匣并装满枪弹后,接到枪身上,或直接换上已装满枪弹的另一个弹匣。这种弹匣更换时间短,容弹量较大。通常全自动步枪及冲锋枪的弹匣容弹量为20~40发,因此,采用可换弹匣的枪支具有较大的实际射速。

枪弹在弹匣内的排列方式有单行排列和双行交错排列两种,如图6-16至图6-18所示。单行排列的弹匣容弹量少,主要用于手枪;双行排列的弹匣容弹量大,主要用于冲锋枪和步枪。

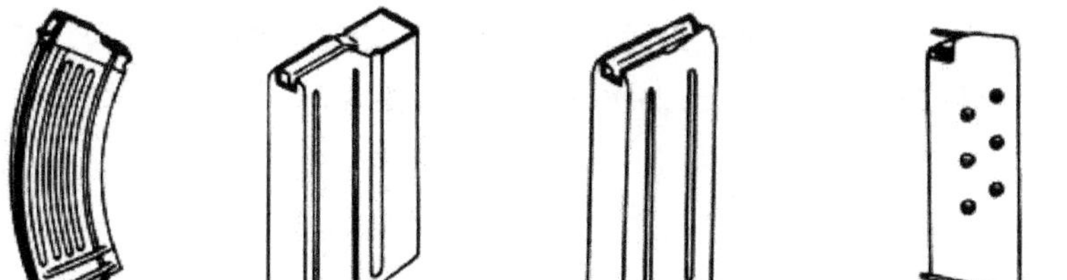

56式冲锋枪弹匣 英L_1A_1自动步枪弹匣 M1卡宾枪弹匣 54式手枪弹匣

图6-16 弹匣

弹匣式供弹机构是利用弹簧能量输弹的。输弹机构装在弹匣内,主要由托弹板及托弹簧组成,可依次而及时地将枪弹输送到进弹位置,如图 6－18 所示。

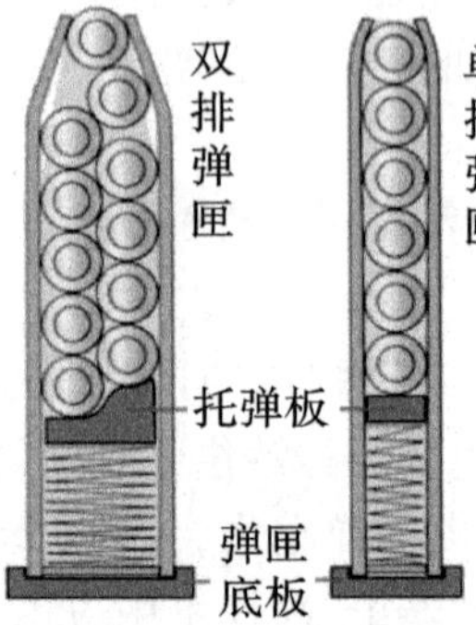

图 6－17　弹匣内的排列方式

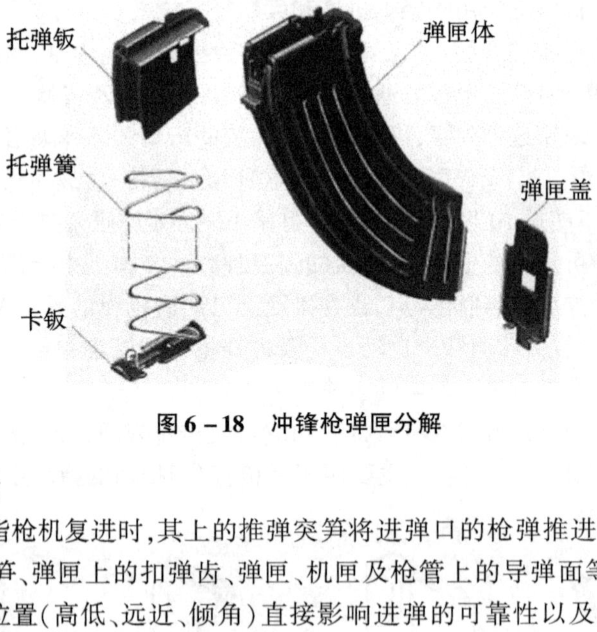

图 6－18　冲锋枪弹匣分解

(2)进弹机构

进弹机构是指枪机复进时,其上的推弹突笋将进弹口的枪弹推进弹膛部件,一般由枪机上的推弹突笋、弹匣上的扣弹齿、弹匣、机匣及枪管上的导弹面等组成。进弹口与枪膛之间的相对位置(高低、远近、倾角)直接影响进弹的可靠性以及进弹时弹头、弹壳上痕迹的形成,如图 6－19 所示。

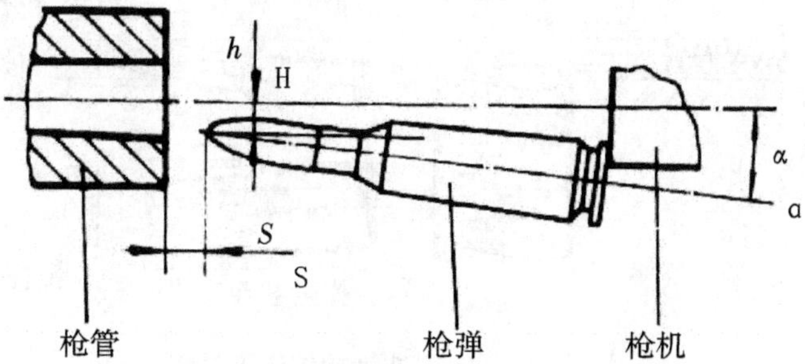

图 6－19　进弹口处枪弹相对于枪膛的位置

①弹匣扣弹齿。扣弹齿的作用是把枪弹控制在待进弹的位置,并在推弹进膛过程中,导引枪弹沿一定的路线平稳地进入弹膛,如图 6－20 所示。

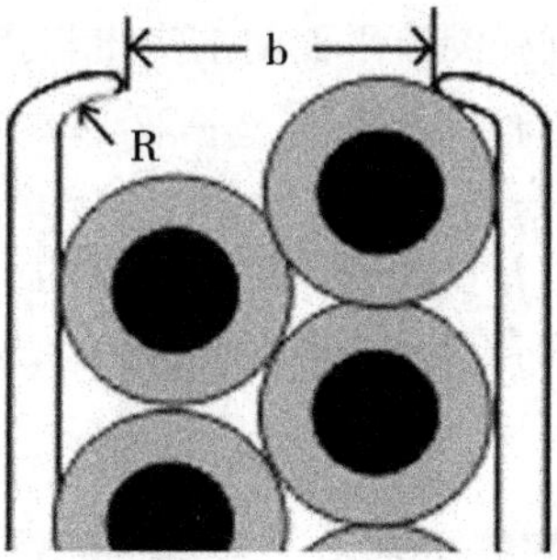

图 6－20　弹匣扣弹齿结构

②导弹面。导弹面是为保证使枪弹顺利进入弹膛而设计的。在枪弹双行排列的弹匣中弹匣前壁常冲有一弹匣导引部。当枪弹斜肩和壳体部通过时,它导引枪弹使弹头接近枪膛轴线。在弹匣两侧还作出使枪弹自左或右向枪管轴线靠近的导向面;在机匣或节套的下方和两侧有使枪弹上台和向中靠拢的导弹斜面,以保证枪弹可靠和有规律地进入弹膛。单行排列的弹匣,仅在枪管及节套的下方有使枪弹上台的导弹斜面。

图 6－21 给出了 56 式冲锋枪的进弹过程,呈现枪弹如何脱离扣弹齿、在导弹面的作用下进入枪膛。

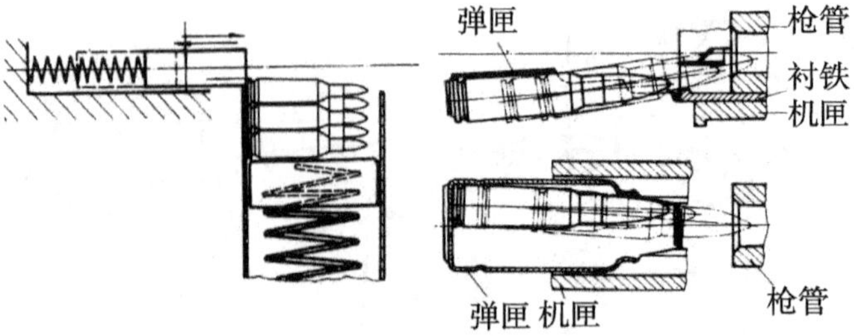

图 6 – 21　56 式冲锋枪的进弹过程

③推弹突笋。推弹突笋位于枪机前端面的下方,枪机推弹进膛时,推弹突笋直接作用于枪弹底面部位。推弹时必须与弹底有一定的接触面积和高度,以保证可靠地推弹入膛。

④弹底窝。第一种,弹底窝在推弹进膛时,枪弹在上升过程中其底面直接沿推弹突笋平面进入弹底窝。第二种,推弹突笋平面向前突出与弹底窝不在同一平面上,如 64 式 7.62mm手枪、56 式 7.62mm 冲锋枪等,如图 6 – 22 所示。这种结构的枪机在推弹进膛时,弹壳在上升过程中,沿推弹突笋平面上升后不会直接进入弹底窝内,而先以其底缘和拉壳钩的钩齿苘端斜面相遇,并在拉壳钩钩齿前端的协同作用下,继续前进最终进膛定位,然后弹性拉壳钩钩齿被弹壳顶开并擦过弹壳底缘进入弹壳底槽内,同时弹壳底部进入弹底窝。

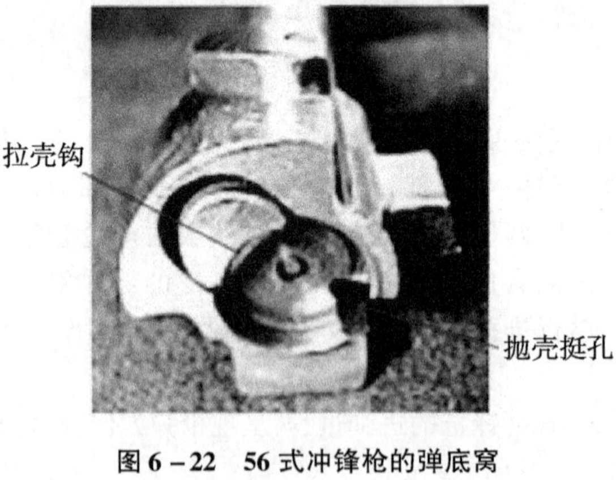

图 6 – 22　56 式冲锋枪的弹底窝

3. 退壳机构

退壳机构的作用是枪支发射后把击发后的弹壳(射击弹壳)从弹膛内拉出,并将其抛出枪外,保证了再发枪弹进膛发射。通常退壳过程分拉壳和抛壳两个阶段,前者将弹壳从膛内拉出，由拉壳机构完成；后者将弹壳抛离枪支，由抛壳机构完成。因此，退壳机构通常由拉壳机构和抛壳机构两部分组成。

（1）拉壳机构。一般威力的枪支（如手枪、步枪、冲锋枪）拉壳机构常采用弹性拉壳钩，拉壳钩安装在枪机弹底窝的某一侧。工作时，拉壳钩对枪机有一定的相对运动，以保证枪机在推弹入膛后，拉壳钩与枪弹底缘相碰撞时能越过底缘，顺利进入拉壳钩槽。弹性拉壳机构主要由拉壳钩、拉壳钩簧、钩销等零件组成，如图 6－23 所示。

（2）抛壳机构。与弹性拉壳机构相应的抛壳机构则采用顶壳方式进行抛壳。抛壳机构由一个弹性的或刚性的抛壳挺组成，当弹壳被拉出弹膛后，抛壳挺碰撞弹壳底面，与拉壳钩配合，使弹壳产生回转力矩，从抛壳口抛离枪支，如图 6－24 所示。

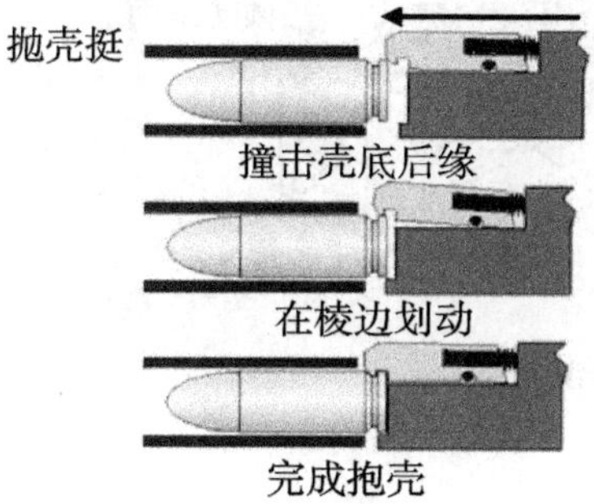

图 6－23 抓壳过程

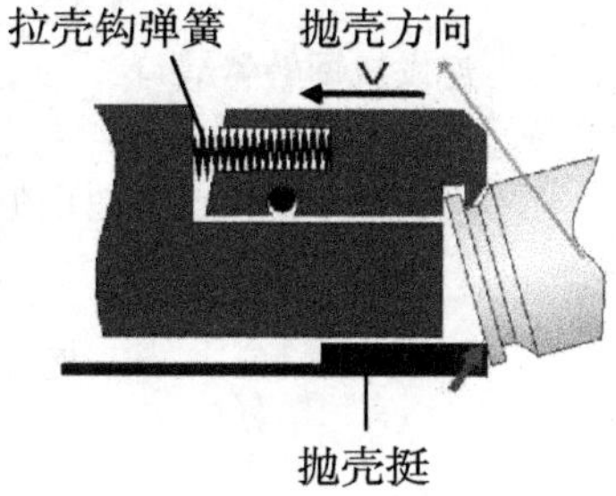

图 6－24 抛壳过程

4. 击发机构

击发机构一般由击针、击锤（或击铁）、击针簧（或击锤簧）、回针簧等零件组成，其作用是撞击枪弹底火，使底火壳变形，并在底火室内底火台的配合下挤压击发药使之发火，引燃弹壳内的发射药，以发射弹头。因此，击发结构是产生机械冲量，并把该冲量传递给底火的机构。

5. 发射机构

发射机构的作用是控制击发机构使之进行击发或在停射时成待发状态。发射机构一般由扳机、扳机簧、阻铁、阻铁簧、保险杆等零件以及发射机座等组成。其中，阻铁是发射机构中的主要零件，它直接与击发机构中的击针、击锤或击铁相扣合。扳机由射手控制，通过一定的机构与阻铁相连。当射手扣压扳机时，阻铁头即解脱击针或击锤而击发；当射手松开扳机时，阻铁簧伸张，使阻铁又及时恢复到原来的位置，扣住击针或击锤。发射机构中的保险机构能使发射机构处于不能工作状态，以保证停射时安全可靠。

（三）枪机匣

枪机匣是全枪的基础部件，可连接、容纳全枪各零件。发射时可承受火药气体压力，能导引枪机、机框运动，还能阻挡活动机件后坐的撞击。枪机匣上常组装有保险机构、瞄准装置、枪托和枪把等部件。机匣上有抛壳挺、导棱、导弹面、弹仓口沿等，可在枪弹上留下相应的痕迹，如图 6－25 所示。54 式手枪分解实例如图 6－26、图6－27 所示。

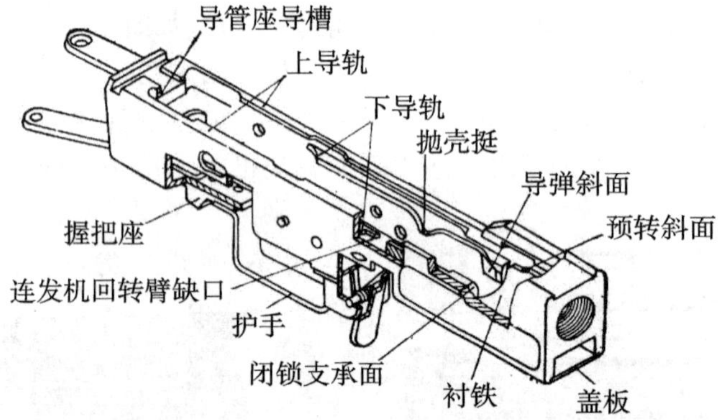

图 6－25　枪机匣

图 6－26　54 手枪

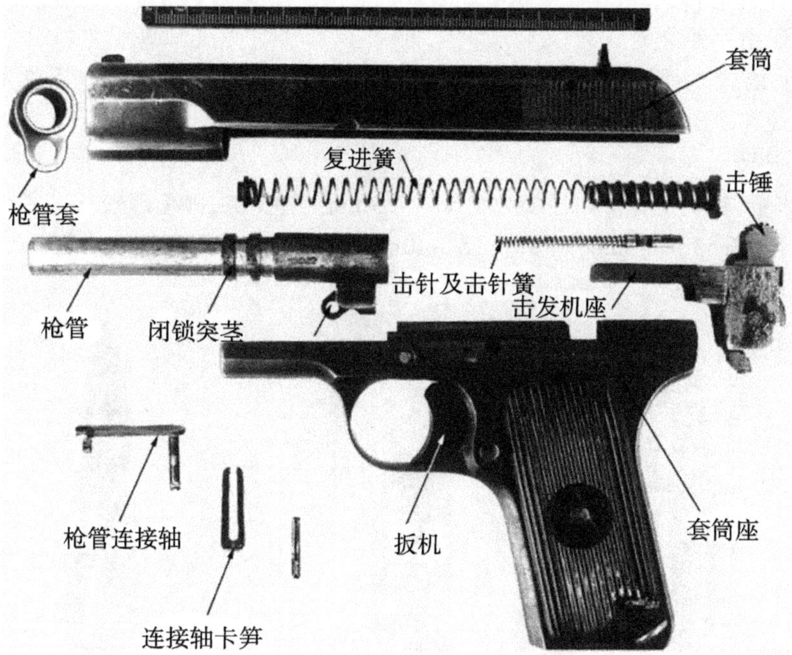

图 6－27 54 式手枪分解

三、枪弹

枪弹是供枪支发射的被击物，它以火药燃爆或压缩空气产生的气体压力为动力，推送弹丸杀伤和毁坏目标物的一种组合体，典型枪弹如图 6－28 所示。

图 6－28 枪弹

(一)枪弹的种类

1. 按配用枪种分类

(1)手枪弹。弹壳多为柱形,弹头多为钝头、无尾的披甲弹头。枪弹般不超击35mm,装药不超出1g。弹头长11 ~ 18mm,重3.8 ~ 8g;弹壳长15 ~ 25mm,重3 ~ 7g,如图6 – 29所示。

(2)步枪弹、机枪弹。口径多为5.56 ~ 7.9mm。弹头尖,弧形部较长。多有尾部,弹壳呈瓶形,全长55 ~ 90mm。弹头长25 ~ 40mm,重7 ~ 17g;弹壳长35 ~ 60mm,重7.5 ~ 11g,如图6 – 30所示。

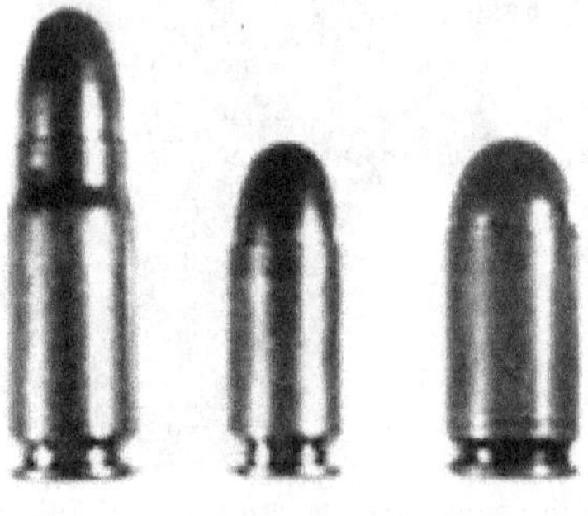

图6 – 29 手枪弹

图6 – 30 步枪弹

(3)冲锋枪弹。不少冲锋枪弹与手枪弹、步枪弹、机枪弹通用。口径多为5.56 ~ 11.43mm。微型、轻短型冲锋枪弹,多通用于手枪发射。长型冲锋枪弹,又称突击步枪弹,通用于步枪、机枪发射。64式微冲枪、仿美AL – 2卡宾枪等,则配有专用枪弹。

(4)猎枪弹。多为霰弹弹丸,其数量、大小不等。口径多为10 ~ 20mm。全弹长约50 ~ 60mm,弹壳呈圆筒状,由硬纸、塑料、黄铜、低碳钢等冲压制成。内装霰弹、隔层、封闭物、火药、弹杯、弹帽等,如图6 – 31所示。

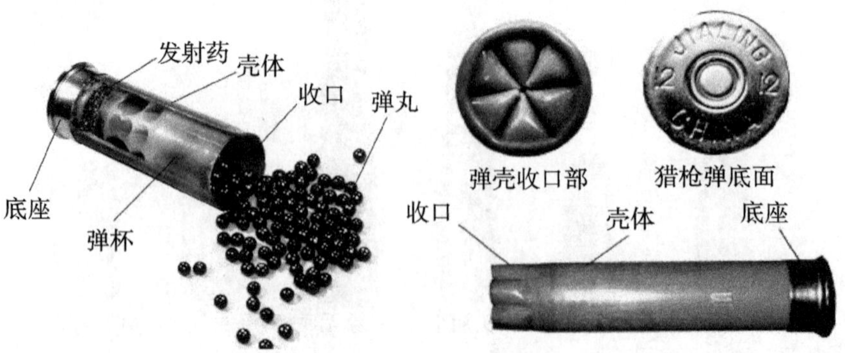

图6 – 31 猎枪弹结构

2. 按用途分

(1)战斗用弹

战斗用枪弹,用来杀伤敌人,击毁敌方装备、设施的枪弹,分普通弹、特种弹两类。普通弹是杀伤敌人有生力量的枪弹,弹头由披甲、铅套、弹心组成,是常配用步枪、冲锋枪、手枪、机枪等发射的基本弹种。特种弹是作战时用途特殊,制成材料特殊的枪弹。弹头中弹心内部装有指示目标、修正弹道的曳光剂,用于引燃的燃烧剂,用于引爆的爆炸药和特种硬钢等材料,可制成曳光弹、燃烧弹、爆炸弹、穿甲弹等特种枪弹。有的弹心材料多样,则兼有多种作用,如图 6－32 所示。

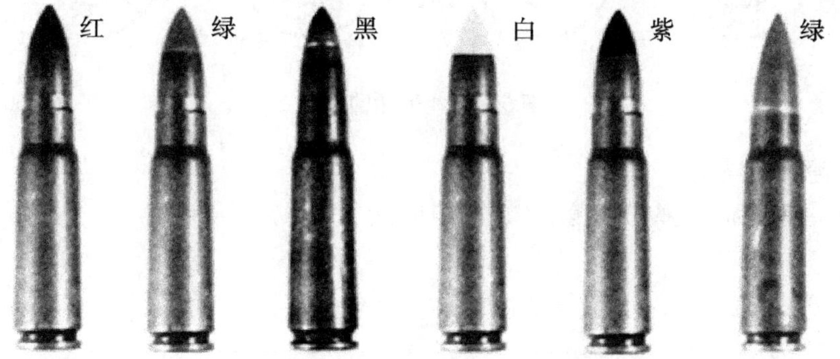

图 6－32　特种用弹

(2)辅助用弹

这种枪弹主要用于演习、训练、测试等。如空包弹一般无弹头,口部收成星状,用于演习和发射枪榴弹。教练弹的壳体压有纵向凹槽,内装砂粒,底火室装有橡皮垫,用于射击训练。此外,还有高压弹、强装药弹、标准弹等,主要用来检测枪管硬度、机件强度、膛压初速等用。

(二)弹种识别

弹种可从枪弹外形、尺寸、结构、特点识别,也可从弹尖色标识别,如图 5－48 所示。

在生产枪弹时,于弹壳底面标志面上,多印有字母、数字、图等印压标志。用来表示生产国家、厂家、制造年月、出厂批号、枪材质、口径等。单印压,表示工厂代号;双印压,间隔 180°,表示家、年份;三印压,间隔 120°,表示厂家、年份、月份或批号。还有四印压、五印压等标记,但比较少见,如图 6－33 所示。

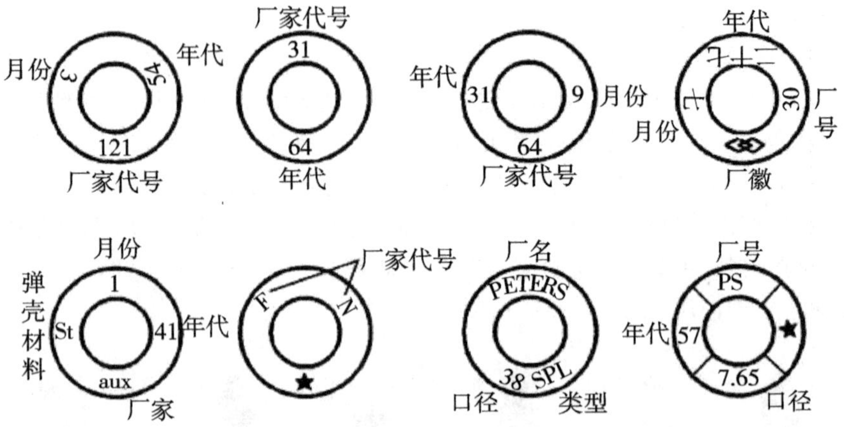

图 6－33　枪弹的标志

(三)枪弹的结构

枪弹一般由弹头、弹壳、发射药、底火组成,如图 6－34 所示。

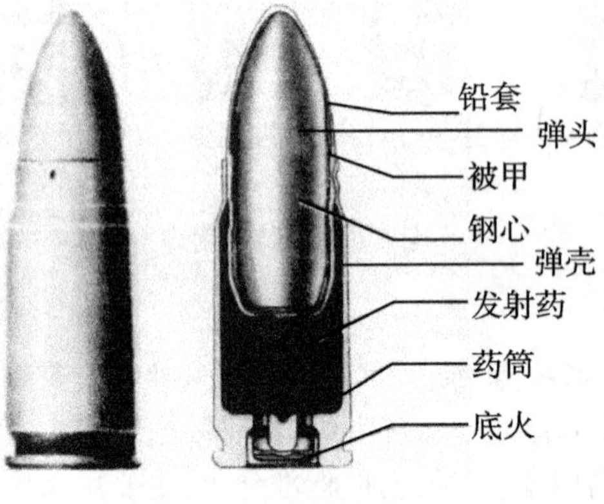

图 6－34　枪弹的结构

1. 弹头

(1)弹头的外形

弹头也称为弹丸,是直接杀伤或毁坏目标物的部分。通常分为头部、圆柱(颈)部、尾部。头部呈圆弧形,称弧形部。步机枪弹头弧形部较长,弹顶尖,可以减少空气阻力,提高侵彻力。手枪弹头弧形部短些,弹顶圆钝。圆柱部、导引部,呈圆柱状,直径略大于枪支口径,以保证闭气旋射,稳定飞行。圆柱部上有辊沟、铆点,用来与壳口牢固固定,以提高拔弹力。圆柱部也是坡线膛区域的形痕部位。尾部也称为尾椎部,机枪、步枪、冲锋枪弹多有尾部。手枪、转轮枪弹没有尾部。弹头有尾部可减少空气阻力,尤其是涡流阻力，能提高远距存速和射击精度。弹头各个部位及其名称，如图 6－35 所示。

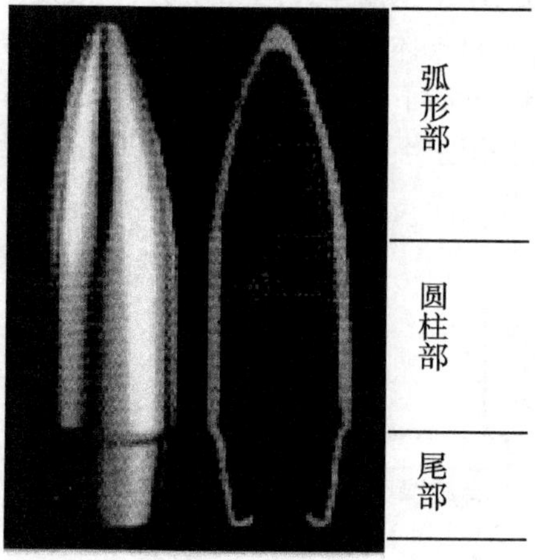

图 6－35　弹头的形状

（2）弹头结构成分

普通枪弹的弹头，由披甲、铅套、弹心组成，一般手枪弹则由披甲和铅合金的弹心制得。披甲通常由黄铜、复铜钢（薄层低碳钢皮外镀铜锌等）制成。小口径步枪、手枪、转轮枪弹弹头，有的不用披甲，全由铅锑合金制作口披甲的内层是铅套，用来填充弹心，缓冲撞击，防止开裂。铅套里层是弹心，多由钢质材料充填。特种枪弹的弹心，则用其他专用材料制得，如图 6－36 所示。

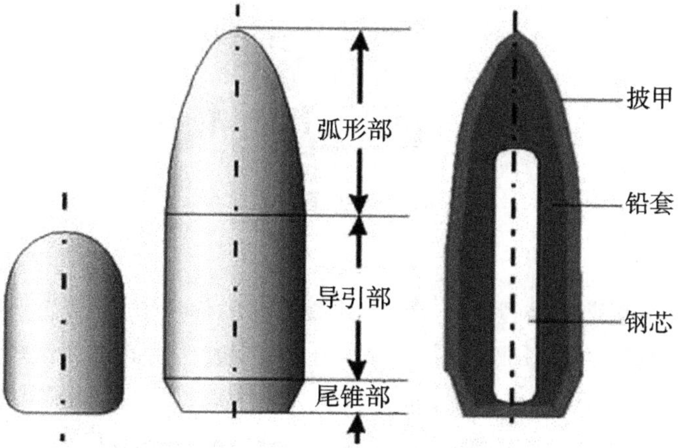

图 6－36　弹头的结构

2. 弹壳

弹壳是枪弹的基础部分,用于连接弹头,安装底火,盛装发射药,也是燃烧室。发射时,弹壳体表面与弹膛壁贴合,密封气体,承受挤压、摩擦作用。弹壳分为口部、肩部、体部、底部四个部分。瓶形弹有肩部,可在不扩大弹径的条件下增加装药量,多用于步枪、冲锋枪、机枪发射。柱形弹无肩部,多用于手枪、转轮枪。弹壳各部分及结构名称如图 6-37 所示。

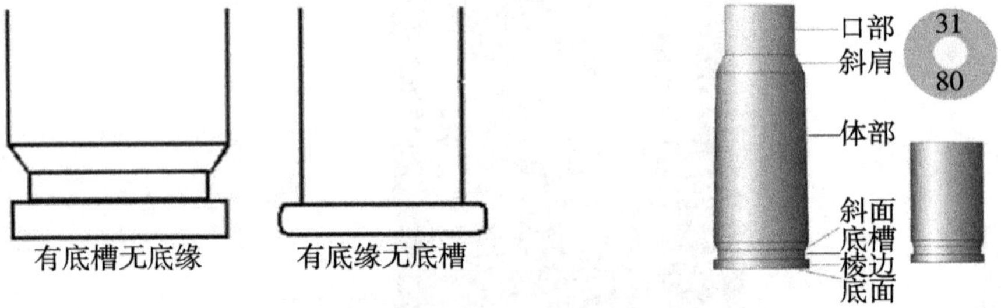

图 6-37 弹壳的结构

3. 发射药

发射药是使弹头获得飞行速度,枪支机件得以自动传动的能源。目前枪弹装药,主要有以硝化棉为主体的单基药和以硝化甘油、硝化棉为主要成分的双基药。因这些发射药燃烧时无烟,故又称为无烟火药。另有以硝石、木炭、硫黄混合成的黑火药,称为有烟火药,多用于运动用枪弹、霰弹和自制、改制枪弹。发射药的颜色、形状、大小等都有不同,可用来区分弹种,如图 6-38 所示。

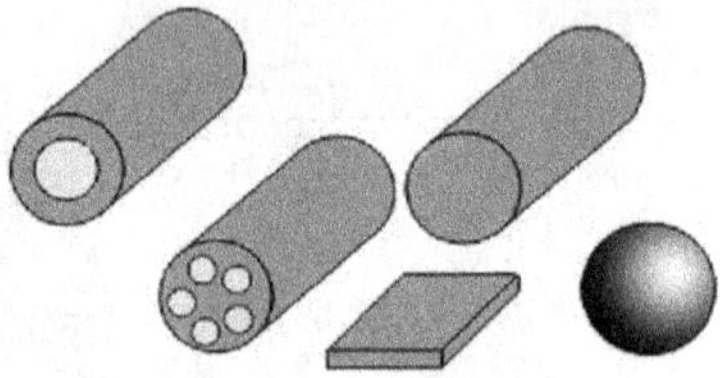

图 6-38 火药颗粒形状

4. 底火

底火是点燃发射药的装置。它在外界击发冲量的作用下,可使底火的击发药适时发火,引起发射药燃烧。底火由底火帽、盖片和击发药组成,如图6-39 至图 6-40 所示。

底火帽呈盂状,压在底火室中,涂虫胶漆加固密封,多用黄铜冲压而成。底火帽中装有击发药,它由起爆药、氧化剂、可燃物组成。以往我国多采用雷汞、氯化钾和硫化锑合成的击发药,但会锈蚀,现阶段已逐步被用四氮烯史蒂酚酸铅、氧化钡制成的无锈蚀击发药所代替。

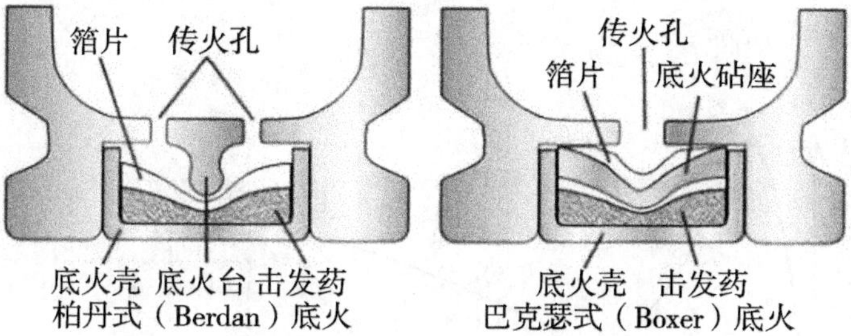

图 6－39　底火的结构

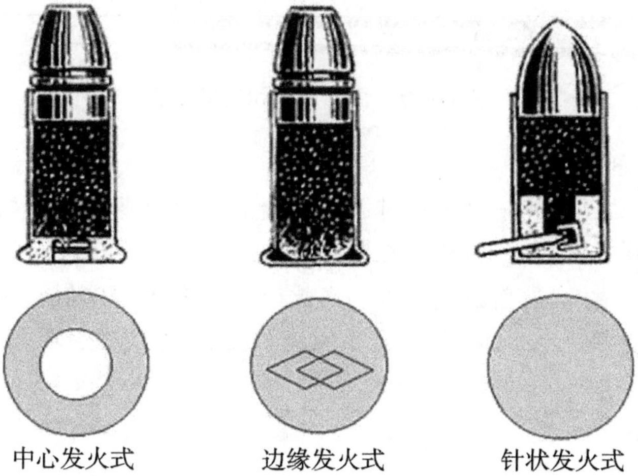

图 6－40　击发部位

第三节　射击弹头、弹壳痕迹

一、枪弹发射的过程

枪弹击发后，发射药的化学能迅速转变为热能，气体膨胀作功，把热能转化为动能。这种能量转换的过程称为发射。发射时，弹头获得足够的能量，脱离弹壳，飞离枪口。弹壳获得能量，向外膨胀，向弹底窝方向贴近传递压力，使枪机等活动件后座实现开锁、抛壳、复进、进弹等动作。另外，有些气体压力逸出、消耗。枪弹发射过程的持续时间仅0.01～0.06秒，内膛压力可高达2000～3000kg/cm^2，温度高达2500℃～3000℃。由于弹头向前射进，弹后空间扩大，发射药在变容中燃烧。这种高温、高压、高速和在变容中燃烧等称为发射现象或特点。它的变化规律可从发射过程的四个阶段来分析，如图 6－41 所示。

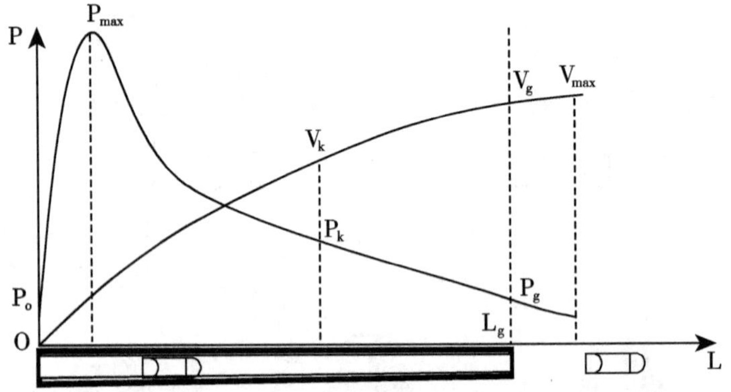

图 6－41　膛压曲线和速度曲线

（一）起动阶段

从底火受击发起到弹头全都挤进膛线为止。这个时期火药开始燃烧，壳内气体压力增大，当达到拔弹力 P_o时，弹头克服壳口拔弹阻力（平均约几十分斤），弹头、弹壳脱离，弹头随膛压增大，逐渐挤进膛线。当膛压达到 300～600kg/cm^{2}时，弹头全部进入膛线，完成塑性变形。此时弹头运动速度较低，行程较短，可视为 $V=0$，$L=0$，$P=P_o$。

（二）第一阶段

从弹头全部挤进膛线至火药燃尽。此阶段，弹头在火药气体压力下加速运动，火药在不断增大弹后空间内燃烧，当膛压因发射药充分燃烧的增大因素与弹后空间增大膛压变小因素达到平衡时，膛压也达到最大值 P_{max}。此后，膛压逐渐降到燃尽压力 P_k，弹头速度达到燃尽速度 V_k。

（三）第二阶段

从火药燃尽至弹头飞离枪口。这一时期火药气体还会继续膨胀头仍会继续加速，达到枪口速度 V_g膛压渐降至枪口 P_g。

（四）后效阶段

从弹头飞出枪口至燃气压力降至大气压力。这个时期火药气团从枪口喷出。弹头仍会加速，直到燃气压力与大气压力等同时，停止对弹头作用。此时，弹头达到最高速度 V_{max}。此后弹头在空中飞行的运动规律由外弹道学阐释。在后效时期，从枪口喷出的高温、高压、高速气团中的残渣及伴随产生的在枪口附近的烟、雾、光、声等作用迹象，均可成为近距离射击分析和枪弹成分检验的客观依据。

二、射击弹头上的痕迹

(一)痕迹形成

1. 弹头挤进膛线前的受力

(1)磕碰、摩擦力等作用。因为弹头进膛前有闭锁、定位,它的尖部、顶部、弧形部,会在进膛时同枪膛、机匣关部位发生撞击、印压、摩擦等作用而留下位置、形状、大小不同进膛痕迹。

(2)拔弹力 F(弹头、弹壳紧固力)。当膛内压力达到 P_{max} 时,弹头克服弹壳口部拔弹力 μF(μ 为摩擦系数),开始启动并脱离弹壳。条件是 P≥μF(S 为弹头横截面),弹头受力,如图 6－42 所示。

(3)在坡膛中弹头受膛线起端斜面挤压力 F 作用,F 垂直作于弹头圆柱部表面,如图 6－43 所示。

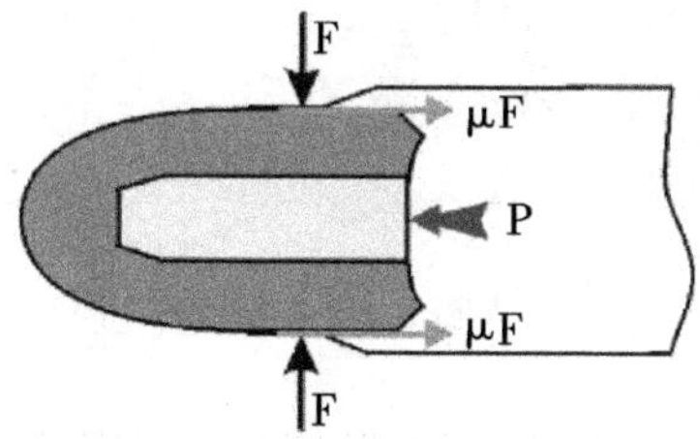

图 6－42　拔弹时弹头受力分析

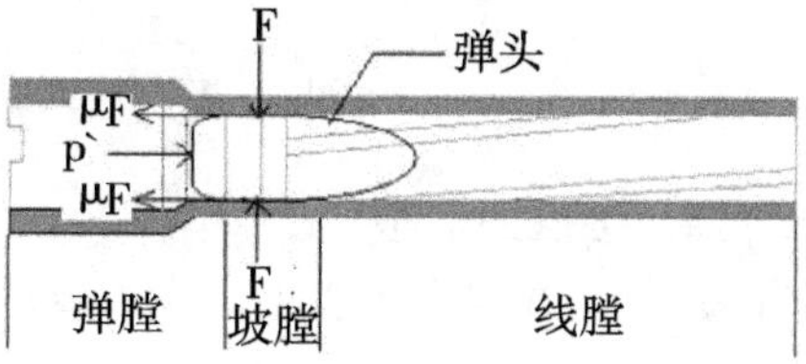

图 6－43 挤入坡膛时弹头受力分析

(4)受到坡膛阻力 μF 作用。弹头在坡膛中尚未转动,故其射进时摩擦阻力 μF,与运动方向相反,且平行弹轴。

2. 弹头挤进膛线时的受力

(1)弹膛内壁挤压力 T。因弹头直径要略大于枪管口径,受 T 作用后发生径向膨胀和塑性变形,形成凹凸的膛线痕迹。

(2)膛线棱边侧面的剪切力 Q。使弹头披甲侧面产生塑性变形并错位,其力的方向指向弹心。

(3)膛线导转测法向力 N。因膛线是凹凸旋线,两棱边剪切时,导转侧受法向力 N 作用,会使弹头沿膛线轴转动,方向指向导转棱边一侧。此外,弹头挤进膛线时,还要受到 T、Q、N 三种力的相应摩力 μF、μQ 和 μN 的作用,摩擦力的方向与射进、旋转方向相反,膛线倾斜方向平行,与弹轴形成一定夹角,其大小与缠角相等,如图 6－44(a)所示。

3. 弹头挤进膛线后的受力

弹头挤进膛线后,塑性变形结束。弹头虽受气体压力加速进,受力的状况无什么变化，但在数值上，导转力及其摩擦力大与膛压高低有关，即在最大膛压下，达到最大值 μT_{max}、μN_{max}。故在 5 ~ 7 倍口径的内膛处，膛线磨损最为严重，如图 6－44（b）所示。

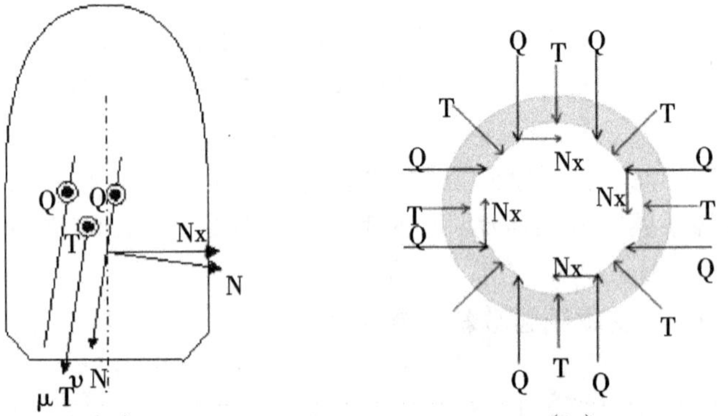

（a）　（b）

图 6－44　挤入膛线的弹头受力分析

（二）弹头上痕迹形态

枪弹发射后，在射击弹头上形成进膛痕迹、拔弹痕迹、坡膛痕迹和线膛痕迹。

1. 进膛痕迹

进膛痕迹是弹头在进膛过程中，击发前形成的，如图 6－45 所示。除了用手直接将枪弹装入弹膛进膛痕迹不明显外，若枪支活动机件靠强大火药气体压力传递而枪弹进膛时，弹头的尖顶部、弧形部，必然要同枪管、枪底把的导弹面，枪管、机座结合棱、连接销，枪管尾端面切口边缘，弹膛内壁的凹凸结构处等，发生磕碰、滑擦、转动等作用而形成弹头进膛痕迹。这种痕迹有小点、短线、唇状、月牙形、带线、擦块形等多种。有时还会形成点状、唇状等擦线痕迹（三个点、唇痕以上的连线痕迹），如图 6－46 所示。其数量、面积、倾斜方向和底面细纹分布等各不相同，出现率高低也不一样，可用来区分枪种，条件好时还可鉴定枪支。

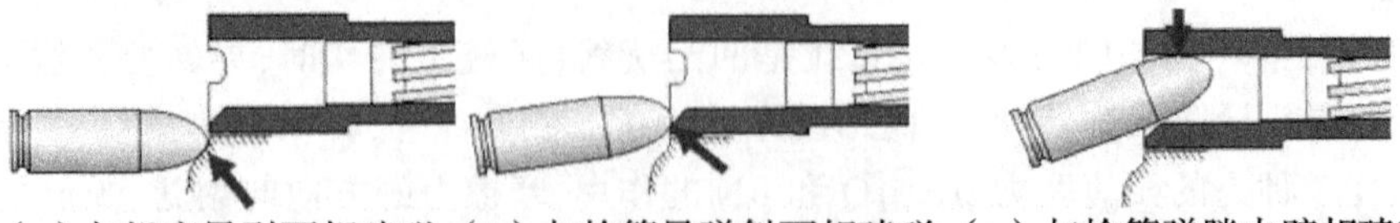

（a）与机座导引面相磕碰（b）与枪管导弹斜面相磕碰（c）与枪管弹膛内壁相磕碰

图 6－45　枪弹进膛过程

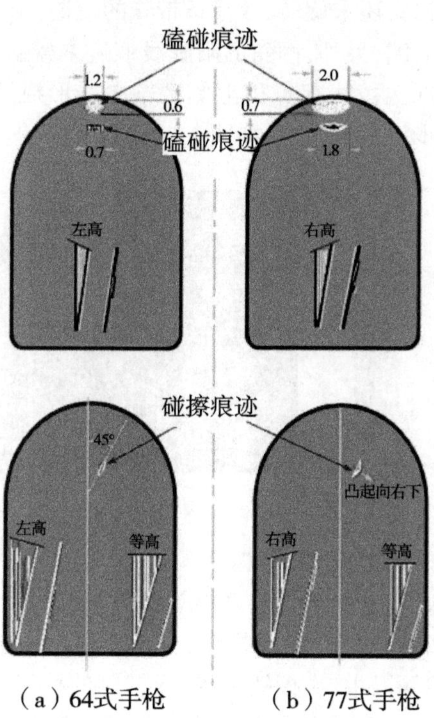

图6－46　进膛痕迹

2. 拔弹痕迹

拔弹痕迹是枪弹受到击发后，火药气体压力猛增，克服一口对弹头的紧固力，致使弹头从弹壳中拔出开始启动而形成的痕迹。它不是枪支机件的作用痕迹。拔弹痕迹早于坡膛、线膛痕迹形成，多留在柱部下部，分布尾部，轴向簇立，以凹形边沿及阴膛线区左侧较为明显，如图6－47所示。

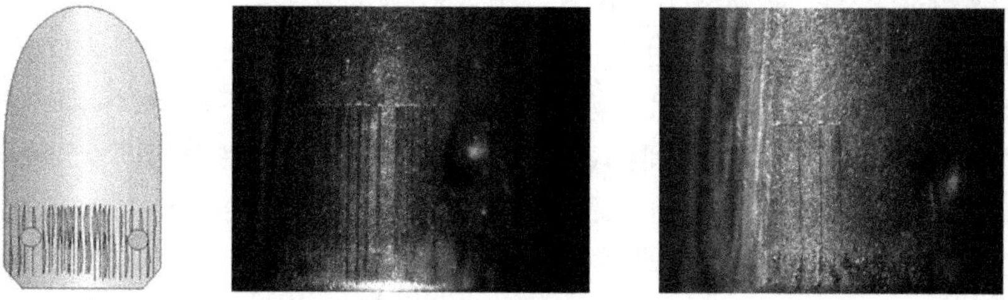

图6－47　拔弹痕迹

3. 坡膛痕迹

弹头进入坡膛时形成的坡膛线痕迹。主要是弹头圆柱部披甲与坡膛中膛线起端斜面挤压、摩擦的结果。因弹头还未旋转,故呈条带状的痕迹,与弹轴平行。一般分布在阳膛线次棱线痕的外侧、外上侧,另外,倾斜的阳膛线痕迹未覆盖着的轴向线痕,也是坡膛线痕迹,甚至在阳膛线靠近次棱线起点稍上侧区轴向线形痕迹,也是坡膛痕迹,这多出现在弹头尖、弧形部长的步机枪弹头上,如图 6－48 所示。

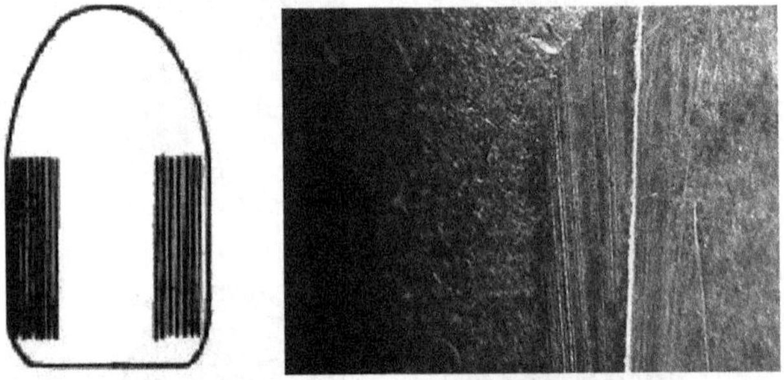

图 6－48　坡膛痕迹形态

4. 线膛痕迹

线膛痕迹是弹头进入线膛区受挤压、摩擦等作用形成的痕迹,反映一定倾斜度的条带状间隔的平行痕迹。凹陷部分称阳膛线痕,在相邻两个阳膛线中间凸起部分称阴膛线痕。每条阳膛线痕的两侧以主、次棱线为界,导转侧的棱线痕迹粗深,叫主棱线痕,对侧为次棱线痕。阳膛线上下起末端,是弹头进入坡膛时阳膛线起端和枪口终端与弹头披甲作用形成的,构成了膛线痕的上下界廓。在阳膛线痕内部有轴向或斜向小线纹分布,其位置、长短、粗细、疏密不一。中间部分常见到磨损相对轻浅的较光滑的"无痕区",它的形状、大小也各异。在较深粗的沟痕旁侧,还可见到金属卷屑被挤压的反映。

线膛痕迹在射击弹头上遗留得最为多样,痕面最大。它的痕迹数量、宽窄、旋向、斜角等几何特征,一直是枪弹痕迹检验的主要对象,也是用来区分射击弹头、发射枪种和认定发射枪支的重要依据,如图 6－49 至图 6－50 所示。

(1)阳膛线痕迹的数量。在射击弹头上,阳膛线痕反映出弹头披甲表面产生塑性变形,被刮去一层的凹陷、斜向、带状痕迹;阴膛线痕反映出凹陷不深,披甲刮去层不明显,相对凸起,位于两阳膛线痕迹中间的条带状痕迹。两者数量完全相同。世界各国枪支膛线的数量多少是不同的,多数是 4 条、6 条。外国有些枪支还有 5 条、7 条、8 条或者 2 条、3 条、12 条的。而我国除公安式手枪是 6 条的,高射机枪是 8 条,绝大多数都是 4 条的。在一般情况下,检查膛线痕迹的数量并不困难,但有时也会遇到模糊不清难以分辨的情况。此时,可检验膛线的主棱线痕迹的数量,并以某一主棱线为起点,通过弹头轴心向对侧观察,如存在主棱线痕迹,证明是偶数膛线,否则是奇数膛线。也可以按两相邻主棱线痕之间的宽度,除以弹头直径和圆周率的乘积得膛线的数量。

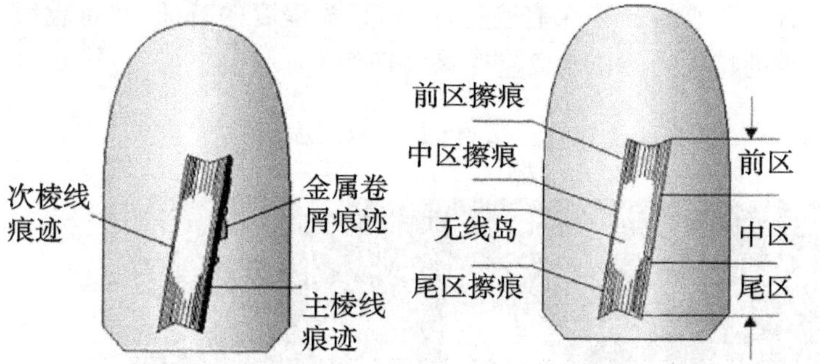

图 6－49　线膛痕迹形态结构

图 6－50　线膛痕迹形态

（2）阳膛线痕迹的宽度。阳膛线痕迹的宽度，是指某一条阳膛线痕迹主棱线痕、次棱线痕之间的垂直距离。要以棱线痕最深处的斜向线为计测点。一般说阳膛线痕，多数只有 0.5～2.5mm 的宽度。测量时，可用读数显微镜观测。

（3）阳膛线痕的旋向。枪管内的膛线有右旋和左旋两种，顺着枪膛向枪口看，膛线呈顺时针方向旋转的，反映在弹头上呈右上往左下倾斜的，叫右旋膛线；反之，为左旋膛线。我国生产的各种枪支，都是右旋膛线的。但美国的可儿特枪、林明顿枪，比利时巴约德等枪支，是左旋膛线的。若弹头上膛线痕迹磨损严重，枪管、枪弹直径不匹配，难以看清其旋向时，可仔细观察主棱线痕迹多数的斜向和坡膛线痕主要分布在阳膛线痕的左侧还是右侧来区分，如在左侧为右旋膛线，在右侧则相反。

（4）阳膛线痕迹的倾斜度。膛线痕迹的倾斜斜度是指它的倾斜角度（缠角），即膛线上任一点的切线与枪管轴线的夹角大小。反映在弹头上，就是膛线棱线痕迹和弹头轴线痕的夹角大小。一般枪支为 4°～6°。测量的最简单方法是：将扩大了的膛线痕迹照片，作出棱线和轴线，然后，用量角器在离角点较远地方，量其角度的大小。

（5）膛线的主、次棱线特征。这是膛线痕迹的左右边界，主棱线痕迹是向某侧旋转的导转侧棱线痕迹较粗深痕迹，次棱线痕迹是其对侧较细浅痕迹。

（6）膛线痕迹的起末端点痕迹。这是它的上下轮廓。靠近尖部称起端，靠近尾部称末端，其形状有平直的、外突的、波浪的等。

（7）膛线痕中的小线纹。无论是在坡膛痕还是线膛痕中，也无论是在阳膛线还是阴膛线痕中，都可见到各种轴向、斜向的小线纹分部位置、粗细、疏密、长短等各有不同，多由枪管内膛微小凹凸与披甲摩擦形成。

（8）膛线痕中的无痕区（较光滑的面）反映。这主要是指阳膛线间部分摩擦轻造成的小线纹很少，比较光滑的膛线区，其形小、分布的特点，均为无痕区的特征反映。

（9）金属卷屑。其是指弹头披甲和膛线壁摩擦、剪切分离下来的金属屑，在挤压、滑擦过程中被碾压在较深沟线痕迹的旁侧；检验中辅助参考价值。

此外,在射击弹头上,还有一些膛线的特殊痕迹特征,如磨损程度的特征,双重膛线痕迹特征,弹头直径过大、过小的特征光膛枪管管壁摩擦特征等。

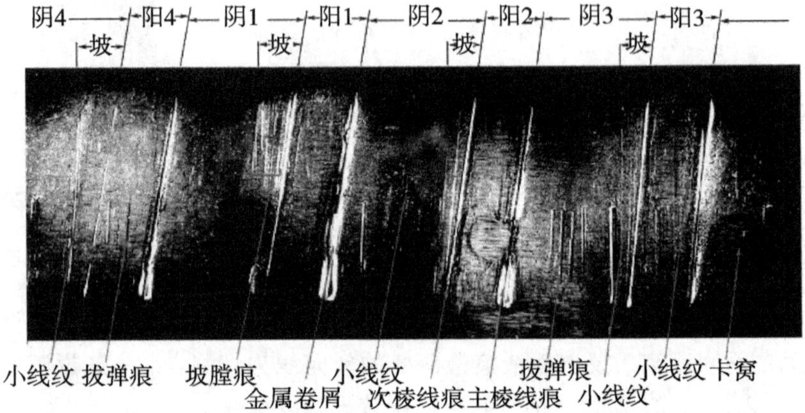

图 6-51 线膛痕迹展平照片

三、射击弹壳上的痕迹

(一)射击弹壳上痕迹的形成

1. 击针对底火的撞击力

枪弹发射时,弹壳底火首先要受到击针头的撞击锤簧、击针簧提供的击发能量,其大小取决于击针质量和打击度。底火由黄铜冲压制成,材质相对较软,受力后形成凹坑,反映击针头的形状、大小,如图 6-52 所示。

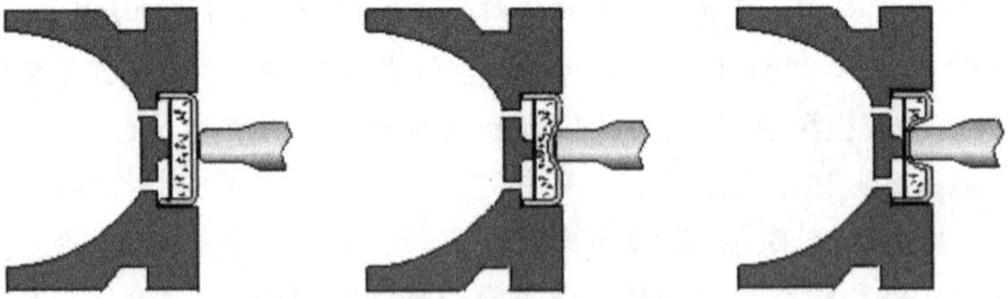
图 6-52 击针头撞击底火

2. 弹膛内壁对弹壳体的贴合和挤压力

枪弹击发后,火药气体膨胀作用向弹壳内壁的各个方向。弹壳受到压力后,产生径向膨胀,当膛壳膨胀至初始间隙消除后,弹壳紧贴弹膛内壁挤压并产生变形,弹膛壁上的加工槽痕和凹凸结构特点就遗留在弹壳体上。与此同时,枪弹在膛内击发后,弹壳底部还要受到轴向后坐压力的作用,受到弹底窝对弹壳底面的支撑力作用。当消除了弹底窝同壳底面的间隙后,形成两者紧密贴合,遂留下了弹底窝的各种痕迹特征。

3. 拉壳钩抽壳力

枪弹击发后火药气体抵压弹壳后坐,产生了抽壳力。当这种力大于膛壁与弹壳体间的摩擦阻力及弹底窝对弹壳底面的刚性支撑力后,弹壳便会被拉壳钩从膛中抽出。此时,弹壳实际上要受到抽壳力、抱壳力及摩擦力的作用。当这种抽壳力≤摩擦阻力和弹底窝支撑力时,弹壳不能被抽出,而会发生轴向伸长,产生与弹底寓印压的痕迹。

4. 受到抛壳力的作用

弹壳被抽出枪膛时,一侧抽壳后坐,另一侧撞击抛壳挺,反向又不在同一作用线上,便形成回转力短,会使弹壳翻转被枪外。在这被抛出瞬间,弹壳体某部还会同抛壳口某边沿相磊可留下抛壳挺、抛壳口等痕迹。

(二)弹壳上的痕迹形态

1. 在装弹过程中留下的痕迹

装弹过程是指射手把枪弹装入弹匣起,到枪弹被推进弹膛定位、待发的过程。在这个过程中,主要形成下述五种弹壳痕迹:

(1)弹匣口痕迹

装弹入匣时,壳体下压托弹板,受其反弹力顶起,壳体上表面即受到弹匣扣弹齿的法向力作用。当推弹进匣和推弹出匣进膛时,弹壳体两侧(有的是一侧)要先后两次与扣弹齿发生摩擦,多能在壳体、底座棱边上,留下两条(或一条)与弹轴平行,间隔为弹匣口宽的弹匣口痕迹,如图 6－53 所示。

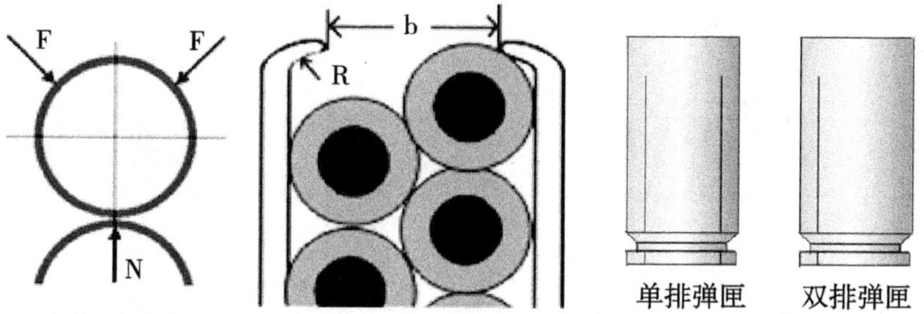

(a)单排弹匣　(b)双排弹匣　(c)弹匣口痕迹

图 6－53　弹匣口受力分析与痕迹形态

(2)枪机下表面痕迹

当最上面的一颗枪弹装入弹匣再装上枪支时,枪弹壳体上表面即会与枪机下表面相挤压。在这种受力条件下,拉枪机后坐时,枪机下表面便与弹匣中最上方的一颗枪弹壳体发生摩擦,枪机后坐到位时,上发枪弹顶起被推入膛,次发枪弹又与推弹行进中的枪机下表面摩擦，在两弹匣口条痕的中间形成条带状擦痕，如图6－54至图6－55所示。

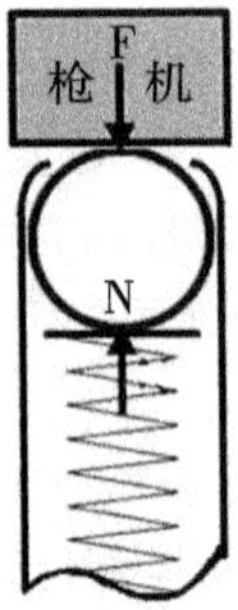

图6－54 枪机下表面痕迹受力分析

图6－55 枪机下表面痕迹

(3)推弹突笋痕迹

枪机后坐达弹匣口长度时，弹匣内枪弹受托弹力顶起高于枪机下表面，位于弹底窝前方。枪机复进时，弹底窝下部推弹突笋(或平面)，即顶推弹壳底面进膛，便留下了推弹突笋痕迹。一般分布在底火两侧或一侧，形状与突笋顶面形状对应，位置可有窜动，如图6－56至图6－57所示。

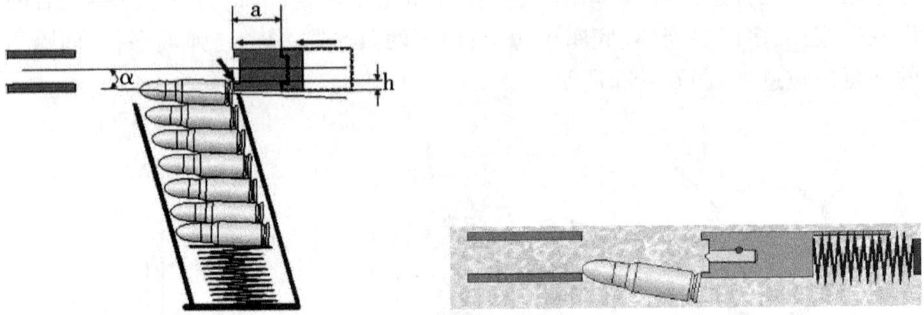

图6－56 推弹过程

图6－57 推弹突笋痕迹

(4)弹膛后切口痕迹

这是枪管尾端面口沿(含拉壳钩端位缺口、导弹槽口沿)与被规整进膛的弹壳口、肩部、底部某处发生顶刮,形成小块、小条状的轴向擦动的横条、点块形痕迹,多与弹轴垂直,如图6-58所示。

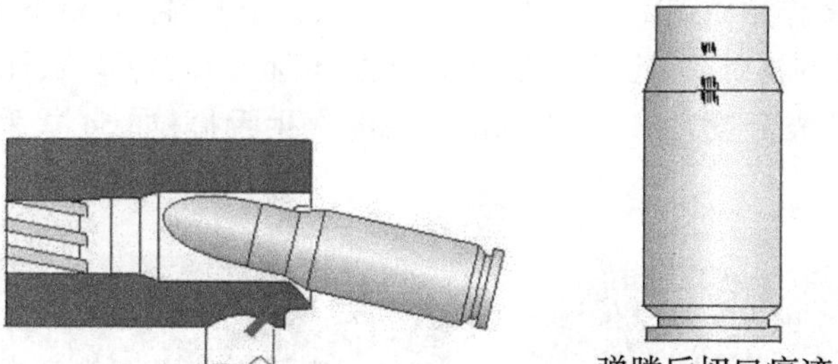

图6-58　弹膛后切口痕迹

(5)拉壳钩前端痕迹

枪弹进膛闭锁待发时,壳底面及边缘多会与拉壳钩前端碰撞,发生钩端外偏,钩齿擦过棱边后抱壳压入底槽。此时,底部后边缘、棱边、斜面等处,可留下拉壳钩端齿沿的痕迹,如图6-59至图6-62所示。

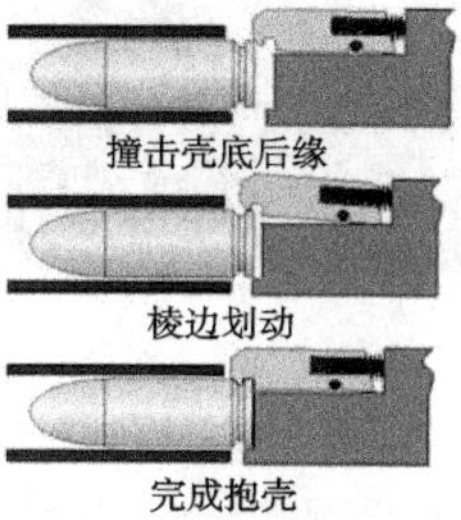

图6-59 拉壳钩抓壳过程

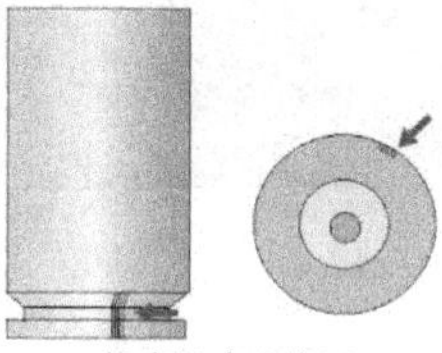

图6-60 拉壳钩前端痕迹

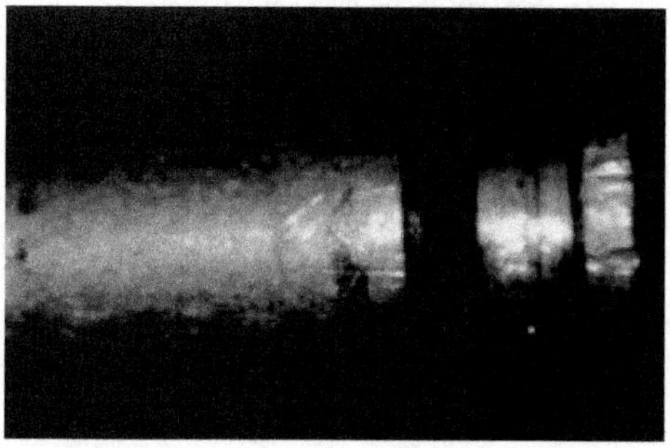

图6-61 拉壳钩前端痕迹形态

图6-62 击针头痕迹

2. 在射击过程中留下的痕迹

射击过程是指击针撞击底火，枪弹燃爆，枪机开锁的瞬个时期留下的痕迹，机件多，作用力大，痕迹面广，弹痕比车可靠，是检验的主要对象。

(1) 击针头痕迹

击针在击发簧作用下，以一定冲量撞击底火，使其产生形，留下了击针头痕迹。击针头的类别(活动的击针、固定等)，痕迹的位置、形状、大小、深浅、端面特点，都是击针头具体反映。如果枪管摆动，还能出现击针头的次生舌痕，如 54 式手枪，如图 6 - 63 所示。

图 6 - 63　弹底窝痕迹

(2) 弹底窝痕迹

弹底窝是承装枪弹底部，保证稳定击发的重要部位。在高温高压下弹底窝面与弹壳底面的紧压贴合，就会留下弹底窝痕迹，可反映出弹底窝面的加工细纹(如平行纹、弧形纹、角形纹、圆形纹、平线弧线交叉纹等)，也能反映弹底窝的凹凸结构特点(如边缘有凹环槽，拉壳钩后平面与弹底窝平面有扇形并合纹，撞针边缘有铆圈突起痕，底窝面上方有类圆形凹坑痕等)，以及在保管、使用中造成的各种痕迹，如图 5 - 62 至图 6 - 64 所示。

(3) 弹膛指示杆痕迹

除了装弹时可留下较轻的弹膛指示杆痕迹外，在射击过程中，弹底强大气体压力，迫使弹壳底面抵住弹底窝后坐，特别在后坐到位瞬间，形成惯性撞击，会留下较深的明显的指示杆痕迹。它的位置、形状、大小、边沿、底面等细小特征，都可用作检验，如图 6 - 65所示。

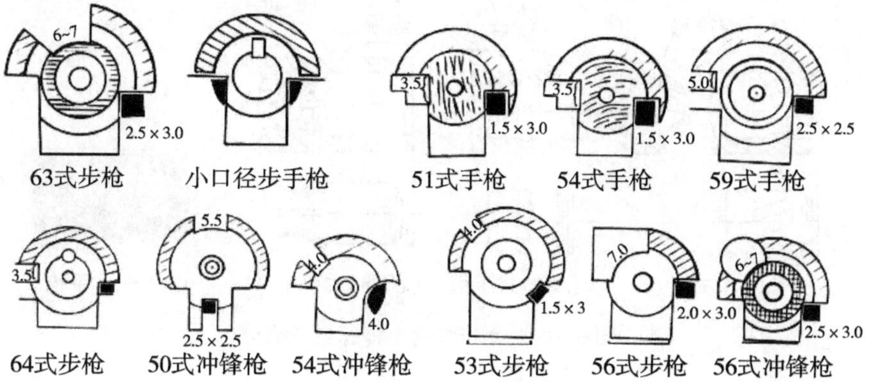

图 6－64　弹底窝形态

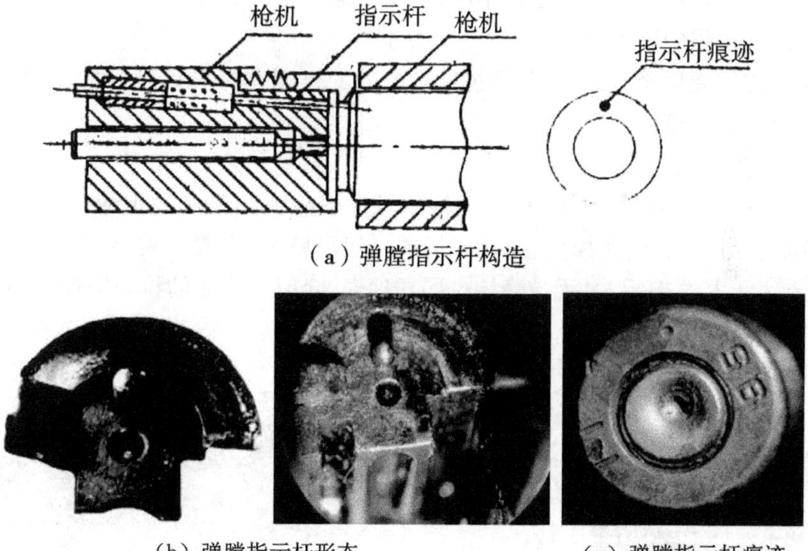

（a）弹膛指示杆构造

（b）弹膛指示杆形态　　（c）弹膛指示杆痕迹

图 6－65　弹膛指示杆痕迹

（4）弹膛内壁痕迹

枪弹击发后，膛内火药气体压力，可使弹壳体发生径向膨胀，当消除膛壳间隙后，形成了两者的紧压贴合，从而留下了弹膛内壁加工槽痕（如 64 式手枪的螺旋槽、77 式手枪的横向环槽等）和凹凸点线块形结构在使用中形成的印压痕迹等。同时，膛内火药气体还会通陡弹壳后坐，克服轴向摩擦阻力，此时弹壳体上便留下滑动摩擦的线条状痕迹，如图6－66 所示。

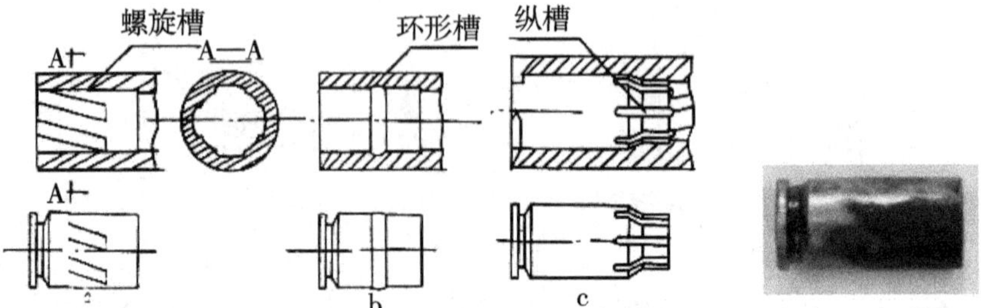

（a）64式手枪 （b）77式手枪 （c）80式手枪 （d）64式手枪

图 6－66 射击弹壳上弹膛内壁痕迹

（5）烟垢特征

枪弹发射瞬间，火药残渣、烟垢会挤入弹壳缝隙，附着在弹壳菱层。因各种枪支结构不同，烟垢分布部位、浓度等也都不同，可用来辅助分析发射枪种。

3. 在退壳过程中留下的痕迹

自拉壳钩抽壳后坐开始，到弹壳被抛出枪外的过程，称为退壳过程。此阶段在弹壳上主要形成如下痕迹：

（1）拉壳钩痕迹

前面介绍了在装弹过程中，拉壳钩钩端可形成撞壳痕迹和钩齿地壳、抵壳等痕迹。但拉壳钩痕迹主要还是在抽壳、抛壳时形成，且反映得最清楚。枪弹击发后，弹壳随膛压后坐，若大于其摩擦阻力，无拉壳钩也同样抽壳，会留下明显的拉壳钩痕迹，如图6－67至图 6－68 所示。

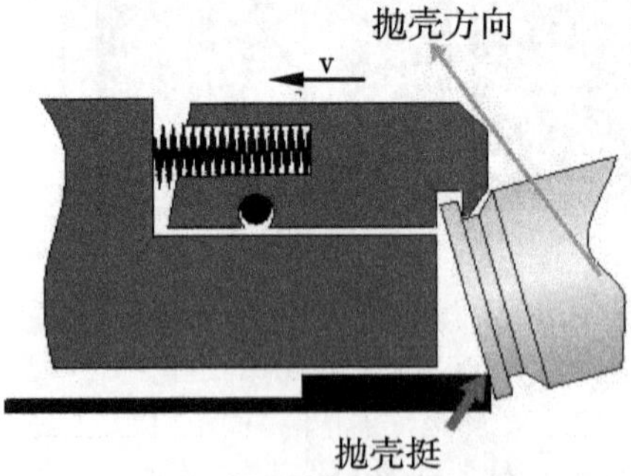

图 6－67 拉壳钩痕迹

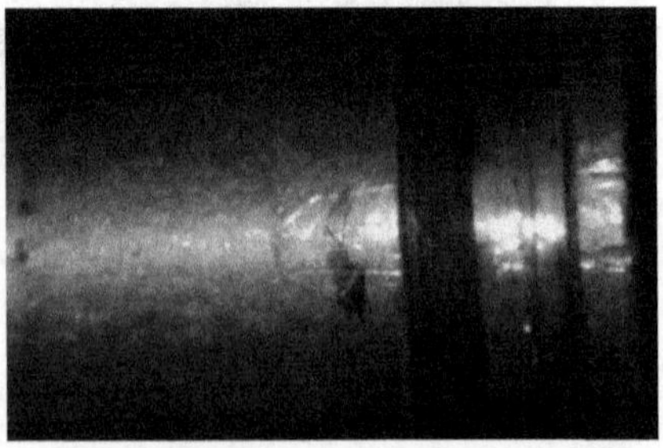

图 6－68 拉壳钩痕迹

（2）抛壳挺痕迹

枪弹击发后，弹壳随火药气体后坐，当它的底面边缘某处撞击抛壳挺时，便留下抛壳挺痕迹。抛壳挺痕迹的位置、形状、大小和边沿、底面细微特点，都是很有检验价值的特征。若撞击瞬间发生位移，便可留下移动、重叠的抛壳挺痕迹。拉壳钩、抛壳挺位置一般都是相对设定的，可用来判断这些机件的留位和枪种结构的特点。抛壳挺痕多分布在弹壳底面8时或6~9时位的区间内，其形状有三角形、小括号形、半圆形、矩形等。拉壳钩痕则多分布在12~3时位区间。其宽度、钩口形状、特点，各种枪支均不同，如图6-69所示。

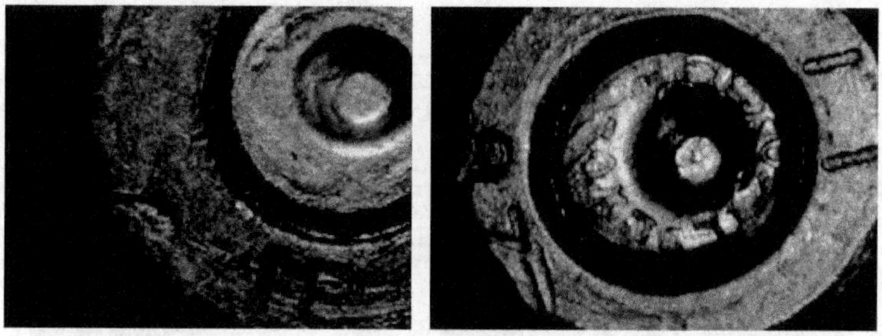

图6-69　拉壳钩痕迹

(3)抛壳口痕迹

在抛壳口过程中，弹壳随火药气体压力后坐，被拉壳钩抽出弹膛时，撞到固定在对侧的抛壳挺。这种抽壳力和顶壳力正好大小相等、方向相反，而且作用方向不在同一条线上，必然产生一力矩，造成弹壳向拉壳钩齿为中心的一侧翻转而被抛离枪外。在翻转抛出瞬间，弹壳体某处与枪支抛壳口边沿（或枪机盖某边沿等）磕碰，便留下抛壳口的短线、小坑形等痕迹。它的位置、高度、形状、大小，偏离拉壳钩中心轴距离等，都是特征反映，可用作检验，如图6-70至图6-72所示。

图6-70　抛壳口痕迹形成过程

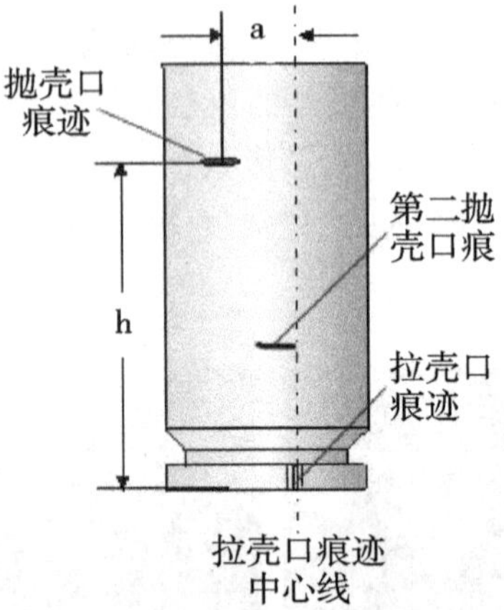

图 6－71　抛壳口痕迹形成部位

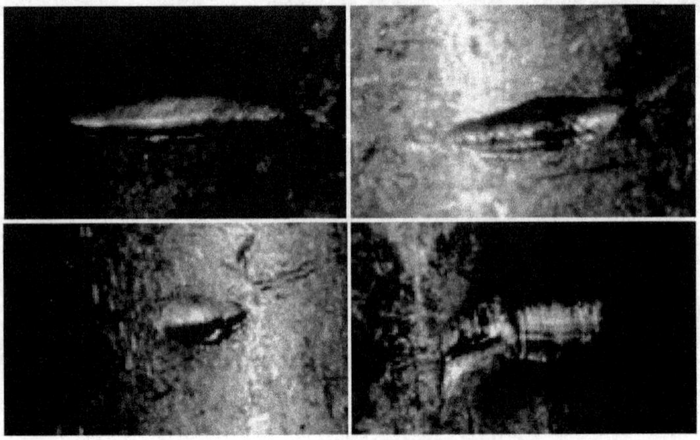

图 6－72　抛壳口痕迹形态

(4)弹匣口刮擦痕迹

在弹壳后坐被抽出弹膛并抛出枪外瞬间，柱形手枪弹壳，如 64 式、77 式、59 式手枪弹壳，在旋翻抛出枪外时，其右侧壳体下半部，常会同弹匣口右侧边缘发生刮擦，留下"小旗"状匣口刮擦痕迹。同理，有的弹壳上还会形成机匣导棱和击发机座右突杆边棱锐利的刮擦痕，会在弹壳体的右上侧，形成呈狭条的线性痕迹，其底部小线纹常横向密布，如图 6－73 所示。

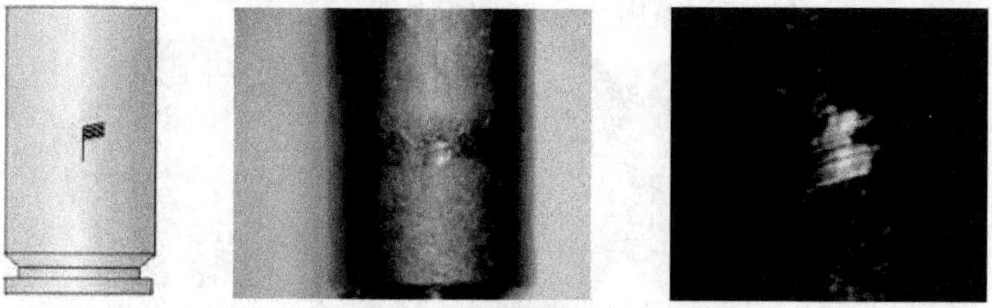

图 6－73 弹匣口刮擦痕迹

四、射击残留物

射击残留物：在射击过程中形成的击发药残留物、发射药残留物和弹头与枪管摩擦产生的金属物残留物的总称。

枪弹中击发药和发射药在燃烧时产生的气体实际上是气体和固体的混合物，其中，既有燃烧后的气体产物，又有没有燃烧的细小颗粒，因此，称其为气固两相流。在射击时，气固两相流从两个部位离开枪管：一是随弹壳抛壳口逸出；二是随弹头从枪口逸出。一般情况，从抛壳口逸出的气固两相流将残留物在射击者的持枪手上和袖口处，而从枪口逸出的气固两相流当射击距离较近时将其喷射到被射击物体上。因此，射击残留物在射击者手上、袖口处，会残留击发药和发射药残留物；在近距离射击（1m 内），在被射击物体上，会残留金属残留物和发射药残留物；在枪管内附着击发药、发射药残留物等。

在射击弹壳上，装弹、发射、退壳过程中形成的痕迹归纳，如图 6－74 所示。

（a）装弹过程中形成的痕迹

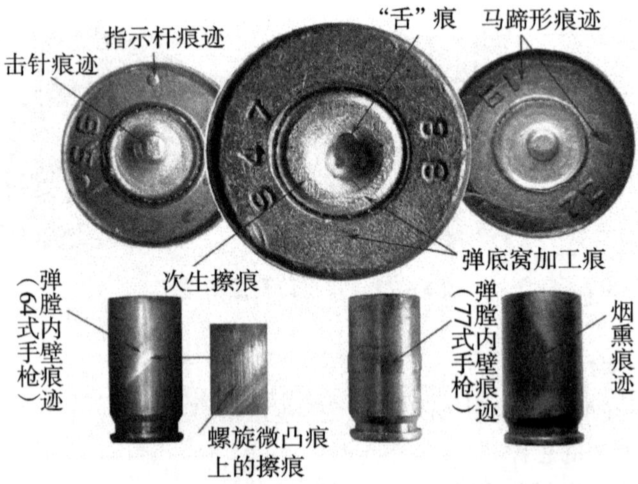

(b)发射过程中形成的痕迹

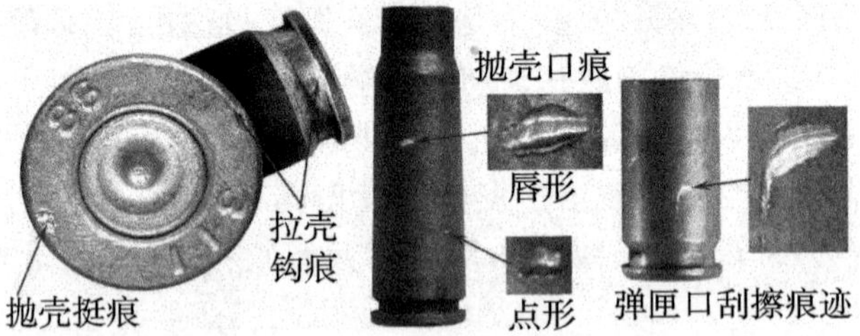

(c)退壳过程中形成的痕迹

图6-74 射击弹壳上形成的痕迹

第四节 枪弹痕迹勘验

一、搜寻、提取现场弹头

由于现场射击弹头的终点受到弹头入射状态、碰撞能量、被击目标物的性质以及初始条件的影响，弹头贯穿目标后的弹道末端又受到弹头飞行的存速、方向影响，弹头的结构状况以及弹头在目标物内的运动状态等诸因素的相互影响，弹头所处的位置在一定程度上具有随机性。寻找弹头，确定弹头可能存在的位置，主要是恢复弹头在现场范围内的飞行路线。通常，弹头在枪击现场范围内的分析弹道，可通过射入口的损伤程度及具体状态，目标物在初始位置时弹创孔道的形状，近距离射击时烟垢的分布状态，现场其他障碍物上可能存在的被击弹痕等因素综合分析。寻找时应注意：

(1)要仔细观察弹孔、弹道、弹着点，特别要在最终的弹着点处去发现，弹头多会在弹着点里面或跌落在附近。

(2)弹头穿入人体的盲管枪创,可用X射线透视,用手术方法取出。对穿透人体的弹头,有的还会钻落在衣服、鞋帽中,应认真发现。

(3)弹头侵砌墙壁、家具、被褥、地板时,要顺着弹孔、弹道到可能最后被击的物件中去挖掘、找寻或在附近发现。

(4)弹头碰撞处不明显,查找范围过大的,可用磁铁、探雷器、勘探磁秤等帮助发现。或在可能钻入的地方,逐件逐项翻找或挖掘筛滤。

二、寻找、提取现场弹壳

在枪击现场弹壳多排落在射击位置周围。搜集时可以射击位置为中心,以10m左右直径范围内寻找。不同种类枪支射击时,其排壳方向及排壳距离不尽相同,所以弹壳的搜寻应在分析射击位置后,按发射枪种的排壳方位去搜寻,这里应注意:

(1)应明确现场射击枪种和射击位置。

(2)可根据作案人的足迹、遗留物,寻迹追踪,搜寻射击弹壳。

(3)可在提取到的嫌疑枪支,特别是非自动枪支的弹膛、弹巢中去发现。

(4)要在嫌疑人使用的物件中去翻寻。

(5)正确使用探雷器的仪器。

三、搜寻、提取嫌疑发射枪支

搜寻和提取到现场枪支是枪案结案的关键一步。在通常情况下,对于自杀、伪装自杀、自伤的枪击现场,一般能够在现场提取到枪支,在持枪凶杀的现场,一般在枪击现场很难搜寻到发射枪支,这除了应在枪击现场及其附近区域,以及罪犯可能隐藏枪支的地点,如井洞、粪坑、箱柜、炉灶、坑洞等仔细的勘查寻找外,主要应结合刑侦工作追查枪支,具体包括以下几个方面:

(1)通过弹头,弹壳痕迹检验,可进行枪支查档,以弄清枪支来源,

(2)对于已建档丢失的枪支,要结合现场特点,作案时间、地点、手段和枪弹痕迹物证的情况,决定可否并案追查枪支。

(3)通过侦察手段,结合技术鉴定,可对重点嫌疑人进行公开或秘密的搜查。

四、射击残留物的发现和提取

射击残留物是指火药的燃烧产物,底火击发药的燃烧产物,未燃尽的火药颗粒,枪油及其燃烧产物,弹头和枪管剧烈摩擦而形成的金属碎屑等。这些物质在一定条件下与目标物相遇,在目标物表面,弹孔周围,甚至在弹创孔道内形成射烟垢、枪油、金属碎屑、未燃火药颗粒等,统称为射击残留物射击残渣。射击残留物在目标物表面的散布范

围,色泽深浅,以及它们的成分对于判断是否为枪案,枪案的性质,射击距离、弹孔入口、出口都具有十分重要的意义。

一般在被击物弹孔周围都可以发现宽为2～4mm灰黑色的圆环,这是弹头表面粘附的射击残渣,在弹头开始侵入目标旋转前进时形成的,称为擦拭圈。对于近距离或贴近距离射击,射击残留物将喷溅在目标物表面,弹孔周围,甚至孔道的内部,持枪者手上也是残留存在的一个部位,发射过的枪支在枪管内表面也存在大量的射击残留物。

对于射击残留物的提取一般可用滤纸粘附,必要时可在滤纸上喷淋一些有机溶剂,如乙醇、丙酮等,也可将这些有机溶剂喷洒在射击残留物上,并按压数分钟,有条件时,可用电熨斗熨烫,从而将射击残留物提取到滤纸上。这种方法称为复印法。另外,也可以用指纹胶纸对有射击残留物的部位直接粘附提取。

第五节　枪击案件现场分析

一、弹孔分析

弹孔是指弹头侵彻或贯穿各种目标物时,在目标物上形成的孔洞,不同的枪支、不同的客体弹孔形态各不相同。

(一)人体弹孔创伤特征

1. 人体弹孔创伤入口特征

人体上的弹丸创伤特征,因不同枪种、射击距离、角度等的变化而产生不同的反映。

(1)接触射击射入口。射创管起端及皮下组织被熏黑、干焦,并有大量火药烟灰及颗粒;高温使创口组织被烧焦,创口周围的火药烟灰及颗粒沉着较少或无。当皮下有骨质衬垫时,可致皮肤十字形裂开。另如体壁较软,体腔内有扩缩空间部位击伤时,不发生撕裂,创口周围多形成同心圆形皮下出血,有枪口印痕,有时出现环形残留物斑纹,如图6－75所示。

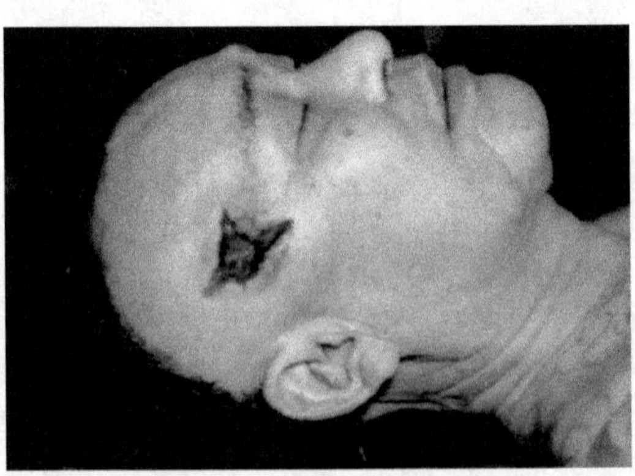

图6－75　接触射击射入口

(2)半接触射击。形成椭圆形射入口,有时伴有射击方向的皮肤撕裂,火药成分呈椭圆形围绕创口周围分布,皮肤上可留有枪口印痕。

(3)近距离射击。指火药颗粒及烟灰所能达到的距离以内射击。一般在30～100cm内射击为近距离,形成挫伤轮痕迹、污垢轮痕迹、烟晕痕迹和火药颗粒,如图6－76所示。挫伤轮是指射入口边缘周围的一圈擦伤带。最初为鲜红色,继之皮革样化呈暗褐色。宽窄均匀,一般1～2mm宽。污垢轮是在创口周围,挫伤轮内侧约1mm宽之弹头上的油污、铁锈、金属碎屑、灰尘等附着形成的痕迹。烟晕是指7.62mm手枪枪弹,火药0.6g,燃烧可产生540cm^3气体,膛内高温2500～3000℃。完全燃烧后的火药烟灰自枪口喷出,呈圆形、椭圆形分布在入口周围。火药颗粒痕迹,不完全燃烧的火药颗粒高速、高温自枪口喷出呈散在的镶嵌在皮肤内。

(4)远距离射入口。一般是指枪口距体表100cm以外距离形成的射入口。有圆形、椭圆形的创口、挫伤轮、擦拭轮,无火药烟灰及颗粒,如图6－77所示。

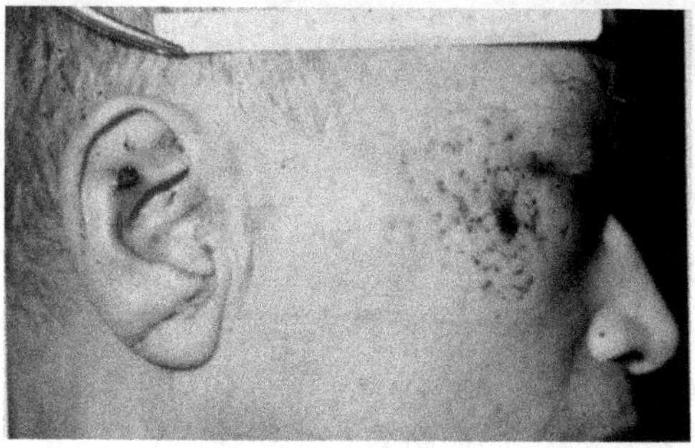

图6－76　近距离射击射入口

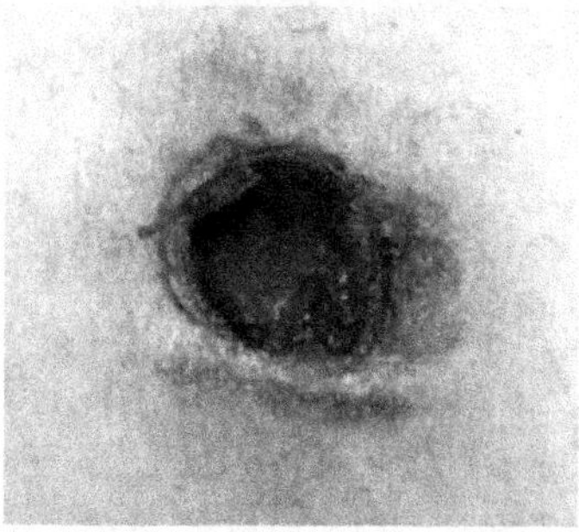

图6－77　远距离射击射入口

(5)反跳枪弹创射入口。弹头击中障碍物后,弹头变形,弹道及弹头自转和运动失衡或消失,形成变形创口。其形态视弹头改变而不同。反跳枪弹创多为盲管创,可找到弹头。

(6)弹头与障碍物一起形成射入口。弹头可能变形,或保持原状,但弹头翻滚失衡,着物点发生变化,同时破碎的物体碎片在创口及其周围形成多个盲管浅表创口。形态视障碍物的硬度而定。

(7)膛线枪管枪弹创的射创管。射创管的形态与射击距离、弹速、组织结构有密切关系。射创管除原始创道外,其周围组织挫伤震荡形成锥形、梭形、囊管状创腔不等。在不同的组织中表现出不同的形态。骨组织形成锥形缺损,倾斜射击形成锁孔状骨折。被击碎的骨碎片形成附加创道。射创管内可见坏死组织,新鲜血液及凝血块,衣物碎片及纤维、泥土、沙石及其他异物。射创管有时因弹头受阻方向发生改变致射创管曲折,甚至造成弹头迷走。

2. 膛线枪管枪弹创的射出口特征

弹头经过体内由内向外顶出皮肤，形成皮肤撕裂之射出口，如图6－78所示。射出口呈星芒状、圆形、椭圆形、新月形或裂隙状，边缘外翻，大小不等，一般大于弹头直径。由于弹头在体内翻滚、变形，击碎的破碎组织一同冲出致使出口变形。在出口处有衬垫物的情况下，组织亦可发生挫灭，有类似于挫伤轮样的改变。弹头射入倾斜角度大时，有时候出现软组织上形成擦过枪弹创，如图6－79所示。

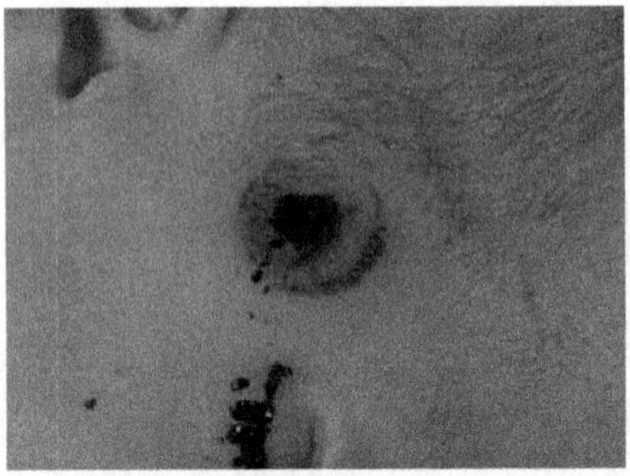

图6－78　远距离射击出射口

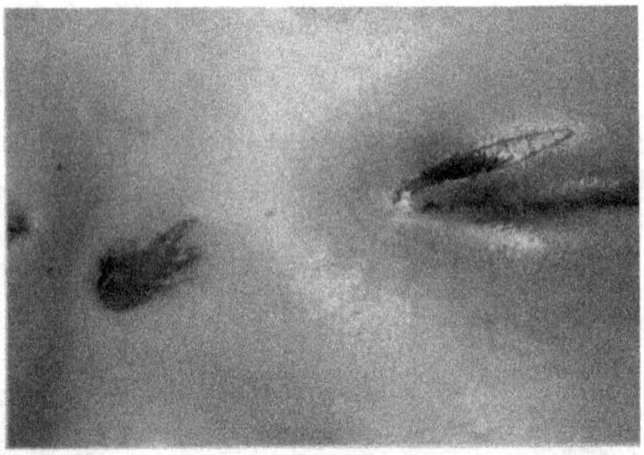

图6－79　擦过枪弹创

3. 弹枪创的射入口

常见于猎枪和土制枪，枪弹为散弹铁、铅，或其他物体颗粒。

（1）接触射击。入口呈圆形，创口略小于枪口，周围无烟晕。隔衣物射入时，可发生烟晕扩散，并可见衣物纤维烧灼及皮肤烧伤，有骨质衬垫的部位皮肤可呈芒状裂开，深部组织严重崩裂，入口组织毁损，无入口之形态特点，如图6－80所示。

（2）近距离射击。随距离的远近，弹丸逐渐散开，多有一个主创口，边缘不整呈锯齿状，周围有散在孤立的小创口。多为盲管创。

（3）中远距离射击。2m以内可形成集中创口，3m以上则常常形成分散弹孔。创口内除弹丸外常有垫片（隔层）及弹塞造成圆形挫伤。远距离射击形成孤立的弹孔。弹孔无典型的挫伤轮及擦拭轮。多为盲管创，创底可找到弹丸。迁延死亡可导致铅中毒。

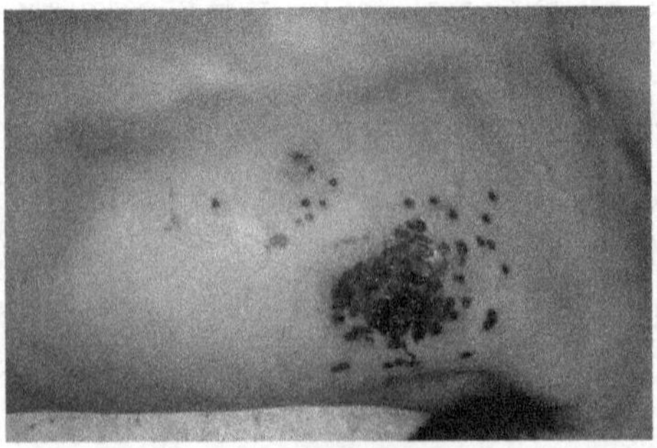

图6－80　散弹枪创的射入口

(二)玻璃上弹孔特征

脆性材料,硬度大,弹性变形小,易碎裂。受弹头撞击后,弹孔呈类圆形,断面粗糙,孔沿齿状,由入口到出口洞孔渐大呈喇叭形。入口边缘相对平整,出口坡面较大,层裂反映,碎屑削落明显。弹孔周围有辐射状裂纹和同心状裂纹;辐射状裂纹比较紧密、短且弯曲,如图6－81所示。

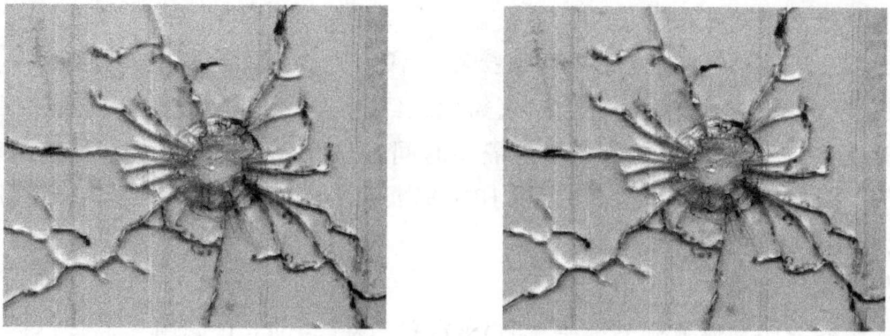

图6－81　玻璃上弹孔特征

(三)一般物体上的弹孔共性特征

枪弹击中木板、厚纸、铁皮、织物等,都会反映出不同的弹孔特点。其主要的共性特征为:弹孔呈圆形与类圆形,孔径与弹头直径对应(脆性材料孔大,塑性材料接近,弹性材料孔,孔小),口多小于出口,入口周围可有射击残留物分布、附着(远距离射击多留有擦带),口缘较光滑可内凹。出口多有碎屑剥落,边缘裂开、外翻等。如果弹丸斜射,除弹孔可呈椭圆形外,其入口、出口边沿可出现相对分布的“半入半出”的特点。

二、射击分析

弹着痕迹是弹头作用在目标物上留下的弹孔(含弹道、弹着点)和射击残留物等痕迹。是枪击现场上客观遗留的可供分析利用的重要枪弹痕迹物证。它们的分布特点和现场尸体、物品的关系,可为我们有根据地分析、判定枪击案件的性质和情节,查明有关射击事实,提供有价值的证据材料。

(一)判断射击方向、角度

射击方向是指弹头飞行的方位。射击角度是弹头击中目标时速度方向与水平面的夹角或与目标面法线间的夹角。判断时,要着重寻找两个以上的弹孔或弹着点、反跳点,并将两者连线并逆向窥视,就可确定射击的方向、角度。在厚层物体上将弹孔通道直线延长也可确定方向、角度。还可按弹孔形态,擦带分布,射击残留物散布偏心度,弹孔出入口相时的“半出半入”特征等,来分析、判定射击的方向、角度。

(二)推断枪支发射时间

这对弄清嫌疑枪支是否与作案有关,枪支离发射时间有多久等有着重要意义。通常确定发射时间的大致范围，可从以下方面进行：

1. 嗅气味

如果枪支发射时间不太久，常可在枪口、枪管、弹底底窝、弹头、弹壳和被击物体上嗅到火药气体味、硫黄味，但这些气味一般只能存留几小时。如果保管在箱、柜、抽屉内，或包在衣物种，则气味不易扩散，可保留一昼夜左右。

2. 检查枪支机件表层变化

枪支发射以后不擦洗，枪管内壁或接触枪弹的机件表面会覆上一层发射药燃烧物质，呈浅灰或深黑色；过些时间经与空气氧化或经化学、电化学腐蚀，会出现灰黄色斑痕和棕色锈斑，这一般已有一两天了。再隔些时间，就变成灰黑、棕褐色锈层。此时，已经过三四天了。如用清洁白布擦拭后，用10%硫酸水溶液滴加上面，再滴加5%硫氰化铵水溶液，若变成红色，证明是铁。

3. 化验亚硝酸盐

因火药残渣中含有亚硝酸酯基（$-ONO$）和硝基（$-NO_2$），如用二苯胺、对氨基苯磺酸、α萘胺等能够检出亚硝酸盐存在，证明枪支近期发射过。

4. 实验对照推断

在了解嫌疑枪支作用、保管条件及配射弹种的置藏环境，温度、湿度等情况后，对枪支机件、弹头、弹壳易锈蚀部位进行拍摄、录像和记录。然后在同种枪、弹进行模拟射击试验的条件下保管、放置，并定时观察变化，对照分析，来推断发射的大致时间。

（三）区分射击顺序

1. 根据脆硬材料辐射裂纹中断情况来区分

弹头击穿玻璃、瓷片、薄骨板等，因应力波传递作用，会产生以撞击点为中心的辐射裂纹。首发弹丸穿透玻璃后，辐射裂纹沿径向自由扩裂，直至能量衰减，扩裂停止。次发弹丸贯穿玻璃时，其辐射裂纹在扩裂过程中，遇前发弹丸的裂纹时，其扩裂能量在相遇处的裂纹中释放出来，使之不能继续扩裂而产生中断现象。据此可区分发射顺序的先后。

2. 根据弹孔周围残留物相互覆盖的状况来区分

弹丸在近距离范围内向目标射击，特别对浅色白布、本色木板等射击，若两个以上弹孔相隔较近，常常可以看到射击残留物的烧焦变黑区、烟灰附着区以及喷撒状的瓦斯气体、油迹等有相互覆压的现象出现，被盖在下层的烟垢、残渣，为先发弹丸射击造成；上层的烟垢、残渣层为后发弹丸造成。

3. 根据现场上多个弹孔的相互关系来区分

在被枪杀的尸体上发现有两个以上的射入弹孔，其中有的是致命的，有的是非致命的。致命伤多为后发枪弹所致。若尸体遭枪击后，无活动迹象，非致命伤的创口流血自然，位置不变，则一般为后发枪伤。有的枪伤弹孔可判定是站立时被击，有的枪伤弹孔可判定是俯倒或仰倒时被射,则一般可判定站立时的枪伤为先发弹丸所致,俯倒、仰倒后的枪伤是后发弹丸造成。

此外,还可根据在枪支弹膛内、转轮枪鼓轮弹巢中留壳的状况,根据枪支发射的路线和排落弹壳的位置等来区分射击的顺序。

(四)分析、确定枪杀案件的性质

分析枪杀案件的性质,主要是指弄清枪杀案是他杀还是自杀,是流弹误射死亡还是意外"走火"致死。这就要根据枪击现场能够收集到的一切人证、物证和有关材料,并着重从枪弹痕检角度,科学地有据地查明枪击身亡的原因和发案的具体过程、情节。

1. 要从射击距离上分析

在绝大多数情况下,持枪自杀的案件,多是接触、贴近、近距离射击;如果超出了自杀人手臂长度的射击距离,而且没有系带、引线、脚蹬等痕迹反映,那并不能造成自杀。持枪他杀的案件虽然近远距离射击都可存在,但多为较远距离的射击,因此,在被害人尸体和衣着上,常没有射击残留物。有时因枪支故障,操作不慎等会引起"走火"造成伤亡,肇事人为逃避罪责,会带走枪支,伪造自杀。若仔细分析死者的姿态与枪支的方向、距离,认真发现手部有无射击残渣,常能帮助弄清真相。流弹误射多是较远距离飞来的流弹伤人,还未听到近射的流弹案件。所以,射击距离的远近,有无射击残留物和近尉枪伤特征,是分析枪杀案性质的重要依据。

2. 要从枪伤留位上分析

持枪他杀不仅可以有较远的射击距离,而且可以在死者的正面、背面、侧面及其高低不同部位发射,并留下相应的枪伤。但持枪自杀不一样,必须具备枪伤部位本人可以发射的条件。若某个人脑后、背后遭射击身亡,本人不能造成,则可确定他杀。另外,死者若中弹多枚,方向不一,甚至致命枪创不止一处,则多为他杀。自杀多为射在某致命处死亡,本人可手及,射角多为锐角,身上多有残渣。个别由死者将枪口塞进嘴内或插进衣服发射,则外表不易显露。他杀、流弹、走火等虽在创伤部位、方向、角度上无规律可循,但多为独立枪创,击中要害。若联系环境条件,多可发现征象。他杀则多有深仇,蓄意造成,常可在死者熟睡、毫无察觉等情况下发射,枪创可有多发,致命伤可多处,有的还可发现有死后补射伤痕等现象。

3. 要从死者遭受枪击时的姿态分析

从实际情况来看,死者遭枪击时,不同尸体姿态常能反映枪案的性质。有的蹲屈在地上,有的蜷缩在炕上、桌下,有的抱头背朝射者,有的手接受击处躺倒等,这些多为他杀的死姿。身穿洁衣,门窗关闭,站立、躺卧安详地枪击而死,多为自杀。他杀还常出现尸体体部、手、臂、衣着上有挣扎、搏斗伤痕和现场物品倾倒、散乱等征象,自杀则一般无这些现象。

4.要从现场遗留的枪弹物证分析

如果枪击现场留有发射枪支和弹头、弹壳，要认真勘查枪支上有无血迹、手印和碰撞地面、物体的附着尘屑，并计算离死者的距离，分析确定射击弹头、弹壳的方向、位置，结合现场射击的次数、弹道的构成，死者本人有无自射的可能条件等，来判断是自杀还是他杀。案发后勘查现场发现枪支，还要弄清它是否经过发射，鉴定这支枪是否发射了击中死者的弹头、弹壳，还要犯换留别的枪支，迷惑侦查。如果未发现发射枪支、弹壳，还要查明发案后有无进入现场人员，拿走枪支或弹壳等情况。一般可以判定，持枪自杀应有枪支遗留。他杀则多携枪逃匿，少数也有扔枪伪造现象。

另外，还要分析发射时的声响、状况，是正常开枪，还是紧压皮肤，用衣服、枕头、毛毯等包住枪支射击，以防止声响外传。分析枪击现场有无被翻、被盗、被抢等现象，这些都对分析自杀、他杀性质有关。必要时，还要检验枪支的发射可靠性和计算分析弹道诸元，以证明枪支是否不慎"走火"造成，查明射击的方向、距离、弹道特点，计测弹丸飞行时间、速度、动能等。

（五）要从枪击案件的不同现场特点进行分析

经过多方面的分析，可以为判明枪杀案的性质，提供重要的信息。从不同性质的枪杀案件看，它们具有不同的现场特点。

1.持枪他杀现场特点

（1）若发现尸体的致命伤是枪弹创，但现场未遗留发射枪，或虽留下枪支，但不能发射现场现弹头、弹壳，枪支又不为死者所有。现场枪支、弹头、弹壳的位置、分布，枪弹入口、出口，弹孔间距离、交角等弹道特点，是自杀不能造成的。

（2）死者身上、衣着上无近距离射击弹着痕迹和射击残留物附着手部也没有握过、发射过枪支的任何射击物屑沉积。

（3）现场上有多个弹孔及弹道，并提取到多种、多枚射击弹头、弹壳；尸体上有多发枪弹创，并且至少有一发或一发以上枪致命伤。

（4）尸体上有多方向、多角度的枪创出入口，且不可能在受击时，身体转动变位造成。枪击现场发现由外向内较远距离的发射弹孔、弹道。

（5）尸体上有挣扎、搏斗的伤痕。现场具有被翻、被劫、被窃等迹象，发现有罪犯活动的痕迹、物证。

（6）在调查中，掌握有他杀的因素和有关的物证材料，查不出自杀的原因。

2.持枪自杀现场特点

（1）通常尸体上只有一处枪弹伤，而且是致命伤。

（2）弹头入口、出口构成的弹道线段的方向、角度等特点，完全符合自射的动作。

（3）死者身上、衣着上有近距离以内的射击伤痕和射击残留物屑。

（4）死者衣着整齐、清洁，身上无挣扎、搏斗伤痕，手上留有射击残渣。

(5)现场留有枪支,又离尸体较近,在枪支上留有死者的握枪手印,枪支又确为作案发射用枪。

(6)现场门窗紧闭,只有由内向外的弹头飞行弹孔,却见不到由外向内的弹头飞进弹孔,现场上没有任何犯罪活动物证,迹象,调查中发现有自杀的因素等。

3. 流弹误射现场特点

(1)死者遭到射击的现场多在室外旷野,枪创为致命伤,是一次命中身亡。

(2)现场在室内,可发现由外飞进的碰击弹孔,一般位置较高,伤亡者多为弹道降弧段落弹致伤、致死。

(3)现场附近一般找不到射击弹壳和发射枪支,只有枪创和弹头物证。

(4)调查时,能发现在发案当时,较远距离处确实有人因打靶、打猎、打枪等活动,并向现场方向发射过弹丸。

(5)肇事人交代的情况符合勘查分析,在发射地点无法瞄准被害人,但可以发现有射击人的脚印和射击弹壳等痕迹、物证。

(6)被击现场没有犯罪活动的痕迹、物证和活动迹象,不具备自杀、他杀等弹道特点。

射击者对被害人不存在加害的因素,等等。

4. "走火"肇事的现场特点

(1)"走火"的枪支,经检验多有机件陈旧松散,发射机构磨损、粘结,击锤跟机、保险失灵等毛病、故障。枪支在一定条件下,可在拆卸、擦拭、触摸、碰撞等过程中引起击发。

(2)现场无任何作案的痕迹、物证和活动迹象。

(3)枪创的部位、分布,被害人受射位置与枪支发射地点等构成的弹道特点,反映出意外击发的动作。

(4)肇事人或在场人所交代提供的情况,与勘查、调查、实验验证的情况相一致。

(5)嫌疑人无杀人因素或伪报"走火"的缘由。

(6)被害人无自杀或诬陷别人枪杀的因素,等等。

以上现场特点,必须综合分析、全面应用,从多方面的证据、材料中作出科学意见。切不能孤立地依据一条或两条,机械地作出错误的判定。唯有此,才能充分发挥枪弹痕检技术的作用。

(六)分析推断枪支的种类、特点

在枪击现场上,有时还可以根据弹孔,射击残留物的形态、分布等特点,分析推断发射枪柙的大致范围、威力大小、能特点。如果现场上或嫌疑人处搜查到了枪支,查明与案件是否有关联,枪支能否可靠射击,枪支号码篡改等。

1. 根据弹着痕迹,分析、推断枪种范围

(1)根据弹孔大小推断。根据实验统计,弹头射于人体、塑料、胶皮、皮革等富有弹性的客体时,由弹头贯穿产生的变形大多会有较大的恢复。因此,这类客体上的弹孔直径,明显小于弹头直径。但在贴近射击时,由于火药气体的爆发作用,弹孔又会产生崩裂、缺损,直径大子弹头直径。对于韧性较好的薄钢板、金属板,弹头贯穿时易产生花瓣式破裂,弹孔直径稍大于弹径。若因斜射产生椭圆形弹孔,其短径接近弹径;弹头击穿木板、厚纸板、纤维板、浅色布等客体,弹孔直径(包括擦带在内)同弹径比较接近;弹头贯穿玻璃、陶瓷体、骨骼板等脆性客体,弹孔直径一般要比弹径大得多些。

(2)根据弹孔、残渣形态特点推断枪支性能

对装有缓燃药、药量大的机枪、步枪、冲锋枪弹,在相同的射击距离下,在目标物上分布的射击残留物面积、浓度,要大于手枪、小口径步枪等的分布面积和浓度,这可以通过查对实际资料和模拟试射条件来分析确定。另外,弹头撞击目标物时的动能越大,速度越快,它在脆硬物体上形成的裂纹越短越曲且紧密。在塑性、韧性较好的靶标物上,弹孔周围裂纹较长,裂屑较多,出口面边沿外翻,剥落渣屑明显多、长、大的,则多为步枪、冲枪射击。反之,多为手枪射击。如果枪管口部装有制退、消焰器等装置,则随弹头喷出的火药残屑会分流、变化,使射击残留物变成蝶状、放射状等异样的痕迹分布,明显不同于圆面形分布。至于散弹射击孔的分布形态,中间密,周边稀,弹孔小,残渣浓,面积大或者留有弹塞、毛毡、弹杯、枪口帽等物证,与军用枪的弹孔、残渣分布有较明显的差别。有时,在枪击现场还可见到塑性较好的目标物上,击出横向、竖向弹孔,这多为枪管磨损严重或者弹头直径过小,膛线镶嵌不紧,不能导转射进,飞行不稳而造成,这不仅可分析弹头横截面形状、大小,还可推断发射枪支内膛磨损程度和口径等特点。

2. 恢复枪支上被锉号码,再现枪支原貌

犯罪分子持枪作案后,为了逃脱侦查,有的就把枪支上的号码和文字符号锉掉,这可以设法恢复。用凸模加大冲击力,压缩枪身表层,原来的金属晶体其原子都是有规则排列的,因受冲击,金属晶体的原子失去负电子而变成正离子,在晶格结点上作高频振动,自由电子在个离子间高速运动,电子层与各离子间引力使金属结合一起,而离子间、电子间的斥力使引力平衡,金属可稳定地呈晶体状态。金属晶体中的原子或离子与自由电子形成了金属键,凸模冲压使金属键遭到破坏,但可以在另一处形成新的金属键,只是改变了形状。这部分晶格结构的排列有了变化,金属晶格距离变小,密度增大,致使金属表面的局部产生凹陷痕迹。

所以枪身号码被锉,只是表层变化,被锉部分内部晶格性形状与其他部分的差异依然存在,利用这种条件,可科学地恢复枪体上被锉号码。

第六节　枪弹痕迹鉴定

所谓枪弹痕迹鉴定是指根据射击弹头、弹壳上的痕迹区分发射枪种,认定射击枪支

的技术鉴定活动。区分射击枪种是认定射击枪支的前提和条件，认定射击枪支是鉴定活动的延续终极目标，彼此衔接，不可偏废，构成了完整的枪弹痕迹鉴定工作的体系。

一、受理鉴定

鉴定人员受理鉴定主要了解案情，明确检验要求，审查鉴定条件，确定是否受理鉴定。

（一）了解案情

鉴定人针对性地了解案件发生、发现的时间、地点及案件性质有助于鉴定工作。可对如下情况着重了解：

1. 送检痕迹的发现时间、地点、提取方法，后续处理的情况，同时还应了解痕迹鉴定的情况。

2. 了解嫌疑枪支和枪弹的所有人情况，使用、保管情况，提取嫌疑枪支的方法、时间。

3. 了解供鉴定用的弹药情况。

（二）明确委托鉴定要求，审查能否受理鉴定条件

1. 要弄清委托单位对此项鉴定的具体要求，明确区分枪种还是认定嫌疑枪支。

2. 依据委托鉴定要求，结合受理鉴定单位的检验能力、设备、仪器条件，能够完成检验任务的，应当积极受理。

3. 如果在受理鉴定时，发现除了委托单位提出的鉴定要求以外，受理单位还有能力、有条件进一步完成其他鉴定，受理单位可主动帮助委托单位提出的其他事项内容，在委托单位同意的情况下，可以增加鉴定内容。

4. 如果检材不具备鉴定条件，或受理鉴定单位没有鉴定条件，不能完成鉴定要求时，应该向委托单位说明情况，不予受理。

（三）向委托单位提出鉴定必要的要求

1. 在受理鉴定中，如果发现鉴定材料不全，如只送部分现场痕迹，尚有部分痕迹未送来等，应当请送检单位补充送检材料。

2. 对应该了解的情况，送检人员一时不明确的，应该请委托单位补充说明。

3. 根据鉴定工作需要，如果条件允许，可请委托单位提供与遗留现场痕迹相同的客体材料，以便作为制作实验样本的材料。

（四）登记、保管检材

对于送检材料，首先，要在受理鉴定登记簿上详细登记，如果现场痕迹或嫌疑枪支较多时，应该分别编号，当场与送检人共同清点，特别是要区分现场痕迹与实验样本痕迹，千万不要弄错。其次，要包装、保管好送检材料。常用的方法是对每个案件检材，分别用专用大信封或塑料袋包装、封好，并作明显的标记，防止与其他案件的检材混淆。送检材料应由专人、专柜保管，不要随处乱放，防止弄错或丢失。检验完毕，要及时返还

给送检单位。送检材料不仅在侦查过程中需要,在审判时也要作为物证出示,一旦丢失将给案件的侦破、审判带来不可弥补的损失。委托单位取回检材时,一定要有经手人签字,以备存查。

(五)鉴定准备

鉴定机构鉴定人员按程序受理鉴定事项,按照痕迹鉴定的要求,再明确鉴定要求的基础上,鉴定人员、实验室、仪器设备、鉴定方法、鉴定技术五个方面准备。

鉴定人员的组成可根据鉴定机构的实际,针对送检痕迹鉴定具体要求和难易程度,由专业资质、从事经验和老、中、青几个方面的人员组成,制定鉴定计划和措施。

根据痕迹鉴定内容具体委托要求,一般枪弹痕迹可在现有实验室进行。针对根据痕迹形态特征,主要采用仪器设备有光学显微镜,包括体视镜、比较显微镜、3D 显微镜等观察系统。同时,应准备读书显微镜,光源系统和计算机系统等。具备制作样本的常用器件、工具和必备的试剂材料。

在鉴定方法和技术方面,根据鉴定事项可以参照国家相关规定和标准,备齐相关作业指导书,采用方法要得当,运用技术要成熟先进。

二、区分发射枪支种类

区分射击枪种是指根据射击弹头、弹壳的形状、尺寸以及遗留痕迹,确定射击枪支种类。正确区分射击枪种是明确涉案枪支来源和划定犯罪嫌疑人的关键,也是认定射击枪支的基础。利用枪击案件现场上遗留的弹头、弹壳上的痕迹,可以区分发射枪种以期明确涉案枪支种类,划定犯罪嫌疑人,减少鉴定枪支的数量,提高鉴定工作效率。

(一)区分的依据

枪弹痕迹作为形态痕迹的重要组成部分,其特殊性和稳定性在成为区分发射枪支的重要依据,对此已在痕迹检验概述中介绍。这里着重补充以下几点:

1. 枪弹形态、结构、规格和枪支机件的对应性

枪弹规格及射击痕迹是区分发射枪种的一项重要依据。枪弹是枪支的被击物,只有能被装入弹膛,稳固定位,枪支机件可与之发生有效的击发作用,才能安全发射。因此,枪弹形态、结构、规格必须与枪支机件相对应。这就可从枪弹形态、规格上更科学地推断枪弹的种类及配用枪种的范围,为区分枪种提供了重要依据。比如,弹头直径大小与枪管口径是否吻合、弹头形状与弹膛是否吻合等。

2. 枪支机件形状、大小、和位置与枪弹留痕特点的一致性

枪支构造的确定性是区分发射枪种的另一项重要依据。由此可以解决单纯根据枪弹形状、结构、规格无法解决的问题。枪支机件的形状、大小、位置以及它们的相互关系,可以在被射击弹头弹壳相应部位上得到反映。

综上,从枪支机件的结构、组成上,可推断枪弹上痕迹的反映;又可从枪弹上痕迹的

位置、形状、面积、大小等反映，反过来判断发射枪支的结构特点。

(二)区分发射枪种的方法

1. 由弹孔形态、弹道特点、残渣分布及成分来加以区分

通过对弹孔的形态，大小和破坏情况以及弹道特点、射击残渣的分析，可以知道是散弹枪打的还是独弹枪打的，是大口径枪打的还是小口径枪打的，以及枪支威力的大小。当然产生这些情况是由枪械的结构性能，枪弹的品种、装药量等决定的，从以上几个方面分析，可以推断出枪弹的结构种类，从而定出枪种或枪种范围。

2. 根据射击弹头区分发射枪种

(1)按照弹头结构、成分、形貌、规格，确定弹种及其配用枪种的范围。枪弹的口径、形状、大小、结构特点，必须与配用枪种的口径与弹膛形状、尺寸相匹配。如果不相匹配，或是无法射击，或造成但弹头、弹壳的变形、碎裂及使弹痕特征遭到严重破坏。因此，掌握弹种的结构数据，可科学地分析配用枪种的范围。

(2)利用射击弹头痕迹区分发射枪种。由于枪支、枪弹的结构、形状、尺寸不同，弹头进膛行程、速度、受力大小和枪弹、枪管间的距离、角度不同，弹头与枪支机件作用部位、作用方式等不同，因此，在弹头尖部、顶部、弧形部，甚至圆柱部的上部等处，形成的各种进膛痕迹，其位置、形状、大小、量及特点，都会因枪种不同而有不同的反映，可用来区多种。

例如，64 式手枪和 77 式手枪，都发射 64 式一类手枪弹。在二者射击弹头上，可见到不同的进膛痕迹。在 64 手枪弹的弹顶部，常可见到相对较小的一个卵圆形轻碰痕迹，直径约 1 ~ 1.5mm，轮廓隐见，很轻浅，有时可见到痕面有小麻点。在这轻碰痕的下方 1mm 处，有时可见到长 1.5 ~ 2mm，较细微的横向“一”字形磕碰痕迹。在这个磕痕的对侧弧形部中部处，在部分弹头上，还可见到一月牙形碰擦痕，此痕与弹头轴线构成 45°的夹角等。77 式手枪射击弹头的弹顶部的轻碰痕、弧形部酌磕碰痕，都要比 64 式弹头上的这种痕迹长一些、深一些，尤其是“一”字形的碰痕比较深粗，痕底多呈角状，可有小线纹出现，数量也可出现两个以上。但磕痕对侧弧形面上，就见不到月牙形碰擦痕。

发射 54 式手枪弹的国产 54 式手枪、79 式冲锋枪、85 式冲锋枪的射击弹头来说，它们的进膛痕迹也是各不相同的。54 式手枪发射的弹头上，常可在弹顶部和弧形部交界处，留有一个横向、轻重度不同的坑块形磕痕，一般长 1 ~ 2mm 以上。在这个磕痕的下方左右侧，离弹顶为 5 ~ 6mm 左右的地方，多能在弧形部留下一两条横向分布，间隔5 ~ 6mm 以上的粗线形，长2 ~ 3mm 左右的线痕。这种痕迹有时可由轴向平行的短细线排列构成。在弹头的其他地方，有时还可出现另一些痕迹，但随机性较大。79 式冲锋枪射击弹头上的进膛痕迹，主要反映在弹顶与弧形部交界处，多能见到一个类圆形的轻碰痕迹，表面较平。在这碰痕的相对一侧的对应部位处，多能见到一个横向的唇状磕痕，出现率较高。在此磕痕下方，向弧形部延伸，可留有条带状或结节形擦痕，一般长达几个

毫米。在弹头弧形部偏下地方开始,常会形成螺旋状的,或由左下向右上或由右下向左上倾斜的,长短不一的,由各线条构成的,环绕弹头表面数量很多的斜线痕迹。85式冲锋枪射击弹头上的进膛痕迹,大致同于79式冲锋枪,但有一点明显不同,它没有条带状结节痕迹的反映。

3.利用弹壳痕迹区分发射枪种

由于弹壳容易找到,其上痕迹种类多,分布广,特征明显,稳定性强,故鉴定中常常遇到。利用弹壳痕迹区分枪种的基本做法是:

(1)按照弹壳结构、尺寸等区分。根据射击弹壳外形尺寸,结构特点,判断配用枪种范围,可以查对相应的确定资料。

(2)按照射击弹壳痕迹区分。根据射击弹壳上的枪种痕迹特征的异同,区分发射枪种。正确发现、确定枪种弹痕特征,某种枪支结构特点在射击弹头弹壳上的痕迹反映,就是枪弹痕特征。他既不同于别的枪种特征,也不是某支枪的特征。通常射击弹壳上会留下击针、弹底窝、拉壳钩、抛壳挺、抛壳口、弹膛壁、弹匣口、指示杆等弹痕特征,以及某种枪支上述机件痕迹的位置、形状、大小,各个机件痕迹的细微特点和它们间的距离、交角等关系。根据这些枪种痕迹特征,综合利用,区分发射枪种。

三、认定发射枪支

认定发射枪支是整个枪弹检验工作的主要任务,也是作为验枪最后要达到的目的。认定发射枪支的工作量较大,专业性,技术性较强,并且很多验枪的其他工作是围绕着认定发射枪支进行的。认定射击枪支的鉴定是在区分发射枪种的基础上,通过发现、确定、比对、评断枪弹痕迹的细节特征来完成。

(一)分别检验

1.确定射击弹头上的细节特征

在射击弹头上,膛线痕迹的具体磨损程度和细微反映,各个磨损处的纹线紧密、粗细、清晰程度、排列特点,棱线痕迹的粗细、线痕形态和边沿金属卷屑有无复压及它的分布,大小、位置等特点,每条阴膛线上坡膛痕迹的交错特线痕形态,总的分布面积大小,阳膛线痕迹起端、末端各自的不同开头联结特点等。

2.确定射击弹壳上的细节特征

在射击弹壳上,个别特征反映的比较多,如在击针头、弹底窝、拉壳钩、抛壳挺、指示杆、抛壳口、膛内壁、弹匣口、推弹突笋等枪种特征中的小点、小线、小块、凹陷、凸起、转折、弯曲、磨损、崩裂、卷边等细小的特征反映,以及在各痕迹的底部、侧壁、口缘的各种细微特征,各特征之间的距离、交角、相对位置等宏观及微观的特征。

(二)制作样本

在抓弹器、测速仪等具备的专业实验室,用嫌疑枪支和弹药制作实验样本,供检验鉴定使用。这里特别强调的是，当送检嫌疑枪支和弹药射击可靠性尚不清楚的情况下，应严格控制试探性射击，以免造成人员伤亡或物品或物品损坏。

（三）比较检验

科学、规范地比较弹痕特征，是认定发射枪支的重要检验环节。要明确射击弹头、弹壳上痕迹部位、形态特征以及变化因素，认真、细致地反复对比其特征的异同点，提出符合和差异的意见。

（四）综合评断

通过弹头、弹壳上的痕迹特征比较观察，对它的特征符合点和差异点有了全面的直观的认识。综合评断是对比较检验中发现的特征符合点和差异点进行科学的研判的过程，也是整个鉴定工作的自我评估过程。经过研究痕迹特征的细节与相互关系是否构成特定性，能否作出同一认定意见。

在鉴定中，我们一定要坚持实事求是的原则，经过努力，如果确实有本质相符的特征，这里主要指个别特征，不能提出认定的意见，找不到本质相符的特征，而存在本质的差异，就应否定。鉴定中不应提出按案情去推理下意见，也不要迎合某种需要，以致做出错误听意见。

思　考　题

1. 枪弹由哪几部分组成，各部分都有什么作用？
2. 自动枪支的基本组成有哪些？
3. 什么是自动枪支的自动方式？
4. 射击弹头上有哪些痕迹？它在检验中有什么作用？
5. 射击弹壳上有哪些痕迹？它在检验中有什么作用？
6. 枪弹痕迹物证包括哪些？对其如何发现提取？
7. 什么是枪种特征和个别特征？它们在枪弹痕迹检验中各起什么作用？

第七章　车辆痕迹鉴定

随着制造技术的快速发展，车辆的种类迅猛增加，结构不断完善，性能和功能不断提高，满足人类日益增长的交通运输的需求，已成为现代社会不可或缺的必需品，为现代社会活动中发挥着重要的作用。车辆作为人类参与社会活动的交通工具或运载货物工具，与其他客体发生接触作用而发生状态、形态的改变形成痕迹，这种痕迹承载着车辆发生事故(事件)的成因、过程和后果等信息。因此，车辆痕迹在交通事故处理或刑事案件侦查过程中，具有重要的作用。

第一节　车辆轮胎痕迹

轮胎痕迹是车辆轮胎与地面等物体接触相互作用形成痕迹。本节在重点介绍车辆轮胎形态结构、轮胎痕迹形态特征的基础上，叙述轮胎痕迹的发现、记录和提取方法及其分析和鉴定的技术。

一、车辆轮胎

轮胎是在各种车辆或机械上装配的接地滚动的圆环形弹性橡胶制品，安装在金属轮辋上，能支承车身，缓冲外界冲击，实现与路面的接触并保证车辆的行驶性能。车辆轮胎作为痕迹造型客体，它直接与地面接触，保障车辆行驶，通常在复杂和苛刻的条件下使用，它在行驶时承受着各种变形、负荷、力以及高低温作用，因此必须具有较高的承载性能、牵引性能、缓冲性能。同时，还要求具备高耐磨性和耐屈挠性，以及低的滚动阻力与生热性。如前所述不同车辆，根据不同用途，大致可分为汽车轮胎、摩托车轮胎、自行车轮胎、人力车轮胎和畜力车轮胎。因各种车辆所使用轮胎功能性能要求差别很大，目前，车辆轮胎设计、制造等已进入深度研究和开发期。

（一）汽车轮胎

汽车轮胎是汽车的重要部件之一，如图 7－1 所示。由于汽车的结构复杂、行驶速度快、自重和载重量大，因此汽车轮胎必须达到一定的技术要求。汽车轮胎和汽车悬架系统共同来冲汽车行驶过程中所受到的冲击力，保证汽车有良好的乘坐舒适性和行驶平顺性；保证车轮和路面有良好的附着性，提高汽车的牵引性、制动性和通过性；保证具有一定的承载性。轮胎在汽车上所起的重要作用越来越受到人们的重视。

图 7－1　汽车轮胎与轮毂

1. 汽车轮胎种类

汽车轮胎的种类繁多，用途各异。按汽车车种分为轿车轮胎、轻型载货汽车轮胎、载货汽车及大客车胎、越野汽车轮胎、工程汽车轮胎、农林汽车轮胎。根据有无内胎分为有内胎轮胎和无内胎轮胎；按结构类型分为斜交线轮胎和子午线轮胎。另外，根据不同需求，还有一些特殊结构的轮胎，如活胎面轮胎、拱形轮胎和椭圆形轮胎。

2. 汽车轮胎结构

传统的轮胎有外胎、内胎和轮毂等套装组成，随着轮胎制造工业的发展，目前绝大多数轮胎无内胎，而外胎与轮毂之间直接密封套装，将气体充入胎腔而成。外胎主要由胎面、胎冠、胎肩、胎侧、胎圈、帘布层和缓冲层构成，外胎的横截面形状，如图 7－2 所示。

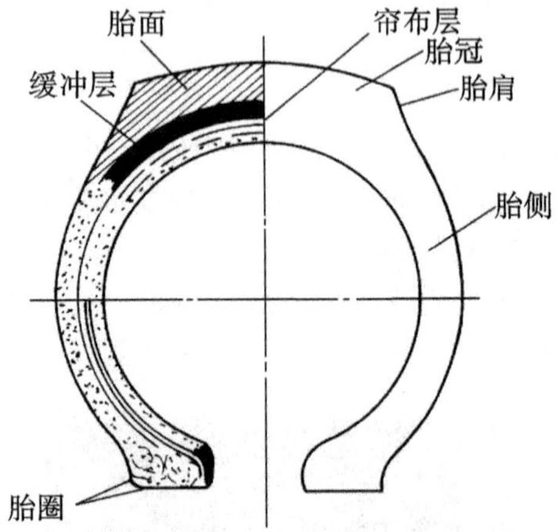

图7－2　汽车轮胎横截面结构

根据外胎组成结构帘布层设计的不同，可分为斜交轮胎和子午线轮胎两种。

(1)斜交线轮胎

斜交轮胎，又称普通结构轮胎或尼龙胎，其胎体帘布层和缓冲层相邻层帘线交叉，且与胎面中心线呈小于90°角排列的充气轮胎。该种轮胎的帘线按斜线交叉排列，故而得名。这种轮胎纵向刚性好，适于在普通路面中速行驶。

斜交轮胎是一种老式结构的轮胎。外胎是由胎面、帘布层(胎体)、缓冲层及胎圈组成，帘布层是外胎的骨架，用以保持外胎的形状和尺寸，通常由成双数的多层挂胶布(帘布)用橡胶贴合而成，帘布的帘线与胎面中心线约呈35°角，从一侧胎边穿过胎面到另一侧胎边，如图7－3所示。在选用尼龙、聚酯纤维或钢丝等高强度帘线材料时，可大大提高轮胎的负荷承载能力，改善轮胎使用性能，是现代汽车常用的一种轮胎。

(a)斜交轮胎

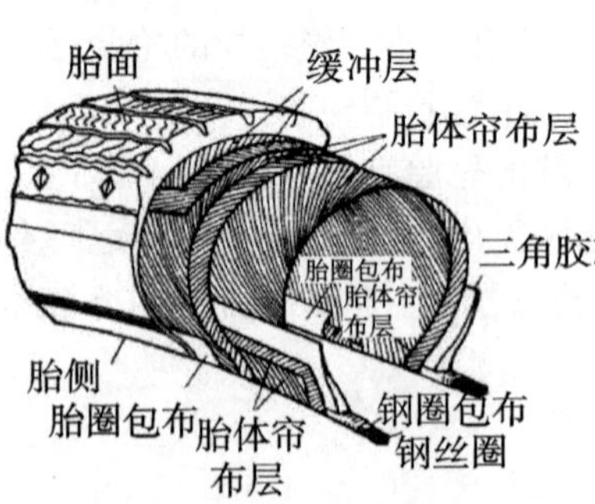

(b)斜交轮胎结构

图7－3　斜交轮胎

(2)子午线轮胎

子午线轮胎结构特点是帘布层帘线排列的方向与轮胎的子午断面一致(胎冠角为零度),由于帘线的这样排列,使帘线的强度能得到充分利用,子午线轮胎的帘布层数一般比普通的斜线胎可减少40%~50%。帘线在圆周方向只靠橡胶来联系,如图7-4所示。

图7-4　全钢丝子午线轮胎结构

子午线轮胎与普通斜线胎相比,具有弹性大,耐磨性好,可使轮胎使用寿命提高30%~50%,滚动阻力小,可降低汽车油耗8%左右,附着性能好,缓冲性能好,承载能力大,不易穿刺等优点。缺点为:胎侧易裂口,由于侧面变形大,导致汽车侧向稳定性差,制造技术要求及成本高。子午线轮胎根据材料不同可以分为全钢丝子午线轮胎、半钢丝子午线轮胎和全纤维子午线轮胎三种类型。

全钢丝子午线轮胎的带束层均采用钢丝帘线,一般用于载重及工程机械车辆上。半钢丝子午线轮胎;半钢丝子午线轮胎的胎体采用人造丝或者其他纤维,带束层则用钢丝帘线,这种类型的子午线轮胎一般用于轿车或轻型卡车上,如公交车等。

全纤维子午线轮胎的胎体及带束层全采用人造丝或其他纤维帘线,带束层帘线应采用低伸长帘线,这种子午线轮胎一般用于低速轿车或拖拉机上。

子午线轮胎结构合理,比斜交胎性能要优越,有很多优良的特点:耐磨及耐刺穿性能好;缓冲性能好,行驶温度低;稳定及安全性能好,行驶里程及经济效益高。由于子午线轮胎具有耐磨、节油、乘坐舒适,以及牵引性、稳定性和高速性能好的特点,使其获得了极快的发展。因胎侧较薄,胎冠较厚,在其与胎侧的过渡区易产生裂口。侧面变形大,导致汽车的侧向稳定性差,制造技术要求高,成本也高。

随着轮胎技术的发展,轮胎研究的重点由如何提高轮胎的使用寿命问题转到轮胎行驶性能、安全性能、舒适性能和经济性能上来。总之,轮胎的发展总趋势是,子午线化、无内胎化、低断面化,即"三化"。目前,轿车轮胎已实现了这"三化",货车轮胎正在向这个方面发展。

3. 汽车轮胎规格及标识

汽车轮胎标识方法有传统沿用方法和国际标准两种。传统沿用的方法是用线段(减号“-”)或字母“R”连接的两组数字来标记轮胎,第一组数字表示轮胎断面宽度,即轮胎胎侧之间的宽度;第二组表示轮辋直径,即轮毂直径,两个数组之间用连接符号以减号“-”或字母R表示该轮胎结构类型。如果是斜交轮胎,连接符号用减号“-”表示;如果子午线轮胎,则用字母“R”表示。两组数字的单位为英寸。例如,7.5-20表示胎断面宽度7.5英寸,轮辋直径20英寸斜交轮胎;11R22.5表示胎断面宽度11英寸,轮辋直径22.5英寸子午线轮胎,如图7-5所示。

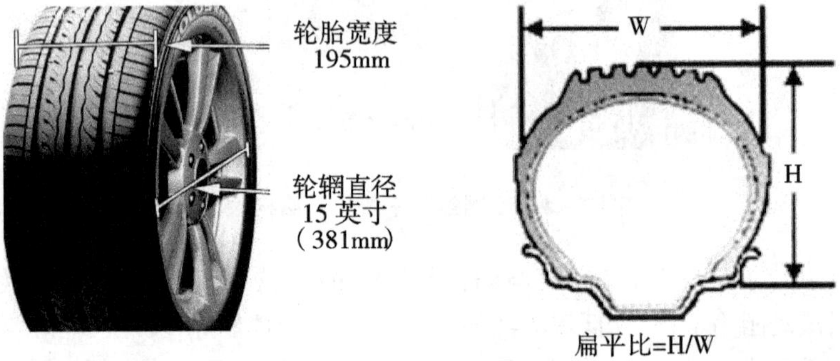

图7-5 汽车轮胎规格标识

在国际标准中,以毫米(mm)为单位表示断面高度大小,断面高度与宽度之比称扁平率,用百分比表示,轮胎结构类型表示同上,轮辋直径用英寸为单位,负荷指数用单胎承载质量,速度等级用英文大写字母表示。例如:175/70R 14 77H中175代表轮胎宽度是175mm,70表示轮胎扁平率是70%,即断面高度是宽度的70%,轮辋直径是14英寸,负荷指数77,速度等级为H级。

一般轮胎规格可描述为:

[胎宽mm]/[胎厚与胎宽的百分比] R[轮毂直径(英寸)][载重系数][速度标识]

或者

[胎宽mm]/[胎厚与胎宽的百分比][速度标识] R[轮毂直径(英寸)][载重系数]

例如,轮胎表示:195/65 R14 88H或者195/65H R15 88。

其中,胎宽为195mm,胎厚为126.75mm,扁平比等于胎厚与胎宽的百分比为65%,即=126.75÷195×100%=65%,轮毂直径为15英寸,载重系数为88,速度系数为H。

表 7-1　轮胎参数

速度标识	最大时速(km/h)	常用车型
B	50	
C	60	
J	100	
K	110	
L	120	
M	130	
N	140	备用胎(Spare Tires)
P	150km/h	
Q	160km/h	雪胎,轻型卡车胎(Winter,LT Tires)
R	170km/h	轻型卡车胎(LT Tires)
S	180km/h	
T	190km/h	
U	200km/h	
H	210km/h	运动型轿车(Sport Sedans)
V	240km/h	跑车(Sports Cars)
Z	240km/h	跑车 (或大于 240km/h)(SportsCars)
W	270km/h	特型跑车(Exotic Sport Cars)
Y	300km/h	特型跑车(Exotic Sport Cars)

值得注意的是,较常见轮胎速度标识为:P、S、T、H,如轮胎无速度标识,除非另有说明,一般认为最大安全速度为 120km/h。

4. 汽车轮胎花纹种类和一般形态

为了确保汽车轮胎与路面间的附着性能,发挥驱动、制动以及侧偏等力学特性,胎面由沟、槽、块组合构成了各种花纹形态。同时,具有耐磨耗性、耐发热性、耐切割性以及振动噪声等特性。轮胎胎面花纹的类型是影响轮胎使用性能与使用寿命的重要因素。现代轮胎花纹形态已从传统的单一、简单发展为混合、复杂、多变的形态,完全、严格意义上的某单一种类形态的轮胎花纹已不存在。根据汽车类型、使用要求以及行驶路面条件的不同,常见轮胎花纹种类和形态按如下几种分类:

(1)横向花纹

如图7－6(a)所示,它是以与轮胎转动方向近似成直角的横向沟槽为主体。它驱动力、牵引力、制动力大、散热性能好,适用于在非铺装路面上行驶的车辆使用。横沟花纹的缺点是轮胎噪声大,不适合于高速行驶。

(2)纵向花纹

如图7－6(b)所示,主要沿胎面圆周方向纵向的沟槽组成,其特性为低滚动阻力、优良的乘坐舒适性和防侧滑,转向稳定性优异。主要适用于在好路面上行驶的载重汽车、公共汽车和轿车轮胎上,这种花纹的滚动阻力小、省油、防侧滑性能好,散热性能也较好;但容易夹石子和产生裂口,防纵滑性能较差。

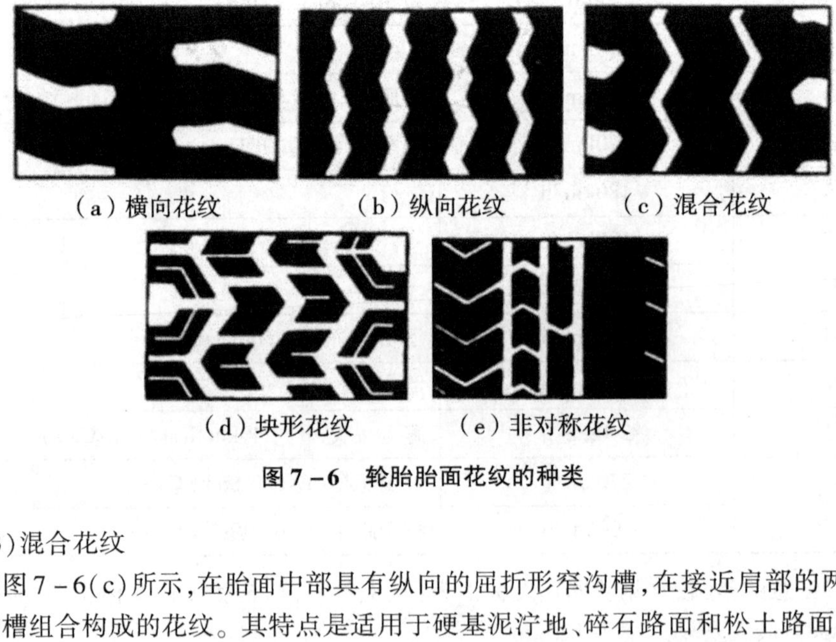

(a)横向花纹　(b)纵向花纹　(c)混合花纹

(d)块形花纹　(e)非对称花纹

图7－6　轮胎胎面花纹的种类

(3)混合花纹

如图7－6(c)所示,在胎面中部具有纵向的屈折形窄沟槽,在接近肩部的两边有横向宽沟槽组合构成的花纹。其特点是适用于硬基泥泞地、碎石路面和松土路面,在行驶中有良好的防侧滑性能、附着性能,改善了驱动力、制动力及牵引力,并且不易打滑。其主要缺点是越野性能差,胎间花纹块易产生磨损不均现象。从严格意义上讲,现代轮胎花纹的形态均为混合型的花纹,单一花纹已不能满足使用需求。

(4)越野花纹

如图7－6(d)所示,适合于在难通过的土路上和无路条件下使用,故称为越野花纹。它的特点为:花纹沟槽深,凸处面积小,与路面附着力大,所以适宜于在泥雪地、松软路面以及一般轮胎不易通行的坏路上行驶。它有良好的自行清除泥土的性能,在坏路面上行驶,不容易附着泥土。但是,这种轮胎不宜在较好的路面上使用,否则轮胎花纹会早期磨损,而且振动大、耗油量高。

(5)非对称花纹

通常的胎面花纹,其左右花纹是对称的。但是也有非对称的胎面花纹,如图7-6(e)所示。采用非对称花纹的首要目的是防止在转弯行驶多的车辆,由于整个车身侧倾和轮胎变形而引起轮胎胎面外侧迅速磨损,从而加剧车身发生侧倾的倾向,如图7-7所示。

图7-7　不对称花纹轮胎

5.轿车轮胎花纹

现代轿车轮胎除了保障车辆在不同使用条件下的安全行驶、一定的使用寿命外,还要满足高速行驶,对花纹的耐磨性、排水性、牵引性以及噪声等方面都有较高的要求。目前,轿车轮胎一般配用子午线结构轮胎,不同轮胎的差别主要体现在花纹形态上。根据不同路面和不同季节行驶要求,可分为混合花纹轮胎、冰雪花纹轮胎和全天候花纹轮胎。

(1)混合花纹。轿车轮胎的混合花纹是在轮胎胎面花纹中部为纵向花纹,两侧为横向花纹,在花纹块上有刀糙花纹,边缘上有镶钉的孔,泥泞路面上行驶,具有良好的抓着力和自洁性,如图7-8(a)所示。

(2)冰雪花纹是混合花纹的一种,主要以横向沟为主,适于在湿路面及冰雪路面上行驶,具有良好的排水性能,如图7-8(b)所示。

(3)全天候花纹,既有纵纵向花纹也有横向花纹,有条状花纹块和块状花纹块,有一定数量的刀槽,并且胎面花纹分布不对称。这种花纹适于各种路面及各种气候条件下行驶,如图7-8(c)所示。

（a）混合花纹　（b）冰雪专用轮胎　（c）全天候轮胎

图 7－8　不同花纹轮胎

(4)轮胎花纹结构特点。轿车轮胎花纹块总面积为行驶面总面积的 60% ～80%。纵向花纹沟与横向花纹沟按一定的比例和间距配置。在纵向花纹沟的基础上，在花纹块上沿横向有宽度 0.4～1.2mm，深度 5mm 左右的刀槽。刀槽花纹一般为波浪形或有一定倾斜角度的斜线。采用不等节距的花纹块配置，即在圆周上将花纹条分割成不等寸的花纹块来减少噪声。轿车轮胎圆周上有 30～100 个节距，最大和最小节距长度相差 20% ～25%。花纹沟的深度，普通花纹为 9～10mm；冰雪花纹斜交轮胎为 14～15mm，子午线轮胎为 11～12mm；高速轮胎花纹深度为 7～8mm。为了提高轮胎在冰雪路面上行驶时的抗滑性，可柱胎而上镶。镶钉轮胎对地面的抓着力比不镶钉轮胎高 5 倍左右，但对路面损伤较大，一般情况下不镶防滑钉。常见轿车轮胎花纹如图 7－9 所示。

图 7－9　常见轮胎花纹

6. 载重汽车轮胎

载重汽车轮胎包括轻型载重汽车、公共汽车和公路用的拖车轮胎，此类轮胎品种繁多，用途广泛，是汽车轮胎中的一个重要品种，与轿车轮胎相比最显著区别在于承载性能好。胎面花纹的基本作用是传递牵引力和制动力，使轮胎对路面具有一定的附着性能，防止车轮空转或打滑。常见的轮胎花纹种类主要有纵向花纹、横向花纹、混合花纹。

(1)纵向花纹

纵向花纹,也称普通花纹,主要用于公路行驶,这类花纹的花纹块占整个行驶面内70% ~80%。这种的特点是具有良好的防侧滑性能、高耐目生,滚动阻力小,它是载重汽车轮胎中的一种最主要的花纹。纵向花纹是以纵沟或纵垅为主的纵向曲折花纹,单纯的纵沟、纵垅虽然具有较好的防侧滑性能,但它不能防纵滑,因此不能保证轮胎对路面有必要的抓着力。除了某些特殊用途如导向轮胎、飞机轮胎等,一般轮胎的花纹沟都与周向成30° ~45°的曲折花纹湖,如图7-10(a)所示。

(2)横向花纹

横向花纹,也称越野花纹,是以横沟和横垅为主的横向曲折花纹,横向花纹沟通常与径向呈45° ~100°角,如图7-10(b)所示。横向花纹具有良好的抓着力,花纹沟较宽,便于脱掉夹在花纹沟中的雪、泥和沙石,有较好的自洁性能,适宜在坏路面或无路面行驶,如雪地、沙地和泥泞路等,其花纹块面积占整个行驶面的40% ~60%。横向花纹轮胎不适用于良好路面和快速行驶,由于花纹的接地面积较小,行驶不耐磨、平顺性差和滚动阻力大,有时甚至因负荷集中于较窄的花纹块上,导致沟底部形成裂口或帘线损伤。

(3)混合花纹属于纵向花纹和横向花纹之间的一种过渡型花纹。这类花纹中部为纵向花纹,两侧为横向花纹,其花纹块面积占整个行驶面的60% ~70%,如图7-10(c)所示。混合花纹适于城市与乡村之间的碎石、软土路面。轻型载重轮胎多采用这种花纹。

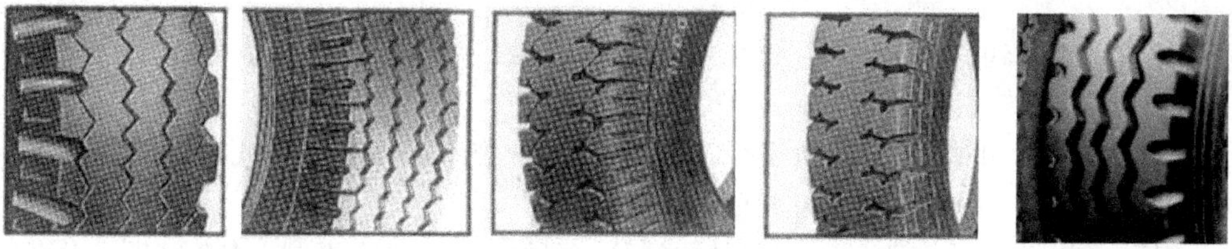

(a)纵向花纹　(b)横向花纹　(c)混花纹

图7-10 载重车轮胎花纹

(4)花纹深度与花纹沟底部形态

花纹深度取决于轮胎的规格、用途和使用条件。大规格轮胎选取较深的花纹;路面粗糙和山区路面使用的轮胎,胎面磨损较快,因此采用较深的花纹;混合花纹和越野花纹轮胎采用较深的花纹;牵引引性能较高的轮胎,其花纹采用特别加深的花纹;而在路面条件好、行驶速度较快的条件下,花纹较浅。

图 7－11 载重不同花纹车轮胎

根据轮胎的使用条件确定花纹沟的宽度，公路行驶轮胎要求具有较高的耐磨和平顺性能，因此花纹沟较窄；而在不良路面行使的轮胎，则需要较宽的花纹沟，以利于提高对地面的抓着性能和自洁性能。

花纹沟底部形态一般为楔形。其作用是便于挤出石子，防止花纹沟底部或花纹块根部裂口。常见的花纹沟底部形状，如图 7－12 所示，其中纵向花纹多采用(a)、(c)、(d)断面形状，横向花纹多采用(b)断面形状。

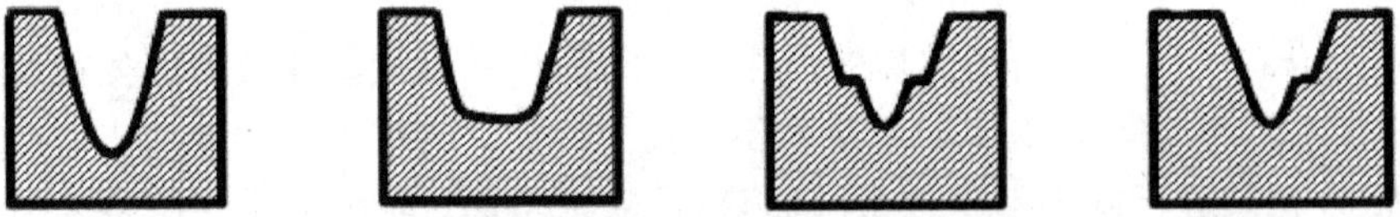

(a) (b) (c) (d)

图 7－12 花纹沟底部形状示意

7. 其他轮胎的结构

(1)农业和林业机械用轮胎

农业和林业机械用轮胎，由于行驶速度较慢，行驶路面较差。因此对轮胎的各项技术性能及轮胎花纹的要求，都与汽车轮胎不同。

农业拖拉机轮胎分驱动轮胎和导向轮胎，两种轮胎的性能不同，对轮胎花纹形态的要求也不同。农业拖拉机主要用于田间作业，要求轮胎有足够的痒引性能。因此，轮胎花纹块的排列是左右成对错歼排列的，并且排列成“人”字形，如图 7－13 所示。整个胎面花纹具有一定的方向。

花纹块大都与径向成 40°～45°的交角。花纹块有一定的宽度和数量。用于松软土地作业的轮胎，花纹块的宽度软窄、数撤较少，花纹块的接地面积通常占整个行驶面的 20%～30%。耕作运输两用的轮胎，其花纹块的宽度较大、数量较多，花纹块面积占整个行驶面的 30%～40%。拖拉机轮胎的花纹深度比汽车轮胎要深得多。根据使用条件可分为常规用、甘蔗田和稻田用、浅花纹和工业用四种不同的花纹深度。其深度最小的为 15mm，最大的可达 91mm。

拖拉机的前轮是导向轮胎，要求其导向性能好，因此轮胎花纹为纵沟和纵垅组成。导向轮胎的花纹深度因土壤类型和用途而不同，花纹沟一般为2~3条。

林业轮胎装于林业拖拉机或林业机械上，进行林区的采伐、集材、铲运和挖掘等项作业，其使用条件苛刻。林业轮胎与拖拉机驱动轮胎的结构特点近似。因此轮胎花纹一般都是人字形，花纹深度按用途可分为普通、适中和加深三种不同的花纹。

图7-13　拖拉机驱动轮胎花纹

（2）工程机械轮胎

工程机械轮胎按作业用途可分为：输送搬运、平地铲运、装载推土和起重吊装轮胎。对于不同种类的轮胎，其花纹基本上分为两大类，即牵引型和耐磨型，如图7-14所示。牵引型花纹的花纹块稀、沟部宽、具有方向性，适用于土方工程和推、装、挖作业。这种花纹是工程轮胎中的通用性花纹。耐磨型花纹的花纹块宽大、花纹沟窄小，适用于石方工程。

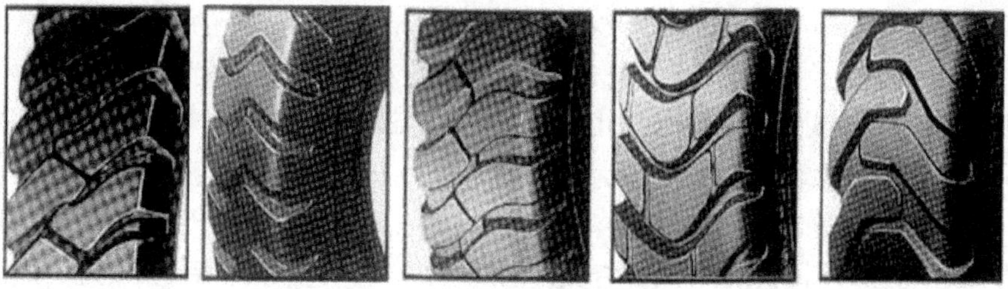

图7-14　工程轮胎花纹

（二）摩托车轮胎

1.摩托车轮胎的种类

摩托车分为三轮摩托车和两轮摩托车。三轮摩托车主要用于较大载荷的行驶，对防侧滑性能要求较低，因此，所装配的轮胎规格一般较大。而两轮摩托车的车辆类型、使用条件及行驶车速的不同可分为小轮径胎、轻便胎、普通胎和加重胎等；按适应的路面条件和速度级别，则有一般型、高速型、混合型和越野型。图7-15为常见的摩托车轮胎。

图 7 – 15 摩托车轮胎

2. 摩托车轮胎的标识

摩托车轮胎标识与汽车轮胎相同，即普通轮胎用断面宽（mm）和轮辋（英寸）直径表示，如 2.75 – 18。轮辋直径 4 ~ 12 英寸为小轮径胎，14 英寸以上为一般的摩托车轮胎。而予午线轮胎，则用断面宽度（mm），扁平率、轮辋直径、负荷指数和速度等级表示。例如，120/80 – 18 65S。

3. 摩托车轮胎花纹

摩托车轮胎花纹按结构特点和使用要求，分为纵向花纹、横向花纹和混合花纹三种类型。

（1）纵向花纹。花纹呈纵向直条形或条块变换形。纵向直条形花纹多用于轻型摩托车和普通摩托车的前轮。条块状花纹在胎冠行驶面分布均匀，花纹沟较窄、较深，如图 7 – 16（a）所示。对适于高速行驶的轮胎，在纵向或较大的花纹块上增加了刀槽花纹。刀槽花纹宽度为 0.4 ~ 0.6mm，深度约为花纹深度的一半。形态为沿周向的波浪形。另外还有花纹形态特殊的高速花纹，如图 7 – 16（b）为抗湿滑性花纹，这种花纹行驶面宽度大干断面宽，胎冠中心有一条纵向花纹沟，此沟的两侧各有一条对称的直线形或波浪形的纵向侧沟。如图 7 – 16（c）为抛物线花纹，花纹从胎冠中部顺轮胎行驶方向向两侧胎肩伸展。这两条侧沟的外侧又有若干对称的斜沟，这些斜沟与胎冠边部斜沟平行交错排列。这种花纹排水性良好，在雨天无论是直线行驶或转弯，都有良好的抗滑性，特别适于大型摩托车的驱动轮胎。

（a）纵向花纹 （b）抗湿滑花纹 （c）抛物线花纹

图 7 – 16 纵向花纹

(2)横向花纹。横向花纹一般为孤立凸起的大块,花纹块的间距也较大,相邻两横列的块数不同,块的大小形状各异,且花纹块一直排列到胎肩部。花纹块大多呈多边形,有时在花纹块上还有不同形态的刀槽,如图 7－17 所示。

图 7－17　横向花纹形态

(3)混合花纹

混合花纹其花纹形态为,胎冠行驶面中部具有纵向直条或纵向锯齿形、曲折形条块。在胎肩部位,则有较大块状形的花纹,且花沟比中部宽。在花纹块上有刀槽,如图 7－18 所示。

图 7－18　混合花纹形态

(三)自行车轮胎

因自行车载重量小、行驶速度慢,对其轮胎各项性能要求较低。目前,主要根据行驶路面的不同将自行车轮胎分为公路轮胎和越野轮胎两种,如图 7－19 所示。与汽车轮胎比较而言,自行车轮胎胎体小,胎面截面圆弧形,花纹整体设计简单,花纹块小、花纹沟浅等特点。自行车轮胎标示与汽车轮胎不同,一般用轮胎外直径大小和断面的英制大小表示,如28 ×1.50、26 ×2.50,即 28 型和 26 型自行车轮胎等。

（a）公路轮胎花纹　　（b）越野轮胎花纹

图7－19　自行车轮胎花纹形态

（四）三轮车轮胎

三轮车轮胎与自行车轮胎各项性能要求基本相同，其规格、尺寸略大，承载性优于自行车轮胎。目前，主要有纵向花纹轮胎、横向花纹轮胎和混合花纹轮胎三种，如图7－20所示。轮胎表示与自行车轮胎标示相同。

（a）纵向花纹　　（b）横向花纹　　（c）混合花纹

图7－20　三轮车轮胎花纹形态

二、轮胎花纹形态特征

车辆轮胎与路面等客体接触形成轮胎花纹痕迹。这些痕迹以客体变形或损坏或中介质（物质）转移的形式反映轮胎花纹的结构形态特征。分析和鉴定轮胎痕迹对判断及认定涉案车辆具有重要的作用。

（一）轮胎花纹结构形态特征

轮胎花纹形态特征是指轮胎胎面（行驶面）上沟、槽、块的整体分布和结构特征。由于不同种类车辆配用不同规格、花纹的轮胎。一般来说，大型工程机械轮胎规格、尺寸大，花纹块也大，其沟、槽深，有明显的胎肩，胎面、胎肩侧面花纹形态单一，结构简单。载重汽车轮胎花纹变化相对多。花纹形态多为锯齿状或波浪状。锯齿状花纹沟的数量、深度，根据轮胎规格不同而变化。齿间距、齿高和不同齿的循环周期，在不同规格的轮胎上均有较大变化。在胎肩侧面有不同形态的侧面花纹。在有些轮胎花纹块上，有方向不同的刀槽花纹。混合花纹轮胎的形态主要有两种类型：一种是胎面中心为锯齿状花纹,两侧为羊角形或鹿角形的横向花纹;另一种是烟斗型花纹,花纹块上有少量的刀槽花纹,胎肩侧面花纹具有一定结构。轿车轮胎花纹结构比较复杂,形态变化较多,花纹块小、沟浅而密,刀槽花纹多为纵向花纹。轿车子午线轮胎,胎肩不明显,胎面花纹与胎侧花纹连成一体。拖拉机驱动轮胎花纹一般都是"人"字形,胎侧很少出现花纹。摩托车轮胎断面宽度通常较汽车轮胎小,因此,花纹块小,花纹沟窄。前轮以纵向花纹为主;后轮则是混合花纹。对于轻型摩托车,其轮胎花纹简单,前、后轮花纹一致。自行车根据其性能不同,轮胎花纹形态变化较大。普通自行车,其轮胎花纹多为普通花纹;而公路赛车的轮胎花纹为纵向的沟槽,沟槽较细、间距较小;山地赛车,轮胎花纹多为块状或人字越野花纹。自行车轮胎花纹的花纹块小、花纹沟浅。

(二)轮胎花纹的组合特征

轮胎花纹组合特征是指在同一台车上使用的,花纹形态不同或花纹方向不同的轮胎组合。通常在一辆车上,不仅轮胎规格相同而且轮胎花纹及花纹方向也完全相同。但由于更换轮胎,往往使同一辆车辆上的轮胎花纹形态不一致。

花纹组合特征主要有两个方面:一是同一辆车辆上个别轮胎的花纹方向不同,即花纹方向相反。由图 7－21(a)可知,该车为二轴六轮,轮胎花纹均为横向曲形趋向花纹。右后外轮的胎面花纹方向与其他五个轮胎花纹方向相反。二是同一辆车辆上个别轮胎的胎花纹形态不同,即同一辆车的不同轮胎的花纹形态不完全相同,如图 7－21(b)所示。对于上述两种情形中,轮胎花纹具有整体方向取向的较为容易辨别,但花纹混合复杂的需要仔细观察才能鉴别方向的异同,而不同花纹轮胎因其形态存在明显差异,在勘验中易识别。轮胎花纹组合特征对寻找、确定嫌疑车辆具有十分重要的意义,同时对车辆的鉴定也有重要作用。

(a)花纹方向不一致

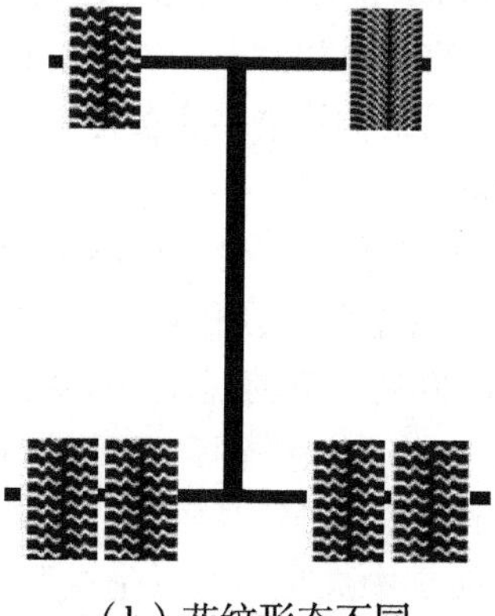

(b)花纹形态不同

图 7－21　花纹组合特征

(三)轮胎花纹沟底形态特征

不同轮胎花纹的沟底形态不同,常见的有尖形、方形、组合形和不对称形等,参见图7-12。在一些立体轮胎痕迹中,如果路面造型条件好,则可清晰地塑造出花纹沟底形态,花纹沟底形态与轮胎花纹类型有直接关系。因此,利用沟底形态可以判断轮胎种类,进一步可判断车辆种类。

三、轮胎胎面磨损特征

前述轮胎花纹的结构形态、组合形态以及沟底形态均属于在制造生产过程中形成特征,反映为种类特征。在轮胎被配用于车辆上使用过程中,由于轮胎胎面与地面的摩擦作用而造成的轮胎胎面摩擦损耗。轮胎胎面的磨损程度与轮胎的结构、负荷、气压有关,也与路面条件、气候条件及使用条件有关。当轮胎胎面受到周向和侧向切线应力作用时,与路面相互滑移摩擦,其表层受到机械应力、热、氧等因素的综合作用,发生分子链与交联键断裂破坏的复杂过程。轮胎胎面的磨损主要以下几种:

(一)胎面均匀磨损

胎面均匀磨损,是指在轮胎胎面与路面均匀接触的情况下,形成的胎面磨损。其特征是胎面花纹沟均匀变浅。胎面均匀磨损可以表明轮胎安装位置、充气压正常,并按技术要求定期换位。轮胎胎面花纹的磨损程度可以通过立体轮胎痕迹来反映。

每条轮胎上都有它的花纹磨耗标记,即当花纹磨损到指示标记时,轮胎就不能再继续使用,应该更换新轮胎。因为轮胎花纹所起的作用是综合的,它除去排水防滑以外,还具有制动、散热等功能。

(二)胎面非均匀磨损

胎面非均匀磨损,也称异常磨损,是指轮胎胎面整体磨损程度不同,反映为胎面局部磨损明显。非均匀磨损是相对于均匀磨损而言,其形成过程、影响因素、变化规律受到车辆构造、行驶状态、路面结构等诸多因素有关,主要有单边磨损、双边磨损、局部磨损等。

1. 胎面单边磨损

胎面单边磨损,主要是车轮定位不正确,路面形状及定向转弯形成的磨损。这种磨损一般出现在汽车前轮上,其原因是前轮悬挂系统的侧倾角不正确,使车轮外倾角过大或过小,行驶时轮胎单边负荷过重,都会造成轮胎单边磨损。当车轮外倾角过大时,轮胎的外侧胎肩磨损;当车轮外倾角过小时,轮胎的内侧胎肩磨损。如果左右车轮外倾角不相等,车辆直行时就会向外倾角大的车轮那边跑偏。

路面形状一般是中央高两边低呈拱形,同时我国交通规则规定,车辆必须沿道路右侧通行,如果自行车长期在拱度较大的路面上行驶,则会使胎面的左或右侧形成较大的磨损;汽车长期在山区公路沿固定方向转弯行驶,也容易造成轮胎单边磨损,如图7-22(a)所示。车辆在维修和保养过程中,四轮定位不当(倾角及前束等)有时候会造成轮胎胎面磨损呈羽状,如图 7－22(b)所示。

2. 胎面双边磨损

胎面双边磨损的主要原因是轮胎的气压不足,长期低压行驶,致使轮胎只有两侧的胎肩着地,从而导致双边胎肩磨损大于胎面中间,图 7－22(c)为气压不足时轮胎的受力情况。从图中可以明显地看出,胎冠的中间部位受力很少,主要靠两侧的胎肩着地,所以两侧胎肩很快磨平,而胎冠的中间部分却因受力很小,胎面花纹还很深。此外,车轮和轮胎偏心或弯曲、轴承和转向主销松动等,也会造成不同程度的胎面双边磨损。轮胎压力过低,使两胎肩接地压力过高造成胎面中间磨损的主要是轮胎的气压过高造成。当轮胎气压过高时,胎冠中间部位就会凸出。当轮胎在行驶时,胎冠的凸出部位首先与地面接触,受力最大,因此磨损最快。另外,车轮配装的轮辋过窄及超载也会造成胎面中间部位提前磨损。轮胎气压过高,使胎面中心部分接地压力过高而造成,如图 7－22(d)所示。

3. 胎面局部磨损

紧急制动和快速起步是造成胎面上局部快速磨损的主要原因。汽车在制动时胎面橡胶块的前端磨损,而在驱动时胎面橡胶块的后端磨损。在刹车抱死、制动不均、轮辋变形及组装件等造成偏心,致使胎面局部磨损,如图 7－22(e)所示。

(a) 单边磨损　　(b) 羽状磨损　　(c) 双边磨损

(d) 中间磨损　　(e) 局部磨损

图 7－22　轮胎胎面磨损

(三)轮胎机械损伤特征

前述轮胎磨损特征,是多因素复杂的过程的产物。当胎面受外力作用下,其橡胶块上形成裂口、缺损和破口等损坏痕迹,将其称为轮胎的机械损伤。轮胎机械损伤主要是由于胎面疲劳、橡胶老化、刮擦等原因造成,如图 7 - 23 所示。

1. 撕裂。当轮胎碰到一个物体,引起急剧变形,并在胎体部产生非常大的应力集中,那么轮胎就可能受到损坏,乃至轮胎爆裂。特别是车辆超载的情况。碰撞伤是轮胎材料所受应力超过其极限值的结果,严重时会倒置帘布层折断,胎壁刺穿和胎体爆破。内在因素:帘线特性,轮胎胶料,胎面和胎体厚度以及帘线角度。外在因素:充气压力,障碍物尺寸和形状以及冲击速度。气压过高,容易破坏。此外,当轮胎以斜角冲向路边或别的障碍物,从而把所有的轮胎载荷集中到胎面的一小块面积时,可能发生撕裂。对于高温老化的轮胎出现侧滑或滚过障碍物时也很容易时胎关花纹撕裂,如图 7 - 23(a)所示。

2. 裂缝。轮胎在使用过程中的氧、臭氧、热和日光的作用,在多次变形而疲劳就会发生物理机械性能变劣、硬化、发脆、表皮发生龟裂等现象,这种现象称为老化。花纹沟底裂缝可能起源与车辆运用过程中滥用,如过度变形、高速、气压过高以及其他能引起温度升高的非正常使用情况。这是胎面橡胶的侧向拉伸和径向压缩很自然地集中与花纹沟底部的薄层,于是产生裂缝,如图 7 - 23(b)所示。

3. 裂口。除了撕裂、裂缝损伤以外,胎面橡胶还经常出现切割损伤。胎面割口主要与胎面橡胶不耐切割、路面条件恶劣、内压过高、超载、车速过快等因素有关,如图 7 - 23(c)所示。

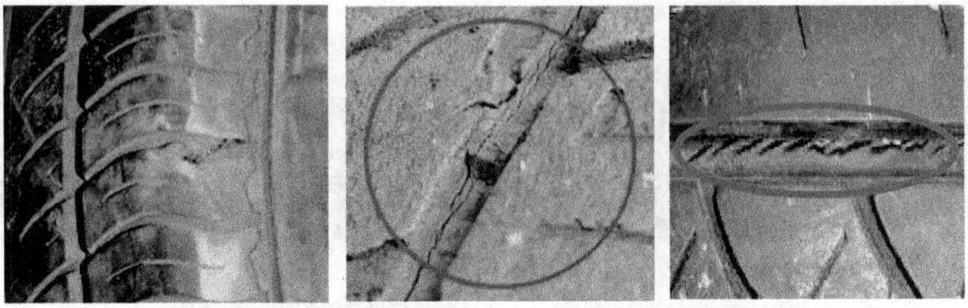

(a) 撕裂　　(b) 裂缝

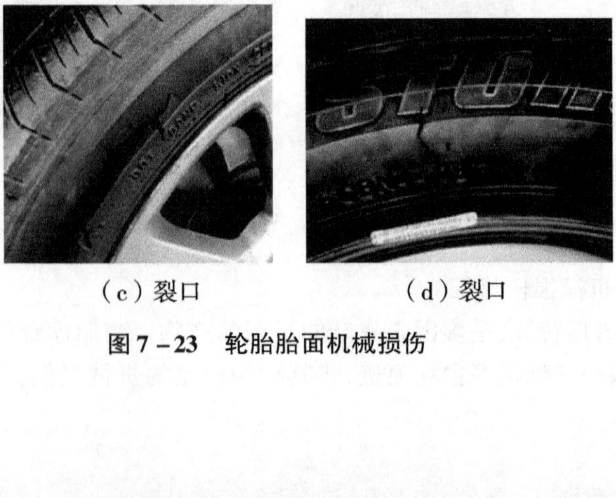

(c) 裂口　　(d) 裂口

图 7 - 23　轮胎胎面机械损伤

胎面机械损伤特征出现的部位及形态都没有固定的规律，而这些特征通常都能在轮胎痕迹中反映出来。因此，轮胎的撕裂、裂缝和割口等痕迹特征，可以用来认定嫌疑车辆。

（四）轮胎脱落特征

长期受油料或腐蚀性物质浸泡而导致损坏，也是轮胎常见的失效形式。受油腐蚀过的轮胎会出现气密层块状剥落胎口出现小面积橡胶脱落，以及胎体钢丝与橡胶脱离的现象，如图 7－24 所示。

图 7－24　轮胎物质落落脱落

（五）爆胎特征

对于一符合标准生产的轮胎，在正常使用期限内一般不会爆胎。当胎压不正常、超载、超速或碰撞、机械损伤易导致爆胎，如图 7－25 所示。气压过低，胎侧屈挠度加大，在长时间的行驶过程中，胎侧受到频繁揉压产生大量的热量，造成胎侧脱层、胎体帘线折断；

（a）胎冠爆裂

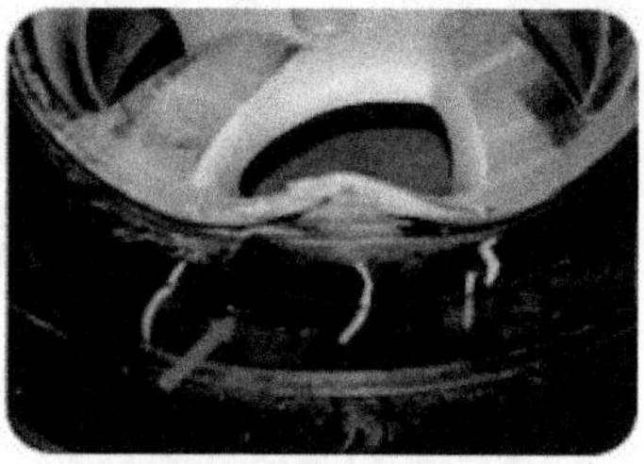

（b）胎侧爆裂

（d）胎侧裂口

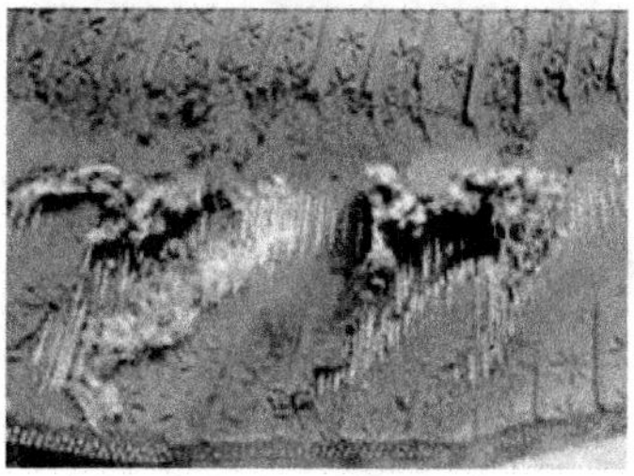

（e）胎内侧破损

图 7－25　轮胎爆胎

气压过高，轮胎内部的骨架材料处于非正常的拉伸状态，同时加剧层与层之间的剪切，造成热量积累及骨架材料强力下降，导致轮胎安全倍数降低。超设计速度行驶，发生驻波现象，部分花纹受到剧烈的摩擦而急剧升温，引起胎面橡胶从内部胎体剥落的现象，从而导致高速爆胎。

四、轮胎滚动痕迹特征

轮胎与其他客体相互接触时，既是造痕客体又是承痕客体。一方面，被轮胎接触或碾压形成轮胎形态特征，包括塑性变形损坏反映的立体痕迹和中介质转移附着的平面痕迹。此类痕迹的反映性取决于承痕客体的材料特性和中介质的附着特性。另一方面，轮胎作为承痕客体，其磨耗、破裂以及中介质的转移附着痕迹。根据客体属性的不同可分为地面上轮胎痕迹、物体上轮胎痕迹两大类。

(一)轮胎滚动痕迹其特征

车辆轮胎相对于地面作滚动、滑移等运动时，留在地面上的印痕称为地面轮胎痕迹，如图7－26所示。根据轮胎相对于地面运动的状态的不同，轮胎痕迹可分为滚印、压印、拖印、侧滑印四类。

图7－26　轮胎痕迹形成

1. 滚印

滚印是指轮胎相对地面作纯滚动时，轮胎胎面留在地面上的印痕或轨迹。滚印一般反映出轮胎胎面花纹形态特征、花纹组合特征及胎面磨损和机械损伤特征。在一般情况下，滚印的宽度与轮胎胎面的宽度基本上一致。根据滚印可以确认车辆行驶方向、路线、轮胎种类及规格。根据同一车辆的两条滚印，可以估算车辆的轮距，从而推断事故车辆的种类。车辆装载情况、路面状况、轮胎气压等因素，都将影响所形成的滚印特征，图7－27为轿车不同轮胎花纹的滚印。

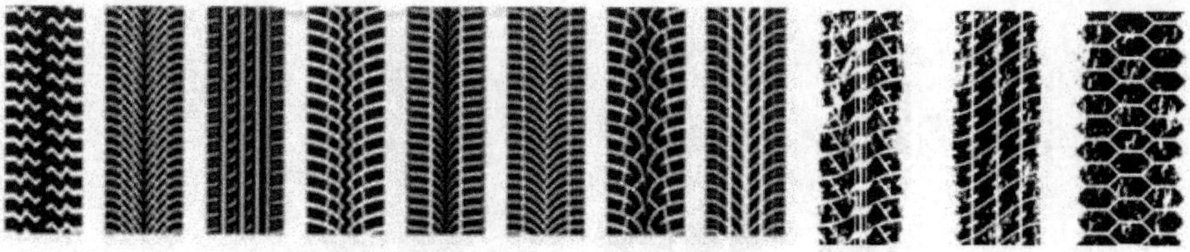

图 7－27　不同轮胎滚印

2. 压印

压印是指车轮轮胎相对于地面同时作滚动、滑动的复合运动时，留在地面上的印痕。压印反映出胎面花纹沿着车辆运动方向有所延长，其宽度和胎面宽度一致。按照轮胎胎压、车辆行驶状态等不同，将其分为轮胎泄气压印、加速压印、转弯压印和碰撞压印等，其痕迹特征是各不相同的。根据制动压印还可以分析车辆制动过程，利用压印痕迹可以判断车辆行驶的运动状况，如图 7－28 所示。

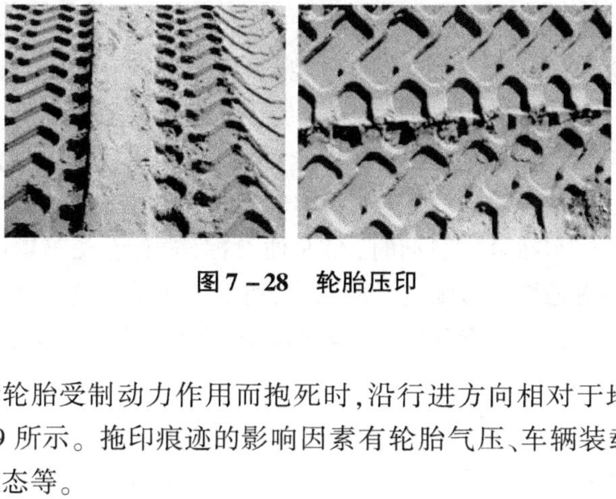

图 7－28　轮胎压印

3. 拖印

拖印是指车轮轮胎受制动力作用而抱死时，沿行进方向相对于地面作滑动而形成的印痕，如图 7－29 所示。拖印痕迹的影响因素有轮胎气压、车辆装载、载荷转移、路面状况及车辆运动状态等。

在正常情况下，拖印痕迹的特征呈黑色纵向带状，一般不能反映胎面花纹形态，痕迹宽度和胎面宽度基本上一致，拖印终止部位有时形成路面物质活轮胎物质（橡胶）等堆积物。痕迹的宽度和形状与轮胎胎面花纹类型、轮胎气压的高低、车辆是否超载以及车辆的运动状态有关。拖印痕迹内的小花纹形态完全和拖印痕迹平行。在横沟轮胎花纹的拖印内看不到沟的痕迹，在纵沟轮胎花纹的制动拖印内多数能看到沟的痕迹。然而，当纵沟轮胎倾斜地向前直线滑动时，由于痕迹宽度变大，痕迹中沟的形状不明显。拖印的作用除了与滚印、压印相同之外，还可以根据制动拖印的长度，推断车辆碰撞前的行驶速度。

当汽车安装制动防抱死装置（ABS 装置）时，其遗留拖印与未安装此装置的轮胎痕

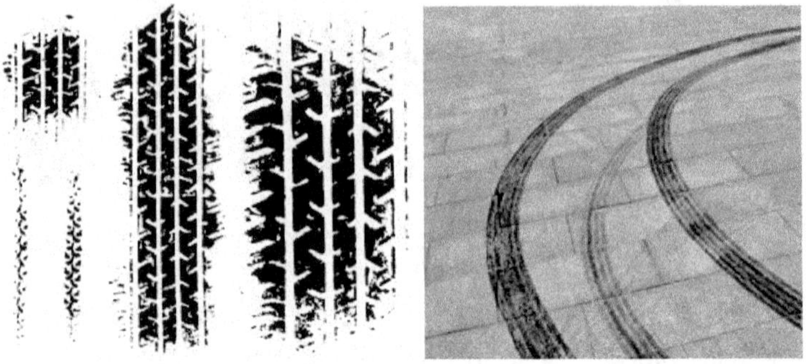

图 7－29 轮胎拖印

迹存在明显区别。未安装 ABS 装置的车辆制动痕迹之所以浓重清晰，是因为制动时轮胎与地面之间产生强烈的滑动摩擦，使轮胎表层的橡胶颗粒脱落沾附在路面上而形成。装有 ABS 的车辆制动痕迹轻淡主要是因为在车辆制动过程中，ABS 使车轮的滑移率保持在 15% ～20% 范围内，只是在轮胎与地面制动力中，轮胎与地面的静摩擦力是主要的，滑动摩擦力是次要的，这决定了轮胎的磨损量较小；轮胎边滚边滑，不会造成轮胎局部偏磨。装有 ABS 的车辆制动痕迹的外部特征主要表现为平面减层痕迹，因此，装有 ABS 的车辆制动痕迹较为轻淡。ABS 实质上是控制车轮在制动中的滑移程度，这是由 ABS 控制原理所决定的。当车轮滑移率为零时，留下的是滚印；当车轮滑移率为 100% 时，留下的是拖印。汽车在紧急制动时，ABS 便发挥作用，它使车轮的滑移率保持在一定的范围内，车轮相对地面作边滚边滑的状态，留下的制动痕迹必然是压印。地面制动痕迹的形态呈线条状，并可以看到变形的轮胎花纹形态。这些特征是典型的压印特征。

4. 滑印

当轮胎胎面与路面之间的摩擦力小至轮胎所受滚动摩擦力不能满足车辆行驶外力条件时，轮胎易发生打滑现象，由此形成滑印。滑印可分为直滑和侧滑两种。直滑一般在直行过程中发生，如急速起步、急加速等，打滑引起轮胎花纹形态被“擦除”，有时形成与行驶反方向泥土等路面上物质喷溅。侧滑印是指车辆轮胎受侧向力作用，偏离原行进方向相对地面作斜向滑移运动时，留在地面上的痕迹。根据形成侧滑的成因不同，可将侧滑划分为制动侧滑印、转向侧滑印、驱动侧滑印、碰撞侧滑印等。

（二）轮胎上痕迹

轮胎上的痕迹是指轮胎作为承痕客体时，受其他物体作用，在轮胎外表面上形成的痕迹。轮胎客体痕迹按其部位可分为胎面客体痕迹和胎侧客体痕迹。轮胎胎面客体痕迹的造痕客体一般是路面，胎侧客体痕迹的造痕客体一般是高于路面的物体，如路缘石、树干、公里桩、车体、人体等。在车辆正常行驶的情况下，轮胎表面易遗留其他客体接触部位附着物来形成加层平面痕迹。

五、轮胎痕迹的勘验

(一)轮胎痕迹的寻找发现

轮胎痕迹具有种类多、分布广、变化大等特点,其痕迹形态特征与路面状况、行驶状态、天气情况、环境温度等多种因素密切相关。当车辆在干燥的水泥或柏油路面上行驶时,一般不易形成明显的车轮滚印痕迹。当车辆紧急制动时,在路面上能形成明显的制动压印、拖印。车辆从环境温度较高的柏油路面上驶过,或者从潮湿的泥土、砂石路面和泥水路面驶过后均可形成清晰的轮胎印痕。对于刑事案件,由于犯罪分子有意隐藏或伪造,使现场轮胎痕迹不易发现和确认;对于交通事故和逃逸案件,由于当事人和事故车辆均在现场,因而现场轮胎痕迹比较容易发现和确认。但是各类案件现场的车辆轮胎痕迹都有各自的特点,有的轮胎痕迹会出现在作案中心现场附近;有的轮胎痕迹的分布范围较大;有的现场同时还可能出现其他的轮胎痕迹。因此,在勘验时应根据路面情况和案件的性质来寻找和确定车辆轮胎痕迹。

(二)轮胎痕迹的测量

准确确定和精确地测量轮胎痕迹是推断车种的前提,也是进一步判断车种,认定车辆的必要条件。从车辆在不同行驶状态下形成的轮胎痕迹中,可分别测出多个车辆参数。根据车辆行驶状态(直行或转弯)的不同,可采取不同的测量方法。

1. 测量轮距和胎面宽

车辆直行时形成的轮胎痕迹一般为滚印,能够反映出前、后轮距。前、后轮距的大小和分布根据车型不同而变化。根据各种类型车辆的轮距分布的百分比统计结果得出:在各类车型中,前轮距大于后轮距车辆数最多;前轮距小于后轮距的车辆数,随着车型的变小百分比也变小;而前、后轮距相等的车辆数,随着车型的变小百分比增大,因此,在轮胎痕迹中,后轮痕迹覆盖前轮痕迹的位置也将随轮距而变化,如图 7－30 所示。

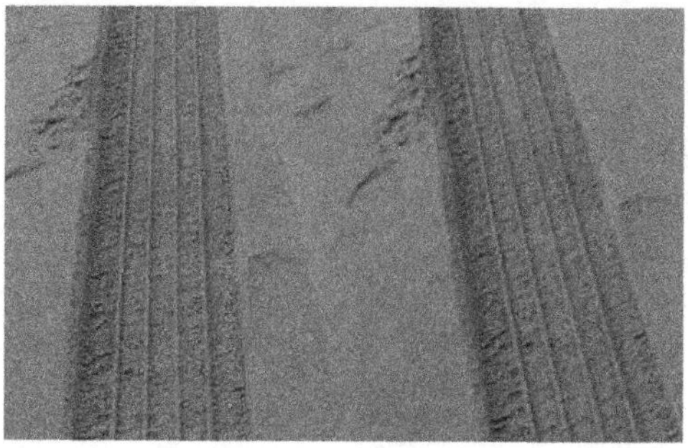

图 7－30　直行轮胎痕迹

测量前应首先确定前、后轮痕迹，由于后轮痕迹覆盖或部分覆盖前轮痕迹，所以轮胎花纹完整的可确认为后轮痕迹。痕迹确认后应选择边缘清晰的轮胎痕迹测出胎冠宽，即痕迹宽度。测量线应与痕迹边缘垂直，同时应选择多点进行测量，将测量数据取平均值可得出比较精确的胎冠宽。

(1)利用直行痕迹测量轮距

测量前、后轮距相同的轮胎痕迹，测量线应与两条平行的轮胎痕迹垂直。测量点可分别选择在两条轮胎痕迹的中心，也可以选择在两条轮胎痕迹的左侧边缘或右侧边缘，如图7－31(a)所示。此时可将前、后轮距同时测出。

测量前轮距大于后轮距的轮胎痕迹，此时后轮痕迹覆盖于前轮痕迹的内侧。测量时首先测出后轮距和胎冠宽。测量前轮距时，由于轮胎痕迹被部分覆盖，测量点可选择在前轮痕迹的外侧边缘，测出的数据减去一个胎冠宽就是前轮距，如图7－31(b)所示。测量前轮距小于后轮距的轮胎痕迹，此时后轮痕迹覆盖于前轮痕迹的外侧。当测出后轮距和胎冠宽后，前轮距的测量点，可选择在前轮痕迹内侧边缘，将测出的数据加上一个胎冠宽就可得出前轮距，如图7－31(c)所示。

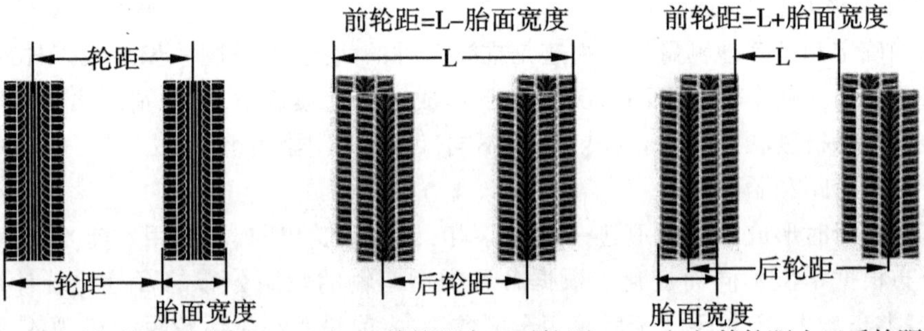

(a)前后轮距相同　(b)前轮距大于后轮距　(c)前轮距小于后轮距

图7－31　直行轮胎痕迹测量

如果汽车后轮为四轮，即单侧为并列两轮，如图7－32所示，则前轮痕迹基本被后轮覆盖，此时后轮距的定义是指左侧两轮中心至右侧两轮中心之间的距离。测量点可选择在痕迹的中心上，测量左、右两侧中心线之间的距离。另外也可以分别测量轮胎痕迹最内侧的距离或最外侧的距离，然后通过计算得出后轮距。在这种车辆中，由于前轮痕左、右两侧被覆盖的位置无法确定，因此测量前轮距是比较困难的。

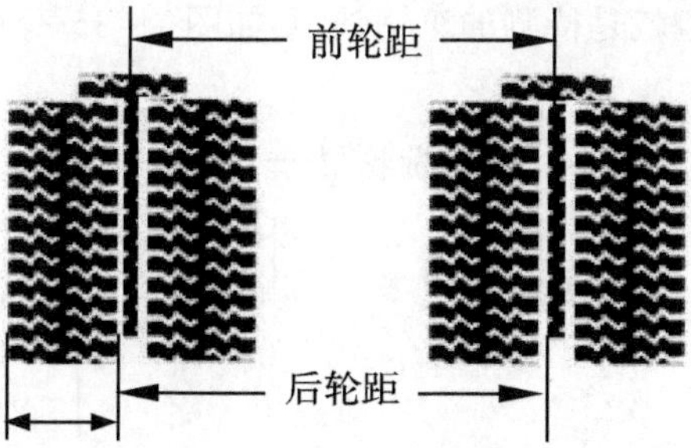

图 7－32　直行轮胎痕迹测量

(2)利用转弯痕迹测量轮距

车辆转弯时,前、后轮胎痕迹分离,如图 7－33 所示。此时可利用转弯痕迹,测出各轮胎的胎冠宽。测量轮距时应注意,在转弯痕迹中,后轮距不变,而前轮距变小。后轮距的测量点可选择在转弯弧的任意位置;而前轮距的测量点,一般选择在刚入弯或转弯结束前的位置上。测量时首先过测量点做轮胎痕迹的切线,过切点做垂直于切线的直线,直线与另一条轮胎痕迹相应部位相交,则切点和交点之间的距离就是相应的前、后轮距,如图 7－34 所示。轮距的测量仅取一点是不准确的,应该选择不同的位置测量 3～5 处,求出平均值。

图 7－33　车辆转弯轮胎痕迹

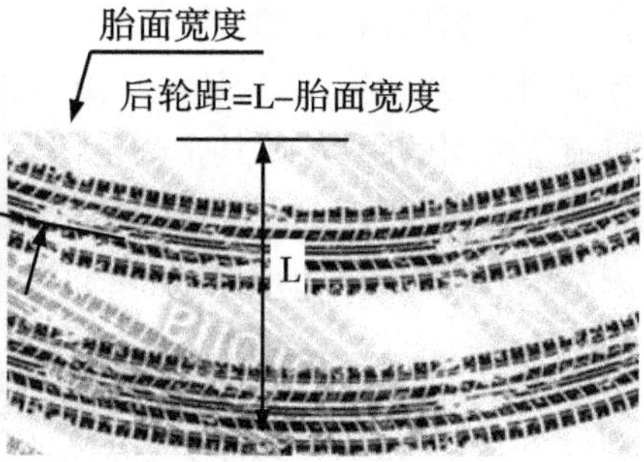

图 7－34　转弯轮胎痕迹测量

2. 测量轴距

轴距一般情况下只能在制动痕迹和倒车轮胎痕迹中反映出来。轴距的测量点通常只有 1～2 处,因此必须仔细勘验、精确测量,才能获得正确的数据。

(1)根据制动痕迹测量轴距

车辆制动痕迹反映的车辆参数最多,从制动拖印中能分别反映出前、后轮距和胎冠宽;另外从前、后轮拖印终点位置能反映出车辆的轴距。测量时应选择同侧前、后轮胎拖印终止处为测量点,测出两点之间的距离。对另一侧轮胎拖印采用同样的方法测量,取两次测出数据的平均值就是待测的车辆轴距，如图 7－35 所示。

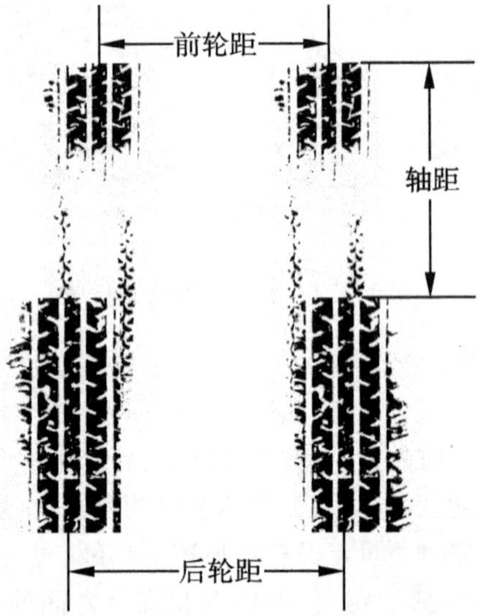

图 7－35　利用制动痕迹测量轮距

（2）根据倒车痕迹测量轴距

车辆由前行到后退，必须要经过停止的过程，根据轮胎痕迹可确定停车点的位置。特别是汽车倒退转向时，前、后轮停车点痕迹分离。因此，可分别测量左、右两侧，前、后轮停车点痕迹之间的距离，取其平均值即为车辆的轴距，如图 7－36、图 7－37 所示。有时车辆在原地调头，其停车点痕迹可出现两次以上。此时应充分利用停车点痕迹，增加轴距的测量次数。取多次测量数据的平均值，可提高轴距的测量精度。

图 7－36　雪地上倒车痕迹

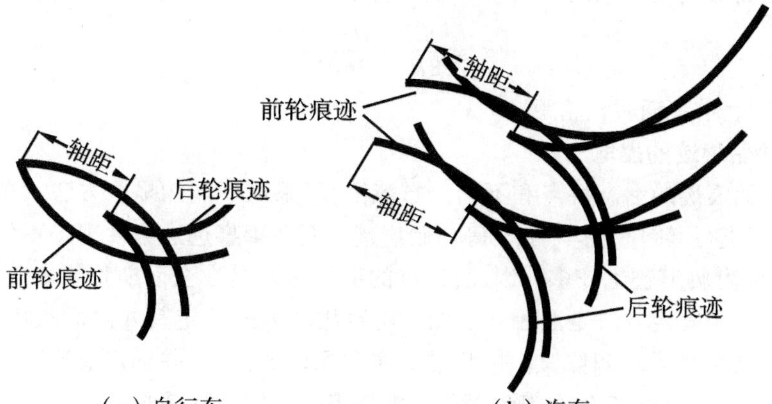

图 7-37 根据倒车痕迹测量轴距

(3)根据侧滑痕迹和旋转滑动痕迹测量轴距

当车辆发生侧滑时,通过对各个轮胎侧滑痕迹始点之间距离的测量,可以大致确定车辆的轴距和轮距。另外,对于旋转滑动痕迹,可以使用特殊的测量工具;对于滑动痕迹进行多点测量,也可以确定轴距和轮距。这两种测量方法的测量误差都比较大,因此所测结果只是一个参考数据。

(三)交通事故地面轮胎痕迹的观测

1. 地面轮胎痕迹的常规测量

(1)事故现场中的滚印、压印、拖印、侧滑印及痕迹的突变点应分别测量。

(2)弧形或曲线状的痕迹应根据其突出点、拐点均匀分成若干段,然后分段测量。

(3)测量其长度、宽度,测量痕迹始点、终点及各分段距路面边缘基线的垂直距离。

(4)测量轮胎痕迹相对其他车辆、重要痕迹和散落物的位置尺寸。

(5)测量地面轮胎痕迹与道路中心线的夹角等。

2. 不规则轮胎痕迹的测量

(1)当制动拖印为断续状态,并且断续间距较长时,应分别测量每段拖印,然后相加得拖印长度,根据需要测量间断痕迹之间的距离。

(2)当各车轮留下的轮胎痕迹长度不一致,应当分别进行测量。

3. 侧滑印的测量

(1)如果各车轮发生侧滑现象,对呈曲线状的拖印进行测量时,应用软皮尺沿曲线测量各轮拖印的长度。

(2)测量侧滑印的面积、滑动方向及距路面边缘基线的距离。

(3)测量转向侧滑痕迹时,除进行常规测量外,还应测量外侧轮胎侧滑曲线的一段

弦长 S 和弦高 H,然后利用下式计算车辆转弯半径 R:

$$R = \frac{S^2}{8H} + \frac{H}{2} - \frac{B}{2}$$

式中,B 表示车辆后轴轮距。

(四)轮胎痕迹的提取

根据轮胎痕迹的形态特点和不同分布范围,可采取不同的提取方法。在犯罪现场中,一般遗留直行、转弯、倒车、刹车等轮胎痕迹。而在肇事逃逸案件现场不仅有轮胎痕迹,而且其他附属痕迹也较多。因此,痕迹的提取必须是在全面勘验的基础之上进行。轮胎痕迹的常用固定方法是照相和绘图。用照相的方式固定其外部形状特征;用绘图的方式固定其存在形式和位置。拍照时要注意配以比例尺,并标记痕迹特征点。提取前应全面勘验,选择痕迹轮廓清晰、特征反映较多的部位进行提取。

1. 立体轮胎痕迹的提取

提取前应在轮胎痕迹上配以比例尺进行拍照,然后用石膏浆连续铸人立体轮胎痕迹中,放入加强筋,待石膏浆硬化到一定程度时,可用塑料板、金属板、胶合板,将石膏浆分割成适当大小的若干块,并编写序号,待完全硬化后将其取下。也可以采用硅橡胶或其他塑性物质制作立体轮胎痕迹模型。采用石膏灌注提取方法参见立体足迹提取方法。

2. 平面轮胎痕迹的提取

平面痕迹的反映与路面条件、中介质以及行驶状态等因素有关,常见的路面为沥青、水泥、泥土和其他硬质路面。泥土路面上的平面轮胎痕迹一般反映较清晰,而柏油路和水泥路面上的痕迹较差。观察时如果利用自然光,则贴近地面以小角度从不同方向观察,这种方法可观察到轮胎痕迹。如果利用光源,则光源应贴近地面或与地面呈15°角左右照射痕迹进行观察。当平面痕迹用肉眼可清晰地观察到,或利用光源照射使痕迹清晰的情况下,在痕迹上配以比例尺,并不断变换光源位置,选择最佳状态进行拍照。拍照后可以用透明胶纸或石膏将轮胎痕迹提取。

对于洁净水泥路面上的灰尘轮胎痕迹,也可以利用静电吸附的方法提取,提取后喷胶固定。

在案件现场中被车辆轮胎压过的木板、纸张等平面物体上往往能留下清晰的轮胎痕迹,对于这些物体应全部提取。

3. 衣着和体表轮胎痕迹的提取

提取受害人身体上的轮胎痕迹之前,应首先通过照相或现场调查,记录受害人的原始位置。如果确认汽车是从受害人的身体上轧过的,应在现场勘验工作结束之后,将被害人皮下出血、表皮剥脱形成的轮胎痕迹采用拍照法提取。

印在衣服上的轮胎痕迹,一般都是潜在的或模糊不清。通常侧光有时可以观察到轮胎痕迹,但如果用紫外灯照射印有轮胎痕迹的纺织物,则印有轮胎痕迹之处和未印有轮胎痕迹之处会产生不同强弱的荧光,因此可清晰地显现出轮胎花纹。此时可通过紫外照相,将纺织物上的轮胎花纹拍摄下来。对于衣服上的轮胎痕迹也可以采用多波段光源来发现,并通过照相的方法提取。有一些衣着上的灰尘痕迹可以用静电吸附方法提取。拍摄人体皮肤上及衣服上的轮胎痕迹,均应配加比例尺。

六、轮胎痕迹的分析

所谓轮胎痕迹的分析是指根据遗留轮胎痕迹特征判断车种、车型,分析车辆状态(行驶方向、行驶速度)的总称。

(一)判断车辆种类

1. 根据轮胎痕迹和车辆参数判断车辆种类

轮胎痕迹和车辆参数是判断车种、车型的主要依据之一。首先应根据轮胎痕迹确定车轮数量。如果现场轮胎痕迹是三轮或三轮以下的车辆形成,则可确定为摩托车和人力车。其次通过对胎面痕迹宽度和花纹形态的进一步观察,便可以确定是摩托车还是人力车。通常人力车花纹形态简单,胎面痕迹宽度为 25 ~ 50mm;而摩托车轮胎花纹比人力车复杂,胎面痕迹宽为 50 ~ 120mm。如果能从轮胎痕迹中测出轴距,可通过比对车型数据库的数据,进一步确定摩托车和自行车的车型范围。根据轴距一般能比较准确地确定自行车车型;而摩托车由于前轮减振系统的结构,使轴距产生变化,因此应根据具体情况确定车型。

如果轮胎痕迹是四轮或四轮以上的车辆形成,可确定为汽车。四轮汽车主要有轿车、小型客车和微型载重汽车;而六轮车辆有大型客车、中型载重汽车;六轮以上的车辆一般都是三轴,并且是重型载重汽车。然后通过轮胎花纹形态和轴数,便可以确定车种。另外,在轮胎花纹中,轿车轮胎花纹、工程机械轮胎花纹和载重汽车轮胎花纹,三者形态上有明显差别,因此轮胎花纹也能确定车种。如果轮胎痕迹中能准确地反映出轮数和轴数,一般都可以将车种确定。车种确定后,可以利用胎面宽度、轮距和轴距,参照车辆参数确定车型。一般国产轮胎的胎体宽 b 等于胎体高 h,约等于胎面宽 a 的 1.27 倍。胎体宽 b 的推算公式如下:

$$b = \frac{1.27a}{2.45} = 0.5a$$

式中,a 是测量出来的拖印宽度,近似等于胎面宽度,单位是厘米;b 是胎体宽度,单位是英寸。根据计算出的 b 值便可判断轮胎型号。车辆车型的轮距和轮胎型号具有一定的固定关系,可参阅相关数据进行推断和分析。

2. 根据其他痕迹物证判断车种

利用现场遗留的车灯玻璃碎片,可确定灯罩形状和尺寸,然后根据不同车辆配用车灯的情况确定车种。另外,还可以利用现场遗留的油漆颜色、掉落的装载物等判断车种。通常上述痕迹物证只能起到辅助判断的作用。

(二)判断车辆行驶方向

车辆向某一方向行驶时,往往使路面上的尘土、痕迹形态、痕迹颜色沿行驶方向产生一定的分布。利用车辆轮胎痕迹可以判断车辆的行驶方向,为侦查提供一定的线索。

1. 根据尘土分布判断行驶方向

车辆在柏油、水泥和硬土路面行驶时,会在轮胎行驶过的路面上产生尘土花纹,如图 7-38 所示。这些尘土花纹的形态因车速不同而变化。车辆在行进过程中,轮胎连续向前滚动,在轮胎后方能产生空气涡流。车速慢空气涡流小,尘土所受到的作用小,此时尘土花纹形态呈弧状,并从轮胎痕迹两侧向中心汇聚,汇聚点的指向为行车方向。车速快时,空气涡流大,尘土所受的作用大,尘土花纹在轮胎痕迹上呈树枝状,树枝展开的方向为行驶方向。

尘土分布形态与轮胎花纹是否对称有关。若横向花纹是左右对称的,则尘土分布也对称,反之则尘土分布不对称。

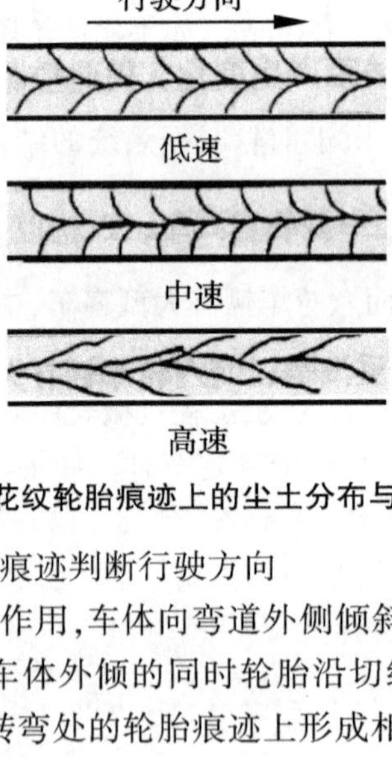

图 7-38 对称花纹轮胎痕迹上的尘土分布与行驶方向的关系

2. 根据转弯处的轮胎摩擦痕迹判断行驶方向

汽车转弯时由于离心力的作用,车体向弯道外侧倾斜。当转弯速度较快时,离心力将大于轮胎与路面的摩擦力,车体外倾的同时轮胎沿切线方向产生侧滑。如果汽车是在柏油或泥路面上转弯,则在转弯处的轮胎痕迹上形成相互平行的倾斜线条,线条痕迹与车辆行驶方向成锐角,如图 7-39 所示。

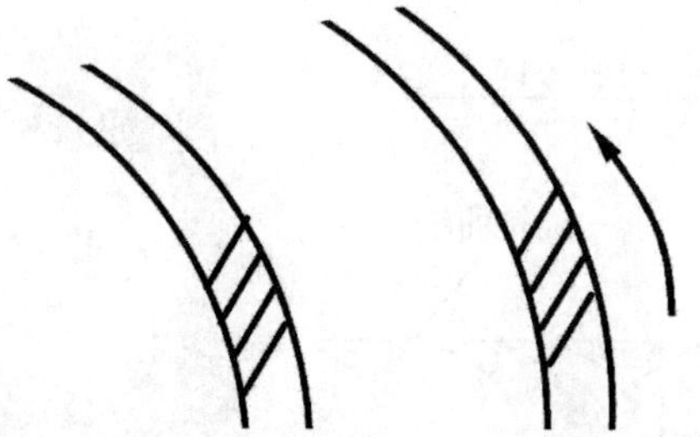

图 7-39　转弯摩擦痕迹与行驶方向的关系

3. 根据制动痕迹判断行驶方向

汽车在沥青、水泥及较硬的土路上制动时，轮胎花纹由清晰逐渐模糊的方向或拖痕由轻到重的方向为车辆行驶方向。当汽车在松软的土路或夏季的柏油路上紧急制动时，在停止处会形成凹陷；当汽车急速起动时，砂土会在轮胎后下方产生隆起，形成起动痕迹。利用这些痕迹也可以辅助判断行驶方向。

4. 根据轮胎花纹颜色深浅判断行驶方向

横向花纹轮胎或横向花纹沟较宽的轮胎，在沥青、水泥或较硬的土路上行驶，花纹块先接触路面的一侧形成的痕迹颜色深，后接触路的一侧，其痕迹颜色较浅。因此，在同一花纹块上，痕迹颜色由深至浅的方向为行驶方向。

5. 根据立体轮胎痕迹判断行驶方向

（1）根据立体轮胎痕迹判断行驶方向

轮胎在松软的泥土路或较厚的雪地上行驶时，能形成立体轮胎痕迹，在痕迹壁上有若干条倾斜的或弧状的旋轮曲线。圆柱形物体在平面上滚动时，圆周上某一点的运动轨迹称为旋轮曲线，如图 7-40 所示。当轮胎在陷入的土路中滚动时，胎肩部花纹首先在痕迹壁上形成向后倾斜的线条痕迹，在此之前轮胎花纹是向下运动。随着轮胎的向前滚动，先期形成痕迹的花纹开始由下向上运动，则在痕迹壁上形成向前倾斜的线条痕迹。向前倾斜的痕迹将向后倾斜的痕迹覆盖。因此，痕迹上的线条由下至上的倾斜方向为行驶方向。

如果路面上的泥土较稀，其痕迹变形较大，倾斜线条往往不能指示方向。此时应综合观察若干个痕迹，线条向某一方向倾斜较多的，则可判断为行驶的方向。

（2）根据立体轮胎花纹判断行驶方向

当车辆在松软的泥土、雪地处驶过后，沾附在轮胎肩部的泥土、雪等物掉落在轮胎痕迹两侧，呈锯齿状分布。锯齿状的尖端指向行驶方向。横向花纹轮胎，其花纹沟形成的立体痕迹向行驶方向倾斜。另外，花纹块先接触地面的部位形成的立体痕迹较实、边缘清晰完整，后接触地面的部位形成的痕迹虚松、边缘不清。因此，立体轮胎痕迹由实到虚的方向为行驶方向。

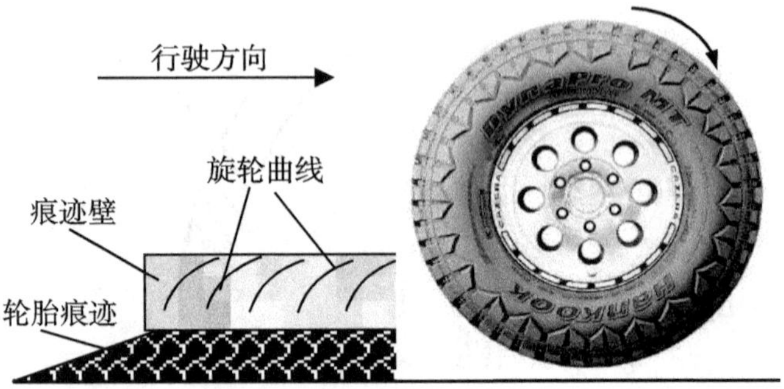

图 7-40　立体痕迹壁上的倾斜旋轮曲线痕迹与行驶方向的关系

6. 根据脱落物、散落物以及地面喷溅物分布判断行驶方向

一定速度行驶的车辆上脱落物、散落物被抛掷到地面，着落点已形成运动方向的痕迹特征，由此可以判断车辆行驶的分析。当地面上积有液体、松软泥土被轮胎等物体碾压易发生喷溅现象，其喷溅的分布、方向反映出车辆行驶的方向。根据脱落物、散落物以及地面喷溅物分布判断车辆行驶方向，对交通肇事逃逸案件的追查及刑事案件车辆驶离方向的分析具有重要意义。

（三）测算车辆行驶速度

车辆在行驶过程中，在紧急情况下，由于驾驶员采取制动，轮胎会在路面上留下拖印，通过制动拖印的长度和路面附着系数，可以推算车辆行驶速度。假定质量为 m 的汽车，在坡度为 θ 角的坡路上下坡行驶时采取制动措施后，路面上留下 s 米长的制动拖印后停车，轮胎与地面摩擦系数为 μ。此时，车辆制动瞬间的初速度可用下式计算：

$$V = \sqrt{2gs\mu(cos\theta + sin\theta)}$$

七、轮胎痕迹鉴定

轮胎痕迹鉴定是通过现场轮胎痕迹特征与嫌疑轮胎痕迹特征的比较，认定现场轮胎痕迹是否为嫌疑车辆所留的技术鉴定活动。

（一）现场轮胎痕迹的检验

1. 轮胎痕迹形态的观测

轮胎痕迹的形态能够反映出车辆车辆种类、车辆行驶状态、驾驶人状态等。车辆种类包括机动车和非机动车、汽车、摩托车、工程车辆、拖拉机等；车辆行驶状态包括车辆起步、直行、转弯、制动、倒车、行驶速度、紧急措施等；驾驶人状态能反映出驾驶人的精神状态，是否醉酒驾驶，驾驶技术的熟练程度等。

（1）轮胎痕迹与车种类型

轮胎痕迹的总体形态反映车种类型，主要通过痕迹的数量、痕迹的宽度、痕迹间的相互位置关系、痕迹的形态特征等反映的。比如，二轮自行车，有两条痕迹，痕迹宽度一般在 20～30mm 范围内。在直行时前轮痕迹弯曲变化，呈波浪状；后轮痕迹平直，变化平缓，并且可以部分地覆盖前轮痕迹。自行车转弯行驶时，前后轮胎痕迹完全分离，前轮的弯弧痕迹在后轮的弯弧痕迹的外侧，如图 7－41 所示。

二轮、三轮摩托车的轮胎痕迹，无论是直行的还是转弯的，都与自行车或三轮车的轮胎痕迹特征基本相同。

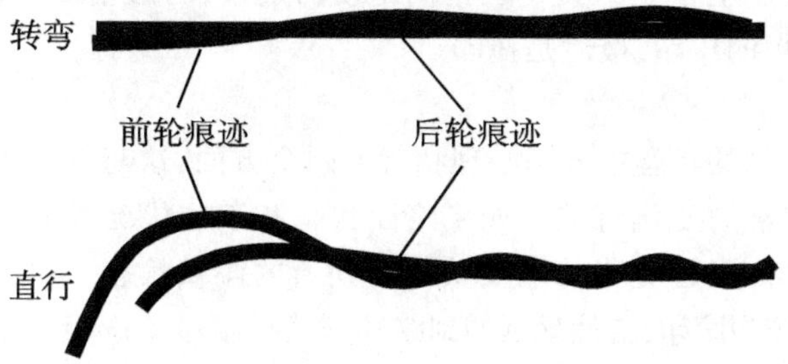

图 7－41　自行车地面轮胎痕迹总体形态特征

三轮人力车有三条轮胎痕迹，痕迹宽度比自行车要宽，一般在 30～45mm 范围内。由于三轮车行驶稳定性比自行车大，因而轮胎痕迹也比较稳定。三轮车轮胎痕迹的总体形态与转向轮的位置有关，其痕迹特征，如图 7－42 所示。

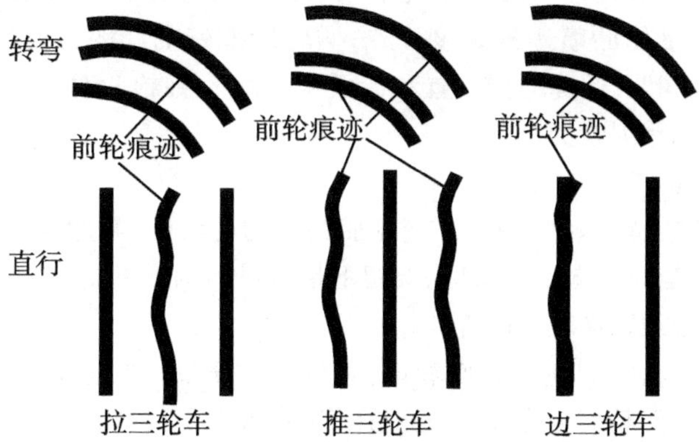

图 7－42　三轮车地面轮胎痕迹总体形态特征

（2）轮胎痕迹与车辆行驶状态

车辆起步轮胎痕迹由静态印压痕迹到动态滚动形成，其形态与车辆起步方式有关，当车辆起步缓慢，地面上的痕迹反映较轻，留下的是轮胎滚印；当车辆起步突然，轮胎有可能出现原地滑动，因而痕迹开始有较短的压印，然后变成滚印，痕迹的颜色由深逐渐变浅。直行中,前轮胎痕迹部分或全部被后轮胎痕迹覆盖,被覆盖程度与车辆前后轮距大小和轮胎胎面宽度决定。汽车行驶状态稳定,其直行轮胎痕迹平直。当汽车转弯行驶时,前、后车轮轨迹分离。左、右前轮痕迹的间距比直行时要小,即小于前轮距。左、右后轮痕迹的间距与直行时一致,即等于后轮距。转弯时两前轮的痕迹位于同侧后轮痕迹的外侧,形成所谓的"内轮差"。如果汽车高速转弯,后轮可能产生侧滑,使前、后轮痕迹的差距变小,也有可能重合,但是后轮的痕迹明显变宽。当驾驶员采取紧急措施时,路面轮胎痕迹也会发生相应的突变。车辆制动的痕迹,一般情况下沿行驶方向先出现滚印,然后出现较短的压印,最后是拖印。

(3)轮胎痕迹与驾驶人状态

驾驶人驾驶车辆的状态主要是心理和行为两个方面,这与驾驶人身体状况、路面状态和车辆状况等因素的变化有关。如果路面状态和车辆状况等外在因素未发生变化,那么轮胎痕迹的总体形态变化就能反映出驾驶人的操纵状态。比如,一般在正常行驶的情况下,轮胎痕迹为滚印,自然地延伸到路外,车辆与路旁的固定物碰撞,这说明驾驶员可能是疲劳驾驶;如果在交通条件正常的情况下,车轮轨迹呈现连续蛇形,则说明驾驶员可能是醉酒后驾驶;如果轮胎痕迹出现突然转向呈侧滑印,则说明驾驶员为躲避而突然打方向。当然要正确地反映轮胎痕迹与驾驶人状态的关系,还需要考虑其他的证据。

2. 轮胎痕迹的特征检验

(1)滚印的检验

轮胎滚印的痕迹的特征一般属于纯滚动状态形成,因此,轮胎花纹、胎面宽度较为清晰。检验时要测量轮胎痕迹的宽度、左右两轮胎痕迹的间距,测量胎面花纹形状尺寸,胎面沟槽宽度、间距,胎面磨损位置和特征等。另外,在检验时要注意车辆装载情况、路面状况、轮胎气压等因素的影响。

(2)拖印的检验

轮胎制动拖印的特征较为明显。当轮胎为纵沟花纹时,轮胎与路面的接触形成竖长的椭圆形压印。当轮胎向前滑动时,会留下带有纵向沟槽的拖印;当轮胎向侧面滑动时,则形成没有沟槽的宽度较大的拖印。

在正常情况下,轮胎的整个胎面着地,载荷均匀分布。当轮胎气压不足或超载时,轮胎就会被压扁,胎面载荷分布不均匀,胎面两端承受了大部分载荷,胎面中间形成空隙。此时,就会形成两边重中间轻的痕迹。但是,当轮胎气压过高或载荷不足时,只有胎面中间部分着地,形成拖印痕迹变窄的情况。当轮胎受到横向力作用时,胎体会变形。由于大部分载荷作用于被压扁的胎面外侧,因而就形成胎面外侧痕迹偏重的拖印。当轮胎气压不足时,这种情形会更加明显。

车辆在紧急制动时,因载荷向前轴转移,使前轮载荷过大,后轮载荷过小,前、后轮胎面与路面接触的情况不同。当车辆急转弯时,车体因受离心力作用而向外侧倾斜,使内、外轮胎面形成外轮痕迹偏重外侧，内轮痕迹宽度变窄。

除了追尾碰撞中的被追尾车以外，车辆在碰撞前，大多数驾驶员会采取紧急制动措施。因此，车轮抱死，轮胎在路面上留下制动拖印。碰撞后如果车辆改变方向，则拖印会形成突然的转折。

(3)侧滑印的检验

对侧滑印的检验，首先要确定侧滑印的种类，分辨转向侧滑、制动侧滑、驱动侧滑和碰撞侧滑，进而找出形成侧滑的原因；其次是通过侧滑印确定车辆行驶方向；最后是判断车辆侧滑的方向。

(二)嫌疑车辆轮胎的检验

检验嫌疑车辆，应首先分析被检验车辆是否有条件形成现场痕迹，即嫌疑车辆的轮数、轴数、轮距、轴距和胎冠宽是否与现场痕迹反映的数据一致；其次要分析轮胎花纹组合、花纹形态和花纹方向是否与现场痕迹反映的形态一致。在此应注意案发后车辆的使用及轮胎的更换情况。

1. 车辆参数特征检验

重点测量嫌疑车辆的轴距、轮距、胎面宽度、轮胎直径、最小转弯半径、内轮差、车辆的前悬和后悬等参数。

2. 轮胎花纹特征检验

对嫌疑车辆轮胎花纹特征的检验，一是检验轮胎的花纹形态特征，观察轮胎花纹形状、花纹块的大小、沟槽深度等；二是检验轮胎花纹的组合特征；三是检验车辆轮胎相互间的花纹组合特征；四是检验轮胎花纹的沟底形态特征。

3. 轮胎胎面磨损特征检验

对轮胎胎面磨损特征检验的内容有磨损形态的检验，包括磨损的部位、形状和类型；磨损程度的检验，包括磨损的面积、磨损量测量；轮胎破裂与磨损的关系；轮胎磨损与装载、前轮定位、轮胎气压、行驶特点等方面的关系。

4. 轮胎胎面机械损伤特征检验

在地面轮胎痕迹的滚印中，胎面的机械损伤特征具有同一认定的重要意义。因此，在检验嫌疑车辆的轮胎时，要检验轮胎破损的类型、破损部位、破损程度和形状，进行精确的测量和比对。必要时可以进行路面试验或者进行轮胎胎面花纹的拓印，制作对比检验样本。

(三)轮胎痕迹检验的基本步骤和方法

1. 检验步骤

轮胎痕迹检验是同一认定的一种。它是运用同一认定理论的基本原理和自然科学技术知识，对案件中的车辆轮胎在路面上，以及在其他相关物体上形成的痕迹反映形象，进行科学研究，并用检验其特征来鉴定先后两次出现的客体是否同一的过程。因此,轮胎痕迹检验的步骤与其他痕迹的同一认定步骤相同。

(1)预备检验

预备检验主要是熟悉有关案件情况、检查送检检材和样本、准备检验器材等。熟悉现场有关痕迹的遗留位置、周围物体的变动和散落物分布情况;勘验现场的痕迹专业人员对痕迹形成过程和方式进行分析研究。熟悉的方法如下:询问送检人和有关人员,查阅有关资料,如现场图、现场勘查笔录、制造厂商提供的商品资料等,必要时可以到现场实地研讨,甚至进行模拟实验。

(2)分别检验

分别检验就是对现场轮胎痕迹和样本分别加以检验和研究,以弄清现场轮胎痕迹和样本各自反映出的造痕客体的特征。分别检验的顺序为:先检验现场轮胎痕迹,后检验样本。从特征种类来说,应先检验一般特征,再检验细节特征。检验的内容主要是确定特征,以及特征的种类、数量、分布状况。

(3)比较检验

在分别检验的基础上,将现场轮胎痕迹和样本加以比较研究。比较检验的目的是要确定被寻找客体和受审查客体存在哪些相同点和差异点。比较检验的方法是将现场轮胎痕迹和样本二者反映出的特征逐一研究对比,包括每一特征的具体形态、大小、位置等,以便确定二者的特征是否相符,特征的数量是否相同,并根据有关知识判断这些特征是否能构成造痕体的特性反映。

车辆痕迹的比较检验,可以根据痕迹种类采用不同的方法。轮胎痕迹的比较检验通常是用特征对照法和测量法,而对于玻璃碎片、油漆片等痕迹可以采用特征接合法或微量分析进行检验。利用轮胎痕迹比较时,轮胎痕迹样本应选择与案件现场轮胎痕迹处相同的土质、相同硬度的土地,让嫌疑车辆从上面开过,提取样本痕迹时,应采用与现场痕迹相同的提取方法。比较中应注意观察和分析现场痕迹和样本痕迹反映的花纹块磨损程度;花纹沟边缘的损伤;胎面的机械损伤数量、位置、形态及特征之间的相互关系是否相同。从而对特征的变化作出科学的解释。

2. 轮胎痕迹的检验方法

将现场痕迹与嫌疑车辆轮胎制作的实验样本进行比较,根据特征的相互关系确定是否为嫌疑车辆轮胎形成;根据痕迹位置和作用方式确定痕迹能否形成。

(1)特征测量法

车辆轮胎痕迹一般比较大,适合用特征测量法进行检验。特征测量法是利用测量仪器对痕迹和样本上的特征以及特征间的空间位置关系如角度、长度、宽度、直径、弧度等加以测量,以研究特征的形态、大小和位置的关系是否对应的方法。

(2)特征对照法

在轮胎痕迹的检验时,将现场痕迹(照片)和实验痕迹或者它们的照片,置于同一视野内,对它们的特征进行对照检验,比较两者特征出现的位置、形状、大小、间距、分布关系等的相同或差异情况。特征对照法适合于印压凹陷痕迹的检验。对照检验时可以根据痕迹特征的大小、反映情况借助放大镜、立体显微镜或投影仪来完成。

(3)物质分析法

车辆轮胎痕迹在形成过程中,在轮胎与路面之间往往形成物质交换,路面痕迹上附着有磨损下来的轮胎橡胶微粒,轮胎上也有可能附有路面的泥土等物质。通过提取现场痕迹上的附着物质,以及嫌疑车辆轮胎上的有关物质,对其进行物质分析,可以进行种类认定,排除嫌疑车辆。轮胎痕迹检验中的物质分析法经常与其他检验方法共同采用。

3. 轮胎痕迹鉴定

车辆轮胎痕迹和样本经过比较检验后,应对比较检验中发现的特征相同点和特征差异点进行综合评断。其目的是要确定已发现的差异点是否为本质差异,是否影响作出认定同一意见,对已发现的相同点是否能作为认定同一的依据。最后,根据综合评断的结果,提出鉴定意见。

第二节　车体痕迹鉴定

车体痕迹是指车体与其他车辆或物体相互作用时,在车体上形成的痕迹。从车辆结构可知,车体组成部件多、结构复杂,其材料性能各异,既是造痕体又是承痕体。车体痕迹包括车体表面壳体痕迹、车灯痕迹、车窗玻璃破碎痕迹、门把手痕迹、车号牌痕迹、车底盘痕迹、发动机舱内痕迹、车内物件痕迹以及地面等物体上形成的痕迹。车体痕迹从形态上、形成过程而言属于工具痕迹的范畴,反映出车体在与其他客体接触作用过程中的表面结构特征、材料物理特性、作用力的大小及作用方式等特征。本节重点介绍车体痕迹的概念和特征,车体痕迹的发现、记录和提取方法,以及车体痕迹的分析和鉴定。至于车辆构造等专业问题,因篇幅所限,本书未对其详细介绍。

一、车体痕迹

(一)车体痕迹的形成

车体痕迹主要由车体表面及零部件以碰撞、刮擦等相互作用而形成。与其他痕迹形成相同,车体痕迹形成必须具备三个要素加一中介质,即造痕客体、承痕客体、作用力以及车体表面油漆。通常来说,车体痕迹形成突然发生、瞬间完成,客体损坏程度取决于作用力。作用力的大小取决于车辆行驶的相对速度,而作用方向取决于行驶的相对方向。因此,确定痕迹的造痕客体和承痕客体时,必须在充分考虑交通参与者生理状况、天气状况、道路环境、车辆状况的基础上,利用物理学、材料的知识,对车辆以及与其接触的物体可能的运动状态进行综合分析,才能得出符合客观实际的判断。

（二）车体痕迹的种类

车辆构造的多样性和车体痕迹的形成过程的复杂性，导致车体痕迹的种类的繁多。在实际工作中，难以严格意义上规范的分类。下面按照痕迹学传统方法介绍几种常见的分类方法。

1. 按车体痕迹的形态分类

根据形成的痕迹形态不同可分为立体痕迹和平面车体痕迹。所谓立体痕迹是指痕迹形态具有明显三维结构，绝大多数碰撞引起变形的痕迹都具有三维结构。平面痕迹是指不具有明显三维结构，如轻微刮擦过程中形成的变形或中介质转移附着的痕迹。

2. 按车体痕迹形成过程分类

根据车体与客体之间相对运动的不同，可分为静态车体痕迹和动态车体痕迹。车体与客体之间相互作用属于印压状态，即无明显相对运动，称为静态车体痕迹，如两车正面碰撞、追尾碰撞、碰撞固定物、车体间的挤压变形等，主要反映凹陷状形态。当车体与客体之间相互作用具有明显相对运动，则称为动态车体痕迹，如车辆间的刮擦、车辆与固定物间碰擦的痕迹，主要反映线形形态。

3. 按车体痕迹形成空间分类

车体痕迹从形成空间上可分为车体外部痕迹和车体内部痕迹。车体外部痕迹主要是车体外表面、零部件与其他车辆或物体相互作用，而在车体外表面造成的车体形态的变化。它往往呈现在车身的外表及其外部零部件上。车体外部痕迹容易发现，也容易遭到破坏和毁灭。车体内部痕迹主要是指车体内部即车厢内表面，与车内的人体或其他物体接触，在车厢内表面造成形态或性质的变化，形成结构形象痕迹，或者附着痕迹。车体内部痕迹对确定车辆碰撞后车内人体和物体的运动状态，以及人员乘坐位置具有重要的意义。

4. 按车体痕迹载体分类

根据车体痕迹属性可分为分立体痕迹和非分立体痕迹。在外力作用下组成车体的零部件破损或脱落分离车体整体的痕迹称为分离痕迹，包括车辆壳体、车窗玻璃、车灯、后视镜、发动机、底盘、车身、电气设备的零部件。在外力作用下组成车体的零部件破损但没有脱落分离车体整体的痕迹称为非分离痕迹。

（三）车体痕迹的特征

车体痕迹的特征包括车体表面壳体痕迹、车灯痕迹、车窗玻璃破碎痕迹、门把手痕迹、车号牌痕迹、车底盘痕迹以及发动机舱和车内物件痕迹反映的特征等。从形态结构角度讲，这些特征主要反映为车体组成零部件结构与材料的种类特征、弹性塑性变形的细节特征以及转移附着的中介质特征。

1. 种类特征

车辆由上万种零部件和上百种材料构成的组合体，不同车辆的构造存在一定的区别,但其组成零部件按照行业规范,各制造厂家根据实际需求研发生产,具有相对稳定的结构、功能、形态和材料特性。车体种类特征大致可分为易损部件特征和零部件特征两大类。易损部件包括车辆壳体、车窗玻璃、车灯、后视镜容易损坏的客体等。零部件包括组成车辆的四大部分,即发动机、底盘、车身、电气设备的零部件。这些形态各异、结构复杂、功能多样,材料性能不同的零部件构成了每一款车辆的种类特征。运用这些种类特征对涉案车辆种类进行分析判断,在侦查提供线索和依据,具有重要证据作用。

2. 细节特征

车体在外力接触作用下发生弹性、塑形变形,因其车辆外部结构形态、车辆行驶状态的不同,所形成的痕迹特征反映千差万别。车体痕迹细节特征是涉案车辆在碰撞或刮擦过程中形成的车体特殊、稳定的痕迹特征。所谓特殊的特征是指痕迹形态唯一、不可重复的特征。所谓稳定的特征是指痕迹形态在常态环境下若无其他外力作用下其基本形态不被改变的特征。

3. 中介质特征

车体痕迹中,中介质的范围较为广,一般认为体微量少的物质都被称为中介质,包括车辆壳体表面喷涂油漆、车体上附着的污渍、泥土、水迹、草迹、沥青、人动物生物软组织及血迹等。

二、车体痕迹的勘验

(一)车体痕迹的发现

各种案件涉案车辆的车体痕迹一般在现场勘查和对车体进行检验的过程中发现。通常情况下采用肉眼观察的方法可以发现。对于复杂的现场,如交通事故中,当人员伤亡、车和物损严重时,需要结合车辆运动的状态、行驶轨迹加以分析,才能发现人伤、物损的痕迹。另外,痕迹反映不明显的车体痕迹,还可以通过普通光源不同角度照射、特殊光源、荧光显现、试剂显现等方法,发现肉眼直接观察不容易发现的痕迹。

这里需要注意的是,无论是采用何种方法发现的痕迹,首先必须确认现场痕迹。一是确认痕迹是否与此次案件有关,因为车体上的痕迹可能多种,不一定是本起案件中形成的,有些痕迹可能与本案件无关。二是确认痕迹形成的顺序,车体痕迹是否为第一次接触形成的痕迹。确认的方法一般采用造痕客体与承痕客体比较法、运动状态分析法和分别检验法。三是痕迹形成的方向,确认作用力的方向。对车辆与车辆或物体相碰撞的交通事故,只要车辆和被碰撞车辆或物体都在现场,就可以采用造痕客体与承痕客体比对的方法予以确认。根据车辆运动的方向、接触角度以及碰撞后车辆的运动状态可以确认车体痕迹的形成顺序。分别检验是对有痕迹的客体一般特征分别进行检验。一般特征是同类客体共有的特征,如痕迹形成的部位、距地的高度、宽度、痕迹的形成方向、分离(离断)体的形状等。在分别检验中,如果发现一般特征根本不同,在排除伪装的条件下,就可以确认该痕迹是否与本案件有关,是否有必要做进一步的检验。

(二)车体痕迹的观察与测量

测量的目的是要以数字将痕迹的位置、形状如实地记录,测量的最小计量单位一般为毫米。首先,对被测痕迹进行准确定位,即确定痕迹的测量点。其次,根据痕迹形态和造痕客体和承痕客体特征,测量痕迹的起止点、突变点、高低点以及相互关系。最后,研判痕迹形成的可能性。譬如,车体刮擦痕迹要确定痕迹的起点和止点、确定刮擦痕迹的最高点、最低点或特征点等。

车体前部痕迹一般反映在前保险杠、车号牌、前照明灯圈、散热窗、翼子板、风挡玻璃框和发动机盖等处。在测量时应记录痕迹的部位、形状、面积及痕迹上下端距地面和左右端至车身前端有关一侧的距离,以便确认接触的瞬间双方车辆接触时在道路上的位置和状态。对于竖向痕迹应测量上下两端至车身前端有关一侧的距离,并测量痕迹下端距地面的高度,以便测定双方车辆碰撞时接触的部位。在测量过程中,同时应对痕迹的位置、形状等做好现场勘验笔录。

1. 汽车车体痕迹的测量

汽车车体痕迹测量主要对车体前部痕迹、车体侧面痕迹和车体底盘痕迹进行测量。车体前部痕迹形成的重点部位,是翼子板外侧、后视镜、车门及其脚踏板、货车车厢角及其拦板、轮胎外侧壁、后轮挡泥板、客车车身侧面和车裙等部位。

对于机动车与机动车侧面刮擦,或者机动车与骑自行车人相接触形成的线条状和片状刮擦痕迹,应测量痕迹的部位、面积,测量痕迹中心距地面的高度,测量痕迹始点至前保险杠、碾压人体车轮的距离,以便确认双方从接触点至碾压入车轮的距离,根据机动车的车速推算人能否避免被碾压。横向线条状痕迹应测量痕迹的长度和前后两端距地面的高度,测量痕迹前端距前保险杠的距离,距有关车轮的距离。这些数据,不仅可以推算人能否避免被车轮碾压,而且可以反映出车与人相接触后,致人死亡过程的运动状态。

汽车底盘痕迹的重点部位是转向横、竖拉杆和发动机油底壳、前后轴的外部、差速器外壳、排气管、车裙下沿以及车底其他突出部位。

对于车体底盘的片状擦痕,应测量其面积以及痕迹突出部位距地面的高度,测量痕迹至前保险杠、有关车轮的距离;对于线条状痕迹应测量其长度、宽度,距地面的高度和距前保险杠的距离;横向痕迹应测量痕迹两端至保险杠的距离,痕迹一端至有关一侧车轮的距离;纵向痕迹应测量痕迹前端至保险杠的距离,及其两端距有关一侧车轮的距离。测量这些数据的目的是分析和确认人体、物体进入车下后车辆行驶了多少距离,才与车体底盘相接触。测量痕迹距地面的高度是为了判断人体、物体的高度,以及被刮擦和碾压过程中人体的姿态;测量痕迹至碾压车轮的距离是为了确认人体、物体与底盘脱离接触后，如何进入车轮下被碾压的，以及判断被车轮碾压时车辆的行驶方向。

2. 摩托车、自行车及其他车体痕迹的勘验与测量

在各类案件现场中，机动车与摩托车、自行车等车辆发生碰撞或被碾压的情况是比较常见的。因此，在现场勘查中测量汽车车体痕迹的同时，应注意检查测量摩托车、自行车及其他车体痕迹。对摩托车、自行车痕迹的检测，着重检查最先接触部位的痕迹，检查测量痕迹的部位、形状、面积和距地面的高度，以便根据测量的数据，分析自行车受外力撞击和被碾压时的演变情况。对摩托车还要检查测量车体变形痕迹和与地面撞击、摩擦形成的痕迹。

（三）车体痕迹的提取与记录

车体痕迹的提取方法主要有照相提取法、原物提取法。

1. 照相提取法

照相提取法是最常用的提取车体痕迹的方法。由于车体痕迹的范围或面积一般都很大，车体变形也较大，在这种情况下，是无法采用原物提取或制模提取的方法提取车体痕迹的，而利用照相提取法却十分容易。因此，照相既是车体痕迹的固定方法也是常用的提取方法。车体痕迹照相要按照《道路交通事故痕迹物证勘验》（GA 41—2005）标准规定的勘验内容和要求，运用中心照相、细目照相和检验照相的方式，在事故现场拍摄车体上及其相接触部位的各种有关痕迹，将痕迹的原始状态、所在位置、痕迹特征、距地面的高度、痕迹突变点的位置、痕迹与周围物体的关系等固定下来。对交通肇事嫌疑车辆进行检验时，要根据检验鉴定肇事车辆的需要，拍摄车体痕迹、车辆的号牌、部件、零件等。对于整体分离痕迹，要拍摄分离断面的痕迹特征；拍摄分离物在处于整体时的状态和在原物体中的具体位置；拍摄原物体的基本状况及内部结构特征。对于分解检验的车辆及其部件、零件，应当拍摄完整的被检验车辆的损坏情况、形态、号牌、部件、零件及其所属部位；对分解的部件、零件可根据需要由表及里地拍摄分解的各层次，表现出发生故障和损坏的情况；对直接造成交通事故的故障和损坏的机件，可根据需要拍摄该机件的完好与损坏的对比照片。另外，要根据痕迹检验鉴定书提列，拍摄有关照片。有条件的可以利用数码照相机或显微数码录像机提取微小的车体痕迹。

拍摄车体痕迹时，应当在被摄痕迹长度方向的同一平面内放置比例尺。比例标尺的长度一般为 50 毫米。当痕迹、物体面积的长度大于 50 厘米时，以及拍摄痕迹的位置和高度时，可以用卷尺作为比例尺。进行近距或微距拍摄时，如果被摄物体为深色的，应放置白底黑字比例尺；如果被摄物体为浅色的，应放置黑底白字比例标尺：

2. 原物提取法

原物提取法是将承痕客体全部或局部从车体上提取的方法。此方法只适用于小件物体上的痕迹，或能拆卸和分离物体上的车体痕迹。原物提取法的优点在于能最完整、客观地保护现场车体痕迹上的细节特征不受破坏，有利于以后的检验和鉴定。但是，在

事故现场勘查和车辆检验中,提取车体痕迹很少能采用原物提取法,在大多数情况下采用照相法提取。

3. 车体痕迹的记录

在车体痕迹勘验和测量过程中,就应该用文字的形式,将痕迹的位置、长度、宽度、形状、特征等内容详细记录下来。主要体现在现场勘查笔录内和车辆检验笔录里。有些重要的车体痕迹在文字记录的同时还应采用摄像的方式记录车体痕迹及其勘验或检验的全过程。

三、车体痕迹的勘验要求

《道路交通事故痕迹物证勘验》(GA 41—2005)标准中对车体痕迹的勘验有如下明确规定:

(1)勘验车体上各种痕迹产生的原因。勘验车辆与其他车辆、人员、物体第一次接触的部位和受力方向,确定另一方相应的接触部位。

(2)勘验车体上各种痕迹的长度、宽度、凹陷程度,痕迹上、下边缘距离地面的高度,痕迹与车体相关一侧的距离。

(3)勘验车辆部件损坏、断裂、变形情况。车辆起火燃烧的,应确定火源起点。

(4)与车辆照明系统有关的交通事故,应提取车辆的破碎灯泡和灯丝。

(5)车辆与人员发生的交通事故,要特别注意勘验、提取车体上的纤维、毛发、血迹、类人体组织、漆片等附着物。

(6)需要确定车辆驾驶人员的,应提取方向盘、变速杆、驾驶室门和脚踏板等处的手、足痕迹。

四、车体痕迹的分析

车体痕迹分析包括涉案车辆的种类推断、行驶状态分析、撞击成因分析等。分析车体痕迹是在确定和提取车体痕迹的基础上进行,既可以在现场进行,也可以在实验室进行。对于刑事案件而言,分析车体痕迹的主要目的是分析痕迹的形成原因,以及确认造痕客体及犯罪嫌疑人的行为等犯罪事实;对于交通事故而言,分析车体痕迹的主要目的是推断车辆种类、分析行驶状态、刮擦碰撞成因,为分析交通事故发生原因和形成过程,进一步推断驾驶员的操纵行为提供依据。对于交通肇事逃逸案件而言,车体痕迹分析可以确定车辆种类和逃逸方向,从而为分析案情、确定和缩小侦查范围,以及采取必要的紧急措施提供依据。

(一)车辆的种类推断

根据车体组成部件遗留痕迹和分离物痕迹可以推断涉案车辆种类。车体遗留痕迹和分离物痕迹主要包括不同款车辆组成部件的结构形态、表面特征、材料成分三个方面。结构形态是指零部件的构造、形状、大小,如车体壳体、门把手、车灯、后视镜、底盘、发动机舱内零部件等;表面特征包括车体壳体表面油漆的颜色,车灯、玻璃、车号牌反光膜的颜色、文字图案;车体组成部件材料成分、特性等。依此推断涉案车辆种类和款型。

(二)行驶状态分析

行驶状态是指车辆的行驶方向、行驶速度、直行、转弯、刹车、倒车、翻车等车辆行驶情形。根据车体痕迹形态结构分析车辆行驶状态是一复杂的、综合性分析过程,一方面运用运动学和动力学知识加以科学计算,另一方面采用现代材料学分析的方法和手段进行检测,同时借助其他痕迹反映特征。

1. 行驶方向的分析

行驶方向确定主要依据车体痕迹形态,确定车辆与客体之间相互接触作用力方向,由此研判车辆发生碰撞或刮擦瞬间的行驶方向。通常确定第一次着力点痕迹的基础上,对凹形痕迹和线性痕迹的起缘、痕迹止缘反映的轻重、深浅、宽窄形态特征来确定作用力的方向。

凹陷状痕迹是在车体接触面法线方向上受到冲击载荷的作用,使车体与造痕客体接触部位产生相对塑性变形的立体痕迹,主要反映为凹陷状、塌陷状、孔洞状痕迹和分离破碎状痕迹。当车体受撞击部位的塑性和韧性较好,撞击力适中时,如果车辆受到的外力使车体产生的应力小于车体材料的屈服极限,则车体表面不会出现塑性变形,如果大于车体材料的强度极限,则车体表面就会出现孔洞和断裂痕迹;造痕客体有一定硬度和突出的外部结构,车体凹陷部分就是造痕客体的外部突出的部分;作用时间很短,车体凹陷状痕迹大多数都是受冲击载荷作用的结果,作用时间一般为 1 秒钟左右。车体凹陷状痕迹具有部分静态痕迹的特点,能够反映出接触部位的形状和尺寸,具有明显的痕起缘、痕底、痕止缘和痕壁等特征。因此,利用车体凹陷状痕迹很容易确认接触部位。结合痕底、痕壁上的个别特征,以及痕迹上的特殊附着物可以进行同一认定。

车体刮擦痕迹是车体与客体之间擦划接触状态下形成的痕迹。通过对同一刮擦痕迹的不同部分形成的先后顺序,即痕迹形成的方向,确定造痕客体相对于车体的运动方向。一般通过观察和检验车体刮擦痕迹的轻重变化、线条痕迹的粗细变化、镶嵌物的压入方向、痕底附着物翘起端的指向和堆积物的形态、附着物的拉伸方向和颜色变化等,分析判断造痕客体相对于车体的运动方向。在一般情况下,仅凭刮擦痕迹的轻重、线条的粗细变化不能确定造痕客体的相对运动方向。开始接触时形成的痕迹是较轻、较细,痕迹中段较重、较粗,接触将要分离的痕迹又变成渐轻、渐细。但是,有时可以形成造痕客体相对承痕客体的运动方向表现为痕迹由轻到重、线条痕迹由细变粗的方向;而有时却出现刚好相反的情形。在刮擦痕迹中砂粒、油漆颗粒等镶嵌物的压入方向为造痕客体的相对运动方向。极为轻微的车体擦划痕迹,很难从痕迹的外表形态特征来分辨造痕客体的相对运动方向。这时要借助体视显微镜,观察痕迹的痕底形态特征进行判断。镜下观察,痕底附着物翘起端的反方向和堆积物质由低至高的方向是造痕客体的相对运动方向。

两辆车在刮擦之前,有的是先有一个小角度的撞击,其撞击力的作用点部位往往形成一定程度的撞击变形。因此,刮擦痕迹结合作用点部位车体表面变形就容易判断作用力的方向,即造痕客体相对运动方向。在侧面刮擦过程中,车身外表的接缝部位,有时会形成外翘、外翻或折叠,根据车体接缝处的外翘、外翻或折叠的方向,就能够判断出造痕客体相对运动方向。

在车体刮擦痕迹中,作为一次形成的线条状、片状刮擦痕迹经常出现间断的现象,这主要是因为承痕客体的表面不连续或不平整,如车体表面的凸凹、接缝等原因造成的。痕迹间断的部位称为痕迹跳点,通过对痕迹跳点处特征的观察和分析,能够判断痕迹的形成方向。

另外,根据车体痕迹部位附着物(主要是油漆)颜色的变化也可以分析痕迹的形成方向。在车体刮擦痕迹的形成过程中,两车体表面的油漆发生相互转移,附着于彼此的接触部位是十分常见的。特别是两辆不同颜色的车相刮擦,其油漆涂料的转移附着及颜色的变化更加明显,很容易分析痕迹的形成方向。另外,由于车体刮擦痕迹形成时,造痕客体或承痕客体运动的不稳定性,以及在接触时车辆姿态的变化,如车身的侧倾和前倾,与车辆在静止状态下相比,痕迹的高度往往会有差别,通过对痕迹高度差的分析,可以对车辆的运动状态进行判断。

2. 车辆行驶速度的计算

车辆行驶速度的推算,主要是根据车体的塑性变形量(车体凹陷痕迹的深度和宽度)、碰撞前后车辆滑移的距离、刹车拓印的关系来进行的。碰撞试验表明,典型的正面碰撞、追尾碰撞、侧面碰撞和迎头碰撞的速度与车体塑性变形量之间有较好的相关关系。具体计算参见中华人民共和国公共安全行业标准——《典型交通事故形态车辆行驶速度技术鉴定》(GA/T 643—2006)。

(三)撞击状态分析

对于撞击状态的分析,主要通过车体撞击痕迹的凹陷形状、形成部位和痕迹微量附着物进行综合判断。汽车碰撞刚体柱状固定物,如路旁树、电线杆、路灯和信号灯杆等,与碰撞其他物体相比,由于受压面积小,因此即使撞击力不大,变形量(凹陷深度)也要增大,会在车体上形成痕迹。当碰撞汽车的重心与刚体圆柱对心时,凹陷变形发展到发动机处,由于发动机刚性大,不易变形,所以即使碰撞速度增大,变形量也不再增大。即使形状相同的柱子,如果固定方法和吸收能量的能力不同,碰撞速度与变形量的关系也会不同。如果碰撞汽车的重心与刚体圆柱偏心时,汽车要受到力矩作用,车身绕圆柱体发生旋转,接触面和凹陷痕迹宽度将加大。当汽车侧面与刚体圆柱发生碰撞时,车身也常常发生回转运动。

五、车体痕迹鉴定

（一）车体痕迹鉴定的方法

车体痕迹的鉴定主要采用形态比对检验方法、分离痕迹检验方法，对于中介质转移附着物用微量物检验的方法。比对检验法是指将现场痕迹与嫌疑车辆痕迹或其实验样本进行比较，找出痕迹的符合点和差异点，根据特征的相互关系确定认定同一或者能否形成。实际工作中针对痕迹特征可采用测量或对照的方法。分离痕迹检验方法是指若干分立体的分离痕迹凹凸形态、大小、位置关系进行拼接方式确认分立体原属是否同一客体的鉴定方法。

中介质转移附物检验可参考微量物检验的方法。

（二）车体痕迹鉴定步骤

1. 了解案件有关情况

对车体痕迹鉴定之前，有必要详细了解事件（事故、案件）有关情况，如事件发生的时间、地点、有关当事人的行为、道路状况、车辆行驶状态及位置、造成的后果，特别是要了解现场情况，事件发生后现场是否变动过、现场图、现场勘查笔录、现场照片等。在检验鉴定过程中，这些情况有助于分析研究车体痕迹的形成和变化过程以及对检材痕迹特征的正确认识。

2. 鉴定准备

鉴定机构鉴定人员按程序受理鉴定事项，按照痕迹鉴定的要求，要明确鉴定要求，组织鉴定人员，作出鉴定计划，准备试验场地、实验器材，确定鉴定方法。

3. 分别检验

车体痕迹的分别检验通常对涉案车辆的检查、现场痕迹的观察两个方面，只用肉眼观测，只有微小的痕迹才使用立体显微镜进行检验。分别检验的目的是通过对车体痕迹、嫌疑客体的可疑部位及可制作的实验样本的观测、检验，确定接触部位，分析痕迹形成过程，并寻找和确定用以比对检验的痕迹个别特征。

对车体痕迹和造痕客体的可疑部位或嫌疑客体制作的实验样本痕迹分别进行检验。首先，检验车体痕迹的一般特征。其次，根据车体痕迹的特征，在造痕客体的可疑部位寻找能够形成车体痕迹的结构特征，或者在嫌疑客体制作的样本痕迹上寻找与车体痕迹相同的特征。如果一般特征有明显差异时，就可以排除嫌疑车辆或造痕客体，无须作进一步检验。否则，要确定痕迹的个别特征，进一步作比对检验。

确定接触部位分析，根据不同痕迹的具体特点，观测痕迹的位置、形态、大小、深浅、宽窄等。另外，还要结合车辆行驶方向、速度、状态、装载等情况进行分析确定。

痕迹形成过程分析，对于凹陷状痕迹主要观察痕迹周边的形状、夹角、面积，痕壁、痕底和起止缘特征，以及各特征间相互关系和距离等；对于线条状痕迹主要观察痕底形态特征、痕迹起点和终点特征，从而明确痕迹形成的物理过程。

4. 比对检验

经过分别检验后，发现车体痕迹和造痕客体的可疑部位或嫌疑客体制作的实验样本的一般特征没有本质差异的前提下，必须对两者的个别特征进行全面的比对检验，目的在于确定二者个别特征的符合点和差异点。

5. 综合评断

综合评断是指对比对检验中发现的痕迹特征的符合点和差异点，按照同一认定原理进行全面、系统的分析研究，目的是要确定已经发现的特征符合点是否为本质相同。特征差异点是本质差异还是非本质差异，如果存在非本质差异点，是否根据车体痕迹形成的条件等因素的影响，作出合理的解释。如车体痕迹与造痕客体可疑部位离地面的高度存在差异时，有可能是由于测量误差或事故发生时车辆行驶状态、装载情况、道路线形和路面状况等因素形成的。当全面了解事故现场情况和肇事车辆发生事故时的运动状态，综合分析痕迹特征与各种因素的关系之后，就能够对差异的原因作出合理的解释，进而作出鉴定意见。

六、车辆唯一性检验

车辆车辆唯一性检验，是车辆构造、痕迹、相关信息的综合检验来确定车辆合法身份的技术工作。从车体痕迹角度来看，其承载信息的核查、鉴定属于车体痕迹鉴定范畴。下面扼要介绍此方面的内容。

随着汽车工业的飞速发展和人民生活水平的日益提高，汽车作为高档消费品已进入千家万户，我国的机动车保有量逐年上升，同时针对机动车的犯罪行为也逐年增多，盗抢、走私、拼装和套牌的违法犯罪行为已成为严重的社会公害，不仅给人民群众带来经济损失，而且严重干扰了社会的正常秩序。因此，严厉打击盗、抢机动车违法犯罪活动，抑制此类案件的上升势头，确保国家和人民财产不受损失，是各级公安机关的重要任务之一。

在涉车的案件中，犯罪分子为了逃避打击和达到销赃的目的，经常会对车辆的制造号码进行篡改，然后伪造或套用一套证件，使赃车获得"合法"身份。车辆的唯一性检验是依据《GB 16735—2004 道路车辆 车辆识别代号(VIN)》《QB 16737—2004 道路车辆 世界制造厂识别代号(WMI)》等相关技术标准，查验此类车辆的合法身份，通过对可疑车辆车架上识别代号(VIN)外观、打制位置、年代码、检验位字码和字模形态以及 VIN 标牌信息和车型标牌信息的检验，可以对车辆的原始身份进行认定。

(一)可疑车辆概述

可疑汽车是指不法分子用篡改或伪造车辆信息的方法，掩盖车辆原始"身份"并非法获得"合法"车辆相关手续的车辆，主要包括以下几种类型：

1.“套牌”车辆

即不法分子通过伪造和非法获取其他车辆号牌及行驶证信息，使盗抢、走私、拼装、报废以及其他车辆以“合法”的身份上路行驶的车辆。

2. 被篡改车辆信息车辆

对盗抢、走私、报废车辆的车架，发动机，变速箱等主要机件信息进行篡改后非法编造相应信息，并以“合法”的身份上路行驶的车辆。

3. 拼装汽车

将报废车辆或盗抢、走私车辆的主要机件或零件如车架、发动机、变速箱等拼凑组装的车辆。

（二）车辆唯一性检验规程

1. 拍照

对待检车辆的正面、侧面、背面、VIN 代号位置及形貌、发动机号码、车型标牌、VIN 标牌等车辆信息进行拍照，保留车辆原始信息。

2. 外观检验

观察打制 VIN 代号的车架横梁或纵梁上是否有焊接、割补形成的痕迹。对于有油漆覆盖的车架，使用有机化学溶剂将表面油漆擦拭掉，再对车架的焊割情况进行观察。同时，注意观察除掉油漆的车架上是否有腻子填补痕迹。对于腻子填补的车架，要观察 VIN 代号打制位置等是否符合此类车辆打制规范。可使用砂轮、砂纸等清除填补的腻子，并观察腻子填补部位是否有其他数字或字母痕迹。

3. VIN 代号校验

对未见切割焊接和腻子填补痕迹的车架上 VIN 代号进行校验，可使用校验软件或手工计算的方法，对 VIN 代号的第 9 位检验位字符进行验证。如此位计算结果与车架上相符，则根据 VIN 信息库中数据资料，并结合待检车辆实际对 VIN 代号 WMI、VDS、VIS 部分的其余 16 位字符进行验证。将验证后的 VIN 代号信息与车辆 VIN 标牌、车型标牌及发动机型号信息进行比对，验证上述信息是否相符合。

4. 显现操作

对于 VIN 代号校验码或其他字符信息与车辆本身不符合的机动车，需要进行原始代号的显现操作。通常选用酸性溶液作为显现试剂，用脱脂棉团蘸取适量显现试剂，用木镊子夹住在待检代号部位及其周围反复擦拭，定期观察直至有其他字符痕迹清晰显出，拍照固定。

5. 标准样本对照

在标准样本库中调取与待检车辆车型相同的标准 VIN 代号样本，与待检验 VIN 代号进行比对，主要考察两者在字形、字号、字间距等方面的差异，确定待检代号是否符合同类车辆打制规范。

车辆唯一性检验技术是确认车辆身份的重要手段，按照唯一性检验的操作规程开展工作，必将更加及时、准确地发现问题车辆，有效打击和震慑篡改车辆制造号码犯罪。

思　考　题

1. 什么是车辆痕迹？
2. 什么是车辆参数特征？轮胎痕迹中能反映哪些车辆参数？
3. 轮胎花纹有哪些特征？如何判断车辆行驶状态？
4. 什么是轮胎的磨损和机械损伤特征？
5. 怎样从轮胎痕迹中测量车辆直行、转向、调头？
6. 简述车辆唯一性检验方法。

第八章　其他痕迹鉴定

第一节　人体牙齿痕迹鉴定

人体牙齿呈白色,质地坚硬,能耐受强烈的化学腐蚀和剧烈的物理作用。牙齿的各种形状适于多种用途,包括撕裂、磨碎食物,有时还能起到攻击、自卫的作用和破坏某种物体。此外,对协调颜面发育及人类语言发音也有很重要的作用。

一、牙齿的生理结构

(一)牙齿的萌出与排列

1. 牙齿的萌出

人牙属于二生牙,即一生中有两副牙齿,生长在上、下颌牙槽骨内。根据萌出时间,可以分为乳牙和恒牙。6岁以前乳牙萌出完毕,6岁至12岁乳牙与恒牙发生交替,14岁以后恒牙列基本形成,此时恒牙共32个,上、下颌各有16个。恒牙列形成后,一般不会由于外伤和腐败的影响而改变牙齿及牙列的形态,具有较强的稳定性。另外,从目前对案犯的年龄统计可见,绝大多数案犯的年龄都在14岁以上。所以在犯罪现场中出现的牙印,多数是恒牙形成,如图8－1所示。

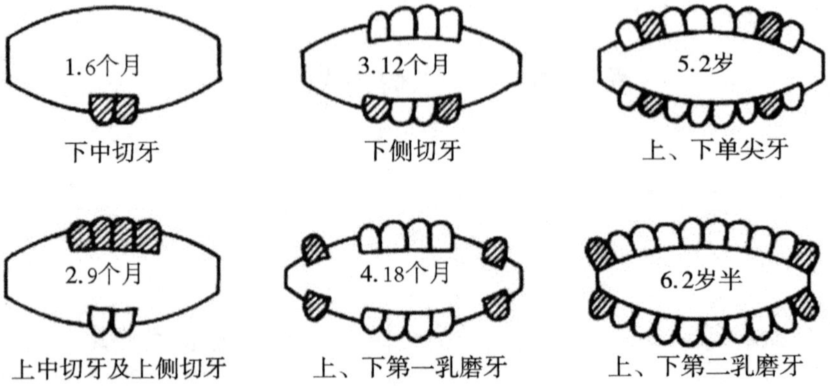

图8－1　乳牙萌出顺序

2. 牙齿的排列

牙齿的排列规律是上、下颌同名牙齿位置对应，左、右侧同名牙齿位置对称。恒牙列的表示一般是采用直角坐标将全口牙齿分为上、下、左、右四个区域，同时用阿拉伯数字表示牙齿种类。横线之上表示上颌，横线之下表示下颌；纵线左侧表示右侧牙齿，纵线右侧表示左侧牙齿，如图8－1至图8－5所示。

牙齿在牙弓上的排列位置，决定了咬痕中反映的牙齿数量。通常切牙和尖牙位于牙弓的前部，统称为前牙。双尖牙和磨牙位于牙弓后部，统称为后牙。在前牙中，左右侧两个尖牙之间的宽度与嘴的宽度基本相同，因此现场咬痕多数都是前牙形成。

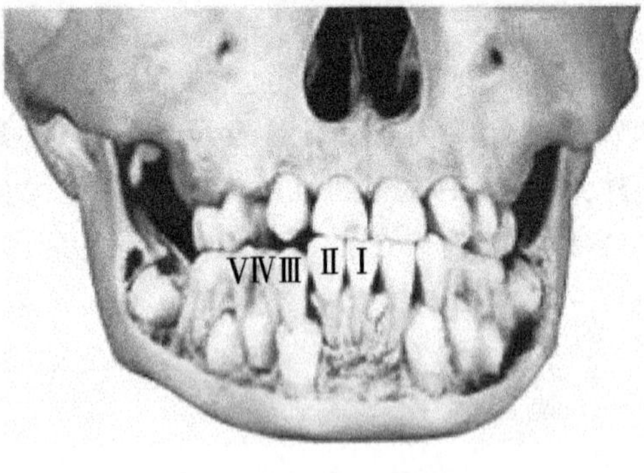

图8－2　乳牙排列

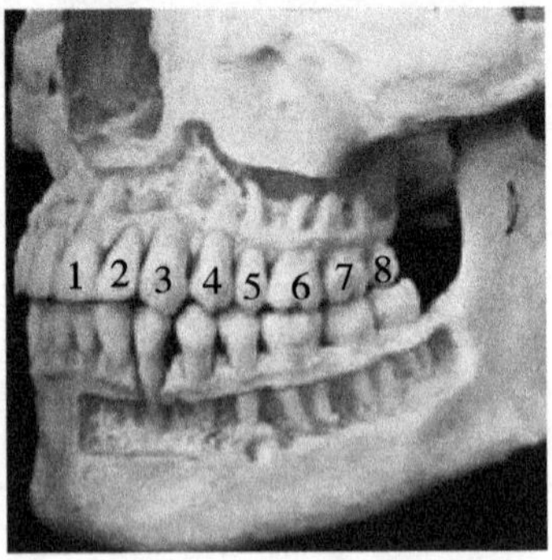

图8－3　恒牙排列

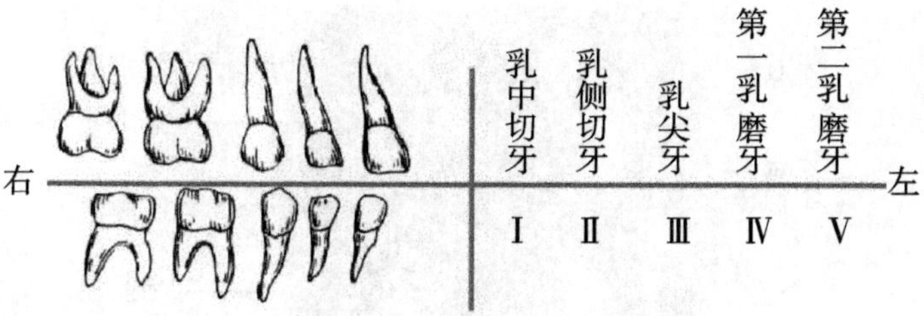

图8－4　乳牙位置及代号

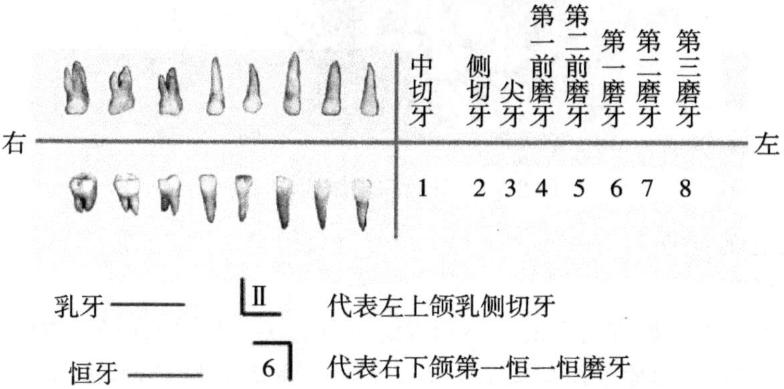

图8－5　恒牙位置及代号

（二）牙齿的结构与形态

牙齿又称为牙体，其解剖结构如图8－6所示。牙体形态是由牙冠、牙根和牙颈三部分组成，牙冠是形成牙齿痕迹的主体。每个牙冠有四个轴面，一个咬合面或切缘。

人的恒牙根据功能不同，其形态也各异，恒牙的形态只有16种。切牙冠的形状如凿形，牙冠切缘扁平，切缘角近似于直角；尖牙冠切缘上有一个明显而突出的牙尖；双尖牙咬合面形态似四边形或不规则圆形，咬合面凸凹不平，凸起的为结节；磨牙咬合面近似于矩形，牙体宽大，形态复杂，咬合面上有4～5个结节。

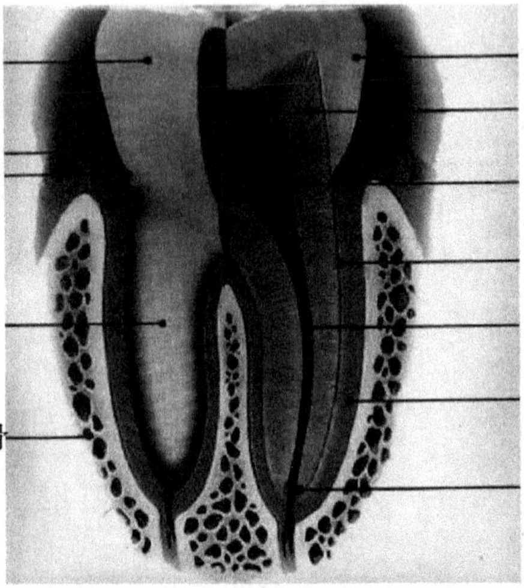

图 8-6　牙齿解剖结构与形态

(三)牙齿的特征

1. 牙弓形态

牙弓形态是指牙齿排列后的总体形态。可分为尖圆形、椭圆形和方圆形。牙弓形态的变化,通常是由前牙排列来决定的。尖圆形牙弓是上颌或下颌两个中切牙之间有一定角度,其余各牙依次排列在一条弧线上。椭圆形牙弓是两个中切牙的切缘在同一直线上,从侧切牙开始扭转一定角度、其余各牙排列在一条弧线上。方圆形牙弓是中切牙和侧切牙的切缘排列在同一直线上,从尖牙开始扭转一定角度,其余牙齿排列在一条弧线上。

2. 牙列形态特征

正常牙列,牙齿数量齐全,牙冠形态正常,并且排列整齐有序,因此牙弓形态规范。由于个别牙齿错位,使牙齿排列不齐而改变牙列形态称为牙列畸形。牙列畸形通常是由于牙冠的畸形和牙齿的错位造成的。牙列缺损,由于牙冠局部断裂或牙冠脱落,使牙列出现空位。

3. 牙冠特征

牙冠的唇舌面形态、切缘形态和后牙咬合面的细微结构都具有人各不同的特点,因此牙冠的形态特征具有很高的利用价值。

4. 镶牙和补牙特征

镶牙和补牙都能使牙列的局部形态产生变化,如镶牙,牙冠没有明显的牙尖,结节圆滑、牙沟浅、牙冠表面比自然牙冠光滑等,补牙的位置、数量、修补形态、修补后沟、窝、结节的变化等都各具特点。

二、牙齿痕迹的形成及特征

(一)牙齿痕迹的形成

牙齿痕迹又称为牙印,是指牙齿对客体行使咬合功能时在客体上形成的痕迹。咬合时上颌固定不动,下颌可产生上、下、左、右动作。当客体位于上、下颌之间,下颌向上运动,使上、下颌前牙相对咬住客体,然后咬合力逐渐增大,在咬合力作用下被咬客体变形或牙齿切入客体形成痕迹。

根据客体变形情况可将牙齿痕迹分为平面牙印和立体牙印,平面牙印一般出现在人体皮肤上或弹性大、易变形的物体上,而立体牙印则出现在塑性较好的食品上或物体上。

(二)牙齿痕迹特征

1. 食品上的牙齿痕迹特征

食品上的牙齿痕迹多数都是立体痕迹,痕迹的咬起缘、咬止缘、咬切面能分别反映出牙冠唇面、舌面形态、牙齿数量、牙齿宽度、缺牙、牙冠缺损、牙缝宽度和牙列畸形态等特征。

2. 人体皮肤上的牙齿痕迹特征

人体皮肤是柔软的、具有弹性的软组织。由于皮下肌肉和骨骼在人体不同部位的形态差异很大,因此在人体皮肤上的牙印会产生一定的变形,对痕迹特征稳定性能产生影响。皮肤上的咬痕多数都是前牙形成,咬合力的大小,对痕迹特征影响很大。

咬合力较轻时,皮肤上能清晰地反映出牙齿切缘的形态及牙齿排列关系,但皮肤组织并未受到损伤,牙印及易消失。

咬合力较重时,皮肤表面损伤,伴有部分皮裂及皮下出血。牙齿排列关系及切缘形态比较明显,但牙齿痕迹边缘不清。

咬合力重时,牙齿切入皮肤,组织破裂,咬痕边缘不齐,有组织间桥。切缘形态不清,痕迹只能反映牙冠轮廓及排列关系。

3. 物体上的牙齿痕迹特征

在食品以外物质客体上的牙齿痕迹,反映的牙齿数量较少(如烟嘴上、金属瓶盖上等)。

三、牙齿痕迹的提取与鉴定

(一)现场牙齿痕迹的提取

在犯罪现场中牙齿痕迹主要出现在吃剩的食品、人体皮肤、烟嘴、被破坏的物体上。

提取方法为:拍照提取,提取留有牙齿痕迹的承痕客体。

(二)牙齿痕迹鉴定

1. 确定牙位

确定牙位可以利用前牙特点,即上颌牙大于下颌牙;上颌中切牙大于尖牙,尖牙大于侧切牙;下颌尖牙大于侧切牙,侧切牙大于中切牙。这种关系在牙齿痕迹中均能反映出来,可以利用数据的对应关系确定上、下颌牙齿。

2. 确定特征

确定特征时,首先根据现场牙印测量牙弓宽度、牙弓深度、牙齿的相对夹角。观察现场牙印中反映的缺牙、牙冠缺损、牙缝宽度、牙齿数量和牙列畸形态等特征。

3. 比对检验

牙齿痕迹的比对检验可采用特征对照法、特征重叠法和特征接合法。

特征对照法是一种基本的鉴定方法,是根据现场痕迹和样本痕迹中反映的牙列形态、牙冠大小和形态、咬伤程度、咬痕方向等特征进行比对,分析咬痕特征的变化,从现场痕迹和样本痕迹中归纳出具有共性的特征认定现场痕迹。

特征重叠法和特征接合法是辅助的鉴定方法。重叠法是将现场痕迹与样本痕迹进行重叠比对,或利用牙列曲线进行重叠比对。接合法主要是检验咬切面上的线条痕迹,可以在比较显微镜下进行线条接合,或者将现场痕迹与样本痕迹分别拍成相同倍数的照片进行线条接合比对。

以上三种鉴定方法的使用不是独立的,通常是以某种方法为主,以另一种方法辅助。这样的出的鉴定意见才能更全面、更准确。

第二节　纺织物痕迹

纺织物是由纤维或纱线按一定规律相互交织而成,纺织物主要有织物、针织物、无纺织物、絮制品和毡制品等,其中织物制品的品种最多、应用最广。

一、纺织物的组织结构和加工特征

(一)纺织物组织结构特征

1. 纱线的结构

纱线是由纤维构成的具有纺织性能的连续物质。而纤维在纺纱过程中的旋转抱合方向称为捻向,捻向可分为 S 型、Z 型和 O 型,S 型加捻又称为顺时加捻,Z 型加捻又称为逆时加捻,O 型又称为无捻,纤维之间相互平行。

2. 织物组织结构

织物是由两个系统的纱线相互垂直地交织而成。垂直的纱线称为经纱,横向排列的纱线称为纬纱。经纱和纬纱彼此交织时所遵循的沉浮规律称为织物组织,经纱和纬纱的相交点称为组织点或浮点。经浮点或纬浮点的沉浮规律是按照一定的循环周期变化的。因此,可将经浮点和纬浮点的沉浮规律达到重复时的织物组织称为完全组织或组织循环。在完全组织中经、纬纱的根数和经、纬浮点数是固定不变的。对于任何一种织物,只需确定完全组织,就能了解这种织物的全部组织结构。

(二)纺织物加工特征

织物成品件都是由坯布经裁剪、缝纫制造而成,因此,纺织物加工特征的主要来源有坯布在生产制造中形成的特征和坯布经裁剪、缝纫形成的特征。

1. 生产过程形成的特征

纺织物生产过程中形成的特征,主要是指织物表面的疵点。特征形成的原因主要有两个方面:一是纺纱过程中形成的粗细不均匀的纱线,当这种纱线织入织物中就会形成一些疵点;二是织布过程中由于断纱或纱线分布不均等原因,也能在织物表面形成疵点。

2. 加工过程形成的特征

坯布可以根据需要,经裁剪和缝纫制成各种各样的服装和纺织物用品。不同的裁剪方法和缝纫工艺,可以分别形成不同的特征。纺织物的裁剪,即可以将坯布剪断也可以将坯布撕断,撕断或剪断的方式构成了裁剪特征;将两片织物连接时所采用的方式称为对接特征;将织物的毛边封闭固定的方式构成了织物制品的封边特征。

3. 纺织物的使用特征

纺织物制品在长期的使用中,由于磨损形成的特征称为磨损特征。磨损能使纺织物色泽减退,纤维表面的绒羽脱落,厚度变薄。对纺织物制品的破损部位进行修补时形成的特征称为修补特征,常用的修补方法有线缝、织补、补丁缝补、装饰性修补等。

二、纺织物痕迹的形成与特征

纺织物痕迹是指以纺织物作为造痕体,通过与承痕体相互作用,在承痕体上反映的纺织物结构形态。通常纺织物痕迹能反映纺织物的组织结构、纱线的密度、接缝、封边、补丁等特征。

三、纺织物痕迹的勘查与鉴定

(一)纺织物痕迹的发现与提取

在寻找纺织物痕迹物证时,应注意现场内的物体表面及地面上是否有纺织物形成的痕迹;在现场进出口的障碍物上是否有案犯攀登爬越时形成的纺织物痕迹及刮破的纺织物纤维;现场周围是否有案犯隐蔽、休息时留下的衣裤痕迹;另外应注意发现在各类案件现场中案犯遗落、脱换所留下的衣、帽或其他纺织物制品。

对犯罪现场中出现的纺织物痕迹物证,应首先拍照、记录其所在的位置,与其他物体的相互关系。对不容易提取的纺织物痕迹,应进行比例拍照提取。对遗留的纤维、绳索、撕破的纺织物、服装等物品,可以直接提取原物。对泥土地上或油漆上的立体纺织物痕迹,可以采用硅橡胶或石膏进行提取。

(二)纺织物及其痕迹鉴定

1. 纺织物组织结构检验

进行组织结构检验之前,应先确定纱线的经纬方向。通常服装中沿着人的身高方向的纱线为经纱;如果在织物中出现布边,则与布边平行的纱线为经纱;如果织物表面有隐形条纹或者有纵向彩色图案,则与隐形条纹或纵向彩色图案同向的纱线为经纱。确定组织循环,可以利用拆线法。确定组织结构的同时应测量经、纬纱线的密度,观察经、纬纱线的捻向,最后分析纱线的配置关系。

2. 纺织物加工方法检验

利用纺织物的裁剪方法和加工工艺中所反映的个体差异,鉴定嫌疑纺织物是否为某人制作。在纺织物加工过程中,无论是机器还是手工制作,均能反映出制作者的个人习惯和制作工艺水平。检验时应该分析检材和样本之间是否有相同的裁剪规律,特别是非常规的裁剪方法更具有特定意义。对制作工艺的检验应注意接缝、封边的方法,针距的大小、均匀程度、特殊针法和接线时打结方式等特征是否与样本纺织物具有共同的特点。

3. 纺织物痕迹比对检验

检验时可以根据痕迹中反映的纺织物组织结构、纱线的密度等结构特征进行种类认定。同时,应注意利用痕迹中反映的加工特征和修补特征,观察接缝的方式和流向是否与现场痕迹反映的一致;观察并测量缝纫方法和针迹大小是否与现场痕迹一致;观察补丁的位置、边界形态是否与现场痕迹相符合。

第三节 玻璃破碎痕迹

玻璃是一种具有无规则结构的非晶态固体。能像固体保持一定的外形,因此玻璃具有固体材料的物理性质。普通玻璃主要成分是二氧化硅,广泛应用于建筑、日用、医疗、化学、电子、仪表、核工程等领域。

一、玻璃的性质与破碎原理

(一)玻璃的性质

1. 玻璃的机械强度

玻璃是一种硬度大、脆性大的材料,它的机械强度一般用耐压、抗折、抗拉、抗冲击强度等指标表示。普通平板玻璃的抗压强度比抗拉强度大十几倍。

2. 玻璃的热学性质

玻璃的热膨胀系数可以在较大范围内变化,而玻璃的导热系数通常又很小。因此,不同成分的玻璃经受相同的温度变化时,由于热膨胀、导热系数不同,使玻璃内产生的应力也不同,导致玻璃的热稳定性变化很大。

(二)玻璃的破碎原理

对玻璃的破坏有各种各样的方式,但作用原理主要有三种,即应力波载荷、机械载荷和热冲击载荷。

1. 应力波载荷作用原理

应力波是指介质状态突跃改变的传播。应力波的形成原因很多,玻璃受到高速飞行的物体(刚体)撞击或受到高速气流的冲击,如枪击、高速抛击、爆炸等都能体现出应力波载荷作用效应。应力波载荷作用(枪击)可以形成四个典型区域:孔洞、喇叭口层裂区、末梢纹区和放射纹区。

2. 机械载荷作用原理

机械载荷是指由于机械作用而产生的能引起玻璃介质运动或使介质有运动趋势的机械力。玻璃受机械载荷作用而破碎的现象是非常多见的,其作用方式主要有:抛击、敲击、撬压和玻璃刀划口等。玻璃在机械载荷作用下形成的裂纹通常有:作用点处的斜面状断口、放射裂纹、切向裂纹和弓形纹。

3. 热冲击载荷作用原理

热冲击载荷是指由于温度急剧变化而产生的能引起玻璃介质运动或使介质有运动趋势的热应力。在犯罪现场中案犯使用人工热源;或在火灾现场中温度变化对玻璃的作用均为热冲击载荷。热冲击载荷的加载方式不同,可以形成具有明显差异的裂纹。根据加载方式可以将热冲击载荷分为点热源与面热源。

二、玻璃破碎裂纹特征

玻璃破碎痕迹是指玻璃受载荷作用,由于断裂而形成的裂纹形态和裂纹的分布。研究玻璃破碎裂纹特征,主要是分析裂纹形态和分布,然后确定所受载荷及破坏方式。在玻璃破碎裂纹特征中有四种纹线的出现率最高:

放射裂纹:以作用点为中心向四周呈放射状分布的裂纹。

切向裂纹:以作用点为中心,以某一长度为半径的圆环形或弧形裂纹。

末梢纹:放射裂纹扩裂时由于能量衰减而终止于玻璃内部的裂纹前沿形态。

弓形纹:分布于裂纹断口上的。并且向某一表面汇聚成束的纹线。

这四种纹线在不同的作用方式中均有可能出现,而根据这四种纹线分析作用方式、作用方向、作用距离具有十分重要的作用。

（一）枪击裂纹特征

1. 弹孔。弹孔呈圆形或椭圆形，断面粗糙、孔径大于弹径，弹孔周缘分布有明显的白色玻璃粉末圈。

2. 层裂区。层裂区呈喇叭形，入口周围平整、边缘锐利。出口大于入口。层裂区最大直径与弹孔直径随射击距离增大而减小，但二者之比为定值，比值约等于3（7.62mm口径）。出口附近有玻璃剥落的碎片。

3. 末梢纹。末梢纹在弹孔周围呈放射状分布。末梢纹的密度大、长度小，形态细、直，且分布均匀。断口呈柱面，在孔洞处的断面粗糙，并带有少量条状痕，而在前沿处则是较平滑的镜面。前沿形态是入口侧长、出口侧短。在两条末梢纹之间有切向裂纹，断面上有时可出现弓形纹，其汇聚方向是从入口向出口，由于切向裂纹断面面积很小，因此弓形纹不易观察。

4. 放射纹。放射纹在末梢纹之外呈放射状分布，若弹头动能较大，裂纹沿切向分叉较多，则在末梢纹之外呈网状分布。放射纹密度小、长度大，形态弯曲、较粗，断面呈空间曲面，没有弓形纹分布。

（二）高速抛击裂纹特征

抛射物体，一般是采用抛射器或弹弓将物体抛出，使其获得较大的速度。物体的速度，与抛射器的性能有关，与被抛物体的几何形状、材质、重量和尺寸有关。

1. 孔洞。孔洞近似于圆形或不规则形态，孔径大于物体直径。从入口至出口形成喇叭口状斜面断口，入口侧为斜面状断口，出口侧喇叭口边缘有层裂现象，但层裂次数少。入口小、出口大。出口处有玻璃碎块分布。

2. 末梢纹。末梢纹分布于孔洞周围、呈放射状。末梢纹数量少，长度变化大、较直，断口近似于柱而，但有一定扭曲，末梢纹前沿形态与枪击末梢纹相反，即出口面长、入口面断。裂纹断面上有弓形纹，纹线是从自由面向入射面汇聚。

3. 放射纹。放射纹可从作用点扩展至边界。断口形态，在作用点附近近似于柱面，在边界附近扭曲较大。断口上有弓形纹，汇聚方向与末梢纹相同。

4. 切向纹。尺寸小的物体高速抛击时，一般不出现切向裂纹。大物体抛击时有可能出现切向裂纹，裂纹断口呈柱面，断面上分布着弓形纹，纹线从入射面向自由面汇聚。

（三）低速抛击裂纹特征

低速抛击是由人力将石块等物体抛出，抛射速度通常低于弹弓抛射速度，且物体的几何尺寸大，形态复杂。

1. 孔洞特征。低速抛击形成的孔洞与物体的尺寸有关，物体小、形成的孔洞小，断口呈斜面状。物体大、形成的孔洞大，有时仅在边框上留些残片，此时不出现斜面状断口。在玻璃的自由面分布着较大的玻璃碎块。

2. 放射裂纹。放射纹数量少。小物体冲击时，出现少量的末梢纹。大物体冲击，一般不出现末梢纹，而放射纹较长、直。断口呈柱面。

3. 切向裂纹。低速抛击玻璃的切向裂纹，其半径和形态有很大变化。小物体冲击一般不出现切向裂纹；随着物体尺寸的增加，切向裂纹形状可呈圆环状、弧状或直线状；裂纹断口均为柱面。

4. 弓形纹。放射纹断口和切向纹断口上均分布着弓形纹。放射纹断口上的弓形纹是从自由面向入射面汇聚，且汇聚于作用点。切向纹断口上的弓形纹是从入射面向自由面汇聚。

（四）撬压裂纹特征

1. 撬压裂纹分布。撬压裂纹通常是从撬压点向其他三边呈放射状分布，撬压裂纹的数量只有1～3条，有时可出现末梢纹，但很少出现切向裂纹。裂纹断口均为柱面。

2. 弓形纹。裂纹断口上分布着弓形纹，弓形纹的形态和汇聚方向随撬压方式而变化。

（五）玻璃刀划口裂纹特征

1. 玻璃刀划口敲击裂纹特征

玻璃刀划口敲击形成的裂纹断口，玻璃刀划过的边缘呈锯齿状。与锯齿状相邻的区域均匀分布着褶皱状凸凹棱线，与棱线区相邻的是较大面积的镜面区，镜面区与自由面相交形成锋利的刃状区。

2. 玻璃刀划口吸盘拉断裂纹特征

玻璃刀划口吸盘拉断形成的裂纹断口，玻璃刀划过的边缘呈锯齿状。与之相邻的区域是相互平行且分布均匀的棱线，棱线垂直于玻璃表面。棱线区之后是平滑的镜面区，镜面区与自由面相交形成锋利的刃状区。

（六）热冲击作用裂纹特征

1. 点热源作用裂纹特征

玻璃在点热源作用下形成的裂纹呈"金鱼"状，身与尾的相连处为热源位置。"鱼身"内的裂纹密度大，并且相互平行，在"鱼"头处裂纹汇聚于一点。"鱼"尾裂纹是从热源处向边界呈放射状分布。裂纹断口呈柱面。

2. 面热源作用裂纹特征

玻璃在面热源作用下形成的裂纹，其形态弯曲、没有固定的扩展方向，并且均匀分布于玻璃平面上。裂纹断口呈柱面。

三、玻璃破碎痕迹的勘查与分析

（一）玻璃破碎痕迹的发现与提取

首先分析现场中出现的门窗玻璃、玻璃器皿的碎块与案件的关系，其次拍照或记录玻璃碎块的位置、碎块掉落方向、分布范围及飞溅的距离。

对于破碎的门窗玻璃,要将散落的和残留于边框上的碎块全部提取,并注明碎块的原始方位;对于玻璃器皿的碎块应当尽可能的全面提取。碎块提取后,可以根据玻璃的颜色和表面形态进行分类、对接复原。提取玻璃碎块时,要注意利用碎块上的附着物或痕迹。

(二)玻璃破碎裂纹的分析

1. 判断冲击方向

判断冲击方向是玻璃破碎裂纹分析的重要内容,若能准确地判断冲击方向,则可以确定案犯进入现场的方位,确定现场是否伪造。

(1)根据玻璃碎块分布位置判断冲击方向

玻璃受击碎裂后,多数碎块沿冲击方向溅落,并分布在一定的区域内,冲击物与碎块一般情况下都分布在同一侧。

(2)根据裂纹断口特征判断冲击方向。

裂纹断口特征只与受力方向有关,因此它能准确地反映出玻璃的受力方向。它与碎块及冲击物的位置变化无关。

根据作用点断口判断冲击方向。无论是枪击还是抛击作用形成的喇叭状断口,均为入口小、出口大。

根据断口弓形纹判断冲击方向。放射纹断口弓形纹是从玻璃的自由面向入射面汇聚,且汇聚于作用点。切向裂纹断口弓形纹是从入射面向自由面汇聚。

根据末梢纹前沿形态判断冲击方向。枪击末梢纹的前沿形态是入射面的扩裂长度大于自由面的扩裂长度。抛击和敲击末梢纹前沿形态是自由面扩裂的长度大于入射面的扩裂长度。

2. 判断作用方式

判断作用方式应综合以下几方面因素:玻璃的性质、表面状态、形状和厚度;玻璃的位置、高度;玻璃破碎裂纹的形态和分布;打击物的种类等。

3. 判断作用距离

飞行的弹头和抛击物的速度是连续变化的,因此在不同的距离击碎玻璃后,其裂纹分布也将产生变化。7.62mm 口径的制式枪支击碎玻璃后,其裂纹形态随射击距离的变化是显著的。当射击距离增大时,孔洞直径和层裂区最大直径减小,层裂次数减少,末梢纹密度降低,放射纹不能扩展至边界。

第四节　整体分离痕迹

一、整体分离痕迹的形成与结构特征

整体分离痕迹是刑事案件现场中经常出现的痕迹物证之一,通过整体分离痕迹检

验，可以直接认定作案工具，特定条件下也可以直接认定人身，为侦查工作提供重要的信息。

（一）整体分离痕迹的形成与结构

1. 整体分离痕迹的形成

具备整体条件的物体在外力作用下被分离成若干部分则称为整体分离。根据整体物质被分离后的表面状态，可将整体分离分为两大类：破坏分离，即物体在外力作用下由于破碎、断裂而分离；分解分离，即组合物体在外力作用下，通过拆卸解除组合物体内部的宏观约束，使之分解成相互独立的物体。两类分离可以在多种因素作用下形成。因此，可以根据分离方式或手段分为徒手分离、器械分离和其他因素的分离。徒手分离是以人力直接作用于物体并使之分离，器械分离是指人利用工具或器械作用于物体并使之分离，物体还可以在风力、雷电、温度变化、化学腐蚀和材料的疲劳等因素作用下断裂造成整体分离。

2. 整体分离痕迹的结构

整体分离痕迹是指整体物质在外力作用下，由于断裂或分解而形成的新界面的形态。对于断口形态完整、不存在任何变形的整体分离痕迹，称为常规整体分离痕迹，通常可简称为分离痕迹。

分离痕迹的结构通常是由分离面和分离缘构成，分离面是指整体物质被分离时形成的新界面，分离缘则是分离时形成的新界面与物体原始表面的交线。如果整体物质是三维物体，其分离痕迹结构是由分离面和分离缘构成，分离面是一个具有凹凸结构的空间曲面，而分离缘则是一条空间闭合曲线；如果整体物质是二维物体，在分离痕迹结构中分离面可以忽略不计，并且分离面与分离缘重合成一条平面曲线。平面曲线在物体平面内，可将这条平面曲线称为分离线。

对于特殊结构的物体其分离痕迹的形态也将产生很大变化，如物体表面的加工纹线、印刷品中印刷符号的疵点，通过装订方式连接的物体通常没有固定的连接面。采用上述方式连接的物体被分离后，不具备特定意义的分离面和分离缘。其分离痕迹主要体现为点与线、点与点或印刷符号与印刷符号的对应关系。

（二）变形分离痕迹的结构

变形分离痕迹是指物体被分离后，分离面和分离缘的形态由于受材料性质、分离方法、物体的组合结构及外界因素影响而变化的分离痕迹。变形分离痕迹可以根据分离面形态的变化规律分为均匀变形、非均匀变形和局部变形三种。

1. 均匀变形分离痕迹

分离痕迹由于受外界因素的影响，使分离面的面积均匀地增大或缩小。均匀变形通常出现在膨胀系数较大的物体上。

2. 非均匀变形分离痕迹

分离痕迹由于受物体材料性质及分离方式的影响，使分离面或分离缘的形态产生不均匀的变形。

3. 局部变形分离痕迹

分离痕迹由于受工具或其他因素作用，使分离面和分离缘的局部形态产生变化，局部变形在各种材料的分离痕迹上都有可能出现。

（三）无断口分离痕迹的结构

无断口分离痕迹是指物体被分离过程中或分离后，分离面和分离缘的形态及物体的组合结构完全被破坏后的分离痕迹。

1. 宏观有断口、微观无断口分离痕迹

宏观有断口、微观无断口分离痕迹是指物体分离后，“相邻”分离面的凹凸趋势相同，而“相邻”分离面的微观结构形态失去整体对应关系。

2. 宏观无断口、微观有断口分离痕迹

宏观无断口、微观有断口分离痕迹，一般出现于组合体上。例如，采用刃器切断或拉断的绳索。如果分离面结构松散后，组合体的固有结构形态被破坏，但组合体内部的各独立物体都具有相互独立的微观断口，微观断口的结构、形态在相邻分离体上具备整体对应关系。

3. 完全无断口分离痕迹

完全无断口分离痕迹，由于分离面和分离缘完全被破坏，分离体之间不存在任何形态上的对应关系，因此分离痕迹只是宏观意义上的。

（四）分离痕迹特征

分离痕迹特征通常可以根据特征的属性分为分离特征、图形特征、附加特征和固有特征。

1. 分离特征

物体被分离后形成的分离面和分离缘的形态构成了分离特征。分离痕迹中分离面和分离缘凸凹不平的结构通常都具有不可重复性。

2. 图形特征

物体表面的图形、文字或物体内部结构变化所构成的图形。

3. 附加特征

由于加工和使用可以改变物体的表面状态，这种表面状态的变化构成了分离体的附加特征。例如，表面磨损、加工纹线、裂纹和附着物等。

4. 固有特征

分离体的固有特征是指反映物质固有属性的材质、成分、微观结构等特征。对于不同的物体，其固有特征之间存在很大的差别。而对于一些特殊物体，即使是同一种类的物体,其固有特征在不同个体之间也存在一定差别。

二、整体分离痕迹的勘查与鉴定

(一)整体分离痕迹的发现与提取

1. 分离痕迹的寻找

分离体通常都具有一定的体积和形状,因此比较明显直观。但有些分离体可能很小或者进入客体内部而不易发现,需仔细观察,认真寻找。

案犯进入现场破坏入口处的障碍物时,有可能使工具的局部断裂而形成分离痕迹;在盗窃案件中,案犯破坏某种物体或仪器设备,并将其中的局部构件盗走而形成分离痕迹;杀人案件中,在被害人身体上的创口内,可能遗留工具刃部的断裂碎片;案犯作案使用的物品,可能遗留在现场,或者使用的物品由于某种原因被破坏后,其局部遗留在现场形成分离痕迹。

2. 分离痕迹的提取与保存

对现场中发现的分离痕迹,应该立刻进行比例照相,记录分离痕迹的原始形态和位置。现场分离痕迹的提取,一般是以提取分离体为主。对现场提取的分离体,要注意保护其原始形态,防止分离痕迹受到破坏或变形。

(二)整体分离痕迹的鉴定

1. 确定分离体是否具备构成整体物质的宏观条件

整体物质的外观形态是连续的,物体被分离后,连续的外观形态可以在分离体上反映出来。对于单一物体,应该分析若干分离体的材质、表面色泽、外观形态和尺寸是否一致;对于组合体,应该分析不同分离体的结构是否相关以及整体结构是否具备特定的功能。

2. 确定比对特征案

分离痕迹特征是同一认定的主要依据,分离痕迹同一认定的主要特征是:具有明显凹凸结构的分离面和分离缘;分离面上和分离体原始表面上的固有花纹、图案特征;分离体上的附加痕迹特征及分离面上的附着物特征。利用分离体的结构及物质的种属特征进行综合性的检验,确定分离体的整体对应关系。

3. 分离痕迹的比对检验

特征对接法是分离痕迹比对检验中最常用的方法。检验时将分离体的断口对接,根据分离面和分离缘凸凹结构的吻合程度及分离体表面图形的吻合程度,分析判断分离体之间的整体对应关系。

特征对照法是针对分离面比较平缓的分离痕迹,检验时将相邻分离面的形态进行对照,观察相邻分离面的几何形状和尺寸是否一致,分离面的凹凸结构是否相互对应,断面上的花纹结构是否一致。

第五节 锁具痕迹鉴定

一、弹子锁的结构

锁是封闭一定空间,并用特定工具开启的封缄器。根据锁的控制原理可分为机械锁、磁性锁、号码锁、电控锁等,其中机械锁是锁具中最大的一类。目前使用最普遍的是弹子锁,它又分为挂锁、门锁、自行车锁和抽屉锁。

弹子锁主要由控制系统和闭锁系统两大部分构成。控制系统是指控制锁具完成开启功能的部分,主要由锁芯、圆头弹子、平头弹子、锁舌拨动件、弹簧和钥匙等组成。闭锁系统是指锁具能实现闭锁功能的部分,不同的锁其闭锁系统的组成不同。闭锁系统是在控制系统的控制下,通过连动装置传递动力,完成锁的闭锁和开启功能。

(一)弹子的结构与作用

在目前普遍被使用的弹子锁中,弹子分布在一个平面内。圆头弹子和平头弹子的数量相同、直径相等,并且对应排列。

圆头弹子在同一锁中其直径均相同,形状为圆柱形,其中一端为平面、另一端为球面或圆台面。圆头弹子的长度在同一把锁内一般都不相同,将长度不同的圆头弹子进行排列,可以产生几百至几千种控制密码。圆头弹子的作用,就是以其不同的排列产生不同的控制密码,并且与钥匙的齿相互配合,以此控制锁的开启。

平头弹子在同一锁内的长度都是相同的,形状都是圆柱形,两端为平面。平头弹子的作用就是约束锁芯转动。

长弹子和异形弹子是由平头弹子演变而来,它们的直径与平头弹子直径相同。长弹子的外形与平头弹子相同,但长度比平头弹子长度大。异形弹子的长度与平头弹子长度相同,但外形结构不同。长弹子和异形弹子的作用,是提高弹子锁的防拨性能。

(二)锁芯的结构与作用

弹子锁的锁芯均为圆柱形,其直径根据锁的种类和规格的不同而变化。沿锁芯径向有一排弹子孔,弹子孔的数量与圆头弹子数相同。沿锁芯轴线方向开有匙槽。匙槽的截面形态有直线形、折线形和曲线形等。另外在锁芯的一端有锁舌、锁舌拨动件和锁芯固定槽等结构。

锁芯的作用是使弹子按一定间距排列,限制与匙槽形态不同的钥匙插入,封闭锁芯中心线,并且使钥匙在锁芯内与圆头弹子配合后,传递钥匙的旋转动力开启锁具。

(三)钥匙的结构与作用

钥匙的尺寸与锁芯规格相匹配,钥匙的截面形状与对应的锁芯匙槽形状相同。钥匙上分布着高度不同的齿,齿的数量与锁内的圆头弹子数相同,齿间距与锁芯弹子孔间距相同。钥匙的作用就是以其高度不同的齿与对应的圆头弹子配合后开启锁具。

二、弹子锁的开启原理

不同种类和规格的弹子锁处于闭锁状态时,闭锁系统的约束形式不同。但是处于闭锁状态的弹子锁其控制系统的状态是完全相同的,即圆头弹子全部进入锁芯弹子孔,平头弹子也不同程度地进入锁芯弹子孔,此时锁芯受平头弹子的约束而不能转动。若想使锁芯转动,就必须用钥匙解除平头弹子对锁芯的约束。

解除平头弹子对锁芯的约束,是通过钥匙的齿与对应的圆头弹子相互配合来完成。即钥匙插入锁芯后,钥匙齿将圆头弹子全部顶起,使圆头弹子的平端面全部被顶至锁芯柱面,此时平头弹子对锁芯的约束被解除,锁具处于开启状态。处于开启状态的锁只要转动钥匙就可以使锁芯连动,并拨动锁舌使之解脱约束,开启锁具。

三、锁具痕迹

(一)锁具加工痕迹

锁具是由十几个至几十个零件组装而成,而每一个零件都要经过多道工序的机械加工。经过加工的零件,其表面分布着形态不同的加工痕迹。

1. 锁体加工痕迹

锁体加工痕迹主要分布在锁体上的锁芯孔和弹子孔壁上。锁芯孔和弹子孔都是用钻钻削而成,在孔壁上有钻痕。

2. 锁芯加工痕迹

锁芯加工痕迹主要分布在锁芯外端面、匙槽内和弹子孔内。锁芯外端面加工,是同心弧状的平面铣刀加工线条;平磨加工的相互平行的线痕;抛光和镀膜加工的光洁表面。锁芯匙槽是由拉槽铣刀沿锁芯轴向运动,并沿其径向切割加工而成,因此匙槽内加工纹线与锁芯轴线平行。锁芯弹子孔是钻削而成,在孔壁上形成钻痕。

3. 弹子加工痕迹

弹子是用铜合金丝线经机床切削制成,因此在弹子的两个端面,有同心圆状的切削线痕。

(二)钥匙开锁痕迹

1. 原配钥匙开锁痕迹

原配钥匙是指与对应某一锁配套制作的钥匙,只能在匙槽限定的空间内作定向运动,这种运动形式使钥匙表面及齿顶始终与匙槽和弹子球面处于滑动摩擦状态。其中,齿顶与弹子球面的摩擦作用最大,而摩擦力的大小是形成原配钥匙开锁痕迹的主要因素。

(1)圆头弹子上的痕迹

弹子锁经过一段时间使用,在圆头弹子球面上沿弹子径向形成钥匙齿的摩擦痕迹,痕迹的宽度与齿厚度相近。其形态主要有“一字形”和“对顶扇形”。弹子球面上的摩擦痕迹反映程度，随弹子的位置不同而变化。靠近最外端的弹子上，痕迹反映最明显，并且由外向内，痕迹依次渐轻。另外，长度较大的圆头弹子或与长弹子对应的圆头弹子上，其痕迹比较明显。

(2)锁芯上的痕迹

锁芯上的开锁痕迹，主要分布在柱面和外端面上。柱面上的痕迹是由平弹子的摩擦形成，痕迹出现在与弹子孔对应的位置，呈带状摩擦痕。锁芯外端面，是由钥匙肩对外端面局部产生摩擦，形成点状摩擦痕。锁具使用频率越高，则痕迹越明显。

2. 增配钥匙开锁痕迹

作案开锁时，增配钥匙一般为首次使用，于增配钥匙齿顶有明显的加工痕迹，其齿顶粗糙、边角锐利、毛刺较多。当钥匙插入锁芯时，钥匙齿与弹子之间的摩擦力大于原配钥匙的开锁作用力。后配钥匙开锁痕迹只出现在圆头弹子球面，并且叠加在原配钥匙开锁痕迹之上，呈一组明亮的、成束的线痕，其方向与原配钥匙开锁痕迹相同。

（三）特殊工具开锁痕迹

特殊工具的体积小、硬度大，开锁时对零件的作用力大。通常由特殊工具开锁形成的痕迹比其他方式开锁形成的痕迹明显。特殊工具开锁后，在圆头弹子上形成线条状划痕或压痕，痕迹线条较粗、压痕较深，并且数量较多。在平弹子柱面形成剪切擦痕。在锁芯匙槽内形成与加工痕迹成一定角度的划痕，痕迹在匙槽形态突变的部位最易出现。在锁芯外端面匙槽边缘形成加力杆的挤压痕迹。在锁芯弹子孔内，形成与加工痕垂直的线条状划痕。

四、现场锁痕的勘查与检验

（一）现场锁痕的发现与提取

寻找与确定现场锁痕时，应注重从被破坏的锁体表面寻找，从失灵的锁具内部寻找，从正常的锁具内部及原配钥匙上寻找，从现场外围寻找，从与锁具相关的部位寻找其他痕迹。

现场中被破坏的锁具或被开启的嫌疑锁具及原配钥匙都应全部提取，还要注意提取锁具安装部位上或地面上出现的附着物和脱落物。

（二）现场锁痕的检验

1. 现场锁的外观检验

观察锁体外观是否变形或碎裂，锁件是否脱落或变形；观察锁体外观是否有明显的工具痕迹；观察锁体外观油漆是否脱落、油漆表面是否有轻微压痕、划痕及附着物；分析各痕迹之间的关系，判断锁具是否为破坏性开启、分析破坏方法。

2. 现场锁的内部检验

如果现场锁的外观没有破坏痕迹，并且锁具功能正常，这时应该对锁内零件进行检验。

解剖现场锁，弹子锁的解剖可以用钻或砂轮将弹子挂锁的弹子孔封口铆钉拆除，依次取出平弹子和圆头弹子，拆除定位弹子，取出锁芯。解剖门锁时，将锁芯固定片拆除，将原配钥匙插入锁芯，旋转一定角度后缓慢抽出，此时平弹子将分别弹入锁芯孔内，按弹出的先后顺序将平弹子取出。弹子取出后，用双面胶分别将圆头弹子和平弹子按顺序固定于载玻片上。

观察痕迹，首先观察加工痕迹的形态和分布，其次确定原配钥匙开锁痕迹及其他方法开锁痕迹。重点观察的部位是圆头弹子、平弹子、异形弹子和锁芯。

3. 确定开锁痕迹

锁具加工痕迹、原配钥匙开锁痕迹和工具开锁痕迹，由于痕迹形成的原理不同，则痕迹形态也有一定的差别。通常锁具正常使用痕迹与作案开锁痕迹的差别是位置不同、形态不同、分布不同、亮度不同、粗细不同、深浅不同。

4. 原配钥匙检验

原配钥匙检验是利用原配钥匙上的复制痕迹，判断复制方法，认定复制工具。复制痕迹的分布与复制方法有关，钥匙的复制方法有手工复制、机器复制、印模复制、观察复制和探测复制等，目前普遍采用的方法是机器复制。配匙机复制的速度快、精度高。复制过程中仿形刀能在钥匙齿顶形成线条状划痕，在匙板面形成夹具的点状或条状压痕。

思　考　题

1. 牙齿痕迹特征中哪些是个别特征？
2. 如何提取人体皮肤上的牙齿痕迹？
3. 什么是纺织物组织结构？其痕迹有哪些特质？
4. 如何现场勘查纺织物？
5. 玻璃有哪些特性？什么是放射裂纹、切向裂纹、末梢纹、弓形纹？
6. 如何现场勘查玻璃破碎痕迹？
7. 根据哪些玻璃破碎裂纹特征可以判断打击方向？
8. 简述整体分离痕迹的概念、结构、分类、特征和鉴定方法。
9. 简述钥匙的分类、复制方法和复制痕迹的分布。
10. 简述锁具开启原理。
11. 钥匙开启锁具有哪些痕迹？如何现场勘查？
12. 简述锁匙痕迹检验的方法。

第三部分　文书鉴定

第九章　文书鉴定导论

第一节　文 书 物 证

一、文书与文书物证

文书(document),也称文件,是指人们对文字、图像等信息记载的各种书面材料,包括公文、信函、契据、合同和文章等。文书以语言文字作为基础,用一定的方式在客体上记载某种意思表达。泛指以文字、语言、语音、图像、图形、符号为表现形式的书面记载,均属于文书范畴。根据文书的性质和用途大致可分为公务文书、私人文书、货币票证文书、书报期刊文书和其他文书5大类。在当今社会活动中,文书已成为人们记录事物、表达思想、传播知识、调整社会生产和生活的重要手段。

文书作为当今社会人类活动不可或缺的工具,一方面为社会发展、人类进步、维护正常的社会秩序和公民的合法权益服务;另一方面可以被不法分子所利用,从事危害国家安全,破坏社会稳定,侵犯国家、集体和个人财产或人身权利的活动。于是,文书就与形形色色的违法犯罪行为发生了"关联"。在这种"关联"中,文书或许成为违法犯罪的基本手段、辅助工具,或许文书成为直接侵害的对象。在公安司法实践中,这类能够证明案件(事件)客观事实的文书统称为文书物证。

二、文书物证种类

涉案文书作为证据的一类,如果真实可靠,办案人员或双方当事人无异议,均认为无须进行技术鉴定,那它就是案件中的书证。如果办案人员或案件当事人对文书提出疑问,解决这些疑问必须利用某种专门知识,必须委托有执业资格的物证鉴定机构对文书进行技术鉴定,那么,在对疑问作出鉴定意见之前,对这种文书还不能称为案件中的证据,而只能称为“可疑文书”(questioned document)。根据可疑文书的可疑情况,可分为以下几种:

1. 文书匿名,书写人不明;
2. 文书签名真伪可疑;
3. 文书印文真伪可疑;
4. 文书字迹有添改可疑;
5. 文书内容可疑;
6. 打印工具不明;
7. 文书制成时间可疑;
8. 文书物质材料可疑。

当文书的疑问得到正确解决时,即文书是真是假得到证明,文书就成了案件中的证据,或是书证,或是物证,或者既是物证又是书证。可见,可疑文书是案件中有待鉴定的文书。正确解决针对可疑文书提出的种种专门疑问,就是文书物证鉴定技术的任务。

第二节 文书鉴定

一、文书鉴定的概念

文书鉴定(document identification),是指运用自然科学的基本理论和技术方法,研究案件(事件)关联中的文书物证,确定文书与案件事实、当事人或嫌疑人的关系的一种技术鉴定活动。针对具体案件性质,依据有关法律规定,将分别启动刑事、民事、行政案件涉案文书技术鉴定的程序,开展鉴定活动。

二、文书鉴定的对象

文书鉴定的对象是文书物证。根据文书的表现形式和物质特性的种类,剖析构成文书物证的相关要素,明确文书鉴定的具体对象为以下六类。

(一)文书的笔迹

通过书写活动形成的文字、符号和绘画都是笔迹。它是书写人出于某种动机,以个书写(或绘画)技能和习惯,通过书写工具和材料表现出来的。它能反映作者的技能水平和书写(或绘画)习惯的特性。

(二)文书的印迹

采取制版印刷、打字复印或盖印等方法在文书上形成的文字、符号、线条、图形及相关加工痕迹都是印迹,它反映印版、印刷机具的结构、功能的特性以及同批印刷品的加工次序和空间分布。

（三）文书的言语

运用语言说出来的话和写出来的话都是言语。它依附于书写的或印刷的或录音的有序排列的语音和词汇之中，反映言语人运用语言的习惯和语声的特性。言语内容，有的可以说明案件的某个事实和言语人的特点。

（四）文书的物质材料

制作文书的纸张、油墨、墨水、印泥、胶水、糨糊等都是文书的物质材料。它是文书的载体和媒质。文书上的笔迹、印迹、污损和时间变化均通过物质材料体现出来，同时，可证明文书制作者对它的占有关系。

（五）文书的污损变化

受人为或自然条件影响而使文书的物质材料发生污染、损坏及其他变化都是文书的污损变化。

（六）文书的随时间变化

研究构成文书各要素的时间变化规律，对形成时间不明或标称时间有争议文书的实际形成时间进行系统的鉴定和鉴定。由于案件的具体情况千差万别，文书物证的形式多种多样。有的文书物证是由这几个要素构成的，有的则由另几个要素构成。因此，在具体案件中，哪些可作为文书鉴定的具体对象，应根据案件的实际情况来确定。

三、文书鉴定的任务

文书鉴定的任务是研究案件的文书物证，揭示文书与案件事实以及当事人或嫌疑人的关系，为案件的侦查、调查和审判提供可靠的线索和诉讼证据。

所谓案件事实，是指违法犯罪活动从始到终的全部客观情况。所谓当事人，是指刑事诉讼中的自诉人和被告人，民事诉讼中的原告和被告。嫌疑人，是指侦查或调查过程中受审的对象，是被怀疑为违法犯罪的人或与违法犯罪事实有关的人。

四、文书鉴定的作用

（一）揭露违法犯罪，澄清案件性质

可疑文书的鉴定，往往可以证明是否发生了文书有关的违法犯罪事实。例如，经鉴定可疑的货币、票证、公函是伪造的，便证明发生了相应的违法犯罪，必要时要立案侦查。在一个非正常死亡事件的现场发现一封以死者名义写的遗书，如经鉴定并非死者亲笔书写，这往往可以证明此人是他杀而不是自杀。经过对与案件相关的模糊记载的显现和辨读，发现足以说明某违法犯罪事实的内容，也可以揭露和证明案件的性质。但是，如经检验和鉴定，确认文书是真的、遗书是死者写的、记载内容没有问题，有时可澄清违法犯罪嫌疑，有时又可证明是另一种性质的违法犯罪。

(二)为确定侦查方向、范围提供依据

案件侦查(调查)工作最终是要发现和确认行为人的违法犯罪事实。从何种人群,什么范围查找呢?文书鉴定为此提供侦查方向和范围的科学依据。

1.刻画作案人的特征

根据文书物证的言语内容和运用语言、文字的特点,分析判断作案人的年龄、文化、职业身份、籍贯及久居地区,以及精神是否正常等,以便在一定地区和具有某种特征的人当中寻找作案人或相关人。

2.判断文书材料的来源

作案人拥有作案用的文书材料,是其进行作案活动的必要条件。结合与物证相同的纸张、书刊、报纸、书写纸印品及其他文书物质材料的生产、销售、使用情况的调查和取样,通过与物证的比较鉴别,可以确定作案用的文书材料出自何地、何单位,以便到这些地区或单位及其相关人当中去寻找作案人。

3.判断作案人应具备的技术条件

有些文书物证是借助某种机具设备,通过作案人的专门技能制成的。根据文书物证鉴别所用机具的种类牌号,结合调查和收集样本,可确定哪些单位或个人占有这种机具,从而明确侦查调查工作的重点范围。在一定条件下,还可以进一步鉴别出制作文书物证的那台机具,为进一步缩小侦查范围、确定重大嫌疑分子提供证据。

4.从污损的文书物证发掘线索

根据污损文书记载的内容,往往可以发现有价值的侦查线索。

(三)澄清嫌疑,认定作案人或相关人

文书鉴定能够进行个体识别,具有排除嫌疑人,认定作案人或相关人的功能。

1.认定或否定文书物证的书写人

如果书写的文书内容就已说明违法犯罪的性质,认定其书写人就等于证实了违法犯罪人。如果文书物证的笔迹是作案人所写而内容与案件无关,认定笔迹的书写人也是确认作案人的重要证据。如果文书物证的笔迹是其他人的,认定其书写人后也可循此线索查找作案人。

2.根据说话录音认定或否定说话人

如果说话人就是违法犯罪分子,认定说话人也就认定了违法犯罪分子。如果说话人是本案的当事人或其他相关人,认定说话人也有助于查明案件事实。

3.根据书面认定文书制作人

在一定条件下,还可以根据文书的书面语言习惯、绘画习惯、打字习惯和手工雕刻印章的技巧习惯,认定其制作人。这种结论依文书与案件事实之间因联系不同而有不同的意义。

（四）甄别口供，印证其他证据

《刑事诉讼法》规定的证据有8类，即书证、物证；证人证言；被害人的陈述；犯罪嫌疑人、被告人的供述或辩解；鉴定意见；勘验、检查笔录；视听资料。由办案人员收集或有关方面提供的证据，都必须经过认真审查核实，才能作为定案的依据。

作为证据之一的文书鉴定意见，应经过审查、质证、核实无误之后才能作为证据来使用。文书鉴定意见如同其他实物证据，具有科学可靠、客观公允、证明作用直接明了的特点。当然，鉴定意见也有可能失误，也需要用其他证据来验证。但是，在违法犯罪分子愈加狡猾、人际关系比较复杂的情况下，坚持"重证据、重调查研究，而不轻信口供"这条原则，注重刑事技术检验和鉴定所提供的证据，显得尤其重要。

五、文书物证的技术鉴定类型

文书物证技术是为了发现、提取现场文书物证和解决案件中有关文书的各种可疑问题而运用的各种科学技术鉴定的总称。利用文书物证技术，可为解决文书的可疑问题提出鉴定意见。在一些涉及文书字迹的现场勘查中，文书物证技术鉴定还能为提取文书物证和分析有关案情等提供重要帮助。文书物证技术鉴定可按其任务分为以下几类：

（一）同一认定鉴定

通常文书同一认定鉴定可按鉴定对象分为以下几种 ：

1. 笔迹鉴定——解决案件中有争议的字迹或签名是否为特定人所写的问题。

2. 印章印文鉴定——解决有争议的图章印文的真伪问题。

3. 印刷文书鉴定——解决有争议文书是否用某一特定打字机或复印机制作。

（二）种属鉴别

解决有争议文书所用的纸张、墨水、印泥等物质材料的种类属性以及其与相对应的文书物质材料是否相同的问题。

（三）真伪识别

鉴别各种票证、各种合同、协议等是否真伪，解决各种有争议文书是否变造的问题。

第三节　文书鉴定基本方法

一、形态观测方法

形态观测方法是指实物表观尺寸、结构、颜色、标记等宏观形貌特征观察与测量的方法。通常人们用肉眼直接观察或借助仪器观察与测量。文书形态观察与测量，一般包括外观观察、显微观察和图像比对等。这种技术鉴定活动也称外观检验、显微检验和图像比对检验。

（一）外观检验

外观检验是文书检验技术人员通过感觉器官或简单器材，有目的、有计划地直接感知文书物证及其与外界的联系，以获取客观事实的一种基本方法。外观检验是通过观察与直观分析来实现的。观察与直观分析一般是遵循在观察中思考、在思考中观察，对客观现象按照从整体到局部，从表面到本质，从单项到综合分析的模式进行检验。特别是对于那些只有从文书物证的宏观上、整体上和物证与物证之间、物证与环境之间的关联上才能把握问题的实质时，观察与直观分析是不可替代的方法。外观检验常常是整个检验鉴定过程的初级阶段，它的意义在于否定嫌疑、缩小检验范围，具有排除、筛选和指向的作用。

（二）显微检验

在研究物证的微观形态和结构特征时，必须进行显微检验。为满足不同的检验要求，可选用性能各异的放大镜、光学显微镜和电子显微镜进行检验。

（三）图像比对检验

图像是实物的视觉形态，是以二维或三维空间方式表现出来的客体的图形和影像。文书检验中常见的客体图像有原物图像、复制图像和分析图像等。图像比对，是文书检验普遍运用的一种方法。它是通过物证图像与样本（品）图像之间的比较，以发现客体的特征及其异同的一种重要手段。主要的图像比对方式有并列比对、拼接比对、画线比对、重叠比对和测量比对。

二、物理检验方法

物理检验是根据文书物质材料的结构、组成、功能等物理特性，对文书进行检验和鉴别的手段。由于物理检验基本属于无损检测手段，因而，在文书真伪鉴别和文书材料种属鉴别中普遍运用。文书检验中常用的物理检验有物理量检测、可见光检验、紫外线检验、红外线检验、荧光检验等方法。

三、化学检验方法

化学检验是根据材料及其变化产物，在外界作用下呈现的化学反应获得检验结果的手段。在文书检验中采取的化学检验方法主要包括颜色反应、电解反应等。

四、仪器分析方法

文书检验中所说的仪器分析，是借助物理或物理化学原理设计的专门仪器，对文书物证及其所反映的客体特性进行定性和定量分析的手段，包括物质组分的分析，客体的光谱、声谱特性的分析等。具体的检验方法有色谱分析、光谱分析、热分析和语音分析等。

五、测量统计方法

测量统计是运用数学手段研究文书物证的空间特征及其数量变化的方法。文书鉴定中通过测量获得数据，通过统计认识特征及其变化规律，为在此基础上作出的鉴定结论提供依据，或进行量化论证。

六、种属鉴别与同一认定方法

文书鉴定的种属鉴别，又称为种类识别或种类认定，是指在文书物证特征分析的基础上，就形成物证的人、物以及有关事实的种类归属进行科学判断的方法。

文书的同一认定鉴定，就是通过对先后出现的文书特征反映进行比较和判断，以解决嫌疑人或物与侦查工作所要寻找的人或物是否为同一个人或同一件物为目的，进行检验和论证的科学理论和方法。同时，又是认定人或物是否同一鉴定的过程。

七、系统鉴定方法

（一）文书系统鉴定的概念

系统鉴定方法是指从具体案件实际出发，将案件文书物证作为与案件客观事实相互联系的有机整体，发掘其所蕴含的特征信息，对文书与案件事实的关系所作的综合性、全面性的分析和判断。系统鉴定不仅要采用各种检验鉴定手段，在研判系统中某些要素时，还要进行种属鉴别或同一认定，然后再按照系统鉴定的规则加以综合，提出最后的鉴定意见。

（二）文书系统鉴定的依据

文书的系统鉴定基于文书构成特征要素的整体性、有序性、演化性的本质，其特殊、稳定特征的相互关联成为系统鉴定的科学依据。

1. 文书物证是多要素构成的有机整体

文书物证一般由言语、笔迹、印迹、污损变化和物质材料等要素反映证据属性，即使最简单的文书，也绝非只有单一的要素。这些要素由于存在互相作用、互相依存、互相制约的关系而构成文书物证这个整体。例如，一封用圆珠笔在两页稿纸上书写的匿名信，这份文书物证是由言语内容、笔迹、圆珠笔油墨、两页稿纸的纸张和印迹等要素构成的，缺少任何一个要素都不成为文书物证。在进行文书鉴定时，应从文书物证多要素构成的有机整体入手，用整体观去分别研究各个要素的特性，在此基础上根据要素之间的相互联系，把握文书物证整体的特性。这就是从整体出发，以整体为归宿的方法。

2. 文书物证各要素具有相对稳定的关联或结构

虽然不同案件的文书物证有不同的要素，不同的要素之间又有不同的关联方式，但都是由涉案人通过因果关系或占有关系，将各要素联结起来的。各要素之间的秩序，可以表现为空间关系，如上下、左右、表里、内外；可以表现为时间关系，即各部分之间的先后次序、时间间隔以及历时变化。真实的文书在要素之间呈现出正常的秩序，称为“常序”；虚假的文书则表现出反常的秩序，又称“反序”。

3. 文书物证处于不断发展变化之中

任何一份文书都是特定的人于当时的历史背景下，在已具备的文书制作工具和文书物质材料的基础上，按一定的程序方式制成的。构成文书的各要素并不是毫无秩序、随心所欲的，而是符合行文的程序和规范的。上述条件又不是一成不变的，随着社会的发展、时间的流逝，总是在不断地按照一定的规律发生着社会的、物理的和化学的演变，并且这种历时性的演变与文书形成的时间相对应，这就为我们进行某些特定方面的检验和鉴定工作提供了可能。

4. 文书物证具有特定的属性、功能和价值

由言语、笔迹、印迹、污损变化和物质材料等要素构成的文书物证，在和其他事物及环境的关系中表现出自己独特的属性，体现出其特殊的功能和价值。

文书物证属性与其他事物相互作用中表现出来的某些不变性、定常性存在于系统与其他事物和环境的相互关系之中发挥的作用和能力。文书物证系统的整体，具有它的各个要素或部分所不具备的内涵，因而，系统整体的功能不仅不同于某个要素功能，而且不等于各要素功能简单之和。文书物证系统的功能和价值在于与案件的人、事、物、时、空有内在联系。

思考题

1. 文书的概念是什么？
2. 文书与违法犯罪发生联系是怎样产生的？
3. 什么是文书鉴定的对象？具体包括哪些？
4. 文书鉴定的作用是什么？
5. 文书鉴定的技术手段有哪些？
6. 种属鉴别和同一认定的概念是什么？
7. 种属鉴别和同一认定的理论依据是什么？
8. 种属鉴别和同一认定的一般程序是什么？
9. 如何理解文书系统鉴定的方法及其作用？

第十章　笔迹鉴定

第一节　笔迹鉴定概述

一、笔迹的概念

笔迹,又称手迹或墨迹,英文"Script/Handwriting",是通过书写活动形成的具有个人特点的文字符号的形象系统。人们书写活动是在一定的语言文字规范下,利用一定的工具进行的。除抄写、记录他人言语外,笔迹又同个人使用语言的习惯共存于书写文书中。同时,由于书写一般是通过书写工具实现的,不同笔尖的外部结构及功能的特性,在一定的书写运动驱使(动)下形成的笔痕,也构成了笔迹的细节成分。

笔迹具体表现为书写的语言文字、字迹形态的组合的系统。从笔迹特征来看,其实质是人的书写技能与习惯的综合反映。人的书写技能是在生理心理机能的基础上,经过长期学习训练获得的。人类在长期的种群遗传过程中,形成了独特的言语习惯机制。这个机制由大脑和言语感受器、效应器组成,这是人们掌握书写技能的生理基础。但是仅有它,还不能自然形成书写技能,还必须经过后天的学习训练,这是掌握书写技能的决定性条件。经过识字、仿写、表达等一系列的学习训练,才能逐渐掌握书写技能。经过反复的练习,书写技能达到一定的熟练以后,书写活动呈现出自动化的倾向,书写人注意的中心已由书写活动逐渐向言语内容和表达方式迁移。当书写人能够熟练运用书写技能时,只要在一定意念的带动下,书写活动就可以按照已成习惯的固有方式进行。这种已成为书写人个人需要的、一时不易改变的行为方式就是书写习惯。生理心理学的研究表明,书写习惯的形成,是人的中枢神经系统在书写活动中建立书写"自动化”的条件反射体系，形成书写动力定型的结果。书写习惯形成后，书写活动已成为“自动化”的行为方式，无须意识的调节，但是这并不意味着主观意志对书写活动无能为力。相反，“定型化”的书写习惯仍要随时受到意识的干预。

笔迹作为人类特有的书写活动的产物，正如人类个体的差异，每个人的笔迹也不相同。这是由于在书写技能与习惯的学习训练过程中，每个人所具有的主客观条件不一样，这样就形成了各自不同的书写习惯，作为书写习惯外部表现的笔迹当然也就因人而异了。同一人的笔迹和不网人的笔迹都可以通过鉴定进行鉴别，但是笔迹鉴定确定的只是书写人，并不能确定笔迹所记录的是谁的思想。

二、笔迹种类

在笔迹鉴定过程中，为了掌握各种文字的书写规律与特点，以便采用相应的鉴定方法，常常从不同的角度对笔迹进行种类划分。

（一）按文字符号的种类划分笔迹种类

世界上各民族文字几乎都有手写体，而手写体是划分笔迹种类的对应依据。根据文字符号种类的形态、结构和书写体系，将笔迹分类为汉字笔迹、中国少数民族文字笔迹、外国文字笔迹、阿拉伯数字笔迹、标点符号笔迹和绘画笔迹6种。

（二）按笔迹的形成条件划分为正常笔迹和非正常笔迹

1. 正常笔迹

正常笔迹，是指书写人在正常的生理、心理状态下，正常的书写条件下，采用已经习惯的书写方式进行书写形成的笔迹。正常笔迹能较多、较准确地反映书写人已有的书写技能和习惯，是鉴定条件最好的笔迹。正常笔迹也是一个相对概念，只是它变化小，对于笔迹鉴定人来说可以忽略不计。

2. 非正常笔迹

又称变化笔迹，是指在特殊的生理、心理状态或不适应的书写条件形成的笔迹。变化笔迹是指书写时无伪装的主观故意，完全属于书写人自身生理、心理条件或外部条件的影响，书写活动不能完全正常实施，书写技能与书写习惯的反映部分受到影响，因而使笔迹出现部分不正常的情况。按其变化性质，又可分为内部条件引起变化的笔迹和外部条件引起变化的笔迹两种。在笔迹分类上，习惯称为条件变化笔迹。

内部条件，是指书写人自身的条件。由于内部条件引起笔迹变化，主要有生理、病理、心理、精神等方面的因素。例如，不同年龄段的变化笔迹、老年痴呆者的笔迹、书写运动器官损伤患者的笔迹、病危患者的笔迹、酒醉状态下的笔迹、惶恐状态下的笔迹、疲劳状态下的笔迹、情绪低落状态下的笔迹、精神病人的笔迹等。上述种种因素形成的变化笔迹，都有各自的规律。

外部条件，是指书写时的客观条件。引起笔迹变化的因素主要有书写工具引起的变化，如铅笔字、复写字、尺划字、刻划字、排笔与扁刷字等；书写环境、姿势引起的变化，如光线暗弱环境下书写的字迹，颠簸状态下书写的字迹，蹲位、卧位、立位、高位环境中书写的字迹；书写速度变化，如客观条件要求快写或慢写的笔迹；字体变化，如由习惯书写的行书体改为不善写的隶书体、仿宋体等。作为笔迹鉴定工作者还应当明确，外部条件引起笔迹变化与内部动因具有交叉性，表现形式上具有迷惑性，笔迹鉴定中多数情况下是由于客观原因导致笔迹的变化，有时也有书写人由于主观动机驱使，借用这种书写条件或方式达到歪曲自己笔迹特征，妄图逃避法律责任的目的。如通过刻划字伪装笔迹，通过改变字体、字形伪装笔迹，通过改变书写速度伪装笔迹等。在笔迹鉴定中，对这类笔迹必须在判明书写条件、书写方式的基础上，进一步确定引起笔迹变化的主要原因，防止误判笔迹变化的性质。

3. 伪装笔迹

伪装笔迹是指书写人出于伪装笔迹的主观动机，有意识地采用歪曲自己笔迹特征的种种手法进行书写，企图不流露或少流露自己的真实笔迹，达到逃避法律责任的目的。伪装笔迹的种类繁多，根据笔迹鉴定的需要，可以从不同角度进行更细的种别划分，如改变字体、改变书写速度、改变字体结构和倾斜度、改变笔形、改变用笔方式、左手书写、多人混合书写等。

4. 摹仿笔迹

摹仿笔迹提书写人以他人的字迹作为范本或底样，按其所能观察和理解到的笔迹特征进行描摹仿书写，妄图书写与他人笔迹特征酷似，达到转移视线，逃避法律责任的目的。

（三）按笔迹言语的归属划分为“自述”型笔迹和“非自述”型笔迹两类

1. “自述”型笔迹

“自述”型笔迹是指书写人自己运用语言，通过书写活动表达一定内容的笔迹。它能较多地反映书写人的书面语言习惯和书写动作习惯及文字布局习惯。绝大多数检材笔迹都是属于“自述”型笔迹。

2. “非自述”型笔迹

“非自述”型笔迹是指书写人不用自己的语言习惯或不需要自拟书写内容，只是通过自己的书写活动形成的笔迹。“非自述”型笔迹常见包括听写笔迹、抄写笔迹、记录笔迹、摹仿笔迹、加工笔迹等。这种笔迹不能反映书写人的书写语言水平和习惯用语特征。

按笔迹言语的归属分类，有利于分清文书的真实性和笔迹特征的客观程度，确定检材笔迹鉴定的范围，以及评定笔注鉴定意见的证据作用。

三、笔迹形成

笔迹是人的书写技能和书写习惯的外在表现。笔迹能够反映个人书写习惯的特殊本质,但笔迹并不等同于书写习惯。笔迹是书写动机、技能、运动以及书写工具与承受物间的相互作用的产物。

(一)笔迹的形成机制

1. 书写动机

书写动机是启动书写活动的动因。书写活动是在书写人意识支配下的运动,如果没有书写意念是不可能形成笔迹的。虽然书写运动有主动和被动之别,但即使是被动书写,书写活动也是由“被动”产生的书写动机支配完成的。书写动机虽然并不直接表现在书写活动过程中,但它却是开启书写运动的钥匙,书写活动过程由此开始。

一般书写运动,其动机只是发出启动书写技能的指令。但在某些为满足特殊需要的书写中,反常的书写动机会成为“违法”干扰书写活动,形成有别于平时笔迹的非正常笔迹。在案件笔迹中比较常见的,主要是各种伪装笔迹和摹仿笔迹。但它们都与书写动机存在因果关系。

2. 书写技能

书写技能是书写活动的基础。与书写人所掌握的其他技能一样,书写技能也是一种能力。它既有先天的生成机制,又是后天学习、训练的结果。经过反复的书写实践,书写技能日渐成熟。这时,随时都可以在书写动机的驱使下启动书写技能,伴随书写运动完成书写活动形成笔迹。

由于人们先天素质的差别和后天学习训练环境条件的不同,书写技能也不可能完全一样。从水平上说,有高低之分。即使处于同一水平上,风格特点也会存在这样或那样的差异。书写技能是通过笔迹呈现的,由于不同人书写技能的差别,那么通过书写运动形成的笔迹也就不会相同。

3. 书写运动

书写运动是在内部言语活动(思维)的导引下的书写活动的实施过程。这是从书写技能转化成笔迹不可缺少的环节。它是以骨骼为支撑、肌腱为动力,依靠手臂的协调运动来完成的。

书写运动与书写技能存在密切的联系。书写技能本身就是运动性技能,只有通过书写运动才能表现出来。书写运动总是沿着一定的轨迹进行,这种轨迹就是个人书写技能的模式。可以说,人的书写技能训练的过程,也就是书写运动体系建立的过程。书写技能达到熟练就意味着书写运动体系的建立和稳固。这时,书写运动已经成为书写人自动化的行为方式。在正常书写条件下,只要启动书写技能,书写运动就会协调有序地进行。

4. 书写工具与承受物间的相互作用

书写工具与承受物之间相互作用就会形成笔迹,这是书写运动的结果。书写工具在书写运动中形成一定的作用力,承受物体在接受书写工具的作用力时产生一定的摩擦力,形成相应的反作用力,这是笔迹形成不可缺少的条件。

常用的书写工具与承受物体相互作用形成的作用力与反作用力,已成为书写的动觉信息融于个人的书写运动体系。在正常的书写条件下,只要按照已成自动化方式的书写运动体系进行书写,即可形成具有个人特点的笔迹。在相同条件下形成的笔迹,其面貌基本一致。

综上所述,书写动机、书写技能、书写运动和书写工具与承受物体的相互作用,是笔迹形成不可缺少的四个要素。它们既是完成书写的构成要件,也是笔迹变化的原因。

(二)影响笔迹的因素

在平常的心态、适宜的书写条件下,形成了正常书写的笔迹。一旦遇到在某个环节上的负面影响,就可导致笔迹暂时的反常变化。影响笔迹变化的因素,包括书写人的内在因素和书写活动的客观条件。

1. 书写入的内在因素

(1)主观故意。在有意伪装的动机下故意改变自己的笔迹,是依靠其书写技能的潜力使笔迹面貌发生变化,因此伪装改变的程度与技能水平相关。

(2)心态失衡。某些特殊的心理状态,如激动、慌乱、沮丧、烦躁、分心等,可以直接影响书写运动,产生笔迹的变化。

(3)功能障碍。因书写人身体发生临时性疾病、手伤,也包括醉酒等,可导致书写功能障碍。如果勉强书写,必然带来笔迹的变化。

2. 书写活动的外在因素

(1)不惯用的工具。书写工具是否应手对书写活动有一定影响。一旦使用不惯用的书写工具,就会对书写活动形成干扰,使笔迹发生变化。

(2)不适应的承受物。书写人在可产生均匀摩擦力的平面物体(如纸张、黑板等)上书写已经适应。如果改换不适应的承受物(包括衬垫物),就会影响书写运动的力度和角度、协调性和柔韧性,从而使笔迹发生变化。

(3)失衡的姿势。由坐姿书写训练获得的书写技能,一旦变换成站写、蹲写、侧身写、背手写等不平衡的姿势,虽然仍可完成书写活动,但可对书写技能的发挥产生阻碍和干扰,影响书写运动,造成笔迹的变化。

综上所述,笔迹是书写人在某种动机支配下,利用自己的书写技能,通过书写活动形成的。在产生书写动机和进行书写活动时,书写人的内在因素和书写活动的外在因素对书写活动过程必然发生一定的影响。因此,笔迹不可能是单纯的书写习惯的印象,如图 10-1 所示。

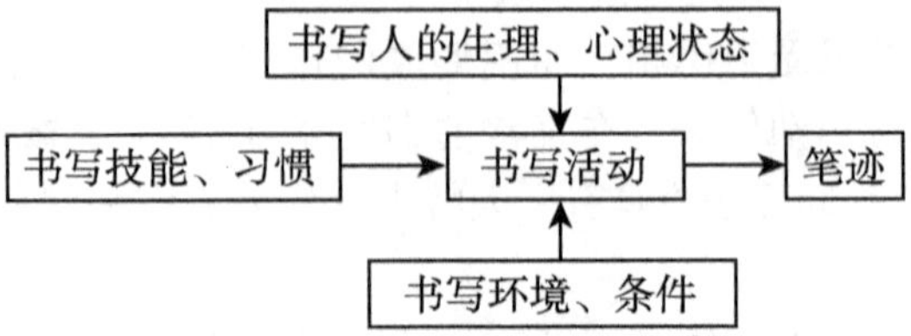

图 10 –1　笔迹形成示意

(三)笔迹的成分

笔迹是运用书写技能,通过书写活动形成的,在所形成的笔迹中,既有书写技能习惯的反映,也包含书写过程中内外因素影响的表现。前者是必然存在的,后者则是在一定条件下才能表现出来。

1. 笔迹的基本成分

笔迹的基本成分是笔迹中必然存在的因素,是笔迹的永恒成分。它包括:

(1)书写习惯的表现。书写习惯是在书写技能的基础上,在重复书写中逐渐养成的定型化的书写行为方式。它的特点是,每次书写的同一个字、偏旁,甚至是笔画,以及文字布局、标点符号等,都以一种相对固定的模式出现。这种固定的模式反复再现同一人的笔迹中。从笔迹学的角度来说,书写习惯在笔迹中的这件表现,是笔迹的主体和核心。

(2)书写技能的表现。书写技能的表现,是指仅属技能尚未成为书写习惯的表现,或者已被新的习惯方式所取代,但仍在笔迹中偶尔出现的旧习惯的表现。这种表现虽然不像书写习惯的表现那样重复再现,但笔迹并无异常。这说明书写人能写会用,只是平时不惯用而已。由于书写习惯的新陈代谢,笔迹中这种不完全定型的现象普遍存在。只不过,从初学到提高到定型阶段,这类仅属技能而非习惯的表现在笔迹中所占的比例越来越小。

2. 笔迹的附加成分

笔迹的附加成分不是笔迹的主要成分。它既不反映书写技能,也不反映书写习惯,是来自书写人的主观因素和书写的律观条件对书写过程的干扰强加给笔迹的,所以是附加成分。它因干扰因素是否存在或有或无,也可因干扰因素的大小或多或少,还可因干扰因素的变化或此或彼。归纳起来,笔迹中可能出现的附加成分主要如下:

(1)故意伪装的表现。故意伪装的目的是改变笔迹。由于故意伪装的手段和方法多种多样,产生的附加成分也有多种表现。一般来说,这类附加成分给笔迹增加了大量的明显的伪象。

(2)摹仿他人笔迹的表现。书写人为了达到某种目的,有时摹仿他人笔迹作案。这样,在所形成的笔迹中就增加了摹仿的成分。这种附加成分,一部分来自被摹仿人的笔迹,另一部分来自摹仿人的反常书写运动。

(3)书写条件变化的表现。书写中有时会遇到书写条件的变化,轻微的变化对笔迹的影响不大,并不产生明显的附加成分。

只有在书写条件变化显著时,书写人全然不适应,才会在所形成的笔迹中增加较多的附加成分。

(4)书写中偶然笔误的表现。书写中的偶然因素是难以预料的,它来自书写过程中临时出现的阻碍和干扰,书写人猝不及防,使笔迹中出现了偶然的失误和差错。笔迹中的这种附加成分出现频率较小,比较常见的是书写中偶然出现的错别字和笔画变异。

笔迹的这些附加成分并不是孤立地、单独地存在,它与笔迹的基本成分互相混杂交织在一起。这就使笔迹在反映书写习惯的同时,也存在或多或少的假象,增添了笔迹鉴定的复杂性。

四、笔迹鉴定及其任务

(一)笔迹鉴定

笔迹鉴定是通过两部分笔迹特征之间的比较鉴别,从而确定是否为同一人笔迹的一项专门活动。在公安、司法实践中,通常需要解决文书物证(检材)上的笔迹是否为同一人书写笔迹或文书物证上的笔迹是否为嫌疑人或被告人亲笔所写问题。通过文书物证和样本笔迹特征之间的比较,确认二者所表现的书写技能和习惯是否相同。如果相同,就可提出认定同一的意见;如果不相同,就要提出否定同一的意见。

(二)笔迹鉴定的任务

根据物证笔迹所具备的鉴定条件和送检要求,笔迹鉴定可以确定两部分笔迹是否为同一人书写笔迹,具体任务如下:

1. 一起案件笔迹的同一认定鉴定

一起案件的书证或物证笔迹是否为多人笔迹,以发现和确定添写、改写事实,为鉴别文书真伪提供证据;案件中的文书物证笔迹是否为侦查中发现的某嫌疑人亲笔所写,从而确定书写人,为认定作案人提供依据。

2. 多起案件笔迹的同一认定鉴定

多起案件的物证笔迹是否为同一人的笔迹,从而为并案侦查提供依据,有助于确定侦查方向和范围。

3. 涉案笔迹书写人的范围和方向确定

侦查对象笔迹与可疑信件笔迹是否为一人笔迹,从中发现和掌握侦查对象的去向和行踪。在案件侦查中,通过笔迹提供的线索,可以排查嫌疑对象,加速破案进程。

总之,笔迹鉴定在同形形色色的违法犯罪作斗争的过程中,正在发挥日益重要的作用。在鉴定实践中,它的自身也在不断发展和完善,已经形成了特有的比较科学的理论和方法,并且随着科学技术的进步和发展,正在朝着现代化的方向迈进。

第二节　笔迹鉴定的科学依据

一、笔迹特征的客观反映性

笔迹特征的反映性,是指笔迹能够反映书写人的书写活动特点,暴露书写技能和习惯。书写人所具有得何种的技能、何种习惯,在笔迹中会以相应的形式表现出来。在有意识改变或不利书写条件的影响下,笔迹虽然发生了变化,但也能够反映书写习惯。

(一)书写习惯具有自主性

书写习惯的自主性,是指书写习惯相对于人的主观意识具有独立自主的特性。书写活动是在书写人意识支配下的有意行为,书写技能与习惯在一定程度上受到主观意识的制约。但是,动力定型是一个自动化的反应系统,意识可以启动它、制止它或干扰它,但不能任意摆布它。

1. 注意具有局限性

注意是心理活动对一定事物的指向和集中。它能使人在一定时间清晰地反映一定的事物而离开其他的事物,是为达到一定目的的意志行为不可缺少的条件。对改变笔迹(包括摹仿他人的笔迹)也必须注意。只有集中稳定的注意力,才能注意到已改变的笔迹。注意的心理活动过程本身具有局限性。注意的强度与广度是成反比的。越是集中注意,注意的范围就越小。这样,难免顾此失彼。

2. 书写人的主观意识与书写自动化的矛盾

改变笔迹是书写人的主观愿望,但是书写时不可能做到处处都“意在笔前”。因为书写人改变笔迹的主观意识与书写自动化是一对矛盾。为了便于意识的控制,书写人一般只能放慢书写速度。但是,已成动力定型的自动化活动方式是环环相扣的连锁式的反应系统。相对缓慢的意识活动不可能控制每个环节,而在控制范围以外的部分又按本来的自动化方式进行。

3. 违背习惯的行为方式难以持久

按成为动力定型的活动方式进行书写,对于书写人而言,已经习以为常,因而也就轻松自如,不劳神费力。但是,要有意改变这种习惯化的行为方式,却是很费力的。首先,要扰乱或改变已经存储于记忆中的对字形的视觉表象和对书写活动的动觉表象。其次,要严格控制书写活动过程,尽力防止原有的习惯化的行为方式再现。这是个相当紧张的生理心理活动过程,很难持久。

4. 改变笔迹只能以固有的习惯与技能为基础

人的任何一种新的行为方式都是原有行为方式的发展,即使是一个突兀的动作,也不过是从原有习惯动作或技能基础上变化来的。因此,改变的笔迹一般都是固有习惯的夸张,或者是旧的行为习惯的再现,而且不可能超出书写人的知识与书写技能的限度。

(二)书写习惯具有能动性

书写习惯的能动性,是说书写习惯具有克服不利书写条件的阻碍、干扰,顽强地表现自己的特性。在坐姿、枕腕、右手执笔、纸张上书写等正常条件下形成的书写习惯,一旦遇到条件变化,必然会对书写活动产生一定影响,但是书写人的固有习惯仍能顽强地表现于笔迹之中。

1. 表意的制约作用

书写的目的在于表情达意。在它的制约下,即使遇到不利的书写条件,书写人也必须使写出来的字能够被认读。否则,就失去了书写的意义。书写人要想通过书写活动进行表意,就必须以他的书写技能为基础,按照他的书写习惯完成书写活动。这样,即使在不利的书写条件下,书写人的固有习惯也会反映在笔迹之中。

2. 视觉及其表象的监督校正作用

在正常条件下,熟练书写的视觉监督作用已经减弱。但是在不利的书写条件下,自动化的书写过程受到阻碍与干扰时,视觉及其表象的监督作用立即得到加强,力求达到书写的目的。如发现断笔、写错而进行修改,发现笔迹模糊而进行添描,以及在无法依靠动觉调节的情况下,都是靠视觉及其表象的监督校正来完成书写活动的。视觉监督校正的依据,仍是成为个人书写习惯的有关文字、符号结构形态的表象。

3. 动觉及其表象的调节作用

自动化的正常的书写运动主要靠动觉及其表象调节。在书写条件变化的情况下,如变换书写姿势、书写工具或承受物体时,一开始书写运动可能不适应,但写上几笔、几个字或几行字后,在新条件下保持正常书写运动的动觉信息及其表象的调节功能就会发挥作用,使新条件下的书写运动得以正常进行。而且,仍能反映书写人的固有习惯。

4. 大脑机能的整体协同作用

在正常情况下,书写活动由右手执笔完成,言语活动中枢在大脑左半球。但是,书写运动并不是言语中枢孤立作用的结果,大脑的整体协同功能在其中起重要的作用。实践中有左手字、叼笔字、脚写字,改变了执笔的肢体。由于大脑与身体各部分是相互联系的整体,具有协同补偿功能,因而,通过右手进行书写练习形成的书写技能与习惯,可以不同程度地迁移到左手、脚和嘴上来。迁移后的技能仍能保留着某些固有的习惯。

由于书写习惯具有自主性和能动性,不仅在正常的书写过程中笔迹可以反映书写习惯,而且在非正常的书写活动中书写人固有的技能习惯,也必然通过笔迹表现出来。因此,笔迹的反映性为笔迹鉴定奠定了物质基础。

二、笔迹特征的自身同一性

笔迹的自身同一性,是指同一个人在不同时间、地点形成的笔迹都保持着基本特征，其自身存在同一关系的属性。但是，笔迹的自身同一不是绝对的等同，而是包含自身差别的同一。

（一）书写习惯具有可变性

书写技能与习惯的形成是以大脑皮层有关中枢间的暂时联系为基础的。这种暂时联系既可强化、巩固，也可因退化、消失而中断，被新的暂时联系所代替。这就决定了书写习惯与技能具有一定的可变性。

1. 书写技能的变化

书写技能是一种行为能力，它不可能停留在一个水平上始终不变。从初学、提高到基本定型是由低向高发展的趋势。特别是从初学阶段到提高阶段的变化尤其显著。有些人还在单一书体的书写技能的基础上，学会或熟练地掌握了其他书体的书写能力，从而使书写技能从单一发展为多样。当书写技能转入以用为主阶段，书写动力定型全面形成，书写技能进入相对稳定期。一旦机体功能出现障碍或发生衰退，书写技能就会出现由高向低的退化。因身体疾患引起的机体功能障碍出现的退化是暂时性的；因年老体衰出现的机体功能衰退造成的退化是永久性的，而且退化现象会日趋严重。退化时期的笔迹，常常表现出结构松散、字形增大；错别字增多或时正时误；运笔生涩、呆板、无力等特点。

2. 书写习惯的部分改变

由于语言文字的发展，社会和职业需求的变化，人们为适应新的交际环境，不得不对原有某些书写技能加以充实和改善，从而促使个人书写习惯的某些特征随之发生变化更替。书写习惯局部特征的更替现象，在不同人身上都不同程度地存在。但是发生的时间不固定，而且在同一时间内只有少量特征发生变化，其余特征是不变的。书写技能与习惯的发展演变是个渐进的过程，只有经过较长时期才能看出这种变化。

（二）书写习惯具有稳定性

书写习惯的稳定性，是指书写习惯在长期的发展演变过程中，能保持基本特征不变的特性。尽管只是相对稳定，但也给我们认识它提供了可利用的条件。

1. 书写动力定型的守常性。人们书写动力定型的形成是个相当复杂的过程。既有先天的机制，又是反复训练的结果。一旦形成，再变就比较困难了。所以，书写动力定型具有较明显的因循守旧的特性，特别是习惯性很强的书写动作体系很难发生根本性改变。书写习惯是以书写动力定型为生理基础的，受书写动力定型守常性的牵制，书写习惯也就必然具有稳定性。

2. 语言文字社会规范与规则变化的缓慢性。语言文字作为交际工具，在其产生和使用过程中，必须形成一定的规范与规则。随着社会的进步和发展，语言文字的社会规范与规则也在变化，但却是相当缓慢的；书写习惯是在学习和运用语言文字的过程中形成的，它必然受所理解和掌握的语言文字、社会规范与规则的制约。而且，一旦形成习惯，语言文字、社会规范与规则再发生变化,还往往受到个人书写习惯的抵制。可见,人的书写习惯具有更强的稳定性。

综上所述,书写习惯在长期的渐变过程中,具有相对的稳定性。书写习惯的相对稳定性,决定了一个人不同时期形成的笔迹虽有差别,但其基本特征不变,仍旧保持着自身同一关系。可见,笔迹的自身同一性构成笔迹鉴定的基本条件。

三、笔迹特征的总体特殊性

笔迹的总体特殊性,是指每个人的笔迹特征总和各不相同的属性。不同人笔迹的差别,不可能是每个字、每个具体特征都不相同,而只能在笔迹总体或特征总和上各不相同。

(一)书写习惯具有特殊性

1. 不同人素质的差别

书写习惯的形成,直接与个人的生理、心理活动特点有关。不同人的生理、心理活动特点不完全相同,如感官能力、中枢神经系统功能、骨骼肌腱的发育状况和细微结构、内分泌系统的功能,以及心理活动过程和个性心理特征就存在差别。不同人素质的这些差别,是形成书写习惯特殊性的内在原因。

2. 外界影响的差别

书写技能是在一定的客观条件下,经过学习训练和反复的书写实践,才掌握起来并养成习惯的。与人们的书写行为相关的外界影响因素是错综复杂的。最初是受家庭的影响不同,然后是学校教育质量高低、训练严格与否,受教育时间的长短,以及受教育的时代与教育的性质不同,对人的影响也不同。人们生活与工作的语言环境,如不同的地区、行业,以及不同的阶层对书面交际的不同要求,也造就了书写习惯的不同特点。个人经历的千差万别,更加促进了书写技能与习惯的分化。因此,外界影响的不同,也是造成书写习惯特殊性的重要原因。

(二)书写习惯具有共同性

1. 社会规范与规则的约束

人们进行书写技能的学习训练,都是从掌握语言文字的社会规范与规则开始的。在书面交际过程中,要按规范与规则的要求进行书写活动。这样,对不同人书写习惯的形成和发展,就起到了共同的引导和约束作用。结果是塑造了不同人书写习惯的共同性。通过对字的基本写法和笔顺的抽样统计,发现符合规范的写法和笔顺是大多数人的特点,说明语言文字社会规范与规则的约束作用,是形成书写习惯共同性的主要原因。

2. 共同的教育与交际环境的影响

人们在社会生活中形成了广泛的联系,同学、同事、亲友接受共同的教育,在相同岗位或行业内工作,处于同一社会阶层,在书写活动中除遵从语言文字的社会规范与规则外,还要受到他们共同学习和工作环境内某些约定俗成的"规则"的影响。例如,在一定区域内人们普遍使用的方言词语和习俗简化字,一定行业的人们习惯使用的职业性词语、职业字和符号等,就是这种影响的表现。可见,共同的教育与交际环境的影响,也会形成某些人书写习惯的共同点。

由于书写习惯具有共同性与特殊性的双重属性,决定了不同人的笔迹特征既有符合性又有差异性,而特征总和则各不相同。因此,笔迹总体特殊性成为笔迹鉴定的鉴别根据。

第三节 笔迹特征

笔迹特征是个人书写习惯特性表现在笔迹中的各种征象,是区别于其他人书写的显著的征象或标志。笔迹特征包括概貌特征、整体布局特征、搭配比例特征、笔顺特征、运笔特征、笔痕特征等。笔迹特征,可以从笔迹材料的整体到局部,从种类到细节中去发现。

一、概貌特征

概貌特征是笔迹全貌所表现的特征,它包括书写水平特征、字形特征、字体特征和字的大小特征等。

(一)书写水平特征

书写水平是个人书写活动中表现出来的书写技能高低。人们的书写技能高低不同,形成了不同书写水平的笔迹。书写水平高低一般体现在如下三个方面:一是运笔是否流利,起收笔、运行是否有适度;二是字的结构是否严谨,搭配比例是否适当;三是全篇字的大小、间隔、布局是否适称。书写水平高的笔迹,表现在运笔自然流利,字的结构严谨,笔画或偏旁间搭配比例合理,全篇文字的书写格式和布局安排适当。书写水平低的笔迹运笔生涩、呆板,结构松散,搭配比例失当,全篇文字的大小、间隔不等,布局零乱。中等书写水平,即间介于书写水平高与底中间,运笔比较流利,字的结构比较严谨,笔画或偏旁间搭配比例比较合理,全篇文字的布局安排比较适当,如图 10-2 所示。

个人书写水平的高低,取决于个体书写活动的认知、理解和长期学习训练实践。书写水平的提高需书写人经过长期学习训练。一个书写水平低的人不可能在很短的时间内变成高水平的书写人。因此,当嫌疑人笔迹的书写水平明显低于物证笔迹时,可以作为否定嫌疑人的重要根据。值得注意的是,当物证笔迹水平低,样本笔迹水平高时,则应作具体分析。因为故意伪装和书写条件的变化,可降低物证笔迹的书写水平;物证笔迹是多年前的笔迹,也可能低于现在的样本笔迹的书写水平。

图 10－2　书写水平特征

(二)字形特征

字形特征,是指个人书写文字的形态特点。人们在长期的书写实践中,逐渐形成了具有个人特点的习惯字形。从类型上看,主要有方形(汉字的规范字形)、长形、扁形、圆形和斜形等。不仅汉字有不同的字形,其他符号包括阿拉伯数字也存在不同的字形,如倾斜的方向和角度变化所形成的不同字形,如图 10－3 所示。

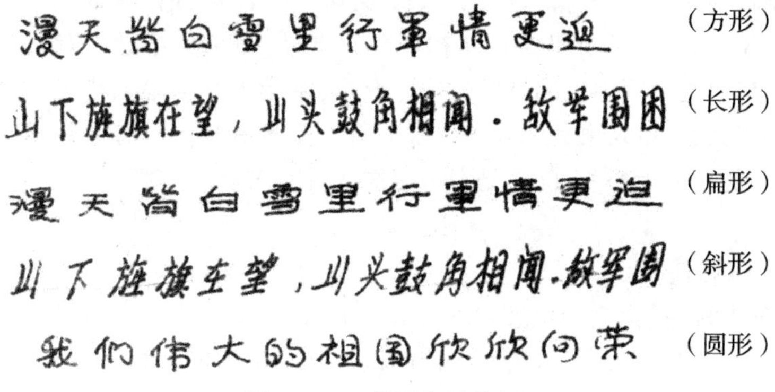

图 10－3　书写字形特征

(三)字体特征

字体,是指同一种文字的各种不同的书体,如真、草、隶、篆等。汉字字体演变经历了从甲骨文、篆书、隶书、草书、行书、楷书过程,如图 10－4 所示。近代又在隶书和楷书的基础上发展出宋体、仿宋体、黑体、新魏体等。从书法角度,毛笔书法可分为欧、颜、柳、赵、苏、黄、米、蔡等体,它们也各有不同的特点。

字体特征,是指个人书写文字的形体特点。能写出一种或几种符合规范的字体,是为数不多的人所具有的特殊技能。在笔迹鉴定中接触这类人的笔迹的情况不多。多数人书写的是慢写类似楷书、快写类似行草的自由体,或称“随手字”。在笔迹鉴定实践中,从书写字体符合规范者笔迹中易找到其平时书写的同体字样本,并且易划定嫌疑范围。而书写字体不符合规范者笔迹中易暴露其自身的书写习惯。

（a）甲骨文　（b）篆书　（c）隶书　（d）草书

图 10－4　书写字体特征

(四)字的大小特征

字的大小,是指字的几何尺寸大小,即字的长度度和宽度。对通篇文硬笔书写字而言,又长又宽者为大字,一般长、宽大于 1cm;又短又窄者为小字,通常长、宽小于 0.5cm。长、宽介于 0.5～1cm 字为标准字。除初学写字者外,写字大小适中者居多。爱写大字还是爱写小字,也是书写习惯的重要表现。但是,字的大小与笔的种类、执笔位置高低、字数多少、纸张大小,以及书写人是否追求醒目等因素有关。只有那些不受字数多少和纸幅大小限制的字的大小特征,才是书写习惯的真实表现。

二、整体布局特征

所谓局部安排,是指全篇笔迹中某些部分的安排位置和书写格式。每种文体都有书写格式上的规范和要求,但是由于人们的认识和理解不同,也就形成了书写格式上的某些个人习惯特征。它包括以下具体特征:

(一)字行的方向与形态

字行的方向,是指整行字的走向。现行规范是自左而右横行书写的。在没有线的书写载体上书写书写字迹的走向,既表现规范化水平,又表现个人习惯倾向。水平高的字行,始终保持垂直或平行。字行形态特征一般分为:

1. 水平或垂直行列

即横行书写保持水平状态。字行书写保持垂直状态。

2. 上扬或下垂行列

即行列不同程度的向右上方或向右下方倾斜。竖行书写向左或向右倾斜。

3. 不规则行列

即忽高忽低,或左或右,表现不一。不规则的行列也必然影响行距的疏密,其原因除可能的环境影响外，主要还是书写人的视觉矫正因素有关。如写完第一行后察觉行列倾斜，在书写第二行时则可能进行矫正。因为一般情况下字行的倾斜不是书写人的故意行为，如图 10－5 所示。

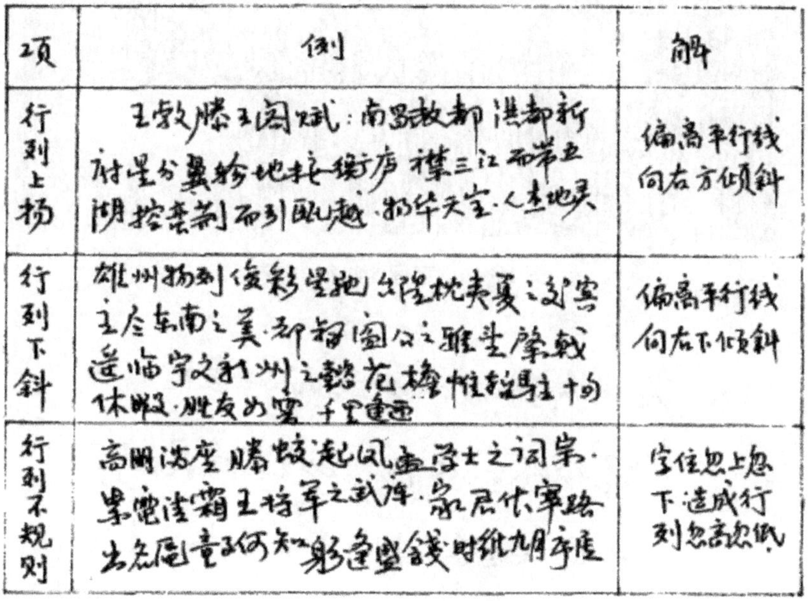

图 10－5　书写字行的方向与形态特征

（二）字间、行间关系

字间与行间间隔，是指字与字、行与行之间的相对距离。在书写中，有的人习惯距离较近，有的人则习惯距离较远，还有的人习惯字间距离近，行间距离远。就一般情况而言，字间间隔平均大于半个字、行间间隔大于一个字的为间隔松散，小于这种间隔的为紧密，如图 10－6 所示。

字间、行间间隔的个人特点，在没有格线约束的纸张上书写，表现得最为充分。但是也有的人即使有格线也不受其约束，他们的字间与行间距离的安排习惯仍会暴露出来，如图 10－6 至图 10－8 所示。

字间组合，是指词或词组中的各个字之间的大小比例及配置关系方面的特点。这类特征常常出现在一些较为固定的词语中，如签名、常用词和数字等。由于这些字经常组合在一起使用，尤其是个人签名，一旦形成固定的样式便会成为不可分割的整体，它们之间的位置远近、大小比例和搭配关系，就体现出个人的习惯。

图 10－6　字间距特征（密集）

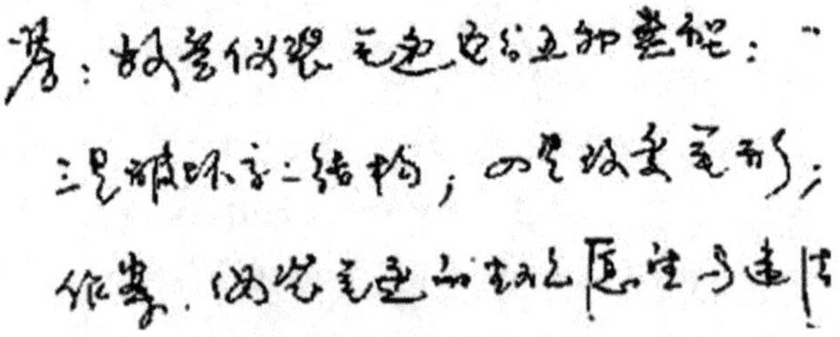

图 10－7　行间距特征（宽）

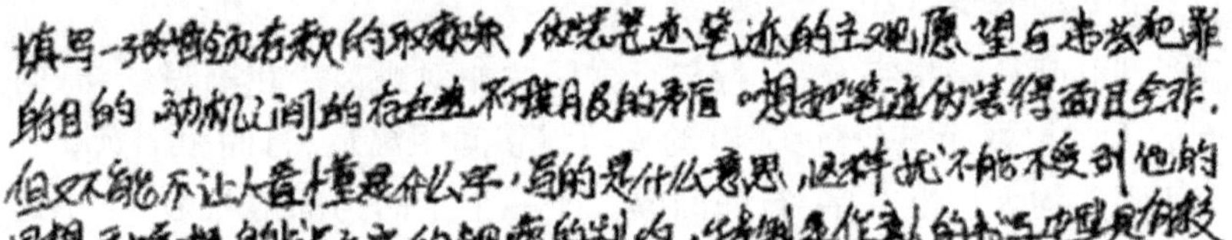

图 10－8　行间距特征（适中）

（三）字行与格线的位置关系

字行与格线的关系，是指字行与纸张格线之间的位置关系。在有格线的纸张上书写，多数人习惯把字写在两条格线中间的空白处，少数人“骑”在格线上书写，也有的不按格线随意书写。有的习惯在支票、取款条、单据和账页之类专用纸张上书写阿拉伯数字，有的习惯按格线充满书写，有的则靠上或靠下、偏左或偏右书写，如图 10－9 所示。

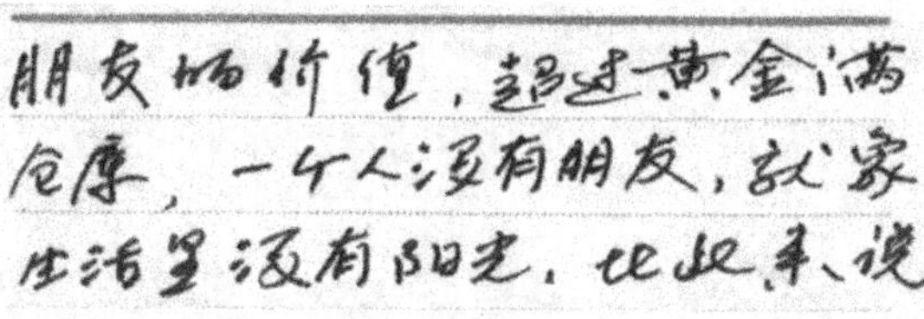

(a)适中格线

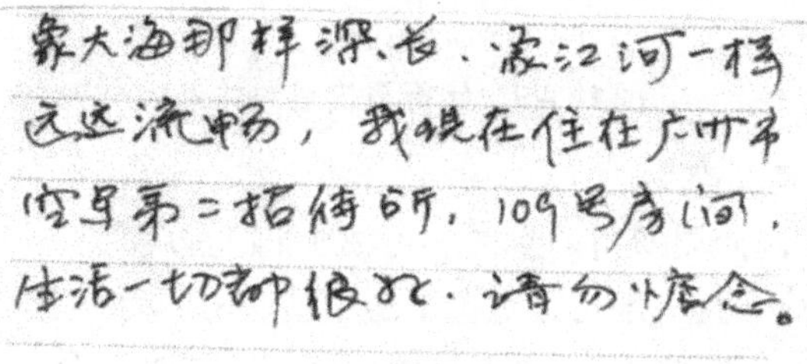

(b)靠上格线

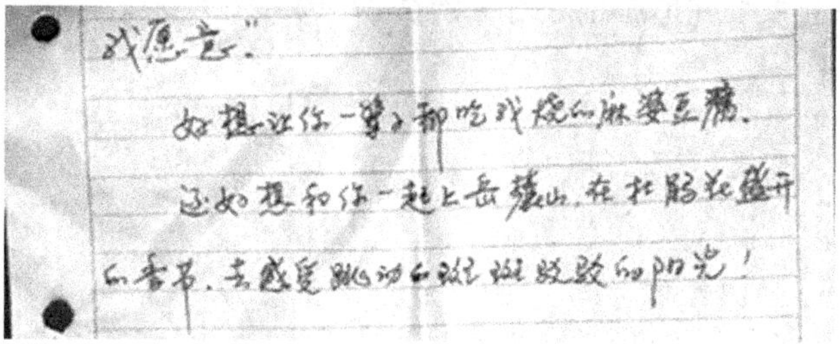

(c)靠下格线

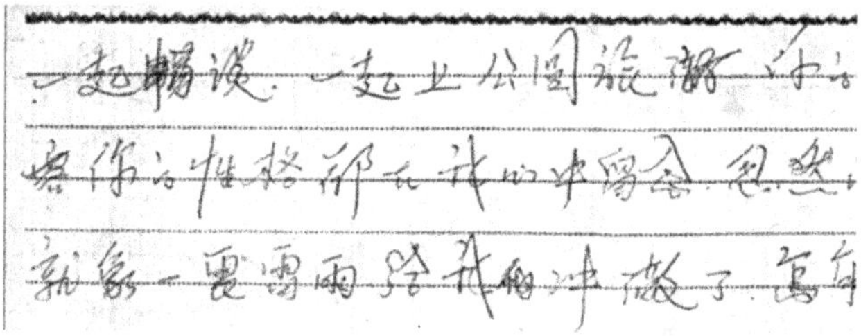

(d)压格线

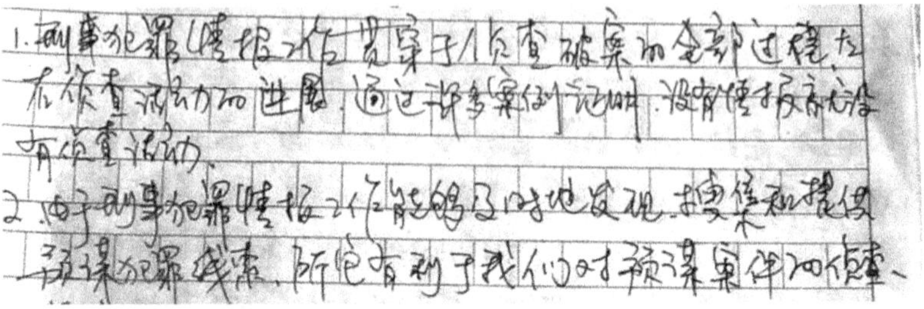

(e)自由式字行

图 10－9　字行与格线的关系

(四)页边的大小与形态

页边,是指整篇笔迹四周所留的空白。习惯上将上边称“天头”,下边称“地脚”,两边称左边、右边。所留页边,一般上边宽些下边窄些,左边宽些右边窄些或左右相等。但是,在无印刷格线的纸张上书写,有的人只留“天头”,不留其余三边;有的人留“天头”“地脚”,不留左右两边;有的人只留左边,不留其余三边;有的人满纸书写,不留页边。即使留页边,页边的大小和形态也有所区别,如图 10－10 所示。

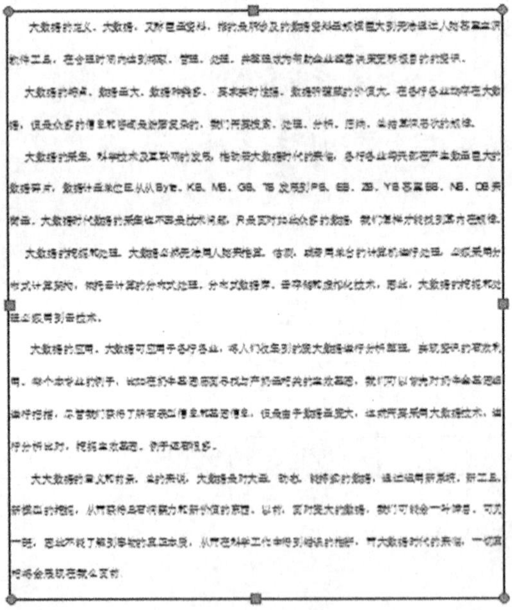

(a)无页边

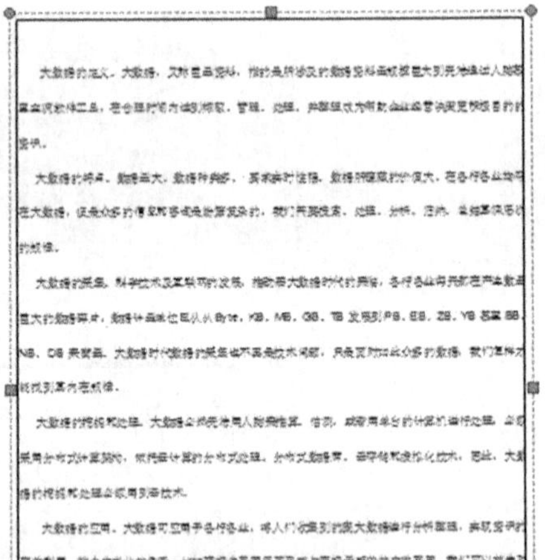

(b)上、下留页边

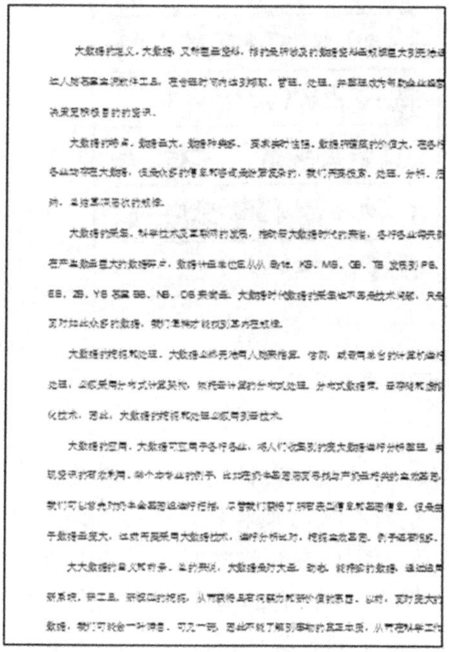

（c）左、上留页边

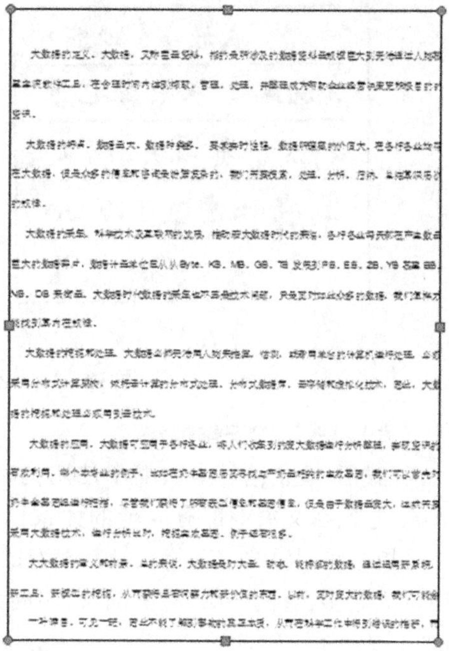

（d）上留页边

图 10－10　页边大小

（五）分段开头的位置

出于表达的需要，对于篇幅较长、内容较多的文字材料，都要分出层次段落。分段开头的位置，按规范要求应空出两个字位，即所谓缩头。有的人分段不留缩头，有的甚至还“伸头”。即使同是缩头，有的只缩一个字，有的缩三五个字。这样，就形成了不同人的分段开头的位置特征，如图 10－11 所示。

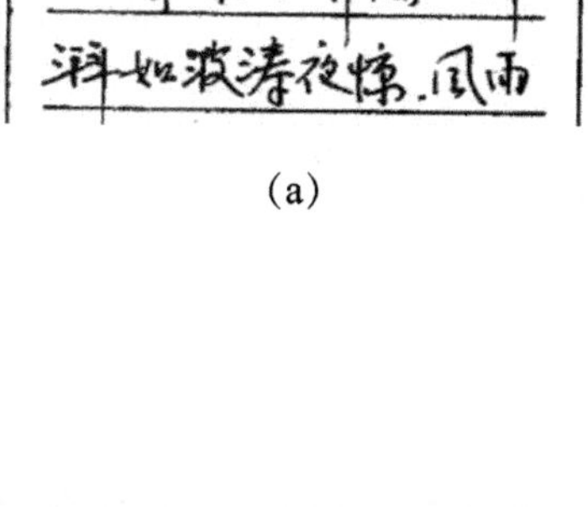

（a）

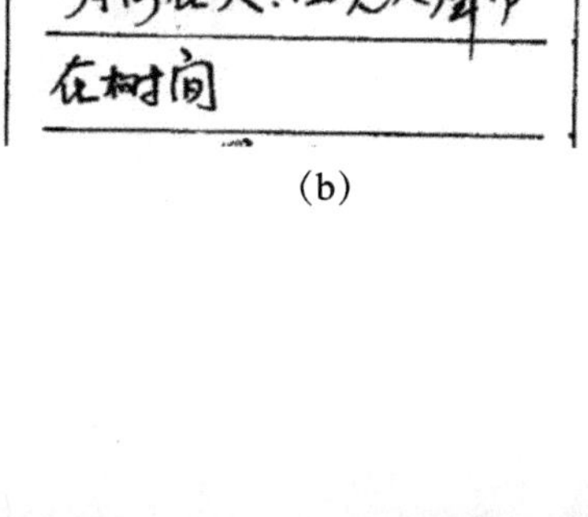

（b）

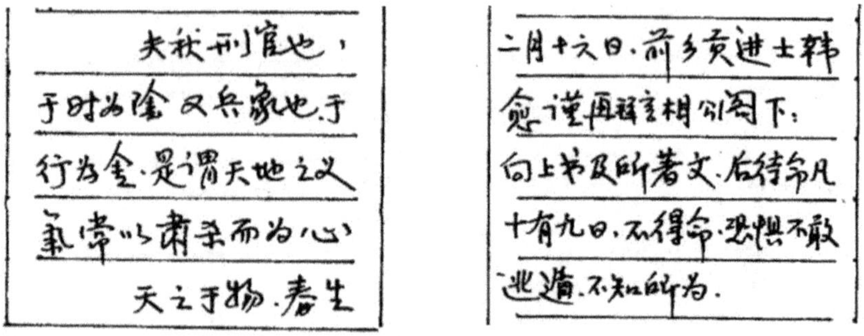

（c）　　　　（d）

图 10－11　不同分段开头的位置

（六）程式语的安排位置

程式语，是指信件类文书中使用的称呼、问候、祝颂、署名、日期等一些较为固定的词语。它们在文书中都有规范的大致位置，但是也有个人习惯和特点。程式语安排特征，是指这些词语的书写格式及其相对的位置关系。例如，在写称呼时，“抬头”（单独一行）的人较多，有的伸头，有的缩头；写问候语有的另起一行，有的写在称呼之后；祝颂语有的分成两行，有的写成一行，而且安排位置也各有不同。此外，就署名和日期的位置安排和书写格式而言，不同的人也会表现出各自的特点，如图 10－12 所示。

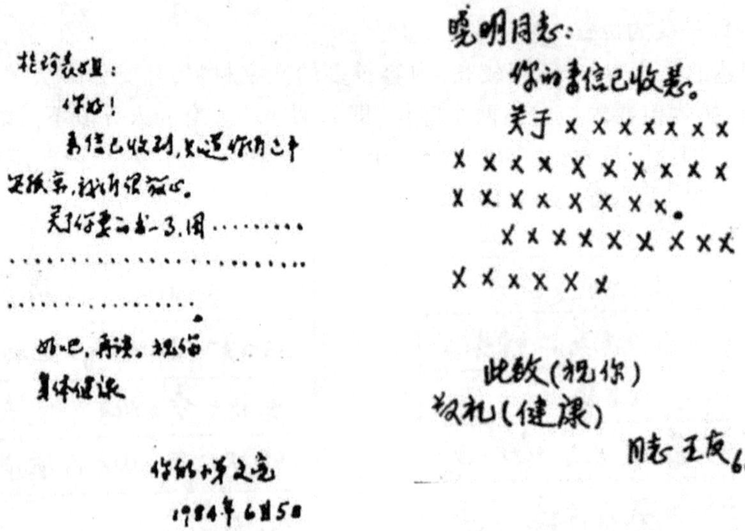

（a）　　　　（b）

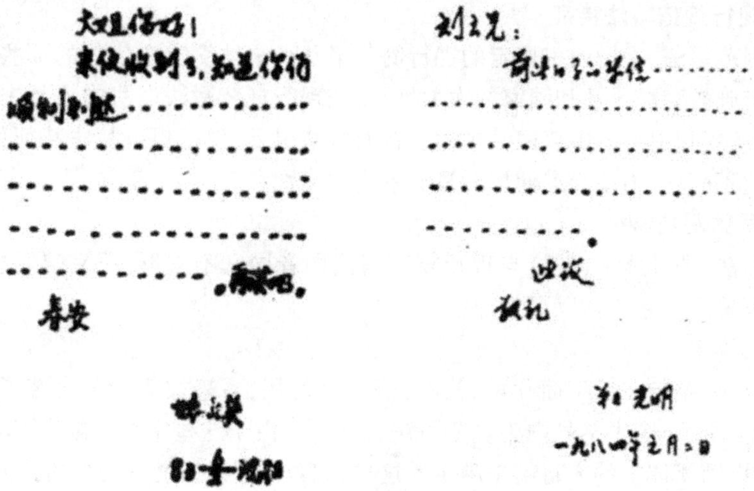

(c)　　　　　　　　(d)

图 10－12　程序语的安排位置

(七)页码的位置

在篇幅长、页数多的文字材料中,一般都要编出页码。除纸上有印刷的页码位置外,有些人习惯在纸页的左上角编页码,有些人习惯在右下角编页码,等等。这样,就形成了不同人的页码位置安排特征。

三、写法特征

所谓写法,主要是指文字的写法,也包括其他符号的写法。字的写法,是指字的基本构成成分和结构方式。汉字的结构复杂,形体多样。同一个字在不同人的笔迹中有不同的写法,同一个字在同一个人的笔迹中有时也会有不同的写法,形成了不同的写法特征。同一个汉字,当构成成分不同时有两种不同写法,如图 10－13(a)所示;当构成成分一样,结构形式不同时属于不同写法,如图 1－13(b)所示。

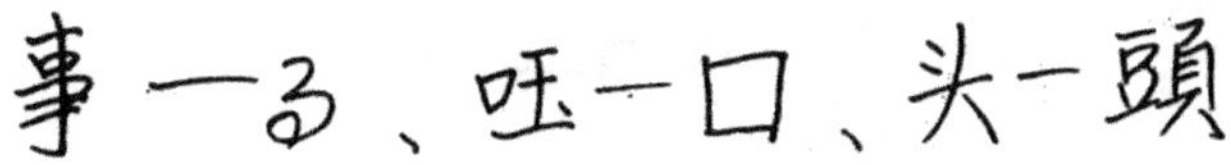

(a)同一个字,构成成分不同

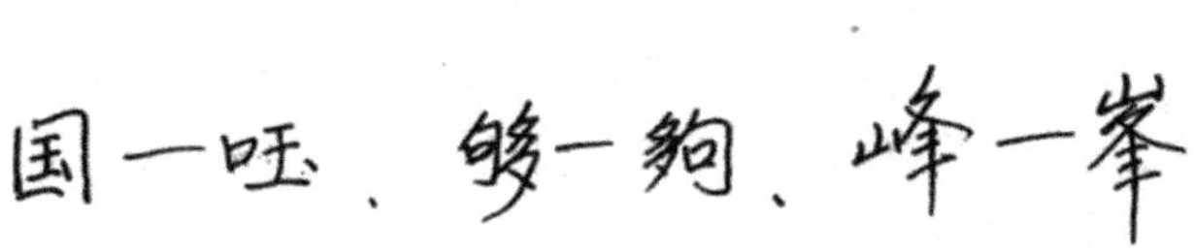

(b)构成成分一样结构形式不同

图 10－13　不同写法特征

(一)现行规范写法特征

现行规范写法,是指国家规定的现行简化字及尚未被简化字代替的那些通用汉字。由于正规基础教育的普及和国家的大力推行,按现行规范写法书写的人越来越多,特别是在少年、青年和中年人中普遍性更大。在通常情况下,现行规范写法特征作为符合点使用时价值不高,作为差异点使用时具有一定的鉴别意义。

(二)异体写法特征

异体写法,即异体字,是指与现行规范写法同音同义不同形,而又曾经被社会规范所承认的那些字。它包括以下几种:

1. 原繁体字

原繁体字,是指在汉字简化前曾作为规范字使用,后来被简化字代替了的那些字,如图 10－14 所示(图中括号内为规范写法,下同)。由于这些字结构复杂、笔画繁多,不易书写,所以写繁体字的人将越来越少。这样,原繁体字特征就有较高的价值。

夜 [亱]
燁 [爗]
yi
翳 [瞖]
异 [異]
咿 [吚]
移 [迻]
以 [㕥㠯]
yin
因 [囙]
殷 [慇]
飲 [㱃]
淫 [婬滛]
喑 [瘖]
堙 [陻]
陰 [隂]

吟 [唫]
蔭 [廕]
姻 [婣]
ying
罌 [甖]
穎 [頴]
映 [暎]
鶯 [鸎]
yong
咏 [詠]
涌 [湧]
恿 [慂惥]
雍 [雝]
you
游 [遊]
yu

寓 [庽]
欲 [慾]
逾 [踰]
愈 [瘉癒]
鬱 [欝鬰]
yuan
冤 [寃寃]
猿 [猨蝯]
yue
岳 [嶽]
yun
韵 [韻]
Z
za
雜 [襍]
匝 [帀]

zai
灾 [災烖菑]
再 [再再]
zan
咱 [喒噆偺
偺]
贊 [賛讚]
簪 [篸]
暂 [蹔]
zang
葬 [塟塟]
zao
唣 [唕]
糟 [蹧]
噪 [譟]
皂 [皁]

图 10－14　原繁体字实例

2. 旧异体字

旧异体字,是指汉字改革前同当时的正体字并存、通用,后来在异体字整理时被停止使用的那些字,如图 10－15 所示。这类字基本被淘汰,使用的人越来越少。但是,不同的异体字出现率相差却比较大,有的异体字书写还相当普遍,有些异体字现已基本绝迹,所以同是异体字,其特征价值也有差别。

國（国）	應（应）	從（从）
擁（拥）	驚（惊）	膚（肤）
態（太）	護（护）	纔（才）
繼（继）	奮（奋）	發（发）

图 10－15 旧异体字举例

3. 曾用简化字

曾用简化字，是指国家 1977 年 12 月 20 日公布的《第二次汉字简化方案》（第一表）中所列的 248 个汉字，如图 10－16 所示。它们作为规范字试行一年后被废止，受其影响比较大的主要是当时在校学习的中小学生。但是，曾用简化字中的很多字在《第二次汉字简化方案》公布以前，就已经是某些地区普遍流传的习俗简化字。在评断该特征的价值时，要作具体分析。

国家规定现行简化字及尚未被简化字代替部分通用汉字。

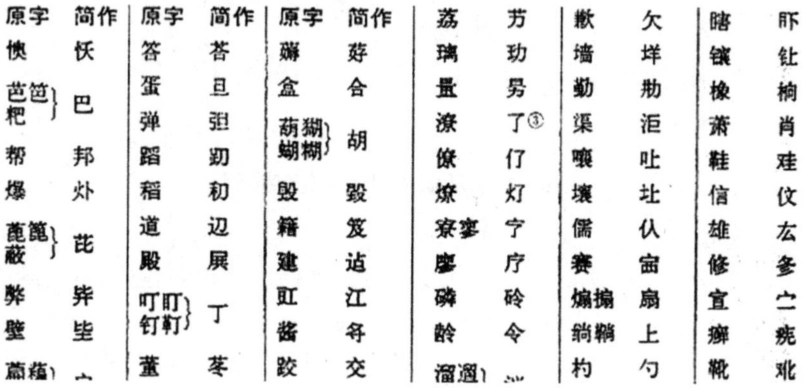

图 10－16 第二次简化字举例（1977 年 12 月）

（三）习俗简化写法特征

习俗简化写法，是在一定范围内流传使用的非规范简化字。其特点是字的结构简单、字形简化。它们可分为两类：

1. 地区性习俗简化字

地区性习俗简化字主要在某个或某几个地区内流传使用，而且常常与一定地区的方音有关，如图 10－17 所示。

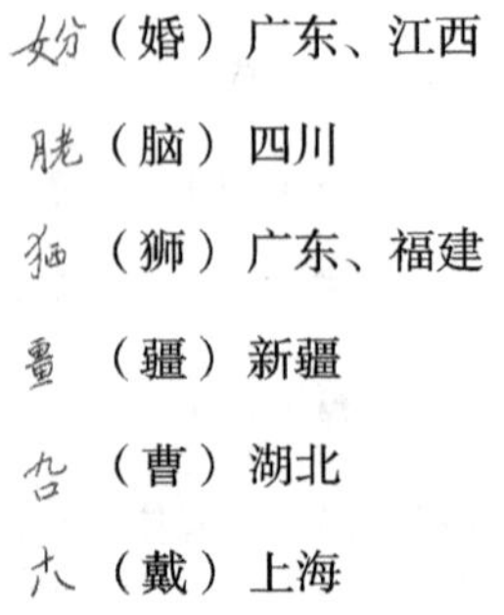

图 10－17　地区性简化字

2. 职业性习俗简化字

职业性习俗简化字，是从事某种职业的人，对其使用频率较高的字，为方便书写而自行简化的写法，如图 10－18 所示。习俗简化写法，因其不规范，一般来说特征价值较高。但是评断时，要考虑它在涉嫌范围内出现率的高低。

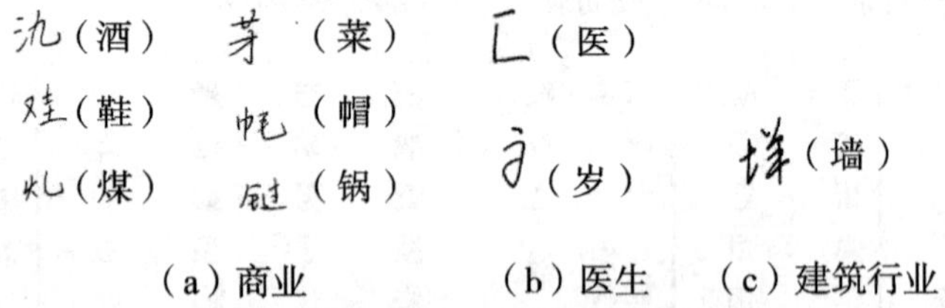

图 10－18　职业性习俗简化字举例

（四）行草写法

行书和草书是汉字发展演变过程中形成的两种书体。它们各成一体，既有区别又有联系，如图 10－19 所示。在日常书写中，能按规范的行书和草书书写的人不多。多数人书写的是似行草而又不规范的连笔字，从特征的角度看，它们反映的个人的习惯和特点可能更多。

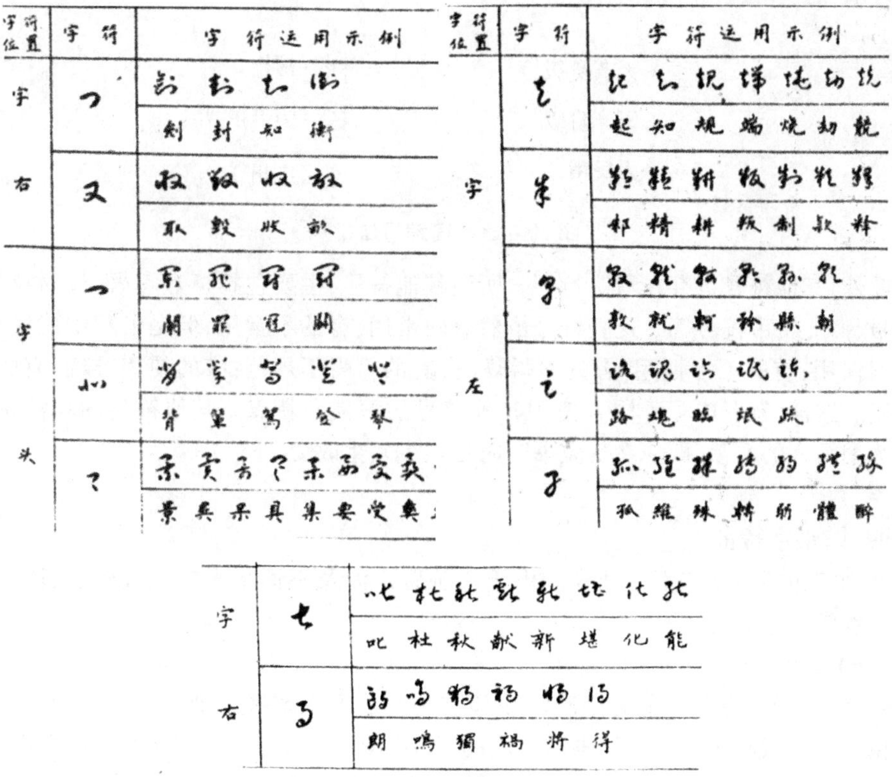

图 10－19　部分行草写法

(五)外来写法

一些非规范外来写法,见图 10－20 所示。

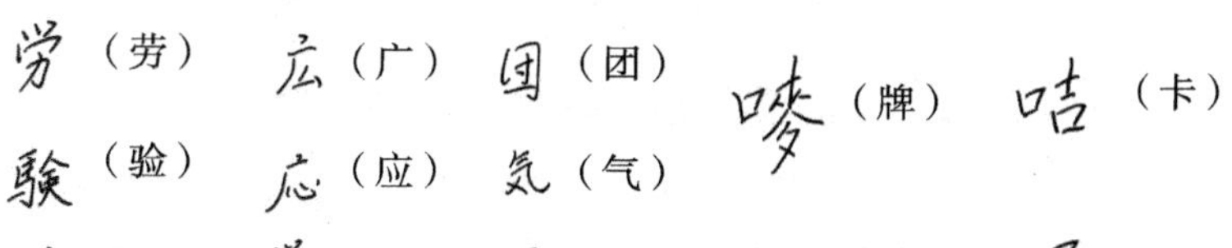

图 10－20　外来写法

(六)简缩写法

简缩写法,是指把一个词或词组拼组成一个“字”的特殊写法,如图 10－21 所示。它具有速记的功能,但是又不同于速记符号。它只出现在经常使用的某些固定词语中。这类字有的使用范围广,有的仅局限于某个行业内。评断简缩写法特征的价值,要结合涉嫌范围和具体案件情况综合考虑。

图 10－21　简缩写法举例

此外，其他符号也存在写法特征。所谓其他符号，主要包括标点符号、校对符号、科技符号、商业货币符号等。这些符号虽然有的常用，有的不常用，但是书写中确实存在。有的习惯用，有的不习惯用；有的写得规范，有的写得不规范；有的使用准确，有的使用不准确。这样，就形成了不同人使用其他符号的习惯和特点。其他符号的写法特征一旦成为书写人的习惯，即使在伪装书写时也很少发生改变。

四、错别字特征

错别字包括错字和别字两类。由于笔迹鉴定涉及中低水平的笔迹较多，所以错别字也是经常使用的特征。

（一）错字

错字，是指书写人对字的正确写法和结构不了解或掌握不准而写错的字。有些错字是由于增加或减少了个别笔画而形成的，如图 10－22 所示；有些错字是因错配偏旁和结构颠倒而形成的，如图 10－23 所示；还有一些错字是书写过程中受上下字的影响而写错字，如图 10－24 所示。

图 10－22　笔画增减

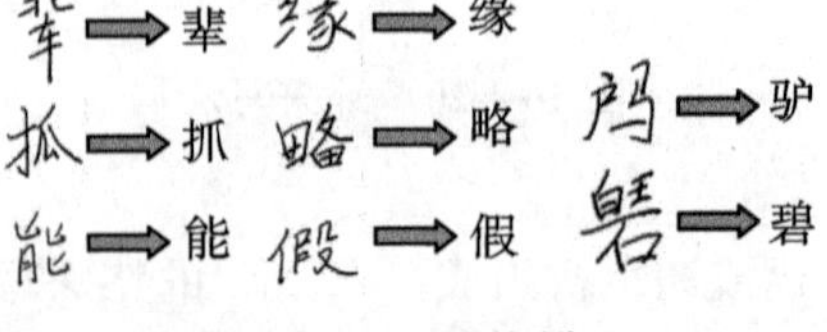

图 10－23　结构错误

错字特征在笔迹鉴定中具有较高价值。第一,具有较强的稳定性。由于书写人习惯把某个字或某些字写错,在他还没有意识到是错字以前是不可能改正的。第二,具有较强的特殊性。因为错字在人们书写中的出现率本来就比较低,而错在哪些字、哪个部位,更是人各有别。

1. 笔画的增减,如图 1－24 所示。

2. 结构错误,如图 1－23 所示。

3. 受上下字影响,如图 10－24 所示。

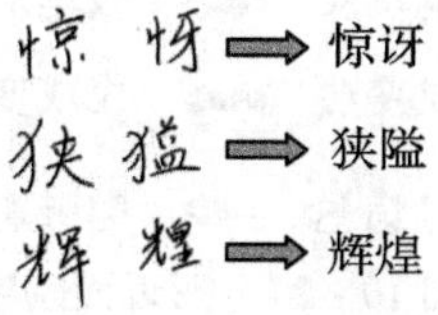

图 10－24　受上下字影响

(二)别字

别字是结构没错,只是用错了的字,即通常所说的"白"字。从形成别字的原因上划分,别字可分为同音别字(含方音别字)、形近别字、义近别字。别字特征也是出现频率较低的特征,如图 10－25 至图 10－28 所示。但是文化水平不高的人都可能出现别字,而且一般都是用会写的字代替不会写的、简单的代替繁难的、常用的代替生僻的。这样,不同的人就难免书写相同的别字。所以,相比之下,别字特征不如错字特征的价值高。

笔迹鉴定中接触的错别字,其实分为三种:一种是偶然笔误形成的错别字;另一种是故意伪装书写的错别字;还有一种才是习惯性的错别字。只有习惯性的错别字,才是笔迹鉴定中经常使用的错别字特征。

1. 音近而别,如图 1－25 所示。

图 10－25　音近而别字

2. 义近而别,如图 10－26 所示。

分至踏来 → 纷至踏来

供献 → 贡献

坚绝 → 坚决

光茫万道 → 光芒万道

图 10－26　义近而别字

3. 形近而别，如图 10－27 所示。

投笔从戍 → 投笔从戎

戌戍变法 → 戊戌变法

魑魅魍魉 → 魑魅魍魉

图 10－27　形近而别字

4. 受上下字影响，如图 10－28 所示。

图 10－28　受上下字影响

五、搭配比例特征

搭配比例，是指笔画或偏旁之间的相对位置和大小关系。不同的人写同一个字，往往由于笔画或偏旁之间的相对关系不同，形成了不同的搭配比例特征。它由搭配和比例两类特征组成。

（一）搭配特征

搭配特征，是指笔画或偏旁之间的交接部位及相对位置的高低、远近方面的特征。表现为：

1. 笔画的交接位置

字的笔画之间存在交叉或搭接关系。不同的人写字常常在笔画交接位置上表现出不同的特征，如图 10－29 所示。

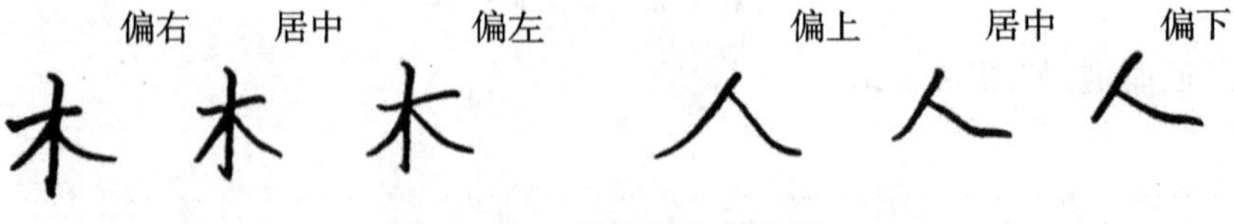

图 10－29　笔画的交接位置

2. 邻位笔画的距离

字的邻位笔画之间存在一定的相互关系。但是不同人写字时相邻笔画的距离却不尽相同,存在位置远近的差别,表现出不同的邻位笔画关系,如图 10 - 30 所示。

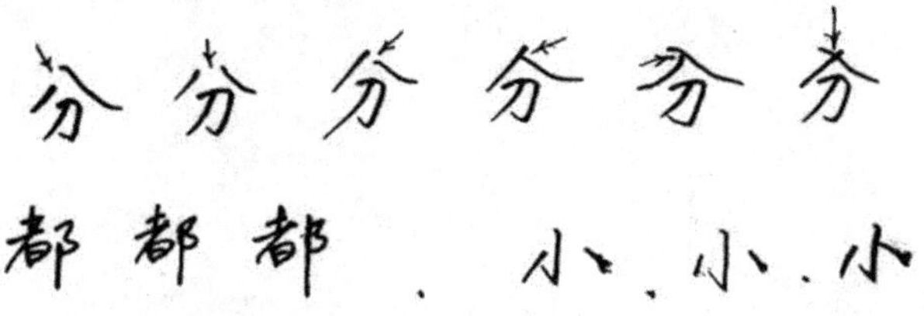

图 10 - 30　邻位笔画的距离

3. 偏旁之间的位置

字的偏旁之间都有一定的位置关系。但是不同人书写时,在偏旁之间的位置高低、远近上表现出一定的差别,如图 10 - 31 所示。

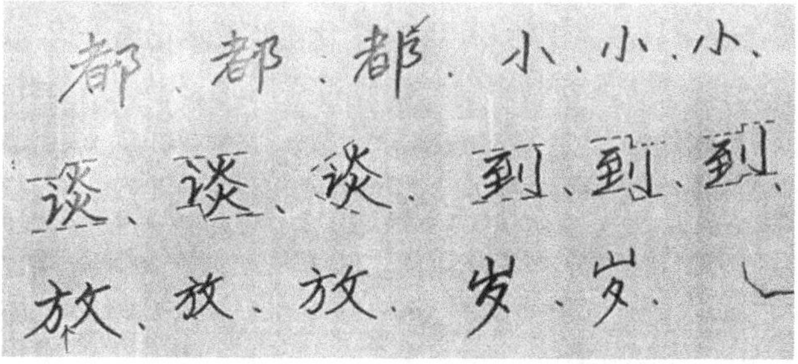

图 10 - 31　偏旁之间的配置关系

(二)比例特征

比例特征,是指笔画或偏旁之间的大小、长短、宽窄的比例关系。表现在两个方面:

1. 笔画的长短比例。同一个字,不同的人书写,字的笔画之间的长短比例关系常常是不同的,如图 10 - 32 所示。

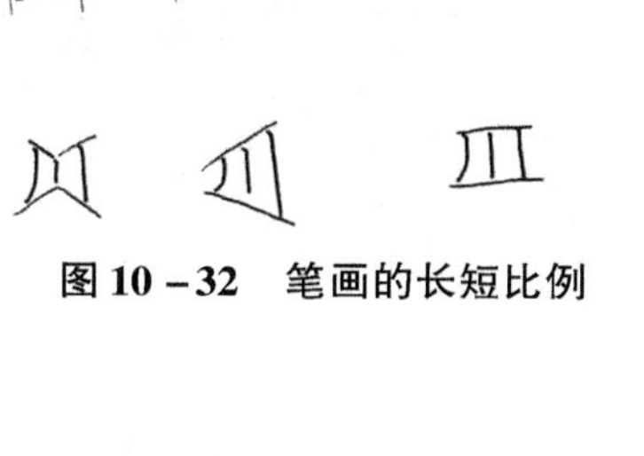

图 10 - 32　笔画的长短比例

2. 偏旁之间的大小、宽窄比例。字的各个偏旁在字中各占多大的位置，虽有大致规则，但不严格。于是，形成了字的偏旁之间的大小、宽窄比例的不同，如图 10－33 所示。

图 10－33 偏旁之间的大小、宽窄比例

搭配比例特征是笔迹鉴定中经常使用的一类特征。只要书写两画以上的字，就存在搭配比例关系。但是，它虽然分布很广但塑性也比较高。不仅书写条件的变化和书写入的故意伪装可导致某些搭配比例关系的变化，即使是正常先后书写的同一个字也不可能分毫不差。因此，在选择和使用搭配比例特征时，应从实际出发，或注意搭配比例的细节，或把握其大体的搭配比例关系。

六、笔顺特征

笔顺，是指用笔画或偏旁组合成字时的书写顺序，包括笔画的先后书写顺序和字的偏旁或组成部分之间的先后顺序。

（一）笔顺的分类

按笔顺规则和出现率高低划分，笔顺可分为三类：

1. 规范笔顺

规范笔顺，是指按笔顺规则书写的笔顺。按规范笔顺书写符合书写运动规律，写出的字结构适称，运笔也比较顺畅，也是多数人写字的共同特点。因此，在笔迹鉴定中，作为符合点使用，规范笔顺的价值不高。

2. 通用笔顺

由于汉字比较复杂，有些字或偏旁的笔顺难以用笔顺规则一一界定。加之受行草体写法的影响，有些非规范笔顺也不为错，而且在人们的笔迹中出现率并不很低，我们把这类笔顺称为通用笔顺，如图 10－34 所示。通用笔顺特征的价值，要比规范笔顺特征的价值高些。

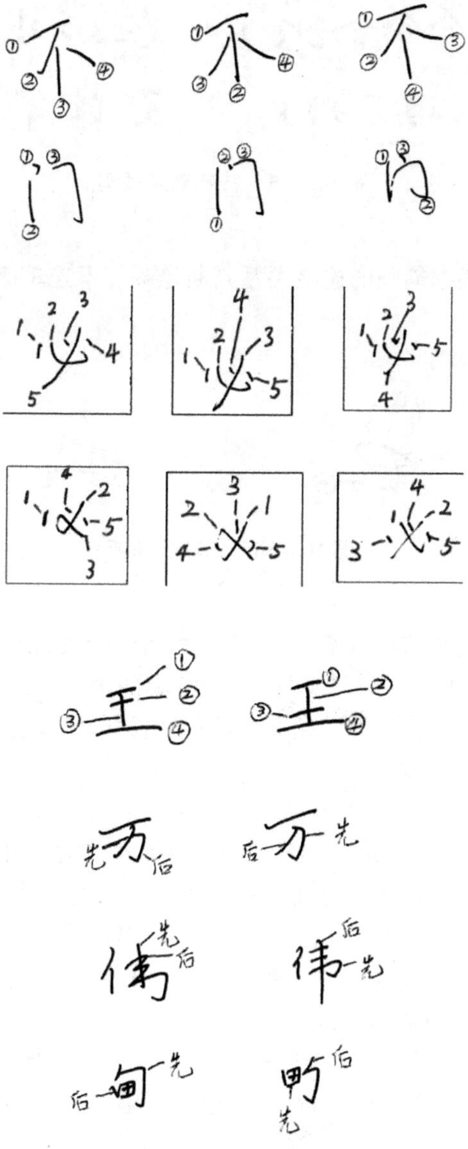

图 10－34　笔画之间的搭配关系

3. 特殊笔顺

特殊笔顺是出现率比较低的非规范笔顺，也称为错笔顺或倒笔顺，如图 10－35 所示。这种笔顺不便于书写，写出的字很别扭，多出现于书写水平较低的笔迹中。由于它出现率很低，因此，无论是作为符合点还是作为差异点使用，都具有重要价值。

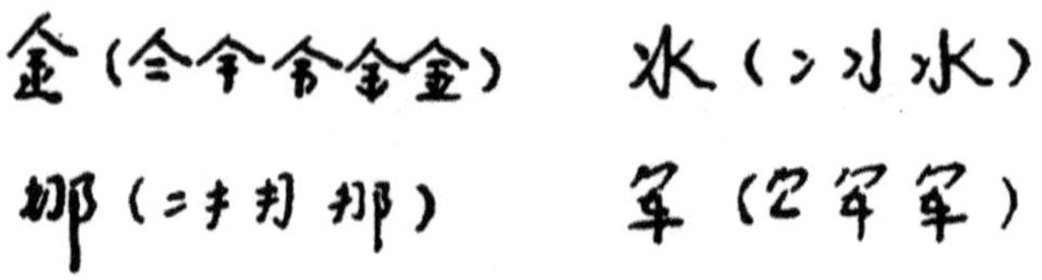

图 10－35 特殊笔顺举例

(二)笔顺的判断

连笔书写的字,可根据笔画的连接关系判断笔顺。不连笔字的笔顺判断方法如下,如图 10－36 所示:

图 10－36 笔顺的判断

1. 根据起收笔动向

所谓起收笔动向,就是前后两笔之间,因书写运动较快,抬笔、落笔动作形成的指向性的痕迹。它们之间形成一种形断意连、互相呼应的关系。这是一种没有连接的连笔动作,只要从前一笔的收笔方向看其指向,从下一笔的起笔动作看其与哪个笔画的收笔相呼应,即可确定哪笔在先哪笔在后。

2. 根据运笔趋势

运笔趋势是某个笔画所体现的运行动向。人们写字达到熟练之后,每个字的各个笔画不再是孤立的线条,它们之间存在书写时序上的承接关系。也就是说,从前一笔的运行开始即向后一笔的起笔过渡,从而使笔顺从运笔趋势上表现出来。这也是一种没有连上的连笔动作,只是它表现在整条笔画上,而不仅在起笔、收笔部位上。

3. 根据笔画或偏旁间的搭配关系

(1)看笔画搭配距离的远近。一般来说,三个或四个同向笔画之间,搭配距离较近的两笔或三笔是连续书写的,跟它们距离较远的一笔,中间间隔另外方向的笔画,如图 10－37 所示。

(2)看笔画的位置高低、收笔远近。有的笔画,特别足点笔,先写和后写时笔势不同,它们的位置高低也不同,后写的点笔位置往往偏高。某些笔画收笔的远近,也能反映出书写的先后次序。先写笔画收笔近,后写笔画收笔远,如图 10－38 所示。

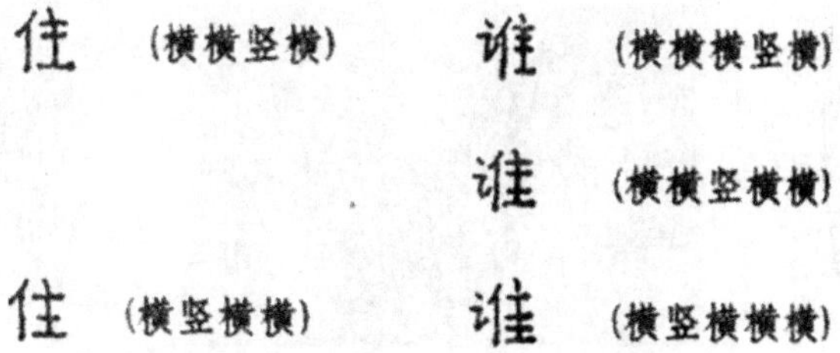

图 10－37　笔画搭配距离的远近

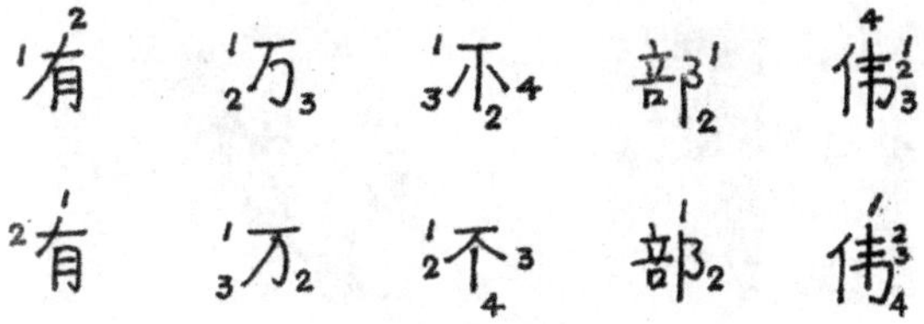

图 10－38　笔画位置高低、收笔远近

（3）看偏旁间的搭配关系。根据偏旁间的搭配关系判断笔顺，常常是针对具有半包围结构的一些字。形成内外包衬关系的字，往往是外部偏旁先写；将内外包衬关系。变成类似左右搭配关系的字，往往是内部偏旁先写。有些字还可从书写中形成的上下、左右结构上，确定上部偏旁先写还是左侧偏旁先写，如图 10－39 所示。

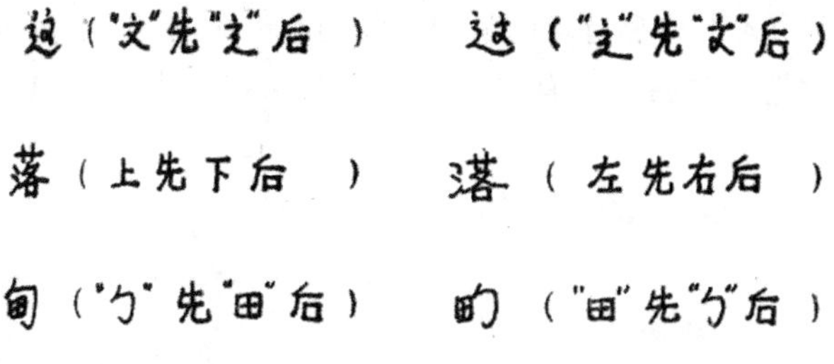

图 10－39　各部分间的包容关系

此外，借助显微镜观察笔画交叉部位的形态特点，找出完整通过交叉部位的笔画，也可以确定相交笔画书写的先后顺序，如图 10－40 所示。

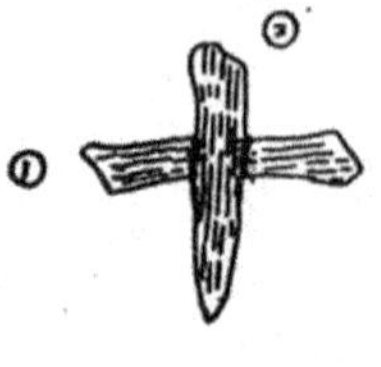

（a）粉笔字

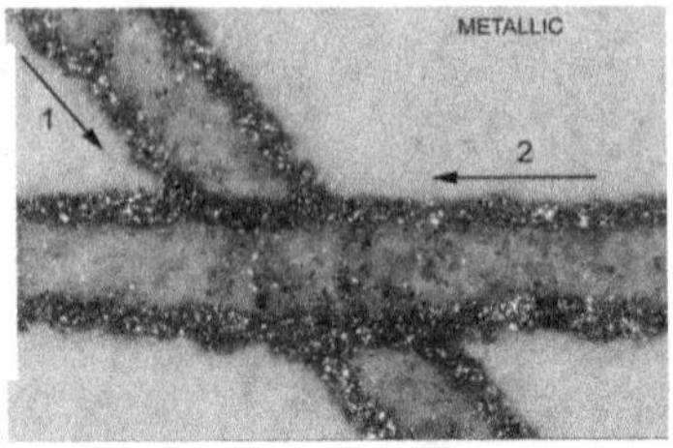

（b）铅笔字

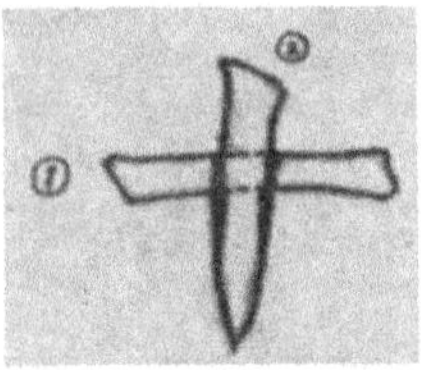

（c）圆珠笔字

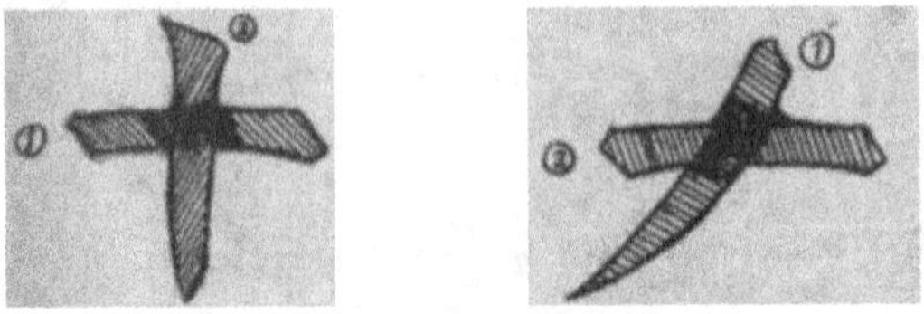

（d）洇散笔顺

图 10－40　交叉部位笔顺特征

七、运笔特征

运笔特征，是指书写各种笔画（含连笔）的起笔、运行至收笔过程中的动作特点。

（一）起收特征

起收笔动作，不同人书写都有自己的习惯和特点。例如起笔，有的“低头”、有的“抬头”、有的“仰头”；收笔，有的顿压、有的轻收如图 10－41 至图 10－42 所示。

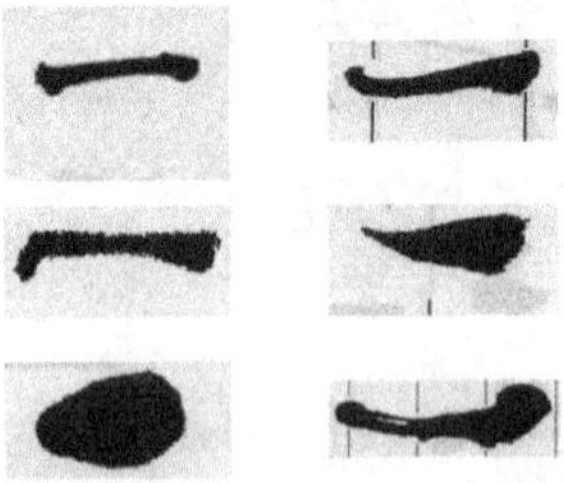

图 10－41　起笔特征："一"字写法

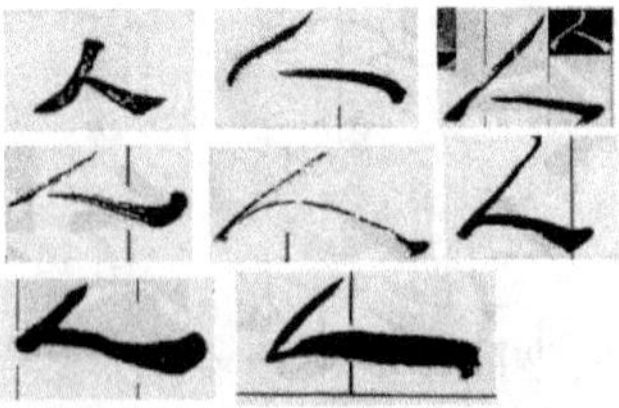

图 10－42　收笔特征："人"字写法

起收笔动作属细节特征，在书写水平和字形、字体相近笔迹的鉴别中，具有较高的价值。但是，它在一定程度上受到书写工具的影响。书写速度不同，也会导致起收笔动作的某些变化。

(二)行笔特征

行笔,包括行笔的方向和形态。笔画本身就有方向性,不同方向就是不同笔画。笔画的方向是通过行笔的方向体现的,而且虽有规范但并不非常严格,允许书写人在一定范围和程度内自行安排,如点、横、竖的行笔,如图 10－43 所示。有些笔画由于行笔方向的改变,从一个笔画变成了另外的笔画,即所谓笔画变异。正是因为不同人某些笔画行笔方向上的差别,才形成了不同的行笔特征。笔画写成什么形态,与人的书写运动习惯有关。由于动作习惯不同,同一个笔画就会出现不同的形态。如横笔,有人写得平直,有人就写成向上或向下的弧形,还有人写成波浪状。不同人书写笔画,压力的分布也有差别。同是写横笔,有的写出蜂腰横,有的写出锥形横。可见,不同人的笔画形态是有差别的。

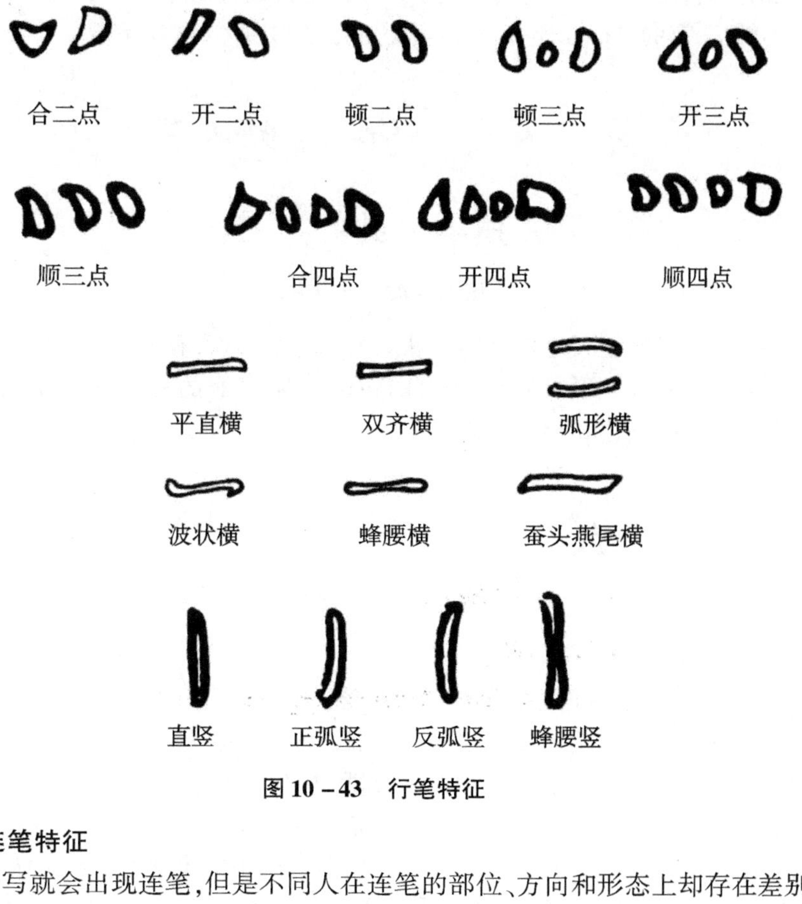

图 10－43 行笔特征

(三)连笔特征

快速书写就会出现连笔,但是不同人在连笔的部位、方向和形态上却存在差别。

连笔的部位,是指连笔发生在哪两个或哪几个笔画之间。虽然都连笔,但是有人习惯在这些笔画上连写,有人习惯在那些笔画上连写,如图 10-44 所示。

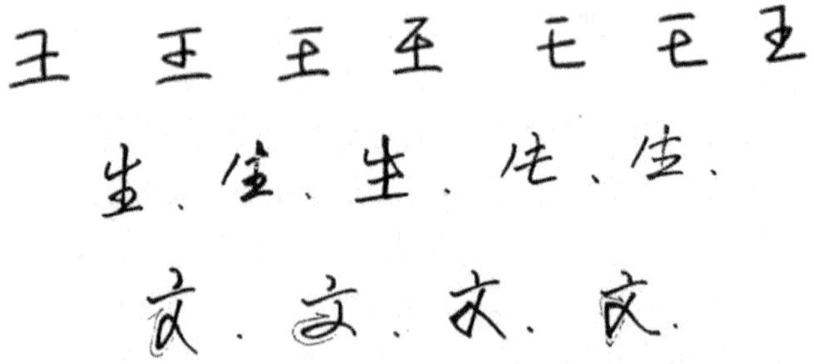

图 10-44 连笔部位

连笔的方向,是指从前一笔过渡到下一笔时连接运行的走向。不同人的连笔,有的环绕,有的转折;有的取捷径连接,有的习惯绕行,如图 10-45 所示。

图 10-45 连笔方向

连笔的形态,是指笔画连接处的形状。书写连笔动作,有的人比较转,有的人比较生硬。这样,在连笔部位形成的形状,有的就比较圆滑,有的就棱角突出。同属一种类型,具体形态也有差别,如图 10-46 所示。

图 10-46 连笔形态

(四)笔力特征

不同人在书写过程中通过书写工具对承受物形成的压力以及书写速度的变化和分布特点不同,就形成了笔力特征。对笔力特征的分析,是从三维空间对笔迹特征的认识。有的人书写时笔力比较均衡、书写速度适中;有的运笔中笔力时轻时重,书写速度快慢结合;有的重拖,有的轻带;有的压力在前笔画的末尾,有的压力在后笔画的开始,如图 10-47 所示。这些变化可以通过笔痕的深浅、笔画的流利程度和笔画的粗细来考察。笔力特点虽然表现于细微处,但却是个人书写习惯的表现。

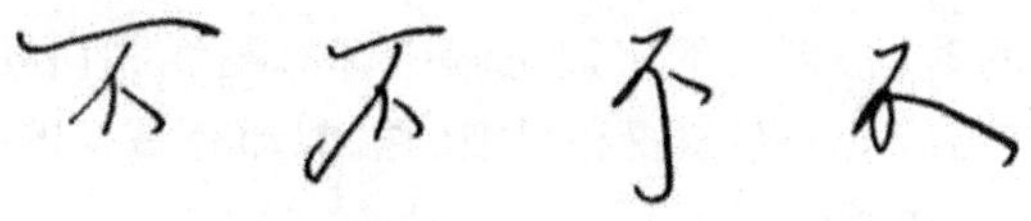

图 10 - 47　笔力分布

运笔特征是笔迹鉴定中使用最多的一类特征。因为,写每个笔画都有运笔问题。但是,它容易受故意伪装和书写条件变化的影响,书写速度的变化也会带来某些运笔的改变。只有深入研究运笔特征的变化规律和特点,学会在动态下把握和使用运笔特征,才能在笔迹鉴定中充分发挥运笔特征的作用。

八、笔痕特征

笔痕是笔迹的微观成分。笔痕特征,是个人书写运动作用于笔尖反映在笔画中的特殊细微征象。笔痕研究的实践表明,多人用一支笔形成的笔痕不同,同一人用不同的笔形成的笔痕也不同。笔痕特征的形成,一是由于每支笔(或笔芯)的笔尖和供墨系统的微观结构和使用功能各有差别;二是由于每个人的执笔、用笔、完成每种笔画的书与运动习惯不同。每支笔的特征性加上每个人书写运动习惯的特殊性,形成了一个人用同一支笔书写的特有的笔痕特征体系。这也是笔痕特征不同于前几类笔迹的特征之处。

笔痕特征主要表现在如下几个方面:

(一)墨点与白点

笔痕的墨点与白点特征,主要存在于圆珠笔字迹中,而且表现在笔画的起笔、收笔和折笔处。在某些笔的书写中,可出现瞬间不着墨,于是在起笔处形成点状的露白;有的在瞬间出现油墨堆积,于是在收笔或折笔处形成了点块状的墨迹聚积,如表 10 - 1 所示。

表 10 - 1　圆珠笔笔画划痕特征

起笔墨点	折笔墨点	绕笔墨点	墨点连白点	收笔墨点

起笔白点	折笔白点	绕笔白点	白点连墨点	收笔白点

（二）墨线与白线

在使用圆珠笔书写时，很多人的字迹笔画中都有墨线和白线出现。但不同的笔或不同的人书写，墨线与白线的分布位置和粗细的搭配却有一定的差别，形成了不同的墨线与白线特征，如表 10－2 所示。

表 10－2　笔划条痕特征

墨点条痕	白点条痕	粗划条痕	细划条痕	长划条痕	短划条痕

正划条痕	偏划条痕	斜划条痕	双划条痕	多划条痕	暗划条痕
	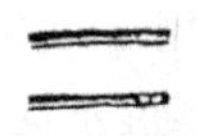				
单绞条痕	双绞条痕	曲线条痕	白杠条痕	起笔叉痕	收笔条痕
			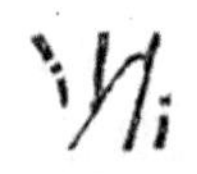		

（三）划痕与压痕

划痕与压痕特征是圆珠笔和钢笔字迹中都可能出现的。在书写作用力较大时，可因笔尖着力而在笔画上形成一定的划痕或压痕。有的划痕还可能划破纸面，在下页纸上形成着墨或不着墨的划痕。不同的笔或不同的人书写，形成的划痕与压痕特征是有差别的，如表 10－3 所示。

表 10－3　钢笔墨水流痕特征

点划痕	横划痕	竖划痕	撇划痕	捺划痕

挑划痕	弧划痕	环划痕	钩划痕	间缝痕

续表

长划痕	短划痕	宽划痕	窄划痕	上偏痕

下偏痕	左偏痕	右偏痕	明划痕	暗划痕

（四）粗细与浓淡

在钢笔和圆珠笔字迹中，笔痕的粗细与浓淡，主要取决于笔尖粗细、供墨是否通畅和用笔的压力。不同的笔或不同人的书写，笔痕的粗细和浓淡也是有差别的。有的横画与竖画的粗细、浓淡不同，有的起笔与收笔的粗细、浓淡不同。在钢笔字迹中，有些起收笔笔痕的形态也有差别，如表 10－4 所示。

表 10－4　钢笔笔划点痕特征

墨流痕浓	墨流痕中	墨流痕淡	先浓后淡	先淡后浓

浓淡不均	笔尖粗痕	笔尖中痕	笔尖细痕	先粗后细

先细后粗	细粗不均	边齿流痕	墨水点痕	空白点痕

上述笔痕特征，虽然不同的人和不同的笔都会表现出差别，但笔痕形成的原因很复杂，它也会出现某些变化。所以，利用笔痕特征排除嫌疑时应特别慎重。但如果发现笔痕特征相同，这是人的书写习惯和书写笔共同作用的结果，不存在偶然巧合，那么它就

是认定同一人、同一支笔书写的重要根据。

九、符号、阿拉伯数字特征

(一)符号特征

1.标点符号特征

标点符号虽在用法上有严格的规范,但在运用水平、书写方法及安排位置等方面,却各具特点,且较具稳定性。相当一部分人,特别是文化水平不高的人普遍不按规范使用标点符号,常常出现写法、用法上的错误,而且位置安排也不得当。即使能够正确使用标点符号的人,在位置安排上也常有个人的习惯和特点,各种标点符号的写法如表10-5所示。

表10-5　各种标点符号的写法

引号	‘ ’ ‘ ’	蝌蚪单引号
	“ ” “ ”	蝌蚪双引号
	ˋ ˊ ˏ ˎ	单钉引号
	〃 〃 〃 〃	双钉引号
	「 」	单折引号
	『 』	双折引号
	( )	单弧引号
	(( ))	双弧引号
	〈 〉	单三角引号
	《 》	双三角引号
	〔 〕	八角引号
问号	?	环状问号
	?	半环状问号
	?	螺旋状问号
	?	无颈问号
破折号	——	直线破折号
	— —	连线破折号
省略号	……	圆点省略号
	、、、、、、	斜点省略号

续表

其他	• ∘	隔号
	'99	代年号
	,99	代年号
逗号	,	墨点蝌蚪
	9	环点蝌蚪
	, , ,	弧形逗号
	/ /	钉针形逗号
句号	●	墨点句号
	∘	环点
	╲	斜点
冒号	: ··	墨点双珠冒号
	⁰₀ ∘∘	环点双珠冒号
	⁚ ‥ =	双点冒号
分号	;	墨点分号
	∘9	环点根号
	⸝,	斜点分号
顿号	、	三角点顿号
	、	斜点顿号
叹号	!	滴露叹号
	!	吊环叹号
	!	悬针叹号
	!	斜点叹号
专名号	——	直线专名号
	-------	连线专名号
	～～～	浪线专名号

2. 修改符号

修改符号特征主要用于对文稿的修改、增删、调整等。修改符号没有规定性的规范模式,而是约定俗成为人们所能共同理解和接受,如表 10－6 所示。

表 10－6　修改符号的写法

调转符号	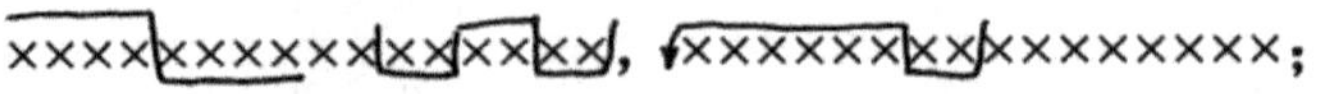
添插符号	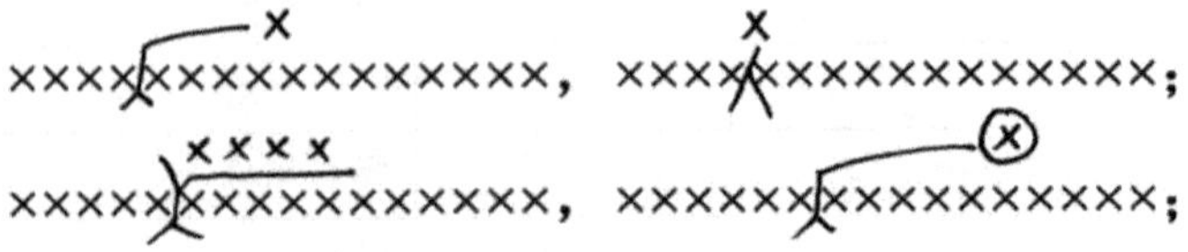
删改符号	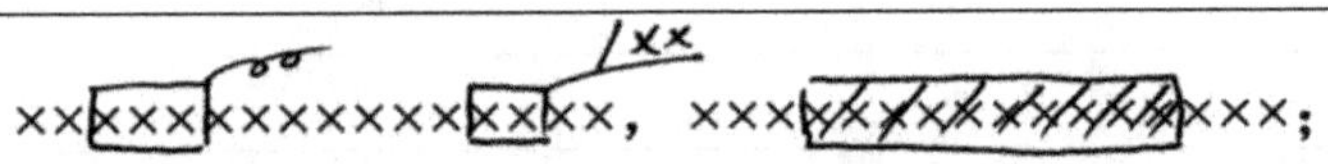
保留符号	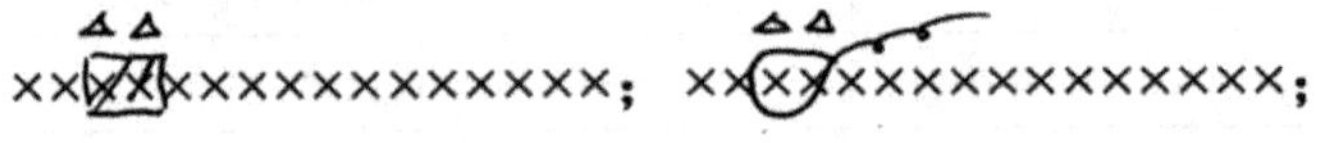
移位符号	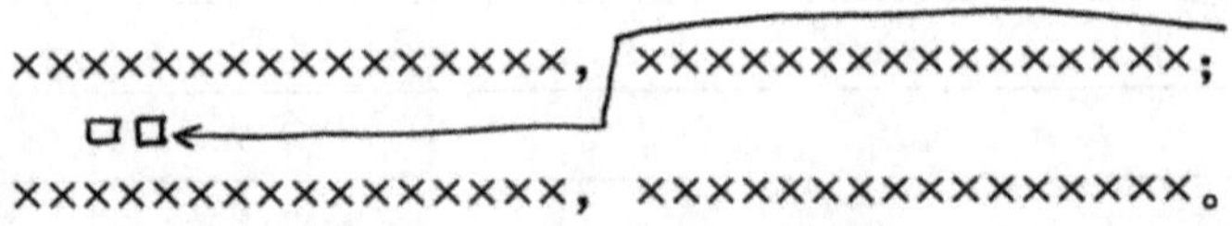
重点符号	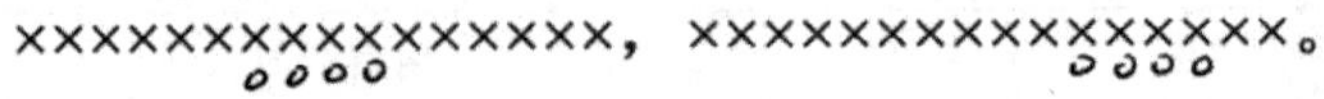

(二)阿拉伯数字书写特征

1. 书写水平特征

主要表现为运笔的流畅程度和结构是否匀称美观。

2. 字距特征

即字与字之间的空间大小距离。如“0”字连写有的留有空间,有的如“连环套”不留空间。

3. 行距特征

数字排列也存在行间距大小、宽窄的表现特征,以及行列具有平直或倾斜的不同表现特征。

4. 布局特征

即在格线中的分布位置,如有的居中,有的偏下,有的骑线书写等。

5. 形体特征

如高、矮、扁、长及圈状笔的扁圆等形象,以及端正与倾斜等不同特征。

6. 笔顺特征

如"5"字有先写横或后写横的不间笔顺特征。

7. 运笔特征

同样具有起、收、行笔的方、斜、圆等表现特征。

8. 行笔方向特征

如"8"字有正、反行笔的不同"0"字有顺时针和逆时针运笔的不同。

9. 搭配比例特征

如"4"字撇折与竖画有封闭式和开放式两种不同写法,竖与撇折交叉部位有偏上、偏下的区别"5"字横画有偏上、偏下的区别"9"字上部与竖笔有大小比例的特征区别等。

10. 起收笔位置特征

数字多数是一笔写成,起收笔位置特征可按钟表时针定位。如"0"有 12 时起笔 12 时收笔,也有 1 时起笔 7 时收笔等。在同等速度中研究数字的起收笔位置特征是十分有意义的。

11. 附加符号特征

其一,是表示整数与小数的符号特征。如有的小数居行列中间,有的偏上,有的则用一单线或双线标示。其二,数字前币制符号的个人特殊写法,如人民币符号" ¥ "和美元符号" $ "的写法。

12. 数字的组合特征

即一组若干个数字的组合形式,不同数字下的搭配比例关系特征。阿拉伯数字特征,如表 10 - 7 所示。

表 10－7　阿拉伯数字特征

写法特征	印刷体	1	2	3	4	5	6	7	8	9	0
	手写体	1	2	3	4	5	6	7	8	9	0
		1	2	3	4	5	6	7	8	9	0
		1	2	3	4	5	6	7	8	9	0
字位特征	正位	1	2	3	4	5	6	7	8	9	0
	斜位	1	2	3	4	5	6	7	8	9	0
运笔特征	折角笔		2	3	4	5	6	7	8	9	0
	弧状笔		2	3	4	5	6	7	8	9	0
反笔顺			①4		4①		①5		5①		
倒笔顺			6		8		9		0		0
字间特征	分隔式		2000年				34567.8.00				
	连珠式		2000.				3456787000000097.00				
达拉斯			¥		¥		¥		¥		¥
币值数字写法特征			¥98400.00		¥79.00				¥50000.00		
				¥3000.00元							
行例特征			98765431.						389760.		
			98765431.						389760.		
									3456.00		
			8	8	9	9					

十、笔迹的特性与运用

（一）笔迹特征的稳定与变化

随着人们不断学习和训练，书写技能不断提高，书写动力定型逐渐成形，书写习惯日趋稳定。有些书写笔迹特征十几年甚至几十年都不再发生明显的变化。书写技能与习惯在学习、训练和反复的实践中形成与发展，即使在书写习惯定型以后，书写习惯某些特征的新陈代谢仍在进行，这些特征的演变也就在所难免，况且书写人若有意识改变笔迹和书写条件的某些变化，也会引起笔迹的变化，从而形成笔迹特征的暂时性变化。笔迹特征的这些变化在笔迹中都是局部的、有限的变化，而且是可以认识的。

（二）笔迹特征的价值

笔迹特征表现具有多样性。在笔迹鉴定中通常所利用的特征，如书写水平、写法、搭配比例、笔顺和运笔特征等。而有些特征则不常用，如字位、分段格式、程式语安排和页码安排特征等。一般来说，写法、错别字、搭配比例、笔顺利运笔等特征，反映个人的书写习惯和特点多些，在通常情况下使用价值高些。不常用的特征，因其不经常出现，而且个性较差，所以在一般情况下利用率低些。无论常用的还是不常用的特征，都有具有利用的价值，没有在任何情况下和任何案件中都价值绝对高的特征，也没有在任何情况下和任何案件中都不起作用的特征。特征的价值依案件不同也在发生变化，在多数案件中价值高的特征，在少数案件中变得价值不高；相反，在多数案件中价值不高的特征，在少数案件中反倒变得很高。特征价值的转化，为我们认识和使用笔迹特征提供了更多的信息，也增加了笔迹鉴定的复杂性和难度。

（三）笔迹特征的运用

笔迹鉴定是依据笔迹特征进行的，特征的认识和运用科学与否决定了鉴定意见的正确与否，这是笔迹鉴定的根本所在。一方面，任何一份笔迹材料都不可能反映一个人书写习惯的全部，特别是字数较少的案件，笔迹反映的书写习惯更有局限性。当我们在笔迹鉴定中不能全面发现和使用有限的笔迹特征时，那么要正确认识一个人的书写习惯就会很困难甚至出现错误。因此，认真细致地发现特征，全面有效地利用已经出现的特征，不使其流失，这在笔迹鉴定中是至关重要的。另一方面，对笔迹特征的认识要结合具体案件的实际，辩证地分析和认识特征的价值，要充分理解笔迹特征的一般规律和可变因素，将客观分析笔迹特征与案件内在联系。

第四节　笔迹鉴定的基本方法

笔迹鉴定的主要任务，是确定两部分笔迹是否为同一人的笔迹。书写过程中，书写人的习惯和技能的变化导致，在笔迹自身同一中包含着差别和变化，包含着与他人笔迹不同程度的相似性，而且书写人的任何笔迹在表现书写技能习惯时都有一定的局限性。这就给笔迹鉴定带来了许多复杂的情况。为此，笔迹鉴定不仅需要科学的理论做指导，还必须按科学有效程序和方法来进行。

笔迹鉴定的基本方法是同一认定法，它通过物证笔迹（检材）和嫌疑人笔迹（样本）的比较，确定二者的书写习惯是否同一，从而作出认定或否定的意见。就操作方法而言，笔迹鉴定通过分析笔迹的形成、选择笔迹特征、比较笔迹异同和综合评断作出鉴定意见等步骤来完成。

一、笔迹形成分析法

在通常书写活动，书写人的生理、心理状态和书写环境、条件，是保证书写活动正常进行的不可缺少的因素。这些因素的正常与变化就形成了正常笔迹与非正常笔迹。与违法犯罪活动有关的笔迹有些就是非正常笔迹。但是，无论是正常笔迹还是非正常笔迹，笔迹的构成成分都主要包括两类，即基本成分和附加成分。

笔迹的基本成分包括书写习惯的表现和书写技能的表现，是正常笔记中固有的成分。笔迹的附加成分是来自书写人的主观因素和书写的客观条件对书写过程的干扰而强加给笔迹的那部分假象，主要包括故意伪装的表现、摹仿他人笔迹的表现、书写条件变化的表现、书写中偶然笔误的表现等。这些附加成分并不是孤立、单独存在的，它与笔迹的基本成分互相混杂交织在一起。这就使笔迹在反映书写习惯的同时，也存在或多或少的假象。所以，对笔迹的附加成分要善于分析，它虽然给笔迹鉴定增加了难度，但是又可能为鉴定提供新的依据。

（一）分析物证笔迹

分析物证笔迹是确定检材书写是否正常，有无变化。分析物证笔迹是笔迹鉴定的首要环节。只有客观、正确分析物证笔迹，确定笔迹正常与否，才能正确利用笔迹特征，提出正确的鉴定意见。

1. 了解物证笔迹。通过阅读和分析物证笔迹，从笔迹的总体上了解物证笔迹的书写内容、书写工具、书写速度和形体、书写水平和语文水平，以及是否存在反常现象等。从中获得物证笔迹是否正常的初步认识。

2. 具体分析物证笔迹特征。具体分析物证笔迹是否正常笔迹，包括正常笔迹、故意伪装笔迹、摹仿笔迹和书写条件变化笔迹的各自特点为衡量标准，看被鉴定的物证笔迹符合哪类笔迹的特点，即为哪类笔迹。这就要求鉴定人必须熟悉各类笔迹的特点，才能作出正确的判断。

正常笔迹的特点。在通常情况下，无论书写人书写技能和水平高低，笔迹所表现的语文水平和书写水平应是相互匹配、协调一致的，一般不会出现一方偏高另一方过低的现象；运笔比较自然，无歪曲造作笔画；全篇字的大小、方向、间隔基本趋向一致；字的笔画、偏旁间的搭配比例关系正常，无忽大忽小、时高时低的反常现象；相同字、相同偏旁重复出现时，形态基本一致。

书写条件变化笔迹的特点。书写条件变化，既包括书写工具、承受物体、书写姿势的改变，也包括书写环境的变化。

由于变化的具体条件不同，笔迹所表现出的特点也不一样。但概括说来可有如下表现：因运笔受影响而出现运笔呆板、生硬，转折不自然甚至另起笔；连笔较少，书写速度缓慢；因书写中产生的阻力和书写人克服阻力的控制力发生变化，可出现过长过短笔画，笔画间搭配位置不当，甚至出现重叠笔画；字的偏旁之间和字与字之间的大小比例不适称，位置安排出现不协调的现象；受书写姿势变化的影响，笔迹出现不正常的倾斜现象，等等。

3. 故意伪装笔迹的特点。故意伪装笔迹的手段和方法多种多样，笔迹变化的差别较大。一般可表现出如下特点：书写速度快慢不均，熟练程度前后不一致；字迹忽大忽小，布局间隔疏密不当；字形异常，严重者奇形怪状；字的结构松散零乱，笔画、偏旁搭配比例不协调；运笔生涩、呆板、弯曲抖动，故意拉长或缩短某些笔画，甚至出现畸形笔画；貌似拙劣的笔迹与语文水平存在明显矛盾，出现一些不应有的错别字，等等。

4. 摹仿笔迹的特点。由于摹仿的具体手段不同，其笔迹的特点也不尽相同。其共同特点如下：形快实慢，即虽有连笔动作但是书写速度不快；涩行运笔，即运笔不自然，书写动作不流畅；中途停顿，即在运笔过程中出现中途驻笔；修饰重描，即在摹仿走样的笔画上有修描痕迹；抖动弯曲，即因精神过度紧张或行笔迟疑，出现抖动弯曲笔画；笔力平缓，即运笔不分轻重疾徐，笔画显得平缓无力等。

上述特点仅是对各类笔迹特点的概括说明，由于每个案件都有其特殊性，在分析检材时，既要以此为衡量标准，又不能生搬硬套，要结合实际情况多作具体分析。

（二）分析样本笔迹

样本笔迹是根据笔迹鉴定需要而收集的嫌疑人的笔迹。鉴定中使用的笔迹样本分为平时样本和实验样本两种。

平时样本，是指用嫌疑人在日常工作或个人交往中书写的文字材料充当的笔迹样本。这种样本，是嫌疑人在正常书写条件下完成的。它真实地表现了个人的书写技能与习惯，是质量和价值都较高的笔迹样本。根据案发时间划分，它又可具体分为案前样本和案后样本。

实验样本，是指作案人或嫌疑人模拟作案手段和书写条件书写的笔迹样本。这种样本受书写条件的影响较大，一般作为平时样本的补充，可用于认识物证笔迹的变化、解释鉴定中的差异、核对口供的真伪。当鉴定中无法提供平时样本，而仅有实验样本时，应慎重使用。

分析样本笔迹，一方面要分清样本的种类和数量，了解收集方法，明确其真伪及可靠程度,并根据物证笔迹比对的要求,确定是否符合鉴定条件;另一方面要注重对样本笔迹特征的分析,即嫌疑人笔迹的特征有哪些,特征的变化范围如何。真实、充分的样本笔迹是作出正确鉴定意见的基本要求,如果样本笔迹不真实,作出的鉴定意见必然会出现偏差。如果样本笔迹不够充分,则无形中增加了鉴定的难度,容易使鉴定工作陷入困境。样本笔迹不真实的原因,一是办案人张冠李戴,误将他人笔迹当成嫌疑人的笔迹;二是办案人诱逼嫌疑人书写不真实的样本;三是嫌疑人有意伪装样本或求他人代写。

在鉴定鉴定过程中,鉴定人要对笔迹样本的真实性进行认真分析,一旦发现样本不真实可靠,应及时向送检单位指出,并要求补充或重新收集符合鉴定要求的样本。

二、笔迹特征选择法

(一)选择笔迹特征的方法

选择笔迹特征是把检材中出现的那些真实可靠而又有一定特殊性的、具有比较价值的笔迹特征充分筛选出来。为防止遗漏,可按从概貌到局部、从宏观到微观、从文字到其他的程序进行。按这样的程序操作,有助于全面发现和利用特征。发现和选择特征的一般方法是:

1. 在特殊字中选特征

所谓特殊字是指那些写法、笔顺、搭配比例或运笔比较明显有突出特点的字。特殊,说明特征价值高,表现个人书写技能与习惯比较明显。因此,对于有条件的物证笔迹,应在这些字中选特征。但是,要注意某些作案人为了伪装笔迹可能故意把某些字写得奇形怪状。这是伪装的假象,再"特殊"也不能作为笔迹特征选用。

2. 在重复出现的字、偏旁、笔画中选特征

如果检材字数较多,应首先从重复出现的字、偏旁或者笔画中选择特殊的写法、搭配比例、笔顺、运笔等特征。重复出现说明它稳定,有助于认识个人的书写习惯特性。但是,重复出现的笔迹特征并不是一模一样、分毫不差的。只要基本习惯和规律一致,就可以作为特征选用。

3. 从结构正常、运笔自然的字中选择特征

字数少的检材没有重复出现的条件,就要注意在结构正常、运笔自然的字中选择搭配此例、运笔、笔顺和写法等特征。因为结构正常、运笔自然的字一般都是个人书写技能与习惯的反映。而且,如果检材字数很少,还要注意从多方面挖掘和利用特征,尽量把每个字上的所有特征都选出来。

4. 在书写速度较快、笔画较多的字中选择特征

对于有一定伪装的检材要注重在书写速度较快、笔画较多的字中选择特征。因为速度快、笔画多的字不容易伪装,即使有伪装也变化不大。所以,书写速度快、笔画多的字应是选择特征的重要着眼点。

5. 在细微之处选择特征

选择特征时，比较明显的特征容易发现，细微特征不容易引起注意。而有些检材的明显特征不一定可靠，特别是故意伪装或摹仿笔迹，明显特征常常与笔迹变化或摹仿有关，但在细微之处却常常保留着书写人的固有习惯。所以，要选择笔迹的运笔与搭配比例方面的细节特征。

6. 选择文字以外的特征

个人书写技能与习惯的表现是多方面的，选择特征也不能只局限在文字上。某些伪装书写的检材，虽然字迹变化很大，但书面语言、文字布局、标点符号等特征却没有什么变化。对于这样的检材，更应注意选择文字以外的特征。而且，有的检材文字以外的特征表现得很特殊，就会更有利用价值。

（二）制作特征比对表

对发现和选择的笔迹特征要进行记录，即制作特征比对表。特征比对表是记录和整理笔迹特征的有效方法。它可以把个人笔迹的主要特征集中展现出来，有助于认识个人书写习惯的特性，便于进行检材与样本笔迹之间的比较。

记录笔迹特征，过去普遍采用的是手工仿形描绘的方法，即将特征字临摹描记在比对表上。现在主要采用复印剪贴单字或利用计算机编排比对表。手描单字，要求必须描得准确逼真。即使不能把整个字描得分毫不差，也必须保证特征部位准确无误。

特征比对表一般分为左右两部分。左半部分记录检材笔迹特征，右半部分留作记录样本笔迹的相应特征，如表 10 – 8 所示。记录检材笔迹特征，既可以按特征类别依次

表 10 – 8　特征比对表实例

检材	样本

进行,也可以按发现的先后顺序进行排列。为了表明特征的规律性,重复出现的相同字或偏旁要尽量多描几个,而且要把它们集中排列,同时,要能够表现笔迹特征的自然变化。有相同偏旁、同名笔画的不同字可就近编排。有多种写法、笔顺、搭配比例及运笔的字,应分别选其代表字列在比对表上。除单字特征外,文字布局、标点符号、书面语言等特征也要以适当方式记录。描绘记录在比对表上的特征,要用一定的特征标识符号标示,如表 10－9 所示。

表 10－9　笔迹特征标识符号

符号名称	符号形态	适用特征	标示实例
全箭头	⟶	起收笔动作、笔画搭配位置	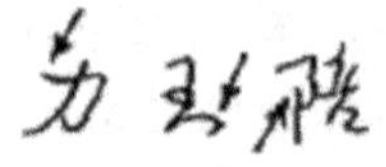
半箭头	→	运笔方向、转折和连笔	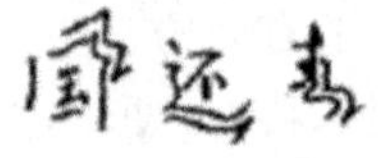
顺序号	1 2 3… ①②③…	笔画和偏旁书写顺序	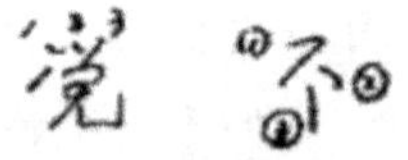
括号	( )	各种写法、错别字	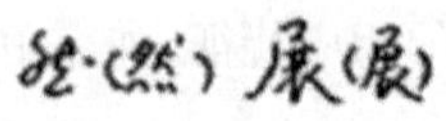
实线	——	搭配比例、错别字	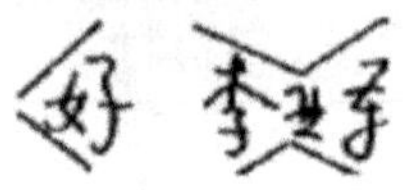
虚线	……	文字布局	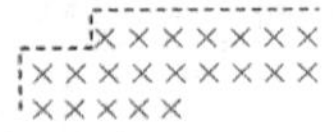

三、笔迹特征比较法

比较笔迹异同,就是将检材笔迹特征与样本笔迹特征进行对照比较,全面、客观地展示二者之间的相同点和不同点,为综合评断奠定基础。

(一) 比较笔迹异同的步骤

比较笔迹异同,分两步进行:

1. 笔迹概貌的比较

比较检材与样本之间的书写水平、字形、字体、文字布局等笔迹概貌特征,观察两者的异同点。概貌特征的比较,有助于全面利用特征。在众多的对象中通过笔迹查找嫌疑人时,如果笔迹的概貌特征不同,特别是书写水平明显偏低,可作为否定该对象的根据。但在对重点嫌疑人的笔迹鉴定时,不能用概貌特征比较结果所形成的倾向,先入为主地诱导后续的比较鉴定过程。

2. 单字特征的比较

根据检材中选择的特征,从样本笔迹中寻找相应的特征字并比较其异同,然后客观地逐个将它们描绘、剪贴或编排在比对表的右侧与检材特征字对应的位置上。在样本中寻找可比的特征字时,一定要认真、仔细,避免因疏忽造成的遗漏。同时,要注意以样本中出现的特征字为线索,查找检材中出现的相同字或偏旁,并及时补充到特征比对表中。如果检材中的某个或某些字在样本笔迹里没出现,可选择有相同偏旁或同名笔画的字进行比较。对于发现和确定的相同特征与不同特征,要分别用特征标识符号进行标示。

(二)比较笔迹异同应注意的问题

检材与样本笔迹的异同是鉴定意见的具体根据。为保证所发现的检材与样本笔迹之间的符合点和差异点的真实可靠性,在比较笔迹异同的同时,应注意如下问题:

1. 要客观、全面比较

在比较中,既要比较相同特征,也要比较不同特征,要如实反映笔迹特征的相同点和不同点。要防止主观片面性,不能以个人好恶随意取舍特征。只有客观、全面地比较检材笔迹与样本笔迹特征的异同,才能充分展示检材与样本的本来面貌,为综合评断和鉴定意见的提出提供可靠的根据。

2. 要认真、细致比较

区分不同人的笔迹,有时仅靠明显特征是不行的,还要比较它们的细节特征。注意观察不同人的笔迹并非截然不同,都存在或多或少的共同点,表现出一定的相似性。对这些细节特征,无论是发现还是比较都要认真细致,不能粗枝大叶。特别是几经筛选出来的重点嫌疑人笔迹的鉴定,以及摹仿笔迹的鉴定,更要比较细节的符合或差异,才能作出正确的鉴定。

3. 防止机械比对

要以辩证发展的观点对待笔迹。一个人在不同时期、不同条件下形成的笔迹不可能没有变化。即使是连续书写同一个字,也不可能一模一样。笔迹的自身同一不是绝对等同,是包含着差异的同一。在比较时,就不能仅把前后一致、重复再现的那一部分特征当作书写习惯,笔迹的自然变化和多样性的表现也是书写习惯的反映,而且这种出现在笔迹变化规律和多样性上的符合(或差异)的价值远比单个特征的价值高。所以,要根据检材和样本的形成条件对笔迹的影响和产生的变化,来把握特征,不能孤立地进行机械比对。

4. 要注意特征的补充和淘汰

检材与样本笔迹的比较过程，也是我们对特征认识由浅入深的过程。在比较中，可能发现最初选定的一些特征并不可靠，还可能发现开始不敢用的特征反倒很好。这时，就要及时进行特征的补充和淘汰。实践表明，在比较鉴定后期发现的特征，往往价值更高。这是鉴定人对特征认识不断深入的结果。

四、综合评断作出鉴定意见

综合评断提出鉴定意见是笔迹鉴定过程的终结，其任务是确定检材与样本之间符合点的价值及差异点的性质，提出经过充分论证的鉴定意见。

（一）评断符合点的价值

检材与样本比较，总会发现或多或少，或这样或那样的一些符合点。但是，其价值却有高低的差别。一般来说，符合点价值的高低与该特征在人们笔迹中的出现率成反比，即出现率高的特征价值低，出现率低的特征价值高。具体可按如下标准进行衡量：

1. 看符合特征是否与社会规范和规则要求相一致

语言文字是交际工具，必然受社会规范与规则的制约。由于规范与规则的制约作用，必然形成大部分人笔迹的共同点。但是，规范与规则的要求并不十分严格和精确，无法限制书写人在一定程度和范围内自由发展，于是出现了形形色色脱离规范、违反规则的现象，成为不同人笔迹的各式各样的特征。因此，凡明确体现规范与规则要求的符合特征价值不高；规范与规则没有明确规定，或者脱离规范与规则的符合特征价值较高。这是评断符合点价值的一条重要标准，按此标准衡量可解决大部分符合特征的价值评断问题。

2. 看符合特征是否在某地区或行业内普遍存在

有些特征带有地区性和职业性，在一定地区、行业范围内的人们普遍具有这些特征，虽然就一般而言似乎很特殊，但是其实其价值并不高。如果超出这个地区或行业，有这种特征的人很少，那么它的特征的价值也就随之提高。可见，看符合特征是否在某地区或行业内普遍存在，也可以衡量特征价值的高低。

此外，符合特征价值的大小，还与一定的涉嫌范围有关。在发生案件的特定范围内，有时会出现特征价值的反常现象，特殊变成了一般，一般反倒成为特殊。在这种情况下，要注意从实际案件出发，具体考察符合特征的价值。

3. 看符合特征是否在年龄相近、水平相当的人中常见

特征的价值还与一定年龄和文化水平相关。有些特征在一定年龄段的人们当中较为多见，而在另外年龄段的人中却很少出现。例如，异体写法特征，对于年龄大的人来说具有普遍性，价值较低；对年轻人来说具有特殊性，价值就比较高。

还有些特征与一定的书写水平相适应，书写水平较高的人中出现的某些特征，不是

低水平的人所能具备的。例如，规范的行草写法，对于书写水平较高的人来说可能带有普遍性，价值较低；对于书写水平较低的人来说具有特殊性，价值较高。

（二）分析差异点的性质

1. 差异点的种类及形成原因

在检材与样本比较中发现的差异，按其性质可分为本质差异和非本质差异。本质差异是因书写习惯不同形成的差异；非本质差异是同一人笔迹自身的差异。

形成非本质差异的原因很多，如书写人的故意伪装造成的差异，书写条件变化造成的差异，作案人反常的生理心理状态造成的差异，偶然笔误造成的差异，书写字体不同出现的差异，书写速度不同造成的差异，检材形成后笔迹变化产生的差异，物证笔迹或样本材料反映书写习惯不充分造成的差异，检材与样本书写时间相距较久书写习惯发生演变形成的差异，等等。

2. 评断差异点的方法

评断差异点的性质，可根据案件的不同情况和差异的不同表现，分别采取或综合运用如下方法：

(1) 排除法。如果差异点的形成可能与多种原因有关，但究竟是哪种原因难以直接确定。在这种情况下，即可采取排除法。首先把可能造成差异的原因一一列出，其次逐个进行排除。

凡列举的原因与笔迹变化的结果和差异的表现不一致，即可排除这种原因。最后排除不掉的那种原因，即列举的原因与笔迹变化的结果和差异的表现相吻合，就是造成笔迹差异的主要原因。

(2) 实验法。如果怀疑差异点的形成可能与检材书写条件有关，可通过鉴定实验来确定。这种鉴定实验要模拟检材的形成条件来进行。如果通过实验出现了与检材相同的变化，说明差异点是由检材书写条件变化造成的非本质差异；反之，则与检材书写条件无关。

(3) 调查法。主要是对嫌疑人伪装变化能力的调查。某些检材的特殊写法或伪装手段，需要书写人具有某种知识或技能才能达到。如果通过调查嫌疑人根本不具备这种能力，那么检材与样本之间的差异就很可能是本质差异。

(4) 补充法。检材与样本之间的有些差异，可能跟检材与样本书写时间相距较远、书写字体和速度不同，以及书写工具的差别有关。为了验证是否由此产生的非本质差异，可通过补充相同条件的样本来验证。如果通过补充样本发现了相同特征，差异也就不复存在。如果尽管补充了形成时间和条件都相接近的样本，但仍未出现与检材相同的特征，那么这些差异就很可能是不同人书写习惯的本质差异。

（三）符合点与差异点的对比分析

符合点与差异点的对比分析，主要是在符合和差异的对立双方中，确定哪一方是主要的、本质的、起主导作用的方面,从而为鉴定意见提供经过辩证分析和充分论证的根据。

1. 符合点与差异点的数量对比

数量对比,主要是看符合点与差异点哪一方在数量上占多数。数量上占多数的一方,往往左右和决定鉴定意见。对比结果,如果符合点占绝对优势,一般就可作认定意见;如果差异点占绝对优势,就应作否定意见。但是,符合点与差异点的数量对比并不仅是它们之和的简单对比,还包括特征种类的数量对比。也就是说,既要看符合点与差异点的数量谁多谁少,还要看符合点与差异点哪一方的特征种类全。后者往往更能说明问题的本质。

2. 符合点与差异点的质量对比

质量对比,主要是看符合点与差异点哪一方的质量高。质量高的一方在鉴定意见中起主导作用。符合点质量的高低是就特征在笔迹中的出现率而言的,在出现率低的特征上的符合质量高,在出现率高的特征上的符合质量低。一般来说,特殊的写法、错别字、非规范的笔顺、有规律而特殊的搭配比例、运笔细节,以及特殊的文字布局、标点符号等特征,出现率较低。因此,这些特征的符合质量较高。这些特征的差异也是高质量的差异。

在进行符合点与差异点的质量对比中,要考虑数量对比的结果。在笔迹鉴定中,究竟需要多少个符合特征才能作出认定的意见,究竟需要多少个特征差异才能作出否定的意见,都没有绝对的数量标准。一般来说,符合点的数量多,虽然单看每个特征价值不高,但是总和仍能反映个人书写习惯的特殊本质;质量高的符合点,不要数量很多就能看出个人书写习惯的特殊性。

在正常笔迹的鉴定中,符合点与差异点数量和质量对比的结果,一般都是一致的。即符合点的数量多,其质量高;差异点的数量少,其质量低;反之亦然。在非正常笔迹的鉴定中,特别是严重伪装或摹仿笔迹,有时会出现符合点与差异点数量和质量对比结果表面不一致的现象。

这是由于伪装或摹仿产生的假象所致。只要排除假象,数量与质量对比结果表面不一致的问题即可解决。

(四)提出鉴定意见

经过综合评断,即可对所鉴定的笔迹提出鉴定意见。鉴定意见分为两类:一类是明确意见;另一类是非明确意见。

明确意见分为两种:一种是认定同一的意见;另一种是否定同一的意见。

认定同一的意见就是认定检材是某人所写的意见。它是以综合评断确认检材与样本笔迹的,符合特征总和具有特殊性,差异点是以可解释的非本质差异为前提的。否定同一的意见就是认定检材不是某人所写的意见。它的前提是经综合评断确认差异点是本质差异，符合点是不同人书写习惯共同性的表现。

非明确意见可分为三种：一种是倾向认定同一；另一种是倾向否定同一；还有一种是无法得出明确意见。

经综合评断认为符合点是主要的，但尚不足以认定是某人所写时，可以作出倾向认定同一的意见。经综合评断认为差异点是主要的，但尚不足以否定是某人所写时，可以作出倾向否定同一的意见。受检材或样本条件所限，难以综合评断符合点与差异点价值的高低时，可出具“无法得出明确鉴定意见”的意见。

第五节　形体变化笔迹鉴定

一、形体变化笔迹

笔迹的形体，是指书写笔画的基本形态及其构成字迹的体式。在人类漫长的书写交际活动中，为了适应书写交际的需要，改变书写速度、选择不同的书体成为个人书写习惯和技能的体现。由此书写笔画的形态、字迹的体式发展演变形成了多种形体的表现形式，或繁或简，或楷或草，或慢或快，笔画可直可曲，字形可方可扁。人们文字书写技能的多样性和文字书写规则的宽泛性、包容性，允许人们在写字时，在一定限度内不仅可以变换笔迹的形体，还可以变换不同的书写速度。所以，在形体变化多数情况下是笔迹的正常变化，是书写过程中的普遍现象。在一些案件（事件）中，涉案人把形体变化作为伪装笔迹的手段，它也就成了构成变化笔迹的一个重要因素。

（一）书写速度变化现象

在正常笔迹中书写速度会发生各种变化。书写技能的形成是一个先由不熟练到熟练、由慢到快，后快慢相济的渐进过程。初学写字，只能一笔一画地慢速书写楷体字，随着书写技能的提高，便可以快速书写连笔字了。人们可以根据主客观需要变换书写速度，如为了快写速记，写成潦草的笔迹；为了清晰好看，写成工整的字迹。有时在同一份笔迹中也会出现快慢相间的情况。因此，任何人书写速度在不同阶段都会表现其不同书写速度特征。除强行加快书写的伪装手段外，其他伪装变化笔迹往往要降低书写速度。故意伪装笔迹，为了便于意识控制，必须降低书写速度；摹仿书写时，为了仿得像，也要放慢书写速度；在不利的书写条件下，如衬垫物不平、纸张过薄或在颠簸的车船上书写等，也会降低书写速度。可见，书写速度变化在笔迹中普遍存在，是笔迹变化的基本要素。

（二）书写字体变化现象

人类语言文字在其形体演变发展过程中，形成了多种不同的字体。如在汉字中，甲骨文、金文、大篆、小篆、隶书、楷书、行书、草书等，其中隶、楷、行、草等字体为现今人们所广泛使用。从书法的角度看，字体又依不同风格有不同书体，如颜体、柳体、欧体、赵体等。

随着印刷术的发展,工艺美术业需求不断提升,汉字字体形成了新魏体、等线体、宋体、仿宋体等字体的多样性,这成为人们掌握多种字体写法提供了重要前提。书写的需要以及个人爱好,则促使人们选择性地进行书写训练,从而掌握了除楷书外的一种或多种特殊字体的书写技能。这是字体变化的基础。正常书写时出于不同的书写目的,人们可以换用不同的字体。例如,为日常书面交往的迅速、便捷,使用行草体或自由体;为美观、醒目、清晰,写仿宋体、新魏体、隶书等。伪装笔迹时,有的书写人就故意改用平时不惯用、自己又能写的某种字体。为了适应特殊的书写条件,书写入也可能改用平时不常用的仿宋体或等线体。可见,适应不同的书写需要而变换字体的现象是常见的。

(三)书写速度与字体的关联性

书写速度和字体是同处于书写活动中的两个不同的属性,任何笔迹都同时具有一定的书写速度和采用一定的字体这两种要素下完成。

书写速度是书写的快慢,是书写运动的时间的要素。在实践中,只能通过分析已经写好的字迹,凭借笔迹上的一些规律性现象对书写速度的快慢作出判断。字体是笔迹反映形象要素。可以通过直接观察笔画形态和结构特点,来确认字体种类。

从汉字演变、发展历史来看,字体变化总的趋势是由繁到简,更便于认读和书写。如隶书的出现,对于篆书而言,是一次深刻的变革。晋代卫恒在《四体书势》一书中称"隶书者,篆之捷也",捷就是写起来方便、快速的意思。至于后来由楷书又衍生出行书,就更是速度由慢到快的一个例证。每种字体的笔迹都有它的速度特征,每一种速度的笔迹也都有它对应的字体形式,只不过速度是相对而言的。"真书如立,行书如走,草书如跑",这比喻很恰当、很形象。楷、行、草三者之间的速度比较,可以确定为慢、较快、快。

在笔迹鉴定实践中,检材与样本往往不属于或不完全属于相同的形体,因此,在比较鉴定中出现一些差异。为了认识这些差异,就要求我们去研究并掌握笔迹形体变化的一般规律。在相比较的笔迹中,有的以速度变化为主,称为速度变化笔迹;有的以字体变化为主,称为字体变化笔迹。

二、书写速度变化笔迹的鉴定

笔迹的速度变化是相比较的两部分笔迹在书写速度上存在差异。速度变化是笔迹变化的基本因素。由于客观因素的制约,书写人检材书写速度较慢,样本书写速度较快;有的检材书写速度较快,样本书写速度较慢。无论哪一种情况,都存在书写速度快与慢的矛盾,从而导致笔迹特征的差别。在笔迹鉴定中,掌握快速慢速书写之间的变化规律,才能区分哪些是书写速度不同形成的同一人笔迹的非本质差异,哪些是不受速度影响的不同人笔迹的本质差异,从而防止机械比对和随意用速度变化解释差异,以便提出正确意见。

(一)书写速度变化笔迹的一般规律

同一人快写与慢写笔迹的差别或书写速度由慢到快笔迹的变化主要表现在如下几个方面：

1. 连笔增多

慢速书写一般是一笔一画地进行，提笔较高，笔画间虽仍有所照应，但基本上各自独立。快速书写时，为了节省时间就要增加连笔动作。

2. 顿压消失

慢速书写时，在笔画的起收笔处及转折处常有明显或不明显的顿压动作，因而字形方正、棱角分明、运笔规矩。快速书写时，为了免去顿压动作所花费的时间，必然变顿压起收为直起直收，笔画转折处也变为弧形运笔，如图 10－48、图 10－49 所示。

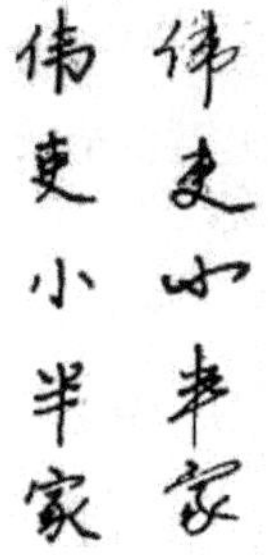

慢　　快

图 10－48　连笔增多特征

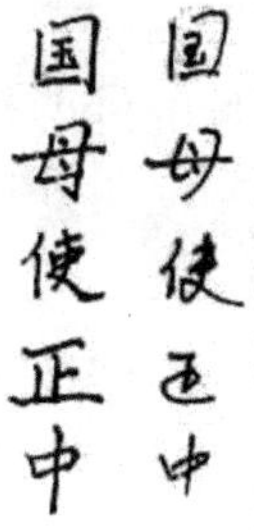

慢　　快

图 10－49　顿压消失特征

3. 笔画省略

慢速书写一般是按照楷书的规则要求进行，笔画不能任意取舍。快速书写时，由于主要笔画的相互连接，很容易省略框架内部笔画、末尾笔画、不便连接笔画和点笔等一些小笔画，如图 10－50 所示。

4. 字形简化

有多种写法习惯的人，一般而言，慢速书写易写繁体，快速书写易写简体和行草，因而容易出现繁简、正草写法的变化，如图 10－51 所示。值得注意的是，一些书法爱好者出于特殊的审美情趣，慢写使用简体，快写使用繁体，且多为繁体的草书写法。

5. 运笔变异

慢速书写，各个笔画之间相对分立，邻位笔画之间虽有照应关系，但不十分明显。快速书写，有些笔画是实连，有些笔画是意连，从而使部分笔画的起收笔动向表现出明显的照应关系，如图 10－52 所示。由于照应关系的加强，使一些笔画的运笔方向、途径发生变化，形成运笔变异。

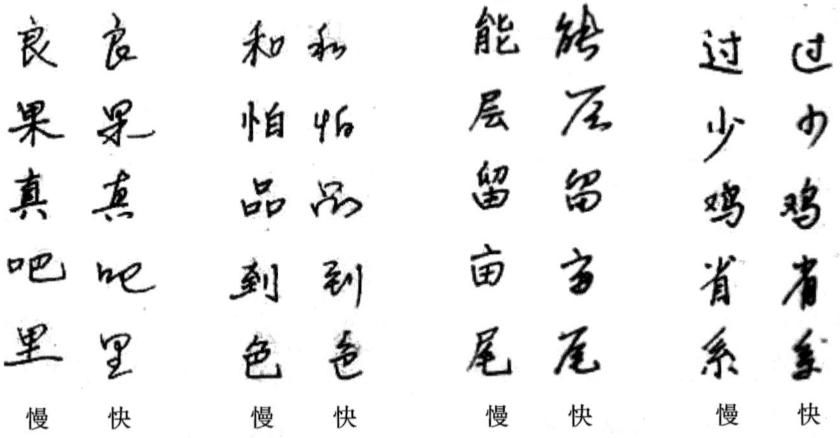

（a）框架内部的笔画　（b）末尾笔画　（c）不便连接的笔画　（d）点笔

图 10－50　笔画省略特征

6. 真草之别

书写水平比较高的人，有多种书体的书写能力，其快、慢之间不仅会有繁简之别，而且会有真草形体之别。慢写易楷，快写易草，并引起相应的笔顺变化，如图 10－53 所示。

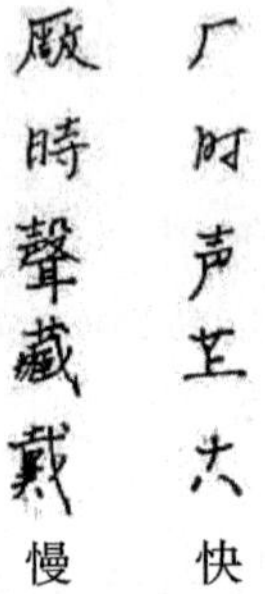

图 10－51　字形简化

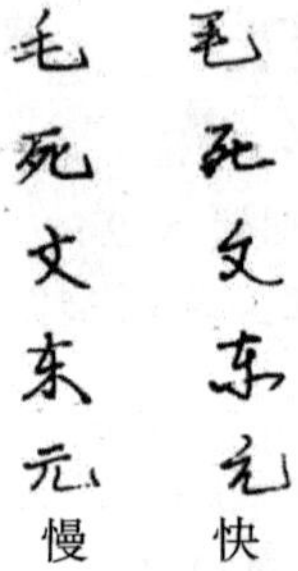

图 10－52　运笔变异

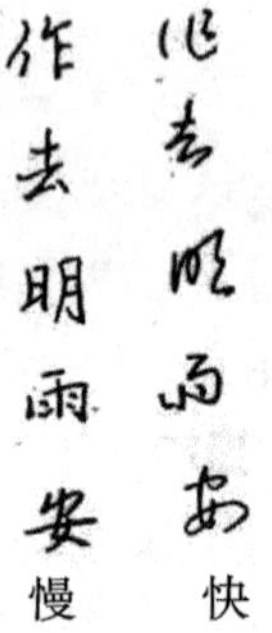

图 10－53　真草之别

书写速度由慢到快笔迹的变化规律可以概括为“连、省、简、应”四个字，其中“连”是主要矛盾，是根本问题。不同人因书写水平的差别，在速度变化的规律上会有不同的表现。一般而言，高水平的书写者书写速度由慢到快的笔迹会在上述 6 方面都有比较充分的体现。低水平的书写者则主要表现在连笔增多、顿压消失和运笔变异上，而在字形简化、笔画省略和真草之别方面难以充分体现。当然，书写水平是相对而言的，不同人的变化应视具体情况加以分析。

（二）影响书写速度的物理因素

影响书写速度的因素固然很多，如生理、心理、书写水平、环境条件、社会文化等，这些都是更深层次的原因。在一般情况下,影响书写速度的最直接因素在于书写运动过程中相关的物理学指标。仅以一个字为例,与书写速度相关的物理因素有以下几个方面:

1. 单字笔画的总体长度

设想书写大小相等的同一个字,由于汉字结构形式的多样化,不同结构形式单字笔画的总体长度不等。笔画总长相对短些的字所用的时间短,速度就快;反之,笔画总长相对长些的字,所用的时间长,速度就慢,如图 10－54 所示。

2. 单位长度运行的时间

在单字笔画总长不变的前提下,完成单位长度所需的时间决定了速度。时间长,则速度慢;时间短,则速度快。这是比较纯粹的速度。

3. 先笔收笔与后笔起笔之间的距离

如果单字笔画总长阳单位长度运行时间都已确定,那么先笔收笔与后笔起笔之间的距离就是影响速度的主要因素。距离长,则速度慢;距离短,则速度快,如图 10－55 所示。

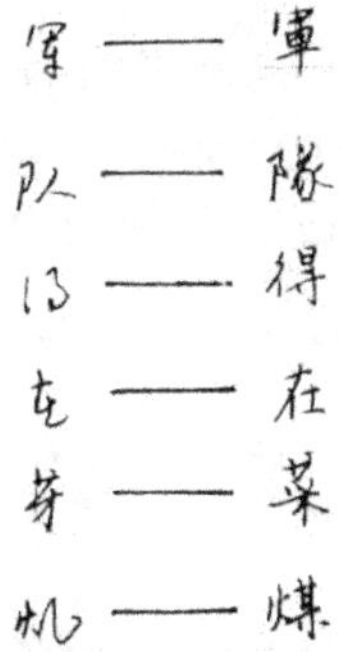

慢　　快

图 10－54　单字笔画的总长与书写速度

慢　　快

图 10－55　笔画起收笔之间的距离与书写速度

4. 上下笔画过渡时笔尖在空中运行的高度

如果上述三方面因素都已确定,那么最终影响书写速度的就是上下笔画过渡时笔尖在空中运行的高度。笔尖在空中运行得越高,所需时间越长,速度越慢;运行得越低,所需时间越短,速度越快;若笔尖未离纸面,所需时间最短,速度也最快。

(三)速度变化笔迹的特征变化规律

书写速度变化,会使笔迹特征发生一定的改变。有些特征易变,这是同一人快慢速笔迹自身差异的主要表现;有些特征不易变,那是个人书写习惯特殊性的主要标志。深入研究速度变化笔迹变与不变的规律,是鉴定这类笔迹的实质性问题。

1. 易变特征

(1)运笔特征

为了加快书写,必然强化前后笔画间的照应、连接,这样,快慢速笔迹就会出现明显的运笔差别。速度变化越大,这种差别越显著。快慢速笔迹在运笔中的差别,突出地表现在运笔方向、形态、笔力分度和起收笔动作上,这几乎涉及了运笔特征的各个方面。可见,速度变化给运笔特征带来的影响是最大的。

(2)写法特征

书写速度由慢到快,笔迹会出现字形简化和真草之别,这些都表现在写法特征上,笔画省略往往最终也体现在写法上,所以,写法特征易受速度干扰而发生变化。变化的情况包括繁体字与简化字的差别,楷书字与行草字的差别,以及规范简化字与习俗简化字和个人生造简化字的差别。

(3)搭配特征

快速书写必须强化笔画间的联系,使本应分立的笔画连接书写,起收笔位置随即发生变化,从而造成搭配特征的改变。可见,速度变化对搭配特征的影响也较大,如图10－56所示。

(4)笔顺特征

书写速度变化对少数笔顺特征也产生一定影响。多见于高水平的书写人或书法爱好者,本身具有多种笔顺习惯,慢速书写易使用楷书规范笔顺,快速书写易使用草书笔顺或另外的一种通用笔顺。低水平的书写者笔顺习惯比较单一,变化不大。可见,受速度变化的影响,笔顺变化的大小与人的书写水平高低成正比,如图10－57所示。

慢　快

图10－56　同一人快慢书写的搭配变化

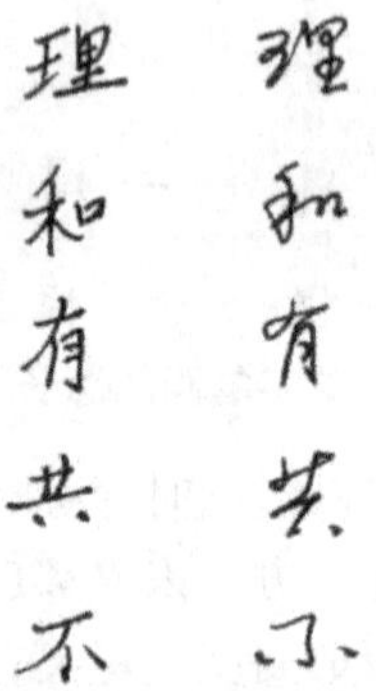

慢　快

图10－57　高水平者快慢书写的笔顺变化

上述对易变特征的概括只是就一般情况而言。不同的书写人,由于年龄、文化、书写水平和对书法的兴趣爱好等因素不同,特征变化的侧重点可能又有所区别。例如,年龄较大的书写者,基本上经历了文字改革的各个阶段,在快慢速书写时,写法特征变化的可能性相对于青年人要大得多;书写水平较高者,快慢速书写的笔顺、写法等变化就可能大一些;低水平的书写人在笔顺、写法上的变化较小,但在运笔、搭配方面的变化却较大。

2. 不易变的特征

在速度变化的情况下，书面语言、整体布局、局部安排、标点符号等方面的特征，一般不受影响，只要有较好的特征均应选用；若不是因快写而出现的笔误，错别字特征不易变化；关于写法特征，慢速书写中出现的简化字、习俗字、草书楷化字与快速书写中出现的繁体字、异体字也比较可靠，如图 10－58、图 10－59 所示；笔顺特征可以利用，但要充分考虑高水平的书写者笔顺多样性的情况；基本的搭配比例关系特征也可选用，特别是快写字中另起笔的笔画搭配位置、偏旁间的比例关系，慢写字中那些脱离字体要求又较有规律的笔画搭配比例特征。此外，运笔的基本趋势，不连笔笔画的运笔特征，有时也比较可靠，要根据具体情况作细致分析。

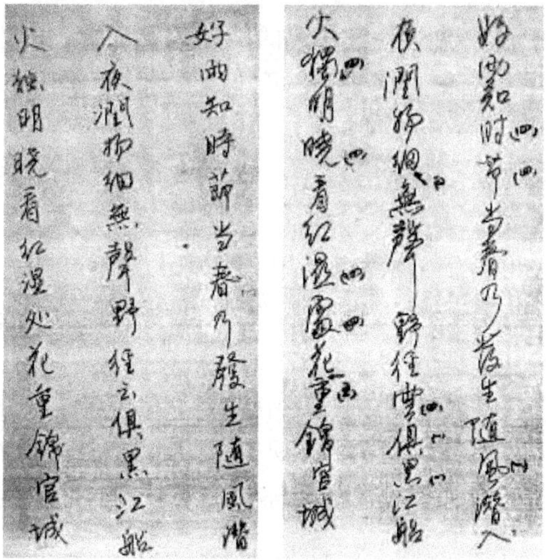

慢　　快

图 10－58　慢简快繁

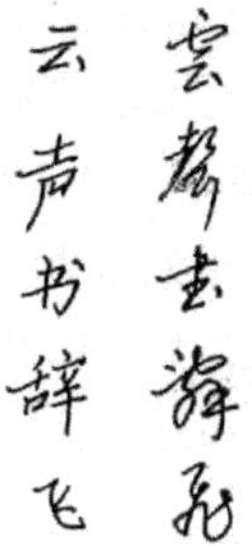

慢　快

图 10－59　慢简快繁

（四）书写速度变化笔迹鉴定要点

在书写速度变化笔迹鉴定中，除按一般的鉴定程序和方法进行外，还应考虑以下四个方面：

1. 书写速度变化规律与特征分析

对比较观察中发现的差异点，应笔迹的从连、省、简、应等方面去分析研究特征变化的一般规律，明确差异点的来源。如果这种差异可以由于书写速度不同而产生，那么它们可能属于非本质的差异。如果这种差异违反快慢变化规律，即这种差异与书写速度不同无关，那么这种差异就可能是本质的差异。当然，运用一般规律去分析差异的性质，还要结合案件的具体涉案人具备的条件等进行分析。

2. 要慢中找快，快中找慢

正常人书写速度具有稳定性，通常可以控制其书写速度，但是改变通常书写速度时，无论是过快还是过慢都难以持久。一旦放松，仍恢复其常速。因此，在整篇笔迹中，常有快速与慢速交替的现象。也就是说慢中有快、快中有慢。在选用特征时，要注意到检材与样本的速度差别，在总体不同之中，尽量选择书写速度相同或相近的单字、偏旁或笔画进行比较，从客观上避开书写速度的不同带来的变化。

3. 注意选用不易受速度影响的特征

鉴定时应充分利用笔迹中不易受书写速度影响的以下特征：

(1) 书面语言、整体布局、局部安排、标点符号等方面的特征，一般不易受快慢速度影响，只要有较好的特征均应选用。

(2) 只要不是因快写而出现的笔误造成的错别字是可用的。是否笔误，可根据重复出现的现象来判断，也可以与不同字的同部位相互印证，亦可同语文水平、书法水平和其他特征联系起来分析。

(3) 在慢速书写中出现的简化字、习俗字，快速书写中出现的繁体字、异体字等特征，也比较可靠。

(4) 单纯的速度快慢一般不会影响笔顺特征，要注意选用。书写水平不高的人笔顺单一，除连笔紊乱可能有个别变化外，一般不变。有一定书写能力的人可能在某些字或偏旁上有多种笔顺，因而快写与慢写可能有个别的笔顺变化。

(5) 基本的搭配比例关系特征也可选用。特别是快写字中另起笔的笔画搭配位置、偏旁间的比例关系，慢写字中那些脱离字体要求又比较有规律的笔画搭配比例特征。以上仅就一般而言，是否在每个案件中都适用，还有哪些特征可以利用，应根据案件的具体情况进行具体分析。

4. 根据需要可要求补充样本

通过书写速度不同的样本进行鉴定，不能作出鉴定意见时，可要求送检单位补充书写速度相同的样本。在某些鉴定中，尽管运用了书写速度变化的一般规律，也结合具体情况进行了分析，有时仍可能感到意见依据不充分。遇此情形，不要轻易作鉴定意见，特别是不要轻易否定。一定要设法补充书写速度相近的样本再作进一步鉴定。

三、字体变化笔迹的鉴定

在各类案件中，通常遇到涉案人采用平时不惯用的仿宋体、隶书体、等线体等进行书写。有的属于基本掌握了该种字体的书写技能，写出来的字比较符合字体规范的要求，而且有可能收集到同体字的笔迹样本以供鉴定；有的属于缺乏书写某种字体的基本功，或只是对某种字体有印象，因而写出来的字不大符合字体规范的要求，也不容易收集到他平时书写的同体字样本。无论是哪一种情况，改变的字体又都是以他们的楷书体的书写习惯为基础,一个人的不同字体的笔迹必然有其内在联系。因此,鉴定字体变化的笔迹时,鉴定人必须了解不同字体的特点。这样才能够区分字体规范要求和不同人特有的书写习惯特征,不至于把字体变化形成的差异当作本质的差异,也不能把同种字体的共同特点当作反映书写习惯特殊性的特征。

(一)常见字体的特点

1. 隶书体

隶书是继小篆之后通行的汉字书体。隶书体美观庄重,活泼舒展,笔画矫健而雄厚。其书写要领为:字形扁方、折笔藏锋、外方内圆,一波三折、蚕头雁尾,蚕不二设、雁不双飞,重浊轻清、斩钉截铁,如图 10-60 所示。

图 10-60　隶书体

2. 仿宋体

仿宋体，摹仿宋体而成，出现于20世纪初期，原系汉字印刷体之一。这种字适合用各种硬笔书写，应用较为广泛。仿宋体的特点是宋体结构，楷书笔法，清秀挺拔。笔法上要求粗细均匀，竖直、横稍上斜，起、收笔顿压，撇、捺、挑出锋，如图10－61所示。

白日依山尽黄河入海流

欲求千里目更上一层楼

图10－61　仿宋体

3. 等线体

等线体，又叫黑体、方体、平体等，是由于工艺美术的发展而出现的一种字体。字形方正，笔画粗细一致，横平竖直，撇捺带弧，起落笔整齐，笔端统一，排列均匀，适合于扁笔、绘图笔、硬笔书写，如图10－62所示。

白日依山尽黄河入海流

欲求千里目更上一层楼

图10－62　等线体

(二) 字体变化的一般规律

书写不同字体的字，其书写规范要求有所不同。同一人书写的不同字体字之间既有联系又有区别。改变字体笔迹的主要变化表现在如下几个方面：

1. 字形结构的变化

各种字体规范在字形结构上要求不同。隶书要求字形扁方，高宽之比为2∶3或5∶7；仿宋体要求宋体结构，字形多为长方，高宽之比为3∶2，布白上要求上紧下松、左紧右松；等线体要求字形方正，横平竖直等。但是，不同人书写同一字体，由于书写水平高低不等而在字形结构上有不同的表现。受过专门训练的人，大致上能按规范进行书写。如果只是对某种字体略有了解，在字形结构上就会更多地流露出慢速自由体或楷书体的结构特征。

2. 运笔的变化

不同字体在笔法上要求不同，导致了不同字体运笔的不同。隶书体要求起收笔“折笔藏锋”，横画逆锋起笔，形如蚕头，收笔回锋呈雁尾状，较长的横笔有起伏波折，即所谓

“一波三折、蚕头雁尾”；仿宋体要求笔锋显露，起笔顿挫，收笔出棱，横笔微微耸肩；等线体要求运笔平缓，无顿压动作，笔端平齐，不露笔锋。

笔法不容易掌握，一般人往往只求形似而不讲笔法。因此，在起收笔动作、运笔形态、笔力轻重等方面常常表现出个人习惯。表现在运笔特征上，不只不同人书写同体字存在差别，而且同一人书写不同体字也会有很大的不同。

3. 笔顺的变化

个人书写自由体和楷书体形成的笔顺习惯，在字体变化时也基本稳定。但在书写仿宋体、等线体等字形方正、工整的字体时，出于字迹工整、美观的考虑，有时会有一些变化。如“王”字可先写上下两横笔，再写中间一横笔，最后写竖笔，也可以先写三横，后写竖笔；“国”字可把横折分开写，先写左右两竖，再写上下两横。有的字可先写骨架笔画再写副笔。如“斗”字，可先写横竖笔，再写两点笔。当然，上述笔顺的变化，是说书写某些字体时允许这样变化，并非必然这样变化。

4. 写法的变化

书写仿宋体、等线体时，与楷书体的写法基本一致。篆书及隶书体等带有古意，在某些字及偏旁部首的写法上与现代汉字不同，如图 10－63 所示。

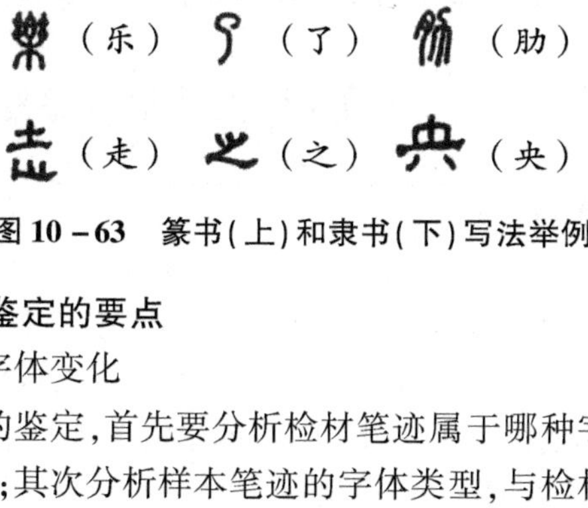

图 10－63　篆书（上）和隶书（下）写法举例

（三）字体变化笔迹鉴定的要点

1. 确定检材与样本字体变化

对于改变字体笔迹的鉴定，首先要分析检材笔迹属于哪种字体，是否符合该种字体的书写规则，基本功如何；其次分析样本笔迹的字体类型，与检材是否同体，二者的书写速度快慢，可比条件如何。从而区别不同情况，慎重进行鉴定。

2. 选择变化笔迹特征

无论检材与样本字体是否相同，都应运用字体变化的一般规律，客观全面地选择特征。

（1）选用违反字体规范的特征。符合某种字体规则的特征，基本属于该种字体的共性表现，一般不宜作为认定书写人的依据。而对于书写技能不高的多数作案人来说，书写的某种字体，实际上存在很多不符合字体规则的结构和运笔特点。这些往往都是书写人的本质特征，是个人书写习惯在不同字体中的表现。因此，鉴定改变字体的笔迹，应当侧重于从违反字体规则之处，特别是从某些细节上选用特征。

(2)选用副笔上的特征。由多笔画构成的字,其中有的笔画在单字中起主干作用,字体特征主要靠它的形态来体现,我们把这一类笔画称为主笔。另一类笔画,对一个字来说虽然不可缺少,但在体现字体规则上,只起辅助作用,如短小的横、竖、点、撇、捺、钩、挑等,我们把这类笔画称为副笔。主笔常常体现字体的变化,反映书写人平时的笔迹特征不多;副笔则不然,人们可按自己的习惯去书写,而不至于影响字体。因此,副笔更容易流露出书写人平时的笔迹特征,也是同一人不同字体笔迹之间内在联系的一个主要方面。所以,在鉴定改变字体的笔迹时,要注意从副笔上选用运笔和搭配比例特征。

(3)利用不易受字体变化影响的特征。有些笔迹特征,基本与字体无关,所以一般不受字体变化的影响,在不同字体的比较鉴定中要注意选用这类特征。例如,整体布局、局部安排、标点及其他符号特征;习惯性的错别字特征;笔顺特征和写法特征。但是要注意在写仿宋体或等线体时,有时为了保持字形方正、布局匀称而改变习惯的笔顺,以及在隶书体及篆书体中,有可能出现古、旧、繁写法,而与平时的习惯写法有别。

3. 选择与补充样本

对于字体变化笔迹的鉴定,最好用同体字进行比较。如果收集不到,则应提供慢速楷书样本。必要时,亦可补充收集实验样本加以验证。利用不同字体的样本进行鉴定时,必须以足够的不受字体变化影响的特征作为意见的依据,防止轻易或勉强意见。

第六节 书写条件变化笔迹鉴定

一、书写条件变化笔迹

(一)书写条件

书写条件是指书写活动赖以存在和变化的各种客观因素。任何书写活动的完成,都是由特定的人在一定的场合下,使用书写工具,并以一定的姿势在承受物上运行来实现的。书写活动离不开客观的书写条件。正常的书写条件是书写活动得以正常进行的保障;反常的书写条件会干扰和破坏正常的书写活动,使笔迹发生变化。

书写条件由内部条件与外部条件两部分组成。内部条件可以理解为人体自身与书写活动相关的生理条件;外部条件是指与书写活动相关的各种外界条件,包括书写工具、书写承受物、书写姿势和书写环境等。

(二)书写条件变化笔迹及其特点

书写条件变化笔迹,是指反常的书写条件直接干扰书写活动的进行而导致的非正常笔迹。条件变化所包含的内容非常丰富,对笔迹的干扰也相当广泛,时而一种条件单独作用于笔迹,时而几种因素同时影响笔迹,有时还掺杂故意伪装的成分,情况比较复杂。同时,有些条件对笔迹影响较大,有些影响并不明显。笔迹变化的大小也与书写人的文化水平、适应能力有关。总之,条件变化对笔迹的影响因果关系明显,有什么样的条件变化就有什么样的笔迹现象，需要针对不同的条件、情况及其多元性加以分析研究。

书写条件变化笔迹的案件，主要是标语、口号、留言或随便写的借条、收条，以及在非正常条件下签名等，这种检材的特点是字数少；离开具体环境、条件（只看纸上的字），不宜分析、把握其笔迹的变化。

二、内部条件变化笔迹

内部条件变化笔迹，是指由于书写者本身的生理功能障碍而导致的变化笔迹。与书写活动相关的生理功能障碍的种类大体分为以下三种类型：

1. 书写技能衰退者的笔迹，如老年人笔迹、重病以及濒危者的笔迹。

2. 书写器官障者的笔迹，如书写器官伤病者的笔迹。

3. 神经系统障碍者的笔迹，如精神病人的笔迹、醉酒者的笔迹、右侧偏瘫者的笔迹。

除此之外，内部条件的变化还包括如心境、情绪、身心状态等方面的细微影响。

（一）老年人笔迹

人的书写技能都要经历一个从初学、提高、定形直到衰退的自然过程。通常人到老年，书写技能会逐步退化。还有一些特殊情况，如久病者或临终者的笔迹也呈现出明显的衰退现象。在此主要以老年人笔迹为例加以阐述，以求举一反三。

老年人笔迹，泛指人到老年，书写技能进入退化阶段的笔迹。人的生命要经历五个时期，即幼儿期、少儿期、青年期、成年期和老年期。在我国，一般认为60岁以上即为老年期。人到了老年期，生理器官老化，智力、体力衰退，笔迹也会呈现出相应的变化。但是由于个体的差异，有人过早地出现书写技能退化，有人则推迟相当长的一段时间。

1. 老年人笔迹的特点及形成原因

老年人笔迹的普遍特点为：字形较大、结构松散；运笔迟缓，笔画间缺乏照应；起笔不稳，收笔拖拉，笔力平缓并伴有抖动现象；有时出现偶然性的错字、别字以及个别字上有断笔并加以修描的现象，如图10－64所示。形成上述特点的主要原因是：神经系统功能衰退、手臂运动的功能下降、视力下降以及记忆力减退。

2. 老年人笔迹鉴定的要点

（1）老年人笔迹的确定。判断物证笔迹是否老年人撰写，一般应根据其是否具备老年人笔迹的特点。但是老年人笔迹的某些特点与高位执笔笔迹、左手伪装笔迹以及摹仿笔迹都有近似之处。特别是在经济纠纷案件中，往往存在摹仿的可能。

区分老年人笔迹与摹仿笔迹，首先要了解案情，书写人或有关当事人的年龄、文化、职业、经历及身体状况，还要了解是否具备摹仿条件等。其次再从笔迹特点上分析。老年人笔迹的特点是由于生理机能衰退造成的一种不由自主的现象；而摹仿笔迹则是摹仿人为了达到与被摹仿笔迹相像的目的，而竭尽全力仿照他人的笔迹进行摹写，势必出现摹仿的特点。正因如此,老年人笔迹的抖动弯曲比较均匀自然,严重的时候,甚至每个笔画上都有抖动,且抖动幅度较大;而摹仿笔迹只是在局部,尤其是转折连接部位易出现不自然的抖动现象。老年人笔迹多因出现明显败笔而重描,修描笔画动作较大,痕迹明显;而摹仿笔迹则是在摹得不像的地方修饰,动作细微,不易察觉。此外,老年人笔迹起笔不稳、收笔拖拉现象是摹仿笔迹所不具备的。最后还可以通过比较鉴定加以印证。

图 10-64 某人老年期笔迹(上)与中年期笔迹(下)比较

(2)笔迹样本的选用。涉及老年人笔迹鉴定的案件,要求尽量收集近期样本供比较。因为人的笔迹在不同年龄时期是有自身差别的,特别是进入老年期以后,可能在一两年内笔迹出现明显的衰退变化。如果提供的是早期笔迹样本,就要结合书写技能衰退的变化规律来分析选择特征,防止机械比对和随意用机能衰退来解释差异。

(3)老年人笔迹特征的选用。老年人笔迹虽然由于生理机能衰退而发生一些变化,但是动力定型当中最基本的、最稳固的、惰性较强的几类特征还是比较稳定的。例如,习惯性错别字、习惯性的异体写法、笔顺特征、大体搭配比例和部分特殊的运笔习惯,可针对具体案件酌情选用。

(二)饮酒后笔迹

饮酒之后书写的笔迹往往不同于其正常笔迹,变化的大小取决于乙醇所致其神经系统功能障碍的程度。由于酒精对大脑神经系统具有兴奋和麻醉作用,人饮酒较多时,中枢神经系统高度兴奋,自制力减弱,大脑皮层的整合机制发生障碍,使笔迹出现异常反应。

人际关系的沟通、商业事务的洽谈时常在酒桌上进行。有的合同、协议就是当事人酒后头脑不清醒时签订的。有的当事人事后对自己酒后签写的事实全然不记得,矢口否认而且理直气壮。这时就要根据酒后笔迹的特点和变化规律,正确地进行鉴定。

1. 酒后笔迹的变化特点

酒后笔迹最为突出的特点或可能出现的变化可以概括为“快、大、误”三字,即速度较快,连笔增多;字形较大,结构松散;偶然笔误,出现错别字,如图 10－65 所示。形成这些特点的原因主要是酒精致人兴奋、血液循环加快、自制力降低、肢体动作不协调、手臂颤抖、视觉模糊。

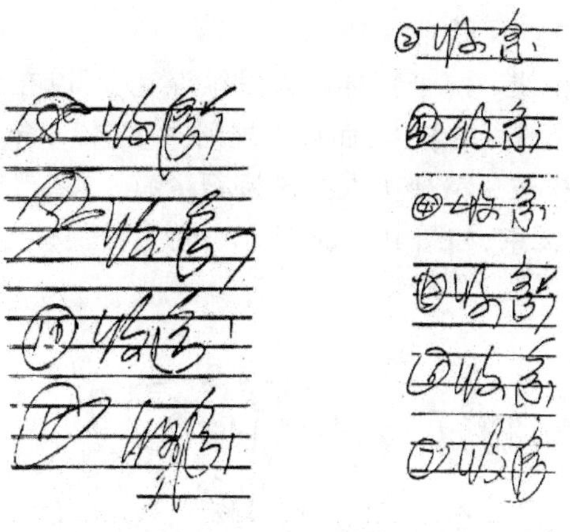

（a）醉酒后笔迹　　（b）正常笔迹

图 10－65　同一人饮(醉)酒前后笔迹

2. 酒后笔迹与摹仿笔迹的区别

实际上与酒后笔迹相像程度较高的是强行加快书写的笔迹,但是由于涉及酒后书写的案件多为经济案件或民事案件,如果物证笔迹与本人笔迹相像,那么要么是本人所写,要么是对方摹仿的。所以,此类案件的关键是鉴别物证笔迹是酒后书写还是摹仿笔迹。酒后笔迹与摹仿笔迹的主要区别如下:

(1)书写速度不同。酒后笔迹速度明显加快,连笔动作增多,字迹潦草。摹仿笔迹除高水平的忆摹外,一般是形快实慢的。

(2)字的大小不同。酒后笔迹字形普遍增大,有的大出一倍。摹仿笔迹有时也有略微放大的现象,但字形要仿照被摹仿笔迹,不会有大的改变。

(3)运笔方式不同。酒后笔迹运笔自然,轻重疾徐,错落有致。摹仿笔迹运笔反常,出现缓慢、生涩、抖动、停顿、重描现象,笔力平缓,缺乏节奏感。

(4)笔误、紊乱现象不同。酒后笔迹有时出现偶然性错别字;有时由于速度过快、行笔紊乱而导致笔顺的变化。摹仿笔迹不会出现与被摹仿笔迹不同的错别字,有时会因被摹仿笔迹结构不清,摹仿人难以分辨而“照猫画虎”,出现结构关系紊乱现象。

判断物证笔迹是酒后书写还是摹仿形成,除根据上述特点进行细致分析外,还应结合案情,如签写的时间、地点、场合,是否饮酒,饮量大小,状态如何,等等。这些情况可辅助我们进行判别。

（三）精神病人笔迹

精神病是指由于大脑功能紊乱，致使神经活动发生异常的疾病。精神病人大脑思维的异常状态，除了在日常生活的举动行为中有所反映外，还在言语活动中表现出来。精神病人书写作案多为反动标语、传单、大小字报或匿名信件。

1. 精神病人笔迹的特点及形成原因

（1）布局杂乱，不按格线。由于精神病人思维混乱，所以在全篇笔迹的布局格式上杂乱无章、不审法度，骑线书写的较多，而且不规则，如图 10－66 所示。

（2）字迹潦草，结构松散。精神病人的笔迹很少有工整、严谨的，大多写得潦草、放纵、随意，字形偏大，无拘无束，如图 10－66 所示。特别是躁狂症患者，思维奔逸，表现尤为突出。

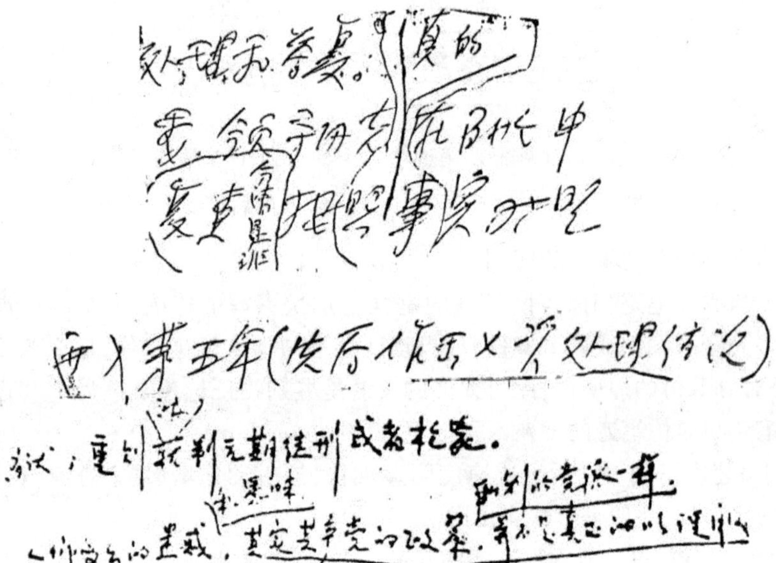

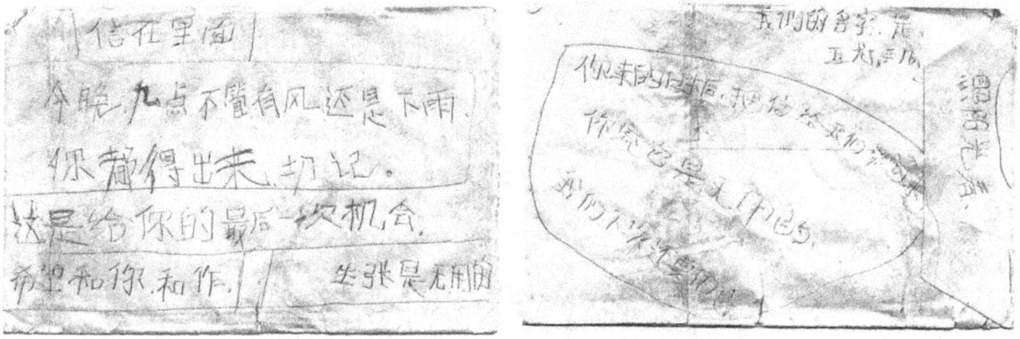

图 10－66　布局杂乱,不按格线;字迹潦草,结构松散

（3）错别字多,古怪离奇。精神病人笔迹中经常出现错别字或生造字。错字多为多笔少画或颠倒偏旁;别字多为音近别字,如图 10－67 所示。错别字往往时正时误,前后不一。生造字古怪离奇,非正常人所能出现,脱离具体语言环境不易辨认(见图 10－70)。这都是由于精神病人大脑功能紊乱,记忆模糊等原因造成的。

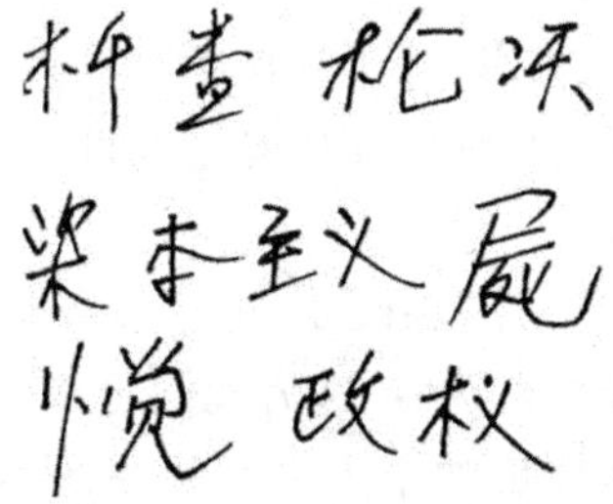

图 10－67　错别字多,古怪离奇

（4）运笔抖动,任意修描。精神病人的笔迹,无论速度快与慢,都或多或少出现抖动现象,笔画不稳,有时还不确定地对个别字或笔画进行修饰重描。这是由于大脑功能紊乱,书写运动失衡等原因造成的,如图 10－68 所示。

（5）乱用标点,寓意晦涩。精神病人在标点符号的使用上与正常人相比差别更加显著。有的通篇不使用标点符号;有的滥用、错用标点符号。更有甚者,生造标点符号或大量使用叹号;还有的在文字间穿插一些图画或生造的图形,令正常人不易理解,如图 10－68 所示。这是精神病人情绪偏执、逻辑思维障碍的表现。

图 10－68 运笔抖动，任意修描；乱用标点，寓意晦涩

熟悉并掌握精神病人笔迹的主要特点，不仅有利于鉴定中去伪存真，把握本质特点，而且有利于缩小侦查范围。需要注意的是，并不是每个精神病人的笔迹都会表现出上述全都特点。只要出现了一些比较典型的特点，就应考虑是否精神病人书写。

2. 精神病人笔迹鉴定的要点

(1)精神病人笔迹的确定

判断一份笔迹是否精神病人书写，除了根据精神病人笔迹的特点，还要结合书面语言特点、表述的内容、作案的手段、特征的使用等情况进行综合判别。

(2)笔迹特征的选择和评断

精神病人的笔迹虽然会有一些病态改变，但毕竟要以他的书写习惯为基础。值得注意的是，精神病人的笔迹一般没有伪装，这为我们选取特征提供了有利条件。抛开精神病人笔迹的易变特点，就可抓住反映个人书写习惯的本质特征，如特殊运笔动作、大体搭配比例、笔顺、基本写法等。

对于比较中发现的运笔抖动、字形松散、错别字、生造字等方面的差异点，要考虑是否符合精神病人笔迹变化的规律，从而对差异点作出客观的评价。

鉴定中使用的样本大多是患病前的正常笔迹，或是间歇期书写的笔迹，偶尔也能取到发病期的笔迹。但要注意同是发病期的笔迹也会有差别，如突发奇想的错别字、生造字等，应灵活对待。

三、外部条件变化笔迹

(一)外部条件变化笔迹的概念

外部条件变化笔迹，是指由于与书写活动相关的外界客观因素影响书写运动的正常进行而形成的变化笔迹。书写工具、承受物、书写姿势和书写环境既是书写活动的必备条件，又从不同侧面制约甚至干扰书写活动。

1. 书写工具异常

正常书写使用的工具是各种笔,包括软性和硬性两类,如毛笔、软笔、钢笔、签字笔、圆珠笔、铅笔等。书写工具异常,是指使用其他器具或物品代替书写用笔,如毛刷、布卷、木棍、石块、玻璃片、铁钉、钥匙、小刀,甚至是手指或指甲等,如图 10 - 69 所示。工具对书写活动干扰的大小,关键在于书写人是否善于驾驭工具,以及工具与承受物相互作用产生的负面影响的大小。

图 10 - 69　书写工具异常

2. 书写承受物异常

书写承受物包括两层含义:一是直接承受物,或称表面载体,如各种纸张;二是间接承受物,也叫衬垫物,即表面载体的下衬物,如桌面。正常书写时,一般表面载体与衬垫物是同时具备的。案件中的书写承受物情况有二:一是表面载体挺实,没有或不需要衬垫物,如在墙面、地面、桌面、门板、树干、电线杆、厚纸板等物体表面涂刷或刻写,如图 10 - 70 所示。这种承受物的性状及其对书写活动的影响是显而易见的。二是用较软的纸张在异常的衬垫物上书写,如以手掌、膝部、粗糙的墙面、窗台为衬垫物进行书写。由于衬垫物凹凸不平、不规则、过软或不稳定,也会使笔迹发生异常改变。

图 10 - 70　书写承受物异常

3. 书写姿势异常

正常的书写姿势，硬笔书写一般为坐姿、枕腕，以前三指为主握在笔杆下1/3处。软笔书写可坐可站，可枕可悬，多为五指握笔杆中上端。可见书写姿势实际包括身体姿势和执笔方式两个方面。书写姿势异常，是指书写者有意或无意地采用平时不惯用的身体姿势或执笔方式进行书写，如蹲、趴、躺、侧转身和高位执笔等，如图10－71所示。书写姿势异常对书写活动的影响，关键是书写姿势是否能保障书写过程的动态平衡和对笔的自如控制，如图10－72所示。

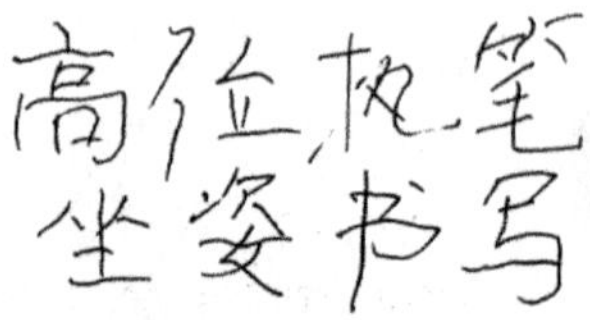

图10－71　高位执笔

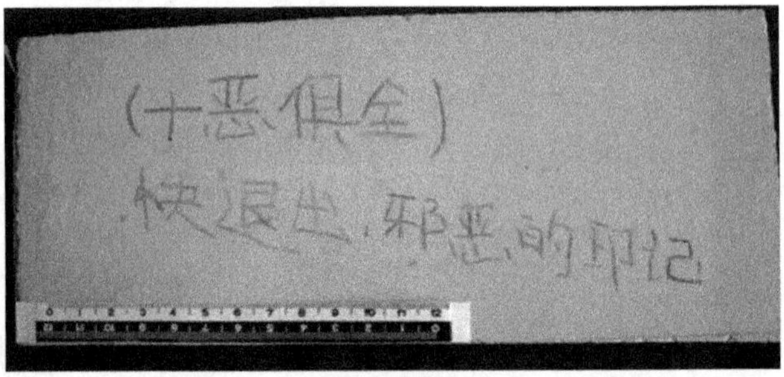

图10－72　书写姿势异常

4. 书写环境异常

书写人所处的环境如果不利于书写活动的正常进行，会使笔迹发生变化。例如，光线微弱时，主要靠动觉、位置觉反馈维持书写活动；空间狭小时，限制书写动作幅度；气候寒冷时，手指活动不灵，流墨也不畅；颠簸摇晃时，书写动作不稳定。

综上所述，外部条件变化的因素很多，有时影响笔迹变化的外部条件是多方面的，应就具体案件的情况作具体分析。比较常见、变化较大的外部条件变化笔迹是尺画字、刻画字、高位执笔笔迹以及受衬垫物影响的笔迹。

(二)尺画字笔迹

尺画字，是指辅助以某种直边工具（如直尺、三角尺等）制约着笔尖运行书写的字迹，是笔尺结合，双手并用的产物。写出的字与正常手写字迹差别较大，更加接近于等线体的字形。尺画字还是誊写油印、文书复写、美工设计等经常采用的一种特殊的书写手段。我们所研究的只是案件中作为一种伪装手段出现的尺画字。

1. 尺画字笔迹的基本特点

由于用尺比着写，所以笔迹的基本特点是笔画僵直，字形方正，如图10－73所示。这种不断扭转尺子的方向并沿其直边画写的运动，既改变了笔画原有的形态，又影响了字的正常结构，在丧失大量运笔特征的同时，也掩盖了部分搭配比例特征。因此，尺画字笔迹鉴定难度较大。但是受作案人意志力的制约，加之汉字的一些转折或弧形笔画不便于尺画，所以在尺画字中或多或少地掺杂一些手写笔画。这是不利之中的有利条件,有时是鉴定意见的主要依据。

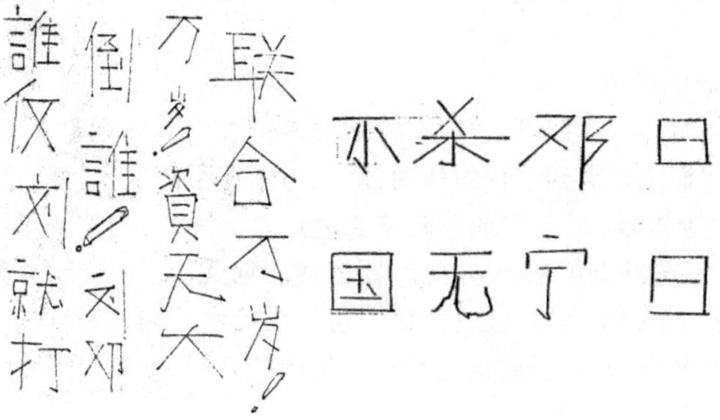

图 10-73 尺画字笔迹

2. 尺画字笔迹变化的一般规律

尺画字笔迹变化的大小,与书写人的书写技能水平有很大关系。在一般情况下,书写水平较高或有一定绘画或写美术字技能的人,动作熟练协调,其尺画字的水平相对较高,特征变化较小。书写水平较低的人,双手动作协调性差,尺画字的水平也相对较低,特征变化较大。但是书写水平较低者往往在不受尺子影响的一些特征上更多地反映其书写习惯的个性。尺画字水平的高低,可以从字的均匀工整程度,笔画的搭配比例是否匀称等方面,结合手写笔画的运笔特征来加以判别。

在尺画字笔迹中容易变化的为:运笔特征,尤其是起收笔动作、运笔细节形态、笔力分布、折笔形式与角度;笔画的搭配位置、斜形笔画的倾斜角度有时受尺子摆放位置及角度等偶然性因素的影响而发生变化;纵横相间的笔顺有时因不便频繁调转尺子方向而改成先将平行笔画依次完成。

尺画字不易变化的特征,主要是那些不受尺子影响的特征,如字的基本写法特征,习惯性错别字特征,部分笔顺特征,基本搭配比例关系特征,运笔特征中的笔画变异以及其中的手写笔画或标点符号的运笔特征。此外,笔迹的整体布局、局部安排及习惯用语特征基本不变。

3. 尺画字笔迹鉴定的要点

(1)对检材、样本材料的要求。由于尺画字中个人习惯特征保留较少,鉴定难度较大,鉴定时要求使用检材原件,以便充分发现和利用复制件上难以反映的细微特征。所用样本要求是一笔一画慢速书写的楷书体、仿宋体或等线体字迹。如有必要和可能,可收集尺画的实验样本,以增强可比性。

(2)选择特征的原则。由于尺画字不同于其他自如书写的笔迹,书写运动受到尺缘的限制,所以它只能体现字的结构形态等大体的习惯特征,而在运笔波折动作和笔力分布等方面很难暴露个人习惯。鉴定时，除按尺画字特征变化的一般规律选择特征，还应更全面地观察，充分发现并利用手写笔画的特征。只有这样，才能在不利的条件下作出正确的意见。

（三）高位执笔的笔迹

正常的硬笔书写，手指握笔位置应在距笔尖3cm左右。以钢笔为例，应握在笔杆的下1/3处。如果将握点提高到笔杆的顶端，笔尖与握点距离加大，就会干扰书写动力的传导与释放，使之难以准确、自如地控制笔尖的运动。同时，高位执笔还常常伴随悬腕书写，失去了手掌底部的支撑和调节功能，原有的动觉反馈系统也遭到破坏，手指、手腕的运动不习惯，笔迹必然产生相应的变化。这与毛笔字不同，毛笔字，尤其是毛笔写行书、草书大字，虽然执笔位置也高，但是经过反复训练和强化，建立了稳定的书写运动习惯，毛笔字笔迹也视为正常的。

1. 高位执笔笔迹的特点

高位执笔笔迹除了字形增大、结构松散外，在运笔上的特点也比较突出，表现为：运笔轻飘无力，起收笔处有反射或拖带动作，有时有多笔或笔画重叠现象等，如图10－74所示。

2. 特征的选用

虽然高位执笔笔迹会发生一系列变化，但是书写习惯的能动性决定了其必然会在不同侧面反映出固有的书写习惯。例如，布局安排、写法、错别字、笔顺、大体的搭配比例和特殊运笔等特征，基本不受高位执笔的影响，鉴定时要重点选用。

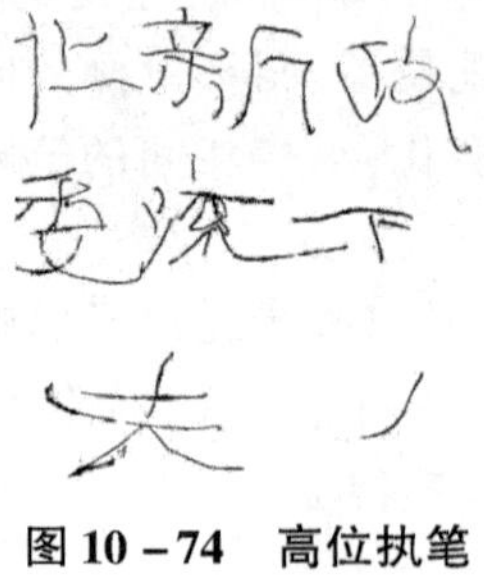

图10－74 高位执笔

（四）受衬垫物影响的笔迹

衬垫物作为书写承受物的组成部分，是指纸张下面衬垫的物品。正常书写的衬垫物一般是一沓纸或光滑平整稳固的桌面，这样可以为书写活动创造一个适宜的条件，使书写技能得以准确发挥。如果衬垫物不平、不稳、过硬或过软，都会干扰书写活动的正常进行，使笔迹发生相应的变化。

1. 不同衬垫物对笔迹的影响

（1）衬垫物过软且不平。此类情况包括垫在手掌、膝部、他人背部、沙发扶手上书写等。衬垫物过软,笔尖与纸张接触面较大,笔画易粗。由于衬垫物表面不平整,纸张不能与衬垫物表面完全贴合,力的大小不好掌握,稍不留意,容易划破纸张,搭配比例也易变化,起收笔动作难以反映出来,运笔有抖动弯曲现象。

(2)衬垫物过硬且凹凸不平。这类情况常见的有在粗糙的窗台、石桌,有裂痕的木桌等不光滑的硬物上书写。衬垫物过硬,笔尖与纸的接触面较小,笔画较细,特别是圆珠笔书写更明显。由于承受物表面凹凸不平,笔尖与承受物的摩擦力忽大忽小,要求书写人小心翼翼注意控制书写活动,往往要放慢速度,造成笔画僵直、呆板,并有抖动、断笔、笔画变形、划破纸张等现象。

2. 鉴定的要点

(1)对案情的了解。如果怀疑物证笔迹是在衬垫物异常的条件下书写的,就应详细了解书写的时间、地点、场合,当事人就书写条件的具体陈述,包括是垫在什么上面写的。这样可以引发我们对反常迹象的思考,可以通过深入分析、试验加以验证,以准确判定物证笔迹变化的性质。

(2)注意区分笔迹变化的原因。衬垫物变化的笔迹,常见的有经济案件中涉及的签名、收欠条,个别的还有绑票敲诈信、作案人的留言等。这种因衬垫物反常而导致的笔迹变化,没有故意伪装笔迹那种字形、结构和运笔上普遍的明显的反常现象。在签名、收欠条的笔迹鉴定中,要注意同摹仿相区别。摹仿笔迹很少会出现划破纸张的情况;形快实慢、涩行运笔、笔力平缓表现在摹仿笔迹的始终,而不是局部、个别的现象;行笔中的抖动和停笔现象远不如衬垫物变化造成的同类现象明显。只要注意区分,不难准确判别。实践中,对检材分析有误多半是因为忽略了衬垫物影响的可能性。

(3)特征的选用。在实际案件中,无论衬垫物如何变化,书写人都能努力适应不利的条件而顽强表现个人的书写习惯,把字写清楚。一般来讲,写法、错别字、笔顺特征基本不受衬垫物的干扰;部分搭配比例及运笔基本趋向也会不同程度地有所表现;未受影响之处或用笔较轻的人,其起收转折的运笔细节特征也会反映出来。个人习惯暴露得多少,与书写水平、适应能力、书写用纸的厚薄、纸页的多少以及书写工具是否得心应手都有一定的关系。鉴定时,应结合具体情况作出分析,慎重选用特征。

第七节　随意伪装笔迹鉴定

利用书写文字进行违法犯罪活动,书写人既想达到作案目的,又怕从笔迹上暴露自己,因而会采取各种伪装笔迹的手段。有的摹仿他人笔迹,有的采用左手伪装书写,有的改变字体和变换书写速度,也有的是靠特殊的书写条件来改变笔迹。然而较常见的是不拘形式和手法的随意伪装笔迹。尽管伪装笔迹具有随意性、隐蔽性和欺骗性等特点,但随意伪装笔迹仍是以正常书写为基础,通过书写人故意控制某些固有的书写习惯,而变换出来的一种伪装笔迹的形式。

一、随意伪装笔迹

所谓随意伪装笔迹,是书写手法上不采用某一固定的方式,也不借助某种特殊手段,而是凭书写人的主观意念,“信手生变”地随意改变自己的笔迹。由于所采用的伪装手段随意性很强,往往同一人书写的若干份或同一份笔迹中有多种变化形式,导致伪装蒙骗性增强,但总是有一种手段是其中起主导作用的伪装手段。根据随意伪装笔迹特点,将其分为五种类型:第一种类型是伪装书写水平,多数是伪装成低水平的笔迹。也有个别的“以少充老”,故意写旧体字和繁体字。第二种类型是改变字的正常形态,包括改变字形和改变字的倾斜角度。第三种类型是破坏字的结构,有意把一些笔画拉长或缩短,或者是把偏旁写得过大或过小。第四种类型是改变笔形,即着重在笔画上进行伪装,也就是把正常的线条的笔画,改变成某种非正常的形状。第五种类型是改变用笔方式,包括触笔书写、倒行笔书写、滚动笔杆书写等。

在随意伪装笔迹中,有的侧重在书写水平,有的侧重在字形轮廓,有的侧重在字的结构,有的侧重在笔画形态。由于具体伪装手法不同,鉴定时的着眼点也有所区别。

二、降低书写水平的笔迹

凡是伪装笔迹,在大多数情况下从外观看,笔迹的书写水平或多或少都有所下降。这其中只有少部分是以降低书写水平为伪装手段的,目的是企图将书写人伪装为书写水平较低者。

(一)伪装低水平笔迹的一般规律

伪装低水平的笔迹,是通过降低笔迹的书写速度和熟练程度,减少笔画的连贯性,有意造成部分字的运笔呆板、生硬,使一些字的结构失称,甚至有意写一些错别字,而这类错别字一般都是常用字。也有的在字的形体上改变成横平竖直,形成结构拘谨的类似小学生的笔迹,如图 10 - 75 所示。

由于降低书写速度,减少笔画的连贯性,伪装低水平笔迹的变化主要在部分字的运笔形态,转折笔的弧度、角度以及搭配比例和笔力特征上,同时,起收笔的细节动作特征也会受到一定的影响。

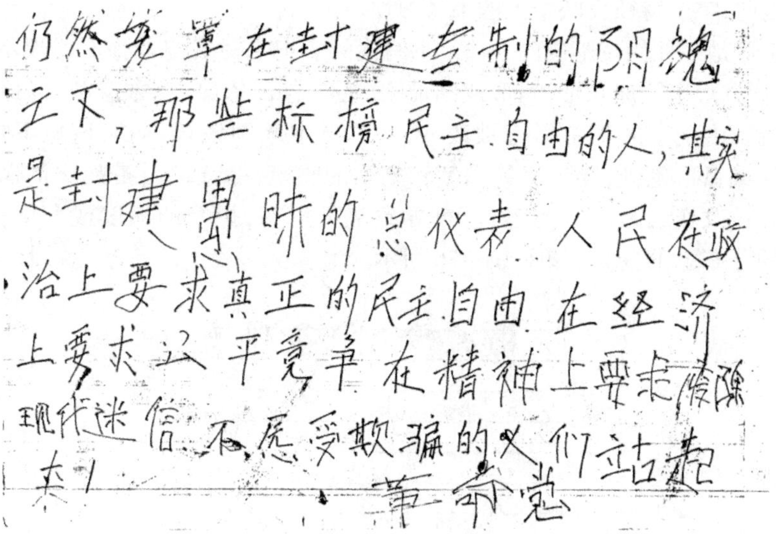

图10－75　伪装低水平笔迹

(二)伪装的低水平与正常低水平笔迹的区别

伪装低水平笔迹与正常书写水平低的笔迹有些雷同,如何正确地区分这两种不同性质的低水平,对于鉴别是否伪装,准确地选用笔迹特征,保证鉴定意见的正确性有重要意义。它们之间的主要区别如下:

1. 伪装低水平的笔迹部分字或笔画书写缓慢,运笔呆板、生涩或伴有停顿和抖动现象,但有些单字、偏旁或笔画反映出较高的书写水平。书写水平低的笔迹运笔虽有时较慢,也有生涩、呆板现象,但总体观察比较自然,且前后一致,无不正常的停笔或抖动现象。

2. 伪装低水平的笔迹字的大小不均,相同字的结构、搭配比例或运笔形态前后不一致,缺乏规律性,布局不规整。书写水平低的笔迹相同字或不同字的同部位写法一致,结构、搭配比例和运笔有一定的规律性。

3. 伪装低水平的笔迹在常用字上出现错字、别字,且时正时误;结构较复杂的非常用字却能正确书写和运用,出现的错别字现象与遣词造句、语言表达能力较强相矛盾。书写水平低的笔迹出现的错别字前后一致,与语文水平不高相吻合。

三、改变字的正常形态的笔迹

改变字的正常形态,包括改变字形和改变字的倾斜角度。

(一)改变字形的笔迹

一般汉字的字形是方正的,故称为"方块字"。大部分人的字形也是方正的,也有的人写长形字、扁形字或圆形字。这和每个人的生理、心理特点，审美情趣，书法训练的基础有关。因此，字形特征反映个人的书写习惯。

改变字形是一种伪装笔迹的手法。书写人故意把字写成与其平时习惯不一致的字形。例如，把方形字写成长形、扁形或圆形字，甚至忽长忽扁，忽方忽圆，以掩盖其笔迹的真实面貌。由于字的正常形态被改变，一些基本笔画该长不长，该短不短，竖直笔画写成斜形或弧形笔画，导致运笔幅度和笔画的收笔位置改变，搭配比例也将发生相应的变化。被改变成圆形字的笔迹，可导致笔画形态，折笔的弧度或角度，以及笔力大小和力的分布上的变化，如图 10 – 76 所示。

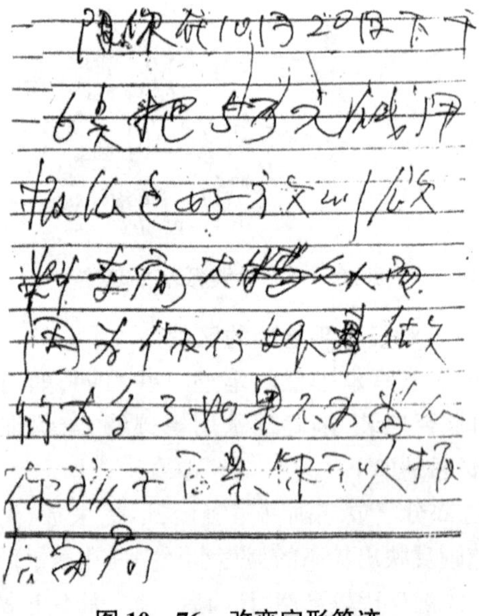

图 10 – 76　改变字形笔迹

（二）改变倾斜角度的笔迹

多数人写汉字竖画是垂直的，少部分人习惯写斜形字（其中有的是向右倾斜，有的是向左倾斜）。

改变字的倾斜角度也是一种伪装笔迹的手段。书写人有意违反其平时的书写习惯，将垂直、端正的字，伪装成向右倾斜或向左倾斜；或者把平时习惯倾斜书写的，改成端正的字迹，如图 10 – 77 所示。还有的将略微倾斜的字，进一步加大倾斜角度。正常倾斜的笔迹，其相同字和不同字的同一类笔画倾斜方向和角度是一致的，运笔自然、流利，字的结构比较协调。有意改变字的倾斜，由于是受意识的控制来完成基本笔画的下笔位置和运笔方向，而意识不能完全驾驭习惯动作，因此，在整篇笔迹中，相同字或同笔画的倾斜方向和角度就出现不一致的现象，搭配比例和运笔形态的协调性也会受到影响。

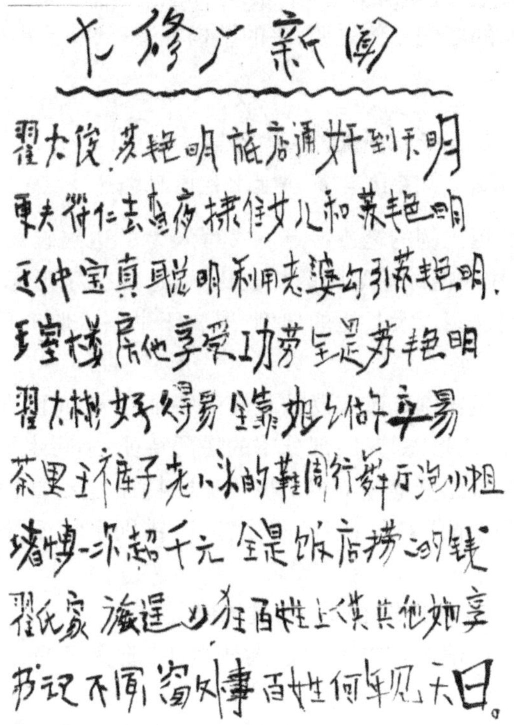

图 10－77　改变倾斜角度的笔迹

（三）特征的利用

改变字的倾斜角度的笔迹，除大笔画和框架外的笔画的搭配比例、运笔形态可能有变化外，框架内的小笔画起收笔位置、运笔形态和细节动作特征基本可以反映其固有习惯。有的字整体倾斜，但笔画之间的相对位置与方向不变。此外，字的基本写法、错别字、笔顺、标点符号、布局等特征可具体分析和选用。

四、破坏字的结构的笔迹

破坏字体结构的笔迹，是指书写人故意破坏笔画之间或偏旁部首之间的搭配比例关系，使字的结构松散、紊乱的一种伪装形式。破坏字体结构的伪装，主要是通过改变字的各组成部分之间的搭配比例关系，故意改变笔画间的长短比例；故意改变偏旁部首间的大小比例；故意打乱字的各部位的正常位置，使文字变得奇形怪状等。

破坏字的结构有两种情形，一种是有意拖长或缩短字的个别笔画，改变笔画的比例关系；另一种是改变字的各部分的位置关系。

（一）改变个别笔画长短的笔迹

故意改变笔画长短比例是指书写人故意拉长或缩短笔画的长短比例，造成字的笔画结构失调的一种伪装笔迹，如图 10－78 所示。由于有意拖长或缩短字的个别笔画，导致笔画之间或偏旁之间的搭配比例失调，字的结构不适称，甚至出现结构紊乱的现象。

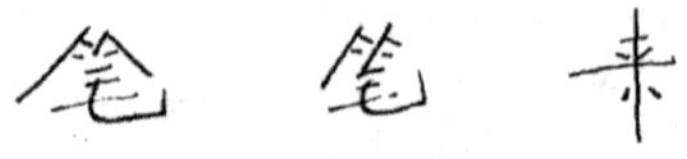

图 10－78　笔画长短比例笔迹

1. 故意改变笔画长短比例的笔迹特点。书写人为了达到破坏笔画长短比例的伪装目的，往往故意夸张地拉长或缩短笔画的长短比例，造成文字形态的非正常现象。在进行这类伪装时，笔画的长短，以及长短的比例，取决于书写人临时的动机，而这个动机又是随意的、不稳定的。

2. 故意改变笔画长短比例笔迹容易被改变的特征主要如下：笔画的长短比例特征；部分笔画的运笔方向、运笔形态特征；部分字的搭配特征；书写水平特征等。

3. 故意改变笔画长短比例笔迹不容易被改变的特征主要如下：起收笔的运笔特征；笔顺特征；大多数笔画的搭配特征；字的写法特征；错别字特征；标点符号特征；语文水平特征；语言特征等。

（二）故意改变单字组成部分比例的伪装笔迹

其是指书写人故意将偏旁部首写得过大或过小，改变字的正常结构形态的一种伪装笔迹。

1. 故意改变单字组成部分比例的笔迹特点。故意改变单字组成部分比例，其目的是改变字的各组成部分间的大小比例关系，至于将字的哪些部位写得过大或者过小，对此书写人并没有成熟的思考、固定的模式，而是临时发挥、随心所欲。因此，这类伪装笔迹具有随意性和不稳定性。

2. 故意改变单字组成部分比例笔迹容易被改变的特征主要如下：偏旁部首间的大小比例特征、搭配特征；字形特征；书写水平特征等。

3. 故意改变单字组成部分比例笔迹不容易被改变的特征主要如下：运笔特征；笔顺特征；笔画的搭配特征；字的写法特征；错别字特征；标点符号特征；语文水平特征；书面语言特征等。

（三）改变字的各部分位置关系的笔迹

把字的各部分拆开，任意挪动其正常位置，甚至左右部位颠倒，或者使偏旁间的大小比例失调，如图 10－79 所示。

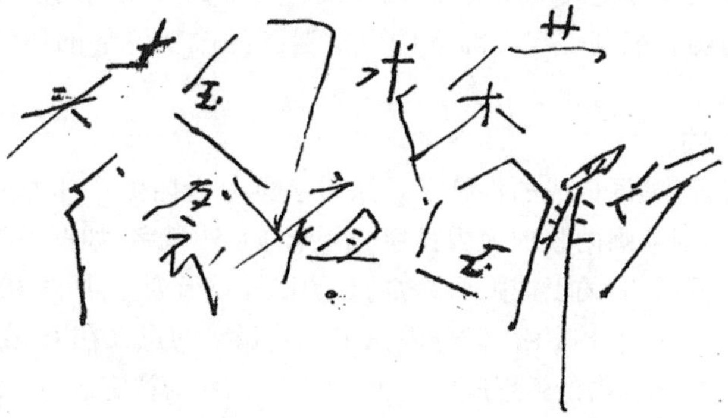

图 10－79　破坏字的结构笔迹

1. 故意变动字的各组成部位的笔迹特点

书写人在故意变动字的各组成部位时，主要表现有两种形式：其一，故意改变单字偏旁部首间的上下左右间距，从而导致字形松散凌乱或者密集紧缩不堪；其二，故意将偏旁部首写得过高过低，造成错位，使字奇形怪状、东倒西歪，严重者不易辨认。

上述两种伪装方法具有三个共性：其一，书写速度减慢，书写水平降低；其二，笔迹的结果都是破坏了字的基本构成形式；其三，伪装过程都具有随意性、不稳定性。

2. 故意变动字的各组成部位容易被改变的特征

主要包括：字的各组成部分或笔画之间的正常搭配比例特征；书写水平特征；字形、字体特征；文字布局特征等。

3. 故意变动字的各组成部位不容易被改变的特征

主要包括：笔顺特征；大多数笔画的运笔特征；字的写法特征；错别字特征；标点符号特征；语文水平特征；言语特征等。

（四）特征的利用

破坏字的结构这种伪装手法，从宏观上看笔迹的变化比较大。但如果具体分析，并不是每个字或字的每个部分都发生变化。由于表现一个人书写习惯的笔迹特征是全方位、多层次的，因此，必然会出现大变小不变，变中有不变。如字的整体结构破坏，而局部是正常的；偏旁大小比例失调，而偏旁内部笔画的搭配比例、运笔形态、连笔形式、笔力分布以及起收笔的细节特征却可能不变化。由于作案人把伪装的注意力集中在破坏字的结构上，在字的基本写法、错别字、笔顺和布局等特征上可以反映其固有习惯。

五、改变笔形的笔迹

笔形，即笔画形态。改变笔形，是指通过改变正常的笔画形态伪装笔迹的一种手段。正常书写的汉字，是由八类（横竖撇捺点提钩折）单线条的笔画按一定规则构成的。

有的作案人故意采用复合笔画或曲线、点线来代替正常的有规则的单线条笔画，从而形成改变笔画形态的伪装笔迹。在实际案件中常遇到的改变笔形的伪装字有弧形字、空心字。

（一）弧形字笔迹

弧形字，是指弧形笔画构成的伪装字。弧形字可分为内弧字和外弧字，以单字的中心部位为参照点，外围笔画内收的为内弧字，外展的为外弧字，如图 10－80 所示。由于不同人的书写习惯不同，有的以内弧形为主，有的以外弧形为主，如图 10－81 所示。就全篇而言，没有绝对内弧字或外弧字。区分内弧字与外弧字的意义在于，在与嫌疑人的弧形字实验样本比较时，分析二者的弧形倾向是否一致，可以作为认定或否定的辅助依据。

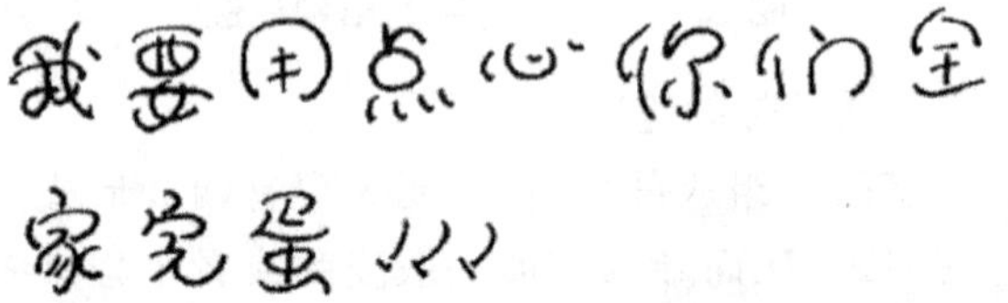

图 10－80　破坏字的结构笔迹

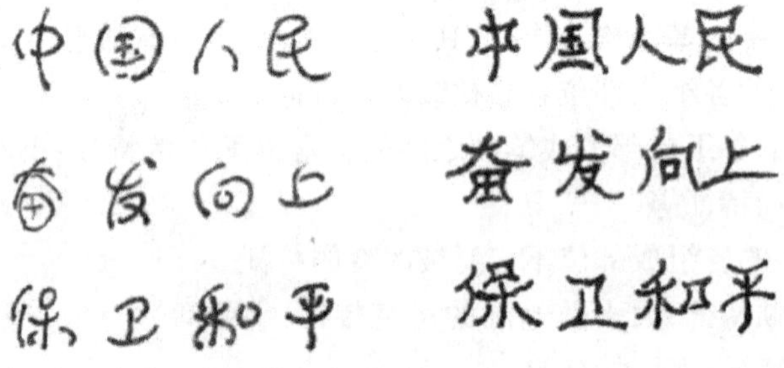

（a）内弧字　　　　（b）外弧字

图 10－81　内弧字与外弧字笔迹

弧形字笔迹的变化，主要是将直线或转折笔画改为弧形线条，有的将较长笔画变为弧形，短笔画不变；外围部分的笔画弧度较大，内部笔画弧度较小；也有的无论笔画长短一律成弧，致使短小的点画拉长。由于形成弧形笔势，使笔画的开头结尾动作特点随弧度而变，从而影响到折笔、钩笔、点笔的动作特点。这种伪装字，在书写时必然降低书写速度，笔力变得平缓，少有笔锋，不易出现连笔及意连现象。

弧形字的笔迹鉴定，可以选用不受这种伪装手段影响的笔迹特征。如字的基本写法特征、笔顺特征、错别字特征、大体的搭配比例特征；如果是起笔后画弧，笔画的起笔位置及其反映的搭配关系仍能反映平时习惯；框架内部笔画、复杂部位的细小笔画一般不加改变，其运笔和搭配比例特征可以选用。

(二)空心字笔迹

笔画是空心的字即为空心字,如图 10－82 所示。空心字按其勾画手段又分为三种类型。

图 10－82　空心字

1.按字的轮廓勾画的空心字

按字的轮廓勾画的空心字,独体字是以整字为单位,合体字是以偏旁为单位,不交接的笔画以笔画为单位,分别沿其外部轮廓勾画而成。这种空心字脱离了正常书写的某些规则和笔法,与书写人平时书写的笔迹差别较大。笔迹变化的大小与书写水平、勾画空心字的技能高低有关。

书写水平较高者,对字的结构形态记忆明晰,勾画空心字的能力相对较强;平时有过训练的人,适应了这种书写方式,能够掌握相应的技巧,空心字中反映其平时的习惯特征比较充分。

鉴定这种空心字,应根据书写人勾画空心字的水平,以及字的形体结构特点,选用某些字的基本写法特征、错别字特征和部分笔顺特征。特别是那些非交叉笔画的笔顺,如党字中“一”的笔顺,以及偏旁间的笔顺,如落字的草字头、三点水和“各”部之间的笔顺。即使是交叉笔画的笔顺,也应作具体分析,有时可以根据明晰的起收笔位置,以及笔画间的搭配比例关系等情况加以综合判断。此外,运笔的基本方向,个别出现的单线条笔画的运笔特征,以及整体布局、局部安排、标点符号等特征也可以运用。

2.逐笔勾画的空心字

逐笔勾画的空心字,是以笔画为单位,按照笔画的书写顺序,逐笔勾画而成。

逐笔勾画的空心字,可分为认真勾画和随便勾画两种。前者一般是以楷书或仿宋体为基础,根据字体规则和书写习惯,认真书写勾画而成。其特征变化较小,除保留前一种空心字的习惯特征外,笔顺、搭配比例等特征将不受影响,基本上能反映书写人平时书写同体字笔迹的特征。后者则是书写人按字的结构和写法,不考虑笔画的形态要求,以较快的速度采用没有棱角的圆弧形笔画任意勾画而成。这类字一般仅能反映笔迹大体方面的特征,如字的写法、错别字,基本搭配比例关系,运笔变异及笔顺特征。起收笔动作、笔力分布、连笔动作等特征难以得到真实的反映。

3.附笔勾画的空心字

附笔勾画的空心字,是在一个字写成以后,沿着已经写好的笔画的一侧,逐笔勾画成空心的笔画,从而形成空心字。这类空心字笔迹粗看似乎变化很大,实际上是最容易鉴定的一种空心字。只要分清先写的笔画（主笔）和后写的笔画（附笔），问题就迎刃而解了。

主笔的特点为：运笔自然流畅，着笔较重，墨水较浓；笔画间组合关系协调，搭配比例适称，上下笔画间有照应关系。

附笔的特点为：着笔较轻，墨水较淡，被动地伴随先写的笔画，有抖动弯曲现象；笔画间无协调感和照应关系，笔画开头、结尾处多有封口动作。

鉴定时，首先要区分主笔与附笔，然后以主笔为主要依据，选择各方面的笔迹特征进行鉴定，同时以附笔为参考，特别是在解释差异时，不应忽略附笔。

六、改变用笔方式的笔迹鉴定

改变用笔方式，是指作案人在伪装笔迹时，采用一种与正常书写不同的一些用笔方法。包括杵笔书写、倒行笔书写和滚动笔杆书写等。

（一）杵笔书写的笔迹

正常书写的笔画，从起笔、运行到收笔是有节律的运动，每一画都运笔到位。杵笔书写则是靠起笔后沿笔画的基本方向，突破正常的摩擦力而凭借惯性冲击的一种书写手段，出现落笔重，收笔轻，笔画僵直呈锥形，转折笔画分两笔完成，如图 10－83 所示。

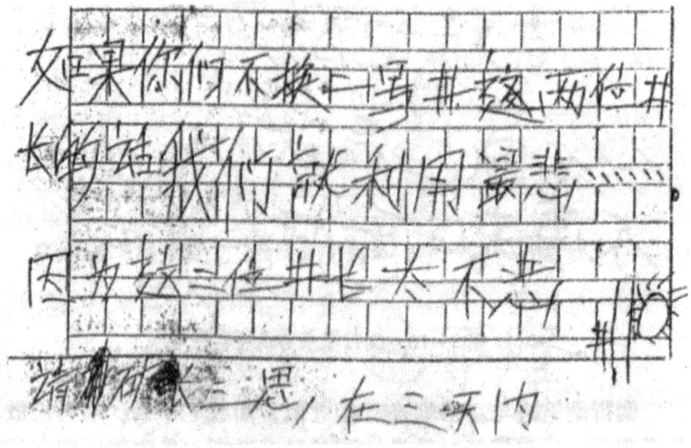

图 10－83　杵笔书写伪装笔迹

杵笔书写笔力不匀，书写动作不平稳，由于在起笔处因笔尖的跳动可出现倒勾，运笔形态、连笔形式被破坏，起笔、收笔的细节动作特征也受影响。

（二）倒行笔书写的笔迹

倒行笔书写的笔迹，亦称逆行笔或反行笔书写，是指书写人故意违反写字自上而下、自左而右的运笔规则和书写习惯，将笔画的起、行、收的方向颠倒过来进行书写的伪装手段。这种运笔方式是靠推、送、拖来代替提、按、顿的有节奏的正常运笔。因此，不仅书写速度减慢、搭配失称、结构松散、笔画弯曲、收笔伴有拖笔动作，而且在一些笔画多的字迹中由于搭配不准确而出现笔画交叉现象，如图 10－84 所示。

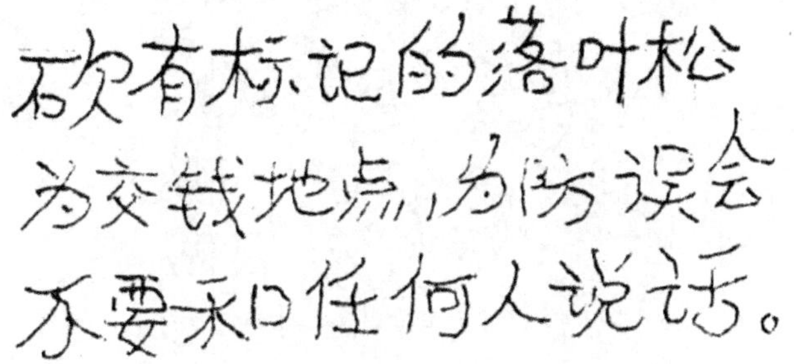

图 10－84　倒行笔书写伪装笔迹

倒行笔笔迹与左手笔迹有些近似，如起笔不准、结构松散、笔画弯曲、反起笔等。但是，两者又有区别。最大的区别在于，倒行笔书写的字无论横笔、竖笔均倒起笔，横画一般不会出现左高右低，不会出现反字和字的左右部位颠倒，以及字行向右下倾斜现象；运笔虽有弯曲，但很少出现抖动。

倒行笔书写，主要导致运笔特征上的变化，如运笔形态，笔力大小和笔力分布，以及起收笔的细节动作等。但这种伪装笔迹，由于受注意力、意志力和书写动力定型的制约，不是每一个字、每一个笔画都是倒行书写，特别是在一些笔画复杂的字中，往往夹杂着一些正常的运笔笔画。这些笔画的运笔及其细节特征，是鉴定此类笔迹必须予以重视的。其他不受此种变化影响的特征当然可以选用。

（三）滚动笔杆书写的笔迹

滚动笔杆书写也是一种伪装笔迹的方式。正常书写文字是用拇指、食指和中指执笔，而这种伪装手段则是用手指采用拧动笔杆来完成每个笔画。由于拧动笔杆时不容易控制笔尖的运动，因此字形变大，结构松散，笔力飘浮，同一类笔画中出现带有规律性的笔画弯曲现象，在起笔、收笔中伴有倒勾，如图 8－85 所示。

此类伪装手法导致字形变大，运笔形态、笔力分布、折笔的角度或弧度，以及起笔、收笔的细节动作发生变化。

滚动笔杆书写，与左手笔迹、倒行笔书写，在笔画弯曲，起收笔伴有倒勾等特点上有些近似。但是，滚动笔杆书写字形大，没有反起笔、反字和左右部位颠倒现象，横画和字行没有左高右低的左手笔迹的典型特点。

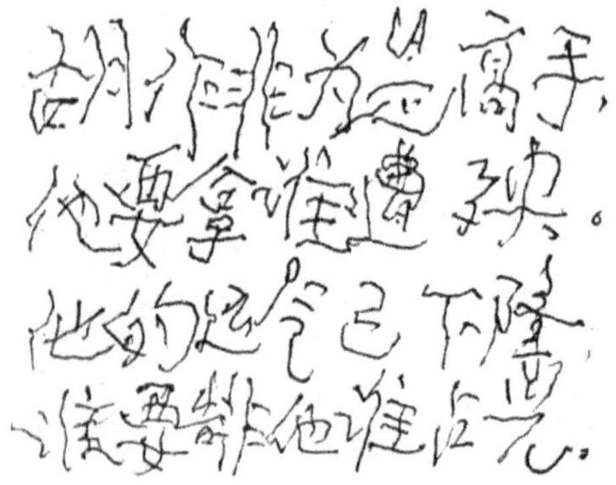

图 10－85　滚动笔杆书写伪装笔迹

七、随意伪装笔迹鉴定的要点

随意伪装笔迹的类型比较复杂，变化规律不甚统一。特别是在检材字数少或嫌疑人样本不充分的情况下，鉴定难度较大。但是只要切切实实地遵循笔迹鉴定的程序和方法，因案而异具体分析检材，排除伪装笔迹的假象，选准特征，科学合理地解释差异点，是可以作出正确鉴定结论的。

（一）藐视伪装，注重分析

随意伪装笔迹的反常现象比较显著，给人以笔迹变化严重、无从下手的印象。但是应当承认任何伪装都是在作案人的书写技能所及的限度内，都在其书写习惯的基础上的变化。要敢于从战略上藐视它，认真观察其变化的规律和特点，区分它是属于哪种类型的伪装，找出引起笔迹变化的原因，进而分析哪些是伪装的假象，便可以发现可供鉴定、鉴别的笔迹特征。如果一遇到伪装笔迹，首先从心理上感到难办，就不会有冷静的、信心十足的科学分析，就会陷入盲目性。

（二）把握规律，选准特征

选择特征要针对伪装笔迹的类型、特点，要根据笔迹变化的一般规律，分析该种手段会产生哪些变化，哪些是属于书写人的习惯特征。

在随意伪装笔迹中选取特征的做法：

1. 充分利用大变小不变、外变内不变、此变彼不变的规律，从结构比较正常，运笔比较自然，书写速度比较快的单字、偏旁或笔画中选取特征。

2. 排除特定的伪装手法造成的有规律的假象，在重复出现的字、偏旁或笔画中选取前后表现一致的特征。

3. 随意伪装笔迹不影响错字、别字特征。但若在常用字上出现多一笔少一画的错字或错用，则要警惕是否有意伪装，或该种伪装手法易出现的变化。

4. 某些特殊写法的特征,包括繁体、异体和习俗字等,也不受一般伪装的影响,但使用频率过高的繁异体字也反常。

5. 对于那些只出现一次,而形象特殊的字、笔顺、搭配比例和连笔方式,可以作为有疑问的特征试用(多数在少量字案件),待同嫌疑人样本笔迹比较时加以验证。

6. 字数较多的笔迹,可选用其布局格式特征。

7. 标点符号的使用,安排位置与形态,特别是某些添补、颠倒、涂改的方式与形态,在随意伪装中常被忽略。它们往往反映真实习惯。

(三)全面、深入、突出特性

伪装笔迹特征的选取和比对,不单是技术问题,还涉及工作作风和思维方法。根据伪装笔迹鉴定的实践经验,有必要强调在鉴定工作中要做到全面、深入、突出特性。

全面,是指发现和选取特征的广度。在伪装变化笔迹鉴定中更要善于发现和选用方方面面各类特征和各层次特征。特征数量的聚集是笔迹鉴定作出正确鉴定结论的物质基础。因此,在选用特征上不能偏爱某方面的特征而忽视另一方面的特征。要从每个案件的实际出发,对能暴露书写人书写习惯的特征都要注意挖掘和使用。就每个字来说要研究和运用它的写法、搭配比例、笔顺和运笔;就运笔来说要研究和选用它的运笔幅度、弧度(角度),运笔形态,笔力大小和力的分布特点以及起收笔的细节动作。有条件的还要注意利用笔痕特征。这些都是在伪装笔迹特别是少量字鉴定中必须注意的。事实证明,由于注意的局限性,作案人改变字的写法,不等于改变笔顺、搭配比例或运笔;改变搭配比例,破坏字的结构,不等于改变笔顺和框架内的搭配和运笔特征;改变某些字的笔形,不等于改变了起收笔的动作特点和力度的分布。

深入,是指对特征的认识要深,要通过现象抓住本质特征。如错笔顺特征,多数伴有搭配比例失称,若把它只看作搭配特征,就降低了这个特征的价值。句号特征,不仅要看使用句号是否正确,还要看它的安排位置,同时还要深入研究句号的起收笔位置、环转方向,以及句号的运笔形态和笔力的分布。就是说要善于从笔迹的深层次挖掘特征。

突出特性,是指在鉴定过程中选取检材和样本的各类特征时突出特性。就是着重注意发现书写人书写习惯的个性化的表现。特性是区别不同人笔迹的根本属性。在众多的特征中抓住具有特殊价值的特征,将成为鉴定结论的有力根据。突出特性,既体现在选取特征过程中,也体现在综合评断中。可以就一个字的写法,或运笔或笔顺或搭配比例特征中突出具有特殊价值的特征,也可就一个字或一个笔画的不同侧面和不同层次上选择特征,从而形成的“小综合”来突出特性。如“犯”字,应是撇、弯钩、撇、横折钩和竖弯钩依次构成,但伪装书写的“犯”字,如图 10-86 所示。

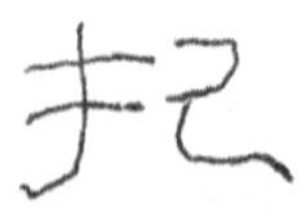

图 10-86 用小综合选取"犯"字的各类特征,突出特征的特性

首先是错字特征,因为把"巳"部写作"己"部。其次是把一撇笔写成横画,是运笔的笔画变异特征;第三撇笔又写成横画,也是笔画变异特征;"艹"部先写两横又是笔顺特征;两横画起笔位置是搭配特征。最后的竖弯钩起笔位置于横画的正中,是搭配特征。总观这个"犯"字,就是五个具体特征的总和,它在不同人笔迹中再现的概率是非常小的占因此它的价值就比一个错字特征或一个笔顺特征高得多。尽管在嫌疑人样本中没有出现"犯"字,但与"获"字和"范"字的同部位所反映的特征完全相符,成为认定书写人的一个有力根据。

(四)编辑好特征比对表

笔迹鉴定是通过认真系统的分析和比较检材笔迹和嫌疑人样本笔迹的各类特征,认定两者书写习惯是否同一,从而作出鉴定结论。

编辑特征比对表,不仅是对检材笔迹和嫌疑人样本笔迹比较结果的翔实记录,更重要的是通过全面系统的科学编辑,把分散零乱的特征字分门别类有序地排列起来,便于认识笔迹的变化规律,深刻把握笔迹的本质特征。因此,笔迹鉴定必须认真编辑(制作)特征比对表,而且要充分地体现选取特征的系统性和真实性。

系统性,是说比对表要全面地反映检材和样本笔迹各类特征的变化规律。要把检材、样本的各类特征,包括相同字和不同字的同部位上的多种表现和变化规律充分地反映出来。特别是要体现检材和样本在相同字体、相近速度下各类特征的变化。这样在增加可比性的情况下,有助于准确认识异同点的性质。

真实性,是说描记的各类特征要客观真实,要反映书写人书写习惯的本来面貌。描记特征要尽量做到形神兼备。有条件的可复印(或照相)剪贴编辑特征比对表。特别要注意的是在选择样本的特征时,切勿张冠李戴,把不是该人的笔迹混进来。对于那些案情复杂,需选用大量单字才能展现其书写习惯特性或多份检材之间的内在联系时,可在草拟比对表的基础上再进一步研究归纳,以改善特征比对表的编排,便于从特征字的纵横关联上,把握笔迹的变化规律和书写习惯特征、特性的异同。

(五)科学合理地解释差异

在笔迹的比较鉴定中,存在差异点是个普遍现象。同一人的正常笔迹会有差异,伪装笔迹更会有差异。关键是要弄清是本质差异还是非本质差异。

在伪装笔迹鉴定中,区分本质差异与非本质差异要从案件的实际情况出发,属于下列情形之一者,一般可认为非本质差异:一是伪装变化形成的。这要针对物证笔迹的具体伪装手段,看这些差异是否属于这一种伪装手段导致的变化。二是受书写条件的影响。因为在伪装笔迹中往往掺杂着书写条件的变化。这要结合物证笔迹的形成环境、承受物、书写工具、书写姿势等,从因果关系上进行分析。三是看是否为样本材料的局限所致。如样本材料太少,或没有同期样本,或缺早期样本,或样本书写太快,都可能形成非本质差异。然后是要对符合点和差异点作对比分析。这是从另一侧面来认识差异点的性质,不仅要分析和对比符合点和差异点的数量,而且要研究它们的质量。在伪装笔迹鉴定中差异点的数量相对多些,所以侧重对它们进行定性分析。就是看异同双方何者质量高,何者是矛盾的主要方面。

由于笔迹特征是多类型多层次的。不要让一个字整体外形上的显著差异掩盖了内部的细节上的高质量的符合,这在伪装笔迹鉴定中尤需注意。所以出现非本质差异的同时,将在同一个字或不同字的同一部位上又存在某些质的符合。如果是本质差异,也必然在这些差异点以外还会发现其他特征的本质不同。

当然,解释差异,也不可能对每个差异点的成因都能说得很透彻、具体。若从总体上把握住书写习惯特性的同一,存在个别解释不了的差异点,也无关大局。这并不是说对差异点的认识可以视而不见或囫囵吞枣。因为在随意性伪装笔迹中,有时几种伪装手段并用,究竟是怎样伪装出来的,作案人自己往往也讲不清楚。

第八节　左手伪装笔迹鉴定

左手伪装笔迹,是指右手书写人故意改用左手执笔书写的字迹。绝大多数人都习惯于右手执笔书写,当故意改用左手执笔写字时,往往会感到不便,书写的笔迹发生很大变化,与其右手正常书写存在明显差别,这成了书写人采用左手伪装手段的主要意图。有的人从小就用左手写字;也有的人因右手残疾或其他原因,后来改用左手写字;还有的人经过长期练习,左右手都能熟练地书写。这些已习惯用左手写字的不属于伪装,而是正常的左手笔迹。笔迹鉴定中着重研究的是左手伪装笔迹。

左手伪装笔迹能够反映书写人右手书写所形成的某些书写习惯。因此,依据物证笔迹上所反映的这些习惯特征来加以鉴别。利用左手书写进行伪装,是涉案人经常采用的伪装手法之一。这种伪装手法在刑事和民事等各类案件中都有发生。由于书写人出于伪装心态,改用不擅执笔的左手写字,致使笔迹特征发生变化,左手伪装笔迹与右手的一些伪装、变化笔迹有相似之处,易于混淆,必然给鉴定工作增加了难度。这就给鉴定人员提出了更高的要求,要了解左手书写的机理,掌握左手笔迹的特点,正确运用笔迹变化规律去分析选用特征,客观地评价符合与差异的性质,从而提出正确意见。

一、左手书写的生理机制

人的书写活动是一个极其复杂的机体活动过程,这个活动过程由机体的脑、眼、肩、臂、肘、腕、手等部分密切配合，在大脑的统一指挥下有序地进行和共同完成。绝大多数人平时都用右手执笔书写，一旦改用左手书写，也能写出字来。一个人的左手执笔书写能够反映他右手书写的某些书写习惯，同时又有很大差别。

（一）“利手”现象

在日常生活中，特别是在从事一些有较高技巧性的活动，如书写、绘画及使用餐具、剪刀等时，人们习惯以一只手为主进行操作。这种现象，生理学上称为“利手”。惯用左手的叫作左利手（俗称“左撇子”）；惯用右手的称为右利手；还有一种情况，是介于两者之间，左右手的使用比较均衡，称为两利手。相关研究统计表明，世界上90%以上的人为右利手。这与先天的遗传因素和后天的训练发展有关。儿童期左利的分布率要高于成人期，由于在后天生长发育过程中，受社会规范、习惯和环境的制约，经过反复的训练，一些最初具有左利倾向的儿童，逐渐发展成为右利者。

（二）大脑言语功能

神经生理学有关实验研究表明，对于大多数人而言，左侧大脑半球为其言语功能的优势半球；右侧大脑仍保留程度不等的言语功能，称为副侧半球，如图10－87所示。两侧大脑半球的神经结构似乎是相互对称的，但是，比较高级的皮质活动在两侧半球相应区域并不对称，而呈一定的功能专化。左半球主司说话、书写、阅读、计算、抽象的分类等；

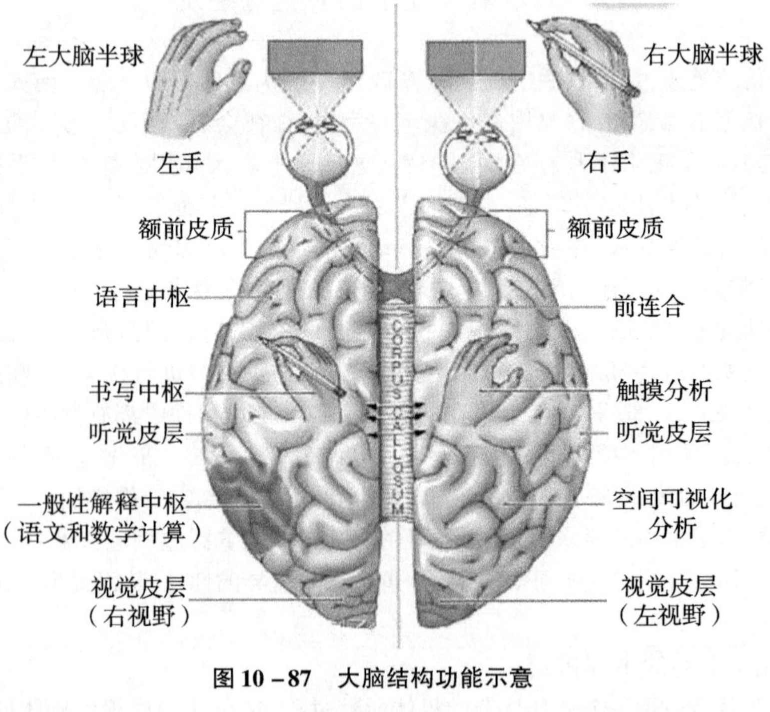

图10－87　大脑结构功能示意

右半球主司想象、色觉、音乐、韵律、空间知觉等。左脑擅长于语言和计算、逻辑分析和抽象思维；右脑擅长于非语言的形象思维和直觉思维。这是因为左右两半球颞叶的功能和平面的大小不等所致。大约95%的人，左侧颞叶与言语功能有关，构成Wemicke言语区的一个重要部分；右侧颞叶则与空间构型的认识和音乐欣赏有关。大约80%的人两侧颞叶不对称。左侧颞平面较右侧颞平面大的占65%，右侧较大的仅占11%，左右相等的占24%。

生理功能及解剖结构的这种差别，可能就是左侧半球赖以发展言语功能的有利条件。既然绝大多数人的言语优势半球为左半球，中枢神经系统对人体感觉和运动又呈交叉支配，那么大多数人就用右手写字。

（三）左手笔迹的形成

书写人经过书写技能的学习和训练，并在反复的书写实践中逐步形成书写习惯。而未经训练的左手也能写字，这是由于大脑两半球之间的联合系统——胼胝体连接两半球对应的皮质区，使一侧大脑半球任何皮质区进行的活动都能非常迅速而有效地传到同侧半球的皮质区以及对侧大脑半球，使两半球的功能既各有所长，又互为补充、代偿，使大脑形成一个有机整体。同时，书写技能和人体的其他技能一样，也具有迁移性。右手的书写技能可以迁移到左手，甚至脚或嘴（如脚夹笔、嘴叼笔书写）。这可能是由大脑一体化机理所决定的，即大脑是一个统一的整体，左右两半球的有关中枢之间存在联系。同时，中枢神经系统内感觉和运动传导通路并不全部交叉，有一小部分是同侧投射。当一只手练习书写时，另一只手也在做镜像式的潜在运动，从而获得那只手的书写技能。

右利者的语言中枢定位在大脑左半球，直接支配右手执行书写活动。但是，当右利者采用左手执笔书写时，由于非语言优势的右半球缺乏处理高级语言活动的功能，从而使神经活动过程相应复杂。书写人首先产生左手书写的欲望，由左半球的书写运动中枢发出神经冲动，通过联合系统（胼胝体）传至右侧半球的相关运动中枢，再由其支配左手进行书写活动；同时，视觉、动觉的反馈信息经由右半球传回左半球的有关中枢，再靠视觉监督调整书写活动，从而形成左手字。

从左手字形成的依据及具体的神经传导过程可以看出，左手的书写技能源于右手。促使左手书写的神经冲动来自于左半球，并且以左半球储存的文字符号信息为基础。因此，一个人的左手字必然能反映其右手字的某些特征。这也使左手伪装笔迹的鉴定成为可能。但是由于书写技能习惯是在左侧半球形成的，左手书写的神经传导通路加长，加之左手的运动功能同文字的书写规则不相适应，左手书写也缺乏训练，势必造成左手伪装笔迹劣于右手笔迹，二者存在差别。

二、左手伪装笔迹的特点

左手伪装笔迹的书写人有伪装笔迹的故意,受伪装心理因素、实践因素及书写规则因素的制约下完成整个书写过程的。因此,比起正常左手笔迹来,左手伪装笔迹的书写水平降低明显,字迹抖动明显,如机械性特征和镜像性等特征更加突出。对这些特点的研究,有利于在鉴定中成功地确认左手伪装笔迹,更好地掌握左手伪装笔迹的变化规律。

(一)左手伪装笔迹的特点及成因

根据不同的成因,可将左手伪装笔迹的特点分为三类:

1. 机械性特点

由于左右手书写支点与力点间的方位不同,二者是对称的。右手书写的支点位于书写重力点的右下方,由左至右的书写,相对于支点而言,是由远及近的牵拉运动,非常方便、适宜。左手书写的支点位于书写重力点的左下方,按照书写规则,由左至右的运行,相对于支点来说是由近及远的推送运动,显得吃力与不适。同时,在支点(腕或肘)固定不动的情况下,伸展幅度有限的活动半径必然牵制自左而右的运动向右下偏斜,从而出现左高右低、字行下斜的现象。支点每向右移动一步,就形成了又一个运动半径,于是出现又一段的左高右低区间。整个字行易向右下倾斜或呈波浪状、锯齿状;在单字中,较长的横画或左右偏旁出现左高右低现象;较长的竖画易向左下倾斜,如图 10-90 所示。

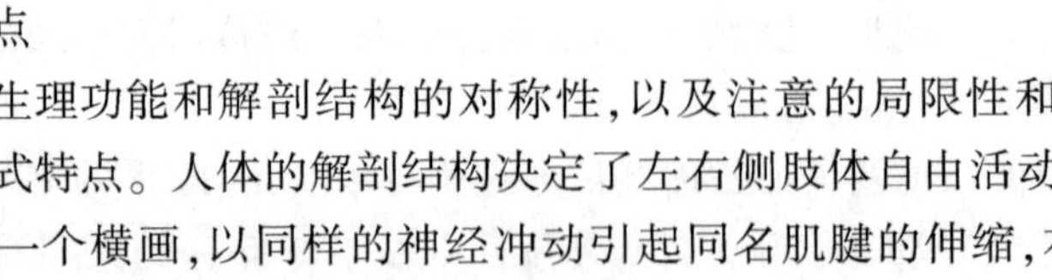

图 10-88 左手伪装笔迹机械性特点

2. 镜像式特点

由于左右手生理功能和解剖结构的对称性,以及注意的局限性和视觉反馈缓慢造成笔迹出现镜像式特点。人体的解剖结构决定了左右侧肢体自由活动的方向和范围是对称的。如果写一个横画,以同样的神经冲动引起同名肌腱的伸缩,右手是自左而右,左手则自右而左。当右利者改用左手执笔书写时,必须有意控制左手按规则书写,同时注意纠正动作的失误。一旦注意分散,左手便朝相反的方向运行,从而出现镜像式(反)的特点。在左手的书写活动中,既要靠动觉系统,又要靠视觉系统反馈调节。视觉反馈属人工调节,而动觉反馈属本体调节。前一种反馈比起后一种反馈要迟缓得多、粗糙得多。有关研究表明,动觉反应速度可达 0.130 秒,而视觉反应速度则为 0.188 秒。加之左手书写时视觉的监督作用受到局限,左手的动觉反馈就容易向相反的方向运行,造成易出现反像字或左右偏旁位置颠倒现象；个别横画反起笔，自右向左运行；弯钩、竖钩呈现反向弯、反钩；个别连笔、环绕笔画方向相反，如图 10－89 所示。

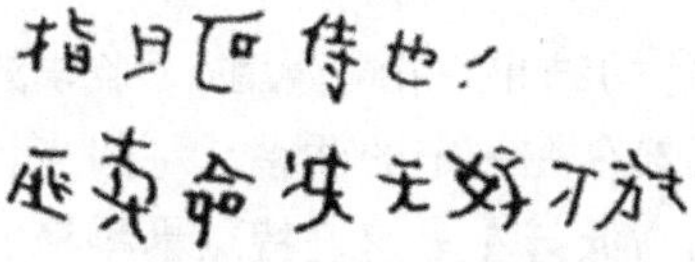

图 10－89　左手伪装笔迹镜像式特点

3. 协调性特点

表现为：落笔不准，运笔抖动，笔力轻飘，由于右利者缺乏左手书写的训练，右半球没有独立支配书写运动的功能，书写运动不协调，动作粗糙等功能性原因造成书写笔迹特征转折生硬，起收笔易出现拖带或反射钩；单字结构松散，搭配位置不准，出现多笔少画或笔画重叠现象；行间不均，字间不匀，字形普遍增大且大小不均，如图 10－90 所示。

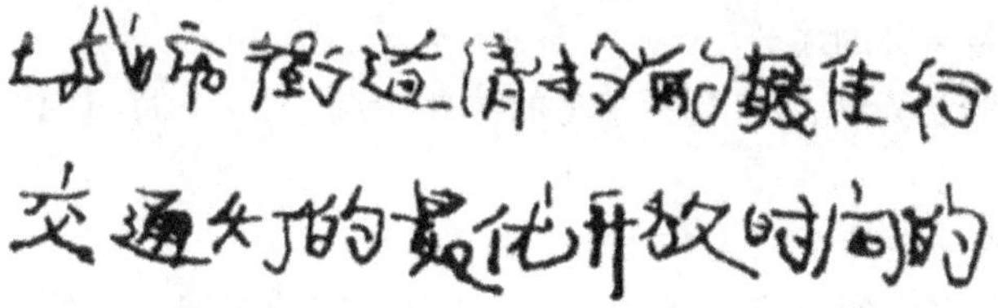

图 10－90　左手伪装笔迹协调性特点

以上概括了左手伪装笔迹的基本特点以及形成原因。应当指出的是，不同人的左手伪装笔迹中出现上述特点的典型性是有区别的，有的多些，有的少些；有的在机械性特点方面表现突出，有的则在协调性特点上比较明显；有的则可能不出现镜像性特点。

（二）影响左手伪装笔迹特点典型性的因素

1. 平时训练程度的影响

书写习惯和技能的形成是一个渐进行为。经过反复的学习与训练，才逐渐形成了书写运动的“自动化”。如果左手从未写过字或很少写字，一旦换用左手书写，就会更多地暴露左手伪装笔迹的特点。如果平时经常训练左手写字时间较长且多，那么左手按右手的模式进行书写的运动方式以及在大脑中建立起来的神经联系逐渐得到巩固，右脑有关运动中枢功能得到高度分化，易于形成书写“自动化”，左手的运动更加灵活、精确，控制力增强，书写运动流利自然，左手笔迹的特点表露得就少些。

2. 书写条件的影响

书写条件主要是指书写时使用纸张和纸的摆放位置以及书写工具等情况。如果在有格线的纸上书写，则便于约束字行方向，不向右下倾斜。若把纸张置于左侧，向右倾斜，顺应了左高右低的方向，“斜”的特点会得以避免。此外，用毛笔或钢笔书写，远不如用圆珠笔、签字笔或铅笔书写流利自如。即使是同类书写工具,笔尖圆滑程度、流墨情况也将影响左手书写特点的表露。

3. 书写技能的影响

书写技能是长期学习训练的结果。由于大脑两半球的密切联系,右手技能向左手的迁移,左右手的书写技能必然存在一定的联系。一般来说,左右手书写技能的高低成正比关系,而右手书写水平的高低与左手笔迹特点暴露程度成反比关系。

三、左手伪装笔迹的变化规律

左手伪装笔迹与右手正常笔迹相比有很大的变化。正因如此,书写人采用左手伪装来改变笔迹的目的寄托在换用左手执笔上,以期掩盖真相。左手伪装笔迹的变化,出自书写运动器官的变换。由于不适应左手书写所产生的机械性障碍和左右手生理功能的差异,左手伪装笔迹可出现不同于其他伪装笔迹而又规律性很强的变化。它的变化规律有以下方面:

(一)左手伪装笔迹的成分

左手伪装笔迹的成分包括:左手书写的共性特点、个人书写习惯的表现和偶然的变化现象。

1. 左手书写的共性特点

左手伪装手段本质的固有的表现,并且带有一定的规律性。例如,横笔左高右低,运笔抖动,起收笔拖拉或有反射动作等,它不是个人书写习惯的特征。

2. 个人书写习惯的表现

个人书写习惯的表现是左手伪装笔迹的主要成分,也是笔迹鉴定的依据。左手伪装笔迹反映书写习惯是必然的,尽管这种反映不够充分、全面。到底哪些是个人书写习惯的反映,可以说因案而异,因人而异,同时又有一般规律可循,必须加以研究和掌握。

3. 偶然变化的现象

因为左手书写不适应而出现的一种变形现象,具有偶然性,而且无规律。作为左手伪装笔迹的一种成分,虽然所占比重较轻,但也要正视。在鉴定中,应根据具体情况进行分析、定性。

(二)左手伪装笔迹特征的变化规律

1. 易变特征

(1)书写水平特征。如果对同一人的左右手笔迹进行比较,就会发现左手写字的水平明显低于右手写字的水平。在鉴定中,如果嫌疑人笔迹(右手笔迹)的水平高于物证笔迹(左手笔迹)的水平,可不作为根本差异。

(2)行草写法特征。人们在日常工作和交往中多使用方便、快捷的行草字体。左手书写时,因难以适应过多的连笔和弧形笔画,往往使用楷体写法。鉴定时,应注意对同体字进行比较。

(3)错字特征。由于左手书写的不适性,书写速度稍快或心情紧张,都可能造成偶然的多笔少画的错字。

(4)某些笔画的起收笔动作、运笔方向和转折的弧度角度及其形态特征。在左手伪装书写中,运笔的变化最为突出,特别是书写水平较低者,几乎每个字的运笔都多少受些影响。

(5)搭配比例的细节特征。左手落笔不稳,容易造成搭配不准,因而结构松散,有时也影响一些比例关系。

2. 不易变特征

左手伪装笔迹容易在一些大体的、惰性较强的特征上稳定地反映个人的习惯。

(1)基本写法特征。除能写多种书体的人用左手书写时,行草写法易变为楷书写法外,其他的写法,如习惯性的繁异体写法、习俗写法、简化写法和旧字形等特征不变。

(2)错字特征。左手书写可能出现多笔少画的错字,但不能将习惯性错字写成正字。

(3)笔顺特征。与其他特征类型比较起来,笔顺可以说是动力定型中惰性最强的一类特征,即使左手书写时,也难以改变。需要注意的是,由于写法不同所造成的笔顺差别不应看作本质的差异。

(4)部分笔画的特殊运笔特征。运笔特征在左手笔迹中的变化是最为明显的,但也不排除某些特殊的运笔习惯会保留下来,如笔画变异,特殊的连笔环绕习惯等。

(5)大体的搭配比例特征。左手书写只能改变某些搭配比例的细节,大体的搭配比例关系仍会暴露出来。

(6)标点符号特征。以标点符号的写法、用法为重,细节形态和位置不够准确。

(7)款式布局、习惯用语特征。与具体的书写动作无关的这些特征不受左手伪装的影响。

在左手伪装笔迹中,哪些特征一定变化,哪些特征肯定不变,是不确定的。在案件鉴定中,应本着具体问题具体分析的原则,结合书写人水平的高低灵活地选取特征。

四、左手伪装笔迹鉴定的要点

(一)判明左手伪装笔迹

在左手伪装笔迹鉴定中,判明左手伪装是至关重要的前提,因其直接关系到能否运用左手伪装笔迹的变化规律去分析、选择和评断特征。

左手伪装的确认,应尽量使用物证原件,要全面地考虑可能导致笔迹变化的因素,结合左手笔迹的特点,作灵活的分析、判断。还可采用排除法,根据笔迹变化的特点,把存在矛盾的情况一一否定,最后确认为左手伪装笔迹。

(二)区分左手笔迹的共性特点和个人习惯特征

左手笔迹的共同特点与个人习惯特征,是左手伪装笔迹中的两种不同性质的有规律的征象。书写人的个人习惯特征是鉴别书写人的根据;而左手笔迹的共性特点是这种伪装手段的表征,是识别左手伪装的依据,切忌将其作为个人笔迹特征使用。尤其在与左手实验样本比较时,不能把左手笔迹的共同特点当成认定意见的根据。

(三)反字特征的运用

在左手伪装笔迹中,受左右手生理功能对称性的影响,有时会出现个别的反字。由于反字不便于观察,所以,常常被人们所放弃。实际上,左手写的反字要比正字更如流畅自然。如将反字翻转过来观察,与其右手字差别不大,甚至在运笔、搭配等细节特征上都有较好的符合,所以要注意利用。翻转的方法有:通过镜子观察、拍照或复印在胶片上再翻转成正像。

(四)可比样本的选择

左手伪装笔迹鉴定对于样本的要求,除了充分、真实这些基本条件外,更要强调可比性。鉴于左手伪装笔迹一是左手书写,二是速度较慢的特点,要求尽量提取慢速书写的样本。必要时也需收集左手实验样本,以创造较好的鉴定条件。

第九节　摹仿笔迹鉴定

摹仿笔迹是指书写人出于某种动机,利用摹仿笔迹的手法,仿照他人笔迹书写的字迹。摹仿笔迹可以不同程度地改变书写人自己固有笔迹特点,从而隐蔽自己或嫁祸于他人的一类特殊伪装,所以又叫伪造笔迹。

一、摹仿笔迹的种类和特点

摹仿笔迹既不同于正常笔迹,也不同于其他方法伪装的笔迹。采用摹仿笔迹的手段作案,有的是以经济为目的的,贪污冒领或出于诈骗而摹仿有关人的笔迹,如书写假收条、假欠条、假单据或摹仿当事人签名伪造假合同、假协议书等;有的出于政治方面考虑,多数是泻私愤图报复,采用摹仿笔迹书写政治性标语、传单、信件或诽谤、诬陷信件以嫁祸于人;还有为了隐藏自己的违法行为而摹仿他人的笔迹,如摹仿被害人笔迹、伪造遗书、摹仿名人字画,欺世盗名,从中渔利的事情时有发生。摹仿笔迹就其摹仿手法可分为临摹、套摹、描摹、忆摹以及自我摹仿五种。

(一)临摹笔迹及其特点

临摹笔迹,是将被摹仿人的字迹放在眼前,边观察边仿写成的字迹。摹仿人为了摹仿得像,既要仔细观察被摹仿人笔迹,又要控制自己的书写习惯。因此,临摹笔迹可出现如下的一些基本特点:

1. 形快实慢

正常书写的笔迹,无论书写水平高低,其运笔都应是比较流利自然,有轻重疾徐的节奏感。笔画的连贯性与书写速度是协调一致的。而临摹笔迹,边看边仿,唯恐走样,必然要降低书写速度,虽有连笔但在一些字或笔画上运笔迟缓,笔画的形态与书写速度的缓慢明显不协调。

2. 笔力平缓

笔力反映个人书写技能和水平的高低。笔画的起、行、连、转、收过程所呈现出的运笔力度,与个人的书写技能和水平成正比例关系。书写技能和水平较高的人,轻重疾徐的节奏感强,彰显出运笔的力度;书写技能和水平较低的人,虽然运笔的力度差些,但也会有轻重疾徐的变化。而临摹笔迹则相反,不仅运笔迟缓,而且笔力无轻重,笔画无粗细,着墨无浓淡。运笔显得平缓无力,毫无节奏感可言。特别是某些钩笔、挑笔和上下笔连接不是自然运笔形成,而是靠拖、送完成,笔力平缓。

3. 中途停顿

正常书写,除在慢写中可能出现起笔、收笔或笔画转折处驻笔或顿压外,一般很少有中途停笔现象。而临摹笔迹,由于摹仿人没有能力去协调连笔形式快与书写速度迟缓这一矛盾。因此,常在一些较长的笔画或笔画转折、上下笔画间的连接处出现停笔待摹或另起笔的现象。在放大镜或显微镜下观察,可见局部笔画墨水洇散、笔画间断或叠合等现象。

4. 修饰重描

正常书写除因笔误造成差错而进行修改外,一般很少有修饰重描现象。而临摹笔迹,一旦摹仿人发现某处摹仿得不像或暴露了自己的笔迹特征,就可能通过添改和修描进行补救,使其与被摹仿笔迹更接近一些。修饰重描现象有的表现在笔画的开头、结尾处,主要是添补动作或伸延笔画;有的表现在笔画的转折处,主要是进行角度或弧度的修正。

摹仿笔迹的修饰重描不仅与正常笔迹因笔误而进行的修改不同,而且跟随意性伪装笔迹中的"修饰重描"也不一样。临摹笔迹是笔迹外貌看似正常,修描是为了"仿他"。随意性伪装笔迹是笔迹外貌明显异常,修描是为了"异己"。

5. 抖动弯曲

正常书写除因年老体衰或久病不愈手部乏力而出现整体性较为均匀的笔画抖动弯曲外,通常都是书写动作连贯,行笔平直圆滑,笔画边缘整齐,没有抖动夸曲现象。而临摹笔迹,摹仿人心情紧张、小心翼翼、边看边仿、唯恐不像。不仅行笔缓慢,还难免出现运笔抖动、笔画弯曲的现象。这种现象,出现在长笔画或笔画转折处较多。

上述临摹笔迹特点暴露是否充分,除与摹仿人书写水平高低、摹仿字数多少和是否经过摹仿练习等因素有关外,还受到书写工具和书写方式的影响。一般来说,钢笔字、毛笔字比圆珠笔字、铅笔字、复写字迹暴露摹仿特点要多一些。

(二)套摹笔迹及其特点

套摹,又称透光套摹,是把被摹仿字迹垫在纸张下面,通过透光观察到的字迹影像逐笔逐字地进行套写。这种摹仿笔迹和被摹仿人的笔迹外貌很像。可能出现的摹仿特点主要有:

1. 具有临摹笔迹的基本特点

套摹笔迹也是摹仿人仿写被摹仿笔迹。所以,它也会出现形快实慢、笔力平缓、中途停顿、抖动弯曲、修饰重描等特点。如果被摹仿笔迹在透光下清晰可见,事先又经过充分摹仿练习,则抖动、停顿、修描现象可能不十分明显。

2. 形体不一致

如果摹仿笔迹源自摹仿人不同时期或不同速度、书体的笔迹中,这样在同一份摹仿笔迹中就可能出现字的大小不等、倾斜不一、形体多样的现象。

3. 布局失调

正常书写的一句话或一段文字,其书写运动连续,字间距均匀、适称,布局合理。而有些套摹笔迹是东拼西凑被摹仿笔迹重新组合的,这样所形成的一句话或一段文字,就会出现字与字或词与词之间疏密不当、排列不齐,布局失调的现象。

4. 文理不通

受被摹仿笔迹的限制,套摹中所需的词语未出现,摹仿人只好找词义近似但不确切的词语代替,这样在摹仿笔迹中就会出现用词不当、语意不清,甚至褒贬不分、文理不通的混乱现象。

5. 原样重复

正常书写的笔迹,即使重复使用同一个字词也不会写成完全一样、分毫不差。但是套摹笔迹却可因反复在同一个字词上套摹而盅现重复的字词一模一样。这种现象,只有在摹仿笔迹中才能出现,而且是确定套摹或描摹笔迹的有力证据。

6. 丢笔少画,连笔紊乱

受被套摹笔迹透视影像清晰度的影响,套摹时可因字迹影像模糊而出现丢笔少画、连笔紊乱的现象。

(三)描摹笔迹及其特点

描摹笔迹是通过抑压、复写等方式将被摹仿笔迹先勾描"打样"在伪造的文书上,然后再根据"打样"痕迹用钢笔、圆珠笔或毛笔描成的摹仿笔迹。

描摹与套摹手段近似,它除具有套摹笔迹的一些基本特点外,还增加了按"打样"痕迹勾描的环节,所以它还具有自身的一些特点。如在放大镜或显微镜下观察,在摹仿笔迹上可能发现与字迹笔画不完全重合的抑压或复写的"打样"痕迹,在被摹笔迹上可发现重描、抑压痕迹,在纸张背面还可见复写色料的印迹。

(四)忆摹笔迹及其特点

忆摹笔迹是凭记忆进行的摹仿,又称背临。它是摹仿人凭借对被摹仿笔迹特点的印象进行回忆摹仿,多数在事先都经过摹仿练习。从实际案件来看,忆摹多用于摹仿他人签名或字数较少的笔迹。用这种方式摹仿的笔迹反常现象较少,笔迹趋于正常。形快实慢、抖动弯曲、停笔另起等摹仿笔迹的特点不典型。有时仅凭物证笔迹很难判定是摹仿笔迹。但是这种摹仿笔迹与被摹仿的字迹,只能在突出的写法、特殊的运笔形态和搭配比例上大体相似,而在细节特征上却存在很大的差异。

摹仿的手段一般都是单一的,或是临摹,或是套摹,或是描摹,或是忆摹。但有的案件,当摹仿人找不到所需的某个摹本时,往往就采取随意书写的方式来填补。这样,非摹仿的字或符号就混杂在了摹仿笔迹中。这种情况多发生在物证笔迹字数比较多,或必须填写某种特殊的字词或符号的案件中。

(五)自我摹仿

自我摹仿,是指摹仿人以自己的笔迹为仿本进行摹仿,一般是以套摹的方式,所以也可称为自我套摹。有的采取透光、复写直接自我套摹,也有用抑压套摹法的间接自我套摹。由于被摹仿的仿本与摹仿的物证笔迹都出自同一人之手,因此,这种自我套摹笔迹既有与他人套摹笔迹的一些雷同特点,也有与他人套摹不同的现象。

1. 与他人套摹笔迹的某些雷同特点

无论是透光法、复写法的自我套摹,还是通过抑压痕迹的二次描摹,都有程度不同的与他人套摹笔迹一些雷同的特点,如涩行运笔、形快实慢、抖动弯曲现象等。但中途停顿和修饰重描现象则很少出现。当然此类现象出现的多少以及它的明显程度,又与自我摹仿人自身的书写水平、书写技能相关联。一般情况,书写水平、书写技能较高的人,若运笔较快,则涩行运笔、形快实慢和抖动弯曲的现象就不明显。至于修饰重描和中途停顿现象则更为罕见。书写水平和书写技能较低的人这类现象又有程度不同的表现。

2. 与他人套摹笔迹不同的特点

自我套摹与他人套摹的主要区别在于不仅中途停顿、修饰重捕的现象很少出现,而且丢笔少画、连笔紊乱和原样重描等他人套摹的典型特点几乎没有。因为是自己套摹自己的笔迹,即使最复杂的连笔形式,也是其固有书写习惯的反映"轻车熟路",故不再出现连笔紊乱和丢笔少画的现象。自我套摹严格说来是一种伪装笔迹,是一种降低书写水平的笔迹。但是不同的是,伪装笔迹中降低书写速度的字迹,其连笔书写的情形较少,而自我套摹自己的笔迹不一定都选自一笔一画慢速书写的字迹,有些可能是书写速度较快的连笔字。由于自我套摹在某种程度上可以说是一种自我书写习惯的再现,因此,不存在他人套摹中出现的"某些不连接的笔顺不易摹仿"的问题。至于起收笔的位置、细小动作和笔法,以及笔力分布等特征,在一般情况下变化也不大。比较鉴定时,鉴定人要找一些与摹仿字迹速度、字体接近的字迹，增强可比性，便于驾驭嫌疑人的笔迹特点，及研究其与物证笔迹在书写习惯上是否存在内在联系。

二、摹仿笔迹变化的一般规律

（一）摹仿笔迹的构成

摹仿他人笔迹，对于摹仿人来说，是一个极力控制自己书写习惯而尽量表现他人书写习惯的过程。实施中充满着困难和矛盾。受对被摹仿笔迹感知和记忆的限制，以及人的注意力和控制力有限性的制约，摹仿人既不可能把以假乱真做到天衣无缝的程度，又不能把真相完全掩盖住。同时，还会留下造假的痕迹。这样，摹仿笔迹就不可避免地成了多种成分共存的混合体。主要应该包括：表现出被摹仿人笔迹的某些明显特征，反映摹仿人自身书写习惯的某些细节特征，以及与摹仿手段相关的一些特点。在有些摹仿笔迹中，还夹杂一些摹仿“走样”的变异成分。

分清了摹仿笔迹的成分，特别是明确了哪些是摹仿人的笔迹特征，哪些是被摹仿人的笔迹特征，就为确定摹仿乃至认定摹仿人和被摹仿人提供了条件。接下来，只要正确运用摹仿笔迹特征变化的规律，把握准容易被摹仿和不容易被摹仿的特征，即可顺利完成鉴定作出正确鉴定意见。

（二）容易被摹仿和不容易被摹仿的特征

容易被摹仿并可能摹仿得像的特征，往往是被摹仿人笔迹中突出、明显的表现。这些特征主要如下：

1. 字的基本写法和错别字特征；
2. 连笔书写的笔顺特征；
3. 笔画或偏旁间明显的搭配比例特征；
4. 明显的连笔形式和笔画形态特征；
5. 突出的字间组合特征；
6. 行款格式和特殊词语特征。

不容易被摹仿也很难摹仿得像的特征，有些是没引起摹仿人的注意，有些是虽然注意了但是无力摹仿的特征。这些特征主要如下：

1. 起收笔的细节动作特征；
2. 运笔的弧度、转折的角度和笔画的倾斜度特征；
3. 上下笔连接方式、形态和转折的细节动作特征；
4. 运笔中笔力大小和分布特征；
5. 不连笔和连笔混乱难以分辨的笔顺特征；
6. 标点符号特征；
7. 字的间隔和字的倾斜特征。

这些特征既然不容易被摹仿,那么,它所反映的就不是被摹仿人的书写习惯,而应是对摹仿人固有书写习惯的暴露。运用这些特征,就是看它与谁符合与谁差异。这是否定被摹仿人,认定摹仿人的主要依据。

在具体案件中,摹仿得像与不像,暴露摹仿人固有书写习惯的多少,与摹仿的具体手段、摹仿人书写技能的高低、摹仿字数的多少等多种因素有关,鉴定时,要结合案件实际情况进行具体分析。

三、摹仿笔迹的识别

在摹仿笔迹的鉴定中,及时发现和识别摹仿是关键。由于摹仿笔迹貌似正常,而且与被摹仿人的笔迹很相似。办案单位或送检人无力识别,也以为是正常笔迹。因此,很容易把被摹仿人笔迹当作重点嫌疑人笔迹送检。在这种情况下,如果鉴定人不能通过对物证笔迹的鉴定揭露摹仿事实,不仅会作出错误的鉴定意见,而且会冤枉无辜。发现和识别摹仿,可从以下三个方面进行:

(一)从物证笔迹的反常迹象中发现摹仿

如果物证笔迹是摹仿形成,它一定会表现出不同于正常书写笔迹的反常迹象,从而暴露摹仿笔迹的特点。这些反常迹象可概括为以下五个方面:

1. 运笔反常

出现有悖于正常的运笔,可见运笔缓慢或形快实慢、笔力平缓、弯曲抖动、修饰重描和不适当的停笔另起等现象。

2. 字形反常

出现在一份笔迹中不该出现的字的形体、大小、倾斜方向以及书写速度等都不同,或者某些重复出现的字词一模一样的现象。

3. 布局反常

出现字与字之间、词句与词句之间疏密不一致、排列不规整,或字词之间断断续续、缺乏书写连续性等现象。

4. 语句反常

出现词不达意、语句不完整不通顺、表意不清等现象。

5. 手法反常

出现正常书写不可能形成的一些特殊抑压痕迹、复写残迹和重描等现象。

在通过上述反常迹象发现和识别摹仿时,要考虑某些书写工具因素的影响和干扰,以免发生误判。

用圆珠笔写字容易在下笔处或笔画转折处,出现油墨堆积或者笔画间断现象。这些现象是圆珠笔的笔痕特征,不要误以为是摹仿笔迹的修饰重描和停笔另起现象。

用水剂圆管式签字笔写字,在一些不善于用笔的人中容易出现笔画边缘不整齐(不圆润),以及部分笔面的起收出现墨迹浓重等现象。要把此类现象与摹仿笔迹的涩行运笔、停笔另起、抖动弯曲等摹仿特点区别开来。

用钢笔书写时,有的笔出水较快,在一些笔画上,特别收笔处有时可出现墨水沿笔画"倒洇"的现象,使笔画局部颜色变深。对此类现象不要误认为是摹仿笔迹的修饰重描。

此外,还有一些是属于在不正常的书写条件下形成的笔迹,如在膝盖上、沙发扶手上书写,以及站姿、蹲姿书写都可以导致运笔的一些变化,如出现抖动弯曲或停笔另起等。但是,这些现象与摹仿笔迹中出现的抖动弯曲和停笔另起是有区别的。前者出现的部位具有不确定性,而后者多数反映在不易被摹仿的笔画和部位上,或是某些长笔画、连笔上。鉴定时要结合案件的具体情况作客观的分析与判断。

(二)在与样本的比较中发现摹仿

在笔迹鉴定中,如果单纯从物证笔迹上还不足以确定摹仿,还可通过与样本笔迹的比较中进一步发现摹仿。如果通过检材与样本笔迹比较,发现下列情形,要考虑物证笔迹可能是由摹仿形成的。

1. 大同小异

大同小异,是说物证笔迹与样本笔迹在突出、明显的特征上相符(如字的形体、写法、特殊的搭配比例和运笔动作等),但在细节特征上存在差异(如起收笔动作、笔力分布、搭配比例的细节和不连笔的笔顺等),给人以"形同实异,貌合神离"的感觉。这是摹仿笔迹与被摹仿笔迹比较时必然出现的一种现象。它跟正常笔迹和故意伪装笔迹与嫌疑人笔迹比较的情形不同。如果两者同一,那么正常笔迹的同一是从明显到细节均相同,故意伪装笔迹的同一则是异在明显处同在细微中。

2. 一模一样

在比较时,如果发现多份物证笔迹或物证笔迹与样本的某些字、词形态一模一样,甚至可以互相重合,就要考虑物证笔迹是套摹或描摹形成的。

3. 留有痕迹

在比较时,如果发现样本笔迹上有抑压痕迹(正常的书写压痕除外)、附加墨水痕迹或复写痕迹等,要考虑套摹或描摹的可能性。

(三)结合案情判断摹仿

凡摹仿笔迹的案件,无论贪污、冒领、诈骗,还是报复陷害和诽谤,摹仿人与被摹仿人之间,都必然存在某种关系。因此,在案情上发现下列情形,要考虑物证笔迹有摹仿的可能性。

1. 在书写内容中直接表明或明确影射某人的,尤其是涉嫌政治陷害和诽谤恐吓的案件,要特别注意有无摹仿的问题。

2. 对可疑票据和有争议的合同、协议上的有关字迹,如果经办人或当事人不承认是其本人书写的,也要想到有无摹仿可能。

3. 有争议的遗嘱或遗书。

4. 从笔迹上看像某个人书写,但该人不具备作案因素和条件,或者本人长期不供认乃至提出是被人陷害的。

四、摹仿笔迹鉴定的要点

鉴于摹仿笔迹鉴定的特殊性和鉴定难度大的特点,在鉴定过程中,除遵循笔迹鉴定一般程序与方法外,还应注意以下环节:

(一)了解案情,判断摹仿的可能性

在摹仿笔迹鉴定中,无论是报复陷害,还是经济上的诈骗、贪污舞弊,一般来说范围都比较窄,摹仿人与被摹仿人之间有一定的瓜葛或制约关系。因此,全面了解疑为摹仿人和被摹仿人的自然情况,包括他们的身份、阅历、年龄、文化、书写技能、业余爱好、前科劣迹等,有利于客观地分析其可能具备的摹仿条件和能力。如果从了解分析案情中遇到下列情形,要警惕物证笔迹有无摹仿的可能性。

1. 直接署名或含沙射影

有相当一部分摹仿案件,特别是陷害他人的案件,不仅从字上摹仿,而且有的还直接署被害人姓名,或是在书写内容上拐弯抹角,含沙射影,妄图把我们的侦查视线直接引向被摹仿人。对这类情况,只要我们把问题想得复杂一点,进行必要的分析和调查研究,就可以查明所影射的人,但此人并非作案人,而是被摹仿人。

2. 移花接木,蓄意栽赃

有的摹仿案件,作案人为了陷害或嫁祸于人,往往在作案地点、作案工具和用纸选择上绞尽脑汁。如有的窃取与被摹仿人有关的用纸和书写工具,或是直接把检材投放在被摹人经常出入的地方等,企图诱使我侦查人员从接触范围和使用工具、物证用纸上怀疑被摹仿人。

3. 作案内容手段和作案动机的矛盾

有的作案人书写的标语、传单、信件,目的是陷害他人,因此在编造内容时,虽带有一定的政治色彩,但内容比较含蓄、隐晦。有的不贴邮票,也不投入信箱。这实际上是要让公安机关尽早发现,以达到陷害被摹仿人的目的。

4. 对可疑票据、收条、合同、协议书、工资表、汇款单等上的字迹(多数属于签名),经办人员或当事人不确认是本人书写的,也要考虑有无摹仿可能。此外,了解案情,还要了解提供嫌疑人甲(被摹仿人)的经历、身份、年龄、文化、书写技能和业余爱好,以及与嫌疑人乙(摹仿人)之间的关系。在政治思想、生活作风和经济利益上有无瓜葛和磕碰,以利于综合分析中作出客观的评断。当然,鉴定人对了解到的案情,一定要采取客观的分析态度,防止先入为主,偏听偏信。

（二）确定摹仿笔迹特征

摹仿笔迹鉴定，最好让送检单位提供可能是被摹仿人和可能是摹仿人的两个人的笔迹样本，便于跟物证笔迹的交叉比较。提供的笔迹样本要有与物证笔迹相同的书体、速度和不同时期数量充足的可比字迹。若能提供疑为摹仿使用的“摹本”则更好。必要时，还要提供与物证笔迹所用纸张相同的笔迹样本。票据类的检材，最好能提供使用同类工具书写的笔迹样本。提供和使用实验样本，要与物证笔迹的形成条件一致，以增强它们之间的可比性。

1. 发现摹仿笔迹特征

能否比较客观、全面、准确地发现物证笔迹固有的摹仿特点，是摹仿笔迹鉴定成败的关键所在。综观摹仿笔迹的各种手段和它的特点，可以把它归纳为五个反常。

（1）运笔反常

运笔反常，是指在物证笔迹中出现运笔缓慢或形快实慢，笔力不均，弯曲抖动，修饰重描和不适当的停笔另起，以及上下笔缺乏照应关系等现象。

（2）字形反常

字形反常，是指在同一份物证笔迹中出现字的形体、大小、倾斜方向以及书写速度不一致，或某些重复出现的字、词又完全一模一样。

（3）布局反常

布局反常，是指在同一篇物证笔迹中其字与字之间疏密不一致，排列不整齐、不规则。而在完整的词语之间有间断而缺乏连贯书写、一气呵成的协调性和整体性。

（4）语句反常

语句反常，是指语句不完整、不通顺，用词不当，表达事物的意思不充分，或是褒贬不分。

（5）手法反常

在有的物证笔迹中，出现正常书写文字所不具有的一些抑压痕迹、复写残迹和局部笔画的修饰重描现象。如果在物证笔迹中发现上述一些反常现象，则要考虑是否有摹仿的可能性。

在发现识别摹仿笔迹的固有特点时，值得注意的是，用圆珠笔写字，特别是笔芯油墨使用到最后或是笔芯墨油出现老化现象时，写字容易在下笔或笔画转折处出现油墨堆积或笔画间断现象。这些现象是圆珠笔的笔痕特征，要与摹仿的“修饰重描”和“停笔另起”现象区别开来。用水剂签字笔写字，在一些不善于用笔的人中容易出笔画边缘不整齐（不圆润），以及部分笔画的起收出现墨迹浓重现象。要注意把此类现象与摹仿笔迹的涩行运笔、停笔另起等摹仿特点区别开。用钢笔书写时，有的笔出水较快，在一些笔画上，特别是收笔处，有时可出现墨水沿笔画倒洇现象，使笔画的局部颜色变深。对此类现象不要误认为是摹仿笔迹的修饰重描。老龄人笔迹，由于生理、心理机能衰退导致握笔的颤抖，写字伴随有抖动弯曲现象。对这类现象不要与摹仿笔迹的抖动弯曲、形快实慢相混淆。此外，还有一些是属于在不正常的书写条件下形成的笔迹，多数是签名。如在膝盖上，沙发扶手上书写，以及站姿、蹲姿书写，都可以导致运笔的一些变化。如出现抖动弯曲、中途停顿或停笔另起等。但是，这些现象与摹仿笔迹中出现的抖动弯曲、中途停顿和停笔另起是有区别的。前者出现的部位具有不确定性，而后者多数反映在不易被摹仿的部位和笔画上，或是某些大笔画，或是某些上下全连笔部位上。鉴定时要结合案件的具体情况作客观的分析与判断。

2. 确定摹仿笔迹特征

在摹仿笔迹的鉴定中，由于诸方面的因素，单纯分析案情的疑点和物证笔迹本身的一些特点，有时可能不足以确定为摹仿笔迹。在笔迹鉴定实践中，如果通过检材与第一个嫌疑人样本笔迹比较（此人往往就是被摹仿人），发现下列情形之一者，要考虑检材笔迹可能是摹仿书写形成。

（1）大同小异。检材笔迹与被摹仿人的样本笔迹在大的明显特征上相符，如字的形体写法（含错字、别字），大体的搭配比例和某些明显容易辨别的笔顺等，而在一些细节特征上，如起收笔的细节动作、笔力的分布特点和不连笔的笔顺等特征则存在差异。大同小异，是摹仿笔迹与被摹仿笔迹比较时必然出现的一种现象。它同正常笔迹与作案人笔迹的比较，或故意伪装笔迹与作案人笔迹的比较，所发现的符合与差异的性质是有区别的。正常笔迹的同一，是物证笔迹的大体上和细节处均与作案人样本笔迹相一致；故意伪装笔迹，尽管伪装笔迹变化较大，但在与作案人的样本笔迹比较，常常是异在明显处，同在细微中它们在书写习惯上有内在联系的一致性。

（2）一模一样。在比较鉴定时，可能发现在多份鉴定上，或者检材与样本上的某些字，或相同的词组，或相同数字、符号，其外形结构特点一模一样，甚至于有的可以互相重合，要考虑是否出于套摹的可能。

（3）照猫画虎。由于被摹仿笔迹的字迹较小，或连笔转折比较复杂。摹仿人对这些字的结构特点，连笔方式，笔顺先后辨认不清或判断有误。摹仿人就采取按字的外形“照猫画虎”。因此，如发现在物证笔迹中，或与样本笔迹比较中发现单字的外形轮廓相像，而一些字的连笔混乱，要考虑是否摹仿。

（4）留有痕迹。在比较鉴定时，如果发现检材或嫌疑人样本笔迹上（往往是被摹仿人），有抑压痕迹（正常的书写压痕除外），墨水洇染残迹或复写痕迹等，要考虑有套摹、描摹的可能。

总之，样本要充分，条件要好。要以平时样本特别是案前样本为主，尽量避免用庭审、调查时写的一篇笔迹甚至几个字进行鉴定。至于某些民事、经济案件，当事人双方明确，只要求鉴定是否为署名人本人书写，如能认定是摹仿笔迹，也可以不要求提供摹仿人的样本。

（三）与摹仿嫌疑人的笔迹比较

摹仿人自身的笔迹特征与被摹仿人的笔迹特征、笔迹因摹仿而出现的特点，与摹仿“走样”的似是而非的现象互相交织在一起混为一体，成为多元复杂性。这就要在与可能是摹仿人和可能是被摹仿人笔迹的比较中去进一步确定，明确物证笔迹上哪些是被摹仿人的特征、哪些是摹仿人的特征、哪些是摹仿的特点和表现。因为有些特征的表现很细微，比较也要深入到细节特征，所以，摹仿笔迹鉴定使用的检材和样本都应该是原件。特别是物证笔迹，经复制后很多摹仿特点和表现可能被掩盖或消失，所以必须提供原件鉴定。

一份摹仿的物证笔迹中存在多种成分摹仿笔迹的固有特点、被摹仿人的一些笔迹“特征”以及摹仿人自身固有的书写习惯，而反映作案人书写习惯的笔迹特征，往往数量不甚充分，而且多数是一些微小的细节的深层次特征，如起收笔的位置、形态，以及运笔中笔力的大小和力的分布等；又由于摹仿笔迹成分具有多元性和反映摹仿人固有书写习惯特征的隐蔽性这一特点，因此，鉴定中在与摹仿人的笔迹比较时，必须同时与被摹仿人的笔迹作比对。也就是说，鉴定人在编辑制作特征比对表时，必须把摹仿笔迹与嫌疑人甲（被摹仿人），以及嫌疑人乙（摹仿人），同在一个画面上作相对应的笔迹特征比较。只有这样才能把物证笔迹的多种特征成分分别归类，哪些是被摹仿人的笔迹特征，哪些是摹仿人固有的书写习惯特征，哪些是摹仿笔迹本身出现的特点，可能还有一些是摹仿走了样的现象，是归不了类的。对这些各自的特征成分和特点，要因案因人而异作具体分析。与摹仿嫌疑人笔迹比较，能反映摹仿人书写习惯的笔迹特征的数量和质量，取决于摹仿人自身的书写水平和摹仿能力。一般情况下是书写水平比较高的人，其摹仿能力也比较强，相对暴露摹仿人自身固有书写习惯特征要少，并且要隐蔽一些；反之则要多一些，明显一些。选取摹仿人的书写习惯特征，在一般情况下是在不易被摹仿的那些笔迹特征中去选取挖掘。要从每个字的基本写法，搭配比例，笔顺先后，连笔方式到每一个笔画的运笔形态、起收笔位置和动作特点，笔力的轻重和力的分布特征进行全面分析和研判。摹仿人在实施摹仿时，往往会顾此失彼。所以在鉴定时一定要全方位、多侧面、多角度、多层次地来选用暴露摹仿人自身书写习惯的笔迹特征，特别是要善于注意挖掘运笔中的一些深层次的细微特征，这在摹仿签名鉴定中认定摹仿人上尤为重要。

（四）综合评断

摹仿笔迹鉴定综合评断的复杂性在于，它不是对一份检材与一个人样本之间“一对一”的比较结果进行分析，而往往是要对物证笔迹与可能是被摹仿人和可能是摹仿人的笔迹三者之间比较结果进行对比分析，环节多、程序复杂。这就要求鉴定人进行综合评断时，必须思路清晰，要非常明确物证笔迹与谁的笔迹比较结果是“大同小异”，与谁的笔迹是“大异小同”，分别说明了什么。

物证笔迹与被摹仿人笔迹比较的结果应是“大同小异”的关系。这种大同小异，实际是形同实异，但两者的符合点往往多于差异点。符合点主要表现在容易被摹仿的一些明显特征上；差异点则表现在不容易被摹仿的一些深层次的细节特征上。这种形同实异，是“形”与“神”相悖的表现，是摹仿笔迹与被摹仿人笔迹之间必然出现的一种现象。摹仿笔迹鉴定不同于其他的笔迹鉴定之处，就在于它要舍弃“大同”的假象，而要抓住“小异”的本质。只有如此，才不至于把被摹仿人当成物证笔迹的书写人，作出错误的鉴定意见。

物证笔迹与摹仿人笔迹比较的结果应是“大异小同”的关系。这种大异小同，是说在多数情况下，两者的差异点明显，符合点不明显，符合点少于差异点。符合点主要表现在不引人注意的细节特征上。例如，笔画起收笔的细节动作、转折的形态、笔力的大小和分布，以及一些不连笔的笔顺等。它们虽然数量不多，却有很高的价值，是摹仿人书写习惯的反映。差异点主要表现在物证笔迹与被摹仿人笔迹相符的一些明显特征和摹仿“走样”之处。

需要强调的是，正是由于物证笔迹与摹仿人笔迹之间的符合点不多而且表现细微，特别是书写水平高的人又经过摹仿练习或是采用套摹、描摹手段摹仿的，暴露摹仿人的笔迹特征就更少。因此，在比较过程和综合评断时，不仅要看相同字、相同偏旁，还要看不同字的相同部位，看它们是否存在内在联系，从中发现确认同一人书写习惯的根据。

最后，在综合评断，特别是要认定摹仿人时，还要考虑案情因素。要结合案件的涉嫌范围，嫌疑人的年龄、文化、书写技能，是否具备摹仿的能力和条件等情况进行综合分析，使鉴定结论建立在经过充分论证、具有可靠根据的基础上。

第十节 签名笔迹鉴定

签名，又称签字，是指享有有关权利或义务的个人将自己的本名写在文书上以示确认的行为。书写人签名形成的笔迹称为签名笔迹。签名笔迹是文书真实性的一种重要凭据，是对文书所规定的当事人权利、义务的认可，是对文书所证明的资格、身份和所从事活动的肯定。也是在发生争议之后，追究签名人责任的直接凭据。尤其在法治社会，凡依靠法律所调整的活动，无不要求对形成的有关文书签名或盖章。所以，亲笔签名也是对法律的承诺，是十分严肃的举动。

在公安、司法实践中，往往对各类案件有关票据、协议、合同、担保书、支票的签名和证件、公文的审批签字发生争议。由此，当事人对涉案签名产生三种情形：一是本人不承认签名是亲笔签写；二是本人承认像他的签名，但不记得签过这份文书，或者曾签过的文书内容与此不同，从而主张签名是他人伪造的；三是签名人已故或者下落不明，在无从对证的情况下，与此案利害相关的人，对签名的真实性提出质疑。争议时，双方各述其理，僵持不下，有时只好求助于笔迹鉴定。那么事实真相无非是以下三种：一是本人签名；二是他人冒签；三是本人签名被非法利用。

一、签名的种类和特点

(一)签名的种类

按不同标准，可将现实的签名划分为不同的类别，以便于针对各类签名的特点实施鉴定。

1. 按文种划分

(1)汉字签名，即用汉字或日文当用汉字书写的签名，如图 10－91 所示。

(2)字母签名，即用各种外文字母、汉语拼音字母、某些少数民族文字拼写的签名，如图 10－92 所示。

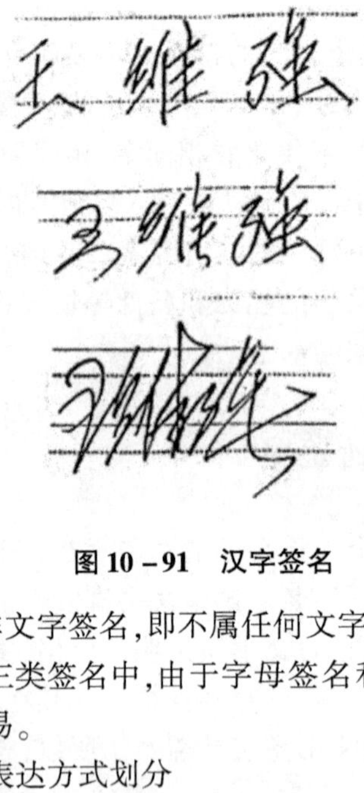

(a) 吉米·卡特

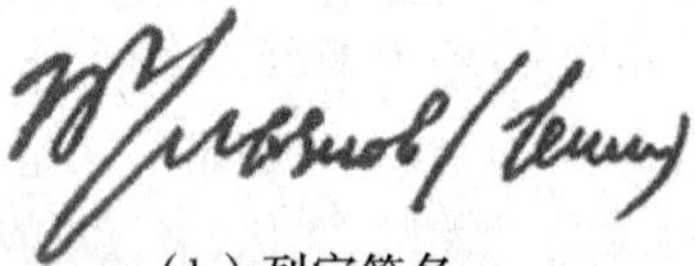

(b) 列宁签名

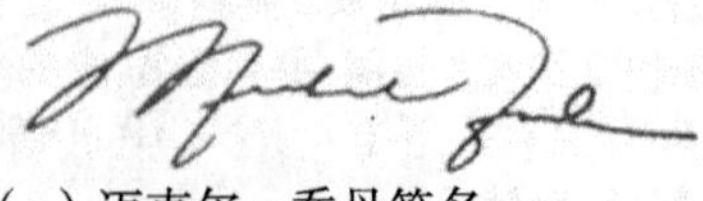

(c) 迈克尔·乔丹签名

图 10－91　汉字签名　　图 10－92　字母签名笔迹

(3)非文字签名，即不属任何文字，用各种线条随意组合的签名。

在这三类签名中，由于字母签名和非文字签名弧形笔画多，连贯性强，要比汉字签名鉴定容易。

2. 按表达方式划分

(1)全称签名，即签写的是自己的姓和名。有些外国人的全称签名很长，组成签名的字或字母多，更有利于鉴定，如图 10－93 所示。

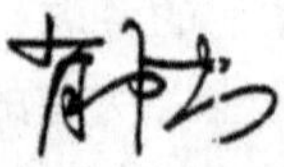

图 10－93　全称签名

（2）简化签名，即用自己的姓，或者名中的某个字来代替签名，如有些开票员、验收员、鉴定员的签名。有人主张把它叫签字，以有别于有姓名的签名。外国人也往往只签自己的姓或名，不写全称，但它毕竟由若干字母组成，比中国人只写一个字要容易鉴别，如图 10－94 所示。

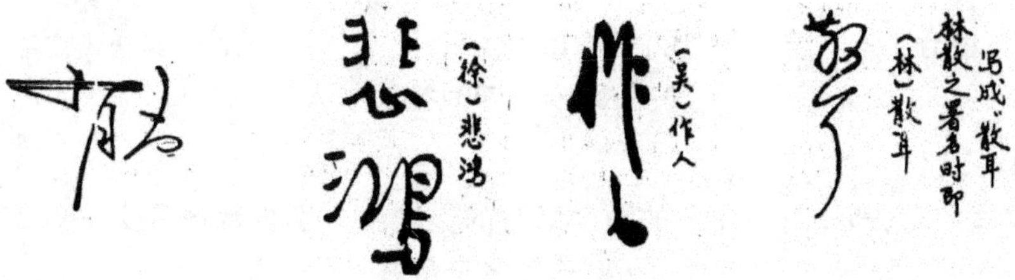

图 10－94　简化签名

（3）符号式签名。这是用自行设计的某种特殊符号来代替本名的签名。这种符号似字非字，令人无法认读，不能作为正式的签名。但是，对于不了解该人签名式样的人是无法伪造的。即使获取了签名式样，如果不知其本名的也难做手脚，如图 10－95 所示。

柳亚子　　　　黎明子

图 10－95　符号式签名

3. 按书体划分

（1）楷书签名，即用一笔一画不连贯的正体字签名。这与用大写或小写的印刷体字母签名类似。这是一种工整庄重的签名，其实就是写名。它书写速度慢，结构清晰，笔形变化少，易于认读，也比较容易伪造，如图 10－96（a）所示。

（2）行草体签名，即用结构简化、连贯性较强的汉字书体或手写体字母拼写的签名。这种签名书写速度快，要以相当的熟练程度，否则会发生签名结构紊乱。它既易认读，又不易摹仿，如图 10－96（b）所示。

（3）组合式签名。这种签名在一定程度上突破了文字形体规范和书写规则的约束，在结构上进行了简化和重组，以便于连写和隐蔽特征，有的还设计了特殊的笔形和笔顺。这是一种独具特点的签名式样。这种签名经仔细认读才可能知其本名，比较难以伪造。即使伪造，也比较容易识别，如图 10－96（c）所示。

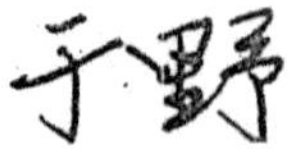

（a）楷书签名

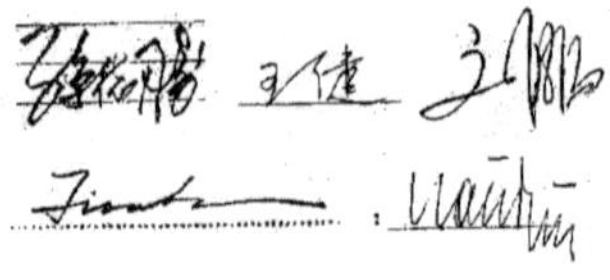

（b）行草体签名

（c）组合式签名

图 10－96　不同签名

4. 按格式划分

(1)横式签名，即按自左而右的顺序书写的签名。个别少数民族文字的签名，也有自右而左的横写，如图 10－97 所示。横式签名是最多见的一类。

图 10－97　横式签名

(2)竖式签名，即按自上而下的顺序书写的签名。有些人的汉字签名，以及日文签名、蒙文签名可取竖式，如图 10－98 所示。有时为适应文件格式或书写空间的需要，将习惯的横式签名临时改为竖式签名。

图 10－98　竖式签名

(3)反向签名，即自行设计的正写反字或顺写倒字的签名，如图 10－99 所示。这种签名通常用行草体或花体，从纸背透光或倒置可以认读。由于其书写时与正常规则相悖，因而不易摹仿伪造。

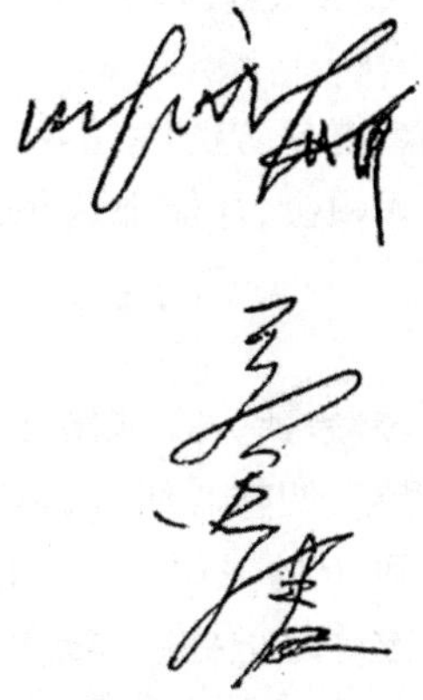

图 10－99　上图为邹玉清反向签名　下图为上图翻转竖向式样

（二）正常签名笔迹的特点

签名是一种笔迹，与其他笔迹的基本属性是相同的。但由于签名笔迹字数很少，其笔迹特征的数量有限，对书写运动习惯的规律较难把握，在具体鉴定中应予以注意。

1. 签名的整体性

签名笔迹不同于其他笔迹的一个重要表现就是几个单字（或一组字母或符号）是一组特定的组合文字或若干字母按一定顺序组成的不可分割的整体，而不是几个字或字母的临时组合。尤其是行草体签名和花体签名，因其书写速度快，笔画与笔画、字与字之间的连贯性强，在紧凑的结构和连笔动作上使一个签名形成一个独立单元。即使是一个书写技能低，甚至是不会写字的人，一般也能写自己的名字。尽管这种签名的整体性差些，但也是他的笔迹中最"准确"、最熟练的部分。

由于签名笔迹整体性强，使有限的几个字包含了比其他笔迹更多的可资鉴别的特征。特别是签名的整体结构特征，更具重要价值。又由于其整体性强，这个整体中的某个字或字母，已不同于单独写的那个字或字母，两者往往在结构、运笔上有所差别。因此，签名的笔迹鉴定应取签名样本进行比较鉴定。只有在用楷书体签名或伪装签名时，才有必要补充单个字的笔迹样本。

2. 特征的隐蔽性

签名的笔迹特征表现在字的形体、结构、笔顺、运笔之中，这与其他笔迹特征无明显差别。但是，由于许多人的签名不按正常的形体规范与书写规则设计，加之有些姓名字本身又是结构特殊的生僻字，尤其用行草体签写，或设计花体签名，让一个不熟悉的人很难认读。签名笔画多，环转动作密集，又多用意连的方式，其结构、笔顺并非一目了然，甚至不能用一般形体规范与书写规则去理解和识别。这就决定了签名笔迹的特征更具隐蔽性。这种隐蔽性的特征一般是指意连动作的方向、弧度,起落笔角度和位置,不连笔或连笔紊乱的笔顺,密集的平行运笔或环绕动作的方向、幅度,以及用笔的压力分布和笔力特征。

签名笔迹特征的隐蔽性,使签名更具防伪性,不容易摹仿。同时,也提示我们,在鉴定过程中必须反复仔细地观察,深入领会,才能把这些带有隐蔽性的更具特殊意义的特征充分发掘出来。

3. 签名过程的短暂性

通常的笔迹,是在思考书写内容、表达方式、斟酌词句的同时,由内部言语导引着书写运动所形成的。这就有个理清思路、调整心绪、试笔并适应书写条件的过程。由于字数较多,开始时在某个字或某一笔画上的失误,可以在该字或该笔画再现时得以纠正。这就便于我们将其前后联系起来,准确地把握其笔迹的本质特征。但是,签名只是几个字或少量字母组成的,一个签名很少有重复字或偏旁,完成一个签名只需几秒钟,而且大多数只有一次签写的机会。这种无须事先思考,仅只一次的稍纵即逝的过程,没有给签名人留下调整心理状态、适应书写条件、修正失误的机会和余地。因此,一气呵成的签名笔迹,往往因为当时的生理状况、心理情绪、书写条件的影响而发生变化。例如,手指受伤时的签名、醉酒时的签名、顺手拿别人的笔签名、手托着纸本签名、心虚状态下当庭书写的签名等,都可能与其平时的签名有所不同。

在鉴定过程中,必须从签名的形成过程分析签名笔迹的变化,要对充分的签名样本进行比较。又由于签名过程的短暂性,没有给签名人(尤其是当场签名)留下仔细伪装、造假的机会,这又是签名笔迹鉴定的有利条件。

4. 签名笔迹的指向性

一般的笔迹,最初并不知道是何人的,或者可能是谁的笔迹。这个问题需待分析、调查并通过笔迹鉴别才能解决。但是,签名笔迹本身就是一个人的名字,有待解决的问题是本人签名还是他人所写。即使是他人所写,这个他人也是与其有某种联系的人。所以,签名笔迹具有明确的指向性。

签名笔迹的指向性,决定了此类案件嫌疑范围较小,涉嫌对象比较明确。它不必像一般笔迹鉴定那样,以更广泛的范围为背景去思考符合点总和的性质与价值,而是在有限的较小的论阈中去进行综合评断。这就有利于对少量字的签名笔迹鉴定作出肯定性的鉴定意见。

二、签名造假的手段及特点

签名造假是指伪造他人的亲笔签名。出于欺诈目的,有预谋地签写自己的假名或伪装自己的签名,也属于造假行为。

(一)冒签他人姓名

知其姓名,但不知其签名的式样,或者知其式样而不适宜用这种式样填写姓名时,一般是凭借自己的书写技能和习惯去书写他人的姓名。例如,冒领他人的邮件、汇款,冒支他人的存款等,在填单或单独签名时,通常是采取这种方式。有的为了掩盖自己,为了事后否认亲笔书写,签写时进行了一定的伪装。

这种签名与其本人的亲笔签名差别比较明显,反映书写人自身的笔迹特征比较充分。

(二)摹仿他人签名

摹仿他人签名,必须占有他人签名的式样,或非常熟悉他人签名的式样。摹仿的方法与一般摹仿笔迹的方法相同。摹仿的签名也具有摹仿笔迹所固有的特点,或称摹仿手段的特征。但因签名整体性、连贯性强,比一般摹仿笔迹难以摹仿。因而,越是小心谨慎,生怕摹仿得不像,摹仿特征就会越明显、典型。

单就签名式样的摹仿效果而言,套摹、描摹摹仿得最像,其次是临摹、忆摹。就出现摹仿笔迹固有特征的明显性而言,也是套摹、描摹比较典型,其次是临摹和忆摹。摹仿得像不像,与摹仿人书写技能高低以及对被摹签名特征认识的准确性成正比,而与被摹签名结构的复杂性、书写运动的连贯性以及被摹签名书写水平的高低成反比。

(三)复制他人签名

复制他人签名,是用有关的技术方法将他人签名移植到伪造文书上。

1. 复印签名

以他人签名为原稿,利用静电复印机将签名复印到伪造的文书上。这种签名与真签名完全一样,且没有摹仿笔迹的典型特征。但是在放大镜或显微镜下仔细观察,可见签名笔画没有墨迹笔痕,而是由微小的墨粉颗粒集聚而成,在文书空白部位弥散分布着细小的墨粉点。

有的人采用剪辑法,将签名或其复印件拼贴在伪造文书上,然后再复印,并以此复印件作为诉讼证据。在此情况下,鉴定时要注意拼凑复印特征。如果没有足够根据证明复印件是拼凑复印而成,最好不要依据复印件鉴定签名的真伪。因为复印件容易伪造,而且难以反映出签名的细节特征与摹仿笔迹的特点。根据传真件鉴定签名更不可靠。

2. 转印签名

有人利用复写文书的第一页,将签名背面的复写纸颜料加压转印到伪造的文书上。这种复制的签名与真签名式样一致,但它不是书写形成的,笔画由复写纸颜料构成,没有书写压痕。由于转印时要用圆钝光滑的工具在真签名上作扫描式的碾轧,必要时适当加热,于是在被转印签名上留下碾轧痕迹,在转印的签名上呈现出颜色浅淡,笔画间断、残缺,部分笔画有双影等特点。如能找到被辖印的文书,其签名可以重合,并可发现转印痕迹。

3. 偷垫复写纸窃取签名

以复写方式签写的合同、票据类文书,有人在签名时多垫一张复写纸,将伪造的文书偷放在下面,以非法取得签名。这个签名与其他各联的签名一样都是本人亲笔书写,从这个意义上说签名是真的。但是从乘人不备而窃取来说,签名又是假的。鉴定时应注意这个签名的颜色浅淡,压痕很轻,轻快的起收笔反映不出来,连笔发生间断。全面考察当时同类文书的签名样本可以发现,此签名的浅淡、残缺等特点与该页文书在复写时应处的位置显然不符。如能找到与此签名一次形成的签名样本,经过核对便可证实。

4. 复制成手写签名章盖印

手写签名章是以真实签名图样为原稿,利用光敏印章的制作技术制成的印章。手写签名章盖印是代替手写签名的一种形式,也是复制伪造他人签名的一种新型方法,具有较强的隐蔽性。由于签名不是手写而是盖印形成,所以这种签名笔画无书写压痕,签名笔画不是用墨水书写的,而是由专用印油组成,与直接书写的签名具有根本性的区别。

(四)伪装自己的签名

在签名时有意伪装自己的签名,也是一种造假行为。其动机,一般是为了事后不认账或在发生问题与争议时,摆脱自己的责任,甚至反诬他人伪造签名。伪装自己的签名,一般要降低书写速度,运笔显得拘谨、呆板;或者改变倾斜方向;或者改变书体,将平时使用的行草体签名变为楷体签名;或者改变某个字的习惯写法;有的在起笔处附加动作,在收笔时故意环绕或拖长。

签名鉴定遇到的主要问题就是摹仿。注意研究摹仿签名的手段及其特点,以及它与其他签名造假手段的区别,不仅可以提高我们对伪造签名的识别能力,而且可以针对各种伪造手段的特点,实施正确的检验。

三、签名笔迹鉴定要点

签名笔迹鉴定是按笔迹鉴定的原理和一般方法进行的。除了根据明显、典型的伪造签名的特征便足以判定签名的伪造事实外,一般都要按同一认定的方法,通过可疑签名与签名样本的比较鉴定鉴别是本人亲笔签名,还是他人伪造的签名。鉴于签名的特点,签名鉴定要注意如下要点。

(一)了解案情

在受理鉴定时,首先应当详细了解签名人的身份信息、身心状况、与本案关联;其次听取争议双方对所签文书形成过程的陈述,确认或否认签名的理由和根据;最后明确签名时的地点、时间、环境、姿势、条件,是用谁的笔签写的。为了准确、详细地了解有关情况,鉴定人可以调阅案卷,或者亲自询问当事人并制成询问笔录。当然,了解情况要客观,不能轻信当事人的陈述,甚至对办案人的说法也应仅作参考。鉴定人对这些情况应作冷静的分析,尤其在形成鉴定意见时,不能被某种说法或倾向所左右。

受理材料时,应当核实送检材料,严格区分检材和样本。尤其是对各种条据、合同之类的签名鉴定,所谓真与假起源于当事人的争议,于是作为检材委托鉴定。但是在检材份数较多时,有的当事人及其诉讼代理人,乃至个别办案人,却将一部分检材改作样本送检,企图误导鉴定人作出检材与"样本"是同一人签写的鉴定意见。也有的当事人明知签名是假的,为掩盖造假事实,又积极制造假签名,并与个别真签名混在一起,作为签名样本,诱使鉴定人上当。所以,在受理鉴定时要认真核准检材与样本。

在鉴定过程中也要注意发现相互混淆、以假充真的欺骗行径。

(二)初步鉴定

签名字数少,整体性强,式样一般比较特殊。同本人的签名样本此较,像或不像一目了然。这种初步的比较可以说明一些问题,但需深入鉴定,进一步求证。

1. 式样相同

经初步比较,如果签名式样基本相同,有如下可能:

(1)签名是亲笔书写的。就此作最后定论还有待于对充分的签名样本作全面、深入的比较鉴别。

(2)签名是他人摹仿的。要进一步证明是他人摹仿的,还要注意发现可疑签名有没有摹仿笔迹的固有特征和摹仿手段的特点;还要通过与本人签名样本的深入比较,看其是否符合"大同小异"的规律。

(3)签名是自我摹仿的。尽管这种情况目前还不多见,但一定要警惕。要注意与他人摹仿签名的区别。

(4)签名是被复制的。这可以根据复制签名的手段及其固有的特点来确定。

2. 式样不同

经初步比较,如果签名式样的整体或局部有较明显的差别,有如下可能:

(1)他人冒充或替代签名。这种签名与本人签名在运笔、搭配比例,笔顺和字的写法,以及签名的整体结构上会发现差异。认定他人冒充或代替签名,要排除本人伪装签名和因样本不充分形成的差异。

(2)本人伪装签名。蓄意伪装自己的签名,与一般的伪装笔迹不同。伪装的签名,特别是当场签名,一般不会有奇形怪状,令人感到十分反常的表现。这种伪装主要是靠签名人书写技能的多变能力实现的。伪装的签名式样可能与其平时的签名式样不同,但毕竟是书写技能的反映。签名的变化通常表现为字的繁简变化、正草变化、连与不连的变化,以及故意增加或者省去某个明显的动作等。这种变化了的签名笔迹特征,往往在他前期的签名样本或一般笔迹样本中得到反映。

(3)签名样本不全。由于有些人的签名不只是一种式样。有的是过去签名与现在签名的式样不同,有的是有两三种式样在不同场合交替使用。如果有争议的签名与所提供的样本签名是化的两种不同式样的签名,当然有明显差别。所以,提供鉴定的签名样本,不能仅用当面让其写的几个签名,尤其在式样有别的情况下,要注意收集他的同期的、平时的签名样本。签名样本充分、全面了,这个问题便会迎刃而解。

根据初步比较,把签名鉴定结果划分为两类七种可能,那么有争议签名究竟属于哪一种呢？首先可以根据签名所呈现的某种明显的、典型的特点来认定某种事实。例如,签名具有复制签名的特征,可认定该签名是复制伪造的;根据签名运笔流畅、自然,而与本人签名在书写水平、整体结构、笔顺和运笔上存在明显差异,可认为是他人冒签或代写的;根据签名具有典型的摹仿笔迹特征以及相关痕迹,且与本人签名"大同小异",可认定签名是摹仿的,等等。至于那些不够典型,一时难以定论的,可再进一步深入鉴定,综合权衡,作出鉴定意见。

(三)他人摹仿签名的认定

在签名笔迹鉴定中,有争议的签名是否为他人摹仿的,是经常被提出来并有一定难度的问题。认定签名是他人摹仿的,应具备如下条件和根据:

1.可疑签名与本人签名基本式样相同

由于摹仿是按真签名的式样,采用不同手段仿写的,其基本式样应当相同。如果被摹仿人签名有不同的式样,摹仿者必取其一种式样为摹本。也曾遇到在作案人伪造的5张收据中,分别摹仿了签名人三种式样签名的案例。如果签名人的样本很充分,包含了过去和现在的各种式样的签名,但没有一个是与可疑签名式样相同的,认定摹仿就缺乏充分的根据。

2.可疑签名具有摹仿笔迹的固有特征

摹仿笔迹有其固有的特征,亦如前述。摹仿的签名也必然不同程度地呈现出这些特征。鉴定时要通过反复观察、认真领悟,同时,注意发现某种摹仿手段在可疑签名和被摹仿的那个特定的签名(摹本)上留下的相应痕迹。

鉴定时注意将因书写条件影响而出现的运笔抖动、断续和修描现象与摹仿特征区分开。前者的抖动比较明显、不均匀;断续现象是行笔受阻所致,不是摹仿行笔中的顾盼迟疑现象;修描是针对原笔画不清楚,而不是对摹仿走样的修正。鉴定时可以结合当事人就签名的形成过程和书写条件的陈述,进行具体分析。

还要注意与可能存在的自我摹仿相区别。自我摹仿的签名,也有形快实慢、笔力平缓等摹仿特征。由于是摹仿自己的签名,是以同一人的书写技能和习惯为基础,对自己的签名式样不仅在视觉形态上熟知,对完成签名的动觉过程也熟悉,这是他人摹仿所不具备的,所以摹写过程比较轻松自如。自我摹仿的签名一般不会出现结构紊乱和笔顺差错,通常难以摹仿的起收笔动作、连笔中的轻重节律和笔力特征,有的会有变化,有的则真实地反映出来,并与本人签名样本相符。鉴定时可以结合案件的具体情况作具体分析和判断。

3. 与本人签名存在细节上的本质差异。由于摹仿人与被摹仿人的书写技能与习惯不同,摹仿的签名与本人签名容易在不连笔的或连笔走向紊乱的隐蔽性笔顺,小笔画或小动作的增减,起收笔动作的方向,环绕动作的幅度与弧度,行笔的角度和笔力,以及字与字之间的位置关系和易连动作上呈现出差异。如果是书写水平较低的人摹仿书写水平高的人签名,或者是书写水平较高的人摹仿书写水平低的人签名,也可以在签名中某些笔画或连笔动作上看出其书写功力上的差别。

总之,摹仿只能达到形似,而不会"神"同。这里所说的"神",是个人签名的整体风貌和隐含在具体式样中的笔力与功力的总和。鉴定时可以通过深入观察、反复比较去领悟。有以上三方面的根据,一般可以认定签名是他人摹仿的。当然,如能进一步认定是谁摹仿的,根据就更加充分了。这要根据摹仿人书写习惯的暴露程度,即是否具备这种鉴别的条件而定。至于忆摹签名的认定,往往因其摹仿笔迹的固有特征表现出不明显和典型,致使第二条根据不足,如具备第一条、第三条根据且较充分,仍可认定。必要时再通过认定摹仿人进一步证实。

(四)签名书写人的认定

认定可疑签名的书写人,是签名鉴定的关键环节,也是需要解决的根本问题。它包括可疑签名是本人书写或与样本为同一人书写,以及签名摹仿人的认定。

1. 本人签名的认定

在签名鉴定案件中,如果可疑签名的嫌疑对象即是署名者本人,那么要想认定该签名是其本人书写的,需要具有如下根据。

(1)签名的式样相符。凡本人的签名,由于其基本式样已经定型,在排除他人摹仿或复制的可能之后,签名的整体结构、写法、笔顺和主干笔画的形态特征所构成的签名式样相符,是认定书写人的重要根据之一。如果签名式样有明显差异,特别是仅凭当场连续书写的几个签名样本进行比对的,这种差异尚不足以说明问题,应再补充收集其平时的签名样本,特别是收集同期各式签名样本,再进行鉴定。至少要让嫌疑人在不同时间多写几次,结合其书写技能,断定其样本已具真实性和代表性之后,再作为比较鉴别的标准。如果是本人签名,一般都可以找到相同式样的签名样本。自己伪装的签名,与签名样本也可以出现局部的明显差异,这种差异往往可以在其过去的签名或一般笔迹样本中得到解决。

(2)签名的细节特征相符。摹仿的签名只能是大体相同,细节特征是很难摹仿的。故意伪装自己的签名或自摹签名,都不可避免在细节上反映出自己固有的书写习惯特征。所以,签名细节特征的相符,是认定书写人的最主要的根据。这种细节特征包括:起收笔的动作方向和压力,行笔的笔力,意连动作的方向、幅度,不连笔的笔顺和隐蔽性的反笔顺,搭配比例的细节,以及字间的组合关系等。这足他人伪造或本人伪装时易被忽视和难以控制改变的。如果有争议的签名(同一人的)有两个或多于两个,应当充分运用自然变化特征,如果这些自然变化特征与样本的自然变化特征对应(匹配)相符,特别是细节的相符,则是认定同一的有力根据。

(3)不同之处属于非本质差异。所谓非本质差异,是个人签名的种种变化形成的可疑签名与签名样本之间的差异。在鉴定中发现的差异,如果是非本质差异,就不影响作出认定可疑签名与样本签名是同一人所写的意见。

造成签名的非本质差异的原因,主要是签名笔迹的历时变化、签名时书写功能的变化、签名时心理状态的变化和签名时外界书写条件的影响。那么,差异是不是非本质差异,首先要通过了解签名的形成过程,当时的环境、条件,根据签名所呈现出的特点和变化迹象进行分析、判断。其次是尽力补充收集该人的各式签名样本或同期的其他笔迹样本,必要时还可以收集其实验样本,力求用充分的样本消除现存的主要差异。

综合以上三方面的根据,可以认定该签名为本人亲笔签名。

2. 签名摹仿人的认定

在一般的经济、民事案件中,如能肯定签名不是本人书写的,或者认定签名是他人摹仿的,这对当事人作为书证提供的文书其真实性,已作了否定性证明,往往不再追究书写人是谁。但是有些案件则要求查明作假者,并提供嫌疑人的笔迹样本进行笔迹鉴定。为鉴定签名的摹仿人,一般是将有争议的签名甲,被摹仿人签名的样本乙,嫌疑人的笔迹样本丙并列起来作一份详细的综合比对表。经过反复、仔细的比较鉴定,注意甲、乙之间的细节差异,看哪些特征与丙相符。因为甲与乙不同的那些细节差异,有些就是摹仿人的习惯特征的流露,这些特征如果与丙特征相符,在涉嫌范围很有限的情况下,符合点的总和具有特定性时,可以认定该人就是签名的摹仿人。如果摹仿签名时是用他自己的笔,同期样本中也有用这支笔写的字,还可将笔痕特征的符合,作为认定摹仿人的重要根据。如果摹仿签名暴露摹仿人的书写习惯不充分,则不要勉强作意见。

在签名笔迹鉴定中,鉴定人不要把注意力仅仅局限在签名上,而应尽可能广泛寻求鉴定的依据。如有的人在签名之后无意中总是点个点;有的人签名后紧接着写上日期;有的人在签名前写上同意、经手人等字样或单位名称。可根据其书写运动的连续性和笔痕特征,判定签名以外的字迹是否为签名人书写。要通过了解案情和笔迹上的研究,判定签名与正文的关系。如果正文与签名是同一人书写,则鉴定签名的同时,也应鉴定正文的笔迹。这样,可以充实鉴定依据,使签名笔迹鉴定的意见更有说服力。

思　考　题

1. 什么是笔迹和笔迹鉴定？
2. 如何理解笔迹的现象和本质？
3. 如何认识书写活动？
4. 如何理解笔迹鉴定的科学依据？
5. 为什么在故意伪装和书写条件变化的笔迹中书写习惯也能表现出来？
6. 为什么说笔迹的自身同一性是笔迹鉴定的基本条件？
7. 笔迹鉴定为什么要依据特征总和而不能仅凭一两个特征的异同作意见？
8. 请列表总结笔迹特征。
9. 为何错字比别字特征价值更高？
10. 如何正确判断笔顺？
11. 书写水平特征与语文水平特征结合使用解决哪些问题？
12. 如何选择笔迹特征？怎样比较笔迹异同？
13. 分析检材有何重要意义？
14. 综合评断时为什么不能只根据某一类特征的符合或差异作出意见？
15. 笔迹变化的基本因素有哪些？怎样理解书写速度变化与字体的关系？
16. 形体变化笔迹中哪些地方容易暴露书写人的书写习惯？
17. 形体变化笔迹鉴定中应注意什么.？
18. 如何理解书写条件的概念？
19. 尺画字笔迹中容易保留的个人习惯特征有哪些？
20. 随意伪装笔迹的常见类型有哪些？其主要变化是什么？
21. 随意伪装笔迹鉴定中应该注意什么？
22. 如何区别左手伪装笔迹？
23. 怎样区分高位执笔笔迹与摹仿笔迹的异同？
24. 为何一个人的左手字能反映他右手字的某些特点而又有所不同？
25. 摹仿笔迹有哪些成分？怎样运用其特征？
26. 如何发现和识别摹仿笔迹？
27. 签名笔迹与其他笔迹有何区别？怎样认识签名笔迹特征？
28. 签名笔迹鉴定中应注意什么？

第十一章　印刷文书鉴定

第一节　印刷文书鉴定概述

一、印刷与印刷文书

（一）印刷

“印刷”是指用印版或其他方式，将原稿上的图文信息转印到纸张等承印物上的工艺过程。实施印刷的技术称为印刷术，它是一种以直接或间接方式对原稿图文进行复制的技术。由于图文复制技术的不断发展，目前，已出现了静电印刷、喷墨印刷等方法，这些新的印刷方法并不需要印版和施加压力，所以已不再把印版和机械压力作为印刷的必要条件。广义的印刷可以概括地解释为，用印版或其他方式将原稿上的图文信息转移到承印物上的工艺过程。

（二）印刷文书

印刷文书，凡采用印刷工艺制成的文书均称为印刷文书。印刷文书的种类繁多：按用途分类，有书报期刊、宣传资料、货币票券、公私文书、书写纸印品等；按印刷方法分类，有凸版印刷文书、平版印刷文书、凹版印刷文书、丝网版印刷文书、画线印刷文书、打印文书、复印文书、传真文书、盖印文书等。印刷文书的重要作用，使它成为现实社会生活中不可或缺的、到处可见的物品，违法犯罪分子也经常利用或制作印刷文书进行违法犯罪活动。

二、印刷文书鉴定的概念

印刷文书鉴定，是指运用印刷技术知识，鉴别可疑文书的真伪，推断文书的印刷方法与印刷机具，确定印刷物证来源的一项专门技术活动。从广义上讲，印刷文书鉴定的对象，是指与违法犯罪有关的、运用印刷手段制作的任何文书。其包括非法印刷文书和合法印刷文书两类。其中的非法印刷文书，是指作为犯罪手段的非法宣传品、匿名信、各种伪造的文书，这类印刷品在制作过程中即与犯罪相关；合法印刷品，是指被作案人利用、使用和遗留的印刷文书。合法的印刷文书只要与犯罪相关，就是印刷文书鉴定的对象，如信稿纸、票据纸、合同纸等很容易成为这类鉴定的对象。

三、印刷文书鉴定的任务

（一）鉴别印刷文书的真伪

可疑文书不一定都是假文书，对可疑文书进行真伪鉴别，可以为立案侦查和确定案件性质提供依据。伪造文书可以理解为是指一切不符合客观事实，不具有合法性的各种假造的文书，包括按真文书复制成的假文书、利用真文书采用变造手段制成的假文件，以及凭空捏造出来的假文书，等等。在印刷文书的真伪鉴别领域里，若作出可疑文书是“伪造”的鉴定结论，必须具备如下条件：它和真实文书的式样基本一致，即按真本复制的。如果实际没有这种式样的文书，而是捏造、假冒某种文书，可以通过调查核实揭露这一欺诈行为，不宜通过文书鉴定认定为伪造。真文书的式样或标准具有唯一性，即只有此式样并具有相关特征的才是真实的文书。经鉴定发现可疑文书与样本不符，才能认定其是伪造的。如果真件的式样或标准并非唯一，又无法确认是否已经占有所有式样的真实样本时，只因可疑文书与某一种式样的样本不符，则不能断定其是伪造的。

（二）鉴别印刷方法和来源

分析可疑文书的印刷方法、印刷工具类型和印刷品来源，可以为确定侦查方向、范围提供依据。常见的文书印刷方法包括凸版印刷、平版印刷、凹版印刷和孔版印刷、静电复印机复印和各种打印机打印等方法。前三种印刷方法常称为工业印刷，后两种常称为办公室印刷方法。对作为违法犯罪活动中的辅助工具或遗留物的各种公开发行、广泛使用的印制品，应当通过调查取样并与物证进行比较鉴别。根据印刷品空间分布的规律，鉴别物证来自何地、何单位乃至何人，为判定侦查方向、缩小侦查范围、确定嫌疑人提供依据。

（三）对印刷机具和印版进行同一认定

对印刷机具和印版（含印章）进行同一认定，可以为案件的审判提供诉讼证据。工业印刷机具的同一认定，一般可通过调查核实的方式进行。通过印刷文书对办公印刷机具和印版、印章进行同一认定是印刷文书鉴定的一项重要任务。认定制作文书的具体机台和印版、印章，可以进一步缩小嫌疑范围，突出重点嫌疑人，有的也可以为明确可疑文书的真伪提供依据。

第二节　文书印刷方法鉴别

常见的文件印刷方法,按印版的结构可分为凸版印刷、平版印刷、凹版印刷和孔版印刷,另外还有静电复印机复印和各种打字机打印等方法。不同印刷方法的印版结构、着墨过程和印刷过程不同,印刷品上表现出的墨迹形态及其他印刷加工特征不同。通过放大镜、显微镜或投影设备进行放大观察就可以发现这些差别,从而区别不同印刷方法制作的文书。

一、凸版印刷方法鉴别

凸版印刷的图文部分凸起,且在一个平面上,不着墨的空白部分凹入,如图11－1所示。凸版印刷采用简单的接触着墨方式,墨辊滚过印版后,只有凸起的图文部分与墨辊接触而着墨,然后在压印物体的压力作用下把图文部分的油墨压印到纸上形成印刷图文。

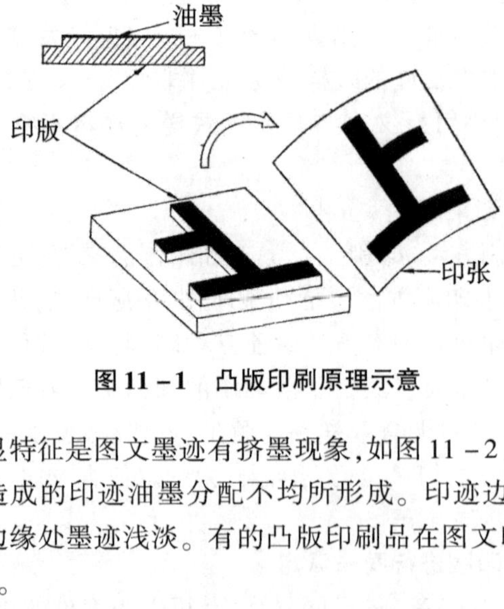

图11－1　凸版印刷原理示意

凸版印刷品的明显特征是图文墨迹有挤墨现象,如图11－2所示。它是由于压印时印面压力分布不同而造成的印迹油墨分配不均所形成。印迹边缘有油墨外溢,窄线条的中部或宽线条靠近边缘处墨迹浅淡。有的凸版印刷品在图文印迹处还能表现出正面凹入、背面凸起的压痕。

图11－2　凸版印刷品上墨迹的挤墨现象

根据制版方法不同，凸版还分为铅活字版、照相腐蚀凸版、使用照排技术的树脂版和雕刻凸版，它们的印件也各具不同特征。

二、平版印刷方法鉴别

利用油水不相溶原理，在印版的表面，使印刷图文形成亲油薄膜，非印刷的空白部分形成亲水薄膜，印刷时图文部分着墨拒水，空白部分拒墨亲水，经过胶辊转印在承印材料上留下印迹。平版的版面是平的，着墨的图文部分与非着墨的空白部分在一个平面上或几乎在一个平面上，如图 11－3 所示。常见的平版印刷是根据油水相拒的原理采用选择性吸附的方式着墨。在制版过程中，通过特殊的晒版方法，把透明胶片上的图文晒制到涂有遇光分解的特殊高分子感光材料的磨砂铝板上，使版面的图文部分由亲油的高分子膜构成，空白部分由亲水磨砂铝板表面构成。

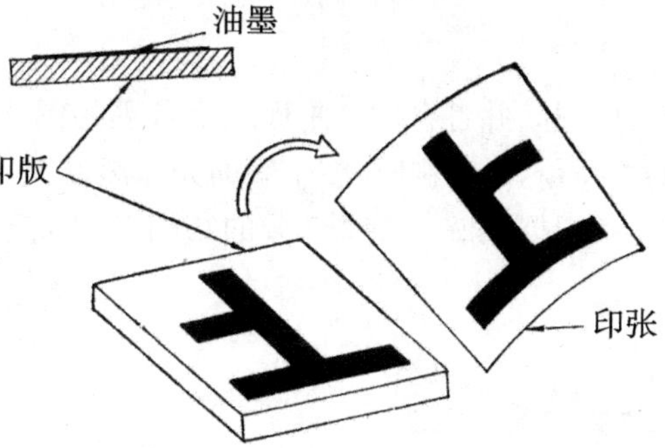

图 11－3　平版印刷原理示意

印刷时，在版面先涂水、后涂墨，空白部分亲水拒油，图文部分亲油拒水，从而完成对图文部分的选择性着墨，然后将图文直接或间接地压印到承印材料上。由于工业印刷中的平版印刷机是把印版上的图像先压印到胶皮滚筒上，然后再由胶皮滚筒转印到纸上，所以这一过程又称为胶印。

因为胶版是平的，压印过程中各部分压力一致，所以胶版印刷品的图文墨迹均匀、平整、无挤墨现象，更无印版压痕。但与凸印品相比，有时墨迹显得浅淡不实，而且空白部位容易出现油墨疵点，如图 11－4 所示。又由于亲油的高分子膜容易破损，会在图文中出现明显露白，如图 11－5 所示。

胶版印品还会因书刊文字版的排版方法不同而分别反映出铅活字排版打样、手选照排、激光照排（或电子排版）的特点。

图 11－4　在空白处可见散状墨点

图 11－5　图文中出现明显露白

三、凹版印刷方法鉴别

凹版版面的空白部分凸起，并且在一个平面上。着墨的图文部分凹入，凹入程度代表色调的深浅，如图 11－6 所示。印刷时，整个版面先涂满油墨，然后去除空白部分的油墨，再压印到纸上。凹印版根据其凹入图文部分的结构形态又分为多种类型，常见的为影写版和雕刻凹版。

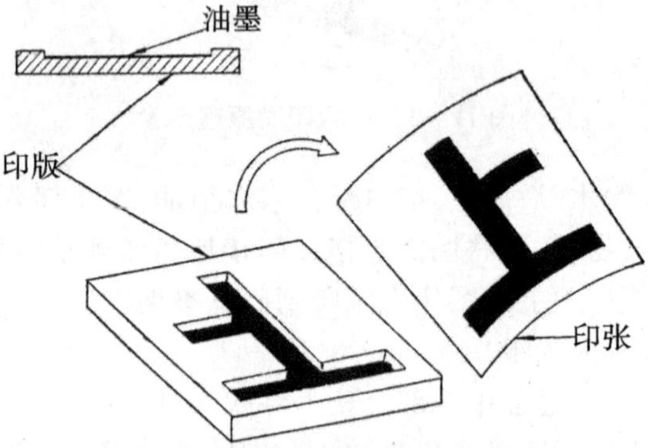

图 11－6　凹版印刷原理示意

影写版又称照相腐蚀凹版。通过特殊的制版方法，把透明胶片上的图文晒制到涂有遇光后不同程度硬化的高分子感光材料的碳素纸上，再把显影后的感光膜转移到金属版表面，最后把着墨的图文部分腐蚀成不同深度的凹坑制成印版。影写版版面图文部分由面积相同、深度不同的整齐排列的方形凹坑构成，即凹入的图文部分被凸起的网线（支撑线）分割开来。虽然影写版版面有明显的凹凸变化，由于支撑网线的作用，凹版印刷品上表现不出明显的压痕。墨迹部分均由小方块构成，墨薄的部分可看出各自的界线,墨厚的部分连片,在文字的横、竖边缘表现出锯齿形态,如图 11－7 所示。

雕刻凹版是制版人用刻刀或专门的雕刻机械,在金属板材上直接刻划出的印版。版面的图文部分由宽度、深度、密度、方向和长短各不相同的沟纹构成。直接雕刻出来的印版一般不直接用于印刷,上机印刷用的印版是由原版通过电铸或挤压等方法复制到印版辊筒上的。雕刻凹版的图文沟纹较深,着墨量大,压印到纸上以后形成的墨层较厚(凸版、平版印品的墨层厚度仅有几微米,影写版印品的墨层厚度也不过是几十微米,而雕刻凹版印品的图文墨层厚度可达几百微米),有明显的立体感,触摸有手感,在放大镜或显微镜下可看出墨层明显高于纸面。另外,由子图文油墨量大,在被烘干之前会沿纸张纤维渗散,所以在图文边缘可看到"胡须"状痕迹,如图11－8所示。同时,还会由于较大的压印力的作用,在印品图文部位出现明显的背面凹入,正面凸起的压痕。文件被人为处理(如实施拓印操作)后,其墨迹特征会发生明显变化。

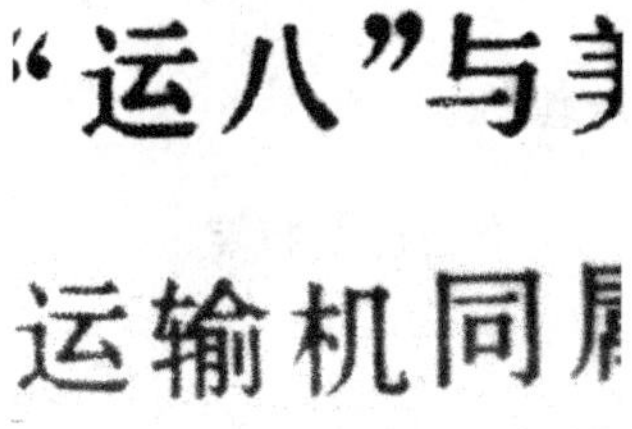

图 11－7 横竖笔画边缘呈锯齿状

图 11－8 手工雕刻版线条边缘不齐,有毛刺状墨迹

四、孔版印刷方法鉴别

孔版的印版结构为图文部分由孔洞构成,空白部分由阻墨材料构成,如图 11－9 所示。印刷时先在版的上面涂墨,然后通过某种方式(滚筒滚压或用刷子刷、刮板刮)挤压油墨使其透过图文部分的孔洞,漏印到下面的纸上形成图文。根据制版材料与制版方式不同,孔版也有多种。

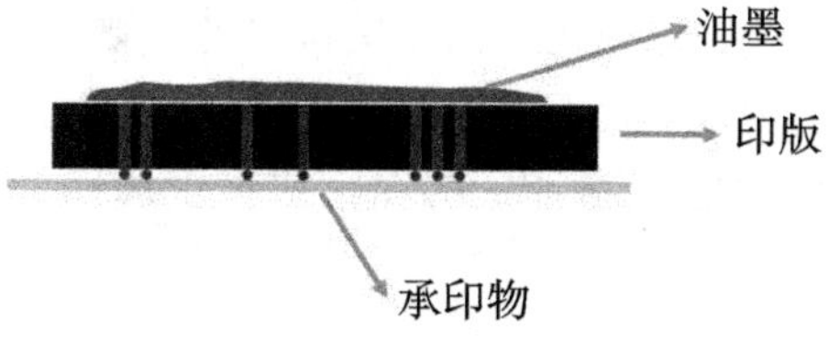

图 11－9 孔版印刷原理示意

丝网版是以绢网等透墨材料做支撑网，附上刻制好的薄膜构成印版，或涂上感光胶，用照相制版的方法去掉图文部分的胶膜构成印版。丝网版印品的图文墨层很厚，最厚可达1mm左右，所以立体感很强。由于丝网上经纬线的作用，图文印迹均由小方点构成，虽然各方点在连续图文中连片，在图像或文字的倾斜边缘上仍能看出明显的阶梯形态。

一体化速印机是一种集电子制版和印刷为一体的自动油印设备。它是通过对原稿扫描曝光、电感耦合传感器数字化图像信息，再控制感热式行式印字头在特殊薄膜“蜡纸”上制成由能透墨小孔组成图文的印版。然后可以自动上版、印刷。一体化速印机印刷文书的印刷质量较好，图文印迹较精细，在放大镜或显微镜下可以看出图文墨迹是由横竖成行的小点（常见的分辨率为16点/mm）构成，如图11－10所示。

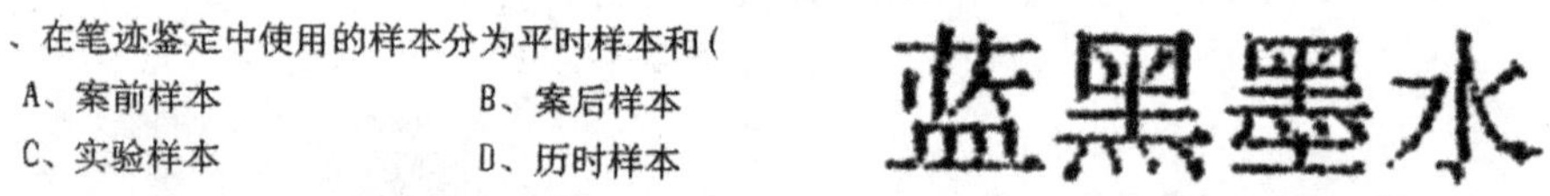

图11－10　孔版印刷原理示意

此外，还有光电誊影制版和闪光制版油印文书，它们也有自己的特点。

五、图像的照相复制印刷方法鉴别

若要印刷出和原稿形态完全一样的图像（如某人的题词、签名、手绘的图画、照片等），就需要用照相制版的方法。照相制版过程是先把原稿拍成透光型昀底片，再用它把图像晒制到涂有特殊感光材料的印版上，经过进一步加工，制成合乎印刷要求的印版。凸版树脂版、平版胶版和凹版影写版的制版本身属于照相制版过程，图像透光底片与文字透光底片按版面设计要求拼版后即可用于晒版。铅活字版中无法用铅活字排出的图像则需要单独制成腐蚀凸版（铜锌版）。把图像晒制到涂有遇光硬化高分子感光材料的铜版或锌版上；显影后，没曝光的空白部分感光材料被冲掉并露出金属表面，曝光的图文部分感光材料硬化而留在原部位形成保护膜；然后进行化学腐蚀，裸露的空白部分被腐蚀凹入，有保护膜的部分不被腐蚀，构成了凸起的图文部分。正常铅活字凸版印刷过程中文字部分不需制腐蚀凸版，在遇到无法排出的生僻字、印刷广告或对铅印文书进行照相复制伪造时，会出现文字是用腐蚀凸版印出的现象。由于腐蚀过程的不均匀性，使图文形态较原稿失真，腐蚀凸版印刷的图文或出现局部变形、搭连、断笔等多笔少笔现象，如图11－11所示。

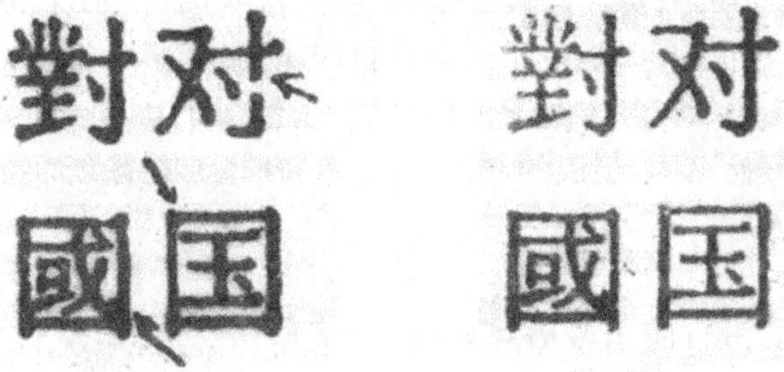

(a)腐蚀凸版　　　　(b)原铅版

图 11－11　腐蚀凸版印刷品上墨迹特征

在平、凸、凹、孔四种版型印刷过程中,凹版印刷能以墨层的厚薄来表现原稿的连续调,对原稿直接照相得到的底片经简单翻晒后即可用于晒制影写版。其他三种版型在对连续调图像进行印刷复制时,需采用印刷业特有的加网照相方法,把原稿的连续调图像变成由大小不同但间距相同、整齐排列的小点构成的半色调图像才能表现原稿的连续调。这样的点子称为网点,它们是构成连续调图像的基本单位。依照图像的精细程度不同,采用的网点密度也不同。网点有方形、圆形、链形等不同形态,并可采用不同的网线方向。在显微镜下观察印刷的连续调图像,即可发现网点的这些特征,如图 11－12 所示。

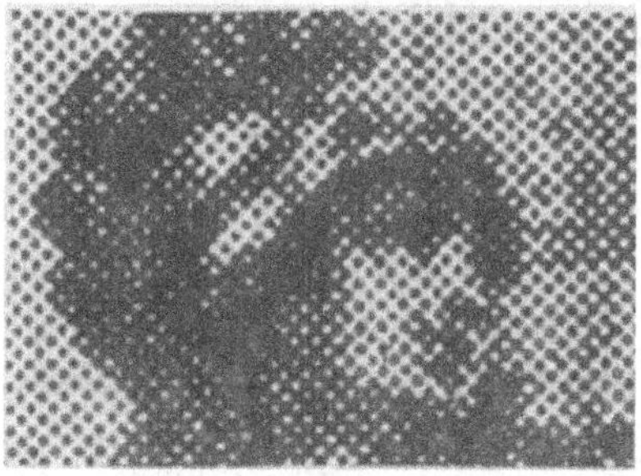

图 11－12　网点再现原稿的连续调图像

对彩色连续调图像的复制,是根据颜料的三原色原理,用专门的方法把同一幅图像分别制成四块网线版,再分别施以品红、黄、青、黑四种颜色的油墨,对纸的同部位进行定位顺次印刷,这样就重新再现了原稿的色彩,不同颜色之间的网线方向不同。这种用不同版,施以不同颜色油墨,对纸张同一部位进行顺次印刷的方法称为彩色套印。犯罪分子经常采用这种方法对重要的彩色印刷文书(如货币、护照等)进行复制伪造。

六、电子打字机打印方法鉴别

常用电子打印机是计算机的输出设备之一,用于将计算机处理结果打印在相关介质上。目前,常用打印机主要有针式打印机、喷墨打印机、激光打印机和感热式打印机等类型。此外,还有液晶打印机、热蜡式彩色打印机、激光彩色打印机、固态喷墨彩色打印机和热升华彩色打印机,多数由于价格昂贵,用量很小。不同种类的打印机,由于打印原理和机具结构截然不同,制成的文件上墨迹特征也具有各自的特点。

(一)针式打印机

1. 工作原理

针式打印机主要由打印头及横移机构、输纸机构、色带系统和相应的控制电路组成,它是利用机械运行和电路驱动原理,使打印针撞击色带和打印介质打印出色点,并利用打印头的多根针打印出点阵,再由点阵组成字符或图形来完成打印工作的,如图11-13所示。打印针一般为特制的钢针,在打印头上纵向排成一列或两列呈交错状或多列;打印头置于字车上,并由横移机构牵引,沿水平导轨横向往复运动。色带装在打印针与打印纸中间,每当打印针撞击色蒂时,就在纸上印出一个点;一列针同时撞击时,就印出了一列点。打印头的针数常见的有9针和24针两种,用于打印汉字的多为24针打印机。9针打印机打印头上的9根钢针(直径0.3~0.4mm)在印面上排成一列,24针打印机打印头上的24根钢针(直径0.2mm)在印面上平行排成交错的两列,如图11-14所示。打印头上的每一根针分别由对应的一个电磁铁驱动,电磁铁的动作则是由来自打印字库的点阵字符信息来控制。当有打印信号时,有一脉冲电流通过电磁铁的线圈,使其产生磁性吸合衔铁并使打印针向前击出,织物色带上的色料在钢针端部施加的压力的作用下转移到承印纸张上形成一个圆形点迹。脉冲电流消失后,复位弹簧又带动打印针回归原位。

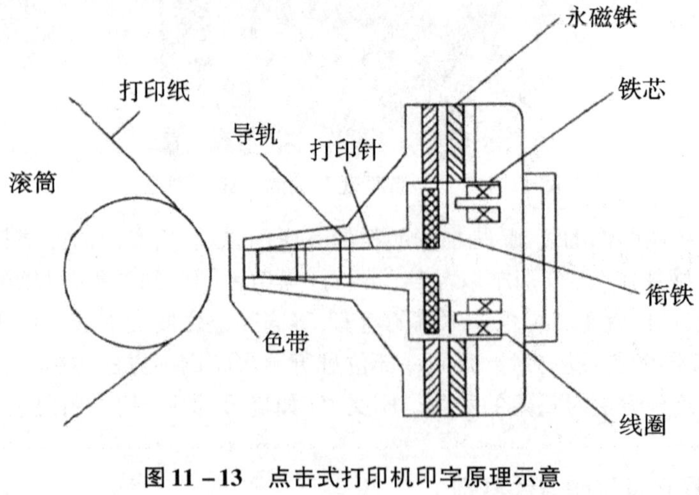

图11-13 点击式打印机印字原理示意

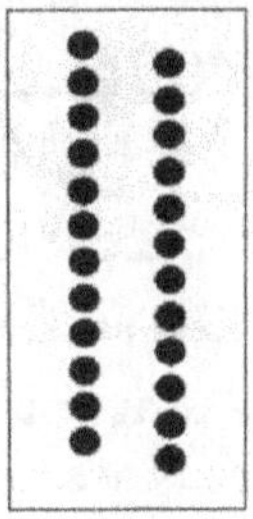

图 11－14　24 针打印头印面上打印针排列

2. 针式电子打字机打印文书

针式电子打字机的打印原理与普通打字机完全不同，它的印字元件一次性印出的是点，而不是一个完整字符，是由顺次印出的点组成的点阵构成字符，能打印出的字体和字符大小也多种多样。常见的点击式电子打字机打印出的字符是由水平或垂直排列的小点组成，斜笔画边缘呈阶梯状，较大的字符可以明显看出点痕和间隙，如图 11－15 所示。

图 11－15　针式打印文书字迹特征

（二）喷墨打印机

喷墨打印机是在针式打印机之后发展起来的非击打式打印机。早期的喷墨打印机都是采用连续式喷墨技术，而当前使用的喷墨打印机大都采用随机式喷墨技术。随机式喷墨打印机的打印头都是由一列或数列喷嘴交错排列构成，以压电或热泡喷墨原理进行打印。喷墨式打字机打印出的图文光滑平整，点痕不明显，出现洇散现象，有时会有墨水污染痕迹，没有冲击压痕和挤墨痕迹，与激光打印机墨迹明显不同，如图 11－16 所示。

图 11－16　喷墨打印文书特征

（三）激光打印机

激光打印机的工作原理与静电复印机的工作原理相似，如图 11－17 所示，其核心部件也是感光鼓，只是控制对感光鼓扫描曝光的激光束的信号不是取自原稿的图像，而是来自计算机的数字化信息。在对光电导体表面充电后，把电脑主机发送的二进制图文点阵信息转化成打印信息，驱动激光器发射激光束，通过光学系统，把聚焦后的光束投射到旋转的光电导体表面上，从而完成整个扫描过程。这样有图文的地方电荷保留，没有图文的地方电荷消失，在光电导体表面生成看不见的图文静电潜像。再通过带相反电荷的着色剂（通常是墨粉）把图像显现出来，然后把色粉图像转移到普通纸上，最后通过高温加压定影的方式把色粉图像固定在纸张上，即激光打印文件。

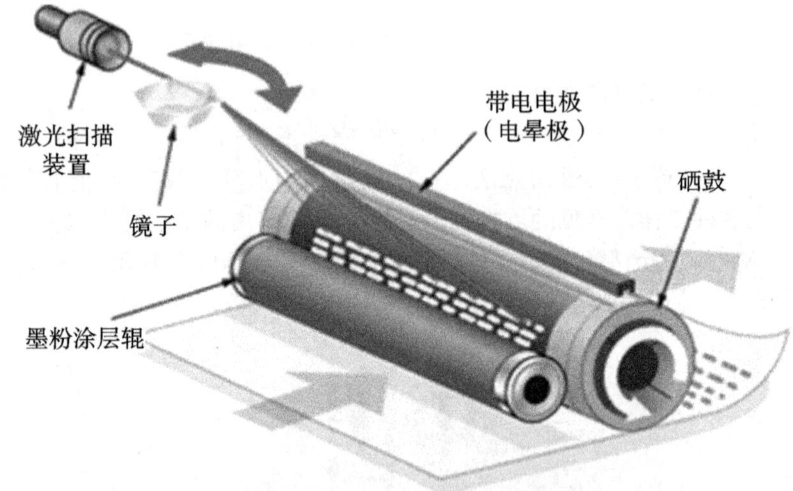

图 11－17　激光打印机工作原理

激光式打字机打印出的字符印迹由墨粉颗粒堆积而成，字迹端庄，点痕不明显，有时会发现底灰痕迹，与喷墨打印机墨迹明显不同，如图 11－18 所示。

激光打印
实验样本

图 11－18　激光打印整体特征

（四）感热式打印机

感热式打印机属于串行式打印机，其打印头是由一列或数列发热元件所构成。有打印信号时，脉冲电流使相应的元件发热，在承印纸张上形成点迹。常用于打印汉字的打印机热敏头有 24 个发热点，交错排成两列，如图 11－19 所示。每个发热点呈方形，宽度仅为 0.1mm。感热式打印机形成点迹的方式有直接式和间接式两种。直接式打印有时也称热敏打印，使用的是专用热敏纸。热敏纸的表面有一层化学涂层，遇热时发生化学反应而变色（变黑、变蓝等）。在打印过程中，打印头接触纸面移动，打印头上某个发热点受文字信息控制发热时，纸上相应部位变色，形成方形点迹。间接式打印有时也称热转印打印,使用的是普通打印纸,利用热敏色带进行打印。热敏色带聚酯基底表面附有热熔性油墨,当某发热点由数字化信息控制发热时,色带上相应部位的油墨被熔化而吸附转移到纸张上形成点迹。

图 11－19　热敏头结构示意

常见热敏式电子打字机打印出的文书纸张光滑平整,印迹无色料夹层的立体感,墨迹黑度较低,呈浅淡,字符由水平或垂直排列的小点组成,斜笔画边缘呈阶梯状,有的可以明显看出点痕,如图 11－20 所示。

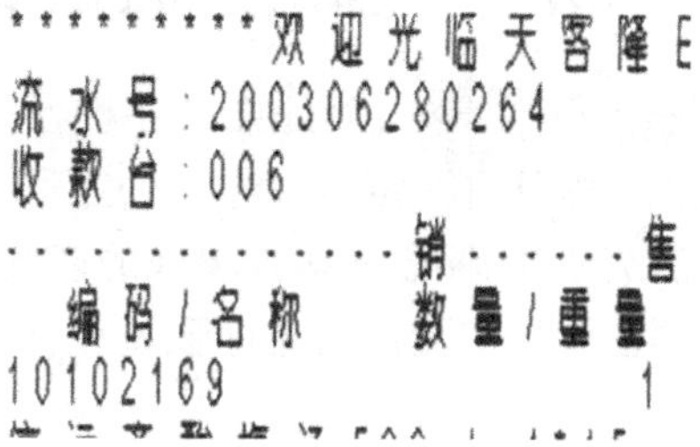
**********欢迎光临天客隆E
流水号:200306280264
收款台:006
................销......售
编码/名称　　数量/重量
10102169　　　　　　1

图 11－20　热敏打印整体特征

七、静电复印机复印文书鉴别方法

静电复印机是一种快速对原稿图文进行复制的印刷工具。它的工作过程类似于照相,所不同的是它使用光电导体作为感光介质。它是利用光电导体遇光导电的特性,通过光学系统把原稿图文成像在带电荷的光电导体表面,形成静电潜像后,再用带电染色剂把图像显现出来并转印固定在纸面的图文复制技术。静电复印的工作过程类似于照相,所不同的是使用光电导体作为感光介质。目前,使用的复印机根据曝光成像方式不同可分为模拟式和数码式(又称数字式)两种。

(一)静电复印机工作基本原理

1. 模拟式静电复印机

模拟式静电复印机是集静电成像技术、光学技术、电子技术和机械技术于一体的办公设备。它采用的成像方法有很多,以卡尔逊静电复印法为例,大致可分为充电、曝光、显影、转印、分离、定影、清洁、消电8个基本步骤完成复印,如图11-21所示。

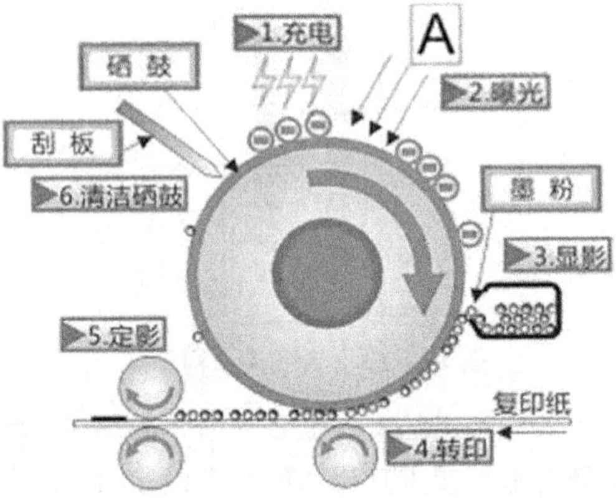

1. 充电 2. 曝光 3. 显影 4. 转印 5. 定影 6. 清洁硒鼓

图11-21 模拟式静电复印机工作原理

(1)充电。充电就是使感光鼓在暗处,并处在某一极性的电场中,使其表面均匀地带上一定极性和数量的静电荷,即具有一定表面电位的过程,这一过程实际上是感光鼓的敏化过程,使原来不具备感光性的感光鼓具有较好的感光性。充电过程只是为感光鼓接受图像信息准备的,是不依赖原稿图像信息的预过程,但这是在感光鼓表面形成静电潜像的前提和基础。

当在暗处给感光鼓表面充上一层均匀的静电荷时,由于感光鼓在暗处具有较高的电阻,所以静电荷被保留在感光鼓表面,即感光鼓保持有一定的电位交具有感光性。对于不同性质的光电导材料制的感光鼓应充以不同极性的电荷,这是由半导体的导电是决定的,即只允许一种极性的电荷(空穴或电子)“注入”,而阻止另一种极性电荷(电子或空穴)的“注入”。因此,对于N型半导体,表面应充负电;而对P型半导体,则应充下电。当用正电晕对P型感光鼓充正电时,由于P型半导体中负电荷不能移动。因此,光导层表面的正电荷与界面上的负电荷,只能相互吸引,而不会中和。倘若用负电晕对P型感光鼓充负电,则由于光导层及共界面处,感应产生的是正电荷,而P型半导体的主要载流子是“空穴”,自由移动交为容易(或称为“注入”),易与感光鼓表面的负电荷中和。这样,对P型感光鼓充负电时,其充电效率是相当低的。对于N型感光鼓,则由于其主要载流子是电子,若对其充正电时,其充电效率也是极其低的。目前,静电复印机中通常采用电晕装置对感光鼓进行充电，如图 11－22 所示。

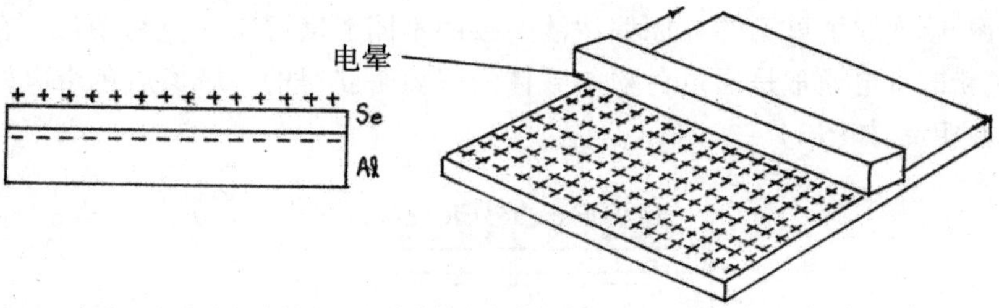

图 11－22　充电

（2）曝光。曝光是利用感光鼓在暗处时电阻大，成绝缘体；在明处时电阻小，成导体的特性，对已充电的感光鼓用光像进行曝光，使用权光照区（原稿的反光产分）表面电荷因放电而消失；无光照的区域（原稿的线条和墨迹部分）电荷依保持，从而在感光鼓上形成表面电位随图像明暗变而起伏的静电潜像的过程。进行曝光时，原稿图像经光照射后，图像光信号经光学成像系统投射到感光鼓表面，光导层受光照射的部分称为“明区”，而没有受光照射的部分自然数“暗区”。在明区，光导层产生电子空穴对，即生成光生载流子，使光导层的电阻率迅速降低，由绝缘体变成良导体，呈现导电状态，从而使感光鼓表面的电位因光导层表面电荷与界面处反极性电荷的中和而很快衰减。在暗区，光导层则依然呈现绝缘状态，使感光鼓表面电位基本保持不变。感光鼓表面静电电位的高低随原稿图像浓淡的不同而不同，感光鼓上对应图像浓的部分表面电位高，图像淡的部分表面电位低。这样，就在感光鼓表面形成了一个与原稿图像浓淡相对应的表面电位起伏的静电潜像，如图11－23 所示。

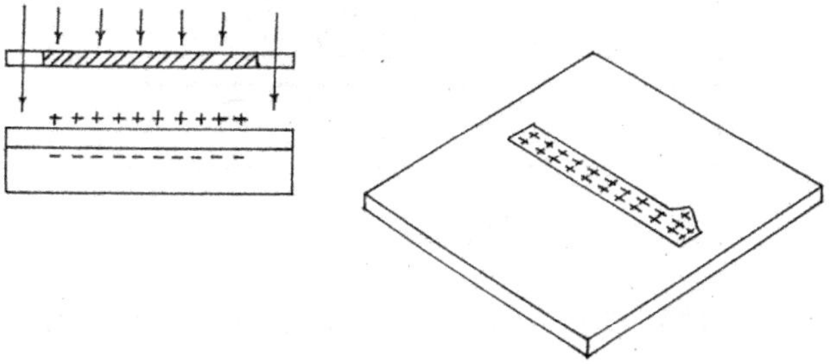

图 11－23　曝光

（3）显影。显影就是用带电的色粉使感光鼓上的静电潜像转变成可见的色粉图像的过程。显影色粉所带电荷的极性，与感光鼓表面静电潜像的电荷极性相反。显影时，在感光鼓表面静电潜像是场力的作用下，色粉被吸附在感光鼓上。静电潜像电位越高的部分,吸附色粉的能力越强;静电潜像电位越低的部分,吸附色粉的能力越弱。对应静电潜像电位(电荷的多少)的不同,其吸附色粉量也就不同。这样感光鼓表面不可见的静电潜像,就变成了可见的与原稿浓淡一致的不同灰度层次的色粉图像。在静电复印机中,色粉的带电通常是通过色粉与载体的摩擦来获得的。摩擦后色带电极性与载体带电极性相反,如图11－24所示。

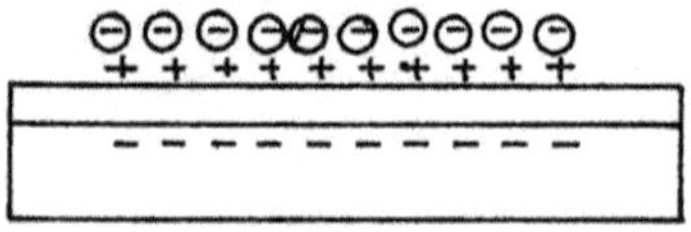

图11－24　显影

(4)转印。转印就是用复印介质贴紧感光鼓,在复印介质的背面与色粉图像相反极性的电荷,从而将感光鼓已形成的色粉图像转移到复印介质上的过程。目前,静电复印机中通常采用电晕装置对感光鼓上的色粉图像进行转印。当复印纸(或其他介质)与已显影的感光鼓表面接触时,在纸张背面使用电晕装置对其放电,该电晕的极性与充电电晕相同,而与色粉所带电荷的极性相反。由于转印电晕的电场力比感光鼓吸附色粉的电场力强得多,因此在静电引力的作用下,感光鼓上的色粉图像就被吸附到复印纸上,从而完成了图像的转印。在静电复印机中为了易于转印和提高图像色粉的转印率,通常还采用预转印电极或预转印灯装置对感光鼓进行预转印处理,如图11－25所示。

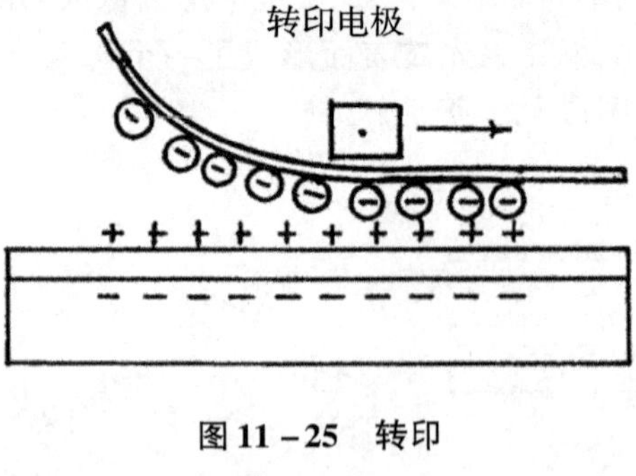

图11－25　转印

(5)定影。定影就是把复印纸上的不稳定、可抹掉的色粉图像固着的过程,通过转印、分离过程转移到复印红上的色粉图像,并未与复印纸融合为一体,这时的色粉图像极被擦掉,因此须经定影装置对其进行固化,以形成最终的复印品。目前的静电复印机多采用加热与加压相结合的方式,对热熔性色粉进行定影,如图11－26所示。定影装置加热的温度和时间,及加压的压力大小,对色粉图像的粘附牢固度有一定的影响。其中,加热温度的控制,是图像定影质量好坏的关键。

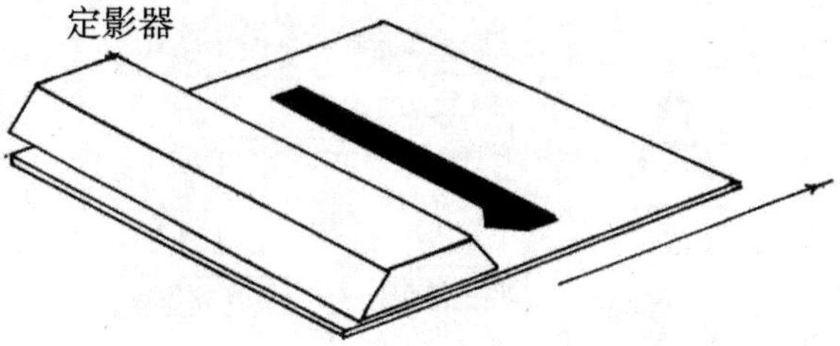

图 11－26 定影

(6)分离。在前述的转印过程中，复印纸由于静电的吸附作用，将紧紧地贴在感光鼓上，分离就是将紧贴在感光鼓表面的复印纸从感光鼓上剥落(分离)下来的过程，静电复印机中一般采用分离电晕(交、直流)、分离爪或分离带等方不来进行纸张与感光鼓的分离。

(7)清洁。清洁就是清除经转印后还残留在感光鼓表面色粉的过程。感光鼓表面的色粉图像由于受表面的电位、转印电压的高低、复印介质的干湿度及与感光鼓的接触时间、转印方式等的影响，其转印效率不可能达到100%，在大部分色粉经转印从感光鼓表面转移到复印介质上后，感光鼓表面仍残留有一部分色粉，如果不及时清除，将影响到后续复印品的质量。因此必须对感光鼓进行清洁，使之在进入下一复印循环前恢复到原来状态。静电复印机机中一般采用刮板、毛刷或清洁辊等装置对感光鼓表面的残留色粉进行清除。

(8)消电。消电就是消除感光鼓表面残余电荷的过程。由于充电时在感光鼓表面沉积的静电荷，并不因所吸附的色粉微粒转移而消失，在转印后仍留在感光鼓表面，如果不及时清除，会影响后续复印过程。因此，在进行第二次复印前必须对感光鼓进行消电，使感光鼓表面电位恢复到原来状态。静电复印机中一般采用曝光装置来对感光鼓进行全面曝光，或用消电电晕装置对感光鼓进行反极性充电，以消除感光鼓上的残余电荷。

2. 数码式静电复印机工作基本原理

数码式静电复印机的工作原理与模拟式复印机的区别，主要在感光鼓的曝光成像方式上。在数码式静电复印机上，原稿图文通过光学系统先成像在CCD(电荷耦合器件)传感器上并转换成数字图像信号，然后把经过数字技术处理的图像信号输入到激光调制器，调制激光束并经机械转镜扫描系统对被充电的感光鼓进行扫描成像(静电潜像)，其余过程原理与模拟式复印机相同，如图11－27所示。数码式静电复印机的充电装置使用导电橡胶制成的充电辊，充电辊直接与感光鼓接触。

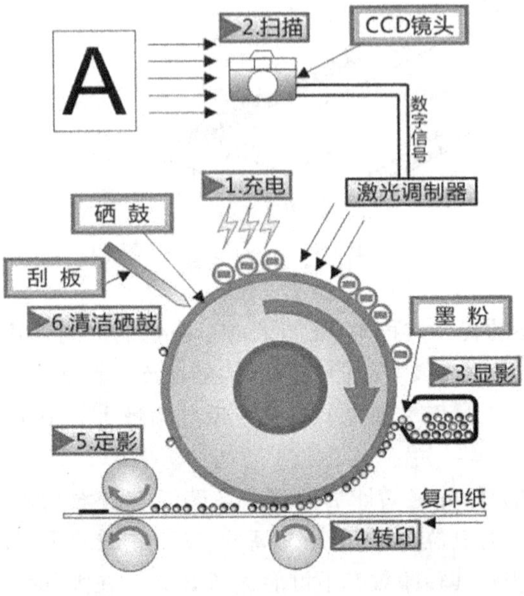

图 11－27　数码式静电复印机工作原理

（二）模拟式静电复印文书鉴别

模拟式静电复印机利用光电导体遇光导电的特性，把原稿图文通过光学系统直接成像在带有电荷的光电导体表面形成静电潜像，再通过带电着色剂（通常是墨粉）把图像显现出来，然后把粉末图像转移到普通纸上，最后通过某种方式把粉末图像固定在纸上，即作为成品复印文书出机。为便于自动复印，复印机中的光电导体制成圆桶形（称为感光鼓），各功能部件排列在周围，采用扫描成像方式工作。

1. 墨迹种类特征

图文墨迹一般由细小墨粉颗粒构成，有浮凸感。静电复印机的显影方式有干式显影和湿式显影两种，目前使用的复印机通常都采用的是干式显影，如图 11－28 所示。干式显影所用的着色剂是由碳黑或颜料与热塑性高聚物热融混炼而成的干粉，黑色着色剂通常被称为墨粉，颗粒直径为 0.1～30μm 不等，墨粉颗粒堆积附着于纸张表面，显微检验可见其立体感。

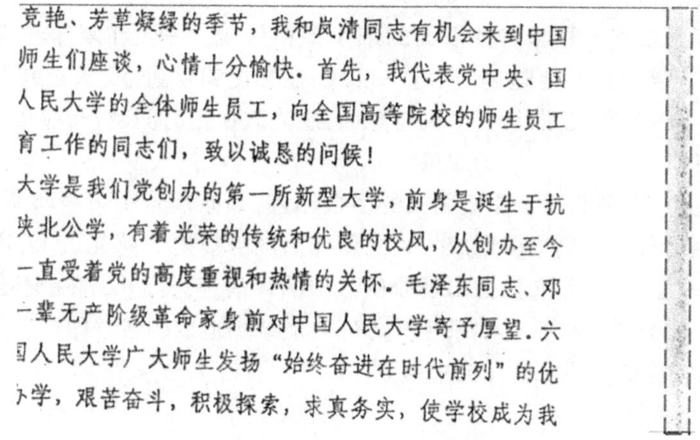
竞艳、芳草凝绿的季节，我和岚清同志有机会来到中国
师生们座谈，心情十分愉快。首先，我代表党中央、国
人民大学的全体师生员工，向全国高等院校的师生员工
育工作的同志们，致以诚恳的问候！
大学是我们党创办的第一所新型大学，前身是诞生于抗
陕北公学，有着光荣的传统和优良的校风，从创办至今
一直受着党的高度重视和热情的关怀。毛泽东同志、邓
一辈无产阶级革命家身前对中国人民大学寄予厚望。六
国人民大学广大师生发扬“始终奋进在时代前列”的优
办学，艰苦奋斗，积极探索，求真务实，使学校成为我

图 11－28　整体特征

2. 墨迹细节特征检验

复印文件墨迹光滑平整，无压痕。文字笔画边缘不如凸版、平版印刷品那样界限分明，细笔画有“中浓边淡”现象。与原稿相比，复印文件易有缺笔少画，纤细的线条会出现间断现象，文字笔画棱角易变钝，图文反差比较强，连续调图像。缺乏层次感，如图 11－29 所示。静电复印机复印文件的过程类似于照相，所不同的是使用光电导体作为感光介质。模拟式静电复印机利用光电导体遇光导电的特性，把原稿图文通过光学系统直接成像在带有电荷的光电导体表面形成静电潜像，再通过带电着色剂（通常是碳粉）把图像显现出来，然后把粉末图像转移并固定到纸张上，形成复印文件出机。墨粉色料是靠静电作用由感光鼓转移到纸张载体表面，因此复印文件上的图文墨迹光滑平整，没有压痕。复印文件上的图文线条是由墨粉颗粒堆积形成，中间部位颗粒数量多，越靠近笔画线条边缘墨粉颗粒数量越少，因此复印文件文字笔画边缘不如凸版、平版印刷品那样清晰，往往表现为笔画线条中心部位浓重，笔画线条边缘浅淡的特点。静电复印与其他复制手段一样，细节信息在复制过程中会有损失，导致图文反差加强，与原稿相比，易有缺笔少画、棱角变钝、连续调图像阶调层次不丰富等现象。

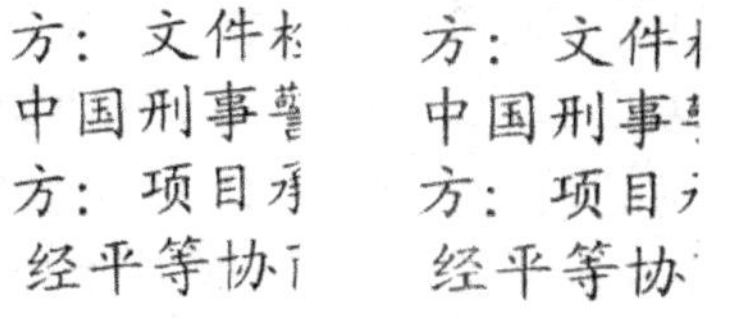

原件　　复印件

图 11－29　细节特征

3. 底灰特征检验

底灰,是指遍布整个复印文件纸面的细小墨粉颗粒。一般在复印文件的空白部位均可发现底灰。复印机充电过多、消电不彻底、显影墨粉量过多、感光鼓老化等原因都会使复印文件上出现底灰,而且复印机越陈旧,感光鼓使用时间越长,底灰就越多。

4. 缺陷特征

复印文件上易出现非源于原稿图文的多余印迹,如原稿若小于复印所用纸张幅面,曝光灯斜向照射原稿时,稿边会形成一条阴影作为图像投射到感光鼓上,进而稿边特征反映到复印文件上,在复印文件上出现原稿稿边阴影痕迹;复印文件上还会出现原稿所没有的,复印机感光鼓、稿台、光学系统等部件功能缺陷造成的各种印迹。

(三)数码式静电复印机复印文书鉴别

1. 墨迹种类特征

数码复印文件的图文墨迹一般由细小墨粉颗粒构成,有浮凸感。数码复印机显影方式均为干式显影,所用的着色剂是由碳黑或颜料与热塑性高聚物热融混炼而成的干粉,墨粉颗粒堆积附着了两纸张表面,显微检验可见其立体感。

2. 墨迹细节特征

墨迹细节特征检验采用显微检验和侧光检验方法。数码复印文件墨迹光滑平整,无压痕。文字笔画边缘不如凸版、平版印刷品那样界限分明,细笔画有"中浓边淡"现象。与原稿相比,复印文件易缺笔少画,纤细的线条会出现间断现象,文字笔画棱角易变钝,图文反差比较强,连续调图像缺乏层次感。数码复印机印刷品上的文字如果用图片模式复印形成,文字笔画通常是由规则分布的网点组成的,如图 11 - 30 所示。

图 11 - 30　数码复印机文本模式下复印件

传统的模拟复印机是通过光反射原理成像,因此会有正常的物理性偏差,造成图像与文字不能同时清晰再现。但由于数码复印机支持文字模式、图片模式、文字/图片模式、精细照片模式等多种模式复印,具有图像和文字分离识别功能,在处理图像与文字混合文稿时,复印机能以不同的处理方式进行复印,因此文字和照片均可以较清晰地复印出来。数码复印机在采用图片模式复印时,复印文件上的文字笔画表现出明显的网点特征。即使以文本模式进行复印,复印文件上的图文笔画仍可见网点特征,只不过需要利用显微镜细致观察。模拟复印机无此功能,只能输出与原稿文字形态细节相同的图像。

3. 底灰特征

在相同状态下,数码复印文件与模拟复印文件相比,底灰数量比较少。数码复印机复制文件时,原稿图文通过光学系统先成像在CCD(电荷耦合器件)传感器上并转换成数字图像信号,然后把经过数字技术处理的图像信号输入到激光调制器,调制激光束并经机械转镜扫描系统对被充电的感光鼓进行扫描形成静电潜像,成像精度高。模拟复印机则是将原稿的光学图像投射到感光鼓上进行曝光。因此,与模拟复印件相比,数码复印件的底灰较少,空白部位比较洁净。

4. 缺陷特征

数码复印文件上也易出现非源于原稿图文的多余印迹。数码复印文件上出现的多余印迹,通常为原稿稿边阴影痕迹及复印机感光鼓、稿台、光学系统等部件功能缺陷造成的各种印迹。

八、传真文书鉴别方法

传真机是传送图片、文字等信息,并在接收方获得与发送原件相同副本(拷贝)的通信设备。传真是一种远距离的复印,它是将文件的原稿放置在发送端的传真机上,同时在远端的传真接收机上得到复印的副本。

传真机的工作过程与通过扫描仪把图像输入计算机后再通过电子打印机打印出图像的过程相似,所不同的是在一地由发送机扫描输入图像,通过电话通信线路传输到另一地由接收机的电子打印设备打印出图像的副本,即传真文件。传真机同时具有发送机和接收机的功能。通过传真文件鉴别传真机包括发送机台和接收机台两方面的鉴别。

(一)传真机种类鉴别

1. 发送机台特征

发送机台会使接收机台在传真文件上边缘打印出发送单位的名称、发送机台、传真号码、发送日期、发送时间、目的传真机号码等信息,称为报头码。不同机型由于所开发的软件及使用的字库不同,报头码的项目、字符数量、格式及字符形态不同;在报头码发送时序上还有报头码与报文同时发出和先发报头码后发报文两种。图像扫描部分的送稿方式(自动、手动)不同,可在传真文件上表现出有无顺序页码和页码的最大值;而有储存功能的手动送稿方式也可以在同次多份传真文件上表现出有顺序的页码,但报头码指示的传真时间是相同的。图像扫描传感器类型的不同(有的容易污染),可在传真文件上表现出有无纵向黑色线条。扫描分辨率的不同,可使传真文件上表现出字符的阶梯形态程度不同。灰度处理级数不同使传真文件上连续调图像反差强度不同。

2. 接收机台特征

接收机台打印机构的不同,可在传真文件上分别反映出热敏式打印、热转印打印、激光打印、喷墨打印的特征。不同类型传真机的用纸规格不同,有用卷筒内,也有用不同规格单张纸的。使用卷筒纸还有自动裁纸和手工裁纸之分,分别表现出不同的裁纸边痕迹,还有报头起始线、结束线以及报文末端至裁切线距离不同等。当发送原稿的规格与接收机台用纸规格不一致时,不同传真机会表现出不同的放缩规格特征。此外,还可以利用电子打印机种类鉴别的部分特征。

(二)传真文书的鉴别

1.图文内容

图文内容检验采用直观检验方法。传真文件通常在报头处记录信息码。许多传真机在打印记录传真文件的同时,也把传真机的报头码、日期、时刻、星期或单位电话号等信息打印在纸头处,如图 11-31 所示。

(时间) (机构) (序号)

图 11-31 传真文书报头信息

2.字体字形

字体字形检验采用直观检验方法。传真文件有可能出现任何字体、字形。传真输出相当于对原稿图文的远程复制过程,发送机台传真机扫描原稿图文,并将其图像信号经过转换和调制后传输给接收机台传真机,接收机台经过解码,将图文打印在纸张上形成传真文件。所以,传真文件上的字体、字形受发送原稿的支配,可以是各种图文字体,如图 11-32 所示。

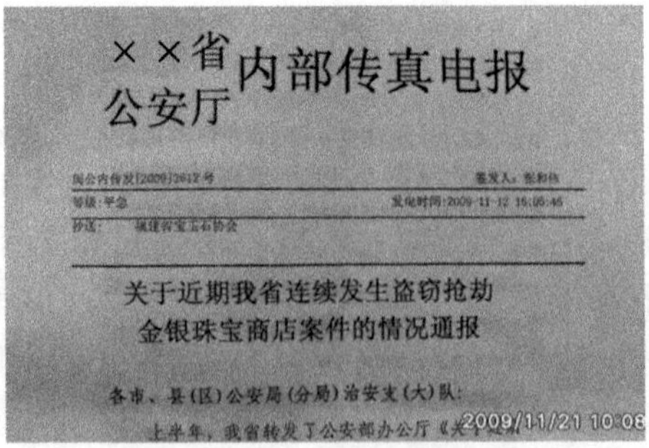

图 11-32 传真文书字体与字形

3.墨迹整体特征

墨迹整体特征检验采用直观检验方法。传真文件与相应打印方式文件的墨迹总观特征相同。通常,三类传真机上采用的记录方式有热敏记录方式、热转印记录方式、喷墨记录方式和激光记录方式。其印字原理与感热式打印机、喷墨打印机和激光打印机一样,只是控制信号来源于传真信号。因此,传真文件墨迹总观特征与相对应的打印文件墨迹总观特征反映完全一致。

4. 墨迹细节特征检验

墨迹细节特征检验采用显微检验方法。传真文件字符印迹由小点组成,通常图文笔画边缘处呈现出明显锯齿状形态特点,字符易出现缺笔少画现象。

传真文件的复制要经过像素分解与合成两个关键的字符数字化信息处理过程。像素的分解:传真机的发送方将纸页文件按要求划分为若干行和列。文件被分解成许多微小单元(点),每一个单元称为一个像素。每一像素均有一定的颜色(白像素和黑像素)、大小和位置。像素的大小代表分解的精度,常用“M 点 × N 线”表示。M 点表示在文件的水平方向,将 1mm 长度的图像分解成 M 个单元;N 线表示在文件的垂直方向,将 1mm 长度的图像分解成 N 条线。M × N 数值越大,则分辨率越高。像素的合成:在传真的接收方,将传真发送端分解后传送来的像素,按原分解的大小、位置和颜色进行重新排列,得到十分近似原件的复制品。由此可见,通过图像的分解与合成后得到的副本有一定的失真,主要表现在文字黑白交接的笔画边缘,有时原稿上比较纤细,浅淡的笔画信息无法有效传输,造成传真文件上字符出现缺笔少画现象。传真文件记录方式常采用激光、喷墨、感热式,传真文件上的文字笔画均由点阵组成。接收机台在记录传真文件时,点阵密度一般横向为 8 点/mm,纵向有标准型 3. 85 线/mm、精细型 7. 70 线/mm、超精细型 15. 40 线/mm 三种方式可选。当采用标准分辨率记录时,可以看出字符笔画边缘阶梯形态的表现部位不仅在弧形笔画上,而且在字符的横竖笔画边缘也出现阶梯形态。

5. 缺陷特征检验

缺陷特征检验采用直观检验方法。传真文件易出现横向或纵向伸展的墨色或露白条痕。

传真机的信号读取和存储主要是通过扫描组件实现的,通过图像扫描器将文稿的光图像转变成相应的电信号送入主控电路中,由主控电路对图像信号处理后进行传真发送。传真机的图像扫描器主要有 CCD 图像传感器和 CIS 接触图像传感器两种。传真发送机台的原稿扫描组件发生故障时,易出现贯穿于整个纸幅的黑色或露白条痕。有时,接收机台的记录部件出现故障,如感热头发热片损坏、墨盒喷嘴堵塞、感光鼓损伤等,也会出现多余印迹。

第三节 货币和票证鉴定

一、货币鉴定

货币是从商品中分离出来固定地充当一般等价物的商品，是商品交换发展到一定阶段的产物。货币的本质就是特殊的等价物，具有价值尺度、流通手段、支付手段、贮藏手段、世界货币的职能。制作、发行货币是一项重要的国家行为。但是一些犯罪分子在高额利润诱惑下不惜铤而走险，伪造、变造货币，严重扰乱国家的金融秩序，损害国家货币的信誉，严重危害国计民生。因此，打击制假、贩假活动一直以来都是各国政府面临的重要任务。

我国《刑法》第170～174条、第177条、第178条分别规定：伪造变造货币、金融票证、有价证券、债券等的行为，均属违反国家金融管理法规，破坏国家金融管理秩序的行为；《刑法》第227条、第280条、第319条、第320条也分别就伪造、变造车船票、邮票、证件的行为作出了相应的处罚规定。

（一）货币印制的特殊方法

货币印刷有严格的要求和特殊的流程，融合了多个领域的知识与技术，其制作工艺、印刷技术与一般印刷品的印刷很大的不同。世界各国货币一般都是采取高新印刷技术，选择特制的印刷材料，尽其所能地利用各种防伪措施印制的。而常用的护照、有价证券等一些重要票证也都采用特殊的印刷技术，以防变造、伪造。

1. 印刷材料

印制货币的纸张和油墨是按设计要求研制的，伪造者一般得不到，也很难仿制，因此具有防伪效果。

（1）纸张。

A. 纸张选料。印刷货币和重要票证的纸张要求坚韧、光洁、挺刮、耐磨，其原料以长纤维棉、麻为主，而且不含荧光增白剂。在紫光灯照射下，票面无荧光。

B. 纸张制造。印制货币票证的专用纸张制造原理与普通纸的制作相似，有制浆、打浆、调料、成型、表面施胶、干燥、压光等过程。为了防止被伪造，在纸张成型过程中，使纸张带有不同的水印、安全线、安全丝等，使其区别于普通纸。水印是在生产过程中通过改变纸浆纤维密度的方法而制成，它是在造纸过程中已制作定型，而不是后压印上去或印在钞票表面的，因此，水印图案都有较强的立体感、层次感和真实感，如图11－33所示。安全线是在造纸的过程中采用特殊技术在纸张中嵌入的一条比较薄的金属或塑料线。随着科学技术的发展，又在安全线上加进了很多的防伪技术，如第五套人民币纸币在安全线上印有缩微文字；在安全线上加上磁性和全息特征；采用荧光安全线，在紫外灯的照射下，能发出明亮的荧光；开窗安全线，一部分埋在纸里，另一部分裸露在纸面上。

图 11－33　人民币 100 元票面主要特征

安全丝是由彩色纤维和无色荧光纤维组成，彩色纤维是预先将一些特殊纤维染上红色、蓝色或其他颜色，在造纸过程中将这些纤维按一定比例加到纸张中，有的是均匀的加在纸张中，有的是加在纸张固定的位置。而无色荧光纤维只有在紫外灯下才能看见。如第五套人民币各面额纸币均有该两项防伪技术。另外，在造纸过程中，加上小的塑料圆片，这些彩色的或能发荧光的圆点，一般较薄、较小，但肉眼在一定条件下也可以观察到。

（2）油墨。油墨是印制货币和重要票证最主要的成分之一。具有防伪性能的油墨一般称为安全油墨或防伪油墨。常用的主要有以下几种：

A. 荧光油墨。荧光油墨是一种含有荧光物质的特殊油墨，有有色荧光油墨和无色荧光油墨之分。有色荧光油墨在普通光线下看是钞票油墨的本来颜色，但在紫外光照射下会发出各种特殊的荧光。有色荧光油墨一般应用在钞票某一个固定的位置或某种花纹图案上。例如，2005 年版百元人民币正面中部面额数字上方的亮黄色"100"的荧光图像和背面人民大会堂穹顶图案中的玫瑰红色图案线条均有明亮的荧光。无色荧光油墨的印刷图案在普通光下是看不见的，而在紫外灯下才可看见发出明亮的光。

B. 磁性油墨。磁性油墨是一种含有氧化铁等磁性物质的特殊油墨，因氧化铁是有色的，所以这种油墨通常被制成黑色或深蓝色。该油墨的应用历史悠久，但多是作为一项定性指标。现代货币多将磁性油墨作为一项定量检测指标用于机读，同时也增加了伪造难度。

C. 光变油墨。光变油墨是采用了一种特殊的光可变材料,印成图案后,随着观察角度的不同图案的颜色会出现变化,由一种颜色变为另一种颜色。

D. 防复印油墨。用彩色复印机复制货币时,这种油墨印刷的图案会发生颜色变化,致使复印出来的色调与原来票面上的色调完全不同,如日元上就使用了这种油墨。

E. 红外光油墨。红外光油墨是两种在白光下观察为同种颜色,而在红外线下观察则表现出明显的明暗反差的油墨。二者在可见光区的吸收或反射性能基本一致,可以表现出同种颜色,但在红外区域的吸收与反射性能则明显不同。其中,一种油墨吸收红外线,在红外线下观察表现为全黑;另一种油墨透过红外线,在红外线下观察表现为无色。

F. 珠光油墨。珠光油墨印刷图案随观察角度的不同会出现明亮的金属光泽效果或彩虹效果,欧元和日元就采用了该项技术。

2. 制版方法

(1)票面式样的设计。印制货币、支票、护照等,首先由美术家按要求设计并绘制出票面的式样。票面底纹由千姿百态的各色细密线条花饰构成,一般贯穿整个幅面,形成主要图文的背景。底纹图案线条比较复杂,有的通过底纹局部线条的变幻,构成不引人注意的隐像;有的在线条中印有缩微文字;有的设计特殊记号等。

(2)雕刻凹版制版技术的采用。凹版制版是其印版上图文部位是凹下的,印出来的图文油墨也是凸起的,而图文线条清晰,层次分明,手触即能感觉。凹版是一种成本高、难度大的制版方法,加大了仿制难度。货币及股票、支票、护照等重要票证的主要图文一般都是雕刻凹版印制的。常用的凹版制版的方法有手工雕刻和机械雕刻两种。手工雕刻常用于票面人物像和主景的制版,机械雕刻一般多用于几何图案、花边、面额数字和文字等的制版。新版人民币采用手工凹版印刷进行毛泽东头像、中国人民银行行名,盲文及背面主景人民大会堂的制作。这种印刷技术既对纸张有保护作用,又具有防伪性能。凹版印刷是古老又复杂的印刷技术之一,仿造困难。多数伪钞一般是电脑扫描印刷的,手感即可分辨。有实力的伪钞集团则采用照相凹版印刷,但依然无法仿造凹坑的深浅,也就是印品的浓淡层次。这就是为什么有价证券必用凹版印刷的原因。和纸张防伪一样,纸币越旧越难分真伪。

3. 印刷方法

印制货币需经过较为精细、复杂的印刷工艺,以达到一定的艺术效果和防伪功能。票面图像往往由多种版型印刷,每种版型的图像又要分成多块色版。例如,各国货币图文的印制都是要制平版、凸版和凹版等多种印版再进行精确套印。一些重要票证的印制也是采用多印版套印的方式。而且规定套印要非常准确,货币印刷中套印误差需控制在0.001mm 范围内(普通彩色印刷工艺过程中允许的套印误差为0.1mm)。除此之外,还采用了一些特殊的印刷工艺过程。

(1)接线印刷。接线印刷是对一块版面上的连贯线条分段施用不同颜色的油墨,一次印出多种颜色的方法。接线印刷技术常用于货币、票证底纹的印刷。通常由不同颜色构成的图像线条,要分别制版再用不同颜色的油墨套即,往往会因为套印对位不准而出现不同颜色的线段之间间断、重合、错位现象。接线印刷打破了传统的每版只印一色的限制,一次可以完成四个颜色的接线。在接线印刷过程中,分色与色模辊筒把各自的输墨辊传输过来的油墨按设计要求的位置分段涂在集墨辊上,集墨辊再把相互定位搭配好的油墨涂到印版上,然后再通过胶辊印到纸上。这样就使同一块印版印出的图案在不同部分呈现出不同颜色,不同色之间的每根线条又都衔接,在交界处互相覆盖渗透,颜色变化自然,整个线条连贯流畅。

(2)胶版叠印。胶版叠印,是指在接线印刷基础上,再用几种颜色对同一图案多次套印组成整体花纹的印刷方法。胶版叠印对套印的精度要求很高,每次套印时接线的位置和不同色油墨的相互位置关系都不同,使整体的底纹或衬托图案从一侧到另一侧由一种颜色无明显界线地逐渐过渡到另一种颜色,然后再过渡到又一种颜色。有一种叠印方法使最后合成的线条色彩呈赤、橙、黄、绿、青、蓝、紫连续变化,如雨后彩虹,所以又称为彩虹印刷。例如,我国第二代居民身份证底纹线条的印制就采用了胶版叠印印刷方法,其底纹线条呈现出红色—蓝色的逐渐过渡变化。

(3)双面对印。双面对印的方法使在纸张两面分别印刷的互为镜像的图案在透光观察时完全重合。它是采用精密的印刷技术,将正面的某一个图案或文字、标记与背面的相同图文准确地重合或对接到一起。这种双面印刷的对位精度要求极高,一般先印的一面可以采用凹版印刷,在进行另一面的对印时,目前只限于胶版和凸版印刷。例如,第五套百元人民币正面左侧有左半部方孔钱币的红色图案,恰与背面的红圈重合,又与半个蓝色钱币图像相对接。

(4)花纹对线。花纹对线是一种结合精确裁切技术的底纹印刷新工艺。凡不留白边的满版图文的票面,一般可特左边缘的花纹与右边缘的花纹对接,有的上下花纹也能对接。这取决于图案花纹的设计和精确的裁切技术。

(二)伪造货币的手段及其特点

常见伪造货币的方法都是采用各种仿真复制手段进行的,因此,在图像上与真品没有明显差别。某些明显的防伪特征,如水印、安全线、红蓝安全丝、荧光图案文字等,也都能采用各种办法复制出其影像。还有的假币、假票证是采取变造方法制作的。

1. 仿真制版印刷

仿真制版,包括图像仿真和制版方法仿真。伪造者通过摄影或扫描方式复制图像或手工描绘刻画制版,再按真品的制版方法分别制成凹版、平版、凸版,采用高精度的印刷机械和类似的印刷材料伪造,这是最高级、最逼真的伪造手段。为区分其真伪,必须与真品票样进行全面的比较鉴别。其区别主要表现在图像复制过程形成的特征，特种印刷工艺和纸张、油墨的某些特征上。因此，这种对假票的鉴别，必须与真品票样进行全面、系统地比较鉴定。

2. 电子分色制版胶印

这种伪造手段是利用电子分色制版机，将真票通过光电扫描自动分成三色或四色图像原版分别晒制成四色平版，再用胶印机叠印而成。此伪造手段速度快、成本低，是目前最常见的伪造方法。除印刷材料外，这种印刷图像的主要特点有：图文线条平淡，手感平滑，具有平版印刷品的特征；图文线条是由按不同角度排列的、或大或小的三色或四色墨点组成。

3. 分色照相制胶版套印

这种伪造手段采用的是直接分色照相方法，将真票的不同颜色的图文分解为三色或四色原版，再晒制成平版上机套印。其图文线条也是实线、无网点，但真票上的接线印刷图案的线条在假票上会发生错位、间断或重叠。图文的墨迹特征会表现出平版印刷品的特点。

4. 彩色静电复印机复印

这种伪造手段是采用真票作为原稿，利用彩色复印机复印。其图文特点是：图案文字均为不同颜色的墨粉颗粒混合而成，空白处有弥散分布的墨粉颗粒，且容易被刮掉。如果复印完再用树脂薄膜过塑，稍加揉搓则塑膜起褶，图文上的墨粉易脱落。

5. 彩色打印机打印

伪造效果较好的是用图像扫描仪或数码相机将图像输入计算机，调好尺寸和色相再用彩色激光打印机或彩色喷墨打印机打印而成。它的图像特点有：图文是网格状排列的三色或四色墨点构成，并以墨点的大小或间距表现图文的深浅、明暗层次。激光打印机使用的是墨粉，喷墨打印机使用的是墨水。在显微镜下观察，前者的墨点是由墨粉颗粒组成，有光泽和浮凸感；后者墨点颜色较平淡，墨迹边缘易有洇散现象。

6. 变造

所谓变造，是指在真票的基础上通过剪贴、挖补、覆盖、涂改、消退、添加等手法，对真票的主要内容予以改变。利用橡皮、锋利的刀片等工具或消退剂，将真票上的有关内容擦刮或消退掉，然后再添加文字。如将小面额纸币经涂改变为大面额纸币。在变造过程中，若经擦刮处理，票面相应部位的纸张表层会被破坏，在显微镜下观察可见纸张纤维卷起痕迹或刀划的沟痕，透光观察可发现擦刮处纸张减薄，后添写的文字笔画颜色较深。

若是被消退剂消退的，用紫外灯照射票面，消退处荧光与其他部位不同，后改写的文字笔画墨水有洇散痕迹。挖补变造法是针对某些纸张较厚的票证所采用的一种变造手法。先用锋利的刀片把需要改变部位的文字挖掉或刮掉，然后用同样大小的文字块补贴并压平。采用这种手法变造的票证，被改变的部位不洁净，放大观察可发现切割痕迹和粘贴物。

伪造货币票证的方法还有很多,如转印伪造、描绘法、油印法、手工刻版套印法等,因其复制质量差,稍加注意便可识别。

(三)货币的鉴定方法

鉴别可疑货币票证的真伪,通常要以真票作为综合性标准样本,从印刷材料、印刷方法和版面特征上进行全面的比较鉴别。其中,对可疑货币、护照、身份证等重要票证的鉴别,也可以以鉴定人所熟知的真票特征为依据对其进行单独鉴定。

1. 印刷材料鉴别

印刷材料包括纸张和油墨。鉴定时可以真票为样本进行比较鉴定。

在一般情况下,伪造的货币、护照等票证多采用普通纸,在紫外光下可见明亮的荧光,而真票纸张无荧光。假票一般也都仿照真票制成水印、安全线和安全丝等,但都不是造纸时形成。有的水印是在票面正面、背面或正背面同时使用无色或浅色油墨印刷水印图案,立体感较差,在紫外光下清晰可见,在侧光下也可看到;有的水印是在纸张夹层中涂布白色浆料,迎光透视观察时,水印所在部位纸张较厚重。假票的安全线、安全丝,有些是制版印刷时印上去的,不仅透光可见,平视也可看到,而且一拨就断。有的安全线是夹入印好的两张纸之间,效果与真币类似,但可比较其中的缩微文字和其他特征(如磁性)。个别专门机构用棉麻纸伪造的假票,不但纸张无荧光,而且其复制的水印、安全线、安全丝等也与真票有差别。必要时还可对纸张纤维种类及其配比、纸张填加料的成分进行分析,但应注意不同批生产的专用纸,可能也会有所不同。

伪造使用的油墨多为普通制版印刷所用的胶印油墨。鉴定时除注意比较其色调,还可以用紫光灯、磁性鉴别仪和红外线鉴别仪器,观察利用无色荧光油墨、有色荧光油墨、磁性油墨和同色异谱油墨印制的图案文字,并比较其荧光的颜色,吸收或反射红外线的范围和程度。有的假票也仿制真票荧光文字图案和荧光纤维等明显的防伪标识,但其与真票的差别主要表现在荧光的色调和强度等方面。必要时还可以分析和比较油墨的化学成分是否相同。

2. 印刷方法鉴别

目前,绝大部分伪造是采用分色胶印的方法,少量是彩色复印、打印或其他方法,一般不采用凹版印刷,从票面图文线条的手感上看真假票便有明显差别。在放大镜和显微镜下观察,假票主要图文不具有凹印的特点,而表现出胶印、复印、打印等方法固有的特征。靠凹版印刷形成的隐像或文字,以及用折光油墨凹印的光变色面额数字,也都丧失了应有的效果。有些特殊的印刷工艺,如接线印刷、彩虹印刷,由于没有专门印刷设备,造假者无法实现这些特种印刷过程,只能利用普通印刷方法进行仿制。

3. 版面图文鉴别

伪造货币票证通常就是对真票进行复制。造假者以真票为原稿复制图像过程中,不可避免要损失一部分信息,很难把真票的缩微文字和细密复杂花纹的精密图案清晰、完整地复制下来,从而在假票中出现图案花纹普遍增宽变粗、细节模糊的现象。如果再经修版,又不可避免地改变相应的局部花纹的结构、形态。这些要通过对可疑货币票证的版面图文与真票的版面图文进行仔细、全面的比较来发现。

要坚信,复制品不是原件,假的货币票证不可能变成真的。任何高超伪造手段制作的货币和票证,只要认真地从多方面进行比较鉴定,就都可以识别。但应注意,真票之间也有差别。如不同年版的货币、同年版不同块小版的纸币、同年版不同批印的纸币,由于印刷材料的选择和调制上的差别以及纸币经过使用之后,也会出现纸张挺度、票面尺寸和颜色深浅上的一定变化。为此,鉴别货币票证真伪,也应当根据鉴定中发现的异同点,经过综合评断再作结论。

对于陆续发现的假币和假票证,可以从以下几个方面进行并案:

(1)根据同版特征。用同一块印版伪造的货币票证,版面疵点一致,印刷的网点特征一致。但需注意,批量机制假件一般也是把小版组合成大张整版,所以要根据各块小版同版特征分别进行比较。版面特征有别的不一定不是一起案件。

(2)根据印刷材料特征。一般可通过对假币、假票证的纸张、油墨进行物理检测,鉴定纸张厚度、克重、油墨颜色,在紫外线、红外线或某一波段可见光激发下呈现出的光谱特征的异同。相同有助于并案,个别材料不同,有可能是伪造者改进用材,或更换纸张和重新调墨所致。

(3)根据伪造手段的特征。不同伪造者,因其伪造的设备条件不同、技巧不同,具体的造假手段也各有特点。如票面图文是制版印刷还是彩色复印,水印是即刷于票面还是夹入纸层内,安全线是印刷的还是嵌入纸内的,是直接分色制版套印还是加网分色制版叠印,以及网点形态、角度是否相同等。当然,伪造者改进造假设备和工艺,伪造手段特征也会变化,但同批假票的伪造手段特征应当相同。

此外,还应当综合假票的来源、贩运途径和方法等特点进行并案。经过仔细的并案研究,对造假者的伪造手段和技术条件就有了进一步的认识。只有货币票证发行管理部门与公安机关密切配合,在加大对造假、贩假犯罪的打击力度的同时,充分利用媒体宣传,提高大众的识别能力,实行专门鉴定和公众识别相结合才能有效地遏制制假贩假的犯罪活动。

二、票证鉴定

票证是票券和证件的总称,是指按照法定形式和程序,由国家有关部门单位印制、发行和管理的,起凭证作用的印刷品。常见的有:国库券、支票、邮票、发票、车票、船票、飞机票、代金券等有价无价票券;居民身份证、学位证书、毕业证书、护照和房产证等证件;有“电子货币”之称的信用卡、借记卡、购物卡等金融卡。票证鉴定,是根据货币的固有特征，鉴别可疑票证的真伪，分析票证的制作方法，并作出假币来源的同一认定和印品、印版的同一认定。票证鉴定是将可疑票证与样本进行比较检验，从而确定可疑票证的真伪或来源。

（一）伪造票证的一般方法及其特点

伪造是行为人依照真实票证的形式、图案、颜色、格式、面额，通过印刷、复印、打印、描绘等制作方式非法制造票证的行为。采用伪造手法需要具备一定的设备条件和技术水平，通常采用以下方法伪造：

1. 制版印刷伪造法

（1）铅活字排版印刷。铅活字排版印刷现已很少见，但在乡镇印刷企业中仍有使用。犯罪分子也使用这种成本低廉的印刷方法伪造如普通发票之类的简单票证。用这种印刷方法伪造的票证具有明显的铅活字印刷特点，如铅活版材料（铅字、花边、水线等）拼版特征，铅字排列不整齐、形体大小不协调特征等雕刻制版印刷。

（2）雕刻制版印刷。有手工雕刻和电子雕刻，既可雕刻凸版，也可雕刻凹版。常用版材有铸板、铜板，也可用铝板、钱板、塑胶板、木头、石料等。雕刻凹版是防伪印版，也不易用它仿制复杂图形。即使是电子雕刻也很难仿制雕刻版印出的图形色调，所以用雕刻凹版伪造票证很少见，雕刻凸版伪造票证的特点为：细密线条不完整，文字笔画、线条有间断、变形，粗细不均匀，笔画线条末端比较尖锐，有刀痕，对称性花纹不对称，文字形体大小不一致，版面不清晰，不洁净，空白部位易留有版底印痕。如是手工盖印，则更易暴露出油墨不均匀，压力轻重不一，色调不一致，各色图文易错位等特征。

（3）照相制版印刷。利用照相技术制版伪造票证是最常见的伪造手法。照相制版既可制成腐蚀凸版、凹版，也可制成平版。照相方法有分色照相、电子分色照相和加网照相，通过照相方法将真票证图样分色制成底片，经晒版和化学处理等工序将图样复制到版材上，制成不同的印版。凡是用照相技术仿制的印版都有照相制图的特点，如能较真实地复制图文、票证图案、文字线条的结构形态、相对位置与真票证接近。但有的图案尺寸大小有出入：感光过度或不足，则细密花纹易模糊，线条变粗、间隙变小，有的则较纤细，间隙变大；受照相分辨率限制，细密图案、文字线条有间断缺损、边缘不齐、模糊变形现象：经过修版，则细密花纹较清晰、整齐、但往往把对称性图文结构破坏，变成不对称，把暗记当疵点修掉。用照相腐蚀凸版伪造的票证，除具有照相制图特征外，还具有图文线条边缘不光滑，有毛刺，线条交叉处、折角部位呈圆钝状，易出现版底印痕等特征。用照相腐蚀凹版伪造票证，则有色调浓重，墨迹凸出纸面，手摸有立体感，图文印迹边缘不齐等特点。用照相方法制成的平版，印刷时先将版上的图文印到橡皮滚筒上，再转印到纸上，所以又称胶印。采用这种方法伪造的票证，除具有照相制图特征外，还具有胶印特点：墨色柔和均匀，图文清晰，层次丰富，笔锋整齐，线条边缘平滑。用照相方法还可制成石版，直接印刷。用它伪造的票证，票面墨色较厚，色调较深，浓淡不匀，细微花纹反映不清楚。

(4)誊写、誊影制版印刷。它是用铁笔、钢版把真票证图样刻划在蜡纸上,或用誊影机将图样扫描到誊影纸上,制成孔版,用油印机或手工印刷。原图样如是彩色的,则用手工在相应部位着色。这是最原始的仿造方法。其特点为:誊写版的图文线条是由倾斜的小长点(斜纹版刻)或竖行小长点(直纹版刻)组成;誊影版的图文线条是由小困点组成。两者图案花纹都不太清晰,票面不洁净,油墨暗淡无光泽,浓淡不均匀,用手擦拭易模糊。

(5)描绘制版印刷。描绘制版是直接在版材(一般是石板、木板)上仿照真票证图样绘制成反像,然后用于工刻制。用这种方法伪造的票证,图文只能大体相似,细节差异很大,线条没有真票证细致、清晰,粗细不均,形态变形,墨色较厚,色调较深不均匀。

2. 复印伪造法

复印伪造票证大多用彩色复印机。彩色复印机有两大类:模拟式彩色复印机和数字式彩色复印机。模拟式彩色机有两种:多色复印机和彩色复印机。多色复印机院有两种或三种颜色的显影器,可一次同时分段印出两种或三种颜色,但不能多色叠印,如佳能825、美能达EP-4230机。也有的多色机采用每种颜色一个墨粉盒的办法,通过更换墨粉盒套印。多色复印机印制的材料,颜色严重失真,使用的很少。模拟彩色复印机较多色机先进,配有红、黄、蓝三色显影粉,复印时,分别用红、绿、蓝三种色光对感光鼓进行曝光,分别用红、黄、蓝三种显影粉显影,经转印、定影,便可获得彩色与原稿色调基本相同的复印品。其复印品特点为:套印准确,混色均匀,色彩丰富,黑色是由红、黄、蓝混合而成,黑色不太黑。数字彩色复印机是近几年才上市的新产品,它配有红、黄、蓝、黑四种显影粉,复印时,先用电荷耦合器件扫描原稿,将图像转换为数字信号(电信号0.1),输送到机内存储器存储,控制器(计算机)接到复印份数信号后,激光扫描器从存储器中读出数字信号,经图像处理变成光信号,用红、绿、蓝三种色光分别扫描到感光鼓上形成潜影,经过红、黄、蓝三种颜色墨粉,分别显影,黑色单独显影,再经转印、定影制成彩色复印品。其特点是套色准确,色彩丰富,混色均匀,黑色线条比较黑,比模拟彩色复印件色彩鲜艳。但其图案花纹全部由密集的平行短线段组成,按原稿放置方向,或全部为横线,或全部为竖线,真票证中不同方向的细线条全部变成平行线条。

3. 计算机"克隆"伪造法

用计算机系统"克隆"伪造票证是近几年出现的一种全新的伪造手法。它只需给计算机配备彩色扫描仪、彩色激光打印机和Photoshop类型软件,或者用彩色桌面出版系统,就能轻而易举地"克隆"出图形、色彩与真票证极为相似的伪票证。但票面色泽、油墨、纸张以及票面手感特点都与真票证有差异,细致检验不难辨识。

(二)变造票证的一般方法和特点

所谓变造是指行为人在真实票证的基础上或以真实票证为基本材料,通过剪贴、挖

补、覆盖、涂改、消褪、添加等手法,对真票证的主要内容非法加以改变的行为。常见的变造法有如下几种:

1. 擦刮、消褪、涂改、添写变造法

行为人为达到其某种目的,利用骗、窃获取的或用过期作废的票证,用橡皮、锋利的刀片等工具或消褪剂,将票证上的有关内容擦刮或消褪掉户然后添加他需要的内容,使票证的真实性发生变化,达到诈骗的目的。采用擦刮手法,票面有关部位的纸张表层被破坏,在显微镜下观察可以看到纸张纤维卷起痕迹或刀划的沟痕,透光观察可发现擦刮处纸张减薄,后添写的文字笔画颜色较深。如是被消褪剂消褪的,用紫外灯照射消褪处荧光与其他处不同,后改写的文字笔画墨水有消散痕迹。

2. 挖补变造法

挖补变造法是犯罪分子针对某些纸张较厚的票证所采用的一种变造手法。作案人先用锋利的刀片把需要改变部位的文字挖掉或刮掉,然后用同样大小的文字块补贴并压平,使其与以前一样。采用这种手法变造的票证,被改变的部位不洁净。放大观察可发现切割痕迹和粘贴物

(三)真伪票证的鉴别方法

假的就是假的,无论作案分子如何绞尽脑汁伪造,总会留下蛛丝马迹,只要认真检验,就能辨别真伪。常用鉴别方法可归纳为如下四种方法:

1. 形态特征比对检验法

形态特征比对检验是票证检验的最基本方法,它是以真实票证样本为比对依据,对涉案票证的制图制版方法、版面内容、图纹结构及其相对位置、油墨色泽等进行全面观察、比对,发现检材与样本的异同。形态检验必须注意两点:一是要尽可能多地收集被检票证,全面研究检材物证的总体特点和变化规律。二是要了解票证的印制过程及有关情况,如票证印制往往是先设计大型图稿,通过照相将图稿按要求尺寸拍成底片,经晒图、化学处理多道工序后才制成印版。上机印刷的印版不是单一块版,而是根据票证尺寸和印张大小由若干块版拼在一起的,一个印张可印数十张乃至上百张同样票证。彩色票证则要按基本颜色拍成几张底片,分别制成印版,由浅至深逐色套印。一个印张上的各个印版虽然都是出自同一图稿底片,但在复制过程中也会形成某些细小差异,不能以此说它是伪造票证。伪造票证的方法除用铅活字排版印刷外,一般也是先制作图样,后复制作版。由于伪造者只能用流通中的票证仿制,所以其制图制版方法与真票证的制作方法有些不同,能反映出伪造特点。伪造票证由于受印刷设备的限制,印张版面一般较小,同一印张上不会一次印成很多张。

2. 物理检验法

对于伪造较精致的票证,有时仅靠形态检验很难确定真伪,这就需要根据检材物的理化特性,选择合适的仪器观察、检测。如对细小痕迹则需用体视显微镜放大观察,对

不明显或不易看见的痕迹则可用侧光、透光等不同角度的光线观察，或用紫外、荧光、红外等检验，文检仪、多波段光源、红外鉴别仪等都是功能较全的检测仪器，能较好地揭示物质的理化特性，应充分利用。物理检验也必须注意三点：一是对检验物质的理化特性要有较全面的知识；二是对仪器的性能要有全面了解；三是能熟练操作仪器。现代检测设备功能很多，开发运用得好就能发挥更大作用。做到对检验结果（无论检验结果如何）都能说出所以然来。

3. 化学分析法

对于比较复杂的伪造票证，必要时应运用化学分析法对纸张、油墨、墨粉、颜料、染料成分进行分析比较，这往往是最有效的办法。化学分析方法很多，可参见本书第五篇有关章节。

4. 验证防伪措施和暗记

重要票证都采取了许多防伪措施，如用特制纸张，在造纸时设计水印，使用加入了特殊性能材料，经特殊工艺加工而成的特殊油墨，采用具有防伪功能的印刷技术，并在隐蔽处设置暗记等。通过理化检验，比对检材与样本的防伪特点是否一致，真伪就自然分明。本节所讲仅是检验的一般思路，具体方法在本书第五篇有详细论述，请参阅相关章节。

（四）分析假票证的伪造方法

根据假票证的特点，分析判断其伪造方法，不仅可以对不同时间、地点发生的同类案件进行串并案，而且可以据此判断作案人所应具备的设备条件和技术水平，为侦查破案提供线索。

1. 根据假票证着色剂成分判断印制方法

不同印制方法需使用不同着色剂，凸版、凹版、平版印刷使用的是印刷油墨，孔版印刷使用的是打印或速印油墨，复印、激光打印机使用的是墨粉，喷墨打印机使用的是水性染料墨水。通过化学分析方法判明假票证着色剂成分，就可确定其是那种方法印制的。

2. 根据假票证图纹形态和油墨特点判断版型

在判明着色剂成分的基础上，如确定假票证的着色剂是印刷油墨或速印油墨，即可根据印刷图纹形态特征和油墨特点判断印刷版型，如凸、凹、平、孔版印刷特点进行鉴别。

3. 根据墨粉成分和复印痕迹判断复印机类型

如果确定假票证的着色剂是墨粉，如仅是黑色墨粉，那就是单色（黑）复印机或激光打印机印制；如果是红、黄、蓝三色墨粉，黑色不太黑，那就是模拟式彩色复印机；如果是红、黄、蓝、黑四色墨粉，黑色较黑，图纹细线条由密集的平行短线段组成，那就是数字式彩色复印机。无论是什么颜色的墨粉，都可用薄层色谱法、拉曼光谱法、红外光谱法等方法分析墨粉组分、成分，确定其理化属性和牌号。由于不同种类、牌号、型号的复印机、激光打印机所采用的工作方式、技术参数、光导体材料以及技术专利不尽相同，所以与之匹配的墨粉组分、成分、结构状况、理化性质等也有差异。调查显示,除很少几个同系列机型共同使用一种墨粉外,大多数机种、机型特别是不同牌号的复印机、激光打印机墨粉不能混用;否则,不仅保证不了印刷质量,还会损坏机器。因此,分析墨粉成分就能判明墨粉牌号并根据墨粉牌号推断出与之匹配的机型。

4. 根据打印墨水成分判断彩色喷墨打印机型

利用彩色喷墨打印机和彩色扫描仪伪造票证的案件已有发现。喷墨打印机使用的是水性染料墨水,这种墨水,既要防洇散、褪色,又要快干、不堵喷嘴,所以技术性很高,墨水的配方是喷墨打印机的关键核心技术,各个厂家对其严加保密。每个厂家生产的喷墨打印机都必须使用自己生产的或指定厂家生产的墨水。因此,用薄层层析法、紫外可见光谱法、导数光谱法等对打印墨水成分进行分析,能确定其生产厂家、牌号,并可根据牌号推断与之匹配的彩色喷墨打印机机型。

5. 根据印制痕迹判断印版材料

作案人伪造印版时往往就地取材。判断印版材料对缩小侦查范围也有一定作用。如伪造石印版就要具备石印石、转写液、药水纸等;伪造铸平版就需要镑板、感光液等;伪造腐蚀版,版材有铜、镑等金属板及腐蚀药液;伪造铅活版,则要有铅字、空铅等;伪造雕刻版,材料有铜、镑、铅等金属材料,石头、木头、牛角、塑料等非金属材料。下面介绍雕刻版常见材料及其印刷特征。

(1)金属。由于金属材料质地较硬,能大量印刷,又不易损坏,所以使用的较多。其印刷特征为:图文线条清晰,色调鲜明,墨层较均匀,压痕明显。

(2)木头。雕刻木版一般选用质地较细腻的梨木、黄杨木等,印出的票证特征为:墨层色淡不甚均匀,图文线条边缘平齐,尖端和折角比较尖锐不圆滑,交叉部位有过刀痕迹,有的还能反映出木纹结构。

(3)石头。石头性质硬脆,难以雕刻细密花纹,其印刷特征为:线条边缘圆钝不齐,有崩碴痕迹。

(4)牛角、硬塑料类。这类材料平滑细密,硬而不脆,适于雕刻细小花纹,用于伪造版材较多。其印刷特征为:图案文字线条边缘有时不整齐,材料本身不吸墨,沾取墨淡时,文字线条有间断残缺现象,沾取墨多时,则有糊版和挤墨现象。

综上所述,在分析伪造票证手段时,应全面研究所能收集到的假票证,从制图、制版、版材以及印刷方法等各方面系统研究,综合运用各种技术手段,全面细致分析,结合调查研究,多向专业人士请教,并作实验,以求作出比较符合实际的判断。

第四节　印章印文鉴定

印章,也称图章,是指署有机关单位名称或个人姓名等印模。印文是印章印面盖印出来的印迹,它是印章印面结构的反映形象,也称印记、戳记。印章印面的结构和盖印的过程,类似于印刷术中的手工凸版印刷。由于印章是一种信物,在文书上用印是对文书内容表示认可和对文书所规定的权利和义务负责的行为,故文书上的印章、印文是文书真实性、有效性的一种凭据。犯罪分子为了达到个人目的,在伪造文书的同时也要伪造印章印文。因此,在与违法犯罪作斗争的实践中,印章印文鉴定的主要任务是根据文书上的印文确认其形成方式及其盖印所用印章的真伪。

一、印章印文的种类

(一)按印章的性质分类

1. 公章

公章,是指镌有机关团体、企业、事业单位法定名称的印章。国务院《关于国家行政机关和企业事业单位社会团体印章管理的规定》(国发〔1999〕25 号)中对国家行政机关和企事业单位、社会团体印章的规格和式样作了明确的规定。国家行政机关和企业事业单位、社会团体的印章为圆形,中央刊国徽或五角星,外刊机关名称,文字自左而右环行,并规定了不同种类、级别单位公章的尺寸规格,公章所刊名称、文字、字体等。值得注意的是,目前除行政机关仍严格按规定制章外,许多企业、事业单位,尤其是外资或合资企业的公章也存在不按上述规定制作的情况。

2. 专用章

专用章不具有普遍的证明作用,只在某一范围内(某种业务或某种文书)起证明作用的印章。这类印章常见的有:财务专用章、业务专用章、现金收讫章、合同专用章、户口专用章及钢印和各种邮戳等。专用章的规格和式样无统一规定,形状、大小不一,有圆形、椭圆形、方形、扁形、菱形、三角形等。

3. 私章

私章也称名章,是指有个人本名的印章。其中法定代表人的名章应登记备案,由专人保管,按规定使用。私人名章由本人保管,自由使用。私章的规格和式样更是五花八门,有阴文、阳文,各种字体、各种形状。一般私章多为方形、圆形等,字体多为隶书体、篆书体、楷书体。

4. 戳记

为代替重复书写而刻制的某事务盖印的印章。如记账戳、打号戳、封口戳、收藏戳、护照签证戳等以及镌有个人签名、别号或职称、职务的戳记等。

(二)按印章的制作工艺划分

1. 手工雕刻印章

手工雕刻曾经是历史上使用最多的制章方法,目前仍在沿用。多年前刻制的基层单位的公章、专用章和名章通常是用手工雕刻的方法制作的。

2. 机刻印章

机刻印章,是指采用机械雕刻或激光雕刻的方法制作的印章,是目前常用的印章。

3. 铸塑印章

铸塑印章,是指制成印章印面的凹模,浇注或充填塑性材料热压形成的印章。某些橡胶章和原子印章属此类,目前较少使用。

4. 照相制版印章

照相制版印章,是指使用胶片晒制树脂材料制成的印章,是目前较常用的印章。

(三)按印章的材质划分

制作印章的材料很多,有使用塑料、铜或弹性高分子材料的,还有用玻璃、橡胶和金属材料的,也有用牛角、木料和石材的。因此,若以印章材料划分印章,有塑料印章、感光树脂印章、牛角印章等。

(四)按印章油墨分类

1. 蘸墨印章

蘸墨印章的印面结构与凸印版相同,印章印文墨迹有明显的凸版印刷特点,且受蘸墨均匀程度的影响。蘸墨印章主要有雕刻印章和一部分照相制版印章。

根据制作印章的具体工艺不同可将雕刻印章分为手工雕刻印章和电子雕刻印章两种。手工雕刻印章章面是用刻刀手工雕刻的,有雕刻凸版的特征;字形字体难免带有刻字人个人的习惯特点,有的文字不规范。雕刻出的笔画边角尖锐,交叉纹线有刀痕。电子雕刻印章均是计算机排版设计章面文图,然后利用激光雕刻高温灼烧或糟雕机机械雕刻制成印章章面图文,字形、字体规范。

照相制版印章的章面是采用印刷业的常规照相制版方法制作的。先由计算机排版设计图文并打印出胶片,然后用胶片晒金属版或晒感光树脂版制得章面。

2. 自含墨印章

自含墨印章印面是由可吸储油墨的材料制成的,无须蘸取色料即可直接盖印,目前有原子印章和光敏印章两种。

20 世纪 80 年代初,原子印章开始在国外出现,1987 年引入我国。印面是通过照相制版方法制成模具后,再用特殊海绵体材料热铸而成的,海绵体内注满特殊印油后即可长期使用。现在还有用微机排版,激光雕刻制成的。盖印时,印面直接与承印物接触,在一定压力下使挤出的印油在承印物表面形成印文。原子印章的印面结构虽然与凸版相同,但盖印的印文墨迹较均匀,没有凸版印迹的特征;图文尖角比较圆钝,笔画的粗细、油墨量的多少明显受按压力大小和均匀程度的影响,有时在墨迹边缘会表现出胡须状洇散现象。

光敏印章,也称光敏平面橡胶渗透印章和平面橡胶印章,20 世纪 90 年代开始在日本出现,1998 年引入我国。光敏印章的制作过程同感光树脂印章的制作原理和方法基本相同，也是采用照相制版的方式。通过高能量脉冲光源进行曝光，含微孔结构的光敏橡胶遇光发生聚合和胶连作用，致使孔隙封闭。未曝光的部分仍然保持原有的微孔结构，以容纳印油，形成印章印面图文部分。再从背面注入专用印油，最后用不干胶将其粘在印章壳体上。光敏印章印面结构与平印版相似，盖印出的印文墨迹清晰、均匀。图文尖角比原子印章锐利，棱角清晰。笔画的粗细、油墨量的多少也受按压力大小的影响，墨迹边缘有时也会出现洇散现象。

3. 压凸印章

压凸印章一般指钢印。它是用下有印章的凸模，上有印章凹模的钢印，从正反两面同时挤压文书所形成的。一般用于证件、证书和银行汇票。这种印文无色，凸起于文书表面。它的形成不仅取决于印章钢模的结构及凸凹模咬合的精度，而且与作用力的大小、文书的厚薄有关。

4. 套印印章

需要一次性批量用印的公文、证件等，往往在印制该类文书时便将印章印文直接印到文书上。在文书上印制这种印文，需由单位提供"套印印章"或印章印文作为制版用的印模。一般是制成平版进行胶印，个别重要证件的印文也有制成凸版或凹版印刷的。因此，这类印文的形成完全按印刷机原理，有胶印、凸印或凹印制品的特征。

二、印章印文的特征

（一）印章印文

印章由镌有文字、线条或图案的印面和便于手持的印柄构成。印文是印章印面在文件上留下的印迹。盖印时，章面凸起部分黏附印泥（油）后，在一定的压力下与纸张接触，将印泥（油）转印到纸张表面，留下印面图文的印迹，即印文。因此，印文是印面结构的反映形象。文件上的印文通常为盖印印文，有的是压凸印文，特殊情况下有的是工业印刷的印文，如图 11－34 所示。

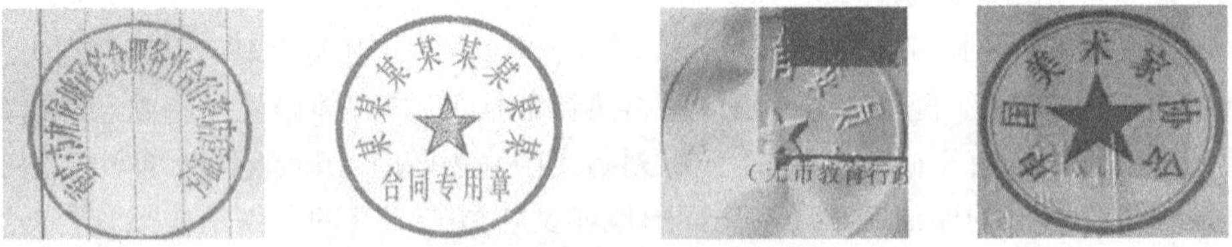

（a）蘸墨印章印文　（b）原子印章印文　（c）钢印印文　（d）印刷印文

图 11－34　常见印章印文

（二）印文的特征

印文特征是印章印面结构特点的反映，鉴别印文真伪一般需要将可疑印文与样本印文进行比较鉴定，确定是否为同一枚印章盖印。在鉴定过程中，都需要分析和比较印文所反映的印章印面的特点。根据印文特征形成的原因及其在鉴定中的实际作用，印文特征可分为规格特征和细节特征两大类。

1. 印文的规格特征

印文的规格特征是在制作印章时，根据有关规定和用户对印章规格的基本要求形成的。

(1)印文的内容。印文的内容因印章种类不同，单位名称或个人姓名不同而有差别。具体包括单位名称、印章用途名称、个人姓名及中刊图案和线条等。

(2)印文的外形。印文的外形，是指印文的外框形态，有正圆、椭圆、正方、长方、菱形、三角形等不同形状。有些印文无边框。

(3)印文的尺寸。印文的尺寸，是指边框的大小。各级公章印文外缘的尺寸虽有大小不同的规定，但同级公章的大小也有一定差别。专用章、名章的尺寸更是千差万别。鉴定时考虑到盖印压力的大小、蘸印泥(油)多少不同会影响外缘的尺寸，实际测量可取其边框线的中心为测量点。圆形印文可测其直径；方形或菱形印文可测其边长和对角线的长度；不规则形状印文可测其纵横径大小；无边框印文可选择文字线条上距离较大的两点之间进行测量。

(4)印文文字的形体。印文文字的字体有宋体、仿宋体、隶书体、楷书体、魏碑体、小篆体等各种不同的书体。印文文字也有长、方、扁等不同的字形。某些字又有繁体、简体之别，甚至会有错字、别字。

(5)印文文字的布局。印文上的文字布局，包括文字的排列方向、位置，文字之间、文字与图案线条之间的间距大小。

印文的规格特征属于大体特征。凡是同一印章盖印的印文，除印章材质老化或胀缩变形及盖印压力轻重、醮墨多少引起的印面大小差别外，其规格特征完全相同，这是认定同一印章盖印的前提。精心仿制，特别是采用照相、复印、图像扫描等仿真效果好的手段伪造的印章，在规格特征上与真实印章没有明显差异，而这一事实又是判定为高仿真伪造印章印文的前提。如果相比较的印文在规格特征上就有明显差异，则是否定同一印章盖印的重要根据。

2. 印文的细节特征

印文的细节特征是由于刻制人的刻制风格不同，或制印的技术设备与工艺条件不同，尤其是在印章使用过程中印面结构发生的具体变化而形成的。这类特征是印面结构上局部的、不明显的特征，统称为印文细节特征。印文的细节特征包括印面结构细节特征和印面附着物细节特征。印面结构细节特征，是指印面固有的细节结构，如印章制作时的防伪标记，印章使用过程中的磕碰磨损印迹等形成的细节特征。印面附着物细节特征，是指附着在印面上，而非印面固有结构的一些细小的杂质(异物)反映在印文中的特征。具体表现在以下几方面：

（1）文字线条的尖角形态。印文的文字笔画和图案线条的尖角，如笔画、线条的两端、折角和五角星的角尖，因个人刀法不同而形成不同的形状，或者受制作工艺的影响，使用中的变化，呈现比较特殊的形状，如图 11－35 所示。

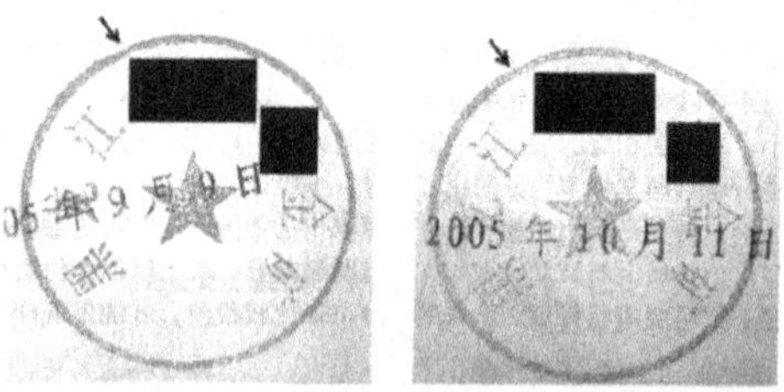

图 11－35　同一枚印章盖印印文线条形态特征

（2）文字线条的间断缺损。印文的文字线条应当是完整连贯的，但由于制作时偶然形成的损伤，使用中造成的磨损，以及印章材料老化导致的断裂，易使印文的某些笔画线条的特定部位出现断口和缺损变形，如图 11－36 所示。

图 11－36　同一枚印章同期盖印印文文字线条的间断缺损特征比较

（3）文字线条间的相对位置。印文各个局部的文字笔画之间、线条之间或笔画与线条之间的相对位置，表现在它们之间的高低或远近关系方面，如图 11－37、图 11－38 所示。

图 11－37　不同印章盖印印文文字线条相对位置关系特征

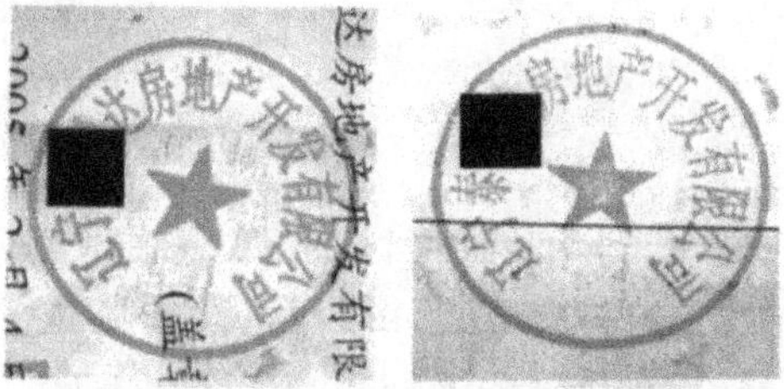

图 11－38　同一枚印章保护壳支撑爪印痕与印文相对位置关系特征

(4)文字线条间的比例关系。印文各个局部的笔画之间、线条之间或笔画与线条之间的比例关系,主要看它们之间的粗细比例和长短比例,如图11－39 所示。

图 11－39　不同印章盖印印文局部线条和比例特征

(5)印章印面结构的多余印迹。由于刻制印章时清底未净,或者在伪造印章、印文修版时留下残余的笔画、线条,或者伪造时使印文的可变性印迹固化,于是在印章印面的文字线条边缘或附近乃至印文的空白部位出现印文内容以外的多余印迹,如图 11－40 至图 11－42 所示。虽然其形状细小,但也是印章印面的固有结构,并且重复再现于盖印印文之中。此外,原子印章的支撑保护框(爪)的特殊印迹也可作为此类特征来看待。

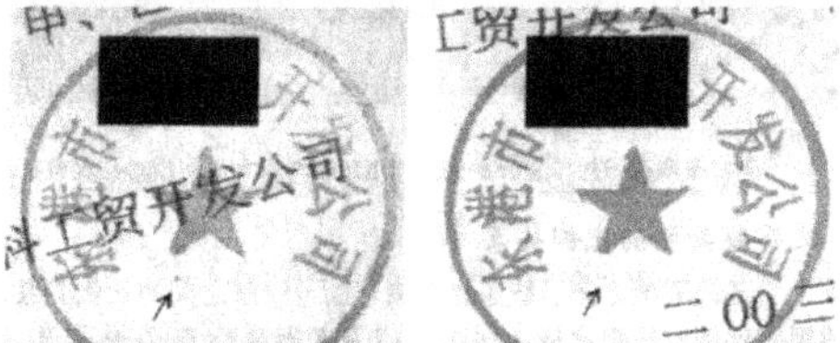

图 11－40　同一枚印章盖印清底痕迹特征

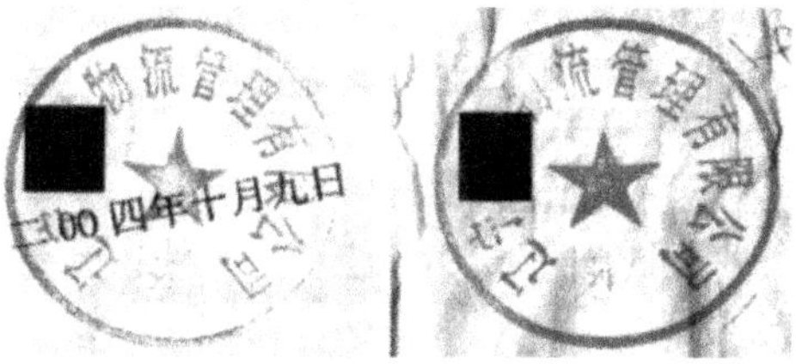

图 11－41　同一枚原子印章盖印细节特征比较

图 11－42　伪造印章修版痕迹特征

(6)印面附着的异物印迹。黏附在印面上的异物主要有毛发、纤维、沙粒等。尤其在印文的边框、五角星上常见到此类异物的印迹，如图 11－43 所示。这些细小的异物附着力较强，可在多次盖印时再现。但是因其只是黏附而非固定于印面，其形态、位置可能会在每次盖印时发生变化。

(7)笔画线条边缘堆积物印迹。由于印章上的文字线条凸起于印面，盖印时多余的印泥(油)被挤压到笔画线条的边缘，而且在不同的部位上有多有少，其印迹也有大有小，如果印面不加擦洗，或者不过多地蘸用印泥(油)，这种笔画线条边缘堆积物的印迹会再现于多次盖印的印文上，如图 11－44 所示。

图 11－43　同一枚印章连续盖印附着物特征

图 11－44　同一枚印章同期盖印印文笔画线条边沿印泥不痕迹特征

(8)笔画线条间隙填塞物印迹。笔画线条间隙在印面上是凹下的，尤其是狭小的间隙、封闭的空间，容易被多余印泥(油)和异物填塞，一般的擦洗难以清除干净。盖印时这种填塞物的印迹以一定的部位、大小、形态反映在印文上，如图 11－45 所示。

图 11－45　同一枚印章同期盖印印文笔画线条间填充物特征比较

(9)图案线条上不均匀的印泥印迹。由于蘸印泥时造成印泥在印面上分布不匀,甚至使印泥呈团状附着于印面的某个局部,盖印印文的相应部位便呈现出一定形状、大小不均匀印泥的印迹,如图 11－46 所示。这种特征在连续盖印时可重复再现,只有浓淡变化。较牢固的印泥团印迹重现性较强。一般的印泥(油)分布不匀特征,可随重新蘸印泥(油)和盖印压力的变化而发生变化。

图 11－46　同一枚印章同期盖印印泥不均匀痕迹特征

如前所述的特征属印面结构细节特征,存在于印文的特定部位,表现为一定的形态,并与其邻近的笔画线条形成一定的空间关系。此类特征的特定性强、价值高,其符合是认定同一印章盖印的主要根据。这种特征有时由于盖印压力大小、蘸印泥(油)的多少,以及局部多余印泥或附着物的干扰,会使其固有的形态被掩盖、歪曲,某些细小的印迹未反映出来。在印章使用过程中形成的细节特征,是印章印面结构的历时变化结果。后四种特征属印面附着物细节特征,具有很大的偶然性。在什么部位形成多大的、什么形态的印迹是随机的。如果相比较的印文与此种特征相符,其价值更高,是认定同一印章盖印的有力根据。由于此类特征很容易变化,如表现为差异,则不能作为否定同一印章盖印的根据。然而,采取图像仿真手段伪造的印章,又可将原稿印文上的可变性印迹固化为印面的固有结构,从而成为再现性很强的细节特征,这种细节特征的差异又可以作为否定同一印章盖印的具体依据。某一细节特征可以是从无到有,或者从有到无,所以,在印章、印文的同一认定鉴定中,最好利用充分的同期或历时盖印的印文样本。

三、伪造印章印文的方法及特点

为了鉴别印文的真伪,分析判断伪造手段,必须了解伪造者伪造印章印文的方法及其特点。伪造印章印文的方法很多,归纳起来主要有两种:一种是伪造印章后盖印;另一种是直接伪造印文。

(一)手工雕刻法伪造印章及其印文的特点

手工雕刻方法伪造印章是比较常见的一种伪造方法。伪造者首先要将雕刻印章的格式内容写画在印面上,或者将设计好的式样转印在印面上,然后尽量按照印样刻成文字线条并清底。手工雕刻法伪造的印章逼真程度与制图方法和雕刻人的雕刻水平有关。重新制图的不如按真印文复制制图的。雕刻水平低的不如雕刻水平高的。如果真实印章也是手工雕刻制作的,鉴定时可通过与样本印文进行比较鉴定加以鉴别,如图11－47所示。

图11－47　手工雕刻印章印文

(二)照相制版伪造印章及其印文的特点

这种伪造方法的制作过程如下:首先以真印文为原稿进行1∶1翻拍,然后将底片上的多余文字线条修掉,再晒制金属版或树脂版,制成印章的印面,将其粘或钉在木板或其他载体上,即成伪造的印章。这种假章盖印的印文除具有凸版印迹特征外,还有如下特点:印文的大小和文字形体、布局与真印文无明显差别;文字线条的棱角(包括内角和外角)发钝、边缘不齐,细线条易间断;在印文线条边缘和五角星内可能会留有修版未净的多余文字线条的残迹及可变性印迹的固化现象,如图11－48所示。

图11－48　照相制版伪造的印章印文修版残迹示例

（三）图像扫描制版伪造印章及其印文的特点

利用计算机和图像扫描仪，将真印文原稿经过图像扫描输入计算机，并对印文数字图像进行处理，即将印文上的多余文字、线条删除，然后直接指挥雕刻机雕刻印面或打印输出胶片（或硫酸纸），再用其晒版，通过腐蚀或曝光处理后制成印面，黏附章柄即可使用。这种方法伪造印章盖印印文的特点与照相制版伪造印章印文特点相类似。所不同的是，如果扫描分辨率不高，在印文线条边缘会有扫描线形成的方向一致的毛刺或锯齿现象；印文文字、线条的缺损边缘呈阶梯状，点迹或露白呈有棱角的方形，如图 11－49 所示。

（a）印文　（b）胶片　（c）树脂章面

图 11－49　图像扫描制版伪造印章及印文

（四）图像扫描打印法伪造印文的特点

图像扫描打印法伪造印文是利用图像扫描仪将经过修整的真印文输入微机，或输入微机后再做修整，去掉印文之外的文字线条，然后按 1∶1 的比例，用彩色打印机将印文图像打印到纸张上。这种伪造印文的特点为：具有打印机打印的特征，在红色墨点中混杂有黄、青等颜色的墨点；印文色料与印泥（油）表观特征明显不同，激光打印机打印伪造的印文色料是墨粉，喷墨式打印机打印伪造的印文色料是墨水，遇水易洇散；印文的形态、结构、布局、墨色分布以及明显的缺损变形等与复制使用的真印文一致，如图 11－50 所示。

（a）假印文　（b）真印文

图 11－50　扫描打印伪造的印文与真实印文特征对照

（五）复印机复印法伪造印文的特点

复印机复印法伪造印文是把印文原稿或其复印件上的多余文字线条先仔细修掉，

然后利用静电复印机及其红色墨粉,将真印文复印在伪造文件上。这种伪造印文的特点为:纸张空白部位有散在分布的红色墨粉颗粒(底灰);印文图像色料表观特征与印泥(油)不符,表现出墨粉颗粒堆积特征;印文的形态、结构、布局、墨色分布以及明显的缺损变形等与复制使用的真印文一致;如果复印原稿是剪切下来的,印文图像外易有纸边阴影痕迹;纸张上还有可能出现复印机部件缺陷特征,如感光鼓损伤印迹和搓纸轮污染印迹等。

(六)工业印刷法伪造印文的特点

伪造印文常见的工业印刷方法有胶版印刷和丝网印刷方法。其制作过程是:以真印文为原稿经1:1照相复制成胶片,经修版后再晒制锌版或丝网版便可上机印刷。用这种方法伪造的印文有修版痕迹和可变性印迹固化现象,印文色料不是印泥或印油,而是印刷油墨,色料的微观形貌和物理特点不同于盖印印文。此外,平版胶印的印文具有胶(平)版印件的特征,如果用加网照相制版或电子分色制版,印文线条则由网点构成;有些真文书上的印文也是胶印的,在这种情况下就需要了解案情并收集样本进行比较鉴定。丝网印刷伪造的印文墨层比较厚实,由墨点聚积而成,需注意的是个别一次性少量复制印文,其油墨也可能用印油来代替,如图11-51所示。

图11-51　丝网印刷印文特征示例

(七)拼凑盖印伪造印文的特点

拼凑盖印伪造印文是利用两枚印章,分别蘸好印泥(油)后,将印章章面不需要的文字线条用纸片遮挡,用其中一枚印章盖印出部分印文,再用另一枚印章对好位置,将其所需的内容套印到印文的空白处,从而拼组成与两印章既有相同部分,又各有不同图文的一枚完整的假印文。有的将专用章章面上的"专用章"字样遮挡后,盖印伪造成公章印文;也有的用下属机构的公章,把分支机构名称遮挡,盖印伪造成上级单位的公章印文。这种方法伪造成的印文也有凸版印迹的特征,但由于不是一枚整体印章盖印形成的,假印文具有如下特点:印文文字线条的大小、布局不和谐;两次盖印压力不同时,两部分文字线条的印迹轻重、虚实不一致;有时,易留下遮挡痕迹或露出由于遮挡不完全造成的多余印迹。此类印文除根据上述特点识别以外,还可以通过调取伪造印文时使用的嫌疑印章,采取同一认定的方法加以印证,如图11-52所示。

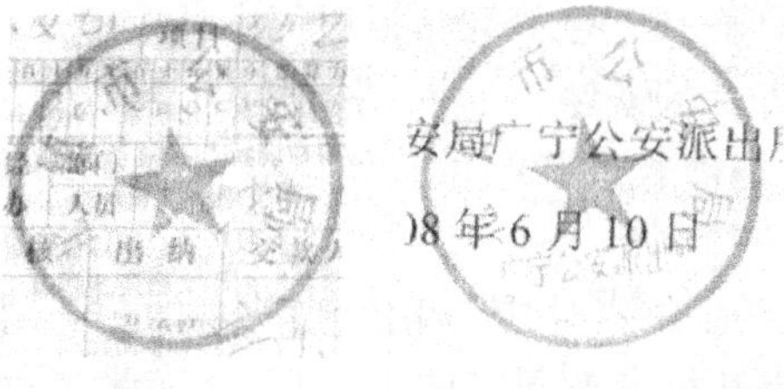

(a)假印文　　　(b)涉案用章印文

图11－52　遮挡盖印伪造印文特征示例

除上述伪造印章印文手段外,还有很多,如拼凑伪造印文、描绘印文、刻蜡纸油印印文、用真印文转印等,因其伪造技术粗糙,仿真度低,容易鉴别。

四、印章、印文鉴定的一般程序和方法

印章、印文鉴定基本上是运用同一认定的原理和程序、方法进行的。其要点如下:

(一)鉴定前的准备

1. 了解案情及鉴定要求

在受理案件初期,需向送检人询问可疑文书的背景情况,明确鉴定的目的。通常涉及印章印文的鉴定要求有真伪鉴别、制作方法分析和判断检材印文盖印时间等。鉴定要求表述要明确,不应存有歧义,如要求对检材印文进行真伪鉴别时,应写明:检材上某某印文与样本上某某印文是否为同一枚印章盖印。

2. 了解受审查印章的情况

了解受审查印章的情况时,需向送检人询问的内容包括:印章的类型、印章启用时间、印章保管人的情况、使用的场合、常用盖印的文书、印章的磨损情况等。

(二)鉴定分析检材印文的形成条件

送检可疑文书的印章印文,原则上要提供原件。因为复制件不能充分、真实地反映印文的细节特征和伪造印章、印文的方法特点。如果无法提供原件,而复制件又能够充分提供所要解决问题的依据时,也可以对复制件进行鉴定。

鉴定时除直观分析,还可以通过放大镜、显微镜逐字逐笔画地观察,必要时可作相关实验,确定检材印文是否是印章直接盖印形成的。检材印文不是印章直接盖印形成的,要分析其形成方式。检材印文是用印章直接盖印形成的,要分析是普通印章还是自含墨印章或者是其他手段盖印的;要根据印文的特点判断盖印时的作用力、印泥(油)和纸张、衬垫物对印文特征的影响;要查明或推断印文的大体形成时间,以便据此选择可比性较好的印文样本。

印章正常、合法的用印方式是盖印,特殊需要时可用印模制版印刷。如果检材印文不是用这种正常、法定的方式形成的,则是判定检材印文是伪造的一个重要根据。有些

印文伪造特征可能不够明显和典型，还可以通过同一认定鉴定进一步鉴别。

(三)鉴定分析样本印文的条件

鉴定检材印文，一般均需收集和提供真实印章的样本印文，作为鉴别的标准和凭据。

收集样本印文，首先要了解当时共有几枚印章。如果是一枚，则收集用该印章盖印的印文作为样本。如果有几枚印章同时使用，则需全面收集这几枚印章盖印的样本印文。最好的样本是数量比较充分的，与检材印文同时期盖印的样本。必要时，还要收集受审查印章自启用时到发案前不同时间盖印的历时样本。一般不要只凭发案后现盖印的几枚印文，或者是一张银行、工商管理部门或上级备案的印鉴卡进行鉴定。受理案件时，要避免混淆检材印文与样本印文，注意防止将受质疑的印文作为样本使用的情况。

鉴定分析样本印文，需要了解样本印文的收集方法，弄清其可比性。首先，明确样本印文的盖印时间，注意分析样本印文的形成条件；其次，通过对样本印文之间的比较，研究印章印面结构的历时变化；最后，选择一部分可比性条件较好的同期盖印的印文作为主要样本使用。

(四)印章印文的比较鉴定

为确定可疑印文与样本印文是否为同一印章盖印，进而明确可疑印文是否为伪造的，一般都要通过比较来鉴别。尤其是那些高仿真伪造印章，更需要进行仔细、认真的比较鉴定，才能发现印文的根本差别。

1. 复制检材印文和样本印文

在对检材印文和样本印文进行比较鉴定之前，需采用复印、照相或扫描打印的方式复制检材印文与样本印文材料。复制要求：要真实、清晰反映出检材和样本的全貌；检材原则上应逐一进行复制，一般情况下样本也应逐一复制，如果样本材料数量较多，可逐一复制价值较高的样本，对其他样本可进行概括复制。

2. 制作比对表

制作印章印文鉴定比对表时，需将选取的检材印文、样本印文复制件对应排列在一起，以便比对。比对表制作要求：检材印文应全部编入比对表；应尽量多地将盖印时间、盖印条件与检材相同、相近的样本印文编入比对表。

3. 比较鉴定的一般方法

(1)细节特征对照法。细节特征对照法是将检材印文与样本印文并列于视野内，对比观察二者各个部分的形态特征是否相同的方法。对比较鉴定中发现的有价值的特征在比对表上逐一进行标示。一般用红色记号标记符合特征；用蓝色或黑色记号标记差异特征。鉴定时可采用肉眼直接观察比较，也可以利用放大镜和显微镜等鉴定设备，有条件的还可以借助投影比对仪或实物投影仪将二者同时放大比对观察，如图 11－53 所示。

细节特征对照法简便易行,而且是不可替代的、重要的比对方法。印文的某些细节特征的异同只有通过该方法的鉴定才能看得清楚。

(a)检材(可疑印文)　　(b)样本(真实印文)

图 11－53　印章印文并列比对

(2)拼接比对。拼接比对是将检材印文或样本印文通过文字线条较多的部位折叠起来,然后与相比较印文的相应部分对接,再观察印文边框与文字线条能否接合。这种折角验印办法从清朝时便开始应用,至今已沿用 200 多年。

鉴定时,可用印文的同倍放大复制件,将其中一枚印文复制件沿对角线或文字线条多的部位剪开,与另一印文对接。这种检验也可利用比对投影仪、文检仪或借助计算机图像处理功能软件利用计算机进行比对,如图 11－54 所示。该方法很容易发现印文尺寸与文字布局方面的差别,而对接线以外的异同,特别是细节上的异同易被忽略,仅靠这种办法是不能发现仿真伪造印文的。

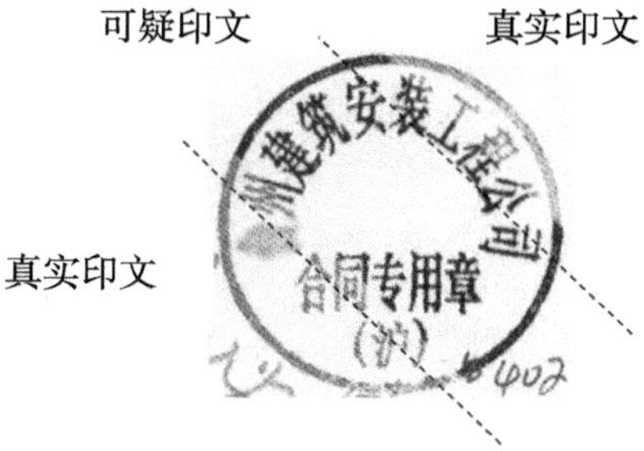

图 11－54　印章印文拼接比对

(3)画线比对。画线比对一般是用检材印文与样本印文的同倍放大复制件,在相比较印文上选择共同具有的清晰点若干对,然后通过两点连线,对比观察各对应连线所经过的印文部位是否相同。应特别注意选点和连线位置要准确。另一种方式是用有完全相同的几何线条的透明网板,分别覆盖并定位在相比较的印文上,对比观察印文文字线条在网格中所处的位置是否相同，如图 11－55、图 11－56 所示。

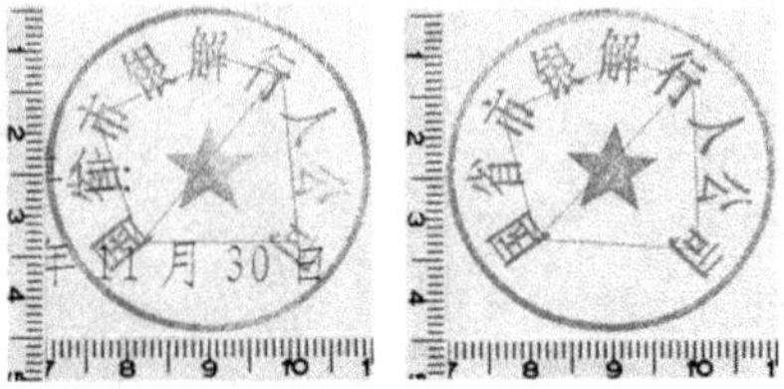

（a）检材（可疑印文）（b）样本（真实印文）

图 11－55 印章印文特征连线比对

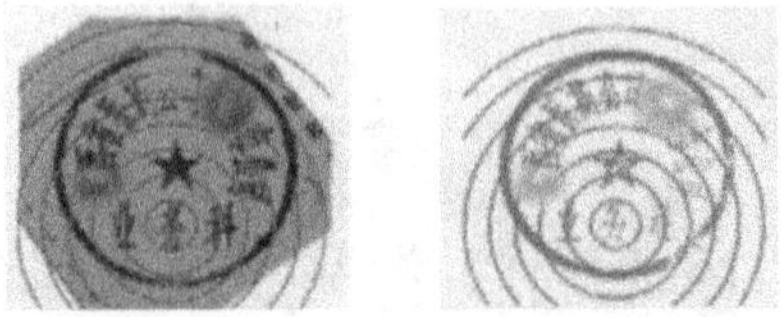

（a）检材（可疑印文）（b）样本（真实印文）

图 11－56 印章印文区域画线比对

此方法也容易发现印文大小和布局上的异同，而且是对印文各个部分的全面比较，但对某些细节比对不太方便。

（4）重叠比对。重叠比对，一般是将检材印文与样本印文重叠起来，透光观察两枚印文文字线条的图像是否能全部重合。这种方法也可利用比对投影仪、文检仪或借助计算机进行鉴定，如图 11－57 所示。

（a）检材（可疑印文）（b）样本（真实印文）

图 11－57 重叠比对观察

(5)关于计算机识别。各地利用计算机图像识别技术设计了相关软件,将检材印文与数据库内存的样本印文进行图像重叠比对,并可根据重合率判别检材印文的真伪。这种办法对于银行、工商、海关、税务等部门,对已建立业务关系的客户的印章进行验印工作无疑比“折角验印”方式更加可靠而且便捷。如果作为现实案件的印章印文鉴定,不但要输入检材印文,还要输入样本印文,再进行比对识别,其效果不会高于上述“重叠比对”的效果。尤其难以识别高仿真制版伪造的印章和复制的印文。另外,真实印章的变形印文因与其样本印文有明显差别,也有可能作出误判。

(五)印章印文差异点的评断

通过对印章印文的比较鉴定,不仅非同一印章盖印的印文与样本印文有差异,而且同一印章盖印的印文也不是绝对相同。在同一认定理论上,将前者称为本质差异,将后者称为非本质差异。正确区分本质差异和非本质差异是作出正确的鉴定结论的一个关键环节。在对比较鉴定结果进行综合评断时,首先要弄清非本质差异的成因。

1. 印章自身的胀缩变化

木质印章、牛角印章可因环境湿度的影响和印油的滋润而发生膨胀。一般使用2~3年后,木质印章外径可增加3%~5%;牛角印章外径也可以增加0.5%~1%。如果放置一段时间不用也会略有缩小。雕刻的橡皮印章,长期使用并受印油浸蚀而发生软化,外径有所增加。原子印章的印面材料也容易老化,印文有的增大,也有的缩小,经过三四年胀缩率可达0.2%~0.3%。其他材料的印章没有明显的胀缩变化。

由于印章发生胀缩变化,不仅使盖印的印文尺寸发生变化,而且使文字线条的粗细、字形字距的大小也随之发生改变。有些印章材料的内部结构不均匀,可使印章发生不匀称的胀缩,如正圆形章的纵径与横径不等、方形章的两个对应边不等、长形章边缘呈弧形等。

在比较鉴定时,如果用比较充分的同期样本印文与检材印文进行比较,则可以排除印章自身胀缩因素形成的差异。那么,在这种情况下,仍存在印文大小、外形和相应的字形、字距上差异,则属本质差异。

2. 印章磨损老化形成的局部变化

木质印章、原子印章的印面材料较为松软不耐磨,受磕碰的局部易发生变形;原子印章、橡皮印章、软性塑料印章和感光树脂印章,都容易发生不同程度的材料老化,从而使部分笔画线条发生缺损变形,雕刻形成的刀痕变宽,皮瓣翘起或脱落。金属等材质坚韧的印章不易发生上述变化。

这种变化是局部的细微的变化,也是一种不可逆的变化。就某个局部的变化而言,可能是突然发生的,但就印面结构的整体变化而言,又是渐进的。因此,考察印章的此类变化,也需要了解印章的质料,并借助该印章的历时印文样本。在与检材印文进行比较鉴定时,利用较充分的同期样本印文,则能证实或排除此类变化。

3. 作用力不同造成的变化

盖印印文时的作用力，包括盖印压力的大小、方向，压力是否均衡，平压、滚压还是错动压印。也包括盖印时承受物(含衬垫物)的反作用力。

盖印压力大，印面与纸面紧密接触，不仅印泥(油)更多地被转移到纸面，而且被挤到文字线条的边缘，于是印文的笔画线条显得粗重。尤其是那些具有弹性的塑料、橡皮印章和感光树脂印章，压力大可使印面的边框、文字、线条暂时向外延伸，印迹变宽，因而印文外径增大，文字线条变粗，字间或线条的间隙缩小，细小的缺损、刀痕被弥合盖印压力太轻，则印迹浅淡，边缘发钝的外框和线条棱角不能充分反映出来，外径减小，笔画变细，线条间断现象增加，微小的点迹容易消失。

盖印时用力不平衡，使用力大的一侧印文边框线条变粗，相对一侧变细。材料较软的印章，压力重的一侧印文边框易发生变形。盖印时用力不当，印章在纸面上发生扭动或跳动，可形成碾压、拖擦或双影印迹，使印文形态及其细节发生变化。

盖印时的反作用力来自文书及其衬垫物。下垫书本、胶皮等可使盖印印文清晰、完整。过软的承受物，包括垫在手掌上双向用力盖印，可使印文线条变粗，纸面下陷、起褶，使印文外缘的边角变形。印章材料较硬，承受物也比较坚挺，盖印印文往往不够清晰、完整，印面略有凹陷之处均可造成笔画线条的间断、残缺，有可能作出误判。

由于作用力不同而形成的印文变化，一方面可以从印文的特点加以分析推断，另一方面可以要求将印章送交鉴定，直接观察印章的印面结构，并用该章作变换作用力的盖印实验，加以验证。如果经反复实验，结合与同期盖印样本的比对，均不能形成上述差异，便可排除该种变化原因。

4. 印面附着物的影响

印章印面的附着物包括印泥或印油及黏附的其他异物。盖印时蘸印泥(油)过多，可使印文线条变粗，狭小间隙被填塞，断线缺口被弥合，部分笔画线条的棱角被掩盖，以及出现多余的印泥团块。蘸印泥(油)过少或靠印面残留印泥(油)盖印，印文浅淡，文字线条的棱角和残损明显。

印泥(油)在印面上分布不匀，或在笔画线条边缘附有多余的印泥(油)，可以改变局部的笔画线条形态。印面有毛发、纤维或沙粒等异物附着，可在印文上形成该异物的印迹。由于异物容易移动或脱落，在多次盖印的印文上会产生异物印迹有无或所在位置、形态上的差异。

考察印面附着物的影响，可以从印文上的印泥(油)的分布特点和异物形态进行分析推断。必要时可以观察印章本身的印面结构，将印面附着物清理之后再盖印样本，并结合同期样本印文进行比较鉴定，以区分是印面结构上的差异还是附着物形成的差异。

（六）印章印文鉴定意见

1.是否同一枚印章盖印的依据

凡相比较的印文，在规格特征和细节特征方面完全相符；或者在规格特征和细节特征上相符的同时也存在个别差异，这些差异被确认为非本质差异；或者印文特征相符，个别差异的性质一时难以确认，但与同期样本印文的可变性印迹特征相同，均可作出二者为同一枚印章盖印的意见。

凡相比较的印文，在规格特征和细节特征上普遍存在差异；或者规格特征相同，而大量的细节特征有差异；或者规格特征相同，细节特征也有相似之处，而有些特征的差异却不能用非本质差异成因加以解释，可提出否定意见。

2.关于确认伪造印章印文的依据

（1）真印章的唯一性。经调查核准，真印章（包括规格、内容略有差别的真章）只此一枚，确实没有第二枚。经鉴定认定检材印文与样本印文是同一印章盖印，那么检材印文就是真实的印章印文；如果检材印文与样本印文不是同一印章盖印，则检材印文就是伪造的印章印文。

（2）用印手段的有效性。有效的用印手段是用印章盖印，除特殊需要在用印单位认可的前提下，可用其他方式印制印文。通常文书上的印文均是由盖印形成的。经鉴定发现可疑印文具有明显的静电复印特征，或电子打印特征，或丝网版印刷特征，或胶版印刷特征等，诸如此类的印文肯定是伪造的。

3.关于印章印文鉴定意见的表述。在委托印章印文鉴定时，作为鉴定要求常有如下不准确的提法：

（1）××印文与××印文是否同一。印文是印章的印迹，两枚印文即使是同一印章盖印的，也不存在同一关系。这里所说的是否同一，应指盖印用的印章是否为同一枚印章。只有在文书上的印文被撕碎后，才可能提出若干印文碎片是否为同一印文。

（2）××印文是否伪造。如果能够认定印章是唯一的，盖印是用印的有效手段，便可以根据鉴定结果，对可疑印文的真伪问题提出意见。如考虑到可能存在的种种复杂情况，稳妥的意见应为“××印文与××印文是（或不是）同一枚印章盖印”。

第五节 书写、印刷机具鉴别

书写、印刷机具鉴别，是根据书写、印刷文书反映的特征对书写、机具的种类和个体进行鉴别，认定可疑机具是否为作案用的机具的检验过程。书写、印刷机具的种类检验可为变造文件检验和书写、印刷字迹形成时间的检验提供基础。书写、印刷机具鉴别的目的是为确定侦查方向和嫌疑人以及文书的真伪提供依据。常见的印刷机具鉴定对象是非法印制各类文书和匿名信的复印、打印、传真、盖印用的办公印刷机具。

一、书写、印刷机具及其种类

(一)书写工具及其种类

从广义上讲,凡是能用来写字的物品均可称为书写工具。书写工具是形成笔迹和笔痕的直接客体,分常用和非常用两类。常用的书写工具,是指人们在社会生活、经济往来等活动中经常使用的工具,如圆珠笔、自来水笔、签字笔、毛笔、铅笔等;非常用的书写工具,是指人们只是在某种职业、行业或一些特殊活动中使用的工具,如粉笔、标记笔、水彩笔、画笔和毛刷等。

在常用的书写工具中,按书写工具笔尖的特性不同,可以分为软质书写工具和硬质书写工具。软质书写工具的笔尖不定型或在书写面上运动时易变化,如毛笔、纤维尖型签字笔等;硬质书写工具笔尖定型且不易变化,如圆珠笔、自来水笔、铅笔、滚珠型签字笔等。此外,还可按使用耐久性的不同、笔尖粗细和使用色料的性质等方面对书写工具进行分类。

不同种类的书写工具,其结构和使用色料类型不同,在纸面上形成的痕迹也不同,构成了区分不同种类书写工具的基础;同种书写工具和色料,由于生产厂家不同、生产工艺水平的差异,形成了各自不同的个性特点,其具体结构和色料成分配比及理化性质不同,构成了区分不同品牌、不同型号的同种书写工具的基础;同一人执同一支笔书写,由于书写人书写习惯及其工具本身结构特点,形成了各不相同的笔痕特征,这是书写工具同一认定的基础。

(二)印刷工具及其种类

凡能用来印制文件的机具都是印刷工具。印制文件的机具种类很多,主要有适用于不同版型印刷的工业印刷工具和打字机、打印机、复印机、传真机等办公室常用的印刷工具。

由于印刷方法的印版结构、着墨过程和印刷过程不同,印刷品上表现出的墨迹形态及其他印刷加工特征就不同。通过放大镜、显微镜或投影设备进行放大观察就可以发现这些差别,从而区别不同印刷方法制作的文件,进而确定印刷机具的种类。

二、书写工具的种类认定

(一)书写工具种类鉴别的依据

1. 笔画划痕、压痕特征

几种常用书写工具书写形成的字迹,从外观观察,有的能在纸面上形成划痕、压痕,有的则无划痕、压痕。一般来讲,软质书写工具(如毛笔)笔尖是软笔尖,书写压力大时笔头分开不易形成划痕和压痕;硬质书写工具(如钢笔、圆珠笔和滚珠型签字笔)笔尖是金属的,书写的字迹易形成划痕和压痕。

2. 笔画均匀程度特征

圆珠笔字迹笔画粗细比较一致，由于其色料是黏稠油墨，书写时笔尖球珠滚动，使油墨堆积在球珠卡口边缘，因而字迹笔画中易出现露白、断线、各种条痕及笔画边缘油墨堆积等现象，笔画末端时而有细微拖曳现象。钢笔字迹笔画往往因为笔尖或笔舌结合不良、笔尖磨损、墨水沉淀或贮水囊中贮墨量的多少等原因，而产生下水过多或过少、笔画分叉或下水不畅、墨迹浓淡不均等现象。签字笔字迹笔画比较均匀，笔画粗细、色调比较一致，只是在墨水干涸时易出现墨迹浓淡不均的现象。滚珠型签字笔书写字迹易出现笔画末端有细微拖曳现象。

3. 墨水洇散特征

圆珠笔使用溶性黏稠色料，书写后字迹笔画不会马上出现洇散，如果书写后放置时间较长，则笔画边缘易出现油渍洇散现象；钢笔使用水溶性色料，字迹笔画因纸张施胶度和表面平滑度的不同而出现程度不同的洇散现象；水溶性墨水的签字笔字迹笔画边缘也有程度不同的洇散现象出现。

4. 笔画墨迹色泽特征

不同种类的书写工具使用不同种类的书写墨水，同种类墨水又因厂家、牌号、成分配方的不同，所以书写的字迹在颜色、色调、光泽等方面也有区别。圆珠笔字迹色料色调实，在一定角度光线照射下易观察到一定的光泽；使用水溶性墨水的钢笔和签字笔字迹少有光泽；毛笔字迹只是在质量较好的墨迹中有反光现象。

5. 纸张破损特征

由于笔尖过于尖锐，形状不规则或书写压力过大等原因，硬质书写工具可能划伤或划破纸张。不同种类书写工具造成的纸张破损特征及程度是不同的，圆珠笔造成的薄纸破损痕迹较宽，边缘无纤维翘起；钢笔造成的厚纸损伤痕迹较细，且为施胶层划伤，边缘纤维顺运笔方向翘起，而对薄纸易造成破洞，并有纤维翘起；蘸水笔造成的纸张破损痕迹往往是纸块呈三角形凸起。

（二）书写工具种类鉴别的方法

1. 书写工具种类鉴别的一般方法

书写工具种类鉴别常用的方法是运用放大镜、显微镜、文件检验仪、投影仪等观察文件物证上手写字迹的种属特征，根据种属特征判定书写工具的种类；也可以将文件物证手写字迹与各种书写工具的样本进行对照检验，根据其种属特征的符合判定书写工具的种类。

2. 根据不同种类书写工具所使用墨迹的理化性质进行鉴别的方法

不同种类的书写工具使用的墨水、油墨的组分各异，其物理和化学性质也各不相同，因而可采用各种物理和化学方法及专门仪器进行检验鉴别。

（1）红外线检验。不同书写工具使用的色料对红外线的吸收、透过作用不同。一般各种圆珠笔油墨字迹、纯蓝墨水、红墨水、染料黑墨水字迹及部分签字笔墨水字迹不吸收红外线，因而在红外线下看不到字迹。墨汁、碳素墨水、部分含碳的黑签字笔字迹和蓝黑墨水字迹能吸收红外线或部分吸收红外线，因而在红外线下能看到字迹。

（2）紫外—可见光分光光度法检验。由于不同书写工具色料的染料和辅助成分及含量各不相同，因而对不同波长的光线吸收特性也不相同。通过采用紫外—可见光分光光度计检测，将检材色料与已知色料的吸收光谱图进行比较，便可区分两种不同的色料或确定是何种色料。

（3）荧光检验。不同书写工具使用的色料中大多数染料在短波光线照射下能被激发产生荧光，而不同色料的染料成分及结构不同，因而被激发的荧光特征也不同，可用以检验鉴别。

（4）电子显微镜检验。利用电子显微镜高倍放大和立体感较强的性能，可观察到圆珠笔油墨糊状形态及墨汁、碳素墨水、含碳签字笔墨水的碳素颗粒聚集状态和颗粒大小等微观状态，因而可用以鉴别同色的圆珠笔、墨汁、碳素墨水与黑墨水之间的区别。

（5）化学方法检验。A. 硫氰酸盐法。用棉签蘸取稀漂白粉溶液涂在墨水字迹笔画上令其褪色，然后用棉签蘸取蒸馏水在漂白粉溶液作用过的部位进行清洗并晾干，再用棉签蘸取10%的硫氰酸胺水溶液涂在褪色的字迹笔画上，然后再涂10%的盐酸溶液，如果字迹笔画出现红色说明有铁离子存在，即为鞣酸铁蓝黑墨水。

B. α，α'—联吡啶法。选取一片定量滤纸，用36%的乙酸和乙醇的等量混合溶液润湿，用压取的方法将选取的部分字迹笔画色料转移到滤纸上，然后在滤纸上涂抹饱和的草酸溶液和2%的α，α'—联吡啶的乙醇溶液，加热后若出现红色，则为鞣酸铁蓝黑墨水。

三、印刷工具的鉴别

文件印刷方法的大致可分为工业印刷和办公室印刷两种。所谓工业印刷是按印版的结构分为凸版印刷、平版即刷、凹版印刷和孔版印刷，此类印刷方法在本书第二节已介绍。办公室印刷是指静电复印机复印和各种打字机打印等印刷方法方法。不同种类的印刷方法所使用的印刷工具是不同的，由于印刷方法的印版结构、着墨过程和印刷过程不同，印刷品上表现出的墨迹形态及其他印刷加工特征也不同，确定了文件的印刷方法，所用的印刷工具的种类也就确定了。下面着重介绍不同印刷方法的原理及印件特征。

（一）静电复印机种类鉴别

常见复印机的原理结构基本相同，由于不同牌号、型号复印机的设计参数不同、完成复印功能的各部件的结构不同，因而使用过程中出现不同缺陷，使不同台复印机的复印文书上能反映出复印机的种类特点和个体特征。

1. 静电复印机种类鉴别的依据

(1)光电导体类型

用于静电复印的光电导体有氧化锌(Zn0)、硫化铬(CdS)、硒(Se)、有机光导体(O. P. C.),目前的模拟式复印机中使用后三种材料居多。不同类型的光导材料虽然都有遇光导电的特性,但各自敏感的光谱范围不尽相同。硒的感光范围偏红,复印蓝色偏浅、复印橙红色偏深,硫化镉则相反。在一定条件下,已知原稿色彩或能够推断原稿色彩时,根据复印件上对各种色彩反映的墨色深浅变化规律,可以判断嫌疑复印机感光鼓的光导材料类型。

(2)感光鼓直径

不同牌号、型号复印机因设计参数不同,感光鼓直径不尽相同,其差别可以通过感光鼓的损伤反映到复印件上的印迹表现出来。在同一张复印件上由感光鼓上同一损伤留下的两个相邻重复性印痕的间距即是感光鼓的周长。感光鼓上不同位置损伤反映在复印件上的印迹间的垂直距离代表了感光鼓的一段弧长,在一定条件下以此类推也可以累加出感光鼓的周长。利用周长公式可以计算出感光鼓的直径。常见复印机的感光鼓直径在30~160mm。

(3)充电辊直径。数码复印机采用充电辊充电,当充电辊上出现斑痕或损伤时,就会影响充电效果并在复印件上反映出相应的痕迹。利用其两个相邻重复性印痕的间距可以计算出充电辊直径。不同品牌号、型号的数码复印机充电辊直径不尽相同,有的12mm,有的14mm。

(4)显影方式。感光鼓上静电潜像的显影方式多种,目前复印机采用的主要是磁刷式和单组分跳动式两种。磁刷式显影复印机复印出文书的墨迹中常伴有刷痕(沿走纸方向的细小露白痕),墨粉无磁性;单组分跳动式显影复印机复印文书的墨迹无刷痕,墨粉有磁性。墨粉的磁性可以通过磁性鉴定器鉴定出来。

在数码复印机中,还有采用单组分接触式显影机构的。这种显影机构纯粹靠静电作用传导墨粉和显影,其墨迹既无刷痕,也无磁陛。

(5)分离方式。在完成粉末图像从感光鼓向纸张转移过程后,使纸张与感光鼓分离的方法称分离方式,常见的有电晕分离与分离带分离两种。

电晕分离是目前大部分复印机所普遍采用的一种电分离方法。该法是在纸背加了一个交流电晕,通过交流电场的作用把使纸张与感光鼓相互吸引的正负电荷中和掉,导致纸张自然下垂与感光鼓分离开。显然,电晕分离方法不会在复印件上留下任何痕迹,复印全幅面图像或复印件有底灰时,可以看到图像或底灰布满整个纸面。

分离带分离方法是在感光鼓与纸路之间的边缘处隔一条约1cm宽的薄塑料带。由于塑料带的阻隔,纸张在转印位置与感光鼓接触后,被迫沿分离带的方向前移而与感光鼓分离。由于在分离带处纸张与感光鼓没有接触,因此,就不能使该处的墨粉转移到纸上,所以在复印件沿出机方向的分离带一侧留有1cm以内宽的无粉末图像的空白条,这条空白条被称为分离边。这种分离边特征只有在复印全幅面图文或复印件有底灰时才能出现。当复印机经过较长时间的使用,分离带被墨粉污染又没有及时清洁时,墨粉会逐渐污染到分离带背面,便复印件的分离边处出现墨粉的擦蹭脏痕。

(6)定影方式。定影是使粉末图像固着到纸面的过程,复印机常用的定影方式有热压式和冷压式两种。

热压定影(又称热辊定影)过程是利用一对加热的辊子直接对转印后的复印件加热挤压,使墨粉熔融在纸上。因为热压定影复印件经过了挤压,所以图文墨迹平整,墨粉颗粒紧凑,无明显亮光和立体感。有时因定影辊局部磨损引起压力不均,会使复印件被碾压起皱。

冷压定影过程是使转印后的复印件通过一对钢辊,在高压作用下,使在常温状态下呈柔软性状的墨粉黏附在纸上。由于图文受高压挤压会降低分辨率,同时,墨粉中的树脂没有热融,不易渗入纸张纤维中,所以定影牢固性差。冷压定影用的墨粉较特殊,冷压定影复印件的图文不但墨迹平整、墨粉颗粒紧凑,而且墨色很黑,墨迹有亮光,但无热辐射定影那样的立体感;与原稿相比线条变粗,分辨率降低;定影不牢固,图像很容易被搓下来。

(7)着色剂种类。在一般情况下,不同牌号复印机所用的着色剂互不通用。同一牌号复印机的墨粉也不一定通用,有的墨粉适用于某几种型号的复印机,有的墨粉只为某种型号复印机专用。根据不同类型复印机所用的墨粉会在颜色、粒度和化学成分等方面表现出不同特征来加以区分不同的复印机。

(8)图像网点特征。数码复印机采用文字模式和图像模式将原稿真实色调以一定密度的不同大小的网点图像表现出来。在图像模式下,原稿上的实地图文和连续调图像均以网点图像表现在复印文件上。在文字模式下,原稿上的实地图文仍表现为实地图文,而原稿上的连续调图像却自动在复印文书上表现为网点图像。不同类型数码复印机的网点设计不同,可通过分析图像网点的布局、形态、密度加以区别。模拟式复印机无此特征。

(9)暗记特征。暗记是在数码彩色复印机(激光彩色复印机)复印文书上由黄色小点构成的肉眼不易发现的矩阵图像。根据点的数量、形状、大小和排列位置,可以隐含复印机的牌号、型号、制造的日期和机器的序列号等信息。不同牌号数码彩色复印机暗记的矩阵基本结构完全不同。这些暗记特征可以通过分色或荧光鉴定来发现,然后通过专用的软件对其定位,对照数据库中的数据即可通过显示出的代码得知其牌号、型号、序列号,甚至使用单位等信息。

此外,在用纸规格、输纸机构、功能等方面,也能表现出不同类型复印机的特征。根据复印文书上可能反映出的上述特征,参照各种复印机的规格数据资料,就可以判断作案所用复印机的种类,有时还可以确定复印机的具体型号。

2. 静电复印机同一认定的依据

基于复印机种类特征,分析涉案复印机可能机型,查找嫌疑复印机,收集各台复印机的复印样本,经过与物证复印件的比对,确定哪一台嫌疑复印机是涉案复印机,即认定复印机。结构相同的不同台复印机由于装配过程和使用过程中磨损变化的随机性,都有相互区别的个体特征。这些特征的总和构成为认定或否定嫌疑复印机是涉案复印机的依据。

(1)制作、装配和调试误差

复印机在制作、装配和调试过程中必然存在误差,有些误差可以表现在复印件上,使之有别于其他复印机的复印件。主要有以下四个方面:一是比例误差,呈现复印件走纸纵向和横向误差。复印件走纸纵向的误差,取决于原稿扫描与感光鼓运转的同步程度,走纸横向的误差取决于镜头焦距的准确程度。在已知原稿或可推断原稿规格时,可以计算出复印件的纵向、横向比例误差。二是起始线误差。主要表现为自动复印过程中进纸时机的误差。若进纸早,会在复印件的前端出现空白边,反之,会在复印件尾部出现空白边。三是分离边宽度,即采用分离带分离纸张的复印机在复印件的一侧留下的无法转移粉末图像的空白边宽度。四是电晕与感光鼓的平行程度。由于充电、消电电晕与感光鼓不平行使感光鼓轴向充放电不均匀,导致复印件的横向墨色不均。

(2)光学系统污迹

当原稿曝光系统中的某个光学部件被污迹时,会影响在感光鼓表面的成像而表现在复印件上。如果稿台玻璃上有划痕,便会在复印件相对固定位置上反映出相应形态痕迹。

(3)感光鼓损伤印迹

感光鼓上的任何损伤都会在复印件上产生相应形态痕迹,使之区别于其他复印机的复印件。这些印迹有感光鼓的运转擦刮痕、意外磕碰痕、感光体老化痕等。

(4)感光鼓周围部件反常痕迹

感光鼓周围各功能部件的性能、状态都会影响复印件图像质量,有时也会在复印件上留下相应的痕迹。这些印迹包括:由于电极丝污染造成的复印件沿走纸方向贯通的不规则虚边带状条痕,充电辊的损伤痕,显影后某部件擦刮鼓面粉末图像使复印件上出现沿走纸方向贯通的细条露白,清洁刮板漏粉使复印件上出现沿走纸方向贯通的带状墨痕,等等。

(5)纸张传输留痕

纸张传输部件的污染和损伤会在复印件上留下相应的压痕和各种污迹。这些印迹包括搓纸输纸部件的脏痕、分离部件的污染痕、定影部件的压痕及硅油斑等。

在鉴定中要考虑同一台复印机在不同使用阶段的特征变化,尤其是复印机经维修换件后,某些认定同一特征将会消失或变化。因此,在比对鉴定过程中,应收集同期比对样本进行验证。

(二)电子打印机鉴别

1.电子打印机的种类鉴别依据

不同电子打印机因其印字原理不同、打印机构的规格不同或使用的软件不同而使打印出的文书相互有别。一般可以从下列特征加以区别:

(1)打印方式特征

打印机虽然都是以"点"组成汉字,但不同类型打字机形成点阵的方式不同。常见的有点击式打印机、感热式打印机、喷墨式打印机和激光打印机四种。

A.点击式打印机。打印汉字的点击武打印机的打印头打印部件是由一列或数列钢针所组成的,每一根针由一个电磁铁驱动,电磁铁的动作则是由来自打印字库的点阵字符信息来控制。当有打印指令时,有一脉冲电流通过电磁铁的线圈,使其产生磁性吸合衔铁并使打印针向前击出,通过织物色带在纸上印出一个圆点。脉冲电流消失后,复位弹簧又带动打印针回归原位。在每一个打印位置,列向的所有点是同时打印出的,然后打印头再移到下一个打印位置接着打印下一列点。这类打印机都是串行式打印,超过打印头高度的大字需分段打印。

点击式打印机构打印出的字符印迹由小圆点组成,有的能看出分离的点,若各点相互交叠,也能在横、竖笔画的边缘看出波浪状形态;印迹小点有冲击压痕,在某些打印条件下还有挤墨现象,有时伴有色带印迹;由于打印头列向印迹可能会深浅不均或两次串行打印对位不准,在打印大字时(超过打印头高度的字)会看出上下衔接的现象。

B.热敏式打印机。该打印机属于串行式打印机,打印头由一列或数列发热元件所构成的。有打印信号时,脉冲电流使相应的元件发热,在纸上形成点迹。

热敏式打印机形成点迹的方式又分为直接式与间接式两种。直接式打印使用专用热敏纸。热敏纸的表面有一层化学涂层,遇热时发生化学反应而变色(变黑、变蓝等),变色温度为60℃~120℃。在打印过程中,打印头接触纸面移动,打印头上某个发热点受文字信息控制发热时,纸上相应部位变色,形成方形点迹。这相当于发热点的形态被"烙"在热敏纸上。间接式打印使用热敏色带在普通纸上打印。热敏色代上涂有热熔性油墨,当某发热点由文字信息控制发热时,色带上相应部位的油墨被熔化而吸附转移到纸上,形成点迹。热敏式打印机打印文书上的字符印迹由小方点组成,横笔笔画较细;24点阵小字的斜笔画阶梯状边缘棱角分明;字符墨迹平滑,无挤墨现象;在有些情况下,打印大字时也能看出上下衔接现象。直接式打印使用热敏纸,字符无色料加层,纸张遇热变黑。间接式打印文书上可以看出油墨附着在纸面,墨色很黑,有亮光,但墨迹边缘平滑程度受纸张平滑度影响,效果不如直接式打印文书。

C.喷墨式打印机。喷墨式打印机的打印头都是由一列或数列喷嘴所构成的,以压电或热泡喷射原理喷出墨滴。热泡式打印头每个喷嘴处有一个特殊的电阻，文字信息控制的脉冲电流可使电阻发热，瞬间把墨水加热到300℃，使其局部气化，形成气泡从喷嘴射出，落到纸上形成小墨点。每个喷嘴中的墨水靠毛细作用补充。这一过程反复进行，每秒钟可产生数千个气泡。每个喷嘴的直径可以小到30μm，在16mm^2 的区域内可以安排256个喷嘴，使打印字符的点密度达到400DPI。压电式打印头每个喷嘴处有一压电半导体，文字信息控制压电半导体变形挤出墨滴在纸上形成点迹。该种打印机还可以按照印刷业的色彩合成原理，装备多个不同颜色墨水打印头进行彩色打印。

喷墨式打印机打印文书的墨迹由小点组成，比点击式打印黑，不如热敏式打印整洁；墨迹呈堆积状，无冲击痕和挤墨现象，但墨迹有洇散，有时会有墨水污染。

D. 激光打印机。激光打印机的打印原理与数码（激光）复印机相似，只是控制对感光鼓扫描曝光的激光束的信号不是取自原稿的图像，而是来自字库的编辑好的文字信息。激光打印机属于行式打印机。机内的感光鼓和显影器都被制成暗箱式结构，显影墨粉用完后全部更换，充电部件多为充电辊。激光式打印机打印文书的墨迹有复印文书的特征，字符印迹由墨粉颗粒堆积而成，无点痕；笔画边缘和空白部位有分散的墨粉颗粒（底灰）。使用普通点阵字库打印的字符斜笔画阶梯状形态特征犹如热敏式打印那样清晰明显；使用高点阵字库打印时，看不出斜笔画的阶梯形态。激光打印机打印的文书字行端正，无原稿边痕迹；底灰较轻，而且呈导电性显影剂分布特征，图文附近比远离图文的空白部位底灰大。

（2）打印头与基本字符规格

基本字符是打印头一次扫描打印的最大字符，即打印头上24针（点）全部使用上打印出的字符，约印刷业5号字大小，它反映了打印部件的列向排列高度。例如，点间距是1/180英寸的24针打印机打印基本字符的高度为3.5mm左右，点间距是1/160英寸的打印机打印基本字符的高度为3.9mm左右。喷墨式打印机和激光打印机打印的基本字符可以看作打印出的最高的5号字，不同类型打印机间打印的5号字高度也有区别。

（3）高速打印功能

有的点击式打印机设有高速打印功能，在打印字符规格不变的前提下，横向打印点数减少一半。这样打印出的字符纵向点密度不变，横向点迹变稀，使横画能看出分离的点，以此区别于无此功能的打印机。

（4）省墨功能

为了降低打印成本或提高打印速度，喷墨式打印机和激光打印机都设计有省墨方式，在打印笔画中减少墨点或墨粉，使墨迹不覆盖整个笔画。不同类型打印机在省墨模式下打印出字符笔画的墨迹形态不同。

（5）边缘墨迹特征

喷墨打印机因其打印方式所局限，常常会在打印出笔画的边缘出现弥散的墨点。

由于不同类型打印机打印机构原理不同，弥散墨点的有无及分布形态不同，因而使边缘墨迹形态有别。

(6)中文软件特征

中文软件具有使计算机能输入汉字、识别与处理汉字、打印汉字三个基本作用。不同牌号、不同版本的中文软件会使打印字符带有总体各不相同的特征。这些特征包括字库种类特征（点阵字库、矢量字库、曲线字库及字库点阵规格）、同体同号字符的笔画结构形态、字符的放大能力与各种修饰功能、汉字的输入方法等。

对于激光打印机还可以利用复印机种类鉴别的部分特征进行区别。

2. 打印机同一认定的依据

电子打印机是一种高精密打印设备，与同种打印机打印出的字符几乎无差别。但是，它仍会由于磨损等原因出现个体特征，在一定条件下根据打印文书上反映出的这些特征可以识别具体的打印系统。

(1)打印头功能缺陷。点击式、热敏式、喷墨式打印机的打印头上的打印元件若出现故障，就会使相应的印字单元丧失功能，打印出字符的列阵出现空缺，在一行字符上形成横向贯穿的白线或淡线。

(2)打印头偏斜。串行式打印机的打印头沿导轨做往返运动。由于安装或磨损的原因，打印过程中被拖拽时，打印头会略偏斜，因而造成打印字符的列阵与字行轴线不垂直。这种现象严重时，直接可以看出字符不方正。轻微时，也能在接续打印的竖线上表现出来。

(3)拼接打印对位不准。串行武打印机打印超过打印头印字元件排列高度大字符时，都是以行为单位分段拼接打印。经过一段时间使用后，打印头在打印完一行印迹再回动接续进行拼接打印时，由于传动部件的磨损而会出现字车反向运动间隙，使拼接打印的字符上下对位不准。

(4)打印失步。有的打印机在打印头还没有达到匀速运动时就开始打印，导致打印出的行首或行尾字符左右不对称。在加速过程中打印的字符左紧右松，在减速过程中打印的字符左松右紧。

(5)字库缺陷。有的用户使用的计算机中文软件不是买来的正版软件，而是私自拷贝的非法盗版解密软件。在这些非法转拷过程中，难免会使字库的点阵信息增加（出现多余点）或减少（少点），导致打印出的字符出现位置固定的疵点或缺损。但使用这一特征时，要考虑到是否有“遗传”因素的影响。

(6)自造、修改字库字符特征。有的中文软件具备自造字和修改字库字符的功能，以满足用户打印普通字库不具备的生僻字的需要和审美的需要。自造字和被修改字符的特征完全由操作人个人习惯所决定，只有作案用的打印系统才能打印出与物证上特殊自造字或被修改字特征完全相同的字符。

(7)信息存留特征。使用热敏色带的热敏式打印机每打印一个字符,就会在色带上留下相应的字符影像,内存可持续供电的中英文电子打字机会把所有打印过的文书自动保存在内存中,存在计算机硬盘或软盘中的文书可以在相应的软件条件下被调出,展现出打印过文书的全部内容。即使存储在软硬盘上的文书被消除,只要其区域没有被新文书所覆盖,也可以用某些工具软件中的命令将其恢复。若在嫌疑电子打印设备上或在嫌疑人处发现这些信息,无疑是认定电子打字机或作案人的可靠依据。

对于激光打印机还可以利用复印机同一认定鉴别的部分特征进行鉴别。

在上述认定作案用的打印机的依据中,有的是固定不变的,一经发现即可作出认定结论;有的在使用过程中是随机器的状态和操作条件变化的,需要有同期样本作比对才能作出认定与否定的结论。

(三)传真机鉴别

传真机是一种收发合一的机器,主要由用于光电转换的读出电路(电荷耦合传感器CCD、接触式图像传感器CIS)、系统控制电路、记录电路、电机及驱动电路、用于发送和接受的调制解调器、线路接口单元、操作显示面板和电源电路等部分拷贝的功能。传真机通过通信网络将图片、文字等信息传送,并在接收方获得与发送原件相同副本(拷贝)的给你。它的工作过程与通过扫描仪把图像输入计算机后再通过电子打印机打印出图像的过程相似。所不同的是在一地由发送机扫描输入图像,通过电话通信线路传输到另一地由接收机的电子打印设备打印出图像的副本(传真文书)。传真件是发送传真机和接收传真机相互通信的结果,传真件上的痕迹是发送机特征和接收机特征的综合。传真件上除了图文信息,还有发送传真机的发送标识信息,接受传真机的接受标识信息等。依据传真件的发送传真机特征、接受传真机特征、传真机发送标识信息特征和传真机接受信息特征,可以鉴别传真机。

1. 发送传真机特征。主要是指传真件的图文反映出来的发送传真机的功能,扫描系统及图像处理电路结构特点,字符发生器工作方式等的痕迹特点。反映发送传真机特征主要有:送稿方式特征、扫描器类型特征、读稿方式特征、读稿状况特征、分辨率特征、灰度(中间色调级数)特征、传真发送标识信息发送方式特征等。

2. 接受传真机特征。主要是指传真件的图文反映出来的接受传真机的接受、记录等功能所产生的痕迹特点。接受传真机特征主要反映在:记录纸类特征、纸张规格特征、卷筒纸宽规格、纸口形状特征、最大打印宽度特征、打印分辨率特征、色彩特征、记录机构(主要指打印方式)特征、传真件图文起始线特征、传真件图文结束线(裁切线)特征、传真件图文末端至裁切线距离特征、传真接受机传送(进纸、送纸)机构在传真文件纸张上留下的滚压痕迹等。

3. 传真发送标识信息特征传真机发送标识信息登录项目及形式,反映在传真件上方由发送方设置发送的传真发送标识信息的内容及其表达方式。主要有:日期、时间、发送终端识别（TTI）、远程终端识别（RTI）、总计数、发送标识信息中字符字体、发送标识信息使用的语种、发送标识信息总长度、页码形式等。

4. 传真机接受标识信息特征。传真件接受标识信息主要反映在传真件上与传真接受有关的信息特征，主要有：传真件上发送终端识别（TSI）标识特征、喷墨打印传真机的墨量测试特征、传真件结束码等。

第六节　印刷品来源鉴别

现代印刷品的多样性源于印刷术的发展、印刷物质的丰富和印刷品需求的猛增。印刷品来源的鉴别是根据与文书检材同批印刷品的空间分布规律，即流通使用范围，通过调查、取样、鉴别，对物证纸的出处作出判断的一种鉴定方法。印刷品来源鉴别的任务是寻找与物证同版同期的样本，其出处即为物证来源的具体空间，从而明确侦查方向，缩小侦查范围。

一、同版印刷品的鉴别

首先要从大量与物证内容相似、相同的同类印刷品中，筛选出与物证属于同一印刷厂印刷的同批印刷品，其次要进一步鉴别出与物证同版的印刷品。

（一）观察版面内容

直接观察印刷品的版面图文内容，看文字、线条的选择和格式安排有无差别。同版印刷品的版面内容必定相同。

（二）测量版面的几何规格

通过对版面规格、文字，线条的间距和相对位置以及某些条件下的双面印刷图文重合情况的测量，可以发现不同来源或同来源不同版印刷品之间的差别。具体测量时，可以根据比对面积的大小，用不同的测量工具选择印刷品上的相同部位测量比对。对于多色套印的彩色印品，要在同种颜色图文间（同一块印版的印迹）进行比对，因为印刷机在套印过程中会出现套印误差，使不同时间区段套印的同版印刷品上各色图文的相对位置不同。在铅活版印刷过程中的紧版等操作，会使紧版前后印出的同版印刷品出现字间、线间相对位置的变化。所以，能否以版面规格的不同而否定同版，需视具体情况而定。

（三）观察细节形态特征

同版印刷品上稳定的细节特征反映完全相同。可以选择同部位进行放大、显微观察和比对印迹的分布及具体形态。鉴定时需要注意，印刷过程中的压印力大小、着墨量的多少、印版的磨损、附着油墨的污迹都会形成同版印刷品的局部差异；铅活版在印刷过程中可能因更换某一损坏的铅字或线条，造成同版印刷品的明显差别。在这些情况下，不能以此为依据否定间版，而虚全面发现各类细节特征，结合对制版印刷方法的分析,根据稳定的符合点认定同版。

二、同版同期印刷品鉴别

同版同期印刷品是指在印刷机印刷的全过程中,属于某一块印版在同一时间区段连续印出的印刷品。通过比对物证与样本的印刷期性特征,可以筛选出与物证最相似(印刷次序最接近)的样本。

(一)印版磨损特征

在整个印刷过程中,印版不是一成不变的。由于印版的磨损、老化和杂质的附着,印刷图文会从清晰到模糊逐渐变化,印刷质量越来越差,直到印版不能再使用。印刷期相近的印刷品上印版磨损特征相同。

(二)油墨疵点特征

随着印刷的进程,印刷品上的油墨疵点总是越来越多,印刷期相近的印刷品上油墨疵点特征相似。

(三)调墨与填墨特征

在传统印刷工艺下印刷机工作过程中,由于各种随机因素的影响,着墨装置的工作状态不是很稳定,经常需要根据印品的情况调节给墨量,使印刷品上的图文墨色有均匀与不均匀、由浓到淡、由淡到浓的变化。墨斗内油墨的容量也是有限的,印刷过程需要填墨,如果后填的油墨与原有的油墨不是同一种牌号或不是同批调制的,就会使印品的图文墨迹有色泽深浅、亮乌的区别。同期的印品油墨量和色泽相同。在现代印刷工艺中,调墨、匀墨和给墨均为电脑自动化操作,同批印刷品墨色均无明显差别。

(四)压印力调整特征

在印刷过程中,有时需要对压印滚筒的压力大小和均匀程度进行调整,印刷品上会反映出相应的压力变化。同期印品的压印力大小和分布特点一致。

(五)压印滚筒包衬厚度调整特征

几乎所有的印刷机都是在动态中完成对纸张的压印。这就要求压印物体与印版两者的表面运动线速度一致。否则,就会产生相对滑动使印刷品上的墨迹出现单方向(沿印版运动方向)的双影或发虚。遇到这种情况,就需要对压印滚筒的厚度进行调整(增加纸层或减少纸层)。厚度增加,表面线速度增大;厚度减小,表面线速度降低。同期印品在有无双影、是否发虚以及发虚的程度等方面表现的特征一致。

(六)换纸与续纸特征

印刷量较大的印刷品印刷过程中,纸用完后还需续纸。如果后换的纸是不同造纸厂或同一造纸厂不同批生产的,其外观可能不一致,印出的同版印品会出现纸张的色泽和平滑程度的不同。同期印刷品的纸张外观特征一致。另外,在使用平板纸印刷时,为防止自动续纸重张,印刷工人在上纸前,先手工进行打纸。同一次打纸在各页上形成的折痕形态及分布相同,并会反映在某块版的印品上。打纸折痕特征一致的印刷品为同期印品。

(七)刷版与修版特征

在印刷过程中,停机对印版进行修整后再印刷,会使同版印刷品上的某些特征在修整前后发生明显的变化,从而表现出期性特征。

(八)装订特征

在装订过程中,也会表现出某些代表装订次序的期性特征。例如,同期装订的成品,折痕与折标的相对位置应相同,装订痕的位置、间距应相同,胶头黏合物的颜色、种类以及包头使用的纸张应该相同,裁切边刀花的形态及搭配关系应相同等。如果这些装订特征不同,就说明属于不同期印品。

除按上述八个方面分析印刷舢是否属于同期产品外,还可以用统计方法根据版面疵点的数墩关系筛选出与物证最近似的样本。这些疵点既可以包括纹线笔画的缺损,又可以包括露白、上脏、油墨疵点等。

通过上述分析,可以把从整个印刷品分布范围抽取收集到的样本分为不同印刷期,从中逐步筛选出与物证最近似的样本,这些样本可能还是分布在几个单位、几个办公室或某个小社区之内。在这种情况下,如果还有能利用的特征,可以进一步确定某份样本与物证是否属于同刀纸、是否属于同本纸,以及物证纸在成品纸的次序上属于样本之前或之后第多少页,从而来进一步缩小侦查范围。

思　考　题

1. 叙述凸版、平版、凹版印刷原理及印刷文书特征。
2. 凹版印刷的主要用途有哪些?
3. 叙述静电复印的原理和复印文书的基本特征。
4. 点阵式电子打印机的各种打印方式及其印件特征是什么?
5. 叙述办公机具来源鉴别的基本程序和方法。
6. 货币票证印刷中,纸张、油墨的防伪特征是什么?
7. 如何鉴别伪造货币票券?
8. 常见印章印文的种类有哪些?
9. 叙述印章印文鉴定的程序和方法。

第十二章　污损文书鉴定

第一节　污损文书鉴定概述

一、污损文书及其种类

（一）污损文书

污损文书是指受人为的或自然因素的影响，而被污染、损坏或发生其他变化的文书。文书被污损的原因概括起来有两种：一是违法行为人出于某种目的，伪造、变造或销毁罪证而故意将文书污损破坏；二是意外因素造成的污损，如自然条件影响而使文书发生变化。无论何种原因造成的污损，都会使文书的物质材料、文书原貌、文书内容发生一定的物理或化学变化，其文书内容难以识别。因此，必须运用各种理化方法和仪器分析的手段进行鉴定。

（二）污损文书的种类

根据污损文书形成属性可分为变造文书、文字记载模糊的文书和损坏文书三种。

1. 变造文书

变造文书，是指利用各种方法和手段改变原文书内容或原貌而制成的假文书。这类文书是以原文书为基础，在原文书上实施变造，一般以一种或两种手段合并使用，如消退、擦刮后再添加文字，改变内容。

2. 文字记载模糊的文书

当文书的字迹色料过少，或由于色料被覆盖、文字被重叠时，其原文字笔画与笔画之间，笔画与背景材料之间的色调反差、亮度反差过小，难以清晰分辨出文字内容。

3. 损坏文书

损坏文书,是指文书内容承载物质材料破损的文书。此类文书因破损方式、程度的不同,其文字内容损坏程度也不同。整复损坏的文书和显示文字都比较困难,需要专门的技术和一定的技巧。

(三)污损文书的特点

文书因时间、环节、人为等多因素作用所致均有不同程度的污染、损坏或潜藏着微妙变化,形成字迹之间、字迹与背景材料之间的亮度差、色差微小,直观难以分辨。有的文件被高温炭化,浸泡粘连,损坏程度严重,纸张的机械强度小,可检条件差,稍有不慎就可能引起文件的进一步损坏,从而失去鉴定条件。

1. 污损文书形成条件复杂,变化程度各异

当前,由于形成文件的纸张、墨水、复写纸、圆珠笔油等文件材料种类繁多,随着科学技术的发展,新型号、新品种商品的不断推出;许多文件材料的组分、配比都是保密的,同一牌型号的材料,其成分和含量可能不同;即使同一厂家生产的同一种产品,在不同时期或不同阶段其成分也可能有细微差异。如蓝黑墨水,全国有上百家工厂生产,其中的蓝色料的调色剂种类不可能完全相同。从色泽来看,"蓝""黑"程度有别,有的甚至非常明显,这必将导致伪造、变造文件时产生的变化现象和变化程度不一致,不易判断文件材料组分、理化性质,给鉴定增加了难度。

2. 文书材料的变化机制不易确定

污损文书字迹色料残存量少是污损文件鉴定难度大的一个原因。形成文件后,文件材料的变化程度受制于伪造、变造手段和保存条件。两者对文书引起的变化,有些已经明了,有些则很难确定。墨水、圆珠笔等色料随时间推移在理化性质上发生变化,出现氧化、交联、分解,其颜色、固着程度、色料残存量等与书写畸间构成总体对应关系,但变化过程又受到纸张、温度、湿度、空气、日光等保存条件的影响。各因素如何影响,变化量有多大,总体效应如何,是很难确定的。除此之外,文件经过污染后,色料粒子多数消失或分解成其他物质分子,原色料分子残存量少,也是鉴定难度大的一个因素。

二、污损文书鉴定

(一)污损文书鉴定的概念

污损文书鉴定,是指运用自然科学的原理、方法和手段,显现、鉴别、整复被污染、损坏和变造文书的一种专门技术活动。

文书受污损后,有的文字痕迹不明显,特别是人为故意变造的文书,变造者或当事人还要利用文件进行违法犯罪活动,为避免被发现,尽量采用仿真度高的手段和方法,所留痕迹轻微。另外,物证上有时留有潜像文字,如消褪文字的残存物、书写压痕、金属上冲刻文字被刮消后的品格变形等,这些文字潜像直观不易辨别。鉴于以上情况,需要

借助光学、电磁学、化学等学科的原理和方法，根据文件形成的方法、文件材料性质和演变规律，利用相关仪器设备进行鉴定。

污损文书形成之初是以原文件为基础，无论以何种手段污染，文书上必留下相应的痕迹。鉴定污损文书，就是利用这些信息查明有无变造事实和显示不明文字。但是这些信息，仅保存在原件上任何复制方法的复制件都会部分或全部丢失这些信息，如多层色料重叠的色料层次结构；纸张上的压痕和金属品格变化等潜像；擦刮、消褪的纸张变化等。

（二）污损文书鉴定的任务和作用

1. 查明是否变造，确定变造方法和手段

对可疑的变造文书，首先要查明文书是否属于变造，即确定文书真伪。如果文件确系变造，可根据可疑部位的特征进一步确定变造方法和手段。确定变造方法和手段，可以分析出变造者和嫌疑人可能占有的材料和变造水平，从而为侦查提供线索，增强鉴定意见的准确性，为证实违法犯罪提供可靠的依据。

2. 显现、辨读被污损原文内容

文书被污损后，文字受到不同程度的破坏，有的文字颜色消失，只以潜像形式存在；有的残缺不全或模糊不清，眼睛直接辨读和作为物证拍照都很困难。而这些文字往往又是人们需要弄清甚至是决定案件性质的关键所在，这就需要采用污损文书鉴定的原理和方法来解决这些问题。

从现场提取和案件当事人提供的文书物证上确定的伪造、变造事实，显示和辨读出的原文字内容及文书制成时间的确定，可以有效地揭露违法犯罪事实，为案件侦查提供线索和依据，为法律诉讼提供证据。

3. 整复损坏的文书

有的文书，因烧毁、粘连、破碎等因素污损程度严重时，为了提高鉴定的有效性，需要在鉴定前对其采取整复、保护措施，避免文书进一步损坏以致失去鉴定条件。有的需要在鉴定后整复，作为证据长期保留。

（三）污损文书鉴定程序

1. 受理案件

案件的受理是对文书进行检验的起始阶段，依次经过以下几个步骤：

（1）了解案情。对送检人身份进行确认后，接下来要详细了解案情，因为案情对揭示污损文书与案件事实的关系和文书的形成机制起着重要作用。了解的内容主要包括案件的性质、发生的经过、争议的焦点及文件物证的制作、篡改、提取、保存等详细过程，了解什么人为什么要鉴定，对文书中的怀疑内容是否明确，以及怀疑对象和其他相关人的个人情况、利害关系，是否为首次鉴定，历次鉴定的情况等。对案情的了解，可通过委托人对案件情况的介绍；有关当事人或其代理人的当面陈述；查阅有关案件的卷宗；必要时征得委托方的同意,进行实地勘验、调查及其他合法途径,等等。

(2)审查检材和样本。对于检材,主要审查检材的来源(谁提供的)、检材的数量和检材的状态(名称、是否为原件、是否被污染或破损等)。对于样本,主要审查样本的数量、状态、提取方式、是否满足鉴定要求、补充样本的具体要求等。

(3)明确鉴定要求,决定是否受理。明确委托方的具体鉴定要求及通过鉴定需要证明的具体事实,对委托方提出的不科学、不合理或不确切的要求,接待人应提供技术咨询,以明确委托方的具体要求,并初步评价实验室现有资源和能力是否能满足鉴定要求,从而决定是否受理。如果案件符合检验鉴定要求,需要求送检人填写《案件受理登记表》。

如有以下情况可不予受理:检材不具备鉴定条件;样本不具备比对条件;鉴定要求不明确;委托方故意隐瞒有关重要案情;在委托方要求的时效内不能完成鉴定;实验室现有资源不能满足鉴定要求,等等。

2. 实施检验

受理案件之后,可根据检材的具体情况和检验的具体要求制订检验方案并实施检验,一般的步骤如下:

(1)复制材料。复制材料即固定检材和主要样本材料的原貌,是实施检验的第一步。对材料的原貌进行固定的目的有三:一是为长久保留物证及存档备查;二是出具鉴定书的需要,在编制鉴定书时,一般要附所检文书和主要样本的复制件,必要时还要附关键部位的局部放大图片;三是在用化学方法检验文书时,文书可能受到进一步的污染和损坏,使其原貌发生变化,而且这种变化是不可逆的。基于上述原因,实施检验前首先要对检材和主要样本进行复制,复制的方法主要有数码相机拍照、扫描仪扫描和复印机复印等。

(2)确定检验步骤。根据检材条件和鉴定要求,遵循"无损方法优先"的原则,先选择对检材无损的方法进行检验,如果得不到满意的结果,可采取有损的方法检验。但应注意,必须使用有损方法时,应事先征得送检单位的同意,在获知检材允许被污损的情况下才可以进行。

(3)预实验。由于文件物证被污损的方法、手段及污损程度不同,加之文书材料种类繁多、情况各异,文书保存条件不一,整个文件从形成到检验的许多方面不为检验人员所知。检验污损文书又必须在文书上直接进行,特别是采用有损方法对文书进行检验时,为避免失误,应选择与文书物证相同或近似的材料,按文书的形成方式和污损方法及程度,运用拟选用的方法进行预实验。预实验的结果令人满意后,对检材实施检验,在操作时应尽量减轻损害程度,减小损害部位,选择非关键部位和文字笔画检验,尽量保持文件原貌。

(4)随时记录检验结果。随时记录检验结果,一是因为某些检验结果的稳定性较差，显示的文字图像保留时间短，需要及时通过拍照、复印及书面记录方式将每次检验结果记录下来；二是为了验证和分析某些检验结果是否具有可重复性。

3. 出具鉴定结论，做好案件交接工作

检验结束后，根据获得的数据、文字图像及其他可证明文件真伪的事实，按鉴定书或检验报告的格式出具书面材料，核对检材、样本数量，与送检人员履行交接手续。

第二节　污损文书鉴定的基本方法和手段

一、可见光鉴定

人类眼睛具有感知电磁波的能力。一般来说，人肉眼感知的电磁波称为可见光，其视觉效果为白色。可见光谱没有精确的范围。一般人的眼睛可以感知的电磁波的波长在 400～760nm，但还有一些人能够感知到波长在 380～780nm 的电磁波。可见光，实际上是由许多不同波长的光复合组成，其波长介于 380～780nm，是由紫、青、蓝、绿、黄、橙、红色光源组成。比可见光波长短（100～380nm）的光源称为紫外光，比可见光波长长（780～3000nm）的光源称为红外光。光源依据其波长长短而具有不同的能量，一般而言，短波长光源能量较高，长波长光源能量较低，如图 12－1 所示。

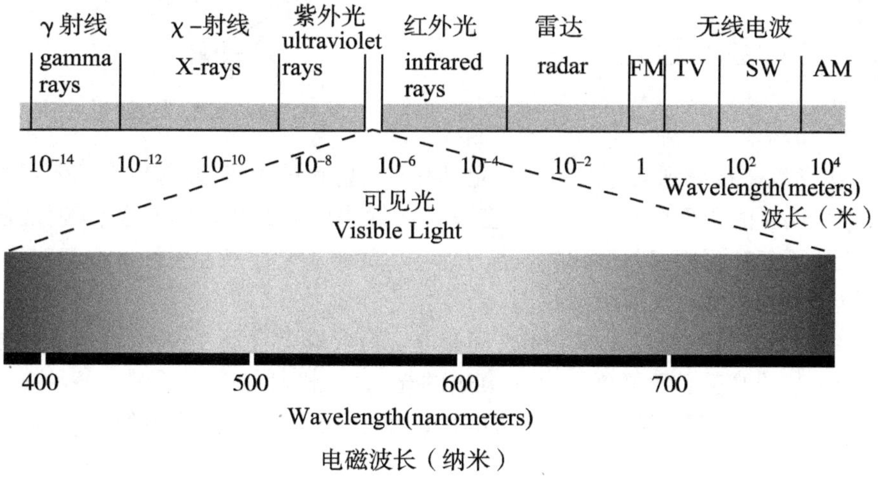

图 12－1　电磁波谱

在污损文书鉴定中，利用可见光（复合光）、分色光观察“污损”与“变化”形态成为鉴定此类物证的重要手段，其中，红、蓝、青、黄、绿光的用途较广。红色光用来消除文书上红色文字、图案、污渍干扰，突出主体部分。另外，几种色光除具有消除干扰，突出主体部分功能外，还有一种特殊用途，就是把这种光作为激发光源，对文书进行荧光鉴定，从荧光色调和强度上显示不可见文字及其差别。

(一)光照方式

因污损文书的文字特征呈现“反差弱”“潜在性强”特点,在鉴定中运用的光照方式和种类,要根据具体鉴定对象和条件选择,主要有侧光照射、透射光照射、垂直光照射三种。

1. 侧光照射

侧光照射是将一束光线以比较大的入射角从一个方向投射到文书上,如图 12 - 2 所示。此入射光线的作用,一是可使文书表面上凹凸不平的物体或痕迹形成较强的阴影效果,加强与周围其他部分亮度差,从而可以辨清文字笔画或痕迹形态,这是应用侧光的主要方面。二是使光滑纸面或其他表面光滑的物体在入射光角度达到一定值后形成偏振的反射光,消除反射干扰光,增强文字痕迹与其他部位的反差,如图 12 - 3 所示。侧光鉴定时,配光条件可简单地归纳为大角度、细光束、暗背景、适宜亮度。

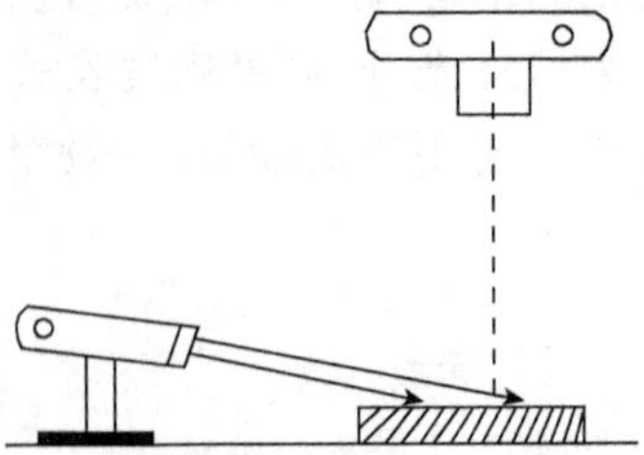

图 12 - 2　侧光照射

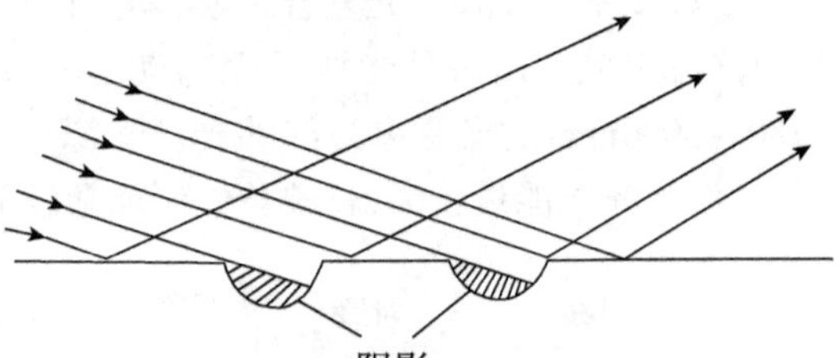

图 12 - 3　侧光照射阴影效果

(1)大角度。投射到文件上的入射光只有当入射角较大时,才能使凹凸不平的物体或痕迹形成明显的阴影效果。入射角度应视文件表面的凹凸程度而定。例如,圆珠笔书写形成的压痕较钢笔书写形成的压痕明显,对圆珠笔压痕字迹进行显现和辨读时,光照角度可比检验钢笔压痕时小一些。

(2)细光束。细光束可以减少照射面积并容易形成平行光,避免文件上非主体部位由入射光引起的漫反射而降低文字等痕迹的光强度,相对加大了反差。各种显微镜配置的聚光照明灯,一般都有调节光阑,可用于侧光检验。如果用手电筒等普通光源,其前面应加狭缝遮片。

(3)暗背景。暗背景,是指除照明光源外,周围环境应没有其他光线干扰,使文件上形成的阴影部分不再受到其他光线照射,特别是表面凹凸程度不明显的文件,消除环境干扰光是十分必要的。所以,检验应在暗室中进行,如在室外现场条件下,也应尽量遮挡文件,形成较暗的小环境。

(4)适宜的亮度。光源亮度是影响被检客体反差的一个重要因素,特别是用显微镜观察文件时更是如此。亮度过小,被照射部位反射光强度不够,形成阴影不明显;亮度过大,又会引起过强反射,阴影也不明显。所以,应根据具体文件适当调节光源强度,以达到目视条件下最大的反差。

2. 透射光照射

透射光照射是光线从文书的背面照射,从文书正面观察物体透光强弱分布。透射光鉴定是利用文书上不同部位透射率的区别来确定文书是否变造和辨读被污损文字。例如,观察和拍照擦刮痕迹;观察账页、证件重新装订孔;印文、图案和文字的重叠比对等,如图 12 – 4 所示。

3. 垂直光照射

垂直光照射,即光线以垂直于文书表面的方向照射文书,利用文书表面各部位对光的反射率不同达到鉴定目的。这种方法可以鉴定压痕文字、擦刮痕,拍摄电解法显示出的金属上被刮削的冲刻文字潜像等,如图 12 – 5 所示。

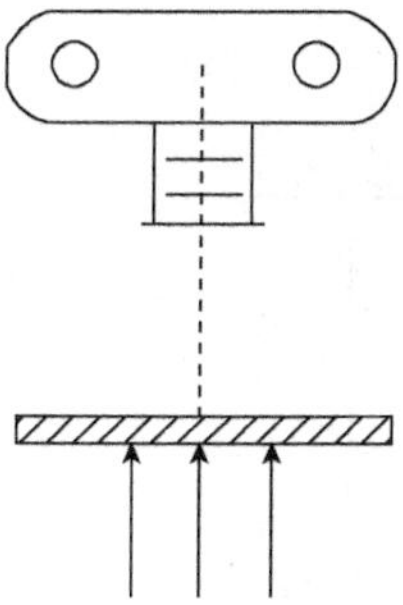

图 12 – 4　透射光照射

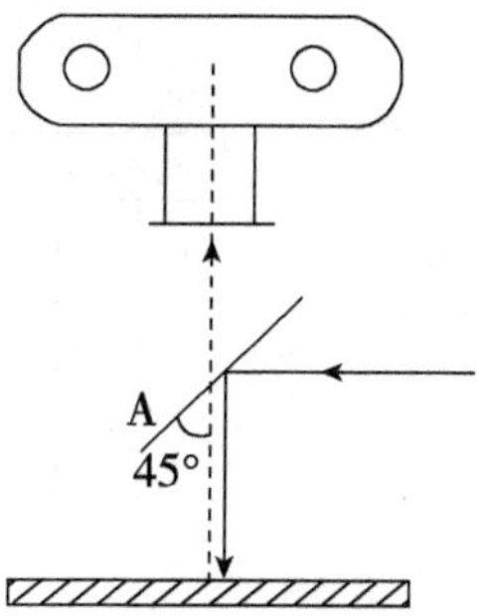

图 12 – 5　垂直光照射

(二)污损文书鉴定中滤光器的运用

滤光器是能对光起到过滤作用而改变原光谱成分或强度的光学器件。大多数滤光器都能使入射光线成分减少,突出某种光成分所占的比例,污损文书鉴定使用的滤光器即属此类。滤光器对光线都有吸收、透过、限制三种作用。

1. 吸收

光的吸收是物质的共同性质,所有的物质都是对某范围内的光透明,而对另一些范围内的光不透明。红色滤光器虽对红色光有少量的吸收,而对紫外线、蓝、紫光的吸收吸收量大并且随波长的变化而有急剧变化。对紫外线、蓝、紫光的吸收称“选择性吸收”。这个特性在文书鉴定中为突出被检文字主体、激发色料荧光可以获得需要的光线。

滤光器选择吸收符合光的减色混合法。在可见光范围内,它对与其本身颜色成补色光呈强烈吸收—补色吸收。把红、绿、蓝作为三原色,青、品红、黄则分别为它们的补色,反之亦然。例如,文书上的笔画颜色为青色,用红滤光器拍照,照片上可得到较大密度的影像。

2. 透过

滤光器透过与其颜色相同的光，即同色透过，如图 12－6 所示。如对红圆珠笔字迹加用红色滤光器拍照，则底片上的密度最大，而照片上的密度最小，可以减弱或消除这种文字笔画的干扰。

选择滤光器是一项技术性较强的工作，要在全面了解滤光器性能、检材所用文件材料理化性质、污损手段、光源和记录器材特点的基础上，进行适当的选择，才能获得最佳效果。

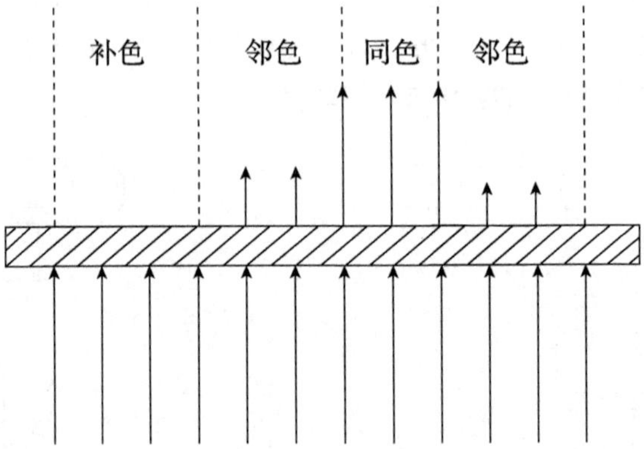

图 12－6 滤光器作用示意

二、不可见光鉴定

不可见光是个比较笼统的概念，是指除可见光（380～760nm）外其他所有人眼所不能感知的波长的电磁波，包括无线电波（30000m～10μm），微波，红外光（1～770mm），紫外光（10～400nm），x 射线（0.1～10nm），γ 射线（＜0.1nm）、远红外线等。

（一）红外线鉴定

1. 红外线

光谱中可见光红色光波段以外和微波之间的人眼看不见的光线称红外线。按波长划分，通常可分为近红外线、中红外线、远红外线。文检领域常用的是近红外线。红外线之所以能鉴定某些可见光下不能鉴定的文书，主要是因为红外线除具有可见光的性质外，还具有一些特殊性质：

（1）红外线的穿透能力强于可见光、紫外线。在各种光线中，红外线的光子能量最小，但它的穿透物体的能力并非最小。其穿透力对绝大多数种类的物质仅次于 x 射线，大于可见光和紫外线。

(2)不同物体红外反射和吸收特性与对可见光反射和吸收特性不存在任何规律性的关系。这是污损文书鉴定广泛应用的红外线的另一个性质。例如,黑色的复印文字、打印文字、印刷文字等均吸收全部可见光色,如果密度等级相同,则颜色上无法区别,而置于红外线下观察,有的色料就会显出不同的影像,这种同色而不同种类物质书写的文字笔画,在红外线下反映不同的现象,对污损文书鉴定具有非常重要的意义。

2. 红外线在污损文书鉴定中的应用

纸张是污损文书中主要的文字载体,绝大多数的鉴定是在纸张上改写、添写、覆盖的文字进行的。各种普通书写和印刷用纸张对红外线吸收率很小,均能反射或透射红外线。不同种类的白色书写纸对红外线反射率基本相同,有机染料制作的各种彩色纸张红外反射率差别也不明显。总之,除专用黑纸外,各种纸张对红外线都具有良好的透光性能。

另外,作为文字载体的各种衣服、手套等织物上面的文字因洗涤、磨损等影响而变得模糊不清,可用红外线来鉴定。

种类异同,不能直观判断变造事实和读出原文字,且该种方法只适用于有机色料文字。

(二)紫外线鉴定

波长位于可见光与X射线之间(10~400nm)人眼不能直接看见的光线称为紫外线,分为长波、中波、短波、真空紫外线四个谱区。污损文书鉴定应用最广泛的是长波紫外线和短波紫外线。紫外线可用于消退变造、改写添写、污损文书、自然褪色或转印以及文书材料种类鉴别。

三、荧光鉴定

一些物质的分子或原子吸收一定光能量后,立刻引起发光,而停止供应能量,发光亦瞬时停止,这种光线称为荧光。根据这种光的波长来分,荧光又可分为X射线荧光、紫外荧光、可见荧光和红外荧光。

根据斯托克斯定律,荧光波长大于激发光波光。如果物质辐射的荧光光谱为已知,则使用的激发光只能在短于该波长范围的光中选择。大多数书写纸、复印纸、某些塑料薄膜等的荧光主要处于蓝、紫外范围,应选用紫外线做激发光源;各种普通红印泥的荧光峰值为592~600nm,应选用黄、绿、青、蓝、紫及紫外线做激发光源;纯蓝、蓝、蓝黑墨水荧光峰处于极红区,可以选用除橙、红以外的可见光和紫外线做激发光源。

对经过擦刮、消退、掩盖等手段变造的污损文件,原发光色料的残存量很少,或存在条件的改变,同等条件下被激发,比污损前的荧光强度小得多,有的甚至很微弱。对于这类文件的检验,荧光强度的大小可能是被检客体是否具备可检性、检验结果质量如何的关键因素。故此应该研究荧光强度与哪些主要因素有关。

（一）激发光强度和波长

激发光强度虽然对荧光量子效率无影响，但与荧光强度却有关系，在一定范围内，荧光强度与激发光强度成正比。每种荧光物质至少有一个特征吸收峰，用该波长的光激发，荧光物质吸收的效率最高，产生的荧光强度最大。许多文件材料，吸收光谱往往有两个强吸收段，一个在紫外区，另一个在可见区。通常荧光染料在可见光区的吸收是主要的，如上海产的“金”字牌印泥在长波紫外和蓝绿区都有强烈吸收，而在蓝绿区激发荧光更强一些。

（二）温度

温度对荧光强度的影响很大，一般规律是随着温度的降低，文书色料的荧光量子效应和荧光强度将增大。例如，北京牌蓝黑墨水文字被墨汁掩盖，常温下压取转移后，载体上的文字荧光很弱，在微光摄像仪监视器上，只看到模糊文字；如果把同一载体放入液氮中拍照，则可以看到清晰的被转移的墨水文字。

（三）增强荧光强度的方法

许多检材或因是弱荧光物质，或因被污损后残存量极少，以致荧光很弱，不便于观察。针对此情形，可采用增强荧光激发光强度、低温条件和改变光照方式三种方法。

1. 增强激发光强度

（1）使用大功率的白炽灯和紫外光源增强激发光强度。在通常情况下，荧光检验是以紫外灯、白炽灯作为光源，利用荧光强度与激发光强度成正比的关系，适当地提高灯的功率，可使荧光强度大幅提高。在一般情况下，白炽灯功率不小于300W。

（2）使用光导纤维增强激发光强度。普通光源向4π立体角的整个空间辐射，光照功率密度小，如果使用光导纤维，可以有效地减少激发光能量损失，大大提高光照强度。例如，用光导纤维的100W白炽灯的辐射密度相当于普通700W白炽灯。

（3）使用激光器增强激发光强度。激光是指因受激而发射的光。它具有普通光源不具备的高方向性、高相干性、高密度性和高单色性。高密度和高单色两个特性对污损文件检验很大益处。在文件检验中应用较多的是可见光短波部分和长波紫外部分，所以能发出457.9nm（蓝光）、488.0nm（青光）、514.5nm（绿光）、351.1nm（长波紫外光）、363.8nm（长波紫外光）的氩离子激光器，发射530.9nm（黄绿光）的氪离子激光器，发射400～760nm（可见光）的染料激光器，最具有实用的价值。

2. 采用低温条件

根据荧光物质的发光机理，荧光分子所处环境温度越低，荧光量子效率越大，荧光强度越大。

文件检验客体多为纸张、纤维织物，在低温中不易损坏，能保持原貌，故可把文件冷却到较低温度，增强墨水、印泥、圆珠笔油、油墨等色料的发光强度。通常，使用的制冷剂是液氮（－196℃），其优点是温度低，不污损被检材料，文件不需要特殊处理。如果采用照相的方式对文件的检验结果进行成像，可用如图 12－7 所示的装置进行；如果利用文件检查仪对文件进行检验，可将液氮直接滴加在待检验部位。

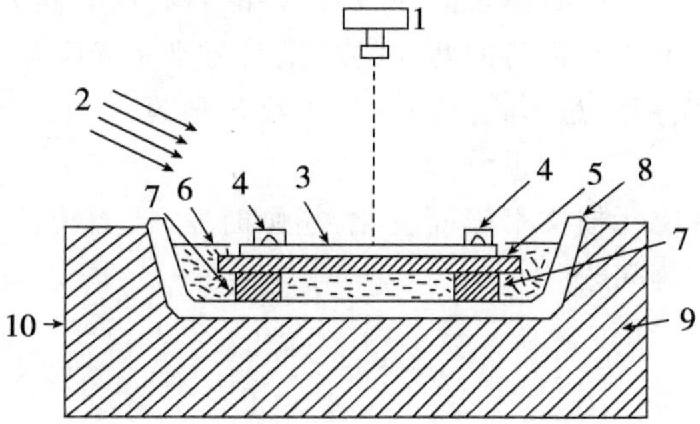

1.照相机　2.蓝光光源　3.文件　4.磁铁　5.钢板
6.液氮　7.金属块　8.搪瓷盘　9.保温材料　10.木箱

图 12－7　低温荧光照相装置

3. 改变光照方式

改变光照方式是针对一些从正面光照时被检文字得不到辐射荧光所必需的光能而采取的方法。主要有被掩盖文字发射荧光，掩盖层为碳类色料，如蓝墨水文字被墨汁覆盖或被掩盖文字能发射荧光，而掩盖层为透过红外线的材料，如蓝墨水文字被染料墨水、圆珠笔油、血液涂抹掩盖及粘连文件等。这些文件的正面上层材料，部分吸收或完全不透过激发光，被辨认的文字无法发光。把激发光从正面改为背面照射，纸张对激发光的吸收率很小，保证了文字色料所需激发光强度。荧光从背面或正面透射过去到达荧光探测器成像。

对于含碳类掩盖层，只能背面激发、背面成像；而对掩盖层为透过红外线的材料，文字发出的红外荧光可不受掩盖层色料影响，因而可透射成像。

（四）荧光成像

为了便于直观观察，利用光学器件，把被检客体所辐射的荧光按颜色、强弱分布记录下来，即荧光成像。

污损文件鉴定中通常采用激发荧光法成像。此方法要求被比较的两种或几种色料之间或色料与载体之间辐射荧光的强度或颜色（荧光光谱范围）存在差别。污损文件检验中的荧光成像主要是可见荧光成像和红外荧光成像。该方法要求在激发光源、滤光器和探测器的基础上，被检验的客体应满足以下两个条件：一是被检客体的色料与载体、两种色料之间的荧光光谱至少有一个在可见光区或近红外区；二是或者色料与载体、两种色料之间的荧光光谱都在可见光区或近红外区，但两者的颜色或强度不同。

四、显微鉴定

显微鉴定是从微观上研究物体表面性状及内部结构、成分间分布和含量的一种鉴定方法。用于对污损文书进行检验的两大类显微镜分别是光学显微镜和电子显微镜。在光学显微镜中，比较常用的是体式显微镜和生物显微镜；在电子显微镜中，比较常用的是扫描电子显微镜。

通过显微鉴定可解决污损文书表面变化、笔画时序、硫酸盐扩散程度、文书材料形貌和含量以及书写时间等问题。

五、化学鉴定

污损文书鉴定中可以采用溶剂溶解、吸附和转移等化学方法。

(一)溶剂溶解法

根据物质相似相溶原理进行溶剂溶解，即分子结构相似的物质可以互溶，极性相似的物质也可以互溶。

(二)吸附法

吸附，是指固体表面与固体、液体或气体在界面间发生的一种相互作用。一般把吸附物质称为吸附剂，被吸附的物质称为吸附质。

1. 气体吸附

这种吸附以碘气体作为吸附质，因文书表面吸附碘的相对量多寡而形成色差，从而显示出纸张的擦刮痕和压痕。鉴定时，要掌握适当的吸附量，吸附不足或过度都会减小反差，影响效果。

2. 粉末吸附

在纸张表面力场作用下，以有色粉末做吸附质产生静电吸附。吸收质粉末应具有显色性、灵敏性和可去除性。显色性可使被检部位易于观察，包括在可见光下直接观察颜色和在紫外线下的荧光颜色。灵敏性能保证即使表面系数有细微差别也能显示出来，这样可以扩大鉴定范围和增强鉴定效果。可去除性能使粉末不污染文书，鉴定后易恢复原貌，符合无损鉴定原则。

(三)转移法

转移是把原载体上物质转到另一个载体上的过程。这种方法可以把掩盖物质或被掩盖的文字过渡到滤纸、相纸等白色载体上，进而分析、判断添改写文字色料成分、含量、与纸张结合牢固程度或笔画交叠情况，由此证明添改变造事实及文书形成的时间或时序。

1. 透析转移

用专门配制的试剂，如TX(Ⅰ)或TX(Ⅱ)显示剂等涂抹在掩盖字迹部位，根据不同物质在某些试剂作用下扩展能力不同的特点，即掩盖物质，如墨汁、碳素墨水等扩展能力差而被掩盖文字色料扩展能力强，在一定时间后，可在乳白色的背景下显现出被掩盖的字迹。

2. 溶压转移

用一定的试剂或溶液浸润载体后，覆盖在被鉴定文字上，使其有一定程度溶解，再放在压力机上压取若干分钟。在压力机的强大压力下，将被鉴定文字转移到载体上。所用试剂应根据相似相溶原理，按被鉴定文字色料性质选择。转移法鉴定效果的好坏，不仅与被鉴定的客体性质有关，而且在相当程度上取决于操作方法、技巧和条件。

六、计算机图像处理技术

为了获取图像更清晰、更突出或从中提取特定的信息，在污损文书鉴定中通常还可以利用图像处理技术，解决背景的抑制和图像的增强问题。

(一) 背景的抑制

在污损文书鉴定中，经常遇到需检图像部分受到背景的干扰而影响鉴定的进行，图像处理时，要具体问题具体分析，针对不同干扰背景的特点，采用相应的方法进行处理，主要有去除不同色的背景、减弱不规则黑色背景突出需检字迹、去除同色反复勾画涂抹笔画等方法。

(二) 图像的增强

在污损文书鉴定中，反差偏弱的图像，如褪色的热敏传真文书、着色过少的浅淡字迹文书、压痕字迹文书等，需检的字迹部分与背景反差偏小，字迹不突出而影响到鉴定的进行，通过增加图像与背景的信噪比及通过锐化图像的边缘，使需检图像更为醒目、突出。

应该指出的是，伪彩色处理技术，它是数字图像处理技术中图像增强的一种重要手段。图像的伪形色处理可以通过相关的计算机软件或专业硬件设备实现。该种技术不仅可利用灰度分层法实现对涂抹掩盖文书的鉴定，还可利用灰度变换法和灰度分层法实现对可疑文书纸张和色料的鉴定，根据检验结果判定可疑文书是否存在伪变造事实；基于伪彩色融合和伪彩色编码技术还可以对货币票证和打复印文书进行鉴定，判定上述文书是否存在伪变造事实。

第三节　变造文书鉴定

变造文书是指利用各种方法和手段改变原文书的内容或原貌而制成的假文书。变造文书的形成是以原文书为基础，变造者通过某种手段在原文书上进行变造，改变原文书局部内容，所以变造文书又称局部伪造文书。

根据变造的方式方法，该类文件可分为擦刮、添改、消退、拼补文书和换页文书等。通过变造鉴定，可以确定有无变造事实、分析变造方法、确认被变造的原文字等，为各类案件侦查（调查）和审理提供技术支撑。

一、擦刮文书鉴定

（一）擦刮文书

人为地故意用刀片、橡皮、针等工具，去除原文书上某些文字、数字、标记及图案的文书称擦刮文书。必要时再按变造者主观意图添上所需的文字等内容，是以改变原文书内容为主的一种假文书。

（二）擦刮文书的特点

1. 纸张表面发生的变化

纸张表面状态最显著的变化是纤维翘起。无论何种工具刮除，都有表明纤维翘起反映。橡皮涂擦的，纸面不破裂，细小纤维翘起倒向橡皮涂擦方向；用刀刮除的，纸面上有纤维刀刮痕迹，同时有纸毛翘起并伴有鳞片状胶膜；用针挑的纤维比较紊乱且长，细纤维翘起较少。纸张表面的机械性损坏，其物理和光学性能也发生了变化。橡皮涂擦后，纸张白度下降，光反射率下降。如果用硬而光滑的工具碾压后，反而更光滑，反光率更高。

2. 添写的文字笔画发生洇散现象

无论用刀片、针等工具刮挑去除文字，还是用橡皮擦除文字，都会破坏纸面胶层，破坏纸张致密结构而使其疏松。擦刮变造文书时，往往又需要添加与原内容不同的文字，这样后写的文字笔画易产生洇散现象。圆珠笔、复写纸等油性色料的笔画洇散不明显，但因纸面起毛、吸附力、摩擦力加大而颜色较重。纯蓝墨水、蓝黑墨水、碳素墨水、墨汁等水溶性色料的笔画洇散严重，有时笔画周围翘起的纤维也会被墨水染色。

3. 原文书固有标记发生的变化

原文书固有的标记包括格线、底纹，甚至包括被变造部位相邻笔画。受这些标记的制约，变造去除文字时，不易按笔画逐一进行，必然使相邻的线条、笔画产生断线断笔、模糊不清或消失。

4. 纸张表面留有擦刮工具痕迹

橡皮擦的留有橡皮微粒；针挑时纸张上有细小针孔，纸面上有文字笔画的点状色料痕迹；刀刮时会产生纸张表面纤维分离痕迹。

（三）擦刮文书鉴定方法

1. 确定擦刮变造事实

（1）初检。利用透射光或侧光观察可疑部位纸张的光滑度、光泽度、破损情况及纤维变化，以便确定文书是否被擦刮变造。选用侧光时，入射角要大一些，且光源亮度要适当。透射光可以直射纸张背面，亮度也要调整。比较两种检验效果，透射光鉴定纸张损坏程度较重、透光率差别较大的文件,其结果反差比用反射光强,如书写纸上墨水、圆珠笔文字被擦刮的文书。被变造证件、证书等较厚纸张变造痕,应该用大角度反射光来观察。

注意肉眼直接观察与借助放大镜和显微镜观察相结合,仔细检查可疑部分有无文字色料残迹或压痕,花纹图案是否完整,可疑部位上文字是否有洇散,文字颜色、笔迹、笔痕等特征是否有异常等。

(2)紫外线激发荧光。在紫外线照射下,观察被擦刮处纸张纤维常有变化,或因黏附橡皮微粒及其他异物,或因擦刮而引起的原文书色料污染。该处纸张荧光强度一般都弱于非变造处。通常长波紫外线鉴定效果比短波紫外线明显。

(3)吸附法。采用碘蒸气吸附法和粉末吸附法。碘蒸气吸附法是把少量碘放入小烧杯内,文书置于杯口上,用酒精灯缓慢加热烧杯底部,当杯内充有棕色碘气体时,擦刮处纸张表面因吸附系数大而吸附碘多,色重。碘蒸气气压过大或过小都会使反差下降。如果一旦发现杯口处纸张普遍右浓重的棕褐色,表明碘蒸气气压过大或吸附时间长,擦刮处与非擦刮处颜色反差很小或完全消失,这时可令文书上的碘在自然状态下挥发,擦刮处碘挥发慢,非擦刮处碘挥发快,短时间内色差即可增大,反差增强。继续让碘挥发,反差又将消失。这种方法可多次重复,文书不受损害。但要注意,碘解吸速度很快,被检文书离开烧杯后,颜色很快就消失,所以要及时固定和拍照。

2. 辨读被擦刮文书

(1)根据文书笔画变化分析。如果擦刮不彻底,文书上将留下残留的笔画,根据笔画位置、形态、方向、组合关系,分析判断是什么文字。

(2)根据文字压痕分析。压痕是书写活动时产生的、往往又不能避免的文字潜像。鉴定时,根据具体擦刮变造手段、纸张损坏程度、压痕深浅程度,选择适当方法显现压痕文字。这种方法适用于圆珠笔、铅笔、复写纸形成的文字。

(3)根据文书内容关联性判定原文字。完整的一份文书是一个内容关联的有机统一体,文书的各部分相互关联,相互照应。擦刮去掉某些文字或重新添写文字,都将破坏这种统一性而出现矛盾。例如,收据上的单价、数量、总价之间;合同上的标称时间与所述事实、事件;被变造票据和存根与相邻序号票据之间的关系等。充分利用其他文书、文字与被检字之间的有机关系,间接判定被擦刮的原文。

(4)激发荧光法。若原文字是由蓝黑或彩色墨水、蓝或红圆珠笔、彩色油墨形成的,被擦刮后一般不能彻底清楚字迹,该部位会残留少量有机染料或颜料,可用"极红荧光法"和"红外荧光法"成像。必要时用激光做激发光源,可大大提高文字的检出率。用激发荧光法,除了可直接鉴定被擦刮的文书外,还可鉴定该文书上页或下页上原文字扩散形成的浅淡影像,相邻两页的潜像文字也可以证明原文字的内容。

由于刮擦变造手段使原文书上残留的原文字笔画色料过少,甚至完全消失,确定擦刮变造原文字是污损文书鉴定中较难的一项工作。所以要应用各种方法手段,包括系统鉴定,充分发挥某些方面所提供信息的作用,进行综合分析,以确定原文字内容。

二、添改文书鉴定

(一)添改文书

添改文书分为添写和改写两种。添写是在原文书的字间、行间或其他部位,按变造者意图添加上所需的文字或数字。改写是把原文书的文字、数字改写成其他文字或数字。添改文书的形成,一种是用书写原文字的同支笔、同种墨水添改;另一种是由于条件所限,用与原文字同色或近色的非同种色料,非同支笔添改。相对来说,第一种添改文字难以鉴定。鉴定添改文书的任务有:确定有无添改事实;确认添改前原文字内容;确定添改人。

(二)添改文书的特点

1. 添改的文字与原文字笔画颜色不同

(1)添改文字与原文字色料种类不同。可疑文字与相邻文字颜色出现色调差,例如,复写纸书写的协议、合同书、收据上的文字,用圆珠笔、蓝铅笔改写。

(2)文字色料变化速率不同。文字色料书写后,受空气、光照作用,出现氧化、聚合、胶联变化。书写时间越长,变化幅度越大。蓝黑墨水随时间延续,笔画颜色由蓝变成蓝黑。纯蓝墨水的鲜艳程度,随书写时间增加而变暗。

(3)其他变造手段引起的色泽变化。消退变造文书后,消退剂仍残留在纸张上,墨水重新书写后,受到消退剂作用而色泽变浅。擦刮变造部位的文字颜色,又往往比未擦刮的文字深。

2. 可疑处文字内容和格式不同

添改写后的文书内容可能不连贯或互相矛盾,文字位置、字距和行距、疏密和大小等与原文书不协调。受原文书内容或其客观条件限制,添改的文书往往破坏了各部分之间的整体关系。如票据上的单价—数量—总价不符;因原文字间的让笔动作而引起的文字拥挤、间隔不匀;在添改字迹较多时的“前紧后松”或“前松后紧”等。

3. 可疑处相邻的文字或笔画有重描现象

受书写工具、色料、时间和心理因素的影响,即使同一人在原文字上进行添改,也难以做到完全相同。为掩饰变造事实,违法犯罪分子在添改所需文字的同时,常把其他文字重描,使笔画变粗、变重。

4. 文书折痕处墨水笔画洇散或中断

纸张折叠后,折痕处纤维疏松、翘起,胶层被破坏,该处原印刷、书写笔画被磨损,翘起的纤维上仍黏附原来的色料,但笔画中断。如果在折痕处添改,则墨水笔画因胶层破坏而洇散;圆珠笔笔画颜色也浓于其他笔画。特别是折痕处有重叠褶皱时,把褶皱轻轻拉开可发现断笔现象与前一种笔画中断不同。

5. 伴随其他变造手段出现的特征

有的添改文书是经过消退、擦刮后形成的。消退、擦刮手段产生的固有特征，将影响到添改写的文字。例如，支票、护照、身份证、银行存款单上都印有底纹，账册上印有格线，擦刮、消退文字时，纹线变色，纸张破损，消退剂成分残留于纸面，致使添改处的文字笔画的颜色、形态、纸面颜色有别于其他处。这些特征出现时，很可能预示有添改事实。

6. 笔画笔痕特征差异

书写工具、衬垫物及非同一人书写等因素，都可以造成笔画笔痕特征差异。不同书写工具形成的文字差异，显而易见。即使同种书写工具因制造工艺、磨损程度、笔的出墨量的不同，会使笔画的露白（白点、条痕等）和墨迹（墨点、流痕）有所区别，反映出非同一支笔书写的笔迹特征。在软硬程度不同的衬垫物上书写的笔画表现也不同。在硬而平的衬垫物上写字，笔画细且易弯曲，墨痕流畅程度差。在软衬垫物上书写的字笔画较宽，且墨重，甚至出现洇散。当原文字与添改文字出自非同一人之手时，反映出不同的书写习惯，这是本质差别。

（三）添改文书的鉴定方法

1. 比较可疑部位与其他部位纸张异同

当添改文字前伴有擦刮、消退变造或者被检文字形成条件不同时，纸张上将留下相应的特征。在光学显微镜下，利用反射光观察纸面是否有纤维翘起和消退斑渍；用透射光比较可疑文字处及周围与其他处纸张透光率；用侧光或垂直光鉴定纸张背面的压痕。

2. 比较可疑文字与其他文字的表观颜色

大多数是以与原文字相同或近似颜色的书写色料添改的，也有少量的案件用非同色的笔直接添改。当添改文字与原文字在书写时间、书写工具、书写条件、书写人不同时，会出现笔画颜色的细微差别，这时，可用颜色测量方法加以区别。

3. 鉴别笔画组分及配比

（1）薄层色谱法。薄层色谱法是鉴定色料种类的一种有效方法。鉴定时，用磨平的注射器针头或去掉球珠的圆珠笔芯铜质笔头，在检材和样本笔画上分别取 6～8 个小纸片，放人微型瓶中，然后加入提取液溶解，将试样溶解液在高效薄层板上点样后，用展开剂展开，根据展开后展开斑点的数量、颜色、比移值等判断被比较色料组分是否相同。

（2）荧光鉴定。不同物质的荧光在强度或颜色上有可能不同。即使同一种物质，因所处条件不同，荧光也有区别，这是荧光法鉴定添改文书的基础。如用碳素墨水改写的有机黑墨水文字，用激发荧光法鉴定，很容易辨读被改写的文字。

（3）红外线鉴定。不同笔画对红外线作用的结果为完全吸收、半吸收、少量吸收或完全不吸收。因此，用红外线也可以检验添改文书。如有机黑墨水改写的碳素墨水文字、墨汁文字、打印文字和复印文字，红外视场上只看到后者笔画。

4. 比较笔画色料溶解转移能力

这一方法对同种类色料形成的笔画尤为简便有效。例如,可疑文字与原文字同为圆珠笔字迹,且两者形成时间跨度较大,先书写的文字色料发生氧化、胶联等老化现象,溶解能力下降;后形成文字的溶解能力较强,从书写时间角度来证实添改事实。

5. 鉴别笔画形成的相对时间

因后添加的文字或笔画与原文字或笔画有一定的时间间隔,所以可鉴定两者形成的相对时间。

6. 比较笔迹、笔痕特征

不同人添写的文字,反映出各自的书写习惯。同一人改、添写的文字,因受条件限制,笔迹或笔痕特征也会发生变化。

三、消退文书鉴定

(一)消退文书

消退文书,是指利用化学试剂或光热手段消除文字后形成的假文书。被消退的文书通常是档案、证件、证书、收(欠)据、契约、合同书等。

(二)消退文书的特点

1. 被消退处纸张表面颜色不同

被消退处纸张表面有化学试剂作用形成的黄褐色、淡黄色或苍白色的斑渍,局部纸面无光泽纸张中的漂白纤维、无机填料和增白剂等成分遇消退剂后,有的发生化学反应,使纸张失去原有光泽,而多数残留在纸面上,形成斑渍。斑痕颜色和程度取决于消退剂种类、浓度和纸张种类。

2. 被消除文字笔画颜色不同

受化学试剂影响,被消除文字部位及邻近笔画、纹线受到干扰而褪色或变色。违法犯罪分子消退变造文书时,只是想把影响文书使用的文字去掉,但用消退剂涂抹时,使纸张的纹线或相邻字也受到污损,产生变色或褪色现象。

3. 被消除文字笔画有洇散现象

被消退的部位如再用墨水添改字迹则笔画有洇散现象,或由于残留在文书上的消退剂又将进一步与添写文字染料发生作用,可使其褪色或变色。

4. 文书上可能留有未完全消退残余笔画

各种彩色墨水文字易被彻底消除,难于消退的蓝黑墨水、碳素墨水、墨汁笔画,易留下笔画残痕。

(三)消退文书鉴定方法

1. 确定消退事实

(1)外观检查。借助侧光、分色光、放大镜、显微镜等常用手段和设备对文书进行外观检查。观察纸面光滑程度,有无消退斑渍;疑是重新添写的文字有无洇散或颜色变化;有无残留笔画;相邻文字是否完整等,经过综合分析,可以确定消退事实的存在。

(2)荧光鉴定。荧光变化是确定文书消退事实最有力、最直接的依据。有的纸张遇消退剂后,发荧光能力增强(也有的纸张在消退剂作用下发荧光能力下降),在365纳米长波紫外线照射下,很容易发现消退部位与其他部位的荧光强度的区别。检验要在室内进行,用长、短波紫外灯作激发源照射文书,无色中性或淡黄滤光器观察即可。

2. 显示被消退原文字

(1)物理显示法。物理显示法是选择某种光线照射文书,被消退文字反射光线能力或发射荧光颜色、强度与其他处不同,用感光片或摄像仪把这种区别转换成可见影像,以确定原文字内容。例如,黑色有机墨水签字笔的文字被消退后,在白炽灯前用青色滤光器滤出主波长480纳米青色光,将此光做激发光,把截至波长620nm滤光片放在照相机或文书检查仪镜头前,可清晰显示出被消退的原文字。有的文字未被彻底消除,但已变成浅黄色笔画,且周围纸张的斑渍很轻,这类文书也可以用蓝青色光加强反差法拍照。此方法操作过程更简单更容易些。

(2)化学显色法。如果蓝黑墨水字迹被消退,可用化学显色法显现原文字。

四、拼补文书鉴定

(一)拼补文书

拼补文书是指用切割、刮削或剥离等方法去掉原文书局部,再拼补上所需部分,以改变原文书内容的一种变造文书。拼补变造的对象常见于各种登记表,工作证、护照、车船票、奖债券等。

拼补变造的文书纸张都会受到不同程度的污损和损坏,即使经过再加工,反映在文书上的变造特征仍比较明显,所以一般不难识别。鉴定拼补变造文书的任务,首先是发现、确定变造事实,并采取一定方法把这种事实固定;其次是在鉴定条件允许时,查清被变造的原文字以澄清案件事实,为证实违法犯罪提供证据。

(二)拼补变造文书的特点

依据具体实施方法不同,拼补变造可分为挖补、改贴照片和拼凑三种方式。上述三种变造方式,在文书上可留下多种变造特点。归纳起来大致有:

1. 补贴处纸张不平整

挖补后重新补贴文字、号码,切割部位纸张重叠,厚度大,不管是从正面粘贴还是从反面粘贴,纸面均凹凸不平。这是该类文书易出现的明显特点。

2. 补贴部位与原文书上的花纹不吻合

有保护底纹的文书,如护照、债券等,线条分布比较密集,同一纹线又有几种颜色,变造后很难做到线条位置和色泽的完全吻合。

3. 补贴处痕迹不同

补贴处周围有黏合剂痕迹，纸张变硬，皱缩，墨水或圆珠笔文字笔画轻微洇散、变色等。

4. 改贴照片部位的纸张、原文字及线条缺损丢失

该特征发生于伪造证件、履历登记表等需贴照片的各类文件。当变造这些文书时，一般要把原照片揭下，再贴上所需照片。因揭取原照片，使该处纸张上“照片”“贴照片处”等文字或长方形黑色框线一并撕下，造成这些文字或线条缺损或消失。补贴后，外观上不易观察到这些变化。

5. 改贴照片上印文与纸张上同一枚印文的字迹不协调

凡贴有照片的证件都盖有发证机关红印文或钢印。更换照片后，便缺少部分印文。因此，要在后贴的照片上，把印文补充完整，修补方法有多种，有的用笔描绘，有的用铅字字钉捺印，有的用尖硬工具刻画。手工描绘、刻画的印文边框、星徽图案和文字易出现手描痕迹，如线条、笔画弯曲，图案不清，线条密集处缺损，字体不符合印文规范字体要求等；字钉捺印的伪造印文其字间距、字体、字形、字大小、盖印力、印色等与原印文不协调，缺乏整体统一关系；有时因色料性能限制，后补印文与原印文的色料出现差异。

6. 剪接拼补处痕迹不同

剪接拼补再复印的文书，拼接纸块边缘易出现黑色线条，其明显程度与纸厚度、复印机质量、墨粉浓度有关。实验表明，在墨粉较多的情况下，极易出现这一特征。逐渐减淡墨粉，贴补边缘的黑线条越来越不明显，直至最后消失，这时，从复印件上已无法判断该文书是否变造。

（三）拼补变造文书的鉴定方法

1. 拼补变造事实的确定

（1）初步观察。可利用各种角度的光线，特别是利用透射光，观察文书的可疑部位，注意查找文字、线条有无缺损，与非可疑处文字字体有无差别，纸基是否损坏，透光度是否相同等。经初步观察，多数文书可确定是否存在拼补事实。

（2）显微观察。如果伪造手法精密，目视下直接观察不明显，可借助放大镜或适当倍率显微镜进行观察。将文书上可疑处与参比样本的文字、纸张仔细比较，以确定是否存在拼补痕迹。一般来说，即使采用轻微剥离后再补贴变造的文书，显微鉴定也能发现这种变造事实。为证实文书被拼补，还可以用显微照相法固定拼补部位。

（3）紫外线观察。由于拼补法所需用的纸张、墨水、油墨可能与原文书不同，及拼补时要用胶水、糨糊等黏合剂，在波长365nm紫外线下，这些物质能辐射荧光，可以从荧光颜色或强度上确定有无拼补现象。

（4）揭贴法。如果条件允许，可用揭贴法将后补贴的纸片一揭取下来，以证明变造事实。方法是先将补贴部位略加润湿，然后用热蒸气熏蒸，待纸张软化后仔细加以剥

离，使补贴的纸片与文书分离。应指出，揭贴法对文书有损坏作用，鉴定时应最后进行。

(5)纸张鉴定。纸张鉴定包括一般性鉴定和成分分析两部分。一般性鉴定是比较被检纸张的厚度、白度、光滑度、反光度、纤维分布、网纹等是否相同。成分分析是通过化学检测法或仪器分析法比较纸张组分和含量等指标，以确定有无拼补事实。

2. 确定被拼补原文字

对挖取后再补贴的文书，原文字连同纸张都已不存在，从检材上无法确定原文字。对剥离后再补贴或改换照片的文件，有时可确定出原文字。

(1)红外线检验。各种证件、证书、登记表等文件上，多贴有人像照片，该处往往有"照片""照片处"等字样。周围有长方形边框线条。当撕扯原照片时，可把照片下面的文字或线条损坏，当改贴新照片后，会把这种变化掩饰起来。把文件置于红外线下，红外线可以穿透纸张，文字处吸收能力要大大强于非文字处。这样，在红外探测装置屏幕上，可观察到照片下的原文字或线条是否完整。检验时，可使用红外线鉴别仪或红外文件检查仪。

(2)压痕检验。如果用剥离纸基方法变造，纸张背面可能留有原文字压痕，经侧光辨读后，可确定原文字内容。

(3)激发荧光法。如原文字为圆珠笔、复写纸、印泥等色料形成，经一段时间后，可在上纸页背面或下纸页正面形成文字潜像，用激发荧光法显示这些潜像文字，也可以确定被挖补处的文字内容。

五、换页文书鉴定

(一)换页文书

在原文书的基础上，抽去其中的一页或几页，保留两页或多页文书中有签名或印章印文的最后一页，根据需要另拟前一页或几页的内容，按原文书的装订方法重新装订而形成的一份假文书称为换页文书。制作多页文书的方法很多，常见的有手写、复写、复印、打印、传真、印刷等采用单一方法形成的多页文件，以及采用多种方法制作的混合型多页文书。

(二)换页文书的主要特点

虽然多页文书的制作方法种类繁多，对其换页的方式和手段也各种各样，形成的换页文书的特征也会不完全相同，但多页文件的换页特征必然会反映在对文书进行拆封、换页和再装订的过程中。概括起来主要有以下几个方面：

1. 装订痕迹特点

多页文书一般都有一个装订的过程，按形成的顺序有两种情况：一类是先按一定方法制作成单页后再直接装订；另一类是事先将文书根据要求按一定的内容、格式制作装订成册以备使用，在使用时再填上相应的内容。在对多页文书换页过程中，变造者无论

采用多么高超的手段都会程度不同地留下两次或多次装订的痕迹,常见装订方式的痕迹特征主要表现在:

(1)线装痕迹。一是重新装订的方式、方法与原装订方式、方法可能不完全相同;二是替换页纸张上的针孔数量与原始页纸张上的针孔数量可能不符;三是替换页纸张上的针孔痕迹特征与原始页纸张上的针孔痕迹特征可能不同。

(2)订装痕迹。如不是原位置装订,原始页纸张书订针脚位置可有移动、换位、数量增多现象;如是原位置装订,则原始页纸张装订孔有明显变形、孔壁毛糙和扩孔现象,反映出和换页用纸原始装订痕迹不同的特征;此外,还可出现原装订针脚被撬别、擦刮印压痕迹。

2. 纸张方面的特点

在通常情况下,形成多页文书时使用的纸张种类是相同的。如果对多页文书换页,可能会导致替换页纸张的特性与原始页纸张不同,或出现某些特征变化规律上的矛盾。主要包括:纸张的色泽、荧光特性、纸张的厚度和紧度、纸张的光滑程度、纸张的施胶度、纸张在制造过程中形成的毯痕和网纹特征、纸张的裁切痕迹和印刷特征、纸张边缘黏附的黏合剂、纸张折痕或其他污损现象等。

3. 色痕方面的特点

现阶段形成的文书,其文书内容的形成主要有直接书写、复写、打印、复印等几种不同形式。无论哪一种形成方式,色痕在文书的原始页和替换页都会有不同的特征体现。

(1)书写、复写文书中色痕方面的特点。作为书写、复写物质的色料主要有圆珠笔油、纯蓝墨水、蓝黑墨水、墨汁、碳素墨水、复写纸等。由于换页文书的色痕不是一次性形成的,故所用书写物质的色料的成分很有可能不同,表现出来的理化性质也不同;另外,书写工具也可能不同。因此,可疑纸页与原文书纸页在色料颜色的浓淡、色料的扩散、洇散程度、色料的被溶解能力、转印能力、书写工具形成的笔画的笔痕等方面都会出现不同的特征。

(2)打印、复印文书中色痕方面的特点。对于复印、打印的文书,由于在一定时间段内各种有规律的周期性痕迹形成后,一般不会消失,而且痕迹之间的相互位置关系较稳定。在同一时间段内,随着时间的推移,打印文书上的打印痕迹的数量一般将逐步累积。在造型主体未得到维护之前,随着打印机、复印机的继续使用,机械部件点、条状损伤痕迹形态可能发生变化。另外,随着使用中墨粉的逐步减少,打印、复印字迹的灰度逐渐变淡,部分污染痕迹的形态和位置也会发生相应的变化或移动。不同打印机、复印机打印、复印的文书其痕迹形态及痕迹之间的相互关系完全不同。在不同时间段形成的同机打印、复印文书痕迹的形态、数量及相互关系也存在明显的差异。例如,字迹形态特征、排列规则,感光鼓痕迹,墨粉颗粒黑度、形态,颗粒边缘效应等方面的特征在替换页和原始页上都会有所不同。

4. 其他特点

除上述特点外,替换页与原始页还可能呈现以下差异:

(1)笔迹、笔痕特征的差别。

(2)就打印文书而言,会出现输入方法、打印字符的墨迹深浅、打印字符的大小、字行间距等方面的差异。

(3)纸张皱折痕与书写、打印、复写、复印字迹形成的先后顺序上的差异。

(三)换页文书的鉴定方法

1. 观察比对法

对于检材,首先要观其特征,除用肉眼观察外,还可借助放大镜、显微镜及其他不同光源辅助观察。对所观察到的痕迹特征除测量、记录、描绘外,还可运用拍照记录固定。例如,观察色料的浓淡程度、色料的扩散、洇散程度,打印、复印墨粉的形态、黑度、纸张的荧光强度、装订痕迹特征等。具体比对的特征还有很多,应根据具体案件提供的具体情况、条件来选择相应的比对特征。其比对方法可采用特征标示法、特征重叠法以及其他方法。

2. 分析文书制作人的特点

有的换页文书,替换页上的内容和原文书的部分内容不是出自同一人。因此,可通过文书内容分析文书的制作人是否为同一人,为确定文书是否经过换页提供一定的依据。如对于书写形成的文书,书写人的笔迹特征、言语特征、审美观点是否相同,对于打印文书,可以从打字人采用的输入方法,打字人的审美观点,打字人打字技术水平的高低,打字人的言语特征等方面进行分析。

3. 理化鉴定法

理化鉴定法首先是确定各页纸张上色料的种类,如用薄层色谱法,液相色谱法鉴定圆珠笔油、复写纸色料、墨粉的种类,用光谱法、色谱法鉴定胶水或糨糊等黏合剂的种类等。其次是各页纸张上色料的形成时间,确定文书色料形成时间是判定文书是否有换页的重要迹象。这种技术是通过研究色痕书写、打印后的静态特征和动态特征实现的。静态特征代表着不同的年代,动态特征指写、印后的变化规律特征。

对于圆珠笔油墨字迹,我们可以用被溶解能力测定法、转印法和溶剂蒸溶法等来确定其形成时间。除此之外,还可比对各页色痕的扩散程度确定各页内容是否为同时或同期形成,对于复写色料我们也可采用上述几种方法。

对于蓝黑墨水字迹,我们可以采用硫酸根离子扩散来确定各页内容是否为同时或同期形成。此外,热分析法、显微分光光度法都可用于鉴定蓝黑墨水色料的形成时间。

对于复印、打印的文书,我们根据打印、复印文书时间段内,打印、复印文书上痕迹形态、数量及相互关系的渐变性,确定文书各页内容是否同时或同期形成。

4. 采用各种方法全面分析,综合鉴定

综合鉴定就是将可疑文书各要素的鉴定结果放到具体的案件情况中去进行综合分

析,最终判断是否存在换页事实的过程。

第四节 模糊记载字迹的辨读

一、模糊记载字迹

模糊记载字迹是指由于被某些有色物质覆盖或文字叠印、文字色浅或无色、文字被锉削或残缺等原因造成的不易辨别的文字记载。模糊记载辨读的主要任务有:涂抹掩盖字迹的显现、压痕字迹的辨读、褪色字迹的显现和金属上冲刻字迹潜像的显现。

二、涂抹掩盖字迹的显现

(一)显现的基本条件

能否成功显现出被涂抹掩盖的字迹,主要取决于下列因素:

1. 色料和掩盖物质

与原文色料物质和掩盖物质的理化性质有关,异则易显,同则难显。如果涂抹掩盖物质与原文色料物质属于同种物质,不仅颜色相同,而且理化性质也一致,则显现比较困难。如果涂抹掩盖物质与原文色料物质不同,则有可能显现。这种不同有三种情况:一是颜色不同;二是虽然颜色相同,但属于不同物质,其理化性质不同;三是虽然颜色、理化性质相同,但在不同时间形成,相隔时间较长,其理化性质变化程度不同。

2. 涂抹掩盖机理

与原文形成工具、掩盖方式和使用工具、纸张种类和时间间隔等因素有关。如果原文是用硬性工具书写(钢笔、圆珠笔),而掩盖物质是均匀涂抹的,则易显现;如是同种工具乱涂乱画,则难显现。如果纸张质量较好,表面光滑,则显现相对容易些;如纸张质量差,显现相对困难些。如果原文形成时间和掩盖时间相隔较长,显现相对容易些;相隔时间短,显现困难些。

3. 涂抹掩盖技术

与现有技术、方法、手段、设备有关。

(二)显现的方法

1. 透光鉴定

此方法适用于均匀涂抹掩盖和纸张较薄的掩盖字迹。在一般条件下正面观察"不透光"的深色物质,由于其分布不均匀,纸张并非完全不透光。透光情况除纸张的因素外,还和物质的厚度有关。如果纸张较薄,掩盖物质涂得不厚,在较强的透射光照射下,有字迹部位与涂层共同阻止光线透过,其透光率要小于单纯涂层部位,由于透光率不同造成亮度差而能分辨出掩盖字迹。

鉴定时,将具有一定强度的光源放在文书背后,均匀照射掩盖部位,并进行观察。

最好在暗室中进行,这样可避免杂散光干扰,并可控制光照角度和强度,以便于取得最佳效果。如带有透光装置的翻拍架,则更为适宜,可将透光鉴定结果拍照固定。

2. 静电成像鉴定

该方法适用与被掩盖文字是用硬性工具书写、具有一定压痕并被均匀涂抹掩盖的字迹。由于被掩盖字迹是用硬性工具书写,有一定压痕;掩盖层是均匀涂抹的,尽管被掩盖字迹被其他色料掩盖不易分辨。但由于有压痕,可利用静电压痕显现仪,根据压痕部位和其他部位电容量不同、吸附带电墨粉量不同的原理,显现出被掩盖的字迹。

鉴定时,将文书反放在静电压痕仪的真空座上,覆盖塑料薄膜以后,用高压电晕充电(充正电或负电),再喷洒墨粉,可显现出被涂抹掩盖的字迹。

3. 分色鉴定

此方法适用适用于除黑色外的其他颜色掩盖的不同颜色色料制成的文字,或虽然同色而掩盖物质比被掩盖文字色浅的掩盖字迹。利用滤光器同色通过减淡、补色吸收加深的原理,使掩盖层颜色减淡,加深或突出被掩盖文字颜色,从而达到鉴定目的。

鉴定时,根据掩盖物质和被掩盖文字颜色,选择相应滤光器进行鉴定。根据选用滤光器的原则,选择与掩盖物质颜色相同或相近,与被掩盖文字颜色呈补色的滤光器,如蓝黑墨水掩盖红色文字可用蓝滤光器;或仅仅减淡掩盖物质颜色而突出被掩盖文字的滤光器,如蓝墨水掩盖蓝黑墨水字迹可用蓝滤光器鉴定。

4. 红外线鉴定

该方法适用于掩盖物质通过红外线而被掩盖文字物质吸收红外线的字迹显现。不同物质对红外线的吸收、反射、透过的性能与对可见光的作用不同。有的物质,在可见光下是“不透明”的,但在红外线下却是“透明”的;有的物质却是因吸收红外线成了“不透明”的。因此,只要掩盖物质是透过红外线,而被掩盖字迹是吸收红外线的,就可以用红外线鉴定。

用红外线鉴定掩盖文字要考虑纸张、掩盖物质和被掩盖文字三者的吸收、反射、透过红外线的性能。从上述情况来看,掩盖物质必须是透过(或反射)红外线的,这是红外线鉴定掩盖文字的前提条件。如果吸收红外线的,则不能用红外线鉴定。

5. 红外荧光照相和极红荧光照相

此方法适用于掩盖物质不发荧光或发出微弱荧光,而被掩盖字迹物质能被激发出较强红外荧光或极红荧光的掩盖字迹。如墨汁、碳素墨水或蓝黑墨水掩盖的染料墨水字迹、圆珠笔字迹或红印文。有的物质在激发荧光照射下可激发出红外荧光或极红荧光,有的则不发荧光或荧光微弱。如果掩盖物质是不发荧光的,被掩盖字迹是能激发较强的红外荧光或极红荧光的,由于激发荧光情况不同,就可以鉴别。由于墨汁、碳素墨水能吸收红外荧光或极红荧光,在进行红外荧光或极红荧光照相时,文书应采取反放的方式,使激发光透过纸张,直接激发被掩盖字迹物质发射红外荧光或极红荧光,然后通过感光片将图像记录下来。为提高照相效果,还可将文书放在液氮中,以提高荧光强度。

6. 涂层消除法

该方法适用于掩盖物质与被掩盖字迹物质不是同种物质,而掩盖层又比较厚的掩盖字迹或适用于将掩盖层消除或减薄后以便于用其他方法鉴定的掩盖字迹。消除涂层有两种方法:一是溶剂溶解消除,二是氧化还原消除。无论采用哪种方法,所用的化学试剂必须只对掩盖层起作用,而不影响被掩盖字迹。为此,必须事先做实验。

(1)溶剂溶解消除。根据物质极性相似相溶原理,采用与涂层物质极性相同或相似的溶剂,将涂层溶解而显示出被掩盖字迹。例如,圆珠笔掩盖墨水字迹,可用乙醚、氯仿等有机溶剂溶解。

(2)氧化还原消除。利用氧化还原作用破坏掩盖层的有机染料结构,或与掩盖层物质生成络合物,破坏有机染料结构而使掩盖层褪色。适用于染料墨水掩盖其他色料的字迹。操作时,将检材掩盖部位垫上一块滤纸,用棉球蘸取少量溶液,轻轻涂擦掩盖层,只能单向涂擦或滚涂,不能往返涂擦。待棉球沾染掩盖物质后,即更换新棉球继续涂擦,至显出被掩盖字迹为止。

7. 转移法鉴定

该方法适用于被掩盖字迹物质的转移性能大于掩盖物质,如碳素墨水、墨汁或蓝黑墨水掩盖同色或异色的圆珠笔、复写纸、印泥、印油印文等字迹。不同物质其溶解度、扩散程度有别,采用加压或化学试剂扩展溶解方法将被掩盖字迹从掩盖层下转移到另一个载体上,或从掩盖层下扩展转移出来,显示出被掩盖字迹。

(1)溶压法转移。在两张层析滤纸上滴加溶液至稍微润湿,对被墨汁、碳素墨水或蓝黑墨水掩盖的圆珠笔、复写字迹可用氯仿、乙醇和丙酮等溶液;对被墨汁、碳素墨水掩盖的墨水字迹可用二甲基甲酰胺、5%草酸溶液和乙醇溶液。然后在这两张滤纸外面各加几张干滤纸,将文书被掩盖部位夹在滤纸中间,放在压片机的两块圆钢板之间或小型压力机之间,加压3~10分钟,压片机的压力可调到3.6吨。由于所用试剂对被掩盖字迹有溶解作用,经压力压取可将被掩盖字迹转移到滤纸上。如果压取的字迹不清晰,可用紫外线灯或蓝光灯照射,加滤光器观察荧光现象,并可拍照固定。

(2)透析法转移。根据不同物质对不同试剂透析能力不同,将专门制作的显示剂用毛笔或毛刷涂在掩盖部位。若干分钟后,即可在白色背景下显示出被掩盖的字迹。此法适用于被墨汁、碳素墨水掩盖的圆珠笔、蓝墨水等字迹。

三、压痕字迹的辨读

书写使用的硬质工具(如钢笔、铅笔、圆珠笔等)对纸面的压力作用,会在书写页上留下压痕,尤其是书写纸张较薄,书写压力较大时,在书写页下面的衬页上也留下无色的文字压痕。此类压痕字迹可采用如下方法辨读:

（一）侧光观察

利用侧光照射文书，使文书上文字压痕的凹下部分产生阴影，与纸张其他部分形成明暗反差，从而辨读文字内容。

（二）静电成像法显现

该技术方法使用静电压痕显现仪，具有灵敏度高，不损害检材，使用方便，可直接观察显现结果，并可多次重复鉴定等优点。

显现操作时，先打开电源开关，使真空泵开始对工作台面抽气，然后把鉴定的纸页平铺在工作台上，在整个工作台面上覆盖一层聚酯薄膜，使其在真空副压的作用下连同纸页紧贴在工作台上。接着打开高压电晕开关，用手持电晕或滑轨电晕在距工作台面约 1cm 处来回扫描 2～3 次，对聚酯薄膜表面充电。最后盖上喷雾罩，按下喷雾开关，使带负电荷的墨粉喷向聚酯薄膜表面，直到显出适度反差的压痕图像。也可以采用瀑布法显像，将与小玻璃珠混合的墨粉均匀倒在倾斜的工作台面上，在小玻璃珠向下滚动过程中，使墨粉有选择地吸附在静电潜像区而显现出压痕文字。显出的文字图像可用照相方法或胶纸粘取固定下来；也可以再覆盖一层薄膜后充电，靠静电力使两层薄膜紧贴在一起，把粉末图像固定在中间；还可以将图像背衬白纸，用静电复印机把图像复印下来，以便于长久保存。

四、褪色字迹的显现

文书受自然、环境因素作用或长期摩擦等原因而成为颜色浅淡或消失的不易辨认的字迹。但只要有部分文字笔画的物质材料留存在原来部位，就可以用物理、化学方法加强其余背景的反差，使模糊字迹得以显现辨读。

（一）分色显现

可选用与褪色字迹呈补色的滤光器观察鉴定或进行照相。

（二）荧光显现

荧光显现利用字迹与背景的荧光强度差别来显现模糊字迹。根据文字原形存留于文书上的某些色料成分能够被紫外线、蓝光、黄绿光激发而发出荧光的特性，可用荧光鉴定或极红荧光照相的方法进行显现，如褪色的红、蓝墨水字迹，圆珠笔油墨字迹，红、蓝印文等。

（三）红、紫外线显现

对于一些能够吸收红外线或紫外线的模糊字迹，可用红外线或紫外线检测仪来显现，如黑色打印色带、黑色复写纸等形成的浅淡字迹的显现。

（四）化学显现

对于褪色的蓝黑墨水字迹，可用与铁离子起显色反应的化学试剂进行显色观察。所用化学试剂基本上与显现消退字迹相同，如亚铁氰化钾溶液、鞣酸酒精溶液、联吡啶酒精溶液及硫氰酸气熏显等。

(五)计算机图像处理法

将文书上的褪色字迹输入计算机中,通过图像处理软件,调节颜色、反差和亮度,提高褪色字迹或其图像的清晰度。此外,在计算机中,还可对图像进行边缘锐化处理、二极化处理和均衡化处理,达到增强反差的效果。

(六)加强反差照相法

可选用反差较强的盲色片拍照,并且采用 D－11 强反差显影剂显影,以及将同一影像的两张相同大小的底片重叠印像,均可增强反差。此外,还可以采用底片染色法增强反差。

第五节　损坏文书鉴定

一、损坏文书

损坏文书,是指被揉搓、断裂、浸泡、粘连、焚烧而使原貌受严重损坏、文字内容不易分辨的文书。对损坏文书鉴定可以为侦查破案提供线索和证据,具体任务包括断离文书的整复、烧毁文书鉴定和浸泡粘连文书的整复。

二、断离文书的整复

文书被断离以后,其被断离的各部分,在断离缘痕迹、纸张结构、文字内容、书写工具和书写物质及装订痕迹等方面均体现了整体同一的关系,因而,可据此确定被断离的各部分是否为同一文书。

不同文书的断离方法不仅相同,断离所形成的痕迹特征如同工具痕迹具有很大差别。常见断离方法有切断、裁断、划断、剪断、撕裂及拆页分离等。在鉴定过程中一般采用如下方法进行鉴定。

三、断离文书的整复方法

(一)拼接法

从断离文书各分立体之间关联特征明显处入手进行拼接。先将带有机器切边的文书四角与页边的纸片挑出,区分上下左右与正反面(可根据文书纸张种类区分,如带有名头的公文信笺,带有名头的为上面部分,一般信稿纸印有页数的为右边,印有装订线字样的为左边等)。先摆四角,再找出与四角循序相接的页边样片,拼成文书外框,然后参照文字内容与格式的连续性,根据纸片断缘形态,逐块拼合内容空缺部分。对不易区分边角的剪切文书,可参照文字内容、格线、图案、碎片形状及剪切缘形态进行拼合。如果文书碎片很小,可选择比较突出的有明显特征的或相对大的碎片进行拼合,或先拼成几个大块，然后再合并。

（二）重叠法

当若干张作案用纸或从涉案人处发现的与作案用纸相似的断缘或装订痕迹的纸页，要求解决是否从某本一次断离下来的或被拆取的纸页是否属于同一本的纸页等问题时，可用重叠法鉴定。

对怀疑若干页纸张是否一次断离下来的，可将这几页纸上下重叠，将一端切边对齐，根据断离缘凹凸形态、大小、间距，结合其他特征，如同版印刷特征、刀花特征及文字压痕等综合分析。如断缘基本一致，其他特征也吻合，可确定为一次断离下来的。否则，不是一次断离下来的。

对怀疑若干页纸张是否从某纸本上断离下来的，除了确定是否一次断离的外，还应将这几页纸张的断缘与某纸本上残余断缘逐页拼合，并注意这几页的原来顺序与拼合结果不能矛盾。由于一次断离的，可能由于纸页串动或磨损，断缘可能不完全吻合，因此，也要充分利用其他特征综合分析。

对怀疑是否从已装订的本上拆取下来的或若干纸页是否从同一本上拆取下来的，可重叠比对装订孔的位置、形态、大小、锈斑及铁钉是否折叠，钉孔有无异常等；对有胶联的纸张，可比对胶联物的颜色、成分及胶联的残迹拼合情况等。

四、烧毁文书鉴定

烧毁残留文书材料的纸张和字迹发生了很大的变化，必须采用特殊的方法技术处理，使卷曲的纸灰尽量摊平、固定整复后进行鉴定。

（一）软化摊平

1. 水漂法

先准备一盆清水，将烧毁文书放在玻璃板上，将玻璃板，一端先放入水中，使纸灰一端先浸润，再慢慢将玻璃板放入水中，使纸灰全部浸润，借助水的张力使纸灰自然摊平。如果纸灰卷曲比较严重，可在纸灰放入水盆之前，先用干净毛笔蘸少许水，浸润卷曲处，轻轻使其展开，再按上法处理。如果卷曲不严重，可在水浸润纸灰的同时，用毛笔轻轻将卷曲处在玻璃板上摊平。在整个处理过程中，玻璃板不要取出，以防纸灰浸水后沉底，且在纸灰浸入水盆时玻璃板应紧贴纸灰。如遇纸灰漂浮水面时，应轻轻拨动水面，使纸灰浮至玻璃板中心，待纸灰平整后，用玻璃板托住纸灰慢慢取出，滤去多余水分。最后再用毛笔蘸水，将纸灰凹凸不平处慢慢按平且紧贴玻璃板上。此法优点是平整烧毁文书速度快、效果好，但要掌握操作技巧。

2. 气熏法

准备玻璃干燥器一个，将一碗热水置于干燥器的隔板下面。再将烧毁文书放在玻璃板上，置于干燥器的隔板上，然后盖严，使水蒸气浸润烧毁文书而变柔软。待一定时间后，纸灰吸收充足水分，即可取出，将褶皱卷曲处用毛笔轻轻展平，此法需要时间较长。

3. 喷雾法

准备喷嘴较细的喷雾器一个，盛装 10% ~15% 甘油水溶液或清水，向置于玻璃板上的烧毁文书上方喷雾，雾滴自然落下而逐渐浸润烧毁文书，待其吸收水分变得柔软以后，再用毛笔将纸灰仔细摊平。喷雾时不能直接对纸灰喷雾，以免将纸灰吹跑而损坏。

4. 涂刷法

用干净毛笔蘸取 10% ~15% 甘油水溶液，从烧毁文书一端或中段逐渐涂刷浸润烧毁文书，边涂边用毛笔展平。如果卷曲比较严重或折叠在一起，可用二支毛笔同时操作，先用一支干毛笔将卷曲或折叠处展开，再用蘸水毛笔浸润软化后慢慢摊平。蘸水量宜少不宜多，如遇纸灰沾到毛笔上，应滚动毛笔使纸灰贴到玻璃板上，再仔细对齐，不要轻易扔掉。有时文书施胶较多，烧毁以后，涂甘油水溶液不易吸收，可先涂些乙醇，再涂甘油水溶液。甘油水溶液也可用稀释的聚乙烯醇溶液或 10% 动物胶水溶液代替。

(二) 固定整复

1. 夹板固定法

如烧毁文书字迹能分辨，经整复后，先拍照，然后用托烧毁文书的玻璃板同样大小的玻璃板小心覆盖在纸灰上面，四周用胶纸或胶布封好即可。如字迹不能分辨，需进一步鉴定，可采取临时固定保存方法，即在托纸灰的玻璃板四周置放若干大头针，或垫上厚纸条，然后再覆盖同样大小的玻璃板，使玻璃板之间留有适当空隙，然后用胶纸或胶布将四周封好，以便于鉴定时随时启用。玻璃板也可用无色透明的有机玻璃板代替，但固定后玻璃板应平放。

2. 成膜固定法

操作时先将纸灰有字的一面朝下放在玻璃板上，用吸水细滴管在纸灰上从左往右，从上往下相隔一定距离滴一滴水（间隔距离可视水渗散范围而定，要求浸润区互相结合，中间不留空隙，但不可相距过近，以免滴水量多，影响成膜），待纸灰全部滴水浸润后，再换另一滴管吸取有机玻璃溶液，在纸灰上以同法均匀滴一遍有机玻璃溶液。待 20 ~30 分钟后溶剂挥发后表面成膜，即可揭下。一般有机玻璃溶液滴一遍便可成膜，最多不超过两遍，否则成膜面成为不透明的乳白色薄膜而影响效果。如果纸灰在摊平时已不完整，中间有空隙，操作时仍按正常操作，滴一遍有槐玻璃溶液，在成膜后可用小刀从边缘开始慢慢剥离，这样形成的薄膜是完整的。

成膜效果的好坏，关键在于滴水量是否合适。过少则可能造成双面成膜，影响下一步鉴定；过多则不易和纸灰结合牢固，容易和纸灰分离，出现掉渣现象。为此，在正式固定之前，可模拟试验，掌握要领后，再正式操作固定。

(三)烧毁文书记载的辨读

1. 侧光鉴定与照相

文书纸张与其上的写印物质在燃烧后,由于耐燃情况不同,化学变化不同,因而出现颜色差别,或对光反射能力不同,或留下文字压痕等,因而可用日光或灯光及不同角度、不同强度、不同色光的直射光或反射光进行观察鉴定,选取最佳辨读条件,并可采用相应的条件进行拍照固定。

2. 红外线鉴定和照相

如果烧毁文书上的文字是用吸收红外线的物质写印的,纸张燃烧后,这些物质成分还以文字原形存留在纸灰中,并和纸灰存在差别,可用红外线鉴定。其方法可用红外线鉴别仪直接观察鉴定,或用红外线反射和透射照相法进行鉴定。

3. 化学显现法

一些用碳素墨水、墨汁或蓝黑墨水书写的烧毁文书,可用化学显现法显示辨读文字记载。化学显现法主要是利用一些化学试剂对纸灰的化学作用,使黑色纸灰氧化变浅而突出文字色料物质颜色,或与残留的文字色料物质起显色反应,增加纸灰与文字的颜色反差,使文字内容得以辨读。

第六节　人为老化文书鉴定

一、人为老化文书

人为老化文书是指在伪造或变造文书时,为使文书与早期制成的文书特点相符,故意采用一定的物理或化学方法对文书进行加工处理,使其纸张和色料在短时间内加速老化、陈旧而形成的一种假文书。人为老化文书,多见于伪造或变造遗嘱、契约、档案、证件、名人字画等,从老化的机理可分为纸张老和色料老两种。

纸张老化是当纸张受到光、热、化学试剂等作用时,纸张成分发生化学变化,会出现发黄现象。纸张老化后对蓝一紫光谱区反射能力普遍降低,在黄绿和红色区域变化不大。这种反射能力在光谱上的重新分配,使纸张看起来发黄。

色料老化是色料中有机染料和一些无机填充料在外界条件的变化,会对其某些成分的分子间作用力、键能及极性平衡产生影响,从而使色料的色泽、溶解性、化学组成和成分的分子结构发生变化。例如,强烈的光或热作用会使色料的部分成分挥发、沉积,改变有机分子基团的极性,加速色料的氧化、胶联、聚合,使色料的颜色加深变黑,被溶解能力下降。当外界能量达到一定程度时,可使色料成分发生光分解或热分解作用,破坏了有机物的官能团,使色料的化学组成和成分的分子结构改变,此时色料又变得灰暗浅淡,甚至完全消失。

二、人为老化文书的表观特征及变化规律

(一)紫外线照射老化文书的反映特征及变化规律

用强紫外线连续照射文书,文书纸张和色料会发生不同程度的物理、化学变化,可使纸张白度随照射时间的延长而逐渐下降,纸张逐渐发黄变暗,文字色料也由光泽鲜艳变得暗淡陈旧。随着照射程度的加剧,多数色料颜色加深变黑,色料成分改变,被溶解能力下降。长时间照射后,颜色又变浅淡,直至消失。用紫外线照射的人为老化文书,上述现象只在被照射面上呈均匀变化,被遮挡部位及文书的背面变化很小,这与自然保存多年的文书特征不同。

研究表明,用两台500W、长波紫外线灯连续照射5~10分钟,单面有光纸、书写纸、日记本纸、复印纸、宣纸等各种纸张无明显变化;照射20分钟后,与纸样比对,除宣纸外,其余纸张的白度略低于样纸,书写纸、复印纸的变化较为明显;照射5~10小时后,各种纸张白度下降30%~40%(宣纸下降10%左右),陈旧感明显增强;照射20小时后,各种纸张白度下降10%左右(宣纸下降20%左右)。

纸张发生变化的同时,各种色料受到照射后也会发生变化。实验结果表明,用两台500W、长波紫外线灯连续照射2.4小时,各色圆珠笔油墨均暗淡无光泽,有少部分色料已开始光分解而褪色,油墨薄层色谱展开斑点数增加一个;照射8~10小时,只有笔画较重、笔油较多处还残留部分色料,但蓝色圆珠笔油转变为黑色,勉强能辨认原文字内容,同时油墨色料溶解能力下降,多数油墨斑点增加2~3个;照射15~20小时,大多数笔画颜色消失殆尽,只有少数呈黑色墨点存在,辨读文字困难,同时多数油墨斑点增加3~4个,此时斑点数目的增加已趋于饱和,再延长照射时间,斑点数不再增加,且部分油墨斑点数开始减少。在两台500W、365nm紫外线灯照射下,随着照射时间的延长,圆珠笔油墨的相对溶解量逐渐降低。照射20分钟后,其相对溶解量下降到4.3%,相当于自然保存条件下书写1年以上的字迹油墨。

对于蓝黑墨水字迹,照射2小时后,由蓝转黑,表明色料中的亚铁盐氧化成正铁盐。照射12小时后,墨迹鲜艳性消失,陈旧感增强。照射20小时后,墨水字迹色泽浅淡陈旧,似有保存30~40年之感;签字笔字迹颜色减淡程度与蓝黑墨水类似;碳素墨水字迹基本不褪色,但无光泽。

(二)烘烤老化文书的表观特征及变化规律

烘烤文书,其纸张会出现白度下降、由白变黄转褐、干燥变脆、挺度增大、抗撕裂度减小、皱缩不平、边缘翘起等现象。采用炉具或置于火炕上烘烤的,还可能出现不均匀的焦煳现象。采用蒸汽加热法,可使纸张的脆性变化减小,但纸张容易起皱。另外,在烘烤老化文书时,与装置直接接触的文书背面易留下支承架的网格痕迹;如果文书被悬挂起来,则会留下回形针、铁夹等悬挂工具的痕迹;如果是多页文书叠放,则最上和最下文

件的变化比中间文书的变化严重。相对于用紫外线照射的文书，烘烤的人为老化文书的上述现象表现为文书的正反面变化一致。

研究发现，各类纸张在90℃烘箱里恒温烘烤48小时，除日记本纸、单面有光纸白度略有下降外，其余纸张几乎与样纸相同；恒温72小时后，各种普通纸张均显示出陈旧性，白度下降10%～20%，宣纸下降5%；继续恒温至226小时，则纸张的老化未见明显加剧，而与恒温72小时的纸张并无太大差别。把温度控制在100℃，将上述纸张以不同时间恒温烘烤发现，12小时后每种纸张均有变化；40～48小时后变化较明显，白度下降15～20%，宣纸下降5%；72小时后白度下降25%左右，宣纸下降5%。在100℃、恒温恒湿条件下，将上述纸张以不同时间老化发现，纸张变化速度加快，如72小时恒温恒湿的纸张变化相当于恒温不加湿100小时的效果，各种纸张白度下降30%，宣纸下降5%；100小时恒温恒湿的各种纸张白度下降35%～40%，宣纸下降10%。当烘箱温度升高到130℃，恒温72小时后，各种纸张白度下降达到50%，宣纸下降25%；当温度升至200℃，3小时后纸张损坏严重。

文字色料也会发生相应的交化，色料的光泽度降低，失去鲜艳性，陈旧性越来越明显。随着烘烤温度升高和烘烤时间延长，色料颜色逐渐加深，成分随之改变，被溶解能力显著下降。当老化程度进一步提高时，文字色料最后变得灰暗浅淡。

研究表明，在100℃、恒温100小时的烘烤条件下，圆珠笔墨迹逐渐失去光泽，颜色减淡。烘烤温度为150℃，恒温4～6小时后，圆珠笔墨迹即失去鲜艳性，但展开斑点数目无变化；恒温8小时后，圆珠笔墨迹陈旧感增强，颜色加深，被溶解能力显著下降，有些种类的油墨展开斑点数目增加。烘烤温度为200℃，恒温0.5小时后，多数圆珠笔墨迹颜色、展开斑点数目无明显变化，只有少数几种展开斑点数目增多；恒温1.5小时后，多数圆珠笔墨迹颜色明显变淡，展开斑点数目减少。

蓝黑墨水受烘烤作用变化较快，在90℃、36小时或90℃、12小时恒湿条件下，墨水颜色由蓝向黑过渡；碳素墨水也给人以陈旧之感。

（三）溶液浸泡老化文书的表观特征及变化规律

将文书放入浓茶水、浓碱水（如KOH溶液）等溶液中进行浸泡或故意放在比较潮湿的地方，使其受潮发霉，然后再晾干或烘干，此时，纸张会在以下几个方面发生变化：

1. 纸张的平滑度下降，纸面变得粗糙。

2. 纸张的耐折度（纸张耐揉折的能力）下降。

3. 纸张产生皱缩现象，边角翘起。

4. 纸张的尺寸变小。其中，经无水乙醇浸泡后，纸张尺寸无明显变化；经茶水、盐酸、水溶液浸泡后，纸张尺寸平均缩小3.6%；经NaOH溶液浸泡后，纸张尺寸平均缩小16%。

5. 纸张的白度、清洁度降低，即纸张的灰度增大。其中，经水浸泡后的纸张无此明显现象；经茶水浸泡后，纸张正反两面均明显变陈旧、变黄；经 HCl 溶液浸泡后的纸张明显变薄，纸张易被碾碎。

6. 纸张辐射荧光的强度变化。由于纸张中加入了荧光增白剂，浸泡前的纸张用紫外灯（短波灯 254nm 和长波灯 365nm 两种）照射，发出明亮的蓝白色荧光。其中，经茶水浸泡后的纸张，荧光变强；经 HC1 溶液浸泡后的纸张，荧光变弱；经无水乙醇或水溶液浸泡后的纸张，荧光强度没有明显变化。

7. 纸张反射光谱的变化。各种纸张在 690nm 波段光激发时有最高反射率，被浸泡后，反射率均呈现下降的趋势。其中，复印纸的反射率平均下降 27.6%，笔记本纸的反射率平均下降 15%，信稿纸的反射率平均下降 23.7%，记账凭证纸的反射率平均下降 34.5%，单面有光纸的反射率平均下降 27.7%，收据纸的反射率平均下降 32.5%。

至于采用何种溶剂浸泡，取决于原色料的种类。如果字迹色料是蓝黑墨水、签字笔墨水，则用极性大的溶剂浸泡；如果字迹色料是圆珠笔油墨、复写纸色料，则用非极性的溶剂浸泡。由于色料和溶剂自身的理化性质的区别，浸泡老化文书的表观特征也不尽相同。墨水色料被溶剂浸泡后，鲜艳程度明显下降，有时笔画一侧出现墨水污渍；有机签字笔黑墨水被浸泡后，笔画变粗，分辨率下降，两侧有暗蓝或品色色料的洇散现象；圆珠笔油墨被浸泡后，大量的紫色色料被溶解掉，剩余笔画偏蓝且扩散现象严重。

（四）揉搓沾污老化文书的表观特征及变化规律

为了使新制作的假文书显得灰暗陈旧，或为了掩饰文书经过擦刮、消退、挖补等手段变造后所留下的变造痕迹，使之与原貌相符，也常常采用揉搓文书或使文书沾染尘土、污垢等手段以磨损、弄脏文书。有时用火烤或用熨斗烫，再用手搓或来回折叠，这样就会使文书纸面出现裂纹。揉搓沾污老化的文书，其纸张和色料的变化不均匀，且往往是表面被污损显得陈旧，而其材料本身并未真正发生变化。这种老化文书的纸面上黏附的污物不均匀，污渍形成的细小线条比较有规则，甚至能反映出涂擦的方向。在显微镜下观察，污物多分布在粗大纤维上或表面凸起部位，而纸面下凹部位仍是光洁的。同时，字迹笔画色泽较暗，与该种色料应具有的光泽度不符。

（五）伪嗑噬老化文书的表观特征及变化规律

伪造嗑噬文书是将现时的文书伪造成历史文书的方法之一。嗑噬文书，是指作为文书内容载体的纸张被蠹虫、老鼠、土鳖等嗑噬之后形成的局部破损文书。伪造嗑噬文书就是人为的采用手撕、刀剪、火烧、刻刀刻画、针扎等不同的方法使文书的纸张出现微小的孔洞，似嗑噬形成。

1. 手撕形成的仿嗑噬孔的表观特征

用手撕扯形成的“嗑噬孔”有两种：一种是直接手撕孔；另一种是折叠手撕孔。两者的共同点为：缺孔形状不规则，缺孔边缘纸张纤维变薄，文书所用纸张越厚该特征越明显。在显微镜下观察，可观察到缺孔边缘有一根根向外伸展的纸张纤维。两者的差异在于,折叠手撕孔周边有向外放射的折痕,对折处的缺孔边缘形态呈对称性反映,而直接手撕孔的边缘一般没有折痕出现。

2. 剪刀剪切形成的仿嗑噬孔的表观特征

用剪刀剪切的缺孔一般不会很小,因为缺孔越小越不容易操作。剪切孔线条生硬不流畅,但缺孔的边缘线条特别齐整,一般不会出现发毛现象。缺孔边缘线条至少有一个接头,即为剪切过程的起收尾形成,如果操作不熟练,往往会出现多个接头。在剪切过程中,如果剪切动作过大,多数会在缺孔边缘线条处出现或长或短的裂缝。剪切孔边缘线条形成的圆弧在转弯时不圆滑,呈多边形,这是因为一个圆弧往往不能一次完成,而要多次剪切才能完成。

3. 刀片或刻刀刻画形成的仿嗑噬孔的表观特征

大多数人在用刀刻纸张形成孔洞时分两刀完成:第一刀在圆孔左侧,逆时针行刀;第二刀在圆孔右侧,顺时针行刀。刀刻孔一般比较大,孔形线条生硬不流畅,但缺孔的边缘线条特别齐整,不会出现发毛现象;也有部分人采用细微的刻画方式形成锯齿状的孔洞。在显微镜下观察,缺孔边缘的纸张纤维朝同一方向弯曲,缺孔边缘似乎变厚,这是因为刀片划割时牵拉纸张纤维所致;在极小部位点上出现与手撕特征相同的纸张纤维伸展现象,这是由于刀片划割后局部仍然粘连时,用手撕下剩余粘连纤维所致。

4. 火烧烫形成的仿嗑噬孔的表观特征

在烧烫纸张时,如果用较为尖细的工具,则很容易形成同虫蛀嗑噬孔形状相似的缺孔,但烧烫的缺孔边缘发黄或发黑,缺孔边缘纸张变脆,触碰后很容易破裂。

5. 针扎形成的仿磕噬孔的表观特征

针扎孔常见于用缝衣服的针、织毛衣的针等工具在文书上下压用力,穿破纸张形成局部的缺孔。在放大镜下观察,缺孔正面纸张纤维向下凹陷,反面纸张纤维凸起向外扩张,手摸有凸起感;缺孔形态由工具形态而定,多呈圆形;缺孔大小由扎孔次数而定,一次形成则缺孔较小,多次形成则缺孔较大,且呈不规则的孔形。

三、人为老化文书的鉴定方法

任何伪造或变造的文书都会或多或少地留下"蛛丝马迹"。人为老化的文书毕竟不是自然形成的,也同样会有人为因素产生的相应特征,这是鉴别此类文书的基础。

(一)外观检查

1. 从文书纸张上鉴别

在自然条件下,根据文书存放的方式不同,会有某些部位与整体变化不一致,出现局部陈旧、污损的现象。例如,当文书长期被折叠放置时,陈旧、污损现象易出现在折叠表面;如果被卷曲存放(如手卷、字画等),则一般出现在外端;而夹在纸张或其他物品中,会在没有被遮盖的部位,特别是纸张的边缘出现。这是因为这些部位(常在文书纸张的背面和边缘)直接暴露于空气中而容易受到光线的照射和灰尘沾染所致。

经过短时间紫外线照射的人为老化文书,通常只照射有文字的一面。由于紫外线易被物质吸收而穿透力很弱,只能使纸张被照射的一面或被照射的部位发黄、陈旧,而反面和其他没有被照射的部位则没有变化或变化很小,这种正反面或不同部位变化的不均匀性与自然保存的不均匀性不同。

烘烤老化的文书,如果纸张单页放置,正反面变化均匀一致,但在纸张的反面,易留下烘箱支承物的网格或悬挂时所用回形针等工具的痕迹;如果是多页纸张叠放,则最上和最下纸面以及纸张边缘的变化比中间纸页的变化严重。采用炉具或置于火炕上烘烤的,还可能出现不均匀的焦煳现象。

被溶液浸泡的文书,纸张会发生皱缩,如果再用熨斗或其他硬物碾压,则会有相应的碾压痕迹。必要时可进行化学分析或仪器分析,以确定是否存在可疑的溶液成分。

揉搓玷污的文书,一般陈旧性特征呈局部性而非均匀分布。由于纸张材料本身并未发生化学变化,如果用橡皮、小刀等擦刮掉表面的尘污,仍可见到纸面新如初。

2. 从文字色料上鉴别

由于各种文字色料中的染料极易吸收紫外线或受热发生挥发、氧化、光分解或热分解等作用,而使文字色料变色、褪色或出现洇散现象,被溶解能力降低,组成成分改变。被溶液浸泡后的文书,其文字色料也会因所用溶液的种类不同而有不同的变色或褪色现象。但是,这些变化往往与同条件下纸张的变化不同步。可从色料的色泽、溶解性和组成成分等方面鉴定,通过与相应样本进行比对,以鉴别文书是否被人为老化。例如,自然条件下保存的文书,多年以后圆珠笔油墨一般都会有不同程度的扩散现象,而经过紫外线照射和加热(即使加有大量蒸汽)的色料均未发现这种现象。

3. 从其他方面鉴别

人为老化的文书往往给人以年代久远的假象,鉴定时千万不能被表面现象所迷惑。除了上述从纸张、色料上分析鉴别外,还应从其他方面进行综合判断。例如,通过研究文书内容、格式与用语的时代风貌,考察文书物质材料和工具的生产、使用时间,分析文字形体的演变规律和书写习惯的阶段性特点等,以确定文件制成的真实时间。

(二)理化鉴定

理化鉴定是利用紫外线或某种颜色的单色光对可疑文书纸张的各个部位进行光学鉴定,考察各部位对光线的作用结果是否有差别,体现的是文书被浸泡后纸张各部位对紫外线作用结果差别;还可以利用现代仪器分析手段,考察各部位纸张无机元素的种类和含量是否有差别。

思　考　题

1. 什么叫污损文书？什么叫污损文书鉴定？
2. 在可见光鉴定中，常用的用光方式有哪几种？
3. 什么是滤光器？鉴定污损文书为什么要使用滤光器？
4. 红外线和紫外线各能鉴定哪几类文书？
5. 从文书鉴定角度考虑，如何增强荧光强度？
6. 显微鉴定在污损文书鉴定中的具体应用有哪些？

第十三章　文书制成时间鉴定

第一节　文书制成时间鉴定概述

一、文书制成时间与鉴定

文书的制成时间,是指一份文书生成有效的起始时间。根据时间属性可分为绝对时间和相对时间。绝对时间,即确定的时间,是指文书是何年何月何日制成有效、真实的;相对时间,是指一份文书相对于另一份文书或一份文书上的两部分字迹形成的先后时序,或文书上印文与字迹的朱墨时序。由于文书存放和保存受到环境条件的影响和自身的变化非常复杂,其制成时间鉴定难以做到十分精确。

文书制成时间鉴定是对形成时间不明或对其标称时间有争议的可疑文书进行鉴定,根据所获取的科学事实,对其实际形成时间作出鉴别和判断的过程及手段。

二、文书制成时间鉴定的内容

文书制成时间鉴定以构成文书各要素的时间变化作为研究对象,因此,它所包含的内容较多,影响因素也很复杂。广义上文书的一切时间变化因素都是它的研究范畴。根据文书的制成方式,可以把文书制成时间鉴定的内容大致概括为如下几类:

(一)字迹的书写时间

字迹的书写时间包括各种书写工具和色料书写、复写的时间。

(二)字迹的印刷时间

字迹的印刷时间包括各种印刷机具和色料打印、复印、传真及各种版型印刷的时间。

(三)印文的盖印时间

印文的盖印时间包括各种印章和色料盖印的时间。

(四)朱墨时序

朱墨时序包括各种色料的印文与各种色料书写和印刷字迹形成的先后顺序。

三、文书制成时间鉴定的客观依据

任何一份文书的制成离不开制作文书的人、工具、物质材料和当时所处的环境、条件和制作规范要求。这些制作文书赖以的条件又是在不断地按一定的规律逐渐发展变化的。这种文书制成条件的客观性、渐变性和有序性,为我们鉴定文书的制成时间提供了依据。具体来说,任何文书都是特定的人于当时的历史背景下,在已具备的文书制作工具和文书物质材料的基础上,按一定的程序规范制成的。显然,这些条件又不是一成不变的,随着社会的发展、时间的流逝,总是在不断地按照一定的规律发生着社会的、物理的和化学的演变,并且这种历时性演变与文书形成的时间相对应。另外,一份文书的制成不是毫无秩序、随心所欲的,构成文书的各要素应符合行文的程序和规范。

因此,根据这些与文书制成时间相关的因素以及文书制作过程的有序性,可以采取各种途径确定文书的制成时间。

四、文书制成时间鉴定的影响因素

可以肯定地说,任何文书一旦形成都具有时间性,但对其制成时间精确判定是极为复杂且困难的课题。一方面是因为比较难把握文书材料随时间的变化规律;另一方面主要因为一份文书的变化要受到很多因素的影响,而这些因素对文书的影响机制、影响大小等问题错综复杂,目前还没有完全搞清楚,有的也很难做到。基于上述内因和外因的作用,对文书制成时间的鉴定是有条件的,只有完全满足各种条件,才能对有争议的文书作出制成时间的准确判断;否则,只能根据具体情况作出限定性的判断甚至不能判断。影响文书制成时间鉴定的因素主要有:

(一)纸张的种类

纸张是文书形成的载体,不同种类的纸张由于其纸浆成分、造纸工艺、纸纤维排列、光泽度、厚度、致密度等方面的不同,直接影响到文字色料随时间的变化。另外,纸张本身在用于制成文书的前后,一直在逐渐演化,这都对文书制成时间的鉴定产生较大的影响。因此,原则上要求检材和样本的纸张种类要基本相同。

(二)色料的种类

多数文书制成时间的鉴定是直接通过文书色料随时间的变化来进行的。可以说色料的变化是此类文书制成时间鉴定的内因,起决定性作用,当然要搞清楚纸张材料与色料之间的结合机理尤其重要。通过色料随时间的变化来测定文书的制成时间,要求检材和样本色料的成分和配比严格相同。

（三）文书的保存环境

一份文书形成后，构成文书的材料还要受到温度、湿度、光照等外部环境条件的作用而发生相应的变化。保存环境的温度越高、湿度越大、照度越强，文书材料老化越快，反之，老化就慢。显然一份文书保存历史的准确预判非常重要。

（四）检材与样本的数量

在通常情况下，判断文书制成时间的方法需要足够量的检材和样本，如印章印文盖印时间的判定，根据签名笔迹书写习惯的演变判断文书制成时间等，都必须要求历时样本的数量足够多，表现特征能呈现规律性的变化。如果检材的数量太少，甚至只有一个笔画，千万不能轻易损坏，最好采用物理无损方法鉴定。

另外，制约能否成功检测文书制成时间的因素，还有文书的标称时间与可疑时间的间隔、可疑时间与检测时间的间隔、鉴定人员的技术水平和鉴定机构的设备条件等。

第二节 文书制成时间鉴定的常用方法

一份文书以其言语、文字、内容、笔迹、书写工具、印章印文、笔画油墨等要素构成一个系统。这些要素之间相互独立又相互联系，并受环境因素的作用，作用的大小、程度各不相同，并以不同的方式通过文书系统表现出来。文书系统构成的复杂性，决定了建立在文书构成要素变化基础之上的文书制成时间鉴定方法的复杂性。而这些各具特色的鉴定方法又相互联系、相互启发，构成了一个新的系统。构成系统各要素既相互独立又相互联系，同时系统又存在于环境之中，当环境作用于系统时，系统必然会有相关的信息反馈。系统之间也存在相互作用，而这种作用的结果可全面、准确地反映所考察系统的情况。文书制成时间的鉴定过程实际上是文书制成时间鉴定系统作用于文书系统的过程，作用的结果即对文书制成时间全面、准确地判断。

因此，文书制成时间鉴定应具体问题具体分析，没有固定的模式和一成不变的方法，要根据不同的文书类型采用不同的技术手段。

一、文书特征鉴定基本方法

（一）文书内容、言语和文字的时代性鉴定

文书所反映的内容、言语和文字都离不开文书形成的客观现实，并且能够在文书中所提及的客观事实出现以后制成的，而任何事件的产生都有其确定的时间性，在我国不同时期发生过许多重大历史事件，随之而来产生了许多新名词。另外，我国的语言文字也经历了几次改革，也表现出明显的时代差别。由于不同年龄段的人经历的历史时期不同，受语言文字时代性的制约，不同时期的人制作的文书必然表现出时代的特点。因此,通过研究文书的内容、言语和文字的时代特点,可以大体上判断文书的制成时间。

(二)文书物质材料生产、使用的时间鉴定

常见的文书物质材料是由两类基本材料构成的,一类是作为书面内容承载客体的纸张;另一类是作为书面内容表达形式的书写或印刷的文字、图形色料等物质。

对于纸张,由于不同时期造纸工艺的发展水平不同,在纤维种类、制浆方式、填料与胶料的成分、调色物质和荧光增白剂的选用上,都会反映出不同时期纸张生产工艺过程的特点。另外,纸张在生产以后特别是在使用过程中受到环境温度、湿度、光照以及污染等因素的作用,其自身也在逐渐老化,表现在纸张逐渐返黄和耐折度逐渐下降等方面。

对于色料,目前用于文字或图形的色料种类繁多,随着化学工业的发展,还不断有新型色料出现。20 世纪五六十年代,我国只有墨汁、绘图墨水、蓝黑墨水、纯蓝墨水、红墨水、蓝色和红色圆珠笔油墨、普通印泥和印油。最初的圆珠笔油墨使用的溶剂为油基型(以甘油三油酸酯为基料),使用的染料为三苯甲烷类,1950 年在溶剂方面进行了较大的改革,将油基型变成醇基型(如用苯甲醇、苯氧基乙醇、甘二醇等),1954 年以后在染料方面又有很大的变化,开始加入金属螯合物铜酞菁类染料;20 世纪 70 年代以后才出现碳素墨水、染料黑色墨水(软笔墨水)及其他彩色墨水、黑色和绿色圆珠笔油墨;80 年代后出现了新型的原子印章专用印油;进入 90 年代又出现了光敏印章专用印油。

除此之外,不同时期生产的同类色料,其化学成分和配比也不相同。至于文字色料在使用过程中自身的变化,在有关章节中还要作专门阐述。

对于纸张和色料种属的确定,可以通过化学成分分析及理化性能鉴定,然后再根据资料记载和实地调查划定该种纸张或色料的应用年代,从而判断文书可能制成的最早时间。

(三)文书制作工具生产、使用的时间鉴定

制作文书的工具种类多种,除了大规模的工业印刷外,常用的主要包括书写工具、打印工具、复制工具、盖印工具等几种。这些工具从原始到现代,从简陋到精美,也带有明显的时代特征。只有先产生了这种工具,才能用它来制作文书,所以一份文书的形成还要受到制作工具生产年限的制约。如果某可疑文书的标称时间与其制作工具的最早生产年限相矛盾,则该文书一定是后补的。

1. 书写工具

常用的书写工具主要有毛笔、铅笔、钢笔、圆珠笔等。早在公元前就有了毛笔,19 世纪初就有了铅笔和钢笔(1926 年我国开始制造),到 1939 年又发明了圆珠笔,1945 年开始在市场上销售(20 世纪 50 年代我国开始大量使用)。20 世纪 60 年代出现了使用多孔硬纤维材料做成的纤维尖自来水笔;70 年代开始出现结构类似圆珠笔,使用水溶性墨水的自来水笔(又称水性笔、滚珠笔);80 年代出现结构类似圆珠笔,使用一次性灌注介于油水之间墨水的签字笔(又称中性笔)(90年代中期我国开始大量使用);90年代又出现了可擦圆珠笔,这种笔书写的字迹可用自带的特殊橡皮擦掉。通过笔画形态和墨迹成分分析,就可以确定书写工具的种类。

2. 打印工具

随着科技的进步,各类办公用品层出不穷,办公自动化得到了空前的发展,传统书写的许多文书被打印所取代。早期的中英文打字机只有整字符式的普通手动打字机,使用的钢字规格有三号和四号两种;20世纪60年代生产的打字机配有宋体或仿宋体钢字;70年代以后生产的普通打字机一律配仿宋体钢字;80年代出现了配备碳膜色带的电动中文打字机。随着电子计算机技术的发展,相继出现各种类型的点阵式中英文电子打印设备。60年代世界上第一台针式打印机问世;70年代世界上第一台激光打印机、热敏打印机和喷墨打印机也相继诞生,该类打印设备在我国的使用相对较晚,80年代以后特别是90年代以来才逐渐推广,目前已成为主流产品并越来越普及。通过打印字迹的字符、墨迹形态和打印色料的成分分析,可以判断打印工具的种类。

3. 复制工具

复制工具将原件文书复制成其内容、格式基本雷同的一份或多份文书。不同年代所具备的文书复制方法和复制工具不同。1921年我国开始生产复写纸,当时只是可反复使用的衬垫普通复写纸。直到20世纪80年代后,才出现一次性使用的专用特种复写纸。20世纪初,我国的誊印复制方式都是手工刻写和打字机打蜡纸,70年代才开始使用光电誊影机制版,然后用手推式或手摇速印机油印,其印刷质量较差。进入90年代以后,逐渐推广应用了电子制版、高速油印的全自动一体化速印机,其印刷质量接近于小型胶印机印出的产品。现代办公用静电复印机产生于50年代,世界上第一台彩色复印机产生于70年代。静电复印机在我国是80年代以后才开始普及使用的。早期使用的复印机复印功能单一,后期生产的复印机所具备的复印功能越来越多。另外,80年代初出现了扫描仪,90年代初又出现了集复印、打印、传真或扫描于一身的多功能一体机,90年代中期数码相机问世。采用不同复制工具制作的文书,也会留有相应的特征,根据这些特征可以判断是用何种工具复制的。

4. 盖印工具

一些文书上通常盖有印章印文以证明其真实、有效、许可。自古我国就习惯于在文书上用印,印章的使用已有2000多年的历史。早期的传统印章都是手工雕刻的,随着机械雕刻机和电子雕刻机的发展,印章的制作开始进入机械化时代。特别是随着激光技术的发展,90年代中期激光雕刻机以及电脑软件等先进软、硬件技术和设备进入中国市场,以电脑排版、感光制作为特征的现代印章逐渐取代了以手工刻制为特征的传统印章。具有代表性的现代印章,如70年代中期出现的原子印章,当时只有热压法制作的一次性使用的原子印章,80年代以后才出现可以反复注油的原子印章;90年代初期又发明了更具优点的光敏印章;90 年代中期引进的电脑激光雕刻技术很快应用于印章的制作，几乎所有的非金属材料都可用于激光雕刻印章;90 年代末期有人发明了三维防伪自动印章,使防伪印章的防伪功能更强;2005 年,国内首套防伪电子印章系统研制成功,基于数字水印的电子印章将在法院、交通运证管理、各种证明管理、集团企业印章使用管理等方面得到广泛的应用,并将大大提高工作效率,是印章的重大变革。根据印文形态特征和所用色料的种类,可以判断是由何种印章盖印的。

(四)文书印刷特征的历时演变鉴定

现代文书的形成可采用书写和印制两种方法。印制的文书有工业印刷、打印、复印、盖印等几种方式。每种方式印制的文书都会留下相应的印刷特征,同种方式、同台机具不同时期印制的文书,所表现出的印刷特征是按一定规律变化的,掌握其印刷特征历时演变的规律是判断此类文书制成时间的重要途径。例如,工业印刷同版不同阶段的印刷品,会出现历时演变的印版磨损特征、油墨疵点特征、调墨与填墨特征、刷版与修版特征、装订特征等;同台复印机不同时期的复印件,会出现历时演变的感光鼓损伤与老化痕迹特征、充电装置留痕特征、分离装置留痕特征、定影装置留痕特征、清洁装置留痕特征等;同台打印机不同时期的打印件,会出现历时演变的打印头印字单元功能缺陷特征、打印头偏斜特征、打印字迹浓淡变化特征、字车反向间隙特征等;同枚印章不同时期盖印文书的历时演变特征见本章第四节“印文盖印时间的鉴定”。上述可变性特征是各种印刷机具在使用过程中产生的,多数是由无到有、由轻到重、由小到大、由少到多的不可逆过程,也有的受人为调控在浓淡、深浅、大小、轻重上呈周期或非周期性的循环往复变化。无论怎样变化,在不同时期都必然反映出使用当时的相对稳定状态。如果能收集到同版或同台(枚)机具的历时印制样本,就可以根据某些可变性印刷特征的变化规律判断文书是在哪个时间区段内制成的。

(五)文书笔迹特征的历时演变鉴定

人的书写技能和书写习惯是发展和变化的。一个人的书写技能都要经过先由低向高发展再由高向低退化的过程。从初学、提高到基本定型的发展阶段,笔迹特征变化较大。当书写动力定型全面形成,书写技能提高十分困难时,笔迹特征进入相对稳定期。一旦机体功能出现障碍或发生衰退或长期不从事书写活动,书写技能就会出现由高向低的退化,处于退化阶段的笔迹特征又会发生较大变化。另外,在人生的不同时期,书写习惯也不是一成不变的,由于语言文字的发展,社会和职业需求的变化,人们为适应新的交际环境,促使个人书写习惯的某些特征随之发生更替。书写习惯的部分改变,在不同人身上都不同程度地存在,只是发生的时间不固定。总的来说,一个人青少年和老年期比其他年龄段的笔迹特征变化程度大。书写技能和书写习惯的发展演变是个渐进的过程,只有经过较长时期才能看出这种变化。因此,根据笔迹特征的历时演变规律,通过收集相关人各个时期的笔迹样本,特别是注意收集历时签名笔迹样本,与检材进行比较,就可以大致判断检材上的笔迹是该人何时期书写的,亦即判定文书笔迹的书写时间。

(六)文书字迹色料随时间的变化鉴定

文书字迹色料,由于改变了其存在的环境条件,直接暴露于空气中或光线下,随着时间的推移,字迹色料本身都会发生某些物理或化学性质的变化,这种变化的程度与制成时间的长短相对应。如果能检测出发生的物理或化学变化并能掌握其随时间的变化规律,就可以利用这一特性确定文书的制成时间。

(七)文书各要素的时空次序性

文书作为一个系统是由笔迹、言语、印迹、污损变化、物质材料等各要素构成的,各要素之间不是相互独立、杂乱无章的,而是按一定的时空秩序相互联系、相互作用的有机统一体。利用系统论的观点和方法,采取各种手段对每个要素的形成原因、存在方式、变化结果及其相互关系进行系统鉴定,充分挖掘构成文书各个要素所能提供的一切信息,对可疑文书的制成时间作出全面、客观的评断,是非常值得重视的方法之一。

二、物理化学方法

在一般情况下,文字色痕的油墨是由染料、树脂、溶剂等成分组成的。各种色料通过工具在纸面上形成字迹或图案后,由于直接暴露于空气中或光线等的环境条件条件下,受温度、湿度、光线、空气等的作用,其中的某些成分会发生氧化、胶联、分解、转化、蒸发、扩散等物理和化学变化,从而引起油墨的化学成分和物理性能出现某种变化,这种变化主要表现在色料与纸张的结合越来越牢固;色料的某些成分逐渐挥发;色料的某些成分逐渐分解;色料的某些成分逐渐转化;色料的某些成分沿纸张的扩散越来越严重;色料在纸张上的聚集状态和色泽逐渐发生某种变化,而且这种变化的程度随着文书制成时间的延长会逐渐加大。如果通过鉴定系统中某种方法测得这些变化,就可以判断文书的制成时间,但不同种类的色料其成分和理化性质相差较大,有的变化规律性较强,有的则相当稳定,变化十分缓慢且规律很难把握。目前,在文书制成时间的鉴定上虽然已有长足的发展,但能定量检测字迹色料本身变化的方法还很有限。

在实践中,根据所用鉴定方法的原理不同,大致可分为两种类型:

(一)物理、化学分析

常见的方法有硫酸盐扩散法、溶剂提取法、热分析法和转印法。

(二)仪器分析

1. 分子光谱法

如紫外光谱法、红外光谱法、拉曼光谱法、显微分光光度法等。

2. 色谱分析法

如薄层扫描法、气相色谱法、高效液相色谱法、毛细管电泳法等。

上述物理、化学方法在本书印文盖印时间鉴定和书写、打印字迹形成时间检验部分会详细地阐述。

第三节 字迹书写、打印时间的鉴定

用各种色料书写到纸张上形成的文书,我们可以根据色料与纸张材料发生的物理或化学性质的变化,探索色料随时间变化的规律,确定在一定范围内与时间具有相关性,就可以定性判断或定量检测字迹的书写时间。

一、外观鉴定

字迹书写、打印时间的鉴定外观鉴定是一种外观观察、鉴别的方法,只适用于书写时间相隔很长的笔迹书写时间的判断。各种色料由书写工具书写到纸张上以后,文字色料会发生氧化、分解、挥书写时间长短不同,文字色料发生氧化、分解、挥发、扩散的程度也不同,其色泽随之也发生变化,书写时间越长,颜色越陈旧;书写时间越短,色泽越鲜艳。蓝黑墨水中的显色物质是有机染料和铁盐,墨水刚写到纸上时,只由染料生色,笔画呈较新鲜的蓝色;经过一段时间后,其中的二价铁离子逐渐被氧化为三价铁离子与鞣酸和没会子酸生成黑色铁盐沉淀,因而使笔画颜色逐渐加深;再经过若干年,笔画中的有机成分逐渐被氧化分解,最后只剩下较稳定的无机成分氧化铁,使笔画变成暗褐色,直至最后又变浅淡。纯蓝墨水及其他有机染料墨水一般不发生颜色上的变化,但随书写时间的延长会逐渐褪色,以至于颜色完全消失。书写时间很长的圆珠笔和复写纸字迹,会出现油质渗散现象,有时也伴随色泽的变化,如染料褪色等。

二、硫酸盐扩散程度测定

常用墨水,为保证其稳定、耐水、快干,同时提高蓝色染料的深度,使染料易于渗入纸纤维,需向墨水中加入一定量的硫酸或硫酸盐。当用墨水在纸张上书写字迹时,字迹中同时写下了不可见的硫酸或硫酸盐成分,随着年代的推移,字迹笔画中的硫酸根离子会逐渐越过笔画的边界,沿着纸张向外扩散,年代越久扩散距离越远,如图 6 - 3 - 1 所示。因此,采取一定手段测定硫酸根离子的扩散距离,通过与各种条件均相同或相近的参照样本进行比对,便可判断墨水字迹的相对书写时间。

此方法的关键是测定硫酸根离子的扩散距离,如何显现出扩散后的硫酸盐图像是解决这一关键问题的前提。通过使用化学试剂硝酸铅和硫化钠可以把不可见的硫酸盐沉淀转化为可见的硫化物沉淀,从而可以测量硫酸根离子扩散程度的大小。这种经典的方法被后来逐渐改进和完善变得更加科学有效,具体操作如下:首先要选择检材与样本浓淡、粗细和方向相近且边缘清晰的笔画,其次要在笔画两侧用铅笔画出同轴测量线,但测量线不能接触笔画;用读数显微镜的测量线与画出的铅笔测量线重合,测量原笔画的宽度;按一定的用药次序,用棉签蘸取少量药液轻轻点在选定的笔画上,顺次点完后即可显出硫酸盐扩散图像;待显现出的图像干后,再用读数显微镜分别测量扩散后显出笔画的宽度;最后计算扩散后的笔画宽度与原笔画宽度之差即为硫酸根离子的扩散距离。鉴定时应多选几个笔画进行测定,取其平均值,再比较检材与样本硫酸根离子的扩散程度,即可判断检材的相对书写时间。

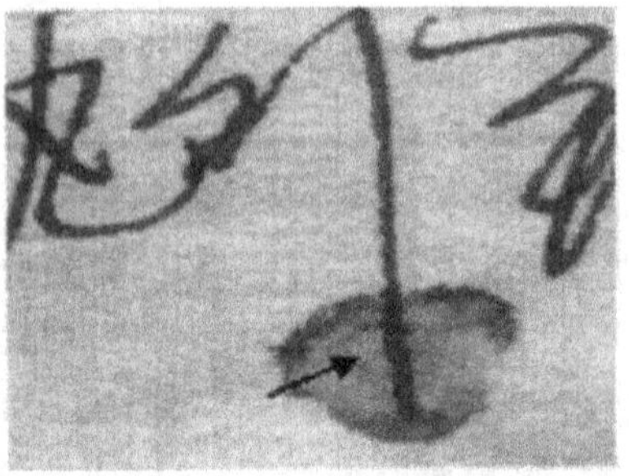

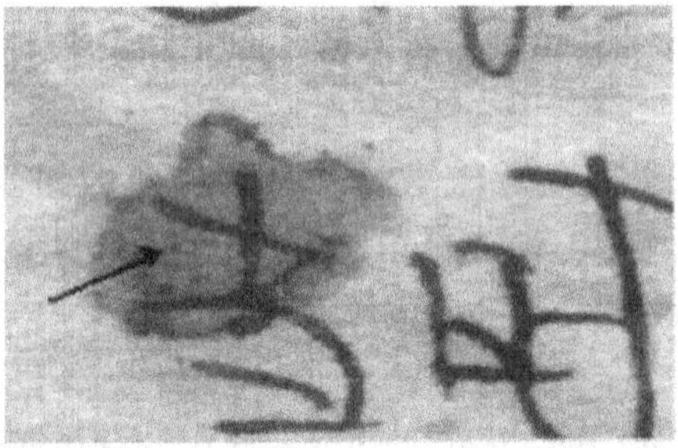

图 13-1 蓝黑墨水字迹笔画硫酸盐扩散影像

三、溶解与转移能力测定

溶解与转移能力测定是根据各种可溶性色料书写到纸张上以后,在外界环境条件的影响下,随着时间的推移会发生一系列物理或化学变化,使其与纸张的亲和力越来越大,与纸张的结合越来越牢固,被溶解或转移能力越来越小。通过比较检材和样本笔画色料被溶解或转移能力大小来测定其书写时间的方法。

(一)单滴法

实施鉴定时,针对不同的色料配制适合的溶剂,将被鉴定文书置于显微镜或放大镜下,然后分别用细滴管吸取配好的溶剂,对准检材和样本上粗细、浓淡相近的字迹笔画,小心滴加一滴溶剂,同时启动秒表计时,在显微镜或放大镜下观察并计算笔画色料开始溶解洇散或颜色溶退所需要的时间。书写时间越久的字迹笔画,出现溶解或褪色现象所需的时间越长。对于油溶性色料,如圆珠笔油墨、复写纸油墨、印泥等,应选择极性较小的溶剂,如乙醇或其水溶液、乙酸或其水溶液、氯仿、丙酮等;对于水溶性色料,如钢笔墨水、签字笔墨水、普通印油等,应选择极性较大的溶剂,如乙醇水溶液、乙酸水溶液、草酸或其盐水溶液、柠檬酸或其盐水溶液等。但由于油溶性色料溶解较快,有时不易把握,所以该方法更适用于永溶性色料书写时间的测定。

单滴法是英国的麦切尔(Metchell)在1937年提出的。从现行的鉴定方法上看,单滴法操作简单,但计时不易控制、误差较大,须多做几次取平均值。从鉴定条件上看,此法对相同条件比对样本要求太苛刻(油墨的被溶解性能受保存条件、油墨成分、墨痕的深浅、纸张等影响很大)。由于比对样本的不确定因素,鉴定的结论常常伴有鉴定人的主观判断。理想的情况是同一张纸上不同部分相对书写时间的判断。该方法只能对书写时间进行粗略的判断。

(二)溶剂提取法

1. 单一溶剂提取法

这种方法是美国学者布鲁内尔(Brunelle)于 1987 年提出的判定圆珠笔字迹的形成时间的方法。在取样量严格控制的情况下,分别在相互比较的圆珠笔字迹笔画上取样,然后用一定量的有机溶剂(如氯苯、甲苯等)提取色痕,再将提取液定量点样于硅胶板上,自然干燥后用薄层扫描仪在 500 ~ 580nm 波长下扫描,得出各点的吸收峰,各吸收峰的峰高就代表了各样品在同一种有机溶剂中的相对溶解量。书写时间越短,溶解量越大,吸收峰越高;反之,吸收峰越小。比较未知样品与已知书写时间样本油墨的吸收峰高,就可以判断未知样品的大致书写时间。

图 13 - 2 是"上 WC"蓝色圆珠笔色痕单溶剂提取法所测得的字迹溶解能力与书写时间的关系曲线(实验条件:"上 WC"蓝色圆珠笔书写在日记本上;溶剂:氯苯,40μl;溶解时间:1min;取样量:10 个点)。从图中可以看出,在该实验条件下,随着书写时间的延长,吸收峰的峰高,即有机溶剂对色痕的提取量在不断减少。在 0 ~ 5 个月内这种变化很快,5 个月后逐渐趋于平缓,反映了不同时间书写字迹的这种溶解能力差别只在 5 个月内表现明显,书写时间在 1 年以上的不同时间书写字迹的溶解能力基本无差别。该方法的弱点是样品的溶解量与取样量有关,相互比较的检材与样本的取样量必须一致,但实际上很难做到这一点。

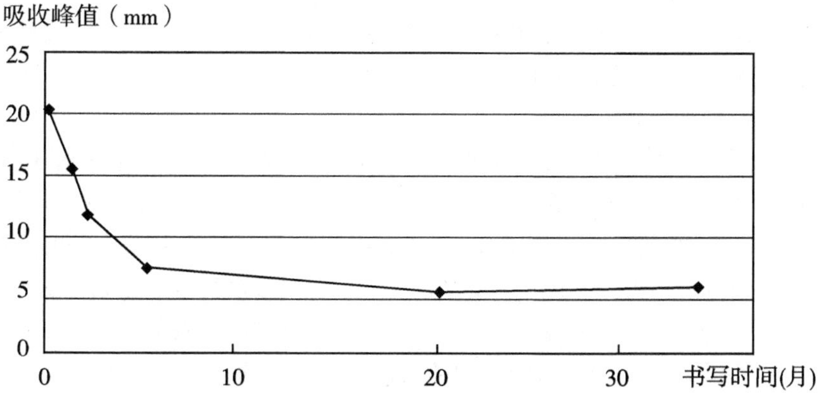

图 13 - 2　圆珠笔油墨字迹溶解能力与书写时间关系曲线

2. 双溶剂提取法

双溶剂提取法是定量测定圆珠笔油墨字迹书写时间较成熟、有效的方法。双溶剂提取法解决了过去所采用的单一溶剂提取法直接受取样量影响、误差较大的缺点,采用弱溶剂和强溶剂两次提取,测定检材和样本字迹的提取率,通过比较检材和样本字迹提取率的大小来判断检材的相对书写时间。字迹的书写时间越长,提取率越小;字迹的书写时间越短,提取率越大,如图 13-3 所示。

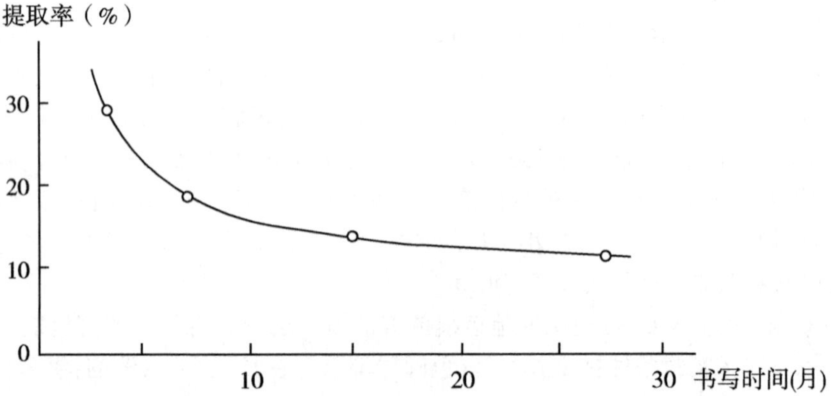

图 13-3 "丰华"牌蓝色圆珠笔油墨字迹提取率与时间的关系

该方法先用一种弱溶剂(氯苯或甲苯)溶解一部分圆珠笔字迹的油墨,以定量毛细管在薄层板上点样,再用一种强溶剂(二甲基甲酰胺)将剩余的油墨全部溶解下来并再次点样,最后通过薄层扫描仪对各样点逐点扫描出提取率,对检材和样本的提取率进行比较分析,从而确定检材的相对书写时间。

(三)溶压转移法

该方法是观察比较检材和样本字迹色料的相对转移能力大小。如果检材字迹色料的转印量比样本大,说明检材的书写时间在样本书写时间之后;反之,则在样本书写时间之前。具体操作如下:

用刀片分别在文书检材和样本上割取粗细、浓淡一致的单字或部分笔画,放在一块复印纸上作为待检试样。再用镊子夹取一块事先裁好的 5cm×5cm 左右的复印纸作为新载体承印纸,浸入盛有溶剂的表面皿中,使之吸附饱和。然后用镊子取出放在上下两张滤纸中间,使承印纸中的多余溶剂被吸附掉,以达到一定程度的潮湿状态,并使承印纸中所含的溶剂均匀分布。将潮湿状态的承印纸覆盖在已准备好的待检试样上,并在上下再垫上复印纸或滤纸,一起放入压力机的垫片中,施加一定的压力并保压一定时间后,卸压取出。

用该方法鉴定时要注意承印纸中的溶剂量不能太多,保持半干的潮湿状态;压力不能过大,一般在 5 兆帕以下;保压时间不宜过长,1 分钟左右即可。否则,易使色料洇散或不同时间书写色料的转印量反差减小,不易判断检材的相对书写时间。

(四)透析转移法

透析转移法是采用我们最新研制的透析液,通过测定文书色料的透析转移时间或透析转移速率来判断其制成时间的。具体来说,透析转移法测定文书的书写时间是针对文书上字迹的溶解性能,采用不同的透析液,在一定高度滴落于字迹笔画上,使每次滴落在纸面上的透析液厚度、直径基本一致。利用秒表测定检材和样本字迹的透析转移时间或速率。透析转移时间越短或速率越大,说明字迹的书写时间越近;反之,则书写时间越远,如图 13-4 所示。

透析转移法,不仅适用于各种可溶性色料的书写时间鉴定,而且适用于可溶性色料的打印和盖印时间鉴定,并且操作简便,无须特殊仪器设备,但在字迹笔画的选取和计时的控制上易带来较大的系统误差。对于可疑时间和标称时间相差较大的文书有较好的效果。

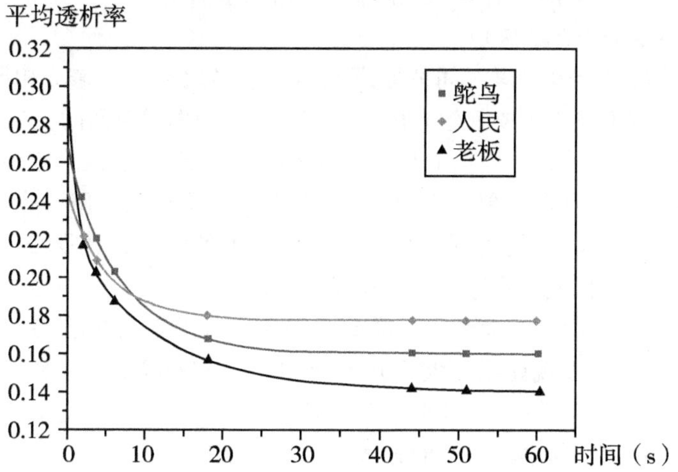

图 13-4 信稿纸上 3 种纯蓝墨水色痕平均透析速率与形成时间的关系曲线

四、化学成分相对含量测定

书写、打印到纸张上的色料的组成成分在外界条件的作用下,会随着时间的延长发生挥发、氧化、分解、转化等理化性质的变化。化学成分相对含量测定是通过测定并比较检材和样本字迹色料某组分含量随时间的变化来确定书写时间。

(一)标准墨水库法

在美国的 BATF 实验室(烟草、酒精、火器局),由布鲁内尔等人于 1968 年建立了标准墨水库,收集了 1958 年以来美国、日本、欧洲等墨水生产厂家的配方达 5000 余种(1988 年移交美国安全局时达 6000 余种)。标准墨水库提供了某种配方正确的最早使用时间从而解决了几百个案例。用薄层色谱法、溶解性试验法、化学反应法、红外反射光谱法、红外发光法、光密度扫描法、气相色谱法等方法对检材和样本进行种类认定。用这些方法可以找出书写文书用的墨水的种类，然后查出他们的生产日期，看文书落款日期时这种墨水是否已经被大众使用，验证文书是否伪造。

标准墨水库法鉴定书写时间也存在一些问题：一是否可疑文书上的墨水不在库内，而又与库内某一种墨水配方相近；二是文书上的墨水可能发生物理变化或化学变化（如褪色）而导致错误的区分结果。

（二）标记法

为了克服标准墨水库法的缺点，1975 年美国开始研究将标记化合物（稀土有机化合物或光学增白剂）加到墨水中，1975～1979 年实施了这一研究方案。到 1978 年，50% 的厂家都加入了标记物，当标记化合物被检测出未，无须鉴定其他成分，墨水的种类和最早生产时间就确定了，从而使墨水书写时间的鉴定进入"真实"年代的阶段。但随着大量的外来墨水流入美国市场，在客观上降低了标记物的用途。

（三）薄层色谱法（TLC 法）

薄层色谱法确定字迹书写时间的原理基本上与高效液相色谱法相同，也是用于测定字迹色料中各种染料成分或其他有机成分相对含量随书写时间的变化。

鉴定时，先分别在检材和样本上割取一定量的字迹笔画，加入一定量的适当溶剂进行溶解，然后把溶解液点在薄层板上，样点挥干后放人层析缸中用适当的展开剂展开。待将各种染料色点分离开后，再利用薄层扫描仪测出各色点的吸收峰。通过比较各色点吸收峰的相对峰面积值，即可判断书写时间长短。

1983 年日本德岛大学医学部法医教研室的原田宽子等人在用 TLC 法研究圆珠笔油墨种类鉴别过程中，发现暴露在太阳光下和 254nm 紫外线下的油墨成分的相对含量会发生变化。1989 年美国 BATF 实验室的布鲁内尔报道了用 TLC 法测定圆珠笔字迹油墨中染量相对含量来判断书写时间的方法——染料比值法。

中国刑事警察学院的王世全教授等在 1989 年和 1992 年研究过染料比值法，发现这种方法对于暴露在光线下的文书有效（各种染料的光褪色速率差别较大），但对于在黑暗中保存的文书（如长期夹在本中或文书夹中的文书），几年之内几乎看不出染料比值的明显变化。

（四）气相色谱法

气相色谱法用于测定圆珠笔油墨、签字笔墨水等书写色料和喷墨打印墨水中作为分散剂的某些易挥发成分（如圆珠笔油墨中常见的苯甲醇、苯氧基乙醇溶剂，签字笔墨水中常见的丙三醇、丙二醇、乙二醇、二甘醇溶剂，喷墨打印墨水中的丙二醇、二甘醇等）相对含量随书写时间的变化。

1. 圆珠笔油墨字迹书写时间的判定

该方法最先用于圆珠笔字迹的书写时间判定，因为圆珠笔油墨中除染料外，还含有多种有机成分，当圆珠笔油墨书写到纸张上以后，暴露在空气中的沸点较低的分散剂（溶剂）将逐渐挥发，书写时间越长，这种易挥发的有机成分含量越少，如图 13－5 所示。通过提取剂对圆珠笔油墨字迹溶解提取，经气相色谱仪分析，得到油墨中两种或两种以上挥发性成分的峰面积值，用两个峰面积比值作出老化曲线来判断书写时间。

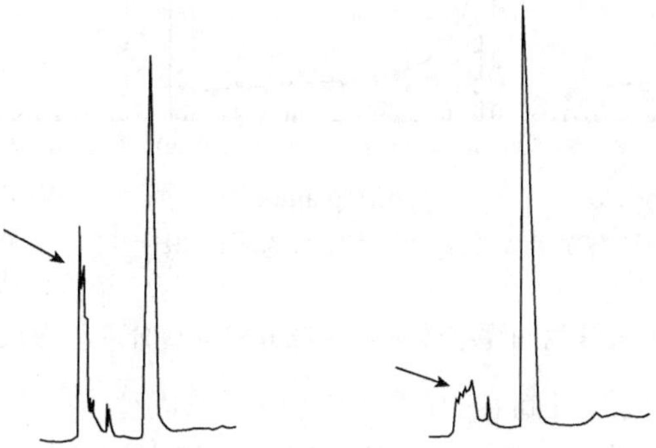

图 13－5　不同书写时间圆珠笔油墨的气相色谱

因该种方式存在很大误差，后又做了两种改进：一种是通过测定易挥发性成分与染料成分（如铜酞菁、三芳甲烷类染料）或其他难挥发性成分（如醇酸树脂的单体苯酐）的比值，作为研究圆珠笔油墨老化程度的参数，即用气相色谱仪测定易挥发成分的含量，用分光光度计测定染料的含量，以易挥发成分与染料的比值作为衡量书写时间的指标。另一种是通过测定挥发性成分的提取百分率，来判断圆珠笔油墨字迹的书写时间。根据圆珠笔字迹油墨挥发成分在表层中挥发得快，内层中挥发得慢，到一定程度基本不再挥发。弱溶剂仅溶解表层的挥发成分，强溶剂可以溶出内层油墨中的挥发成分。先将样品用弱溶剂提取，然后将样品挥干，再加入强溶剂提取，分别通过气相色谱仪测定两次提取的挥发性成分的含量 M_1 和 M_2。利用下列公式，计算挥发性成分的提取百分率，绘制老化曲线，即可确定可疑文书的书写时间。

$$M\% = [M_1/(M_1 + M_2)] \times 100\%$$

式中：M_1 表示弱溶剂提取的溶剂含量；M_2 表示强溶剂提取的溶剂含量。

王岩等人在根据圆珠笔油墨中苯甲醇和苯氧基乙醇这两种挥发性组分的不同，对国内 74 种圆珠笔进行分类的基础上，以挥发性组分的峰面积、内标物（邻甲苯酚）的峰面积与紫外—可见光谱中测得的染料（铜酞菁或三芳甲烷）吸光度值这三者之比为纵坐标，以字迹形成时间为横坐标，建立油墨自然老化的时间曲线，如图 13－6 所示。

色谱条件为毛细管色谱柱（FFAP）；柱温为程序升温（初始温度 60℃保持 1min，以 8℃/min 的速率升温至 190℃，再以 20℃/min 的速率升温至 240℃，保持 6min）；汽化室温度为 240℃；检测器（FID）温度为 260℃；载气（N_2）流速 2.0ml/min；H2 流速 35.0ml/

min;空气流速 350ml/min;尾吹流速:2.0ml/min;进样量 2μl。

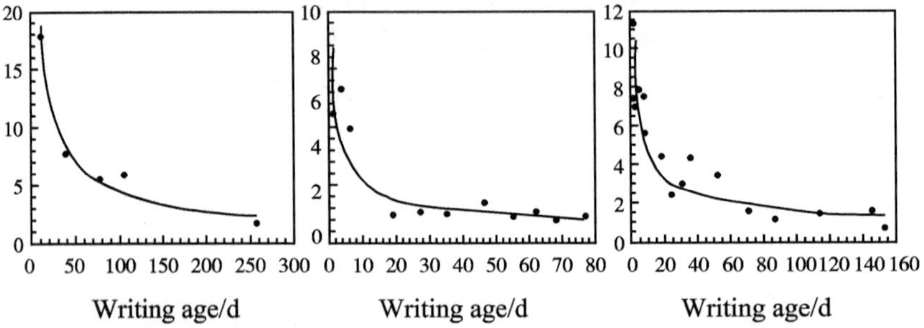

（a）苯甲氧基乙醇或者苯甲醇的峰面积 （b）邻甲苯酚的峰面积 （c）铜酞菁或者三芳甲烷的吸光度

图 13-6 三种圆珠笔油墨字迹挥发性成分提取百分率与形成时间关系曲线

实验证明:字迹形成的时间在 20 天左右,树脂未固化,溶剂逸出较快,曲线斜率较大;字迹形成的时间在 20～100 天,溶剂从半固化的膜中挥发较困难,溶剂变化较慢,曲线斜率较小;字迹形成的时间超过 100 天,树脂已完全固化,曲线平缓趋于一直线。

2. 签字笔墨水字迹书写时间的判定

(1)蓝色签字笔墨水字迹书写时间的判定

将签字笔墨水字迹色痕用含有外对比物苯甲酸乙酯的甲醇溶液(500ml 的甲醇中加入 3ml)提取,取 2ml 的提取液进行气相色谱分析。色谱条件为:毛细管色谱柱(DB-FFAP);柱温为程序升温(初始温度 60℃保持 1min,以 12℃/min 的速率升温至 150℃,再以 20℃/min 的速率升温至 220℃,保持 4min);汽化室温度为 240℃;检测器(FID)温度为 280℃。再取 0.9ml 的 DMF 溶液加入剩余的提取液中,震荡 20min 后,进行紫外—可见光谱分析。

蓝色签字笔墨迹中溶剂成分的相对含量表示为:

$$P = A_1(A_2 \times A_3)$$

式中,P 为溶剂成分的相对含量;A_1 为溶剂成分的峰面积;A_2 为外对比物的峰面积;A_3 为染料成分的最大吸光度值。

以溶剂成分的相对含量为纵坐标,以书写时间为横坐标,绘制关系曲线,如图 13-7 所示。

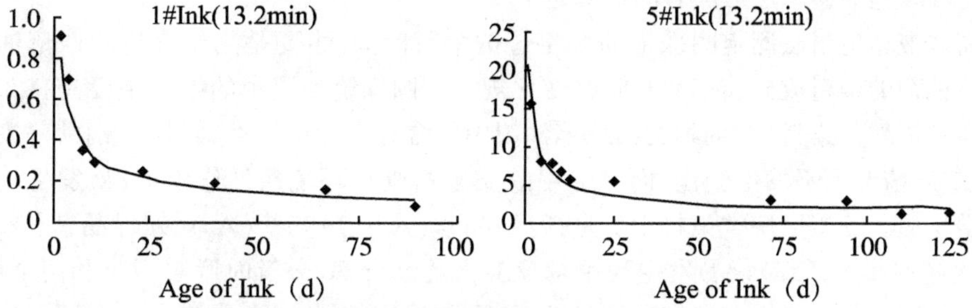

图 13－7　两种签字笔墨水字迹挥发性成分相对含量与形成时间关系曲线

(2)黑色签字笔墨水字迹书写时间的判定

黑色签字笔墨水大部分是用颜料和碳黑为着色剂,难以提取,在办案实践中通常以双溶剂提取法测定溶剂成分的提取率,以此来消除操作上的误差。先用弱提取剂乙醇提取 20min,再用强提取剂甲醇提取 45min,然后对提取液进行 GC 分析。色谱条件为:毛细管色谱柱(DB－FFAP);柱温为程序升温(初始温度 60℃保持 1min,以 12℃/min 的速率升温至 150℃,再以 20℃/min 的速率升温至 220℃,保持 4min);汽化室温度为 240℃;检测器(FID)温度为 280℃。

溶剂的提取率表示字迹色痕中溶剂的相对含量,溶剂提取率可用下列公式计算:

$$Q = A/(A + B) \times 100\%$$

式中,Q 为溶剂成分的提取率;A 为用弱溶剂提取剂的提取量;B 为用强溶剂提取的提取量。

3. 喷墨打印墨水字迹的形成时间判定

气相色谱法判定墨水字迹的相对形成时间,是测定打印墨水溶剂成分的色谱峰随时间变化的关系。先用弱提取剂乙醇提取 20min,再用强提取剂甲醇提取 45min,然后对提取液进行 GC 分析。

溶剂的提取率表示字迹色痕中溶剂的相对含量,溶剂提取率可用下列公式计算:

$$Q = A/(A + B) \times 100\%$$

式中,Q 为溶剂成分的提取率;A 为用弱溶剂提取剂的提取量;B 为用强溶剂提取的提取量。

实验表明,喷墨打印墨水字迹色痕中溶剂提取率随时间的延长不断减少,达到一定时间之后提取率变化不大。

(五)液相色谱法

高效液相色谱法测定字迹的形成时间,主要是用于分析墨水中作为显色剂的染料成分随时间的变化规律。

1. 圆珠笔油墨字迹形成时间的测定

高效液相色谱法测定圆珠笔油墨字迹的书写时间，主要是用于分析圆珠笔油墨中作为显色剂的染料成分随书写时间的变化规律。圆珠笔油墨中的染料主要有三芳甲烷类染料和铜酞菁染料（有的种类圆珠笔油墨中只含有三芳甲烷类染料）。铜酞菁染料很稳定，一般情况下不发生变化，而三芳甲烷类染料则在环境条件作用下，易发生一系列的化学反应。三芳甲烷类染料主要是指：结晶紫（A_1）、甲基紫（A_2）、碱性品蓝（A_3）、碱性艳蓝等。其中，结晶紫易发生脱甲基反应而逐渐分解，分解时脱去一个和两个甲基，变成它的同系物——甲基紫和碱性品蓝，脱甲基反应的示意图，如图 13－8 所示。所以结晶紫的含量随时间逐渐减少，碱性品蓝的含量随时间逐渐增多。通过归一化处理染料相对量分别为：

$$A_1\% = A_1/(A_1 + A_2 + A_3) \times 100\%$$
$$A_2\% = A_2/(A_1 + A_2 + A_3) \times 100\%$$
$$A_3\% = A_3/(A_1 + A_2 + A_3) \times 100\%$$

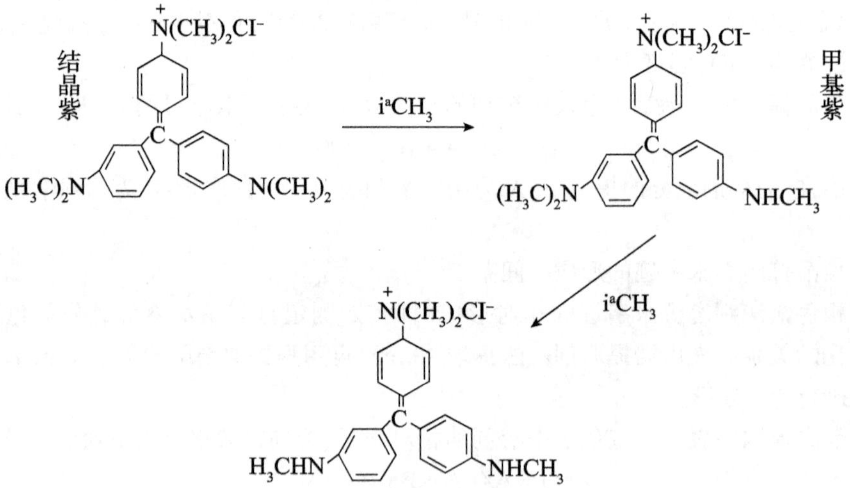

碱性品兰

图 13－8　脱甲基反应示意

在通常条件下，结晶紫每年可分解 1% 左右，但这些染料的分子量都很大，一般很难进行气化，因此不能采用气相色谱法分析，而可以采用高效液相色谱法测定染料的变化，从而确定其书写时间。该方法可以确定书写 6 个月以上至 6 年的圆珠笔字迹相对形成时间，绘制的曲线，如图 13－9 所示。

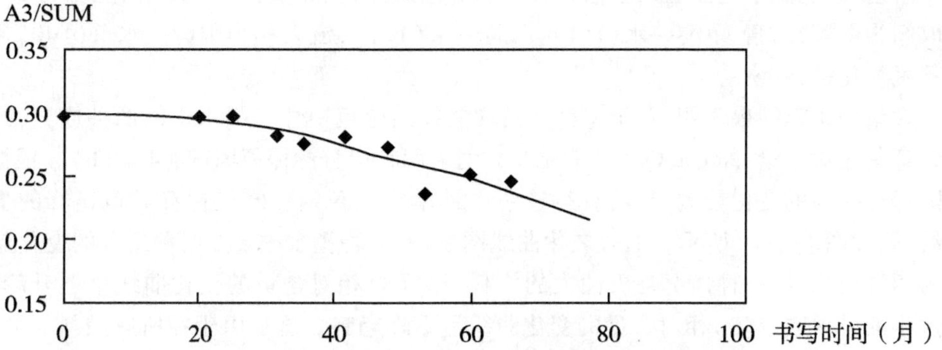

图 13-9　上海丰华样品中染料随时间的变化曲线

蓝色圆珠笔油墨的色谱条件为：C18 色谱柱，检测波长是 580nm，柱温为 30℃，流速为 1.0ml/min，流动相为乙腈—水—冰乙酸（60∶40∶0.5，v/v）。

2. 染料基的蓝色、黑色中性笔墨水字迹的相对形成时间测定

随着时间的推移，蓝色中性笔墨水字迹中的染料成分，受空气中氧的作用而发生分解，从而使墨水中染料成分的含量不断地减少，俞静等人用 HPLC-MS/MS 研究了蓝色中性墨水中染料的光降解产物，结果表明在蓝色中性笔墨水的老化过程中，主要是 Acid Blue 9 在发生变化、反应，如图 13-10 所示，这为字迹形成时间的鉴定提供了重要的依据。研究染料变化过程时，为排除取样量、书写力度、笔道粗细及出墨量等随机性因素的干扰，选取染料成分的相对含量进行考察，即利用各峰面积占总面积百分比的变化来确定相对书写时间，并采用以下公式计算染料成分的相对变化率。通过测定蓝色中性笔墨水中染料成分的相对含量，可以确定 900 天以内蓝色中性笔墨水字迹的相对形成时间。

$$Q_i = S_i / \sum S_i$$

式中，Q 为染料成分的相对含量；Si 为某种染料成分的峰面积；∑Si 为样品中各染料成分的峰面积之和。

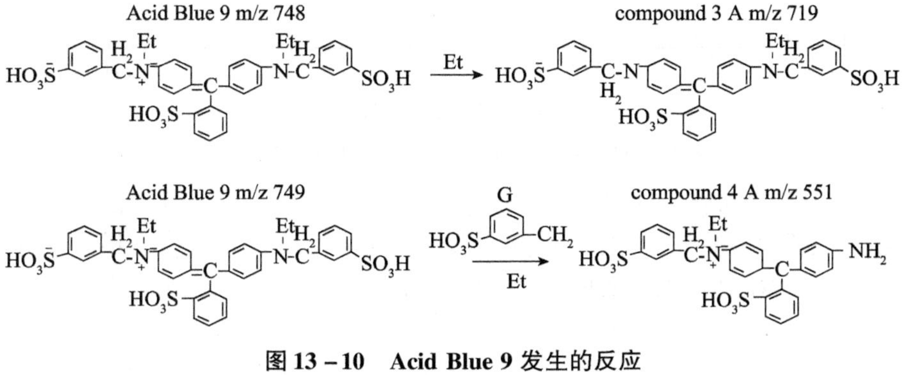

图 13-10　Acid Blue 9 发生的反应

蓝色、黑色签字笔油墨的色谱条件为：C_{18}色谱柱，检测波长是580nm，柱温为30℃，提取剂为甲醇、乙腈、甲醇—水（1:1）、乙腈—水（1:1），流动相为甲醇—水（60:40，含四丁基氢氧化铵，v/v）。

大量的研究结果表明：对于每种样品均能找出蓝色中性笔墨水中的两种成分，并分别计算其相对含量，即Qa、Qb（其中a、b分别为两种成分的保留时间，且a < b）。根据Q值随保存时间的变化绘制曲线，获得蓝色中性笔字迹色痕在暗处保存后色谱峰的变化曲线图，如图13－11所示。通过老化曲线图发现，同种墨水中a、b两种组分的变化趋势分为两种情况：第一种情况是极性大的染料成分（a）相对含量的变化曲线呈上升趋势；极性小的染料成分（0）相对含量的变化曲线呈下降趋势。这是由于在所有染料成分中，a的分解速率相对较小、b的分解速率相对较大所致。第二种情况则与上一情况相反，a的变化曲线呈下降趋势，而b的变化曲线则呈上升趋势，这是由于在该类样品中，a的分解速率相对较大，而b的分解速率相对较小。产生以上现象的主要原因在于不同种类蓝色中性笔墨水所使用的染料成分不相同，相对分解速率不同所敢。

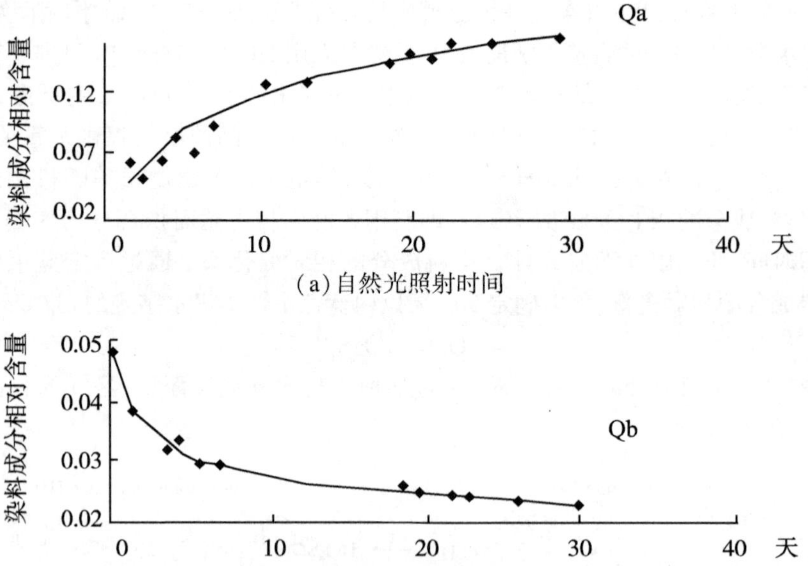

(a) 自然光照射时间

(b) 自然光照射时间

图13－11 染料成分相对含量随时间的变化曲线

除上述几种方法外，针对不同的字迹色料还可以采用显微分光光度法、傅立叶变换拉曼光谱法、傅立叶变换红外光谱法、紫外线—可见光谱法、X光电子能谱法、电化学法等对化学成分的相对含量进行测定。但有些方法还不够完善，尚需进一步深入研究。

五、热分析法

热分析法确定蓝黑墨水字迹形成时间是近几年我国最新研制成功的一项鉴定技术。它是运用DSC(Differential Scanning Calorimetr)法直接测量不同时间形成字迹在程序温度控制下的理化性质与温度的关系,即热分析曲线,根据热分析曲线的变化情况作出字迹形成时间的一种技术方法。

DSC法是利用化学反应或物质状态变化时所产生的放热或吸热现象进行分析的一种热分析法,用于测定物质能量的变化。分析墨水氧化特性是通过测定墨水物质成分随时间推移其能量发生变化的规律而实现的。

墨水书写到纸张上以后,由于温度、湿度等各种环境因素的作用,笔画的物质成分会发生氧化、还原、分解、扩散等物理和化学变化。随着时间的推移,这些变化在各个阶段都有特定的参数值。用DSC法测量墨水随时间变化的成分含量及物理化学动态参数值,这些数值随时间不断改变,它们与时间之间存在定量关系,在程序温度控制下表现为一系列的吸热和放热现象,即吸热和放热特征峰。根据已知时间的样品找出这些数值与书写时间的定量关系,作出热分析曲线,再比较同种墨水不同书写时间的DSC曲线,可以检测字迹的相对书写时间。

第四节 印文盖印时间的鉴定

印章盖印作为文书真实、有效凭证的要素之一,在公文和一些重要文书上,成为不可或缺的一部分。在正常情况下,一份文书的正文形成后,在一定位置上加盖相关的印章印文,文书正文的制成时间应与印文的盖印时间基本一致。由于文书字迹的制成时间鉴定要求的条件很严格甚至苛刻,从文字色料上直接测定其形成时间有时非常困难。若能避开繁复的书写时间测定,转而从文书上印文的盖印时间人手,不失为文书制成时间鉴定的一条捷径。

一、印文印泥变化特性

印文色料包括印泥、普通印油和特种印油(如原子印油)。印泥成分中含有较多的蓖麻油或氯化石蜡油等调和油,这些油质均是在常温下呈液态的高分子,很难挥发,当用印章蘸取印泥在纸张上盖印后,印文色料中的油质便开始在表面张力的作用下沿着纸张向外铺展扩散形成油痕。在一定时段内,时间越长油质的扩散距离越远,经过一段时间后,油质逐渐变稀薄,表面张力逐渐减小,当表面张力减小到与油质分子间的相互吸引力平衡时,油痕的扩散距离达到最大值并稳定下来。在不同时间内通过测量印泥印文油质的扩散程度,即可推断其盖印时间。该方法的优势在于可以撇开各种条件因素的影响，抓住油质扩散由快到慢、最终于两个月以内停止的一般规律，通过测量同一印文在某几个时间段的再扩散距离来推断印文的绝对盖印时间，且无损检材。

该方法的前提条件，是印文必须有油质扩散所形成的油痕。另外，该方法的可检时间范围小，还要将检材放置较长时间以观察其变化，不能很快提出鉴定意见。

二、印文可变性印迹特征判断印文盖印时间

印章印文所谓可变性特征，是指借助印文色料(印泥或印油)反映出来的，表明其历时变化状态的形象特征，不包括印文形成后其色料本身随时间而发生的变化。在文书上加盖印文的一瞬间，就使其印迹特征定格在当时的变化状态上。通过与大量的已知盖印时间的历时样本印文进行比对，观察可疑文件上的印文可变性印迹特征与哪个时段的样本印文相近，就可以判定可疑文书上印文是在哪个时段盖印的。

根据印章的印面结构和印面附着物的历时变化规律，通过检材印文与其历时样本印文的比较鉴定，以印文可变性印迹特征的异同，推断检材印文盖印时间的一种方法。印章的印概括起来有两大类：一类是印章印面自身结构的变化特征；另一类是印章印面附着物的变化特征。印章印面自身结构的变化特征主要包括：印面胀缩及老化特征、印面磨损变化特征；印章印面附着物的变化特征主要包括：印面异物变化特征、印文色料淤积及分布状态特征、印文色料种类及浓淡变化特征。

根据印文的可变性印迹特征鉴定盖印时间，只要特征明显、样本充分，则结论可靠。而且该方法不受盖印时间长短的限制，也不受纸张、色料种类和保存环境条件的影响，鉴定时又丝毫无损检材。应当说该方法是目前解决印文盖印时间问题的一个切实有效的基本方法。

三、一次性连续盖印的判定

一次性连续盖印印文，是指手持印章一次蘸取色料后依次在两份以上的文件上盖印形成的印文。这里需要特别强调的是，只蘸取一次印文色料，且在时间上是连续而无间断的，以这种方式所盖印的两枚以上的印文，才是一次性连续盖印印文。如果在盖印过程中蘸取印文色料不止一次，或在前一次盖印后放置一段时间(一般时间不会太长)再进行下一次盖印，那么蘸取印文色料前后或放置一段时间前后所盖的印文只能说是同期盖印的印文而不是一次性连续盖印的印文。

印章在使用过程中，由于受到环境和材质等因素的影响，印章自身会产生一定的变化，这种变化会反映在盖印的印文上；而印面的色料、附着物以及盖印人在盖印过程中的行为、习惯，在依次盖印时逐渐发生变化，也会反映在印文上，形成相应的特征。这些特征及其变化规律与盖印时间相对应，可以反映出印章盖印的时间性和连续性。因此，也可以为判定多份文件上的印章印文是否为一次性连续盖印提供了理论依据。

一次性连续盖印的主要一下几个方面的特征：

(一)印文色料依次减淡

印文色料依次减淡是一次性连续盖印印文(除自含墨印章所盖印文外)所表现出的最直观特征，如图 13－12 所示。由于在盖印过程中只蘸取一次印文色料，每盖印一枚印文，印章印面所附着的色料就会因一部分转移到文件纸张上而减少，这样就形成了色料依次减淡的印文。盖印的印文枚数越多，色料越浅淡，且浅淡的程度也越来越重。从盖印第一枚印文起，直至盖印人再蘸取印文色料盖印时止，便形成了一组色料依次减淡的一次性连续盖印的印文。印文色料减淡的程度决定了一组一次性连续盖印的印文最多所能盖印的枚数。它与印文色料的种类、一次蘸取印文色料的量、盖印的力度、衬垫物的软硬等因素有关。实验表明，一次性连续盖印过程中印油比印泥减淡的程度重，软衬垫物比硬衬垫物减淡的程度重。

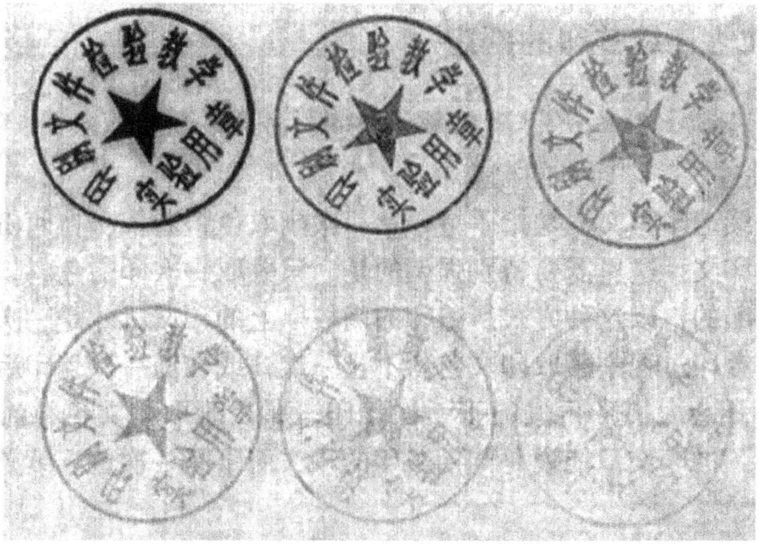

图 13－12　印文色料依次减淡现象

(二)印文可变性印迹特征基本相同

印文可变性印迹特征是判断印章盖印时间的主要依据，因为印文可变性印迹特征是对印章本身状态历时性变化的反映。由于印文的可变性印迹特征不是印章印面固有结构的反映，而是历时性变化的，在盖印时反映出当时的印面特点和盖印状态，因此，在不同时间段盖印的两枚以上的印文，其可变性特征都会有或多或少的变化。印文盖印间隔时间越长，这种变化越大；间隔时间越短，这种变化越小，如果是一次性连续盖印的，则这种变化非常小，可以说印文的可变性印迹特征基本相同，如图 13－13 所示。

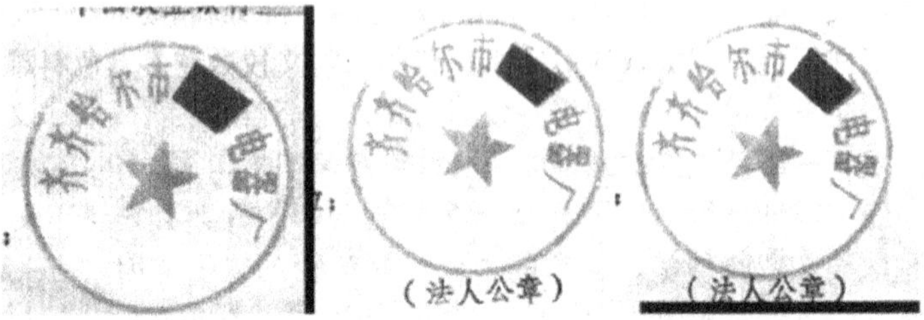

图 13-13　连续盖印的三枚印文可变性特征相同

（三）印文盖印方式基本一致

一次性连续盖印的印文除了表现出印文色料依次减淡和印文可变性特征基本相同外，还会在盖印的力度、盖印的角度和盖印的部位等方面，即盖印方式上表现出一致性。当然，这种一致性并非分毫不差、绝对相同，而是相差不大、基本一致。盖印方式的一致性是整体反映出的组合特征的一致，显然，这比单一特征的基本一致价值要高得多。

上述判定一次性连续盖印印文的三个条件是缺一不可的，单看其中的任一个条件都是必要而不充分的，因为在非一次性连续盖印的印文，特别是同时而非一次性连续盖印的印文中，也可能偶然出现上述一个或几个特征，但若同时出现上述三个方面的特征则绝非偶然。所以，只有同时具备上述三个方面的特征，才是正确判定一次性连续盖印印文的充分而必要条件。

四、印文色料判断印文盖印时间

（一）印文色料油渍扩散法

印文色料包括印泥、普通印油和特种印油（如原子印油），其中的印泥由于成分中含有较多的蓖麻油或氯化石蜡油等调和油，这些油质均是在常温下呈液态的高分子，很难挥发，当用印章蘸取印泥在纸张上盖印后，印文色料中的油质便开始在表面张力的作用下沿着纸张向外铺展扩散形成油痕。在一定时段内，时间越长，油质的扩散距离越远，经过一段时间后，油质逐渐变稀薄，表面张力逐渐减小，当表面张力减小到与油质分子间的相互吸引力平衡时，油痕的扩散距离达到最大值并稳定下来。在不同时间内通过测量印泥印文油质的扩散程度，即可推断其盖印时间。该方法的优势在于可以撇开各种因素的影响，抓住油质扩散由快到慢，最终于两个月以内停止的一般规律，通过测量同一印文在某几个时间段内的再扩散距离来推断印文的绝对盖印时间。

（二）双溶剂提取法

双溶剂提取法的原理是印泥印文盖印在纸面上以后，由于暴露在空气中，受温度、湿度、光线、空气的影响，其中某些成分会发生氧化、分解、挥发、聚合和向纸张纤维的深层渗散等物理、化学变化，导致印文在某些有机溶剂中的溶解性能发生变化。盖印时间越短的印文色料越容易被溶解，盖印时间越长的印文色料越不容易被溶解。因此，选择合适的弱、强两种试剂，采用双溶剂提取法，根据印文色料萃取率的不同即可判断印文的相对形成时间。

双溶剂提取法判定印文的盖印时间受印泥种类和纸张种类的影响，在实际工作中要保证印泥和纸张种类的相同。

（三）显微分光光度检测法

显微分光光度仪是20世纪60年代问世的一种光电分析仪器，它可以测量并给出物质对不同入射光吸收或反射的谱图。而物质对不同波长的入射光的吸收或反射量又是由物质本身的化学结构决定的。凡是用同一种印泥或印油盖印的印文，随着时间的延续，印泥或印油中的不稳定成分将逐渐发生不可逆的变化，这种变化体现在该印泥或印油的成分、浓度和颜色上。因此可以采用显微分光光度仪对印文文字线条的微区进行检测，以揭示印泥或印油的历时变化，而这个变化应当是该印泥或印油已经发生的和被盖印到印文上之后发生的变化的总和。

用该方法鉴定印文的盖印时间，须提供用该印章在标称时间和可疑时间盖印的印文样本。然后用显微分光光度仪在同一检测条件下，对检材印文和样本印文分别进行检测，并对获得的谱图进行比对。通过这种比对，一方面发现印文样本谱图所显示的印泥或印油的历时变化规律；另一方面看被检验印文的谱图与哪一时间的样本谱图相符，并据此推断被检验印文的盖印时间。不同盖印时间的最大吸收波长和最大吸收度均存在差别，且可为印泥印文的盖印时间提供依据。

（四）转印（压取）法

转印法判定印文盖印时间的依据是文件的印文色料随着时间的延续，逐渐成膜并向纸内浸润干涸，被转印的能力越来越小。在已知盖印时间的印文样本参比下，根据印文印泥（油）的转印能力的大小，大体推断印文的盖印时间。

检验时，采用经过有机溶剂浸湿挥至半干的分析滤纸，将其覆盖到相比较的印文上，上下各垫数张干滤纸，置于小型压力机中加压，再比较被检验印文与样本印文印泥（油）的转印能力的大小。

第五节　朱墨时序鉴定

一、朱墨时序与鉴定

朱墨时序是指印文与书写、复写、打印及复印字形成的先后顺序，这里的朱是指印文，墨是指所有与印文交叠的字迹笔画。朱墨时序鉴定是根据字迹朱墨交叉点处的外观特征或色料理化性质的变化确定朱、墨二者的先后顺序。外观特征包括交叉点处色料表观形貌的变化和层次结构关系。色料的理化性质是指溶解性、荧光特性和吸附能力等。

通过朱墨时序鉴定,可确定涉案件当事人所述是否与文书真实形成过程相符、判断文书的相对形成时间以及文书的真伪。

二、朱墨时序鉴定方法

根据文书的印文和书写属性,朱墨时序鉴定大致分为外观特征检验法和色料的理化性质检验法。外观特征检验可利用体视镜和电子显微镜,观察交叉点处色料表观形貌的变化和层次结构关系。色料的理化性质检验可通过表面分析法、削离法、光谱法、脱色法等,检测溶解性、荧光特性和吸附能力等。下面主要介绍体视镜观察法和电子显微镜法。

(一)体视镜观察法

体视镜观察是目前应用最简单、最常用、最有效的一种方法,属于无损鉴定范畴。

1. 先朱后墨交叉部位的表观特征

根据文书字迹交叉部位朱、墨两种色料的表观特征,判断朱墨时序。

(1)笔画形态或色料分布特征。当印泥印文先于墨迹笔画形成于纸张表面时,后形成的墨水、圆珠笔、复写纸笔画极易产生断笔、变细现象或色料呈点状形态分布。这是由于印泥印文形成后,交叉点处与非交叉点处的纸张表面状态不同,墨水与印泥的化学极性相差甚大,两者接触后会产生油水相拒现象,后写笔画因表面张力不能完全黏附于印泥表面所致。圆珠笔、复写纸笔画形成断笔是因为笔尖在经过印泥时输墨转印不充分所致。碳素墨水、喷墨打印墨水和针式打印机色料虽然在交叉点处也存在黏附量减少的现象,但明显程度不及上述色料。

当印文色料为印泥、墨迹色料为墨粉时,激光打印机、复印机的墨粉笔画会出现大小不一、形状不规则的墨粉缺失现象。印泥层越厚、笔画宽度越大,出现的概率越高。机理是墨粉经热压由感光鼓转移到纸张上,印泥的存在使感光鼓某个部位的墨粉转移不充分。应当指出的是,在应用此特征时要与笔画墨粉的脱落相区别。

(2)洇散现象。洇散有两种表现形式:一种是当印文色料为油溶性普通印泥时,后书写笔画的墨水在印泥笔画的两侧因墨水聚积产生洇散现象;另一种是当印文为水溶性印油时,洇散部位则是在印文笔画中而不是两侧,这是因为印油印文形成时对纸张的施胶层产生了影响,致使墨水色料洇散。

(3)印文色料分布特征。用钢笔、圆珠笔、签字笔、复写纸形成的墨迹,因书写的压力作用会使纸面上留下凹痕,交叉点处的印文色料随之下陷,在压痕底部,均匀分布印文色料。如用针式打印机打印,在交叉点处打印笔画边缘的印泥几乎垂直下陷,针点处和针空处均有印泥分布,且针点处印泥有被击打的网状痕迹。

(4)色料覆盖特征。当黑色色料较浓时,后形成的墨迹可以覆盖先形成的印文色料，墨迹表面上无印文色料。如书写笔墨量较大且书写速度较慢，或者激光打印形成的字迹，都会观察到这种现象。

(5)拖带特征。产生拖带现象的条件必须是印文色料为普通印泥，而墨迹为硬笔书写形成的。多发生于纸张表面光滑或印泥量较多或未完全干涸时，其现象是印泥在印文笔画一侧随书写方向有分布。

(6)转印特征。当印文为普通印泥，墨迹为墨粉时，在输纸方向印文所在位置的上方或下方相应部位有印泥转印颗粒。这是因为在打印、复印时，印泥受到热(200℃左右)和压力(约60kg)的作用，有少量印泥色料残存在感光鼓上，当鼓旋转时与纸张表面再次接触，会将印泥再次转印到纸面上，形成红色印泥点，这种点非常细小，一般只能在高倍率显微视场中才能观察到。

(7)边缘效应特征。如果用激光打印机打印或复印机复印时纸张上已存在印文，打印、复印机感光鼓充、放电及转印电极的电场受到一定干扰，使印文笔画两侧的墨粉弥散点多于空白处。但使用此特征时应注意与检材被二次污染相区分。

2. 先墨后朱交叉部位的表观特征

相对而言，确定这种时序关系的难度大于先朱后墨，其原因在于交叉点处除两种色料外，附加的特征大多存在于墨迹笔画而不是在印文中。

(1)笔画均完整。这是先墨后朱时容易出现的一种状态。先形成的墨迹在纸张表面状态相同条件是完整的，印文在压力稍大的条件下笔画也是完整的。

(2)压痕处色料特征。先形成书写或打印字迹后盖印印文，如果蘸印量少且盖印时压力较轻，因字迹压痕处的印文色料盖印不充分而形成露白(未黏附红色物质)，或该处虽能黏附一些印文色料但较墨迹两侧的印文色料少。针式打印字迹因冲击力大，针点处的露白现象更明显一些。如果蘸印量大且盖印时压力较重，因印泥色料的表面张力作用，压痕处印文色料反而较交叉点两侧的多，形成“填谷”现象。

(3)印泥颗粒堆积物特征。普通印泥是固体色料，在先墨后朱时序条件下，墨迹表面存在条状或块状的红色印文堆积物。激光打印字迹和碳素墨水文字，因墨层均匀且有较大厚度，印泥的堆积状态更明显；针式打印字迹，可出现一块完整的印泥堆积物覆盖几个点阵针点的情况。

(4)墨迹溶解扩散特征。先墨后朱为形成文书的正常次序，两者相距时间较短，印泥中含有的油质多，溶解墨迹的能力强，墨迹溶解程度明显重于先朱后墨的时序。实验表明，印泥量较多时，12小时内油性书写色料就可产生溶解扩散；墨粉虽然也会发生溶解现象但一般不扩散，只是墨粉表面颗粒结合，形成反光度较大的膜层。

(5)墨迹笔画变色特征。先墨后朱时蓝色墨迹笔画呈黑色或黑褐色。蓝色物质被红色物质覆盖，后者可起到“滤光器”的作用，且两色接近互补，故外观上墨迹呈黑色或黑褐色。

3. 显微观察应注意的几个问题

在利用光学显微镜判定朱墨时序时，应注意以下几个问题：

（1）应选择价值高、稳定性好的特征。避免因偶然因素造成的错误，如墨水与普通印泥在先朱后墨时序时，凡在印泥较浓处墨迹笔画均可发生变细、甚至完全中断现象，此特征出现率高因而价值也高。

（2）要分析检材的形成条件。检材的形成条件包括印文色料种类、浓淡、盖印压力，墨迹色料的种类、书写压力及输墨量，纸张的光滑程度等。在同是墨水与普通印泥先朱后墨的情况下，当书写压力大或输墨量大抑或印文较浅淡时，断笔特征出现率显著下降甚至观察不到该现象，在鉴定光敏、原子印文与墨迹的时序时更要注意。

（3）要选择合适光照方式。同为显微鉴定，反射光照射与透射光明射可能对鉴定效果产生影响，前者只能观察表层色料状态，后者则能观察到朱、墨两种色料的分布。根据形成朱墨次序的色料种类不同，应选择合适的光照方式，已达到最佳的鉴定结果。

（二）电子显微镜鉴定

电子显微镜具有普通光学显微镜无法达到的高放大倍率和景深效果，因而能观察到书写笔画之间或书写笔画与印章印文之间，在不同形成顺序时所表现出的不同微观立体形貌特征。适用于交叉顺序观察的是扫描电子显微镜，放大倍率为 2000 ~ 3000 倍。鉴定时，需要将交叉部位切下 1 ~ 3mm^2 的样本黏附到样品台上，经真空镀膜后置于样品室，在荧光屏上进行观察。

印泥印文与用钢笔、圆珠笔书写和经复写纸复写的字迹相互交叠时，用扫描电镜可以有效地判断形成次序。其依据是观察印泥膜层的完整情况和形貌变化特征。如果是先写字后盖章，因印文与字迹笔画交叉部位的印泥膜层表面没有受到书写工具的划动、摩擦和挤压，印泥膜层对字迹覆盖得均匀，而且在覆盖层中可以观察到印泥颗粒呈立体形态分布。如果先盖章后写字，由于印文受钢笔、圆珠笔和复写笔等不同书写工具外力作用的划动和摩擦，使印泥膜层表面的印泥颗粒的立体形态发生变化，可能表现出由于钢笔尖划动了印泥中的颜料或填料颗粒而形成的划痕特征，由于书写笔对印文膜层的挤压形成的挤压特征，由于印泥颗粒被挤压而包埋在圆珠笔、复写纸“字迹膜”内的镶嵌特征，由于复写纸色料黏附在较薄的印泥膜层表面的依附特征，由于运笔作用力和方向的变化而形成的圆珠笔油堆积“墙”特征以及由于钢笔笔尖分岔将印泥膜挤开等特征。许多用常规显微镜无法判断的鉴定对象，用此法可作出明确结论。

三、影响朱墨时序鉴定的因素

影响朱墨时序鉴定的主要因素有色料种类、书写工具种类、组合关系以及时间关系等。

(一)色料种类

朱与墨色料能在承载纸面上形成层状覆盖,由于两者极性不同,则形成的表观特征相对明显,易鉴别。

1. 印文色料

印泥是一种固体性黏稠物质,属油溶性色料,化学极性较小,盖印后能在纸面上形成层状覆盖。泡沫印泥属液体油溶性色料,极性小,盖印后不能在纸面上形成层状结构。原子印油和光敏印油是液体油溶性色料,极性较小,渗透性强并可对纸张表层及次表层纤维染色。大多数印台印油属水溶性液体色料,极性大,在一定程度上降低纸张的施胶防洇散作用;少数印台印油为油溶性色料,对纸张作用结果同原子印油和光敏印油。

2. 书写色料

成品书写色料有多种。钢笔用碳素、蓝黑、纯蓝墨水,均为水溶性、强极性、渗透性色料,其中碳素墨水因黑度大、覆盖能力强,对于判断朱墨时序来说,其鉴别难度大于另两种墨水。签字笔墨水是目前使用最多的一类书写色料,其大多着色剂是成分为碳黑,化学性质与碳素墨水相当;少数签字笔墨水为有机染料墨水,还有一类为二者的混合色料。普通复写纸属于性油溶性色料,因其靠衬垫转印形成字迹,且色料黏附于纸张表面,对于判断朱墨时序来说,属易于鉴别的一类。圆珠笔油墨,其性质类同于复写纸油墨。喷墨墨水的成分、化学性质与签字笔墨水相当,但因不存在硬笔书写时留下的压痕,故总体来说增加了鉴定难度。墨粉属于性油溶性色料,是目前在朱墨时序鉴定中主要对象之一。激光打印字迹墨层厚,覆盖能力强,层状程度高,当与印油类印文交叉时,判断朱墨时序的难度较大,尤其是当墨迹为复印字迹时,因其笔画中有大量的露白现象存在,鉴定难度更大。色带油墨属油溶性色料,为针式打印机所专用。针式打印字迹笔画是所有墨迹中露白现象最为严重的一种,故鉴定朱墨时序难度也随之增加。

(二)书写工具种类

书写工具,是指形成墨迹的各种书写工具和打印、复印机具。书写工具形成的墨迹笔画时伴随留下的抑压痕越重,则交叉点处的可检特征也越多、越明显,判定朱墨时序的难度越小,如圆珠笔、球珠型鉴定笔的墨迹与印文交叠时检出率较高。另外,同种书写工具其书写压力越大则检出率越高。

(三)组合关系

组合关系,是指朱、墨两种色料笔画形成的顺序不同时所产生的影响以及两种色料的极性关系。一方面,印文(或墨迹)形成在先(或在后)其检测难度有所不同,如印泥印文与墨水笔画在先朱后墨时序时容易产生明显的特征,而相反时序时鉴定难度则明显提高。另一方面,朱、墨两种色料的极性差别越大,则鉴别难度越小。因为色料的极性直接影响到交叉点处表层色料的多寡和文书保存期间是否会发生互溶现象。一般规律如下:

当两者均为水溶性渗透色料时，即印油印文与各类墨水形成的文书，在交叉点处能反映时序关系的表观特征很少，鉴别难度大；如果印油印文与油溶性书写或打印色料，因印文色料未形成明显的层状结构，其鉴别难度也较大；当印泥印文与水溶性色料时，此类检材在所有朱墨时序鉴定中，交叉点处表现出的时序关系最多、最明显，故鉴定难度较小；当两者均为油溶性色料时，即印泥印文与圆珠笔、复写纸或打印墨粉等色料制作的文书，鉴定此类文书的难易程度又可大致分为两种情况：一种是在朱、墨色料交叉之初，层次感比较明显，鉴定难度小，但相应的案例少；另一种是朱、墨色料交叉时间长，相互之间已经互溶，原有的层次感基本消失，所以鉴定难度大，而送检的案件中大多属于此类。

（四）时间关系

时间关系有两种含义，一是指形成朱、墨两色料字迹时的时间间隔；二是指文书形成后与鉴定时的时间间隔。原则上说，由于色料的洇散、扩散、褪色、互溶等因素的影响，时间间隔越久越不利于鉴定，其中以朱、墨两色料均为油溶性时尤为明显。

四、互溶色料朱墨时序的鉴定

朱、墨两种色料均为油溶性色料，若交叉时间较长，相互之间已经互溶，原有的层次感基本消失，所以鉴定难度较大，而送检的案件中大多属于此种情况，针对这种情况可着重从以下几个方面入手：

（一）观察交叉点处印泥堆积物的立体感程度

判断印泥是否被擦划、碾压，该处虽然墨迹色料溶解扩散，但印泥色料的分布几乎不受影响，因此，从印泥的外观特征而抛开墨迹的形态判断时序，可以避免因互溶所产生的干扰。

（二）观察交叉点处墨迹笔画残余色料的微观特征

先墨后朱的墨迹笔画在互溶前完整、均匀，互溶后部分色料转移到纸张纤维内部及背面，从纸张背面观察，该处的墨迹笔画仍完整，与先朱后墨时交叉点未黏附墨迹色料的情况有细微差别。

（三）观察墨迹沟痕处的印泥色料分布

无论互溶程度大小及文书置放时间长短如何，印泥色料受干扰很弱。利用这一特征，在交叉点的圆珠笔、复写纸笔画较深的沟痕处，观察印文色料的多寡及均匀程度。如果看到该处有露白或印文色料堆积过多，一般应为先墨后朱。如果看到沟痕底部红色均匀分布，则大多为先朱后墨的时序。

（四）依据被检对象的具体条件综合分析

并非所有的印泥印文与油溶性墨迹色料交叠时都产生互溶。如果印文色料少，印色浅淡，或者印泥中的油脂挥发殆尽，朱、墨两色料可能不发生互溶或者程度相当轻微，其表现特征将保持原貌。以逆向思维考虑，如果在鉴定过程中出现检材印泥印文色料浓重，但圆珠笔、复写纸油墨等笔画并未有明显的互溶特征，则先朱后墨的概率远大于先墨后朱的时序关系。

思　考　题

1. 文书制成时间鉴定的途径有哪些？
2. 哪些方法可用于字迹书写时间的鉴定？
3. 如何利用印文的可变性印迹特征判定印文的盖印时间？
4. 字迹与印文相互交叠的表观特征有哪些？
5. 判定字迹与印文相互交叠顺序的方法有哪些？

第四部分　微量物检验

第十四章　微量物检验概述

第一节　微量物概述

自然界的物质种类繁多、遍及时空、特性各异，要对物质作系统、科学的分类是非常困难的。人眼直接难以鉴别的量少体微的物质，我们称为微量物。这里“量少”可以理解为待检成分含量低，“体微”待检物质颗粒（单元）小。微量物的形成是有物质自身特征的重复再现和物质转移、转化两种方式，微量物是由物质的转移和转化形成的。从证据学角度看，微量物以其物质性特征表现为如同其他实物证据，成为物证的重要组成部分。正如瑞典物证分析专家阿恩·斯文森这样描述物证：物证可能以任何形式出现。它可能像房子那样大，也可能像纤维那样小；可能像气味那样虚无缥缈，也可能像爆炸现场那样显而易见。随着科学技术的发展和检测水平的提升，这些在一定的条件下都有可能成为实物证据。根据微量物组成和物质特性的不同，应将其可分为微量物证、毒物毒品和生物物证（检材）三种。但由于微量物的检验主要依赖现代仪器设备来进行，而且微量物证、毒物毒品与生物物证检验的各自具有的特殊性，目前生物物证主要在法医物证体系检验，独立成为体系，本书略去阐述，感兴趣的读者可以参阅相关参考书。

一、微量物种类

（一）微量物证种类

微量物证，是指可以用于证明案件事实的一切量小体微的物质。量小体微含有质量小、体积小以及待检成分含量低双重含义。微量物证这一概念是按检验对象物质含量的多少划分的,而其他的物证分类是按研究对象划分的,分类标准不一致,难免有相互矛盾之处。因此,对微量物证的概念绝不能简单地从字面上理解,而要理解它的特定含义。

从证据学角度讲,微量物证具有物质的客观存在性、案件的关联性和采集检验的合法性。微量物证作为一种实物证据,即物证,它必须存在"物"和"证"的严谨逻辑。根据各类案件中出现的微量物证的检验对象的不同,可分为如下几类:

1. 爆炸物、射击物。

2. 高聚物:塑料、橡胶、纤维与纺织品。

3. 文书材料:纸张、墨水、粘合剂。

4. 油脂类:矿物油、动植物油、化妆品。

5. 油漆、涂料、建材。

6. 金属、泥土。

7. 其他:木屑、粮食、蔬菜、水果、花草、羽毛、鳞片……

(二)毒物及种类

1. 毒物与中毒

在一定条件下,以较小剂量进入生物体后能发生化学或物理化学作用,引起生物机体功能性或器质性损害的化学物质,称为毒物。毒物的概念是相对的,同一物质在某些条件下是有毒的,而在另外一些条件下不但无毒,甚至是有益的。许多药物用量恰当可以治病,但因误用或超剂量服用而扰乱或损害机体功能时就成为毒物。

毒物作用于生物体而引起功能性或器质性变化的疾病状态,称为中毒。凡能使机体产生中毒的最小剂量称为中毒量,凡能使机体产生中毒死亡的最小剂量称为致死量。

2. 毒物种类

毒物种类很多,分类方法也很多。一般综合其理化性质、分离方法和用途分为六大类:

(1)挥发性毒物:分子量小,结构简单,易挥发。举例:甲醇、乙醇、氢氰酸(HCN)。

(2)水溶性毒物:溶于水,适合用水提取。举例:H_2SO_4、HNO_3、HCl、NaOH、KOH、NO_2^-。

(3)气体毒物:常温下为气体。举例:CO、SO_2、H_2S。

(4)金属毒物:金属或含金属的化合物。举例:Hg、Bad_2、As_2O_3。

(5)不挥发性有机毒物:分子量大,结构复杂,难挥发。举例:巴比妥、吩噻嗪。

(6)农药:杀虫剂、杀鼠剂、除草剂。举例:敌敌畏、氟乙酰胺、百草枯。

(三)毒品及种类

毒品实际上是毒物的一部分,只是由于近年来毒品犯罪越来越严重,毒品检验的重要性越来越突出,才将其从毒物中单列出来。一般而言,毒品是指能使人成瘾的物质,包括在治疗中应用的药物,也包括无治疗作用的化合物、天然植物和有机溶剂等。不同国家及地区在不同时间所言毒品的概念不同,因而毒品的种类和范围也相应变化。随着新型毒品的相继出现,毒品的种类将不断增加。

《中华人民共和国刑法》(以下简称《刑法》)第357条第1款对毒品的定义为:毒品,是指鸦片、海洛因、甲基苯丙胺(冰毒)、吗啡、大麻、可卡因以及国家规定管制的其他能够使人形成瘾癖的麻醉药品和精神药品。

毒品的种类很多,其分类的标准也各有不同。目前,常见的毒品分类有如下几种:

1. 根据国际公约分类

根据联合国1961年在纽约签订的《1961年麻醉品单一公约》和1971年在维也纳签订的《1971年精神药物公约》,将毒品分为麻醉药品和精神药品两大类,这是目前国际上统一的分类方法。

(1)麻醉药品。麻醉药品,是指连续服用后,易产生身体依赖性,能成瘾的药品,如鸦片类、大麻类、可卡因类和合成麻醉药类等。依据我国2007年公布的《麻醉药品和精神药品品种目录(2007年版)》,共列出麻醉药品123种。

(2)精神药品。精神药品,是指直接作用于中枢神经系统,使之兴奋或抑制,连续使用能产生身体依赖性的药品。根据精神药品对人体的作用,可进一步分类为:抑制剂、兴奋剂和致幻剂等。依据我国2007年公布的《麻醉药品和精神药品品种目录(2007年版)》,共列出精神药品132种。

2. 根据毒品的来源和生产方式分类

(1)天然植物毒品。天然植物毒品来源于天然植物,如鸦片、大麻、古柯叶和致幻蘑菇等。

(2)半合成毒品。半合成毒品用天然植物毒品与易制毒化学品共同合成制得,如海洛因、可卡因和冰毒等。

(3)合成毒品。合成毒品是用易制毒化学品通过有机合成制得,如苯丙胺、杜冷丁、丁丙诺啡和苯环己哌啶等。

3. 根据毒品的药理作用分类

(1)抑制剂。抑制剂,是指对中枢神经产生抑制作用的药品,如鸦片类毒品、杜冷丁、巴比妥类药物、苯二氮革类药物等。

(2)兴奋剂。兴奋剂,是指对中枢神经产生兴奋作用的药品,如甲基苯丙胺、苯丙胺、可卡因等。

(3)致幻剂。致幻剂,是指对中枢神经产生幻觉作用的药品,如大麻、苯环己哌啶(PCP)、麦角酸二乙基酰胺(LSD)等。

4. 根据世界卫生组织的规定分类

(1)鸦片类。包括鸦片、吗啡、海洛因和美沙酮等。

(2)大麻类。包括大麻植物、大麻树脂和大麻油等。

(3)苯丙胺类。包括苯丙胺、甲基苯丙胺和3,4—亚甲基二氧基甲基苯丙胺等。

(4)可卡因类。包括可卡因和古柯碱等。

(5)致幻剂类。包括苯环己哌啶、麦角酰二乙胺和麦司卡林等。

(6)酒精及安眠药类。包括酒类、巴比妥类和非巴比妥类等镇静安眠药。

(7)挥发性化合物类。包括醇类、酮类、汽油类、芳香烃类和卤代烃类等。

(8)烟碱类。包插烟草、鼻烟等。

这种分类方法目前已经得到世界的公认。

二、微量物的特点

(一)微量物证的特点

微量物证除具有物证的一般属性外,由于其量小体微,与常量物证相比还具有其自身的特点:

1. 现场出现的概率高

微量物证范围广,种类多,在犯罪现场出现的概率高;又由于微量物证体小量微,不易被犯罪分子察觉和销毁,因此易残留在犯罪现场或被犯罪分子从现场带走。

2. 不易被发现和采取

因为微量物证量小体微,所以它们常常混杂于其他物体中或附着于其他载体上,不易引起犯罪分子的注意而被销毁。但在不易被犯罪分子察觉和销毁的同时,也给现场勘查人员的发现和采取带来困难。除要求现场勘查人员认真细致勘查现场以外,有时还需要使用放大镜和特殊的光源去发现,用专门的工具去采取。

3. 需用微量化学分析方法和高灵敏度的仪器分析方法进行检验鉴定

因为微量物证的检材量少,检验中又只能使用其中的部分检材,因此要达到检验鉴定的要求,用常量的化学分析方法往往不能奏效,一般需使用微量化学分析方法和灵敏度高的仪器分析方法,才以提出更准确的鉴定意见。

4. 易变化、易污染、易丢失

许多微量物证本身就是一种附着物,粘附在其他物体上或分散在其他物体中,很容易受到周围环境或其他物质的作用下发生物理、化学变化和污染。另外,微量物证颗粒细小,比表面积较大,很少量的一点污染往往会给检验工作带来很大的困难。微量物证体小量微,不仅难以发现和采取,有时对于采取的微量物证,在送检或检验时稍有不慎还会得而复失。

5. 具有形貌上的不完整性

现场上采取到的微量物证,都是在受到了外力作用后从整体物上分离下来的,所以它不是以完整的形式存在,而是以破碎和不规则的形式出现,所以不具有也不反映完整物的形象。因此在检验工作中,不能孤立地看待微量物证。

(二)毒物毒品的特点

1. 毒物基本特征：

(1)对机体有不同水平的有害性,但具备有害性特征的物质并不是毒物,如单纯性粉尘。

(2)经过毒理学研究之后确定的。

(3)必须能够进入机体,与机体发生有害的相互作用。具备上述三点才能称为毒物。而毒物造成机体损害的能力称为毒性。我们平常见到的“剧毒”“低毒”等实际上就是指毒物的毒性。

2. 毒品的基本特征

毒品具有成瘾性、危害性和非法性。鉴于该三个属性在毒品概念中都具有不可或缺的特性,因而它们被看作毒品的主要特征,或者是构成毒品概念的要素。

(1)具有成瘾性

成瘾性是毒品的自然属性。所谓成瘾性,是指由药物与机体作用造成的一种精神状态,有时也包括身体状态,表现出一种强迫性或定期用药的行为和其他反应。任何毒品,无论是罂粟、大麻、古柯,还是吗啡、可卡因,由于它们在医疗上都具有一定的药用价值,因而它们本来就属于药物的范畴。而成瘾性则是药物一种特殊药理性能,其具体表现为:当这类具有成瘾性的药物进入人体后,能够使人对它们产生强烈的心理依据和精神依赖,从而形成一种定期用药的行为,以致难以离开它们,否则就会出现一系列机体功能紊乱和损害的反应。

(2)具有非法性

非法性是毒品的法律属性。所谓非法性,是指违反国家关于麻醉药品、精神药品的管理方法,滥用麻醉药品、精神药品以及触犯刑法或违反治安管理处罚法所规定的与其有关的行为。

(3)具有危害性

危害性是毒品的社会属性。所谓危害性,是指人们由于使用某种药品,所造成的人体健康损害以及由此带来的一系列社会危害。毒品的危害性主要表现,可以概括为“毁灭自己,祸及家庭,危害社会”。

三、微量物的作用

证据是司法活动的核心。微量物证检验所提供的证据构成了法庭证据体系中一个重要的组成部分。因此,微量物证检验是开展侦查、起诉、审判和法律监督等司法实践活动中的一个不可缺少的重要手段。

尽管微量物证少而微,但其中寓于着案件的丰富信息,通过微量物证分析,可以揭示微量物证的各种物理和化学性质,从而可以为案件的侦破提供更多、更准确、更可靠的线索,确定案件的性质,缩小侦查范围,指明侦查方向,为证实犯罪,为侦破串案和并案侦查提供科学的依据。

(一)确定案件的性质

对案件性质的认定是司法实践活动中的首要问题。通过微量物证检验可确定某一事件或现象形成的原因,从而查明案件真相,确定案件性质。

(二)为案件侦破提供线索、指明方向、缩小范围

通过微量物证检验,可以确定犯罪分子的职业、生活环境、活动范围、作案工具、作案地点和作案手段等,从而为案件提供侦查线索,指明侦查方向,缩小侦查范围。

在系列犯罪案件中,犯罪分子的作案手段、方法和使用的工具多是相对固定的。通过对多个犯罪现场可疑物证的理化检验,可为串并案提供科学的依据。

(三)为证实犯罪提供科学依据

微量物证分析的结果,可以作为犯罪嫌疑人是否犯罪的证据,也可以证实被害人和犯罪嫌疑人的陈述是否真实。

第二节　微量物的发现与采取

一、微量物证的发现与采取

(一)微量物证的发现

微量物证搜寻发现是物证检验的前提。通常微量物证的发现可以现场勘查和搜查两个途径实现。应当注意法定程序和技术规范。

1. 通过现场勘查发现物证

不同案件的现场情况和嫌疑人的作案手段各具不同的特点。现场勘查时应根据案情和现场情况,综合分析犯罪分子活动的全过程,再观察犯罪分子在实施犯罪过程中接触到的物体和活动地点所显示出来的异常现象,确定搜寻发现的重点部位。现场上容易发现物证的重点部位有:

(1)现场的出入口和经过的路线

因犯罪分子要通过破坏、攀缘或跨越障碍物等动作,达到进出现场实施犯罪的目的。在这一过程中因心虚、心急、用力及身体与物体的非正常接触,容易遗留微量物证。

(2)作案的目的物及其周围

作案的目的物是犯罪行为直接关联的对象。因此,是存在微量物证的重点部位,如盗窃案的存放财物处;强奸案的躺卧处;凶杀案的尸体所在地及其周围等。

(3)作案工具和其他遗留物

犯罪分子作案后,可能将自带的作案工具或其他物品遗留在犯罪现场及其周围,如杀人用的刀、斧头、锤子,撬门破锁用的钳子、螺丝刀,点火用的打火机、火柴、引火物,照明用的手电筒以及衣服、纽扣、手帕、手套、绳索等。一方面,这些物品本身就是物证;另一方面,这些物品上有可能附着一些特征性更明显、与犯罪分子联系更密切、信息量更多、证据性更强、作用更大的各种微量物证。所以,作案工具和有关遗留物及其上面的各种附着物,也是我们搜寻和发现微量物证的重点。

(4)犯罪分子隐蔽或藏身处

犯罪分子在作案前预谋踩点,作案中受惊动或作案后被发觉,在现场及附近的仓房内、顶棚上、柜台下、厕所里等处隐藏躲避时,也易留下相关物证。

(5)现场上物品变动处

现场物品的摆放状况与发案前不符或丢失,在变动处搜寻发现微量物证。在搜寻发现物证时,应详细登记丢失的物品,尤其是那些有特殊标记或明显特征的物品,这些是应追查的重要物证。

2. 通过搜查发现物证

我国《刑事诉讼法》规定:为了收集犯罪证据,查获犯罪人,侦查人员可以对犯罪嫌疑人以及可能隐藏罪犯或犯罪证据的人的身体、物品、住处和其他有关的地方进行搜查。对涉案人的身体、物品、住处的搜查要全面、细致,可从涉案人的衣服、鞋帽、手套、携带的物品以及手、头发、指甲等部位去搜寻发现微量物证。

因搜查涉及公民的权利,所以必须严格按照法定程序进行。在搜查前应当对案情全面、细致的分析和必要的准备。

3. 搜寻发现微量物证应注意的问题

为了既获取与案件有关的所有物证,又不受到伤害,搜寻发现微量物证应注意以下几个问题:

(1)既要对重点部位重点勘查,又要兼顾其他部位。

(2)要准确识别物证与非物证。

(3)勘查人员着装要标准,如着连体服装,还要戴帽子、口罩、手套等。这样既不污染现场,又能防止勘查人员受到伤害。

(4)对现场进行反复多次的勘查。

(5)利用现代化器材(如用多波段光源)和技术搜寻发现微量物证。

(6)根据案情和现场情况,推测犯罪过程及可能存在物证的种类、部位,追踪搜寻发现微量物证。

(7)不能伸手到眼睛看不到的部位去摸索,以免发生意外。

(二)微量物证的采取

现场上发现微量物证后,应将其按先简单后复杂、先静态后动态、先有机后无机、先地上后空中的顺序采集到包装物中。微量物证的种类繁多,形态各异,所处的环境也各不相同,应视实际情况,灵活运用科学的方法进行采取。常用的方法有如下几种:

1. 用小镊子夹取。用于那些能夹得起来的固体检材。对于不需要检测金属元素的固体检材，如纤维、塑料、种子等可用金属镊子夹取。对于可能需要检测金属元素的固体物证，如金属颗粒、涂料膜碎片、碎玻璃等，可用竹、塑料等非金属镊子夹取，或将金属镊子的两个尖部裹上胶纸等隔离物后再夹取。

2. 用透明胶纸或导电胶纸粘取。用于粘取客体表面细小的用肉眼难见或难于夹取的固体检材，如被枪弹射击客体表面或射击者手上的射击残留物的采取。

3. 用 AC 纸采取。主要用于垂直方向客体凹凸不平表面内微量物证的采取。AC 纸是将 20070 的醋酸纤维丙酮液倒在干净且水平放置的玻璃板上，等丙酮蒸发后，即可揭下的一层均匀透明的醋酸纤维薄膜。

采取时，先将 AC 纸剪成比应采取物证面积稍大的一块，用镊子夹住其一角，置于丙酮溶液中，待其稍溶后取出贴在需采取处。再用一张较薄的 AC 纸贴在上面，用拇指压实，约 10 分钟后取下，则可将欲采取的物证牢牢地黏附于 AC 纸上。它不仅可用于采取微量物证，还可复印痕迹的形貌特征。

4. 用火棉胶采取。可用于水平方向客体上凹凸不平表面内微量物证的采取。用 20% 的火棉胶醋酸戊酯溶液在需采取处滴数滴，几分钟后形成一层胶膜，再将黏附微量物证的胶膜揭下即可。

5. 脱脂棉球擦取。对于附着在光滑固体表面如玻璃、金属、塑料、水泥地面上的油痕，对射击者手上、可疑枪支上的射击残留物等检材，可用镊子夹脱脂棉球擦取，有时还需蘸取不同的溶剂将脱脂棉球润湿后再擦取。

6. 用软毛刷扫取。对于分散面积较大的固体小颗粒检材，如炸药爆炸现场的爆炸尘土及案发现场上的泥土、煤渣、木屑和各种粉尘等，可用软毛刷扫取。

7. 用刀片刮取。用于刮取附着在客体表面的固体检材，如交通肇事逃逸案中受害车辆上附着的微量油漆物证及肇事嫌疑车辆的油漆比对样本等。

8. 用针挑取或拨取。对于某些缝隙中的微量物证，可用针挑取或拨取。

9. 用磁铁吸取。对于与木粉、灰尘、泥土等混存的或小缝隙中含有铁磁性元素的金属屑，可用磁铁吸取。操作时，先在检材上方放一张干净白纸，磁铁隔纸吸附后，翻转过来包装即可。

10. 用抖动或拍打法采取。对于附着在织物上的碎屑、粉尘等微量物证，可在干净的大块玻璃板、大张白纸或大的聚乙烯塑料袋中抖动或拍打，使附着物脱落后收集。

11. 连同载体一并采取。对附着在工具、衣物、纸张等载体上较牢固的物证检材，可连同载体一并采取送检，以获得更好的分析效果。

总之，应根据物证的不同性质和所处的环境，选用较合适的方法进行采取。此外，在采取线材或绳索时，如果是打有结扣的，应注意保存结扣的原状。必须解下时，应从无结扣处剪断，以便通过研究结扣的方式特点，判断犯罪分子的职业和打结扣的习惯。

在采取物证之前，对各类气味的识别和记录也很重要，如通过对炸点部位吸附气味的识别，有利于炸药种类的检验；对油痕气味的识别，可对油脂的种类进行初步判别。

（三）采取微量物证时应注意的问题

1. 对于大案、要案和疑难案件中的重要物证或只能采取局部的大件物证，在采取之前要进行拍照，有条件的还应录像。可一证多用的物证，采取前各专业技术人员要研究协商后按一定次序提取。用于理化检验的物证，必须在可能受到外来污染前提取。

2. 不能遗漏物证。对于不能确定是否为物证的，应当先采取。

3. 采取载体上的微量物证时，一定要采取物证载体的无物证部分作为空白样本，以消除环境本底的干扰。

4. 采取物证后，还需要收集比对样本，以便认定该物证的种属、产地、厂家及批号。

5. 在室内采取微量物证时，应关闭门窗和风扇，减少走动并戴上口罩，以防吹散或丢失。

6. 不能在物证上涂画作标记，所使用工具的种类和规格要合适而且必须干净，以保持物证的原始形貌。

二、毒物毒品的发现与采取

（一）毒物物证的发现

根据中毒案件具体情况，重点从中毒者的生物检材以及中毒案件现场检材两个方面来寻找与发现毒物物证。

1. 现场搜寻毒物物证

现场重点搜寻中毒呕吐物，中毒或者中毒死亡者吃剩的食物，怀疑有毒的粮食、蔬菜、水果、调料、饮料及饮用水等，中毒或者中毒死亡者服用过的药物和煎药剩余的药液、药渣等，现场可疑的纸片、布片、药瓶、注射器、针管、针头、药瓶等。同时，注意案件现场是否有特殊的气味。

2. 中毒尸体中发现毒物物证

中毒尸体的勘验首先要观察尸表特征，检查死者嘴角周围是否有呕吐物、口鼻处是否有特殊的气味、尸体上是否有注射针孔等。其次，对尸体进行解剖，勘验死者胃、胃内容物、肝、肾、肺、脑、心等脏器检材及血液、尿液、胆汁等生物检材。

（二）毒物物证的采取

根据案情、中毒症状及尸检所见，依照“GA/T 193—1998 公共安全行业标准”中《中毒案件采取检材规则》的要求，重点采取毒物含量高部位的检材，如急性口服中毒或死亡者，以采取胃、胃内容物、肝、血液、肺、肾、尿液等检材为宜。而注射中毒致死亡者，除应采取与急性口服中毒死亡者相同的检材外，还须采取注射部位组织的检材。

中毒死亡的小动物,如鱼、鸡、鸭等,应采取几只完整的尸体;对中毒及中毒死亡的大动物,参照中毒案件中生物检材的采取;对中毒或中毒死亡动物吃过的饲料或饮用水及鱼塘水等可疑检材,参照中毒案件中现场检材的采取。

采取毒物物证时应保证检材具有代表性,防止毒物遗漏、腐败和污染。

三、毒品物证的发现与采取

毒品案件侦破中最重要的犯罪证据就是查获涉案毒品及相关物证。毒品物证包括毒品、毒品包装物、毒品滥用工具及滥用者的生物检材等,这些物证是揭露和证实毒品犯罪的直接证据。及时、准确地发现、采取毒品物证,是有效打击毒品犯罪的关键所在。

(一)毒品物证的发现

毒品物证搜寻主要两个方面:一是毒品来源,包括毒品的种植点、生产点、交易点和藏匿点等。二是对涉案人的人身及携带物品、交通运载工具和住处所藏匿毒品物证的寻找与发现。

1. 从人身及携带物品的检查寻找与发现毒品物证

人身的检查包括是否有假发、假肢,在帽套、衣服夹层、两肩、翻领、衣兜、袖口等部位是否携带毒品。腰部、臀部、阴部、脚掌部、皮带、裤兜、鞋子等部位是否携带毒品。也有将毒品密封后吞服至腹内的,可经透视查明。

贩毒分子藏匿毒品的方法狡猾、手段诡秘,如将香烟、书籍、鞋跟、手杖、手镯、木材等挖空,把毒品藏匿其中;将毒品缝入胸罩中;将毒品加丁成工艺品;将毒品藏人乐器中;将毒品藏人或混入饮料、化妆品、洗涤用品、调料、粮食筹物品中。在检查犯罪嫌疑人随身携带物品时,要打开箱包,逐层、逐件、逐个部位认真仔细地检查。

2. 通过对交通运载工具的搜查寻找与发现毒品物证

交通运载工具的种类很多,要从可能藏匿毒品的各个方面进行检查,如车、船体是否有夹层或改装过;载客或载货的空间等,可分部位逐点、逐件依次全面彻底地检查。以汽车为例,可分为如下五个部位进行检查:

(1)前车部位。发动机周围、保险杆内侧、仪表盘内、汽车大灯内、挡泥板下及其他可能藏匿毒品的地方。

(2)驾驶室部位。座椅中及座位下、工具箱内等地方。

(3)后车部位。货车厢、客车箱、车内的座椅中及座位下、车内放置的所有物品。

(4)客车顶部位。货架上的全部物品。

(5)其他部位。车厢下、大梁周围、油箱、水箱、轮胎及备用轮胎等地方。

3. 通过对住处的搜查寻找与发现毒品物证

搜查应按一定的次序、分片分段全面彻底地进行,如按空间分为客厅、卧室、卫生间、厨房、储藏室、阳台、阁楼、车库等；在卧室中按部位又分为家具、家具内，床上、床、床下，地板或地毯下，墙上挂的、桌上摆的、地上放的等；按物品分有电视机、冰箱、空调、日光灯管、电源开关、插座等各种电器内，各种服装、鞋帽、枕头、被子、工艺品、装饰品、乐器、玩具内，各种家具、车辆、香烟、书籍、化妆品、洗涤用品、药品内，各种粮食、蔬菜、水果、奶制品、动植物油脂、饮料、食品内，各种伪装的夹层、空心物以及暖气片、液化气瓶、浴缸内等。

4. 通过对制毒现场的搜查寻找与发现毒品物证

在废弃的化工厂、隐蔽的偏远山沟，甚至在居民小区的住房内，通常隐藏着制毒工厂或制毒作坊，非法制造或加工海洛因、冰毒、K 粉、麻古等毒品。对制毒现场应进行全面、仔细的搜查，全面查缴制毒原辅材料、半成品、成品以及制毒工具，如生产海洛因的吗啡、醋酸酐等，生产冰毒的麻黄草、麻黄素等，加工麻古的麻古粉等，海洛因、冰毒、麻古、K 粉等毒品成品，以及制毒用容器、加工毒品用模具等。

在寻找毒品物证时，可借助于 X 光机、1 射线探测仪、离子俘获质谱仪、紫外激光成像仪等先进的仪器或缉毒犬进行搜寻与发现。

（二）毒品物证的采取

1. 毒品物证的采取

在毒品案件中，毒品的定性定量分析所需的检材较少。因此，一般来说，采取毒品物证的原则是所取的试样应能代表查获的全部可疑物品。对现场查获的可疑毒品检材，采用如下方法采取：

（1）单个包装检材的采取。对单个包装的块状、颗粒状、粉状或它们的混合体的检材，采用锥形四等份取样法取样。先将其粉碎成粉末状并混合均匀后，放在干净的平面上堆成锥形，然后以十字沿其顶点垂直向下分成四等份，取任意两个对角部分的检材作为采集样。若需要减少取样量，可重复使用锥形四等份取样法数次。

（2）多个包装检材的采取。对多个包装的检材，在确定所有包装中的样品相同后，先按如下方式决定取样包数，再用锥形四等份取样法取样。

A. 包数少于 10 的，所有包内的样品都取样。

B. 包数为 10 ~ 100 的，随机对其中的 10 包样品取样。

C. 包数多于 100 的，随机抽取的包数等于总包数平方根的整数部分，对这些包内的样品取样。

若多个包装的毒品中有不同的样品，每种不同的样品，再分别按多个包装检材的情况决定取样包数，然后再采取。

2. 吸毒者生物检材及相关物证的采取

毒品进入人体后，在人体内的分布与代谢因其化学、物理性质的不同而异。应根据毒品的滥用方式和滥用者的中毒程度，分别采取不同的生物检材及相关物证。

(1)毒品依赖者。对毒品依赖者,采取其静脉血液10~20ml;24小时内的尿液50~200ml;头发、指甲、呕吐物等。

(2)口服中毒死亡者。全部的尿液;尸体静脉血或心血50~100ml;全部的胃组织;胃内容物搅匀后取200~500g,不足则取全部;全部的胆汁;肝、肾、肺、脑、心等脏器各200~500g,不足者取其全部。

(3)注射中毒死亡者。对注射中毒死亡者,除按口服中毒死亡者提取检材外,还要取注射部位肌肉或组织20~30g,同时取对照部位的肌肉或组织30~50g。

(4)采取中毒者吃剩的药片、药渣等,可疑的注射器、药瓶、纸片、烟枪等。

3. 易制毒化学品物证检材的采取

在生产、加工毒品的工地采取检材时,应分别采取各道工序的原料、半成品、成品及制毒工具,如硫酸钠、天平、反应釜等。

4. 毒品案件相关物证的采取

(1)毒品的有效杂质。毒品在从天然物中提炼、加工、合成、贩卖和运输过程中会因生产设备本身、制剂本身、伪装运输及掺入添加剂、稀释贩卖等而伴生具有特殊意义的微量物质,这些微量物质能够提示我们毒品原植物生长的不同地域、不同年代毒品生产的情况;提示毒品加工厂的情况;提示毒品伪装藏匿情况;提示毒品地下批发商情况,为侦查破案提供方向。

(2)毒品的包装物。毒品的包装物、容器(特别是易制毒化学品)是直接接触毒品的物品。在毒品案件侦查中,毒品包装物本身的质地、牌号、品名、产地能够帮助查明毒品的来源、携带者的身份和来去路线、销货渠道等。

(3)毒品包装物上的微量物证。对于包装物,即使没有包装毒品,也可能通过对附着在其上面的微量毒品或指纹指证毒品种类以及确定或排查犯罪嫌疑人。

(4)作案的通信工具。对于作案的通信工具,特别是在现场发现的手机,执法人员应尽快用手机上的通信记录对犯罪嫌疑人进行盘问,以发现是否有嫌疑地点、其他涉案人、受控对象的电话号码,从而发现毒品贩卖活动的"后台老板"或犯罪同伙。

(5)犯罪嫌疑人随身携带的笔记本、字条和电话号码本。对犯罪嫌疑人随身携带的笔记本、字条和电话号码本、名片一定要进行认真查验,尽量将一些相关人名、电话号码作为毒品犯罪情报的资料整理收集,因其在一定条件下可以转换为线索型情报或行动情报。

(6)体内藏毒案件的特殊物证。对于体内藏毒案件,在查验中要特别注意犯罪嫌疑人身上或行李中是否有不合理的润滑剂、凡士林、止泻剂、香水、透明胶带、避孕套等物品。

(7)"特殊现金"。毒品案件与其他案件相比有一个特殊之处就是毒品案件的"经营",因此,在现场一定要确保"经营交易现金"的收回,这对于办案纪律和定案都是十分必要的。

第三节　微量物的包装与送检

一、微量物证与毒物毒品物证的包装与保存

(一)微量物证与毒物毒品物证的包装

1. 固体检材

干燥的毒品、土壤、涂料碎片、塑料、橡胶、纤维等不黏附、不挥发的固体检材,用干净的聚乙烯塑料样品袋或纸袋包装。对金属屑、碎玻璃等易扎破塑料样品袋的同体检材,可先用干净的白纸包装,再用塑料样品袋包装。

2. 液体检材

饮料、药液、动物油、植物油等液体检材,用有内塞的无毒新广口塑料瓶包装。

3. 易挥发检材

矿物油或附着矿物油的棉球、泥土等易挥发检材,用棕色磨口玻璃瓶包装。用小型气体收集器收集的现场气体样品检材,应密封包装。

4. 生物检材

血液、尿液、胃内容物、呕吐物、胆汁、内脏组织等生物检材,拥有内塞的无毒新广口塑料瓶包装。

对一氧化碳、氰化物、乙醇及亚硝酸盐等易挥发、易变质毒物中毒检材进行包装时,既要注意密封,又要注意容器的体积,应使检材装至容器体积的4/5以上。

(二)包装微量物证与毒物毒品物证应注意的问题

1. 分别包装

不同的检材包含着不同的信息。不同的检材,包括现场同一部位的不同物质以及不同部位的同一物质,都要分别包装。

2. 标签与标注

每一份检材都要贴上标签,并标注检材编号、案件名称、检材名称、数量、提取人、见证人等。对于在解剖的尸体上采取的内脏组织检材,还要标注死者姓名、性别、住址、采取时间等。

3. 保留检材的原始形貌

在采取和包装检材的过程中,只有保留检材的原始形貌,才能从中获取尽可能多且有价值的信息。保持原始形貌,是指形态上不要改变,组成上不要增减。首先,包装器皿要干净。其次,包装方式上要动脑筋。例如,织物上附着的油脂检材不能剪取时,为防止其与别处接触而损失、污染,可先用薄膜保护法处理,即在织物有油脂部位的里、外两面各用一块聚乙烯塑料薄膜遮挡,再用大头钉固定,然后包装。

(三)微量物证与毒物毒品物证的保存

各级公安机关刑事侦查或刑事技术部门必须建立专门的物证保管室,并配备必需的物证保管设备,提取的物证应在物证保管室由专人统一保管。物证进、出保管室均须登记,记录进出时间和原因,并由经办人和管理人共同签名。

采取的检材经物证保管室登记造册后,应立即送专门的实验室进行分析鉴定。受条件限制不能及时检验的,应妥善保存。对容易腐败变质的生物检材以及开棺检材,不能加任何防腐剂来防腐,一定要在 -10℃ ~ -20℃环境下冷冻保存。对于容易挥发的检材,也应低温保存。

二、微量物证与毒物毒品物证的送检

要想使获取的物证为案件的侦破提供线索、缩小侦查范围、指明侦查方向,就要准确地掌握其组成、结构、含量等信息。因此,现场勘查人员采取、包装物证检材后,应及时由专人送专门机构由专业鉴定人员进行分析鉴定。微量物证与毒物毒品物证的送检,实际上是委托鉴定的过程,是微量物证与毒物毒品物证检验工作不可缺少的一个环节。

(一)微量物证与毒物毒品物证检验的委托

在送检物证的过程中,必须按照公安部《刑事科学技术鉴定材料送检规则》的规定办理,附交委托公函,写明案由、检验要求、检材和比对样品的清单,填写《委托鉴定登记表》。

(二)微量物证与毒物毒品物证检验的受理

公安部门物证检验的专门机构,通常只受理与案件有关的鉴定,只接受公、检、法、司及安全机关等部门的委托。受理鉴定的一般手续如下:

1. 查验委托公函及能证明送检人身份的有效证件。

2. 听取送检人介绍案情和检验要求。

3. 查验检材是否具备检验条件,核对其名称、数量,查看封口和包装是否完整,检材有无变形、变质、失散和损坏等情况。

4. 查验比对样品的来源和收集方法,是否具备比对条件。

5. 明确检材是否可以损坏以及可损部位,是否可以全部用完以及剩余检材如何处理。

6. 根据查验所送检材的情况、实验室仪器设备情况以及鉴定人员的技术水平,综合考虑能否解决送检单位提出的检验要求,确定是否接受委托,或修改鉴定要求,或补送材料。

7. 确定受理后,填写《受理鉴定登记表》,受理单位给委托单位开具“受理检验回执”。

(三)微量物证与毒物毒品物证送检应注意的问题

1. 送检人应熟悉送检物证的相关情况

送检人应熟悉案情,了解现场勘查、物证获取和比对样品的收集情况,并向鉴定单位主动介绍,如检材的原貌是否改变,比对样品是否为纯品、有何杂质,产地及生产日期等。

2. 物证检验要求应具体、明确

送检单位及送检人在提出检验要求时,应考虑两个因素:我国物证检验技术的现状,目前能解决哪些问题;送检的物证具备解决哪些问题的条件。在此基础上再提出明确、具体的检验要求。

3. 复核检验要作详细的说明

要求复核的检材,应写明要求复核的原因和目的,同时附送原鉴定单位对该物证的鉴定文书。并说明该原始物证的耗用和变异情况,送检的物证是否可以全部用完等,以供复核时参考。

4. 及时送检

要想迅速侦破案件,及时、准确地打击犯罪,物证的鉴定工作必须及时,这就要求检材的送检要及时。从确保鉴定结果准确性的角度考虑,为防止因检材物质变化而对分析结果产生影响,要及时送检。

5. 要妥善保管检材

送检人在乘坐交通工具送检物证的过程中,要妥善保管检材和样品,不能发生污染、变质、损坏和丢失等问题。为确保生物检材不腐败变质,通常用冰壶或干冰保存运送。

第四节　微量物检验基本程序

微量物检验,是指鉴定机构受理鉴定后,鉴定人按照科学的检验程序,对送检的微量物证与毒物毒品物证进行分析鉴定,最终出具鉴定文书的全过程。

一、微量物证与毒物毒品物证的鉴定人

在各类案件中采取的微量物证与毒物毒品物证,必须由具有鉴定资格的专业技术人员进行检验。

(一)鉴定人的资格

目前,各类案件中的微量物证与毒物毒品物证检验的工作,主要由公安机关的刑事鉴定部门承担。这些部门工作,既要具有物证分析知识、经验并经考核获得鉴定资格,又要是与案件无利害关系的人,可以作为鉴定人接受委托,对涉案的物证进行鉴定,是

物证检验的主体。如果仅对物质的理化性质进行检测,在科研院、所或高校工作的专家和学者,也可以接受公、检、法、司法机关的聘请,对物证进行检验。

(二)鉴定人的权力

凡取得鉴定资格的鉴定人,根据鉴定的需要,在其确定的专业范围内享有鉴定权。有权查阅与鉴定有关的案卷材料;有权要求查看现场并进行现场实验;有权要求提供与鉴定有关的其他补充材料。因受专业范围或现有技术手段限制以及物证材料不具备鉴定条件的,应说明情况不予鉴定。发现委托单位提供虚假案情或虚假物证材料的,有权拒绝鉴定,已经出具鉴定文书的,有权申请撤销。

(三)鉴定人的义务

鉴定人接受委托后,应根据检材情况和检验要求,科学制定检验方案,按操作程序进行检验,严格质量控制,检验过程应作详细的记录。遵守物证鉴定制度。依法出庭,接受法庭询问。有法律规定回避情形,应当依法回避。不得接受当事人及其委托人的请客送礼,不得违反规定会见当事人及其委托的人。对于涉及国家机密或个人隐私的,要严格保守机密,不得向无关人员透露有关鉴定情况。

二、微量物证与毒物毒品物证检验的种类与方法

(一)检验的种类

根据对原始物证所进行的检验是否为第一次检验以及非第一次检验的原因,微量物证与毒物毒品物证检验的种类有:

1. 首次检验

办案单位对获取的物证检材第一次委托检验部门所进行的检验,就是首次检验。

2. 补充检验

补充检验就是对经首次检验的物证检材再进行新项目的检验。委托单位根据需要可以委托检验部门补充检验。根据《刑事诉讼法》第 146 条的规定,被告人或被害人也可以申请补充检验。

3. 重新检验

原委托单位或上级技术部门认为首次检验结论有错误,可以委托原鉴定人以外的鉴定人,对经首次检验的物证检材就委托单位的原检验要求再次进行检验,就是重新检验。根据我国《刑事诉讼法》第 146 条的规定,被告人或被害人也可以申请重新检验。

4. 复核检验

若委托单位对检验部门所作的结论有异议,可以请求上级技术部门对原检验做出重新鉴定,这就是复核检验。原检验部门也可以主动请求上级技术部门进行复核检验。

5. 会诊检验

若各有关方面对检验结论有分歧意见,虽经复核仍有分歧,由主检技术部门邀请有关专家共同进行检验,这就是会诊检验。参加会诊的专家如果取得一致意见,可出具所有会诊专家签名的鉴定文书。否则,会诊检验只起交换意见作用,不能提出任何意见。

(二)检材处理

检材处理,是指鉴定人对委托鉴定单位送检物证检材中的拟使用部分,在定性分析和定量分析之前所进行的提取、分离和净化的操作过程。微量物证与毒物毒品物证检验涉及的检材,具有种类多、待测物少、杂质与待测物混存且组成复杂等特点。为简便起见,根据微量物证与毒物毒品物证检材的不同特点,将微量物证与毒物毒品物证检材的处理分成非生物检材的处理和生物检材的处理两类。

1. 非生物检材的处理

非生物检材大多来源于犯罪现场,污染严重,且很多是以附着物形式存在于载体之上或与杂质混存在一起。要检验其中所含的与案件有关的某些成分,通常需要进行提取、净化,以便将它们从检材中分离出来。提取、净化的方法很多,如溶解法、蒸馏法、柱层析法和薄层层析法等,在这些方法中溶剂的选择直接关系到提取、净化的效果。

选择提取用的溶剂,主要是根据被提取的有效成分、共存杂质及溶剂的结构、特性来决定。选用的溶剂应是只溶解被测成分,而不溶解或少溶解其他成分的溶剂。

要想正确地选择溶剂,就应了解常用溶剂的极性大小。常用单一溶剂极性大小的顺序如下:

酸 > 吡啶 > 水 > 甲醇 > 乙醇 > 正丙醇 > 丙酮 > 乙酸甲酯 > 乙酸乙酯 > 乙醚 > 氯仿 > 甲苯 > 苯 > 二氧六环 > 四氯化碳 > 石油醚。

溶剂按极性从大到小又可划分为极性溶剂、中等极性溶剂和非极性溶剂。溶剂的极性不同,可溶解的物质种类也不同。

(1)极性溶剂。水是常用的强极性溶剂。它能溶解离子型化合物,如硝酸铵、硝酸钾和氯酸钾等无机炸药成分,大多数无机盐类,如氯化物和其他极性物质的醇类、酸类、糖类、某些染料等。

(2)中等极性溶剂。甲醇、乙醇、丙酮等,对各类成分都有较好的溶解性能。丙酮常用于提取有机炸药,如梯恩梯、黑索金、特屈儿等;甲醇、乙醇可用于色痕等检材的提取。

由于这类溶剂的沸点低,提取浓缩回收方便,在微量物证与毒物毒品物证检验中广泛使用。

(3)非极性溶剂。石油醚、乙醚、氯仿、苯等介电常数小的非极性溶剂,用以提取亲油性成分,如石油醚可用于提取矿物油检材;乙醚适用于动植物油脂检材的提取。

总之,物证检材种类很多,检验要求也各不相同,使用哪种溶剂和采用何种方式进行提取、净化,要根据检材的情况、检验要求和将要采取的检验方法综合考虑后确定。

2. 生物检材的处理

在中毒案件及吸毒案件的呕吐物、胃内容物、血、尿、组织匀浆、毛发等生物检材中，待测物以原形物、代谢物、蛋白质或葡萄糖醛酸结合物等形式，与食物或脂肪、蛋白质、色素等内源物共存，成分复杂。所以，此类检材的处理很难给出一个固定的程序，必须根据实际情况确定合适的方法。即使是系统分析，也应结合具体情况，选用不同的方案。

(1)生物检材的预处理。生物检材的预处理的目的是提高待测物的萃取率，主要方法调 pH 值、除去蛋白质、解离结合物。

A. 调 pH 值。在提取和分离生物检材时，为了使生物检材中被萃取的目的物在萃取剂中有较大的溶解度，在保证目的物稳定的前提下，调整溶液的 pH 值，必要时可采用缓冲溶液来保持溶液的酸碱度，使目的物离解而便于被萃取。

B. 除去蛋白质。检材中的蛋白质干扰待测物的分析，在提取和分离生物检材时，应选用合适的沉淀剂将其沉淀后离心除去，如碱性的待测物常用硫酸铵等沉淀剂，酸性和中性的待测物常用三氯醋酸或钨酸等沉淀剂，常用的沉淀剂还有氢氧化锌、乙醇和丙酮等。

C. 结合物的解离。生物检材中的一些待测物与蛋白质或葡萄糖醛酸等形成结合物，结合物较原形物的极性大，不易被有机溶剂萃取，需经酸或酶水解使待测物解离后再提取。酸水解快速、完全且成本低，通常在盐酸的浓度为 0.1 ~ 1mol/L 条件下加热即可，但不耐热和在酸性介质中不稳定的待测物不适用。酶水解常用葡萄糖醛酸酶和芳基硫酸酯酶等，不同酶水解时的 pH 值条件也不同，酶水解的适用范围广，但成本高、时间长。

(2)生物检材的提取。通常根据待测物的性质选择不同的提取方法。

A. 挥发性待测物。挥发性待测物多是分子量小、结构比较简单的有机化合物，常用蒸馏、扩散或抽吸的方法对待测物进行提取，然后取馏液或吸收液或直接用顶空分析法进行分析。

B. 非挥发性有机待测物。非挥发性有机待测物是一些分子量大、结构比较复杂的有机化合物，在提取含此类待测物的生物检材时，主要是根据其理化性质和相似相溶的原理，选取合适的溶剂，用有机溶剂萃取法分离。对于组成相对比较简单的呕吐物、胃内容物等检材，可以用有机溶剂直接萃取分离；对于血、尿及组成更复杂的组织匀浆等检材，通常采用液—液提取法或固相萃取法分离。

C. 金属毒物。砷、汞、钡、硒、镉、铬、铅等金属毒物进入人体，经机体吸收后分布到各组织器官，与氨基酸上的巯基、羧基等基团形成牢固的结合物，难以直接进行检验。因此，血液、尿液及组织匀浆等检材中的金属毒物，必须进行有机质破坏，使金属毒物以盐的形式游离出来。有机质的破坏，有干法和湿法两种(将在第八章详述)。

D. 水溶性无机毒物。生物检材中强酸、强碱、亚硝酸盐等水溶性无机毒物，通常用水浸法提取、分离，即用蒸馏水稍加热浸泡检材，然后进行过滤或离心，滤液或离心后的上清液供检。也可以采用透析法进行提取与分离（将在第八章详述）。

（3）衍生化。衍生化的目的就是通过化学反应将样品中难于分析检测的待测物定量地转化成另一种易于分析检测的化合物，再通过后者的分析检测，对待测物进行定性、定量分析，如将一些不适合某种色谱分析技术的化合物转化成可以用该种色谱技术分析的衍生物；改变化合物的色谱性能，改善分离度；提高检测的灵敏度等。

通常用硅烷化衍生化和酰化衍生化方法。硅烷化衍生化是利用质子性化合物如醒酚、酸、胺、硫醇等与硅烷化试剂反应，生成极性小、挥发性高、热稳定性好的硅烷基化合物。酰化衍生化能使含羟基、氨基、巯基的胺、酚类待测物与酰基反应，其衍生化产物的极性降低，色谱性能改善，还能增加易氧化化合物的稳定性。用高效液相色谱仪进行分析时，可选择紫外或荧光衍生化试剂与待测物反应，其衍生化产物用紫外—可见光或荧光检测器检测，其检测灵敏度能得到极大的提高。

生物检材定性分析时，需同时提取空白对照、空白添加定性质控检材各一份。取相应量空白检材，按上述检材处理相应步骤平行操作，作为阴性对照；另取相应量空白检材，添加一定量的标准品（根据检出限确定添加量），按上述检材处理相应步骤平行操作，作为阳性对照。

生物检材定量分析时，检材提取需一式两份，并同时提取空白添加定量质控检材一份。取相应量空白检材，添加一定量的标准品（根据检材中待测成分含量确定添加量）按上述检材处理相应步骤平行操作，作为定量质控检材（定量随行标准品）。

（三）检验方法

1. 物理检验法

一般物理检验也称初检，是鉴定人员借助感官或简单的器材，对物证检材外貌特征的检验。感官，即人的视觉、听觉、嗅觉、触觉等器官；简单的器材包括放大镜、读数显微镜、实体显微镜、厚度计、硬度计、比重计、分析天平、紫外线灯、卡尺等。所要检验的物证检材的外貌特征有外观形态、表面结构、色泽、气味、厚度、重量、硬度、比重、荧光、附着物等。

通过一般物理检验，在一定程度上反映了各种物证检材本身所具有的特性，但不能依靠初检就下认定的结论。一般物理检验的意义在于否定嫌疑，缩小进一步定性定量比对实验时比对样本的范围，具有筛选、排除嫌疑和指向的作用。初检的优点是简单、操作简便，不损坏检材，可减少工作量，所以应首先进行。

2. 化学分析法

化学分析法是运用化学的知识和技术，对微量物证与毒物毒品影证的组成成分及含量进行检验的方法。物证分析中常用的化学方法有：

(1)沉淀法。沉淀法是根据微量物证与毒物毒品物证检材与某些试剂反应而产生沉淀型结晶来认定物证检材物质种类的方法。

(2)显色法。显色法是根据微量物证与毒物毒品物证检材与某些试剂发生化学反应引走的颜色变化来认定物证检材物质种类的方法。

(3)气室法。气室法是将微量物证与毒物毒品物证检材与某些试剂反应,其产物有名体,再通过呈色反应或嗅闻气味来确定物证种类的方法。

(4)燃烧法。燃烧法是根据被检验的物质在接近火焰、接触火焰和离开火焰的过程中所产生火焰和烟雾的颜色、气味、燃速、灰渣及状态变化等特征,来确定物证检材物质种类的方法。

(5)点滴分析法。点滴分析法是将一种已知其准确浓度的试剂溶液,滴入一定量的检材溶液中,待反应完全后(通常靠颜色的改变来确定),根据滴加试剂的体积,计算出物证检材物质的含量。

除上述几种方法外,还有重量分析、比色分析、酸碱反应等方法。

3. 免疫分析法

免疫分析法是采用高度特异性的抗原抗体反应免疫胶体金层析技术,检测尿液(血液)中微量待测物的分析方法。

4. 仪器分析法

仪器分析法是借助物理或物理化学原理而设计的特殊仪器,以检测物证检材物质的组成、结构、性质和含量的分析方法。仪器分析方法的种类很多,微量物证与毒物毒品物证的分析常用显微形态法、色谱法、光谱法和质谱法等分析方法。

(四)检验应注意的问题

1. 在检验过程中,要改变或破坏检材原貌或消耗全部检材前,须征得送检单位的同意,并要拍照、录像存档备查。

2. 在检验过程中,不能把检材全部用完,一般至少应留下总量的1/2或1/3,以备将来用于复核检验。如果检材量少,不全部用光检材就可能影响检验效果时,应事先征得送检单位的同意。

3. 微量物证与毒物毒品物证在检验之前常需进行提取、净化,以减少杂质对检验结果的干扰。应当注意的是,提取、净化的次数增多,有效成分纯度增大,但绝对量也相应减少,故应适可而止。

4. 微量物证大多是以分离的方式形成的,其中某些检材所包含的信息不能反映完整物体的全部特征。在实际工作中,要将现场勘查、案情及其他证据相结合,进行综合分析。

5. 在比对检验中必须将检材、空白样品和对照样品一起在相同的条件下进行比对检验,以消除载体的干扰和系统误差。

6. 对检材鉴定得出的分析结论，必须采用两种以上的分析方法进行检验并得到相同的结果后才能作出。

7. 对整个检验过程中的每一个步骤、方法和结果都要作及时、全面、客观的记录。检验记录既是作出最终结论的依据，也是为总结经验和提高分析水平所积累的资料。

8. 检验中所用的器皿要干净，所用试剂事先须用已知和空白样品进行验证，以防出现差错。

9. 微量物证与毒物毒品物证检验步骤的一般原则为：先无损，后有损；先有机后无机；先定性，后定量；由小到大，由简到繁。

三、微量物证与毒物毒品物证的检验程序

在物证检验每个步骤都有其特定的任务，各个步骤之间有着密切的联系。这些步骤构成一个有机、完整、合理的检验程序，有利于鉴定工作的顺利完成。检验程序应根据送检的要求和检材的具体情况来确定。

（一）种属鉴别的检验程序

种属鉴别是根据物证的种类属性特性，来确定物证种类的鉴定。种属特性是由物质本质属性、物证产生和形成的条件以及物证所处的环境等因素决定的，这些因素或条件是该种属的每一客体应是共同的，而对其他种属客体则并不具备。每一种属的客体至少有一个稳定的特征与其他种属的客体相区别。通过检验确定了这些种属特征，也就鉴别了它所属的客体种类，作出了该物证种属特征的判断。

种属鉴别检验过程与同一认定检验有很大的区别，在程序上只有直接检验和评断检验结果两个步骤。少数检验也有比较过程，但这一比较仅作为查明检材性质、出处、种类的一种对照方式，而不是比较检材和样本是否来源于同一客体。

种属鉴别的对象一般仅为检材，有时也取标准样品作为对照和参考，但它与一认定中样本的检验有着本质的区别。

（二）同一认定的检验程序

微量物证与毒物毒品物证检验中的同一认定，是指检材和样本的来源或来源的个体同一。

1. 检验程序

同一认定的检验过程包括以下三个步骤：

（1）分别检验。分别检验的任务是发现与确定检材和样本各自的组成、结构、含量和形貌等特征，为下一步的比较检验奠定基础。一般应先检验检材，后检验样本。只有掌握了检材的特征，才会使样本的检验有明确的目标和方向，因为物证同一认定所依据特征的范围，在很大程度上受检材可能提供条件的制约。但是，当检材量过少而嫌疑样本的量较大时，也可以先检测嫌疑样本。根据检测出来的嫌疑样本的各种特征和信息，

再根据平时在基础工作中所积累的资料，找出在同类物质中重复出现的概率较高、对比较检验意义较大的所有特征，然后有针对性地对检材的特征进行检测。

(2)比较检验。比较检验是在分别检验的基础上进行的，其任务是对检材和样本的特征进行对照比较，以确定两者的符合点和差异点，为综合评断作出结论打下基础。

比较检验的顺序是先比较种属特征，后比较特殊特征。若发现检材与样本的种属特征根本不同，便可作出否定结论，即排除相同种属。若种属相同，就应进一步比较重复出现概率相对较低的各项特殊特征。对于特征比较过程中检材和样本间出现的某些差异点，应采用模拟实验方法查明其形成的原因。

(3)综合评断。综合评断是对找出的特征符合情况和特征差异情况进行息的分析和判断，其目的是要确定已被发现的特征符合点的总体，能否作为肯定同一的依据；确定已被发现的特征差异点，是否影响作出肯定同一的意见。

A. 特征符合点的评断。其目的是要确定已检测出的特征符合点作为一个整本能否在其他客体上重复出现，即能否作为同一认定的依据。为此，必须研究已检测出的特征符合点的质量和数量。检材和样本特征符合点的质量取决于特征的类型和出现的概率。

一般特征和特殊特征是任何物证都具有的两类特征，如果检材和样本只有共同的一般特征，而没有共同的特殊特征，就不能肯定它们的来源同一。但是，如果检材和样本在一般特征上有确定的本质差异，则可以否定同一。

特征出现率，是指特征在所有同类客体中出现的概率。客体在必然的、共同的因素作用下，产生的特征(无论是一般特征还是特殊特征)出现的概率较高，但其同一认定的价值较低；而在偶然的、随机的因素作用下，产生特征出现的概率虽较低，但对同一认定的价值却较高。

在分析特征符合点质量的同时，还必须考虑组成符合点整体的特征的数量。一般而言，组成整体的特征数量越多，则其在另外客体上重复的可能性越小。但是，如果特征符合点的数量虽然较少，但其质量很高，则符合点的整体也不可能在其他客体上重复出现。

如果特征的质量一般，特征的数量就必须较多。只有同时考虑特征符合点的质量和数量，才能正确判断该符合点整体是否可能成为认定同一的依据。

B. 特征差异点的评断。特征差异点可分为两类：一类是本质差异点，另一类是非本质差异点。本质差异点来源于两个不同的客体，它们是否定同一的依据。非本质差异点则是同一客体分离后，因受外界因素的影响(如使用或存放过程等)引起变化所反映出来的不同特征所形成的。通常，如果检材和比对样本之间特征差异点数量多、差别大，就属于本质差异，可以否定同一。如果两者的特征差异点数量少、差别不明显，又能得到合理的解释，则属于非本质差异，表明检材和比对样本有可能来自同一个体。

综上所述,如果检材和样本之间以特征符合点为主,且仅有非本质的特征差异点,被证明两者来源同一,否则相反。

2. 检验意见

同一认定的检验意见一般有以下三种:

(1)认定意见,即认定检材和样本来自同一个体。就目前的科技水平而言,通过微量物证与毒物毒品物证检验对检材和样本作出同一(来源)认定还有很多困难,但这是微量物证与毒物毒品物证检验发展的方向。

(2)否定意见,即否定检材与样本来自同一个体。在微量物证与毒物毒品物证检验中,否定同一并不排斥检材和样本的同种或同属。

(3)推断性意见。由于检材条件太差,未能充分反映其本质性特征,仅提供了一些既不能肯定,又不能否定同一的相似特征,因此,无法给出检验意见。但在个别情况下可以作出"可能同一或不同一"的推断性意见,这种结论对案件的侦查具有一定的参考价值。

(三)鉴定文书的制作

物证检验的最后一个步骤是出具鉴定文书,它是证明案件真实情况的证据,在案件诉讼过程中具有重要的作用。检验结果经全面审查和综合评断后,写出依据充分的鉴定文书。

鉴定文书通常分为三种:鉴定书,能够做出同一认定结论的,出具鉴定书;检验报告书,如果作出的是种类鉴别或同类认定结论的,出具检验报告书;检验意见书,无明确结论,但能够提供倾向性意见的,出具检验意见书。

一般而言,鉴定文书的内容包括如下几个方面:

1. 鉴定文书名称和发文字号。

2. 正文。

正文通常有序言、检验、论证、结论、说明和署名六个部分。

(1)序言。包括委托日期、委托单位、送检人姓名、简要案情、检验要求以及检材及比对样品的编号、名称、颜色、形态、数量、重量及包装情况。

(2)检验。简述检验的方法规范、仪器设备、过程及结果。

(3)论证。对检测发现的特征、数据进行综合分析,评述检验意见的科学依据。

(4)意见。对送检单位提出的检验要求逐一作出明确的意见。

(5)说明。对检验中出现的某些问题进行说明,提出对剩余检材和比对样品的处理意见。

(6)署名。鉴定人和复核人签名、注明技术职称,写明鉴定日期并在鉴定日期处加盖单位"技术鉴定或检验"专用章。

3. 附件。包括照片、图谱、图表或复印件等。

鉴定文书应内容完整、文字简练、描述确切，结论应科学、客观、准确，附件应清晰完整，能反映物证检材的真实情况。

第五节 微量物检验的发展趋势

随着科学技术的进步，新的分析仪器、分析方法的不断出现，现代分析仪器检测水平不断提升，使物证分析手段发展多样化，微量物证的检验范围不断扩大，从理念、方法、手段上都得到了长足的进步，为微量物检验工作适应新形势的要求提供了技术上的保障。

一、建立无损检验及微区分析方法

无损检验的突出优点是非破坏性，既适用于一个检材使用多种手段的检验，又无须制样而实现快速检验。例如，显微傅立叶红外光谱仪和显微分光光度计已成为检验汽车涂料碎片的常规仪器；显微傅立叶变换拉曼光谱可用于纤维上的染料、纸上的墨水等的检验。

显微镜技术的不断提高使物证检验从整体分析向微区分析发展，对非均质的物证不经分离，就可进行检验，提高了检测的灵敏度。如各种载体上的污迹，纤维上的色痕等，除分析载体的种类，还可分析各种污迹和色痕的种类，从而为物证分析提供更多信息。

二、建立高灵敏度的综合分析方法

开发高灵敏度的分析方法始终是微量物证检验的追求目标。最新发展的电感耦合等离子体质谱技术具有很高的灵敏度和良好的测定精密度。澳大利亚的警察部门使用该技术检测窗玻璃，准确地检测出 48 种元素，由此对窗玻璃的区分率达到 90% 以上。

使用高效液相色谱—质谱联用方法对爆炸残留物中的原体炸药进行分析，可以克服气相色谱—质谱法灵敏度低、易发生分解等问题。离子色谱和毛细管电泳均具有高的灵敏度，对爆炸残留物中的原体炸药和射击残留物中的发射药进行检测，检测灵敏度可达 20ng。

各种分析方法都有其优势和不足，所以为了使检验结果更加准确、可靠，应采用综合分析方法，使各种方法的检验结果相互补充、相互印证。例如，对涂料碎片的分析，不仅要用 SEM/EDX 确定它的元素组成，还应当用红外光谱法或裂解气相色谱法确定它的有机成分。

三、建立微量物证的动态分析方法

微量物证在存放过程中，一些成分可能会在外界条件（光照、温度、湿度等）作用下随时间发生变化，其变化规律会给我们提供很有价值的案件信息。以前我们多是从静态的角度去分析微量物证，而现在应进一步分析微量物证随时间的变化情况。例如，近年来发生的经济纠纷案件中，字迹书写时间的鉴定就是一例。墨水或圆珠笔油在书写到纸张上以后其中的溶剂发生挥发，染料发生分解，其变化情况可以为我们确定字迹的书写时间提供依据。

四、建立微量物证数据库和样品库

微量物证检验以比对检验为其主要方式，因此数据库和样品库在微量物证检验中起着重要作用。德国联邦刑事警察局使用漫反射傅里叶变换红外光谱法和裂解气相色谱—质谱法建立了醇酸树脂作涂料的数据库，加上计算机检索，有效地解决汽车油漆碎片的鉴定工作。美国酒精烟草火器局建立三种数据库，即纵火剂用石油产品的气相色谱—质谱库、80%蒸发掉的残留石油产品的气相色谱—质谱库以及高度蒸发的石油产品的气相色谱—质谱库，为纵火现场纵火剂的分析提供重要参考。我国这一工作刚刚起步，虽然难度较大，但只要大家共同努力重视这一工作，一定会实现。

五、建立微量物证检验的标准化方法

由于科学技术的发展和法制的不断完善，微量物证检验的质量已经成为衡量物证价值的关键。目前，世界各国的法庭科学实验室都在全面引入质量控制体系，建立各种物证检验的标准化程序和方法。微量物证范围广、种类多、组成复杂，建立标准化检验方法的必要性也就格外迫切。为了克服检验方法和仪器设备的混乱以及个人操作的不规范所造成的误差，建立标准化程序和方法是今后微量物证检验继续深入发展的需要。

随着人类认识层次的不断深化，随着新的分析方法和仪器的不断涌现，微量物证检验必将向着更深、更广和标准化、规范化的方向不断发展。

思　考　题

1. 何为微量物证？微量物证有何特点？
2. 何为毒物？简述毒物的体内过程。
3. 何为毒品？毒品有何特征？简述毒品的分类方法。
4. 如何发现、采取微量物证？采取微量物证应注意哪些问题？
5. 如何发现、采取毒物物证？采取毒物物证应注意哪些问题？

6. 如何发现、采取毒品物证？采取毒品物证应注意哪些问题？

7. 如何包装微量物证与毒物毒品物证？包装微量物证与毒物毒品物证应注意哪些问题？

8. 如何送检微量物证与毒物毒品物证？送检微量物证与毒物毒品物证应注意哪些问题？

9. 简述微量物证与毒物毒品物证的检验程序。

10. 怎样制作鉴定文书？

第五部分　物证图像技术概论

第十五章 物证图像获取

广义的图像获取,是指将物体成像的过程。物证技术学中图像获取包括照相、摄像、扫描等技术手段,记录、显现与案件有关现场和客体的专门技术。这种技术由于能够快速、客观、形象、便捷地反映案件现场情景和具体事物的状态而成为证据固定的重要技术手段。

第一节 现场摄影与摄像

任何一起案件的发生都与特定的空间和时间关联,无论犯罪行为发生地还是结果发生地都是获取揭露和证实犯罪证据的主要场所。现场摄影与摄像是将案件发生的场所和与案件有关的痕迹、物品,用摄影的方法客观、准确、全面、系统地固定、记录下来的专门手段。它是物证摄影的一个重要组成部分。作为案件现场勘查不可缺少的记录手段之一,它与现场绘图、现场笔录等记录手段相比,具有真实再现现场的纪实性、立即记录的迅速性、再现现场事物的形象性和准确性、反映现场全貌的系统性和全面性等优点。

一、现场摄影与摄像的设备与器材

(一)现场摄影的设备与器材

拍摄现场应选用坚固耐用、机械性能可靠的配有标准镜头的单镜头反光式 135 型照相机(数码相机像素应在 600 万以上)。配备广角至中焦的变焦镜头。拍照微小的痕迹物证时,应配备近摄镜、微距镜头、近摄接圈、近摄皮腔。另外,还应配备滤光镜、三角架、比例尺、快门线、暗房袋、痕迹物证编号签、简易背景幕、遮光器具等附属设备。偏远地区还应备有简易黑白冲洗器具。

照明设备应配备闪光指数在 32 以上的电子闪光灯 1 ~ 2 台，并配备 2 ~ 5m 长的同步线或同步感应器。有条件时，还应备有碘钨灯、小型聚光灯和现场勘查灯。使用传统胶片的相机感光材料应包括全色片、盲色片、彩色负片等，有条件时，还应备有红外片、紫外片等专用感光材料。

（二）现场摄像的设备与器材

拍摄现场应选用体积小、重量轻、清晰度高、色彩还原好、照度要求低的一体式或分体式摄录像机。可使用摄像机、录像机原配电池或交流适配器，也可使用与原配电池电压相同、功率适宜的电源。所备电池的数量应能保证供电 3 小时以上。应选用清晰度高、色彩还原好、质量可靠的录像带。

配备能与摄像机匹配、牢固可靠、旋转方便、升降灵活的三角架。照明设备应包括 2 只碘钨灯和不少于 50m 长的防水电源线及备用保险丝。应配备照射 3m 外物体时的照明亮度超过摄像机最低照度要求的直流新闻灯。拍摄微小的痕迹物证时，应配备近摄镜、微距镜头、近摄接阁、近摄皮腔。另外，还应备有滤光镜、射频线、视频线、音频线、反光罩、遮光器具、简易电工工具及比例尺。

二、现场摄影与摄像的内容

（一）现场方位摄影与摄像

现场方位摄影与摄像是以整个现场和现场周围环境为拍摄对象，反映犯罪现场所处的地点、位置及其与周围事物关系的专门手段。其作用就是反映发案现场所处的地点、位置及环境，表达现场的外部情况。

拍摄现场方位时取景范围要大，拍摄点要高，要尽量显示出现场与周围环境的关系，以及一些永久性的特殊标志（如商场、车站、桥梁、街名、门牌、路标等）。拍摄时，应把现场安排在画面视觉中心，以中、远景表现，突出重点。摄像时，采用摇镜头技巧较合适。用摇镜头拍摄现场环境后，可用推镜头或拉镜头技巧将现场的具体位置与周围的环绕表现出来。

现场方位摄影应尽量用一个镜头反映被拍景物。受拍摄距离和镜头视场限制时，可采用回转连续拍摄法或直线连续拍摄法拍摄。拍摄接片时，画面衔接处应避开现场重点部位。

现场方位摄影主要使用自然光。夜晚出现场除必须拍照外，都可在白天补拍。如同夜间拍摄，可将照相机固定后打开快门，用闪光灯进行游动曝光。

（二）现场概貌摄影与摄像

现场概貌摄影与摄像是以整个现场和现场中心地段为拍摄内容，反映现场的全貌以及现场内各部分关系的专门手段。它的拍摄内容是除现场周围环境以外的整个现场状况,其作用是反映现场内部情景、现场内部的空间、地势、范围、发案全过程在现场上所触及的一切现象和物体。

在进行现场概貌摄影和摄像时,对现场的范围、现场内的物品、痕迹物证以及遗留痕迹物证的位置等现场全部状况要完整、系统、全面地反映出来,切忌杂乱无章地盲目乱拍。为此,拍摄前应弄清犯罪人在作案过程中所涉及的范围。对于多处现场,需要多组镜头有机编排起来。拍摄时,需要用几个或几十个镜头拍摄,并表现出各处的相互位置关系和相连的通道。

拍摄现场概貌时,应以反映现场的整体状态及其特点为重点。取景构图时,应把现场中心或重点部位置于画面显要位置。尽量避免重要场景、物证互相遮挡、重叠。

现场概貌摄影一般采用相向拍摄法、多向拍摄法,也可拍摄连接片。在室内现场摄像时,可从室外拍摄推向门口或窗口,下一个镜头可接室内拍摄的镜头,拍摄时应有全景也有特写,有摇镜头也有推拉镜头。

室外现场概貌摄影、摄像主要使用自然光。必须在逆光条件下拍摄时,应加遮光罩,并尽可能给主要部位补光。室内现场光不匀或亮度不足时,应使用闪光灯或灯光照明来拍摄。需要闪光灯或其他灯光照明时,应尽量用反射光照明,直射光照明时应注意配光角度。摄像时要用碘钨灯或新闻灯照明。

(三)现场重点部位摄影与摄像

现场重点部位摄影与摄像是记录现场上重要部位或地段的状况、特点以及与犯罪有关的痕迹、物品所在部位的专门手段。其作用是反映物证与现场及现场上物证之间的关系。

现场摄影、摄像的主要拍摄内容包括:与案件有关的现场重要地段;对揭露、证实案件情况有重要意义的现场上物体的状况、特点;现场上遗留的与案件有关的物证和物证与物证之间的关系特点。

不同类型的现场,其拍摄的对象不尽相同。对于命案现场,主要包括尸体所在的位置,尸体的姿势,搏斗、行凶、移尸的部位,有关痕迹、凶器、衣物的位置,血迹分布的状态等。对于盗窃现场,主要包括被破坏和存放被偷盗物品的桌、柜,被移动的物品,遗留的犯罪工具、痕迹、物品的位置,犯罪人进出的路线等。对于路劫现场,主要包括抢劫的地点,作案人守候的地点,搏斗的痕迹,来往的路线,遗留的脚印、痕迹的位置等。对于火灾现场,主要包括起火点,引火物,燃烧严重的部位等。对于中毒现场,主要包括尸体所在的位置,尸体的姿势,呕吐物,排泄物,可疑的食物、药物,装毒物的器皿及部位状况等。对于爆炸现场,主要包括爆炸位置,爆炸对象,爆炸损坏的程度,爆炸抛出物及状况,爆炸残留物及状况等。

拍摄现场重点部位时,应以清楚反映现场重点部位的状况、特点及其与周围痕迹物证的关系为重点。拍摄时,应确定拍摄距离和角度,选用标准镜头或中焦镜头,合理安排镜头。摄像时用全景推至特写,灵活选择拍摄机位,多采用推拉镜头。现场重点部位摄影、摄像的用光与现场概貌的用光。

(四)现场细目摄影与摄像

现场细目摄影与摄影是记录现场上发现的与犯罪有关的细小局部状况和各种痕迹、物品,以反映其形状、大小、特征等的专门手段。其拍摄内容包括具有检验鉴定价值和证据作用的各种痕迹物证,如尸体、活体上的痕迹,血迹的滴溅状况或喷溅方向,杀人凶器或犯罪工具的形状、标签及破损情况,脚印、手印、文件和附着物等。

进行现场细目摄影、摄影时要遵守拍摄的原则,即拍摄时要准确地反映遗留在现场上的痕迹物证的位置,必须保证拍摄的影像不变形,必须准确地反映被拍物体和痕迹的花纹大小、粗细、长短等特征,痕迹物证的特征必须保证清晰、逼真。拍摄现场细目要认真取景构图,合理利用画面。被拍主体应占画面的2/3以上。如果物体太小,可使用近摄装置进行拍摄。

拍摄用于检验鉴定的细目照片应保持画面不变形。拍摄痕迹、损伤时,要反映出痕迹、损伤的形态、特征与所在位置。现场上同类型痕迹、物证较多时应当编号,并将号码摄入镜头。

凡是反映痕迹、物证形态与特征的照片,必须进行测量摄影。拍摄时应放置比例尺,比例尺一般应放置于被拍物或特征的F方居中部位,并与被拍物的主要特征在同一水平面上,保持与照相机光轴垂直且不得有反光。要根据被拍物体颜色和使用的感光片种类选择比例尺,并根据被拍物体长度来选择比例尺的长度,一般不得短于被拍物体长度的一半。需摄影提取具有检验鉴定价值的重要痕迹时,应加放直角比例尺。拍摄步幅时,应在步幅两侧放置贯通画面的比例尺。

现场细目摄影的用光,应根据被拍对象的形体、表面形态、颜色等,合理选择光源种类、强度和光照角度,以反映表现的主题内容,不能千篇一律。

三、现场摄影的技术方法

(一)现场摄影的原则要求

现场的拍摄应当及时、全面、客观、准确。要遵守勘查秩序,与其他技术勘验工作协调配合开展。拍摄器材设备平时应准备妥当,接到任务能及时投入现场使用。

现场拍摄人员在拍摄前应对拍摄内容和表述方法筹划构思,拍摄时应依照一定步骤和顺序,系统连贯、有条不紊地进行。同时,要积极主动地对现场所有场景、细目进行全面、细致的拍摄。对一时难以甄别是否与案件有关的痕迹、物品也应按照要求拍摄。

现场拍摄的画面应主题明确、主体突出。特别是现场概貌摄影和现场重点部位摄影,应尽量避免将勘查人员和勘查器材、车辆等摄入画面。现场摄影要以清晰、准确地反映被拍摄景物的主题内容为目的,合理地选择光源、种类和光照角度。使用闪光灯、灯光照明时,要防止反光和不良阴影破坏画面主题内容。现场拍摄前,要对被拍摄主体进行测光,对重要场景、物证进行系列曝光,以避免曝光失误。当照相机快门速度较低时,要固定照相机,并使用快门线。

拍摄重要物证时要请见证人过目。对需提取拍摄的物品要先拍摄固定其原始状况,提取时要办理手续。所提取的物品均应妥善包装、保管,避免损坏、丢失。贵重物品或保密文件必须由专人保管,拍摄后及时送还。当现场物品所在环境、位置影响反映轮廓、形态特征时,可先固定其原始状况,然后移至适当背景、光线条件下拍摄。现场勘查结束后,应及时冲洗胶卷,如发现有误,应及时补拍。

(二)现场摄影的实施步骤

1. 了解案情

现场摄影人员到达现场后,应与其他勘验人员一同了解案件发生、发现的时间、地点和经过,现场原始状况、变动情况及保护措施,出入现场的人员及原因。

2. 固定现场

现场摄影人员在巡视现场的同时或详细勘查开始之前,应迅速准确地对现场概貌状况进行拍摄固定。

3. 现场构思

现场摄影人员应根据现场状况,明确现场拍摄的内容、重点,构思对整个现场的表述方法,包指确定现场照片的布局结构(现场照片的开头、段落、层次、衔接、照应和结尾),确定现场照片画面的构图形式和确定拍摄位置。

4. 制订计划

当两人以上共同承担复杂现场的拍摄任务时,应共同研究制订拍摄计划,统筹安排拍摄内容和先后顺序,并明确具体任务和责任范围。

5. 按顺序拍摄

一般应遵循先拍概貌后拍重点部位和细目、先于自原始后拍移动、先拍易破坏消失的后拍不易破坏消失的、先抬地面后于自上部、先拍急后拍缓、先拍易后拍难的原则。现场方位的拍摄应根据情况灵活安排。

整个现场拍摄完毕后,应检查有无漏拍、错拍以及技术失误。如需对现场全部或部分保留原貌时,应及时向现场指挥人员提出。

(三)现场摄影记录的内容

现场摄影记录的内容主要有被拍摄的客体,所用的照相机机型、镜头种类、滤光镜型号、光源、近拍装置等,拍摄的照明性质、拍摄时间、方向、曝光条件等。

(四)现场摄影的拍摄方法

1. 单向拍摄法

单向拍摄法是镜头从某一个方向对着现场拍摄的方法。其特点是只能反映现场某一个侧面的情况。主要应用于拍摄范围不大、比较简单的场景。

2. 相向拍摄法

相向拍摄法是以相对的方向、相等的距离对被拍物进行拍摄的方法。其特点是能反映现场相对的两个方向的情况，应用广泛，方便简单。主要应用于方位、概貌和重点部位摄影。

3. 多向拍摄法

多向拍摄法是从几个不同的方向，以相等的距离对被拍物进行拍摄的方法。其特点是能反映现场各个方向的现场情况。

采用相向拍摄法和多向拍摄法拍照时，应注意拍摄距离、镜头俯仰角度、用光要保持一致。

4. 回转连续拍摄法

回转连续拍摄法是固定拍摄机位，以水平或垂直方向转动照相机，将被拍客体分段、连续拍摄成若干个画面，然后在放大照片后进行拼接，成为一张完整的现场照片的拍摄方法。该拍摄法适用于现场水平或垂直范围较大的方位、概貌现场的拍摄。

5. 直线连续拍摄法

直线连续拍摄法是相机的焦平面与被摄物体平面平行，且沿着与被拍物等距的直线方向移动，将被拍物分段、连续拍摄成若干幅画面，然后将所得的这些照片拼接在一起，成为一张完整现场照片的拍摄方法。

直线连续拍摄法适用于狭长现场及狭长痕迹的拍摄，如狭长路段、成趟足迹、长条车轮痕迹等。采用回转连续拍摄法和直线连续拍摄法时，要注意每个镜头之间要有重叠，重叠部位应占整个画面的1/5左右至1/4左右。拍摄时，各画面的调焦距离应相等，用光、曝光应一致。

6. 测量拍摄法

测量拍摄法是将带有标准刻度的比例尺与被拍物一同摄入画面，根据比例尺可以测量出原物及其特征大小的拍摄方法。该拍摄法主要应用于测量计算痕迹的大小等。

四、现场照片的制作

这是现场摄影的最后一道工序。就是按照刑事案件现场照片制卷标准的要求，检选底片、制作照片，进行照片的编排、粘贴以及照片的标划和文字说明。现场摄影的案卷由封面、封二、案情简介、目次和正文构成。

封面应包括案卷编号、份号、密级、案卷题名、制作机关和制成时间等内容。案卷题名要含有案件发生地域、案件名称、案卷内容等。案件名称应与现场勘查笔录、现场图的案件名称一致，一般应包括被侵害对象及侵害结果。也可使用案件代号、案件性质的名称。

封二应包括现场地点、案件名称、案件性质、发案时间、拍摄时间、拍摄人、制卷单位、制卷人、审签人、生效标志、案卷页数、卷内照片张数、案卷份数等内容。

案情简介应包括报案时间，案件发生或发现时间、地点，报案人及被害人的姓名、职业、住址、发现的经过情况等内容。案情简介的内容应通俗易懂，简练准确。当刑事案件现场照片与现场勘查笔录组合反映已经勘验的现场时，现场照片卷中可省略案情简介。

段落层次较多的照片卷应编写目次，目次的内容应包括各段落层次的标题和所在页码，标题与页码之间用“……”连接。正文部分是案卷的主体，应包括照片、标引线、符号、代号、文字说明等。

贴附照片的纸张、照片的质量要求、组合编排、粘贴、标引、符号和代号的引用、文字说明、装订、审签等可参照现场照相制卷标准。

五、现场录像片的制作

现场录像片是指运用电视摄录像技术，使用电视摄录像设备，遵照法律程序和办案要求，客观、准确、全面、系统地记录案件发生的场所和留有与第案件有关的痕迹、物品等影像信息，经过编辑加工制成的独立完整的电视录像片。它既是侦破案件的原始档案资料，又是审理案件的重要证据材料。现场录像片的制作既要遵循电视录像片制作的一般规律，又要遵循现行法律的规范要求，并结合各种刑事案件的特点及要求，重点突出现场录像片的客观性、纪实性、完整性和准确性等特点，通常包括构思、摄录素材、编写稿本、组接镜头、解说与配乐等步骤。

（一）现场录像片的构思

现场录像片有别于案例侦破片、宣传教育片、教育培训片及专题片。案例侦破片、宣传教育片、教育培训片及专题片是构思在先，拍摄和编辑在后，而现场录像片则是在拍摄之中或拍摄之后进行构思再编辑。因此，摄像人员到达案件现场以后，应当与其他现场勘查人员一同了解案件发生、发现的时间、地点和经过，现场原始状况、变动情况及保护措施等。根据案件的性质、现场环境特点和案件现场的摄录内容等，摄像人员对整个拍摄工作进行构思，设计每个镜头的摄录内容和组合结构以及对整个现场内容的表述方法，达到构思新颖、叙事完整、逻辑严谨、组接顺畅，使有关人员通过观看该片后，能深入细致地了解案件的发现、发生、发展过程和案件现场全貌，以及有关痕迹、物品的细节特征，据此作出判断，指导案件的侦破或事件的调查。

构思是现场录像片的创作思维过程，包括主题的切入、素材的选择、结构的安排等，现场录像片的主题是明确的，构思可以以纵向结构揭示主题，即以案件现场勘查的时间顺序进行创作，重点表现案件发现、发生和发展的过程；也可以横向结构揭示主题，即以现场勘查的空间顺序进行创作，重点表现案件现场勘查的各个环节，突出事物的多个侧面和内部联系；更多的情况是以复合结构揭示主题，即以时间顺序和空间顺序相结合的形式进行创作，其优点是条理清晰、视角丰富，便于有关人员立体地、多角度地观察案件现场的每个侧面。

（二）摄录素材

现场摄像的内容决定摄录素材。现场摄像的内容包括现场方位摄像、现场概貌摄像、现场重点部位摄像和现场细目摄像，有时还要对突发事件和意外情况进行摄像，包括正在勘验过程中发生的犯罪行为、自杀行为、毁证行为，抓捕、击毙作案人以及侦破案件过程的重大进展等。在摄录素材过程中，结合以往拍摄经验，并设想拍摄中可能发生的情况，设计好对策，灵活地选择机位，在充分考虑到镜头组接效果的前提下，利用各种技巧，合理地拍摄出理想的画面和镜头。摄录素材的节奏控制要求应依据表述内容的复杂程度、观众的视觉需求和心理需求而定，保证所拍摄的事物能够给观众留下深刻的印象。此外，摄录素材要遵循宁多勿少的原则，由于案件现场不可能保留长时间或者再次恢复，这就要求摄像人员尽可能多地拍摄镜头素材。对于重要的场景和事物，要以不同角度、不同机位、不同景别多次拍摄，避免因漏拍、错拍和技术失误造成不必要的损失，同时又可以为镜头组接编辑创造有利条件，使现场录像片更加充实饱满、自然流畅。有时，根据现场录像片情节的需要，摄录一些案件现场的外景镜头、现场勘查的间隔镜头、案情介绍的交代镜头和有关人员的反应镜头等也是非常必要的。

（三）编写稿本

现场录像片稿本是现场录像片制作人员将案件现场摄录内容，根据构思，运用电视语言进行综合处理的形象化文字材料。一部现场录像片的制作一般需要两个稿本，即文字稿本和分镜头稿本。

文字稿本是将现场录像片所要表现的内容，以画面和解说相结合的形式组成书面表达材料，它是现场录像片制作人员编写分镜头稿本的依据。各类案件的突发性决定了现场录像片的摄录先于稿本的编写，因而现场录像片稿本的编写相对简略，但是必须包括案件现场地点、案件名称、发案时间、案件简介、现场勘查人员、现场勘查过程和案件分析等基本内容。从结构上看，现场录像片稿本可以划分为片名、开头、中间（主题）和结尾等部分。片名的作用在于突出现场录像片的主题，同时能让观众初步了解现场录像片所要反映事件的性质、内容大意和范围，并引起深刻的联想。开头、中间和结尾是一部现场录像片的有机整体，开头和结尾要精练、生动、准确、具体，首尾呼应，结构严谨，中间（主题）部分是现场录像片的主要内容，要求层次清楚、段落分明、层层展开、逐步深入，最终使观众获得现场录像片所要反映的全部信息。分镜头稿本是现场录像片制作人员根据文字稿本的要求，以镜头为基础，用更加形象具体的电视语言写成的现场录像片的文字描述材料。它是现场录像片制作人员进行镜头组接、编辑加工的详细、具体的施工蓝图，也是现场录像片审查的重要依据。

现场录像片是在已有的现场摄像素材的基础上，经过镜头组接、编辑加工制作而成的。现场录像片的分镜头稿本可以采用镜号、时间、画面内容、组接技巧、解说、音乐、备注的结构形式编写。其中，镜号是指现场录像片镜头组接的先后顺序号，用数字标出。时间是镜头画面的播放时间，一般以秒为单位。画面内容是用文字阐述所拍摄的具体画面。组接技巧是指为了使镜头组接得更加自然、生动、流畅，需要添加一些画面切换效果或组合效果，如渐变、划变、淡入、淡出等。解说是对应一组镜头的解说词。音乐包括音乐的内容以及起止位置。现场录像片的音乐一般是叙述性和说明性的音乐，布置在开头和结尾处，作用是对画面作情绪上的补充和深化，增强现场录像片的表现力。备注栏是为了方便现场录像片制作人员记事安排的，可以记录特殊说明、注意事项等。

（四）组接镜头

组接镜头是按照分镜头稿本的要求，将先期摄录的素材有机地组合安排在一起，形成一部内容完整的现场录像片的过程，其目的是让观众对现场录像片所表述的案件和事物有更加清楚、更加细致、更加完整的认识。组接镜头之前，需要对摄录素材进行取舍，选取其中符合事物发展规律，符合观众思维逻辑规律的，典型的、切题的形象化素材。组接镜头时，要求遵循镜头间的连贯性和一致性原则，遵循镜头调度的轴线规律，景别过渡要求自然、合理，运动节奏要求协调、统一。

（五）解说与配乐

组接镜头、解说、配乐都属于现场录像片编辑的内容，组接镜头的素材是视频素材，而解说与配乐的素材则是音频素材，其中包括解说词、背景音乐等。现场录像片的编辑设备可以是线性编辑系统，也可以是非线性编辑系统。解说与配乐就是利用电视编辑设备将现场录像片需要的音频素材，有目的、有层次、有重点地组合起来，复制在音频通道上。解说词配音要准确、清晰、标准；现场同期声与镜头的拍摄是同步进行的，它可以真实地表现现场勘查的环境氛围，具有强烈的身临其境感，在配音时应根据需要部分地保留，也可用背景音乐全部覆盖，此外，背景音乐和音响效果具有独特的艺术效果，可以显著地增加现场录像片的表现力和感染力，背景音乐要选材合理、自如流畅，音响效果要真实、形象，但是不宜过多。

第二节　物证摄影

物证检验摄影是固定、提取和检验痕迹物品的一种专门摄影技术，是物证鉴定技术活动的重要组成部分。

一、可见光物证检验摄影

可见光物证检验摄影利用可见光与物质的相互作用，固定和记录现场勘查、搜查、技术检验过程中发现和提取的与案件有关的痕迹物证，为研究案件性质、分析作案手段、进行现场模拟实验提供技术依据，为检验、鉴定提供条件，为诉讼提供证据。所以，对拍照痕迹物证有如下要求：要完整地、准确地、清晰地反映痕迹物证的位置、形态和特征，检材与样本的影像大小、影调和纹线方向要反映一致，对不一致的要进行校正。上述各种校正都可以用计算机图像处理软件来实现，并且处理效果好，简便、灵活、快速。

（一）强反差摄影方法

所谓物证检验摄影中的加强反差摄影，是指充分采用有关技术措施（如选择合适的感光材料，合理选择光源及配光，对负片作适当的处理等），增大痕迹物证特别是微弱痕迹影像反差的专门拍摄技术。加强反差摄影，能够增强肉眼不易看清的微弱痕迹的反差，对于痕迹物证的目视检验鉴定具有重要意义。因此，加强反差摄影是物证检验摄影的重要内容，也是办案时最常用的实战技术之一。

加强反差摄影最终归结于增大痕迹与承痕面物质之间的反射率之差。物质不同，反射率不同。实践中还发现，相同的物质若表面结构不同，反射光的形式（如定向反射、混合反射和漫反射）不同，反射率也不同。另外，从光谱特性来看，反射光的光谱特性与入射光完全相同；从偏振性质来看，定向反射时对自然光起一定偏振作用，对线偏振光没有退偏振作用。混合反射和漫反射时，均对线偏振光有显著的退偏振作用。

从拍摄的角度来看，加强反差摄影的方法可分为以下三大类：

1. 暗视场拍摄法

暗视场拍摄法是在暗视场或暗房中以弱光照明，使被摄物体的亮度降低，用慢速快门曝光，以获得较大反差的拍摄方法。该方法能防止有害杂光的干扰，但要对感光材料的倒易率失效进行曝光量补偿。

2. 亮度对比拍摄法

亮度对比拍摄法是利用被摄物体表面物质性质和表面结构的差异，通过调整光源照射角度和方向，提高被摄物体表面的亮度反差，以增大底片密度反差为目的的拍摄方法。该方法的技术关键在于根据具体的拍摄对象，设计适当的配光方案。

3. 分色摄影光谱对比拍摄法

光谱对比拍摄法又称为光谱对比拍摄，是利用不同物质选择性吸收入射光中相应光谱成分的特性，使被摄物体表团的亮度分布产生差异，从而加强被摄物体表面反差的拍摄方法。在实际工作中，常将几种拍摄技术方法结合使用，可以显著加强微弱痕迹的反差。

拍照时，一定要放置比例尺，使用高质量的感光胶片，调焦要非常准确，一般选用小光圈拍照，最好采用系列曝光方法。要根据实际用途和标准化的要求加以确定。

激光器与多波段光源是物证摄影使用的比较好的光源。激光具有单色性、方向性、相干性好和亮度高等优点，为解决疑难客体、潜在痕迹的拍照问题，提供了一种新的技术手段。目前，人们主要针对强背景荧光及疑难检材，探索新的物理、化学、生物等方法，充分利用激光良好的相干性、单色性以及偏振性等特性，进行激光分色照相、激光全息照相、激光偏振光照相等的研究，以及研制新的综合型激光设备、痕迹物证图像显现设备等，倍以提高显现的灵敏度和对比度。激光检验照相是一个新的刑事技术领域，有广阔的发展前景。

多波段光源的输出波段较多，一般带宽在20～60nm（混合光为100nm），而且光亮度高、体积小，便于现场使用。一般具有10个波段就可以基本满足现场多数情况的需要。不但可以进行光致发光摄影，而且可以进行可见光和红外线、紫外线下的物证检验摄影。所以，此种光源很快在基层办案单位得到广泛应用。多波段光源的种类很多，结构、性能和价格也差别很大，要根据具体使用需要来进行选用。

（二）可见光物证检验摄影基本方法

1. 近距摄影

众所周知，照相机离被摄物体越近，即物距越近，被摄物体在胶片上结成的影像就越大，这对于拍摄细小的物体或物体上的细节是十分有利的。然而，照相机在近距拍摄时存在一个近距限度，如果物距小于这个近距限度，在调焦时则无法将胶片平面上的景物影像调节清晰。这是因为，调焦实质上是调节物距和像距，以满足高斯成像公式的过程，拍摄时如果物距减小，像距就要相应地增大，才能满足高斯成像公式，清晰成像。然而像距增大，就意味着镜头的伸出，但实际上照相机镜头伸出的长度有一定的限度，因此，照相机镜头在近距拍摄时存在一个近距限度，一般标准镜头在近距拍摄时的近距限度为0.6～1m。焦距长的镜头，近距限度大；焦距短的镜头，近距限度小。

所谓"近距摄影"是指采用专门的器材和方法，突破照相机镜头的近距限度，在较近距离内，一般是从标准镜头的最近调焦距离（为0.6～1m）开始，一直延伸到物像比为1∶1～1∶6的摄影方法。近距摄影的目的是获得被摄物体较大倍率的影像，清晰地反映其细微的特征。在物证检验摄影中，近距摄影是记录和固定细小痕迹、物证最常用的摄影技术，它特别善于表现物体表面的结构、质地、纹理和色彩，最能体现物体的特征和极为精确的细节，为办案提供有价值的信息和有力的证据。实践证明，直接扩大摄影的倍率不宜超过6倍，更高倍率的拍摄应由显微摄影来完成。

近距摄影的常用器材有微距镜头、近摄接圈和近摄皮腔。另外，还有使用近摄镜、换向接圈和反装镜头等方法。使用哪种近摄工具和方法，要根据被摄物的大小和需要拍摄的倍率来决定。

近距摄影时，因成像倍率很大，物距很短，景深很小，故调焦要十分精确。应尽可能地缩小光圈来增大景深。但是光圈过小，又会因衍射现象使分辨力下降，所以理想的光圈系数为F5.6或F8.0。

2. 分色摄影

分色摄影是利用分色装置或器材，选择性地接收和记录被摄物体反射某种色光的亮度分布,以加强或减弱被摄物体颜色之间差异的专门摄影技术。它可以获得在普通白光摄影时无法区别的影像细节及反差。因此,分色摄影是物证可见光检验摄影中的一项重要技术内容,常用于对痕迹、物证的拍摄。分色摄影技术的关键是选择能够产生最佳摄影效果的色光。选择色光的原则是该色光形成的影像亮度分布差异,应尽可能接近所期望的亮度分布差异。

进行分色摄影的方法主要有三种,即用滤光镜、单色仪(或多波段光源)和激光器的分色摄影。在这三种方法中,以使用滤光镜的分色摄影最为简单实用,但效果比较差,选择多波段光源的不同波段进行分色摄影效果比较好;用激光器的分色摄影效果最好,但使用比较麻烦。进行分色摄影应从下面几方面进行考虑:首先,根据需要突出的颜色或减弱的颜色,利用"同色通过,异色吸收"的特性来选择。一般来讲,为了加强某颜色,应选用与该颜色相异色的光。为了减弱某颜色,应选用与该颜色相近色的光。比如,为了突出黄色物体,可使用蓝色光;为了减弱黄色物体,可使用黄色光或红色光。其次,根据感光片的感色性,选择合适的光源:全色片感受全部可见光,各种光均可使用。分色片不感受橙色光和红色光,除橙色光和红色光外,其他光均可使用;盲色片只感受蓝光、紫光,只能使用蓝光。最后,滤光镜对一定色光具有吸收作用,加用滤光镜后,进入镜头的光能量相对减少,曝光时就要增加曝光量。影响滤光镜曝光补偿倍数的因素主要有滤光镜的颜色、滤光镜的密度、感光材料的感色性、光源的光谱分布和被摄物体的颜色。

3. 偏振光摄影

偏振光摄影是记录偏振光成像状况的专门摄影技术。所谓偏振,是指振动方向对于波的传播方向的非对称性。在自然界中,自然光与偏振光是同时存在的,但人跟不能直接区别自然光和偏振光。偏振光摄影时,在镜头上或光源、前加用偏振片(镜),或利用自然光的反射、散射的偏振性质,可以改变被摄景物的亮度分布,取得一些特殊的拍摄效果。

偏振片用于起偏时称为起偏器;偏振片用于检偏时则称为检偏器。若让自然光通过检偏器,应旋转检偏器,至看不到光强发生变化;若让部分偏振光通过检偏器,应旋转检偏器,至看到光强发生明暗的变化;若让线偏振光通过检偏器,应旋转检偏器,至看到光强经历两次最明、两次全黑的变化。

如果确定了入射光是线偏振光后,检偏器还可以用来确定入射线偏振光的光振动方向。偏振光与物质相互作用时,由于物质的起偏或退偏性质不同,将会改变反射光的偏振态,即改变反射光的振动方向和偏振度。当转动镜头上的偏振镜以改变其偏振光方向时,被摄物体上处于各种偏振态的反射光的亮度随之发生变化,这种亮度分布的变化,可以加强被摄物体上感兴趣的细节的反差,或消弱反光干扰。

偏振光摄影时,光源和照相机镜头前都加偏振镜的拍摄:调整起偏镜(光源上的偏振镜)和检偏镜(镜头上的偏振镜)的晶轴夹角,就能改变被摄物面的亮度分布,达到加强反差的目的,这是偏振光摄影中最为有效的一种方法。另外,还可以利用布儒斯特起偏角、光源前加偏振镜或照相机镜头前不加偏振镜的拍摄方法等。

偏振光摄影需要曝光补偿,由于曝光因素的复杂性,为了取得较好的效果,最好在以上分析的基础上进行系列曝光。

偏振光摄影可以消减玻璃、水面等非金属表面的反光干扰;可以借助偏振光摄影来消除或减弱玻璃板上物体的倒影;消除镜面上的指纹在镜内的虚影或重影等;利用分色偏振光摄影,显示深色地毯等粗糙表面上的微弱灰尘足迹。在物证脱影摄影中,有多种控制背底色调深浅的方法,其中以偏振光脱影摄影效果最佳,它可以使物证的轮廓和特征更加清晰地表现出来,也可以调整照片上的天空亮度和提高景物的色彩饱和度等。

4. 翻拍

翻拍也称摹摄,它是指将原件复制成照片的摄影技术。翻拍的原件主要为平面型资料或材料,如单据、契约、信件、书籍、文件、图表、照片、手印、字迹等。翻拍原件一般可分为单色原件、色调原件、彩色原件。

翻拍的种类有:原样翻拍,即对原件全貌的翻拍;突出性翻拍,即突出原件某一局部的翻拍;校正性翻拍,就是将模糊不清、污染的原件通过处理清晰化的翻拍。

翻拍机是专门用于翻拍的照相机,它一般配有可伸缩皮腔,能达到原物大和直接扩大摄影的要求。翻拍应选择分辨率高的标准或中焦镜头,也可选普通 120 型、135 型照相机或座机,但要配备近摄装置。另外,翻拍时还要配备翻拍架或三角架,各种衬垫物、滤光镜及适于翻拍的照明光源(如磨砂灯泡、环形灯等)。感光片的选择要考虑其感色性。翻拍单色原件时,应采用盲色片;翻拍色调原件,宜用分色片或全色片;翻拍彩色原件时,应选用彩色片或全色片。

翻拍前要确定翻拍的范围,了解翻拍的重点,并确定原件放置的方向,对卷曲、揉皱、折痕及撕碎的原件要进行拼整;要确定是否加衬垫以及衬垫的大小和颜色。全貌翻拍时,衬垫要略大于原件。翻拍双面书写、打印或印刷的原件,可衬以与字迹相近颜色的衬底,以减少背面字迹对正面字迹的影响。翻拍单面书写、打印或印刷的字迹,可衬以与背底相近颜色的衬底,以加强字迹的反差。翻拍时要放置比例尺并一同摄入画面,以准确反映原件的大小。

翻拍配光的原则是柔和、均匀,这是翻拍的关键环节。晴天背阴处和阴天的自然光都是比较适合的翻拍光源,它们的散射光线柔和,阴影较淡,便于调配掌握。室内翻拍时,为做到配光均匀,可用功率相同的磨砂灯泡在原件两端双灯或原件四角四灯对称式配置,光线角度一般以 45°左右为宜。当只有单灯照明时,一定要在单灯的对侧采用反光屏进行补光。

为获得高质量的底片,翻拍时要准确测光。另外,要针对不同拍照对象进行曝光调整,并应进行系列曝光。翻拍时要防止杂乱光线射入镜头,要防止产生振动,曝光时宜采用快门线。拍摄时,要保证镜头光轴垂直于原件平面并指向原件的中心,使画面不产生变形。此外,在大量翻拍时,卷片要慢,过片要紧,避免胶卷产生静电火花。

5. 脱影摄影

脱影摄影又称为无阴影摄影,它是消除具有一定体积的被摄物体在光照下产生的阴影的专门摄影。在物证检验摄影时,斧、锤、钥匙、刀、枪支、子弹等具有一定体积的物证,其背光或侧光面产生的阴影,会使物体的边缘、轮廓和特征模糊。运用脱影摄影技术,消除光照产生的阴影,就能清晰地再现被摄物证的边缘、轮廓和特征,以利于辨认、检验和鉴定。

物体阴影的浓淡多由光线的强弱决定;物体阴影的形状和大小,取决于物体与投影面的距离、光源的位置、光照角度以及物体的表面形态。因此,脱影摄影配光时要考虑这些因素。

脱影摄影大体上可分为四种:亮背景脱影,它是使背景的亮度最大的一种脱影摄影,这时阴影的亮度也很大,但由于背景亮度比阴影更大,所以阴影消失在更亮的背景中,最后得到白底脱影照片;暗背景脱影,它是使背景的亮度最小的一种脱影摄影,这时阴影亮度也很小,但由于背景亮度比阴影更小,所以阴影被更黑的背景覆盖,最后得到黑底脱影照片;避开阴影脱白墙上,利用反射的散射柔和光进行脱影;脱影灯箱脱影;悬空脱影;脱影架脱影;偏振光脱影等。脱影摄影时,要注意对局部有特征的物体的配光,适当选配衬底,消减金属表面的反光。在脱影摄影中可适当加用滤光镜或偏振镜。

6. 改变配光角度的摄影方法

改变配光角度的摄影方法是在实际工作中充分运用被摄痕迹与承痕体表面对光的反射性质的差异(反射率分布的差异),增强二者之间的亮度反差来显示微弱痕迹的拍摄方法。

改变配光角度的摄影方法的适用对象可分为两类:一类是痕迹反射能力弱、承痕面反射能力强(如光滑金属、玻璃、瓷器、塑料、皮革等上面的元色加层或减层手印、足迹);另一类是痕迹反射能力强、承痕面反射能力弱(如生锈的旧铁器、粗糙纸张、木板、纺织物上的油渍指纹,黑纸上的铅笔字迹,落有尘土的光滑物体上的痕迹等)。

改变配光角度的摄影方法主要有垂直光反射法、定向反射法、暗视场高角度照射法、均匀照明法、侧光照明法、掠入射照射法。反射法的以上六种基本配光方法多与暗房中的暗视场环境配合使用,在实际拍摄中,要结合具体被摄对象来灵活运用,最终以从照相机取景器中观察的最佳效果进行拍摄。对于非平面客体上痕迹的配光,拍摄要点是如何消除光源在非平面客体表面上产生的反光带。常采用的方法是,用多灯均匀的柔和光,光线的投射方向应顺着非平面客体纵轴的方向,同时,还要根据痕迹落在弯曲的部位进行配光,等等。

透射法是指利用痕迹和承痕物体之间对光的透射程度的差异,来显示痕迹的一种加强反差的摄影方法。透射法的适用对象主要为遗留在透明或半透明物体表面上的无色或不易看清的微弱痕迹，如透明玻璃、塑料等表面上的汗渍、灰尘手印；半透明物面上被消减或增添的痕迹，如纸张上用利刀尖刮擦的字迹残迹、纸张上挖补的痕迹、纸张上的水印以及玻璃上的弹道入口和出口痕迹等。

值得注意的是，加强痕迹物证反差摄影的各种方法，均要求近距摄影装置，并按近距摄影的要求进行调焦和曝光，拍摄中要求放置相应的比例尺，并视具体情况放置适当色调的衬底。

二、红外线与紫外线物证检验摄影

特种物证摄影是指利用特种光源和仪器（如激光器、显微镜、多波段光源等）进行的物证检验摄影，可分为红外线反射摄影、紫外线反射摄影、光致发光摄影、激光摄影等。

（一）红外线、紫外线及其与物质作用

红外线是电磁波中可见光谱区红光外端的一种看不见的热辐射。通常认为，光谱的红外区从 700～10nm。可把它们分为三个区域：近红外区（700～1500nm）、中红外区（1500～3000nm）、远红外区（3000～10^6nm）以上。紫外线光谱范围为 1～400nm，其短波端与 X 射线相连。国际照明委员会将紫外光谱分成三个范围：从 400～315nm 称为近紫外区；从 315～280nm 称为中紫外区；从 280～100nm 称为远紫外区。在实际应用中，紫外线可分为四个波段，即长波紫外线 UVA（400～320nm）、中波紫外线 UVB（320～280nm）、短波紫外线 UVC（280～200nm）和真空紫外线 UVV（200nm 以下）。

用红外线、紫外线和可见光一样，都遵循光学的一般规律。例如，具有波粒二象性；在均匀介质（包括真空）中，只要没有吸收或散射，光以直线学传播；具有干涉、反射、折射、散射等几何光学特性。

一般来讲，各种光对物质的反射率随波长（λ）的增大而增大。物质对各种光的吸收、透射作用也有所不同。选择性的吸收随波长变化很大，如彩色物体。

用红外线摄影所得影像的影调与用可见光摄影所得影像的影调是完全不同的，利用这个特点就可以达到特殊的拍摄效果。在物证检验中，红外线摄影可以显现肉眼无法看清的痕迹字迹，如烧焦文书上的字迹、暗色衣服上弹孔周围的射击附带痕迹等；还可以鉴别某些颜色相同而成分不同的物质，如用色泽相同、成分不同的墨水书写的字迹等。

各种光对物质的折射率随波长的增大而减少。所以，不同光线的成像不在一个平面上，光的波长由短变长，其像距也依次由短变长。因此，对于一般光学玻璃镜头来讲，红外线、紫外线摄影需要进行二次调焦。

在有些情况下，散射作用是不可忽视的衰减因素。光的散射现象是由介质的不均匀性造成的，是无规则的。大气的散射作用与大气里的粒子大小和入射光波长的比值

有关。光线在大气中穿透能力的强弱,实质上是散射程度的强弱。这与 x 射线、γ 射线的穿透能力(光子能量高)本质不同。一般来说,红外线在大气中穿透能力比较强;紫外线在空气中的穿透能力远小于可见光和红外线,其散射性较大。

利用红外线波长比可见光长、能穿过很厚的气层或云雾而不发生散射现象,通过红外线摄影,就能够透过空气中的灰雾和薄云,把远山等风景拍得非常清晰,而且能在阴雾天进行现场摄影。

卤化银乳剂在长波紫外区(紫外线的光子能量在 300KJ/mol 以上)有很好的敏感性,卤化银乳剂在中波紫外区敏感度很低,明胶强烈吸收短波紫外线,所以,卤化银乳剂不能感应短波紫外线。紫外线对人体和眼睛有伤害作用,在进行紫外线摄影时应注意防护,不要用眼睛直接观察紫外光源,最好使用紫外线防护眼镜,同时不可让皮肤长时间暴露在紫外线下。

由于红外线的光子能量比较小(其光子能量在 200KJ/mol 以下),对一般物质不能发生光化学作用,对普通卤化银(卤化银的化学键能在 200 ~ 400KJ/mol)感光材料也不产生感光作用。因此,必须使用光谱增感方法制成的红外线胶片,目前仅仅局限在 1350nm 之内,而且保存期很短。

红外线和紫外线都能与物质产生光电效应,利用不可见光线的这种光电效应,可以实现光—电转换,制成不可见光线的探测器。图像转换器能把物体反射的不可见的红外线、紫外线图像转换成可见图像。人们利用光电转换原理,把不可见的红外线影像转换为可视影像,研制成夜视仪。

红外摄像管(CCD)的成像与变换管不同,它是通过电荷搞合器件(CCD)将被摄物体反射的红(紫)外线的光学影像转换为电信号,经电子放大后再还原为光学影像,通过监视器显示出来。其优点是有电信号放大作用,可把微弱信号放大到所需要的程度,因而可在微弱光线下观察到清晰的图像。

图像转换技术具有简便、快速的优点,但分辨率没有红外线、紫外线摄影方法高,灵敏度也不如摄影的方法,因为摄影的方法可以通过长时间曝光来积累能量,记录微弱的红(紫)外线图像。对于一般性的检验,可以采用图像转换技术;对于需要深度检验的物证,则应采用摄影的方法。发光是物体在外界因素作用下发射电磁辐射的现象。有许多外界因素可以使物体发光,其中包括电发光、摩擦发光、化学发光、生物发光和光致发光等。光致发光是物体在光的作用下产生的发光。产生发光作用的光辐射称为激发辐射,它们可以是 x 射线、γ 射线、紫外线和可见光。一般来说,光致发光遵守斯托克斯定律,即物体发光辐射的光量子能量小于激发光量子的能量。因此,光致发光的波长总是大于激发光的波长。

(二)红外线反射摄影技术

红外线反射摄影的原理是用含红外线的光辐射照射被摄物体,然后用红外滤光镜把物体反射(或透射)的红外线分离出来,让这些红外线进入光学镜头,形成物体反射(或透射)的光学影像。这个光学影像在红外胶片上曝光和显影后,在红外胶片上呈现出不同程度的密度分布,从而将影像记录下来。

红外线反射摄影需要红外胶片,红外胶片有红外黑白胶片和红外彩色胶片之分。红外胶片大多数都有较大的反差系数。高反差有助于表现反差微弱的细节,这一点在物证检验摄影中很有好处。红外胶片的宽容度较小,因此必须准确地控制曝光。红外胶片的感光度一般较低。特别是感受波长较长的红外感光片,由于不易保存,原始感光度都制作得较低。红外胶片的分辨力随着敏感波长的增长而相应下降。

红外反射摄影的方法是用包含红外光和可见光的辐射来照射被摄物体,用黄滤光镜吸收物体反射的蓝光,只让物体反射的绿光、红光和红外光进入镜头并形成光学影像,在彩色红外胶片上曝光,记录物体的彩色图像。红外彩色摄影把物体反射的红外光、红光和绿光再现为红色、绿色和蓝色,生成颜色不同于人眼见到的正常色调,因此,又称为红外假彩色摄影或伪彩色摄影。

根据红外反射摄影的这些特性,在刑事技术办案中常用以显现挖补、擦消、污染的字迹和鉴别纺织品结构的异同,揭示深色衣服上弹孔周围射击附带痕迹及尸体上的瘀血范围等。随着科学技术的不断发展,红外反射摄影在各个领域将得到广泛应用。例如,在环境资源调查中,干净的水源在红外反射摄影照片中是暗蓝色或黑色,受到有机物污染的水源是绿色或橙红色,含泥沙多的水源则是淡蓝色。红外线光源一般分成自然光和人造光源。太阳光是重要的红外线摄影光源,其中可进行红外线摄影记录的成分约占 1/3。实际上,室外红外摄影如航空、遥感、勘探、污染监控等,一般均采用太阳光作红外线光源。但是,应注意太阳辐射强度在地球表面的变化。人造光源的特点是光源、照明强度稳定,配光调节方便,可以满足各种配光要求。人造光源种类较多,如各种白炽灯、碳弧灯、鸽丝灯、电子闪光灯以及专用红外线灯等。鸽丝灯在 700 ~ 1300nm 的近红外区有很丰富的含量,并且它是室内红外线摄影的理想光源之一,特别适合于红外线摄影拍摄物证。500W 鸽丝灯用于红外线摄影差不多已达到最大限度,功率再高效果也并不明显。

常常有一种错觉,仿佛红外线摄影当然要用红外线灯泡才好,其实不然,红外线灯泡主要是中长波红外辐射,对红外线摄影毫无用处,它反而会因热量过大而造成不良影响。

一般来说,各种照相机皆可用于红外线摄影,但是选择用于红外线摄影的照相机时,必须注意照相机暗箱不能被红外线所穿透。随着摄影科学的发展,现在已经有专供红外线摄影用的红外照相机。数码照相机可以进行一般的红外线摄影,非常方便,从而极大地普及了红外线摄影。普通的光学玻璃镜头可以用于红外摄影,以透过 350 ~ 2800nm 的光谱范围,透过率达 90%。

此外,超消色差镜头可以用于 200 ~ 2000nm 的紫外光、可见光和红外光区,非常适宜红外线摄影。这种镜头红外调焦时也极为方便。如果对红外线摄影成像质量要求很高,最好选用专门的红外线摄影镜头。

在红外线摄影中,接收记录不同的红外波段,将得到的不同亮度分布再现。因此,选择适当的红外波段接收记录,可以得到需要的亮度分布再现,显示出有用的细节。运用各种型号的红外滤光镜,可以将物体反射光中选定的红外波段内的红外光辐射分离出来。要根据不同的光源和滤光镜,选择合适的感光材料。确切地说,就是光源发射的电磁波波长、滤光镜透过电磁波的波长和感光材料能够记录的电磁波波长这三者要在一个范围之内。如果它们不在一个范围内,就无法进行直接红外线摄影。

红外线摄影是借助于可见光进行调焦的。由于红外线波长比可见光波长长,镜头的红外焦距比可见光焦距长,红外图像的焦平面比可见光图像的焦平面更远离镜头。当用可见光调焦后,把可见图像调节在胶片平面上,红外图像就落在胶片平面的后面。由此可见,在用可见光调焦后,必须进行二次调焦。许多照相机的景深刻度表上都刻有红外调焦标志(如"R"红字或一条红线或一个红点,其位置是在可见光对光标志的右侧)。在可见光调焦清楚后,将位于可见光对光标志上的调焦距离数值移到红外线摄影的调焦标志上,这时,所得的红外线摄影的影像是清晰的。采用红外线摄影专用镜头,消除了红外影像与可见光像的像差,因此,在使用专用镜头时,可以直接在可见光下调焦,只要可见光影像清晰,红外影像也清晰。

一般的测光表都是测量可见光亮度值的,因此,用测光表也难以得出红外线摄影所需的准确曝光时间。为了使红外线摄影取得准确的曝光时间,一般是采用分段式试验曝光的方法。曝光基数是由被摄对象和拍摄者的经验而定。由于红外线摄影受加用滤光镜等因素影响,一般曝光时间较长。

(三)紫外线反射摄影技术

1. 紫外线反射摄影器材

盲色片、分色片、全色片、彩色片和红外线胶片在长波紫外区都有很好的敏感性,可用于长波紫外线摄影。在 300nm 以下的中短波紫外线摄影中,不能使用普通的感光胶片,只能使用含明胶极少的特制紫外感光材料。

紫外线摄影的光源必须是含紫外线丰富的光源,适合直接紫外线摄影的光源有自然光和人工光两大类。太阳光可以作为长波紫外线光源,具有光照面积大、均匀,照明强度高等优点。其缺点是阳光中辐射的紫外线强度与天气、季节、地理位置和时间等因素密切相关,紫外光辐射不稳定。目前,在直接紫外线摄影中主要使用人工光源——汞蒸气灯,也称为水银蒸气灯。该灯灯管内充汞蒸气,当灯管两端电极接通电源时,由阳极产生的加速电子与汞蒸气碰撞而发光,发光强度与波长主要取决于汞蒸气的压力。短波紫外线灯的汞蒸气压力一般不超过 0.1 个大气压,称为低压汞灯。长波紫外线灯的汞蒸气压力约比低压汞灯高10倍,称为高压汞灯,其发射光谱也是不连续的,365nm长波紫外线含量很高。此灯用于长波紫外线反射摄影和紫外线光致发光摄影的光源。目前,由于紫外线光源的限制,只有长波紫外线(365nm)反射摄影和短波紫外线(254nm)反射摄影。因为在紫外线胶片上记录的是被摄物体呈现为不同程度的灰色密度分布,所以紫外线反射摄影只有黑白摄影。

普通摄影使用的照相机,大多数可用于紫外线反射摄影。由于紫外线的穿透能力远小于可见光,因此对在可见光区不漏光的照相机,在紫外区一般也不漏紫外光。普通的光学玻璃镜头,受镜片玻璃和粘胶吸收紫外线的限制,只能透过长波紫外线,且透过率很低,一般只有10%左右,几乎不能透过中短波紫外线。因此,普通的光学玻璃镜头只能用于长波紫外线摄影。

紫外线摄影所采用的镜头主要是石英玻璃镜头。这类镜头具有成像波段宽、物距范围大、超消色差、紫外线透过率高等优点,特别适合直接紫外线摄影。进行紫外线反射摄影时,需要在照相机镜头前加上长波紫外线(365nm)或短波紫外线(254nm)的滤光镜,把所需要的成像光线分离,在专用紫外线胶片或全色片上记录下来,得到所需的亮度分布,显示出有用的细节。镜头前的吸收滤光镜中心波长应是成像光线的波长,透过率尽量要高。吸收滤光镜和镜头的结合要紧密,不能漏光。

2. 紫外线反射摄影的方法

紫外线反射摄影主要是短波紫外线反射摄影,该方法是利用手印纹线物质与背景对短波紫外线的吸收、反射性质的差异显现手印的。显现手印的效果与纹线物的化学成分关系不大,所以对汗液、灰尘、油脂、血迹的手印、足迹、口唇纹等均可使用。但是,其显现效果与纹线物质的数量有关,纹线物质的数量越多,吸收或散射光线就越多,则形成亮度反差就越强,显现效果也就越好。例如,重型、普通型、弱型三类手印,反差依次减小。尽管如此,弱型手印仍有较大的反差。

该方法对表面上的手印有很高的显现灵敏度,特别是玻璃、陶瓷等表面上的手印,甚至30天至5个月的手印也可显现。而且对用502胶处理过的手印也没有影响,所以可以放在502胶方法以前使用。

目前,因为短波紫外线光源波段少,所以只能在254nm进行,在其他波段如200~230nm、270~280nm还没有研制出光源。另外,发现潜在手印可用紫外影像变换管。

在一定条件下,利用紫外线反射照相拍照疑难手印,镜头前不加紫外线滤光镜可大大缩短曝光时间,而且优于加紫外线滤光镜的拍照效果。这必须是在全黑环境中;光源为只可辐射紫外线;镜头必须是对短波紫外线透过率较高的专用紫外线照相镜头;手印的承受客体对紫外线的吸收越强烈,拍照效果越好。并且在短波紫外线的照射下,不被激发荧光(可见和不可见荧光)。对那些单纯要求消除背景图案的干扰且图案又对蓝紫光的反射很强时,则需要加紫外线滤光镜。

由于在紫外区感光材料反差系数小,大多数物质对紫外线的反射率小,紫外线在空气中散射系数大,所以,紫外线反射摄影的影像反差较小,应尽量采用高反差胶片和高反差显影液显影。

紫外线反射摄影在法庭科学中有广泛的应用,如显现消退字迹、密写字迹、伪造文件字迹、褪色字迹、涂抹字迹、模糊字迹及标记,伪造文件、票证的检验,区别书写材料等。在痕迹检验方面,紫外线反射摄影对于各种疑难指纹的显现具有特别独到之处,如对各种物体上的汗液、油脂、灰尘痕迹、血迹以及人体皮肤损伤等。另外,紫外线反射摄影在显现人体伤痕方面也有很好的效果。目前,我国在短波紫外线反射摄影方面处于国际领先地位。

(四)光致发光摄影

在光辐射的激发下,使某些物质发光的现象叫作光致发光。光致发光只是发光现象的形式之二。光致发光摄影是特种检验摄影的重要组成部分。光致发光摄影与反射摄影的区别是激发光线与成像光线不一致,而且成像光线弱。

1.光致发光摄影手段

物质光致发光可分为光致荧光和光致磷光,荧光的寿命很短,一般在10^{-8}s左右;磷光的寿命相对较长,一般在$10^{-3}\sim10$s。由于多数发光物质在受光激发后,荧光和磷光共存。因此,在光致发光摄影中,目前对这两种不同形式的发光现象尚未严格区分。近年来,光致发光摄影在疑难物证检验中发挥了日趋重要的作用,其方法也在逐步完善和成熟。例如,紫外线光致发光检验摄影、红外线荧光检验摄影、激光光致发光检验摄影等。要使这些摄影方法达到较好的效果,其关键所在是对激发光源、激发谱线的选择以及滤光器的选择,即最佳激发谱线和最合适的滤光器是光致发光摄影的技术关键。通过对被摄客体中的成像主体及其背景光谱特性的定性和定量的研究,便可以有针对性地进行光致发光摄影手段的选择,其中包括最佳激发光源、最佳滤波器以及感光材料等。

以主体与背景的荧光发射光谱和吸收滤光器的透过光谱为依据。只允许主体或背景光线通过,滤掉一切干扰光线,以确保成像背景“清洁”尽量选择密度小、透过率高的吸收滤光镜;吸收滤光镜本身不能产生荧光;在被摄客体的主体或背景只有一种发荧光的情况下,可选择带通式滤光器;在被摄客体的主体或背景均具有发荧光的情况下,可根据两者荧光发射光谱的差异,选择合适的窄波段干涉滤光器(单通式滤光器),以保证两者荧光信息在感光材料上形成反差。

镜头的透过特性应与成像光线所在波段一致,相对口径要大。感光材料的感光波段范围要与成像光线所在波段一致。在牺牲过多解像力的前提下,要求使用感光度较高的感光材料,以减少曝光时间和激发次数。彩色感光材料推荐日光片,因为灯光片对蓝光过于敏感,只在记录蓝色荧光时用,日光片的可见光谱平衡,感光度适中。

根据所选择的最佳激发谱线、光源和成像主体的成像光所在的不同波谱范围,可分别采取紫外线光致发光摄影、红外线荧光摄影、激光光致发光摄影等光致发光摄影方法进行拍摄。为了提高荧光量子效率，增加荧光强度，在有条件的情况下，可将被摄客体置于低温环境中（如液氮中），还可以选择高强度光源激光作为激发光源。在一般情况下，物体的发光亮度很弱，反射光线进入镜头后很可能会干扰发光图像，甚至把发光图像湮没，变成反射图像。因此，光致发光摄影必须在暗室中进行，必须保证激发滤光镜不泄漏发光波段的辐射，室内其他光源也必须关闭，使物体只受到激发辐射的照射。

总之，要真正利用光致发光摄影这项技术为侦查工作服务，必须从发光现象的本质入手，深入研究并掌握光致发光的性质和基本规律，充分利用现代科学技术的新成就，在实践中不断探索和创新，才能达到目的。

2. 光致发光摄影技术

光致发光摄影技术可分为光致可见荧光摄影技术、光致不可见荧光摄影技术、常温光致发光摄影技术、低温光致发光摄影技术等。光致可见荧光摄影在配光上有下列要求：若激发光源不易选定窄波段光源，也可用宽光谱光源，如 200 ~ 400nm 的紫外光源；在满足均匀照明要求的前提下，光源、应尽量靠近被拍体，以提高激发照明强度；尽量在全黑的条件下摄影，以排除其他光线对荧光的干扰（激发光源除外）。吸收滤光镜应当是能透过除激发光外的所有可见荧光，如紫外线光致可见发光摄影，用黄镜或雷登 No2A（通过 410nm 以上）。如果可见荧光强度较高，则可以直接用眼睛通过滤光镜观察可见荧光亮度，根据情况进行选择。然后在可见光下调焦，系列曝光，高反差显影液冲洗。

光致不可见荧光摄影技术可分为光致红外荧光摄影技术和光致长波紫外荧光摄影技术。它们在成像光线方面与红外线和紫外线反射摄影一致，摄影技术上没有太大的区别，但有如下特点：激发光线与成像光线不致，对拍摄环境和吸收滤光镜要求较高，而且只有黑白摄影。相对于直接光源、来讲，成像光线较弱，在曝光技术上要求较高。

因为物体在低温环境中可以提高其光辐射跃迁的概率，降低其热辐射跃迁的概率，从而使发光强度大大提高。所以，低温光致发光摄影具有很大的优越性。在实际工作中，多用液态氮作为冷却剂。

光致发光摄影技术在文件检验和痕迹检验等方面都具有广泛的用途，是前面所述的反射摄影方法所不可替代的。但低温下脆化的物体不适宜用此方法，如玻璃、塑料等。

第三节　数字图像处理

随着信息技术的发展，数字照相设备的应用越来越普及，数字影像证据特别是视频图像证据在各类案件侦查（调查）和审理中广泛使用，数字图像处理在物证技术工作的多个方面起着越来越重要的作用。与此同时,图像处理通用软件和专用软件的不断推出,数字图像处理已经不再由图像处理专业人员所独享,普通的技术人员也可以熟练地掌握图像处理技能,进行各种常用图像的后期处理工作了。

在物证技术学中,图像处理包括图像输入、图像处理和图像输出三大组成部分。其中,图像输入又分为图像拍摄、图像采集、图像传输、图像数字化(如图像扫描)等几个方面;图像处理则包括图像增强、图像压缩(编码与解码)、图像复原、图像恢复、图像分割、图像重建等几大部分;图像的输出则包括图像存储、图像显示、图像打印、图像远程传送等。

一、数字图像输入

(一)数字图像采集

数字图像采集最基本的方法是数码照相机拍摄。从专业角度讲,专业的单反数码照相机是我们的首选,这类数码照相机具有成像质量高、影像像素无插值等优点,但对于现场摄影来说,它同时又存在一些弱点,如体积大、重重大、携带不方便,耗电量大,需要的配件多,价格昂贵等。对于普通的现场,普通的普及型照相机就足以胜任。一般来说,制作普通现场照片卷的照片尺寸不宜过大,现场方位、概貌和重点部位摄影照片,用3000mm×2000mm 或者 2400mm×1800mm 就可以,细目摄影照片使用 1600mm×1200mm 就能够满足要求。因此,用于现场拍摄的数码照相机需要具有 500 万以上有效像素,具有手动曝光调节、手动自平衡,3 倍以上光学变焦,近摄距离在 20cm 以下,可以使用外置闪光灯等条件。也就是说,市场上的主流中高档数码照相机就可以。

实验室内物证摄影由于被摄物体条件的限制,对摄影器材的要求较高,最好配备专业单反照相机和相应配件。用数码照相机拍摄现场时,要尽量使用自然光拍照,并且只要条件允许,在拍摄每张照片时应选择较大尺寸拍摄,至少要达到 2000~1500mm,压缩程度设置为“Fine”或者“Nonnal”。压缩程度太大,会影响图像细节表现;不压缩,图像又过大,不利于存储和传输。然后,使用普及型数码照相机拍摄,利用取景器取景时,要尽量将被摄物体充满整个画面,因为视差原因,取景器看到的景物大约占实际拍摄景物的85%;利用 LCD 显示屏取景时,则画面内容与实际拍摄画面基本一致。此外需注意的是,拍照前应根据现场的光线情况,对数码照相机进行自平衡调节。在室外正常天气时,设置为自动挡就可以了;在室内时,则需要根据光线情况,手动设置白平衡。

数码照相机的现场拍摄内容、方法与普通照相机基本相同,其快捷易用的特点使工作效率大大提高。特别是像回转连续摄影和直线连续摄影的方法,以往是比较复杂的操作,而现在利用数码照相机的接片功能就变得十分简便。但为了保证照片效果,拍摄时仍需要注意:直线连续拍照法、回转连续拍照法拍摄时,尽量避免使用变焦镜头的两极,以减小畸变的影响;在拍摄时,尽量不要改变拍摄距离、镜头焦距和曝光量等条件;

在回转连续拍摄时,不要简单地以照相机底部的三角架接点为轴来转动照相机,而应该以照相机镜头的节点为轴进行旋转,节点的位置与光圈所在的位置应基本重合。

在现场中,对痕迹物证的拍摄方法与普通照相机拍摄的方法一样,可以使用各种配光方法,如阴影法、反射法、透射法;也可以使用滤光镜进行分色法和偏振光法,方法与普通银盐照相机摄影基本相同。只是数码照相机本身带有近摄功能,许多高级普及型照相机的最近摄影距离仅为2cm,但为了打光的方便,拍摄时最好利用较长的焦距在适当的距离处拍摄,虽然放大倍率小一些,但是成像质量提高了,影像的分辨率增大了。因为近距摄影时需要使用广角镜头以实现微距拍摄,成像质量较差,因此不提倡使用其拍摄指纹等痕迹物证。使用数码照相机拍摄痕迹物证时,应与普通照相机一样,使用翻拍架,固定好照相机。使用较低的快门速度时,应该采用快门线或自拍方式,减少抖动影响。

(二)数字图像传输与输入

数码照相机之所以能够快速、广泛地普及于公安系统,不仅是因为它拍照功能的强大和拍摄时可以快速高质地形成数字图像,还有重要的一点,就是它的快速传输、存档,并具有直接进行鉴定的强大功能。

按照国际档案理事会关于利用网络、计算机进行档案收集、整理、鉴定、保管等方面活动的方法与规范,将所得信息进行快捷、准确、一体化的处理,按如下三步进行。首先,现场拍摄的数码照相机要当场将其信息传输到计算机上。这要通过数码照相机与计算机的连线和数码照相机驱动程序来完成。其次,将计算机中的信息传输到档案管理服务器上。最后,利用通信网络将现场信息直接传输到管理服务器上。

二、数字图像处理

利用数字图像处理系统对采集到系统中的数字图像进行预处理、去噪声、增强、复原、分割、特征提取、图像重建、图像变换等处理的理论和方法,统称为数字图像处理。数字图像处理的对象是数字图像,即由一组带有不同颜色、具有一定尺寸、被称为像素的点有规则地排列组成的,数字图像的特点决定了数字图像处理的灵活性。在进行图像处理时,必须先将模拟图像数字化,即通过取样与量化,将模拟图像变换成能够用计算机识别和处理的数字形式,图像数字化最常用的方法是扫描和数字照相机拍摄。在数字图像处理系统中,常用的数字图像处理技术有很多种。

(一)图像增强

图像增强是根据特定的目的对输入图像作处理,以突出图像中某些需要的信息,减弱或消除某些不需要信息的过程。一方面,可以改善人眼对原始图像的视觉效果,以便于进一步处理或分析;另一方面,在计算机自动识别系统中,可以使原始图像信息转换成便于机器感知、理解和分析的形式,提高分析和处理的质量。图像处理过程中不会增加图像的内在信息，但却能增加信息的动态范围，便于图像识别，而这种处理有可能损失一些其他信息。在刑事数字图像处理中，可对需要处理的图像采用几种增强方法或算法，最后比较处理的效果，择优取之。图像增强处理的主要方法有以下几种：

1. 对比度增强

对比度增强就是将原图像每一像素的灰度包值重新进行分布，使原图像的亮度或灰度的动态范围扩大，以达到改善，视觉效果的一种图像处理。在进行图像对比度增强（灰皮变换法和直方图修整法）处理时，可以对整幅图像的亮度或灰度范围进行调整，也可以只对图像中感兴趣的某一部分亮度或灰度范围进行调整，来增强原图各部分的反差。对于刑事案件现场的图像，我们常常只对图像的某些感兴趣部位进行增强。例如，监控录像中涉案的机动车辆图像，我们常需从中辨认车牌照号码或某个特征。为了突出我们只感兴趣的目标或灰度区域，并且需要相对抑制那些不感兴趣的灰度区域，这就可以采用灰度分段线性变换的方法，对灰度动态范围进行分段扩展或压缩。在办案中，经常碰到有些图像的灰度分布集中在比较狭窄的范围内，而使图像的细节不清晰或经过处理后细节还不清晰，如指纹、枪弹痕迹或文检中的图像，对于这些图像，如果在利用其他方法处理后还不卡分清晰，就可以利用直方图修整法对图像进行直方图均衡化及规定化修整，修整后的图像灰度间距拉开或者灰度分布均化，增大了图像的对比度，使图像的细节更清晰。直方图均化是将原图像的直方图分布通过变换函数修整为均匀的分布，再按均衡后的直方图修整原图；直方图规定化先将给定图像的直方图与规定的直方图分别进行均衡处理，然后再建立两者之间的关系，也可以根据原图像来有选择地控制直方图。

2. 图像的平滑去噪

图像平滑去噪是抑制因图像在生成和传输过程中受到各种噪声源的干扰和影响的噪声，以改善图像质量，通常有全局处理和局部处理两类。

3. 图像的锐化处理

图像由于受各种干扰的影响，有时会变得模糊。与平滑处理的目的相反，在图像的识别和辨读时，通常需要突出图像中感兴趣的物体轮廓或边缘信息，即对边缘进行增强处理，经过图像锐化处理后，图像中的物体更加清晰，识别起来也更加容易。

4. 消除图像背景干扰

消除图像背景干扰是从具有复杂背景的图像中提取前景内容或去除背景的一种图像增强技术。在办案中，对某些遗留在具有背景花纹的客体（如木材、纺织品等）上的痕迹物证，可以利用图像的相减运算处理来消除背景花纹的干扰，得到有鉴定价值的物证图像。

5. 图像的彩色增强

图像的彩色增强包括伪彩色增强和假彩色增强。伪彩色增强处理是将黑白灰度（或单色）图像中的不同灰度值（或单色的强度值）的像素，用人为规定的不同彩色来表示的增强处理，是一种从灰度（或单色强度）到彩色的映射技术。经过处理，可以使原灰度图像中的细节和目标更易辨认。

例如，在刑事案件中，对于那些在尸体立的模糊字迹，采用灰度伪彩色变换函数法进行图像处理，其细节更清晰、更易于辨认。而假彩色增强是通过映射函数，将原彩色图像的色调变换成新的三基色分量，使处理后的图像中各目标物呈现与原来不同的彩色，从而达到图像增强的目的。

总的来说，图像增强处理可归纳为两大类：一类是空间域处理法；另一类是频率域处理法。前者是直接面对图像灰度级作运算，主要包括灰皮变换、直方图修整、图像平滑、图像锐化、彩色增强等技术；而后者只在图像的某种变换域内，对图像的变换系数值进行运算，即作某种修正，然后通过逆变换获得增强图像，其技术有傅立叶变换和反变换、频域滤波等。

（二）变形图像校正

在公安实际工作中，经常会遇到遗留在圆柱、圆锥、圆台、梭柱、棱锥以及倾斜表面等客体上的痕迹、字迹，在提取这些痕迹、字迹时，拍摄影像往往带有严重的变形，从而给办案工作带来极大的困难。为了办案的需要，我们通常用几何变换对变形的数字图像进行放大、缩小、旋转、镜像、变形等，从而达到对图像的校正处理。几何变换是调整一幅图像中各类特征之间空间关系的一种变换，它不受原始图像的约束，将图像中的一个点变换到图像中的任意位置，是数字图像处理中一种最基本、最常见的图像预处理方法。

（三）图像复原

图像复原就是对退化图像进行校正处理，滤除退化痕迹，恢复图像本来面目的一种图像处理技术。图像复原与图像增强不同，图像复原强调的是尽可能精确地寻找真实图像的一个估计，通常还需要引进一个评价来判别这个估计的好坏，如使用最小二乘方准则。为了估计原图，需要测度退化现象或预先了解退化的先验知识，建立图像的退化模型。可以认为，图像复原就是在这个退化模型的基础上求其逆过程的一门技术。图像退化现象的类型及退化原因主要有以下几种情况：一是非正确曝光退化图像（如非线性退化图像）；二是散焦模糊图像，在刑事照相中，使用过大的光圈系数拍摄痕迹物证时，容易产生这种散焦模糊图像；三是运动模糊图像，运动模糊是指在曝光瞬间，照相机与被摄物体之间有相对运动（旋转、平移等）而造成的模糊；四是噪声干扰模糊不清；五是离焦模糊。

拍照时，由于各种原因而使照相机发生抖动，使影像的每个像素都向着照相机抖动的方向移动，致使影像产生与抖动量成比例的模糊量，或者由于镜头的焦点与实际景物有一定距离而产生模糊图像，这些退化均可表示为一定的点扩展函数，从而能够尽可能地复原图像。

(四)数字图像重建

数字图像重建是指对那些残缺不全的图像进行投影重建,从而恢复原图像的一种图像处理方法。投影重建一般是指从一个物体的多个(轴向)投影图重建目标图像的过程。在这里,输入的是(一系列)投影图,而输出的是重建图。例如,在刑事办案中的人面貌复原,我们将颅骨三维结构摄入计算机,将所测得的各类已存入计算机的数据与颅骨数据对接,经图像处理重建后,直接在屏幕上映出该颅骨的生前面貌。在投影重建中,如把投影看成是一种劣化过程而重建,则是一种复原过程。具体来说,在投影时我们丢失了沿射线方向和分辨能力(只剩一维信息信息),而重建则使多个投影恢复了二维的分辨力。通常用傅立叶反变换重建卷积逆投影重建与级数展开等方法,对数字图像进行图像重建。

(五)通用数字图像处理软件应用

数字图像后期处理所用平台主要为 PHOTOSHOP 软件,因为它无论是在普通、商用,还是在我们公安系统,都是最普及、最流行、最实用、功能最强大的图像处理软件。在安装完 PHOTOSHOP 后,要用 Gamma 校准显示器,使显示器不发生畸变。此外,对任何图像用任何方法进行处理时,都必须提前将原始图像复制备份。

对图像色彩灰度失衡的矫正。技术人员在案发现场拍摄痕迹物证时,拍摄条件一般比较恶劣,特别是光照条件。如果光源不理想,就会造成色彩灰度失衡,即产生色阶分布不平衡,从而导致部分细节丢失。因此,对数字图像进行色阶调整,可以修正有关图像。

对模糊图像的矫正。由于拍摄时镜头的抖动和扫描时操作不正确等因素,导致了刑事图像的模糊,这对于刑技人员进行检验鉴定以及同一认定危害极大。软件中的锐化滤镜可以很好地解决这个问题。锐化滤镜是通过增加相邻像素的对比度,使模糊的图像或选区的边缘部分产生锐化和清晰的效果。但是,在操作时如果调整方法不恰当,则会使图像分辨率大幅度下降,所得照片会比原始照片的质量更差。如果应用 USM 滤镜使亮色看起来过于饱和,要将该图像转换为 Lab 模式,并将滤镜只应用于 L 通道,这一技巧可锐化图像,而不会影响颜色成分,该方法特别适合于对指纹图像的处理。

对反差较弱的物证痕迹图像的处理。对于反差较弱的痕迹物证图像,如果用调整对比度的方法来加强其反差,常会导致其灰部细节的丢失。但利用软件中的"应用图像"功能,可以进行反差的增强,效果比较理想。如果调整后反差过于强烈,则减少"应用图像"对话框中不透明度的值,也可以对图像进行均衡色彩灰度的调整(按上面介绍的方法进行),以获取处理的最佳效果。

对有划痕、污点的刑事图像的处理。数字图像打印出来以后,若不按正确操作进行保存,或者由于其他一些原因,很容易使图片腐化、褪色或者划伤而产生划痕、污点。在以前没有数字图像处理工具时,这样的图片很可能就失去了检验鉴定的价值。但现在使用图像处理工具可以轻而易举地将其修复。利用软件中的“蒙尘与划痕”滤镜，便是这些工具中的一种，它通过改变不同的像素来减少杂色，在清晰化图像和隐藏缺陷之间达到平衡。不同颜色背景干扰的物证图像的处理（痕迹物证与背景颜色有比较明显的差别）。有些物证照片，由于其背景杂乱无章、颜色鲜艳，严重干扰了技术人员对图像的检验鉴定。利用软件中的“高反差保留滤镜”用在明显的颜色过度处，保留指定半径内的边缘细节，并隐藏图像的其他部分（0.1 像素的半径仅保留边缘像素）。此滤镜可以去掉图像中低频率的细节，与“高斯模糊”滤镜的效果相反。这个滤镜产生的效果会使图像看上去变化很大，但如果在调整原则下进行，是不会损失原始细节的。

对偏角摄影图像的矫正。在现场拍摄过程中有时会遇到这种情况：痕迹物证所处的位置让照相机无法进行垂直拍摄，而承痕物体又是不可破坏的，这样便导致了斜射图像的形成。在这样的情况下，拍摄时要遵循一定的规则，以便为后期处理打下良好的基础。拍摄规则为：斜摄时要使用矩形框比例尺，向痕迹中点对焦，这样在矫正时便于选择标志点，矫正的图像失真也最小。但是，这样矫正的痕迹图像，在远端会有轻微的扩散失真，这是由于图像的栅格化特点和拍摄工作中的误差相互作用造成的，图像能否用于鉴定，应视失真的具体情况由专家确定。色彩分离。这是将以青色、洋红、黄色或三种颜色中的任何几种颜色混合所得的颜色为背景的黑色字迹或指纹纹线分离出来。它的作用与“高反差保留”滤镜有些相同，不同之处在于它处理的图像相对比较简单，背景干扰性不大，操作步骤比较程式化，人为因素相对较小，所以可以利用“动作调板”进行自动化设定。

（六）专用图像处理软件应用

公安专用图像处理软件是根据刑事技术中常见的一些模糊和低质图像的种类，结合公安工作的实际需要而编制的处理软件。公安专用图像处理软件具有操作简单、分类明确、针对性强的特点，特别适合于公安基层使用。近年来，银行、宾馆、高速公路收费处及其他公共场所普遍安装了录像监控设备，案件侦破中往往需要将这些监控录像设备记录的与案件有关信息的录像带制作成辨认图片。监控录像记录图像处理包括录像图像输出、静态图像的采集、图像信息数字复原、图片输出四个步骤，其技术处理过程如下：

1. 录像图像输出

录像图像输出要保证所输出的影像无噪点，色彩还原真实，图像信息不丢失。现在一般公共场所的监控录像均是多画面延时录像，如有 4 分割、8 分割、16 分割、32 分割等不同类型的分割器。延时录像又有 6 小时、12 小时、24 小时、48 小时、72 小时等多种方式的延时录像方式。这些录像设备种类较多，在一般常规录像机上不能放映，也很难有一种设备对各种分割方式的录像带都能正常放映。若没有专业分割软件，最有效的方式是，直接用原录像设备或用同类原录像设备对放映的图像进行采集。

2. 静态图像的采集

通过图像采集卡，将录像带模拟信号转换为数字信号，以使图像通过计算机进行数字处理，这里要求的是单帧图片的质量。要求可直接采集高质量的 BMP 格式图像，同时又可连续采集单帧图片，可供图像处理时选择信息量最多的关键帧，并利于软件处理中多帧融合扩展信息和滤噪应用。

3. 一般图像复原处理

要提高所获取图像的可辨认性，还需要用图像处理软件将所获取图像的微弱信息增强、模糊画面复原。目前，可利用进行增强或复原处理的软件分为专业处理软件和通用处理软件。专业软件可处理运动模糊、离焦模糊，应用多帧融合技术去噪和增强图信息等，但对于分辨率低的监控录像图像信息增强显现，也很难得到好的效果。通用处理软件（如 PHOTOSHOP 等）也是录像监控图像复原的重要工具，可进行融合、去隔行扫描效应等方法复原，其综合处理功能多，相貌修复技术也有着不可替代的作用。利用数字技术复原是监控录像图像复原的技术关键，现介绍部分技术和功能如下：

（1）图像增强和预处理。对图像的增强功能包括图像放大、缩小、移动，用算子进行空域处理，二值化，物体的边缘跟踪提取，图像灰度直方图统计与直方图均衡，灰度拉伸。

（2）利用数字滤泼可去除干扰痕迹特征的杂点噪声。使用各种高通、低通数字滤波方法，达到滤除干扰、使细节更加清晰的目的，根据降质过程建立“降质模型”再采用某种滤波方法，恢复或重建原来图像。

（3）局部灰度扩展实现背景去除，使隐含痕迹显现。使用局部灰度扩展的方法，可将淹没在较暗背景中的图像显现出来。

4. 模糊图像的复原处理

（1）运动模糊图像复原。用于修正由于运动造成的图像模糊。模糊成因复杂，图像的损伤较大，在运用数字滤波进行运动模糊处理中要调整好模糊系数与运动参数。

（2）离焦模糊图像复原。用于修正因拍摄记录时聚焦不准而造成的图像模糊。利用数字滤波进行散焦模糊复原，运算量较大，且参数难以确定，操作时应先选取一个区域，对一个参数进行处理并找出合适的参数，最后再使用该参数对整个图像进行处理。

（3）动态多帧模糊图像复原。在监控摄像记录中，因监控摄像头转动或被摄物运动而形成的模糊图像，物体在帧周期较短，可以利用多帧融合（一般在 2 ~ 10 帧进行融合）处理技术复原图像，此技术处理录像监控模糊图像效果较好。

（4）噪声干扰的模糊图像复原。成像系统夹入噪声，随机地附加在图像上，形成噪声干扰模糊图像，可运用代数运算，通过对多幅图像求平均值来达到降噪的目的。

（5）去隔行扫描效应复原。当在奇偶区域之间捕获图像并出现模糊的扫描线时，需用去除隔行扫描效应滤镜，消除图像中的奇或偶交错线，来复原视频图像原貌（采用

PHOTOSHOP 软件去隔行扫描复原能得到较好效果)。

(6)消除锯齿、马赛克放大。将输出照片放大而又不产生锯齿、马赛克,是保证输出照片具备辨认条件的重要技术,可采用相应软件进行,专业录像图像复原软件有此功能,可下载专用去锯齿、马赛克的通用软件来帮助完成。

5. 图片输出

要保证输出图片的信息质量,应采用最佳质量图片输出方式。在接受的监控录像图像复原案件中,有 30% 不具备人面像复原条件。这类案件有的也可利用图像动态信息特征确立身份,如鉴定两录像带中的人物图像画面是否为同一人。

如果录像带上需鉴别的人物图像画面较小且录像上人像模糊不清,不具备图像技术处理的基本条件,但若两次录像均有完整连续的步法姿态,可通过对录像图像采集扩大到捕捉动态信息特征。利用图像分割器,将监控录像转成多画面的正常模式放映,逐帧对能反映个体特征的信息进行观察,然后对两盘录像捕捉的单帧图像进行比对,若发现各个习惯动作特征相符,即可判定两盘录像中的人物图像均系同一人。

例如,在某案件的现场勘查中,通过查阅监控录像资料,认为犯罪嫌疑人当时在打手机,但此录像带图像质量较差。在采集方式上对关键帧采用多帧连续捕捉和定格单帧捕捉,为防止错误信息的进入,仅对图像作均衡化、滤噪等处理。通过综合处理,屏幕上可清楚地看到原以为打手机的动作实为扶眼镜,为此警方当即将原排查此情况的警力撤出。同时,加大对图像处理技术提供的可供辨认的犯罪嫌疑人进行排查,通过多部门协作,案件得以破获。

(七)加密处理

1. 水印

数字水印技术是指在数字化的数据内容中嵌入的记号,分为明水印和暗水印两种。明水印以可见的方式直接嵌入到图像的某个区域,与图像完全叠加在一起,一般是不可分离的,主要用于标记版权等。因为明水印对图像的某些部分有影响,目前多用在网页发表的图像作品上。暗水印则是嵌入不可见或不可察的记号,但是通过计算机操作,可以检测或者提取出来。其主要用于标记版权,证明图像的真实性、原始性等。水印与图像紧密结合并隐藏其中,成为图像不可分离的一部分,并可以经历一些不破坏图像使用价值或商用价值的操作而存活下来。数字水印具有以下基本特性:

(1)隐藏性(透明性)。水印信息和图像集成在一起,不改变图像的存储空间;嵌入水印后,图像必须没有明显的降质现象;水印信息无法为人看见,只能看见图像。

(2)鲁棒性(免疫性、强壮性)。鲁棒性是指嵌入水印后的数据经过各种处理操作和攻击操作以后,不丢失或不破坏原信息。处理操作包括模糊、几何变形、放缩、压缩、格式变换、剪切等。攻击操作包括有损压缩、多拷贝联合攻击、剪切攻击、解释攻击等。

(3)安全性。安全性是指水印信息隐藏的位置及内容不为人所知,这需要采用隐蔽的算法,以及对水印进行预处理(如加密)等措施。

2. 图像加密信息的植入

为了防止图像在传输等过程中被恶意修改或篡改,保持图像内容的真实性,需要利用水印技术,对图像进行加密处理,也就是水印的植入。公安图像技术中,水印的信息应包括拍摄日期、拍摄人、拍摄内容、拍摄条件和所用设备相关信息,处理说明及案件相关说明等,对某一具体的图像,还需要增加认证码和一些解释等。植入信息的方式主要有加密信道和加密信息植入两种。

(1)加密信道。只在传输信道中保护数据。通过对图像进行加壳加密处理,防止局外人打开或更改。这一过程可以直接使用通用加壳软件或压缩软件来实现,如使用WINZIP和WINRAR等软件加密压缩完成。

(2)加密信息植入。上述的加密系统并不能很好地解决真实性问题,因为经过加密后,只有被授权持有解密密钥的人才可以存取数据,无法向更多的人展示图像;而且一旦破密,就以电子形式存在,同时完全置于解密人的控制之下,可以无限制地拷贝,同时,如果存在多个接受者,就没有任何直接的证据来证明特殊的授权者传给非授权者,原创作者没有办法追踪作品的复制和转发。数字水印技术为实现有效的信息版权保护手段提供了一条崭新的思路,成为多媒体信息安全研究领域的一个热点问题,现已逐渐得到重视。

加密信息植入通常需要专用的软件来存储和读取。打开软件后,直接将待加密图像读入,并输入欲加入的信息,软件就可以通过特殊运算,直接将它们有机地结合成一个他人无法分离的整体。只有通过该软件,才能够将信息分离出来。

一旦该图像被恶意篡改者修改,我们只需要将该图像用加密软件对其进行检验,就可看到篡改后加密信息的损失与否或损失程度,检验图像的原始性。

三、数字图像输出

(一)扩印、打印

现在基层所用的照片制作方法普遍忽视了图像像素对图像质量的重要影响,虽然整个照片的大小符合要求,但其质量低劣,有的甚至用彩色激光打印机打印,照片依旧模糊。

正确的方法是在打印之前,利用图像处理软件,在不改变图像文件像素总数的前提下改变图像的分辨率,使之与打印机的输出分辨率一致,这样打印后的照片则非常清晰。

(二)保存和管理部分

数字图像保存主要分为两种,可以打印制作成的照片保存和以数字图像形式保存。对于这两种不同的保存形式,其保存方法也不相同。对于第一种,保存时主要注意避免受到损坏或腐蚀，以达到查找所需信息、方便快速；对于第二种，主要是选择存储和管理的最好方法，防止信息的丢失和能够以最快的速度索引所查材料。

数字图像一般不要长期保存在计算机里，因为计算机里的信息经常大量变动，很容易引起信息的丢失，并且计算机一旦感染上病毒，在其上面存储的信息就可能全部丢失。可以将图片刻录到光盘或软盘上，相对而言，光盘要比软盘效果好，因为它的存储容量大，而且容易保存。

在保存光盘时，既要防止其受到物理的破坏，又要防止在使用时感染上病毒。为了解决这两个问题，在存放光盘时，应将其分类放置在光盘盒中，光盘盒必须由抗压、抗摔的材料制成，既有硬度又有韧性，同时放置光盘盒的地方要通风干燥，在使用光盘时，计算机要随时进行杀毒，防止病毒侵入，造成不可挽回的损失。

刑事案件的多发性和犯罪现场的多变性决定了所获数字图像质量的不可预测性，因此，本书只是从实际工作的总体需要出发，进行数字图像证据的规范化研究。随着数字图像的广泛使用，规范数字证据将具有越来越重要的意义。

第十六章　视听资料检验概述

以图像、音响等方式记录和存储作为证明案件事实的有知识的载体,统称为“视听资料”。视听资料一般包括视觉资料、听觉资料和声像资料。视觉资料也称无声录像资料,包括图片、摄影胶卷、幻灯片、投影片、无声录像带、无声影片、视听资料、无声机读件等。听觉资料,也称录音资料,包括唱片、录音带等。声像资料,也称音像资料或音形资料,包括电影片、电视片、录音录像片、声像光盘等。视听资料,既能使文字记载的文献再现,又能脱离文字形式而直接记录各种声音与图像;既能反映静态的书面文献,又有充分发挥其动态的特殊效果,具有以声传情、形象逼真、声像并茂的特色;尤其是可以运用放大或缩小、加速或减慢、剪辑合成等手法,其作用为一般传统印刷型出版物所无法比拟。视听资料,还便于运用现代通信技术及时地迅速传播。视听资料的这些具有的特点,在人类社会活动中发挥着越来越重要的作用。依照我国有关法律的规定,视听资料(Audio-visual Evidence)已成为法定的证据形式之一,在各类案件调查、审理中被广泛应用。

一、图像资料检验

(一)图像资料原始性的查证

作为证据资料使用的数码影像越来越多地出现在各类诉讼案件中。它是与传统模拟影像不同的、新的数字化证据,具有易复制、修改且不易留痕的特点,因此在认证方面有许多问题有待深入研究。数码影像资料的原始性、真实性是作为证据的前提条件,必须查证核实。

一般的审查判断主要包括数码图像采集、输入、处理、输出、保存几个方面。数码图像采集需要查验数码影像制作者、使用设备、采集环境，判断图像的客观性、合理性和合法性；数码图像输入则需要了解输入设备或途径；数码图像处理需要确认处理对图像的原始性、真实性的影响；数码图像输出需要检验输出的形式，如打印、扩印、印刷、显示和网上传输等；数码图像保存需了解保存方式和保存条件。仔细了解案情和诉讼过程，全面掌握案件的发生、发展、变化过程，对与数字图像资料有关的细节尤要详细记录。如果数字图像的原始性已被不可恢复性破坏，它就失去了作为证据的作用。

（二）计算机伪造照片的检验

计算机伪造照片的原始图像主要由数码照相机拍摄、扫描仪扫描和网上下载等方式制得。在存储器中，以数字形式存储事物的外在表现，如事物的大小、形状、颜色、相对关系等。由于图像的这种存储特点，使数字图像易于编辑、篡改、伪造。用计算机伪造照片的类型有拼接性伪造、添加性伪造、裁减性伪造、克隆法伪造等。

1. 图像质量的一般检验

对打印或扩印出的照片进行常规观察检验，结合拼接照片在剪切、拼接和翻拍过程中可能出现的特点，如图像的清晰度、反差大小、色块大小、色调连续性、有无非正常斑块、有无影像变形等，分析其成因和是否为剪切、拼接过程所遗留。对照片可能变造区域的边缘采用适当的放大倍率进行观察，察看其有无线条错位、成像不实、修描痕迹以及图像之间的衔接是否正常等。

对于数码图像，需要放大到像素级时才能够观察到图像的细微变化，此时可以通过灰度变化的梯级、同一色块色彩的变化等，找出图像的可疑点或处理位置，然后进行具体确认。影像重复区、克隆区的检验。镜头成像时，像面照度的不均匀性决定了图像中同一色块的亮度是变化的，也就是说，不管物体表面多么均匀，照片上都没有完全相同的成块空间。

对于局部复制或使用克隆技术进行伪造的区域，普通的观察无法辨别，需要使用区域查询软件进行预检。对同一影像的各个区域进行扫描，改变扫描区域大小，找出相似区块和重复区块；对不同图像则找出两个图像相近或相同的区域，为进一步检验提供线索。对预检出的区域进行图像比对、测试，找出差异点和相同点，分析其成因、制作方式和伪装方式，从而对图像作出相应的认定。

2. 数码图像与照相机本底噪声的一致性检验

数码照相机的成像元件（CCD 或 CMOS）一般有数百万个感光单元，如果其中某个感光单元损坏，不能成像，即成为坏点（Dead pixel）。数码摄影和传统照相机不同，传统照相机拍摄时很少因电子零件产生的杂讯干扰影响拍摄品质。但是数码摄影的杂讯产生环境就复杂多了，从操作过程中机体升温效应，CCD 上的残留能量以至于机身零件本身，甚至来自外界的电磁波干扰都有可能会在画面上形成杂色的斑点，此为噪点（Hot pixel）。坏点和噪点共同形成了数码照相机的本底噪声。

对于数码图像，如果有拍摄该图像的照相机，就可以利用本底噪声进行图像与数码照相机拍摄关系的认定，一方面验证两者的关系，另一方面也验证数码图像的原始性。这是因为，经过处理后的图像，其本底噪声会发生相应的变化。具体办法是利用专门的数码照相机本底噪声检测软件，检测该照相机的本底噪声，得到数码照相机的本底噪声分布情况，然后与图像中的噪声点相比较，判断两者的一致性。

3. 图像内容间景深关系的检验

一般拍照要对被拍摄主体进行调焦，使主体清晰成像在焦平面上，而且景物空间中位于调焦物平面前后一定距离内的景物，使人眼视觉上相对清晰的影像。从景深产生的原理可知，照片上景深范围内的物体的清晰程度是不一致的，它成渐变趋势，越靠近对焦平面，影像的清晰度越高。此外，前景深小于后景深。对于添加或克隆方式伪造的照片，加入部分图像后各部分的清晰度与前后景间图像清晰度的关系大多会违背景深原理，检验图像时可以先找到图像的对焦平面，然后检验对焦平面先后物体的清晰度变化是否与景深原理相符合，从而判断它的真实性。

4. 光照方向一致性的检验

摄影是用光成像，光在摄影中同时起到照明和造型两种作用。根据具体的分工不同，摄影用光源可细分为主光、副光、轮廓光、背景光、发型光、眼神光等，每种光源用其各自的打光角度和方向，在照片上形成各自不同的光线线条和影调。利用摄影用光时产生的光照效果的一致性来检验图像的真实性。具体方法是对图像中各个景物在摄影用光照明方向上形成阴影的方向、大小、强度、反差等进行分析，找出可疑点或差异点，进行数值量化检验，判断成因。

5. 照片中成像透视比例的检验

物体在照片上成像后，虽然从三维空间转变到二维平面上，但照片中物体位置的关系还是符合空间中的透视规律的。

物体在照片中成像的透视规律如下：凡是对画面平行的直线、平面，在画面上就没有变化，仍保持它原来的方向。不平行画面的平行直线要消失到一点，这个点叫消点，近大远小。视角大的透视图就大，视角小的透视图就小。平面要消失到一条直线上，这条直线就是消线。消线就是平面的方向，消线不同就是平面的方向不同。

利用摄影的几何透视原理和空气透视原理，比较图像中各个成像物的大小透视、方向透视、影调透视以及物体阔的比例关系，确定图像中有无违背成像规律的现象存在。

6. 模拟摄影法检验和实物对照法检验

当被检图像在景深、用光和透视等方面出现不能确认的可疑点时，常常需要用实际模拟拍摄法来检验、验证说明图像中出现的真实与否。对已知送检照片的实际拍摄人物、物体和场景检验时，可以通过模拟摄影法，按照被检图像的位置关系实际模拟拍摄，通过比对来直接检验照片中的人、物、景的符合程度和差异位置，以确定相关部位的客观真实性。

(三)视频图像检验

所谓视频图像,是指由摄像机或监视摄像头录制成的连续动作图像。由于强调动作的连续,因此对景物细节的表现能力差,画面中主要部分往往只有几百个或几千个像素,画面反差微弱,影像模糊,不能形成一个完整的明显的轮廓,更缺少足够可辨认的细节。

对于视频模糊图像,利用图像的增强、像素的补间处理、反差的调整等方法收效甚微,有时单纯的增强处理不仅不会使图像清晰,反而会使影像更加不利于识别。目前,视频模糊图像主要从图像采集和后期处理两方面入手来解决问题:

一是利用设备改善模糊图像。使用高质量录放像机或(和)高质量大屏幕监视器(如电视台用的广播级机器)播放录像带,通过高品质的视频采集卡将摄录的模拟影像转换为数字影像后输入至计算机,分别利用高质量录放像机的滤波功能减少播放的噪声干扰以及利用图像处理软件对原影像进行去噪、增强和改变反差等处理,改善影像的可辨认度。这种方法适合于改善低反差影像的清晰度,能有效地改善影像的可观察性。但由于录像产生回扫或噪声叠加,以及被摄体照明条件的限制,影像中的人像虽然经过处理,往往仍不具备辨认条件。

二是通过技术处理法改进视频模糊图像。可采用图像滤波技术和图像融合技术来改进图像质量,其中滤波法是对单幅的视频模糊图像进行处理。滤波器种类不同、参数选择不同,对模糊图像改善的程度不同,如运动模糊图像需要根据运动体的模糊程度和运动方向等多种因素,选择合适的滤波器和恰当的参数才能改善观察效果,如选择不当,反而会使图像更加模糊或细节损失。

图像融合技术是把相关性和互补性较强的多幅图像上的有用信息综合在一起,产生一幅携带更多信息的图像,以便能够弥补原始观察图像承载信息的局限性。它通常包括起分辨率复原或重建、图像拼接、多传感器图像融合。对于连续的视频图像,图像融合技术是一种有效的处理手段,特别对于图像内物体相对稳定,且相同或相近视频画面较多的场合十分有效。这些方法对于压缩比较小的视频图像效果显著,但对于普遍使用的高倍压缩的 MPG4 格式磁盘录像文件的改善十分有限。

视频图像检验包括视频图像真伪检验、图像内容检验和图像内容认定三方面。其中,视频图像真伪检验与伪造图像相近,多数是添加性伪造和拼接性伪造,如添加拍摄日期、画面拼合等,检验方法可以参照伪造照片的检验。图像内容检验是目前视频图像检验的主体,主要包括图像内文字的内容、物体的大小、人物的身高、物体间距离和物体数量的检验等。目前,案例较多的是高速公路监控录像中的车辆牌号、驾车人的相貌,银行监控录像中营业员与用户间交接钱币的多少、嫌疑人的身高等。鉴于图像质量,这些问题又往往归结为图像处理,多数需要处理后再进行下一步的检验。图像内容认定最常见的是人像检验。它是通过与案件有关的人像照片和嫌疑人的人像照片所反映出来的相貌特征进行比较检验,确定两张照片的人像是否为同一人,为侦查破案提供线索和证据的一种照相检验技术。其主要作用是认定嫌疑人是否为被查缉的犯罪嫌疑人、鉴别无名尸体是否为某一失踪的人、辨认证件照片上的人像是否为持证人的人像,以及识别其他与案件有关的物证照片上的人像是否为某人的肖像。

人像检验的依据是因为人的相貌具有其特殊性和一定时间内的相对稳定性。相貌特殊性是指每个人的外貌特征不可能在其他任何人身上完全重复出现。人的相貌特征多、变化范围大,如同指纹,人各不同。相貌稳定性是指人的相貌特征具有相对不变的性质。当人体发育成熟后,其相貌特征就不再有大的变化了,只有随着时间变化出现的衰老、由于疾病造成一定的变形,也可能出现人为的改变,如矫形手术、意外创伤等。

人像检验的方法有多种,常用的方法主要有:特征标记法、影像剪切接合法、底片重叠比对法、计算机透视比对法。对于不同拍摄条件的检材与样本,可以先对它们进行预先处理,如进行透视变换,利用模拟法改变拍摄角度、拍摄距离、打光方向等摄影条件,进行图像的加深和减淡来改变检材或样本的影调,利用缩放手段来改变检材与样本的放大倍率,利用透视关系来改变拍摄角度和方向,利用衰老变化曲线对照片进行老化处理等。将经过处理后的图像与固定图像进行比对,观察它们之间的异同。

二、视听资料同一认定和整体性检验

视听资料同一认定,是指声音和图像资料与摄录这些资料的设备之间关系的认定。视听资料整体性检验则是检验声音或视频资料是否为一次性连续完成。它们对视听资料证据效力的判定起决定性作用。

(一)本底噪声及编辑点特征分析

视听资料和摄录设备的本底噪声形成的因素极多,从加工、安装、调试到成千上万个电子元器件的组合,形成相同或相近本底噪声的可能性几乎没有。这就是使各台仪器之间的本底噪声毫无相似之处的原因。而同一台仪器在正常工作状态下,由于条件相同或相近,影响本底噪声变化的因素少,因此具有相对稳定性。可以说,视听资料摄录器材的本底噪声是该仪器设备的“指纹”。只要在正常工作状态下,其总体特征是不变的。

录像资料的摄录与编辑是录像磁带和摄录像机相互作用的过程。摄录像机的各功能键,如摄像机摄像开始/停止(Start/Stop)键、录像机的记录(REC)与暂停(PAULSE)键的开和关,通过摄录像机在录像磁带上记录下图像和声音信息,同时也要不可避免地留下各功能键的动作信息,并且这些动作信息与摄录像机的新旧水平、磨损程度,与组装在摄录像机上的元器件以及组装工艺等因素有关,从而在录像资料的编辑点处留下具有摄录像机固有的个体特征信号,这种特征信号可在频谱图上反映出来。

在编辑过程中,在编辑入点和编辑出点处,磁头或电动机起动时会产生电脉冲或电偶极矩,它们会使磁头产生过强的磁场,因而在磁带上形成一个极强的瞬间磁场,反映到磁带上就形成一个强的信号带,即能量突变。由于电路元器件组合带来独特的瞬间磁场,因此在编辑点处会产生相对稳定的能量突变。

(二)视听资料与摄制仪器拍摄关系认定

利用录像机、录像机本底噪声的个体差异性和相对稳定性,我们可以对视听资料与摄制设备进行拍摄关系认定,具体方法是用被检录音、录像设备分别在开机后 10 分钟和 1 小时、2 小时几个时段,分别摄制一段 1 分钟无声录像,然后利用语图仪或声音处理软件,把检材和几个样本的本底噪声图谱分别制作出来,比对检材和样本中本底噪声的异同,分析本底噪声中强频集中区的位置、宽度、数量、走向、分布情况等,找出相同点和差异点,综合分析确定摄制关系。

三、计算机存储资料的检验

(一)计算机存储资料

计算机存储资料按照生成方式有以下三类:计算机内存储的资料;计算机运行生成的资料;利用计算机存储资料经过运行而生成的混合资料。计算机存储的数字化资料的内容总是不断增加。早期,存储在计算机里的是数字和文字资料,随着技术的发展,语音、图像都可以被数字化,编码以后以数字形式存储在计算机里。数字化资料的物质载体包括读写存储器(RAM),虚拟磁盘等内存载体;磁带、磁盘(硬盘、优盘、软盘等)、光盘(CDROM)或其他新型存储器等外存载体,计算机存储数据在网络中传输时,要依次经过物理层、数据链路层、网络层、传输层、会议层、表示层和应用层等多个层次。应用层中,计算机存储资料常常以网页内容、电子邮件、网络聊天中的谈话记录表现出来。在传输层和网络层中,最重要的计算机存储资料证据是 IP 地址、网络服务器、路由器、防火墙上自动生成的日志文件,数据链路层中的 MAC 地址等。MAC 地址要比网络层的 IP 地址精确得多。

(二)计算机文本文件原始性的审查

计算机文本文件指的是由计算机存储的数字化资料转换生成的文件。对这些文件的原始性、真实性审查主要包括计算机系统及其运行的可靠性分析;计算机文件收集过程的可靠性,收集过程是否依照法定程序,由法定人员收集;是否有法定监督人员在场,计算机文件内容的可靠性。对计算机存储资料的检验程序,一方面,和传统证据资料相似;另一方面,由于它特有的高科技属性,会涉及许多高新技术,特别是先进的 IT 技术。

(三)计算机案件现场处理

1. 现场保护

划定保护范围,禁止无关人员进出;清退场内人员,实行人机绝对隔离,保持供电通信线路和相关设施的原来状态;侵害行为正在持续时,应隔绝受侵害的计算机,防止危害扩大;记录下系统的工作状态和运行参数。

2. 现场勘查

按照一般现场勘查规则,对发案计算机实验室里的物体存在状态、分布情况、异动情况等,进行认真、细致的查验。绘制案件发生时的现场图、网络拓扑图。用照相机或(和)录像机客观、准确、全面、迅速地固定现场,必要时加上文字说明,为以后还原或模拟现场提供依据。

3. 证据资料分析

确认计算机类型及操作系统是否为多操作系统,有无隐藏的分区、外设存在情况及类型、网络环境,有无远程控制、木马程序、正在使用的计算机系统的网络环境等。通过将收集的程序、数据和备份与当前运行的程序数据进行对比,从中发现篡改痕迹。确认计算机使用人(所有人)、电子签名、密码、交易记录、回邮信箱、邮件发送服务器的日志、上网 IP 等计算机特有识别信息。

4. 计算机存储资料的提取

(1)收集提取,是指不需要专业技术人员协助进行的存储资料的收集和固定活动。直接在计算机周围及计算机内查找所需收集的证据,当取证人员确认该文件系所要收集的证据资料后,应采用相应的方式予以提取或者固定。在查找证据资料过程中,如遇文件找不到或打不开等问题,应及时通知计算机专家予以协助。

常用的固定证据的方式有打印和拷贝两种,或两种方式同时使用。采用打印方式取证时,取证人员必须现场监督打印过程,防止操作人员在打印过程中修改文件。打印完毕后,可以按照书证的固定方法予以固定,但应当注明数据信息在计算机中的位置,如存放盘片、路径和文件夹等。采用拷贝方式取证时,应将计算机文件拷贝到软盘、光盘中。取证人员应当自备计算机,拷贝后,将软盘或光盘插入自备的计算机中进行检查。无论采取哪种取证方式,在固定证据后,应当现场制作检查笔录。检查笔录主要记载提取存储资料的情况,检查中出现的问题及解决方法,取证方式及取证份数,最后,参与检查的人员要签名。

(2)分析提取,是指全方位分析与提取计算机存储资料。由计算机专家检查硬件设备,切断可能存在的其他输入、输出设备,保证计算机储存的信息在取证过程中不被修改或损毁。检查计算机文件时,计算机专家应当注意对隐蔽文件的查找。有备份的,应由计算机专家同时检查备份文件,查明备份文件与原文件是否一致。如果电子证据内容涉及专门性强的内容如电算化资料的,应当由司法会计专家对可能与软件设计或软件使用有关的问题进行数据测试(侦查实验)。经测试确认软件有问题时,则由计算机专家对软件进行检查或提取固定。对复杂取证过程中可能会遇到的问题,在检查前应当有所预测,并制定相应的处置方案。对可能需要进行数据测试的,专家应当携带事先制作的测试文件。考虑到使用者拒绝提供密码的情形,应准备解密软件。必要时,可以指派视听技术人员对取证及软件测试过程进行录像。

思　考　题

1. 现场摄影、摄像的任务、作用和特点是什么?

2. 现场摄影、摄像的受理权有哪些? 应具备哪些设备材料?

3. 现场摄影、摄像中对照相机和摄像机的配备有什么要求?

4. 现场摄影、摄像中还要求配备哪些其他附属设备?

5. 现场摄影、摄像的内容有哪些? 拍摄要点是什么?

6. 现场细目照相录像的拍摄中对比例尺的使用有哪些要求?

7. 现场照相录像的拍摄方法有哪些? 它们各有什么特点? 主要应用是什么?

8. 现场照片制作的工序有哪些? 录像片的制作步骤有哪些?

9. 偏振光照相在刑事照相中的主要应用有哪些?

10. 要加强或减弱某种颜色,应使用什么滤光镜?

11. 目前分色照相的手段有哪些? 分色照相技术的关键是什么?

12. 阴影照相时如何确定光照角度和方向?

13. 翻拍对象为平面材料的种类有哪些? 应使用何种感光材料?

14. 现有一枚红色地板革上的灰尘足迹检材,要求选用两种不同的方法拍照。请说出用哪两种方法拍照,并说明拍照所用器材的名称和正负片影调情况。

15. 在光滑的平面上有一枚微弱汗液指纹,现有一台聚光灯和一架照相机,试设计两种方法把这枚指纹清晰地拍摄下来,画出原理圈并说明这两种方法拍摄的结果有何差异。

16. 何为光致红外线发光摄影,它与红外线反射摄影有何异同?

17. 紫外线光致发光摄影与紫外线反射摄影在原理及装置上有何异同之处?

18. 绿书包带上的红墨水字迹和墨汁字迹应各用何种摄影方法显现固定,为什么?

19. 黑布上的红印章应采用何种摄影方法显现固定,为什么?

20. 一张盖了黑色邮戳的红色图案的邮票,又被红色油漆污染,用何种摄影方法能把黑色邮戳字迹提取出来,哪种方法最好,为什么?

21. 什么是图像增强,图像增强包括哪些内容?

22. 什么是直方图,它表示图像的什么特征?

23. 什么是平滑,平滑应用于哪些场合?

24. 什么是低通滤波,什么是高通滤波,它们各用于哪些场合?

25. 什么是彩色图像增强,彩色图像处理包括的内容有哪些?

26. 什么是视频模糊图像处理,常见的处理方法有哪些?
27. 数字水印的特点如何,主要应用于哪些领域?
28. 伪造图像的检验方法有哪些?
29. 图像的 EXIF 信息主要包括哪些内容?
30. 图像的保存和管理应如何规范?
31. 视听资料的范畴包括哪些? 其检验原则和检验方法有哪些?
32. 图像的原始性检验、真实性检验和内容检验的方法有哪些?
33. 什么是数字信息检验? 数字信息检验的内容包括哪些?
34. 如何利用本底噪声法对视听资料与摄制器材进行同一认定?
35. 录制语音检材和采集语音样本时应该注意哪些问题?
36. 如何处理降噪与语音信号削弱之间的关系?
37. 如何进行语音的原始性和真实性检验?
38. 重复使用的语音在图谱上有什么特点?
39. 编辑加工后的录音带上会留下哪些形态痕迹?
40. 哪些语音特征提供了语音听觉感知的基础?
41. 语音听觉检验的半定型分析包括哪些内容?
42. 试说明语音个体特征与语音图谱之间的关系。
43. 语音及其图谱稳定性的基础有哪些?

参考书目

1. 刘耀主编:《物证鉴定科学》,群众出版社 1998 年版。

2. 吴维蓉主编:《刑事物证技术学》,警官教育出版社 1997 年版。

3. 张书杰主编:《痕迹检验学》,中国人民公安大学出版社 2007 年版。

4. 刘长清主编:《痕迹检验学》,警官教育出版社 1993 年版。

5. 刘少聪、耿庆杰:《手印学》,警官教育出版社 1994 年版。

6. 吴旭芒、高以群、史力民:《足迹学》,警官教育出版社 1997 年版。

7. 高以群、史力民主编:《足迹检验图谱》,警官教育出版社 1997 年版。

8. 张书杰编著:《工具痕迹学》,中国人民公安大学出版社 2002 年版。

9. 李德仲主编:《枪弹痕迹检验学》,警官教育出版社 1997 年版。

10. 戴琳编著:《特殊痕迹检验》,警官教育出版社 1994 年版。

11. 张晓梅主编:《手印显现技术规范》,中国人民公安大学出版社 2012 年版。

12. 史力民主编:《足迹检验技术规范》,中国人民公安大学出版社 2012 年版。

13. 杨军主编:《枪弹痕迹检验学》,群众出版社 2009 年版。

14. 吕晓森主编:《枪弹痕迹检验技术规范》,中国人民公安大学出版社 2012 年版。

15. 吕晓森主编:《痕迹检验学实验教程》,中国人民公安大学出版社 2009 年版。

16. 王彦吉、王世全主编:《刑事技术学教程》,中国人民公安大学出版社 2006 年版。

17. 敖日其冷编著:《痕迹司法鉴定》,法律出版社 2015 年版。

18. 公安部政治部编:《痕迹检验学》,警官教育出版社 1997 年版。

19. 李昌钰著:《李昌钰博士犯罪现场勘查手册》,中国人民公安大学出版社 2006 年版。

20. Henry C. Lee, Ph. D., *Crime_Scene_Guidebook*, Henry C. Lee Institude of Forensic Science, Training Materialgs, 2014.

21. Crime Scene Investigation, A Guide for Law Enforcement, 2013, the National Forensic Science Technology Center (NFSTC), the Bureau of Justice Assistance (BJA), and the National Institute of Justice (NIJ), Office of Justice Programs, U. S. Department of Justice.

22. Handbook of Forensic Services (2007), An FBI Laboratory Publication Federal Bureau of Investigation Quantico, Virginia, ISBN 978－0－16－079376－9.

23. Henry Lee, *Cirme Scene Handbook.*, Elesevier (Singapore) Pte Ltd. 2006.

24. 赵成文编著:《实用刑事现场勘查技术》,公安大学出版社 2004 年版。

25. 刘建军主编:《交通事故物证鉴定技术》,中国人民公安大学出版社 2001 年版。

26. 杜志淳主编:《司法鉴定概论》(第 2 版),法律出版社 2012 年版。

27. 潘金生、仝健民、田民波:《材料科学基础》,清华大学出版社 2002 年版。

28. 王世中、臧鑫士主编:《现代材料学研究方法》,北京航空航天大学大学出版社 1991 年版。

29. 孙彦文主编:《物证技术学》,中国人民大学出版社 2000 年版。

30. [德]罗伯特·海因德尔著:《世界质问史》,刘持平、何海龙、王京译,中国人民公安大学出版社 2008 年版。

31. 美国联邦调查局著:《犯罪现场调查手册》,叶红婷译,外文出版社 2013 年版。

32. 哈宽富著:《断裂物理基础》,科学出版社 2000 年版。

33. 吴家龙编著:《弹性力学》,高等教育出版社 2000 年版。

34. 王清举主编:《新编足迹步法检验》,中国人民公安大学出版社 2005 年版。

35. 徐立根主编:《物证技术学》,中国人民大学出版社 2011 年第 4 版。

36. 钱苗根、姚寿山、张少宗编著:《现代表面技术》,机械工业出版社 1999 年版。

37. [美]查利 R. 布鲁克斯、阿肖克·考霍莱著:《世界质问史》,谢斐娟、孙家骧译,机械工业出版社 2003 年版。

38. 郑中兴编著:《材料无损检测与安全评估》,中国标准化出版社 2004 年版。

39. 阳兆祥编著:《交通事故力学鉴定教程》,广西科学技术出版社 2002 年版。

40. 于长吉、陶沙编著:《道路交通事故技术鉴定方法》,大连理工大学出版社 2011

年版。

41.《道路交通事故技术鉴定方法》,大连理工大学出版社 2011 年版。

42. 周玉主编:《材料分析方法》,机械工业出版社 2000 年版。

43. 贾玉文、邹明理主编:《刑事科学技术大全》,中国人民公安大学出版社 2002 年版。

44. 王世全主编:《印刷文件检验》,中国人民公安大学出版社 2001 年版。

45. 毛焕庭、暴仁主编:《污损文件检验》,警官教育出版社 1997 年版。

46. 公安部政治部编:《笔迹检验》,警官教育出版社 2011 年第 3 版。

47. 王相臣主编:《文件检验》,中国人民公安大学出版社 2010 年版。

48. 李志荣主编:《文件检验学实验实训教程》,中国人民公安大学出版社 2008 年版。

49. 李彪主编:《污损文件与制成时间检验使用方法》,中国人民公安大学出版社 2011 年版。

50. 崔岚编著:《印刷文件检验技术规范》,中国人民公安大学出版社 2012 年版。

51. 孟品佳等主编:《微量物证与毒物毒品分析》,中国人民公安大学出版社 2014 年版。

52. 刘冬娴等主编:《微量物证与毒物毒品分析》,中国人民公安大学出版社 2013 年版。

53. 潘国光主编:《刑事摄影教程》,中国人民公安大学出版社 2001 年版。

54. 杨洪臣主编:《视频检验技术规范》,中国人民公安大学出版社 2012 年版。

55. 代雪晶主编:《刑事摄影技术》,中国人民公安大学出版社 2011 年版。

56. 周纯冰主编:《现场照相技术规范》,中国人民公安大学出版社 2013 年版。

图书在版编目(CIP)数据

物证技术学简明教程 / 敖日其冷编著. -- 北京 :
法律出版社, 2018
(公安学文库)
ISBN 978 -7 -5118 -9868 -5

Ⅰ. ①物… Ⅱ. ①敖… Ⅲ. ①物证－司法鉴定－教材
Ⅳ. ①D918.9

中国版本图书馆 CIP 数据核字(2018)第 044115 号

物证技术学简明教程
WUZHENG JISHUXUE JIANMING JIAOCHENG

敖日其冷 编著

策划编辑 沈小英
责任编辑 刘晓萌
装帧设计 李 瞻

出版 法律出版社
总发行 中国法律图书有限公司
经销 新华书店
印刷 北京京华虎彩印刷有限公司
责任校对 马 丽
责任印制 吕亚莉

编辑统筹 财经出版分社
开本 720 毫米×960 毫米 1/16
印张 43
字数 910 千
版本 2018 年 3 月第 1 版
印次 2018 年 3 月第 1 次印刷

法律出版社/北京市丰台区莲花池西里 7 号(100073)
网址/www. lawpress. com. cn
投稿邮箱/info@ lawpress. com. cn
举报维权邮箱/jbwq@ lawpress. com. cn
销售热线/010 - 63939792
咨询电话/010 - 63939796

中国法律图书有限公司/北京市丰台区莲花池西里 7 号(100073)
全国各地中法图分、子公司销售电话:
统一销售客服/400 - 660 - 6393
第一法律书店/010 - 63939781/9782
西安分公司/029 - 85330678
重庆分公司/023 - 67453036
上海分公司/021 - 62071639/1636
深圳分公司/0755 - 83072995

书号:ISBN 978 - 7 - 5118 - 9868 - 5
定价:118.00 元